KRÖNERS TASCHENAUSGABE BAND 108

Ernst von Aster

Geschichte der Philosophie

17. Auflage, durchgesehen und ergänzt von

Ekkehard Martens

ALFRED KRÖNER VERLAG STUTTGART

CIP-Kurztitelaufnahme der Deutschen Bibliothek

Aster, Ernst von
Geschichte der Philosophie.
17. erg. Aufl. – Stuttgart: Kröner, 1980
(KTA; Bd. 108)
ISBN 3-520-10817-8

INHALT

SIEBENTES KAPITEL

ANHANG

VORWORT ZUR 17. AUFLAGE

Asters „Geschichte der Philosophie" erfreut sich seit ihrem ersten Erscheinen 1932 nun bereits nahezu ein halbes Jahrhundert lang gleichbleibender Wertschätzung seitens ihrer Leser – ein Zeichen für ihre philosophischen und informativen Qualitäten.

Daher gibt auch die vorliegende neue Ausgabe im wesentlichen Asters Fassung unverändert wieder. Eine Änderung mußten allerdings naturgemäß außer der Zeittafel und dem Literaturverzeichnis die Passagen zur neueren Philosophie erfahren. Asters Schlußabschnitt „Die Philosophie der letzten Jahrzehnte und der Gegenwart" ist auf der Zeitachse in die Vergangenheit gerückt und trägt jetzt die Überschrift „Die Philosophie bis zum Zweiten Weltkrieg". Er wurde gegenüber der von F.J. Brecht in den vorausgegangenen Auflagen umgearbeiteten Form in der ursprünglichen Fassung Asters wiederhergestellt und lediglich in den biobibliographischen Angaben ergänzt. Denn Asters Darstellung bietet neben ihrem informativen Gewinn ein Dokument dafür, wie jede Geschichte der Philosophie stets selber geschichtlich geprägt ist. Was aus gegenwärtiger Perspektive wichtig und richtig erscheint, mag sich aus späterer Sicht durchaus wandeln. So würde man heute wohl kaum mehr, wie Aster, etwa Heidegger als Existenzphilosophen einordnen, den Pragmatismus schlechthin als plattes Nützlichkeitsdenken bewerten oder einzelnen Philosophen derartig viel Aufmerksamkeit schenken. Nicht nur unsere philosophiehistorischen Kenntnisse und Beurteilungskriterien haben sich unterdessen gewandelt, sondern auch der philosophiegeschichtliche Prozeß und seine Träger. Die Zäsur des Zweiten Weltkrieges und die ebenso rasante wie brisante Entwicklung der Gegenwart prägen auch die gegenwärtige Philosophie und ihre Darstellung. Das neue Schlußkapitel „Gegenwärtige Philosophie" versucht die jüngsten Entwicklungstendenzen wenigstens knapp zu umreißen und in eine Zukunftsperspektive ausmünden zu lassen, ohne natürlich eine ausführliche Darstel-

lung ersetzen zu können. Für eine kritische Durchsicht des letzten Abschnittes danke ich Arnold K.-D. Lorenzen.
In diesen Tagen jährte sich der Geburtstag Professor Ernst von Asters zum 100. Male, ein zusätzlicher Grund, sich stärker sein Leben und Werk ins Gedächtnis zu rufen. Eine ausführliche Würdigung hat einer seiner Nachfolger auf seinem Lehrstuhl für Philosophie an der Universität Gießen, Hans Michael Baumgartner, verfaßt (in: „Mitteilungen" der Universität Gießen, Nr. 89 vom April 1980), daher mögen hier einige Stichworte genügen. Ernst von Aster studierte an der Universität München Mathematik, Naturwissenschaften und Philosophie und wirkte mit ansehnlichem Erfolg vor allem an der Universität Gießen, bis er bald nach der nationalsozialistischen Machtergreifung 1933 wegen seiner offen bekannten pazifistischen und sozialistischen Einstellung aus dem Universitätsdienst entlassen wurde, weil er „nach seiner bisherigen politischen Betätigung nicht die Gewähr dafür biete, jederzeit rückhaltlos für den nationalen Staat einzutreten". Von 1936 bis zu seinem Tod 1948 lehrte er nach seiner Emigration nach Schweden an der Universität Istanbul, wie auch Hans Reichenbach kurze Zeit mit ihm. Bei uns blieb Ernst von Aster wenigstens mit seiner „Geschichte der Philosophie" einem breiteren Kreis bekannt. Sein übriges Werk jedoch erlangte wegen seiner erzwungenen Emigration nicht die verdiente Aufmerksamkeit und Wirkung. Eine erneute gründlichere Beschäftigung mit Ernst von Asters Werk könnte zweifellos die gegenwärtige philosophische Diskussion befruchten. So erweckt sein philosophisches Credo, das er in der Einleitung zur ersten Auflage der „Geschichte der Philosophie" von 1932 ausgedrückt hat, noch heute Interesse.

Hamburg, Frühjahr 1980 Ekkehard Martens

EINLEITUNG

Wollen wir irgendeine „Sache“ durch ihre Geschichte hindurch verfolgen, so müssen wir, scheint es, zunächst wissen, um was für eine „Sache“ es sich denn handelt. Wollen wir also Geschichte der Philosophie treiben, so müssen wir zunächst – wenn nicht in abschließender Definition, so doch in vorläufiger Abgrenzung – die Frage beantworten, *was Philosophie ist.* Mit dieser Frage hat es indessen eine eigene Bewandtnis: jeder Versuch, ihr auch nur in ungefährer Umreißung des Gebietes der Philosophie oder des Philosophierens eine Antwort zu geben, führt bereits mitten in die philosophische Diskussion, in den Streit der philosophischen Meinungen und Richtungen und damit schließlich in die Geschichte der Philosophie hinein. Es gibt keine noch so vorläufige Begriffsbestimmung der Philosophie, die nicht schon einen philosophischen Standpunkt in sich schlösse, die nicht schon selbst Philosophie wäre. Die aber nicht eben damit auch schon andere „Philosophien“ von *der* Philosophie und ihrer Geschichte auszuschließen versuchte – und eben damit doch, gleichsam wider Willen, über sich hinaus auf einen allgemeinen Begriff der Philosophie hinwiese, der jene anderen Gestalten in dem weiten Stromgebiet des menschlichen Bemühens um „philosophische“ Einsichten und Ausblicke mit umspannt.

Wie das Wort andeutet, handelt es sich in dem, was wir Philosophie nennen, in irgendwelchem Sinn um ein Suchen nach Weisheit, also nach Wissen, nach Erkenntnis. Suchen nach Wissen und Erkenntnis vollendet sich in der „Wissenschaft“. Also wäre Philosophie eine „Wissenschaft“. Aber eine Wissenschaft *wovon?* Wir pflegen die Wissenschaften nach ihren Gegenständen zu unterscheiden: Mit welchem Gegenstand reiht sich die Philosophie in ihren Kreis? Die Frage erweist sich schnell als unbeantwortbar, denn es gibt offenbar keinen Gegenstand, der nicht zum Gegenstand philosophischer Reflexion werden, über den man nicht philosophieren könnte, und es gibt auf der andern Seite kein Reich von Objekten, das nur vom Philosophen bearbeitet und erkannt würde. Neben der Natur steht die Geschichtsphilosophie, aber auch neben den Naturwissenschaften die Wissenschaft der Geschichte. Die philosophische Disziplin der Ästhetik hat es mit der Kunst zu tun, die zugleich Gegenstand einer Kunstwissenschaft und -geschichte ist; es gibt eine Religionsphilosophie, aber auch eine im engeren Sinn „wissenschaftliche“ und historische Behandlung der Religion bzw. der Religionen. Wenden wir den Blick auf das Gebiet des Psychischen, des Seelenlebens, so stehen wir gar wieder mitten in brennenden philosophischen Streitfragen: von den „Psychologisten“ wird die Lehre von der Seele und vom Bewußtsein als zentrale Disziplin der Philosophie in Anspruch genommen, von den Antipsychologisten wird sie aus der Philosophie fort und in die Reihe der „Einzelwissenschaften“ verwiesen – ein Streit, der jedenfalls den Gedanken nahelegt, daß Psyche und Bewußtsein sowohl Gegenstand philosophischer Reflexion sein, wie dem Verfahren einzelwissenschaftlicher Forschung unterworfen werden kann.

Dem *Verfahren* einzelwissenschaftlicher Forschung – ist es die Besonderheit des Verfahrens, die Eigentümlichkeit der Methode, die die philosophische Erkenntnis auszeichnet und als solche bestimmt? Ist Philosophie Erkenntnis aller beliebigen Gegenständlichkeit, aber auf dem Weg einer spezifisch philosophischen Methode? Richtig ist zunächst, daß das „Problem der Methode“, der richtigen Methode der Erkenntnis überhaupt, ein wichtiges Problem der Philosophie ist und war. Richtig ist auch, daß in der Geschichte der Philosophie an mehr als einer Stelle der Versuch auftaucht, eine besondere Methode der philosophischen Erkenntnis auf- und derjenigen der im engeren Sinn wissenschaftlichen oder einzelwissenschaftlichen Erkenntnis gegenüberzustellen oder auch ihr überzuordnen. Verkannt werden kann aber auch nicht, daß über diese ihre besondere Methode, sei sie nun als intuitiv oder dialektisch oder sonstwie charakterisiert, unter den Philosophen nichts weniger als Einigkeit bestanden hat und daß das Vorhandensein solcher eigenen philosophischen Methode von anderer Seite ebenso lebhaft bestritten worden ist wie Bedeutsamkeit und Wert der durch sie gewonnenen Resultate. Ob es eine spezifische philosophische Methode gibt, ist mithin selbst eine philosophische Frage. Aber auch mit der weiteren allgemeineren Frage, wie sich überhaupt Erkenntnismethode und Gegenstand der Erkenntnis zueinander verhalten, ob der Unterschied nicht nur der Philosophie und der Einzelwissenschaften, sondern der Natur- und Kulturwissenschaft, der Real- und Idealwissenschaften wesenhaft und primär ein Unterschied betrachteter Gegenstandswelten ist, die verschiedene Betrachtungsweisen nahelegen, oder ein solcher der Betrachtungsweise, die verschiedene Gegenstandswelten für uns erstehen läßt, geraten wir in Streitfragen, die innerhalb der philosophischen Problematik entstehen und ausgetragen werden. Irgendwie jedenfalls entsprechen Gegenstand und Methode der Erkenntnis einander, mag die Erkenntnismethode den Gegenstand oder der Gegenstand die Weise seiner Betrachtung bestimmen, und damit können wir doch wieder zu der Frage zurückkehren, welches der „Gegenstand" der philosophischen Erkenntnis ist.

Wir stellen Philosophie und „Einzelwissenschaften" gegenüber. Es liegt nahe, beide dadurch gegeneinander abzugrenzen, daß man der Philosophie die Aufgabe zuweist, eben nicht die Teile, sondern das Ganze der Welt zu erkennen. Und in der Tat scheint daran das Eine sicherlich richtig, daß der philosophischen Erkenntnis ein Zug zur Universalität und Totalität eignet, allgemeiner sagen wir vielleicht besser, ein Zug zur abschließenden Endgültigkeit. Dieser Zug, gleichgültig, wie weit und in welcher Weise ihm Genüge getan werden kann, macht es uns verständlich, daß „Philosophie" in zeitlicher wie in sachlicher Bedeutung (wenn auch beides nicht in gleicher Gestalt) am Anfang und am Ende der einzelwissenschaftlichen Forschung auftaucht, als die Welterkenntnis, aus der sich mit wachsender Erkenntnisfülle und steigender Notwendigkeit der Arbeitsteilung die Einzelwissenschaften herausdifferenzieren, und als die Synthese, zu der man die Resultate einzelwissenschaftlicher Forschung zusammenzubiegen sucht; als Frage nach dem „Woher“, dem Grunde im Sinn des Ur-grundes, des Ursprunges, aber auch als Frage nach dem „Wohin“, dem Ziel, dem Zweck oder dem Ende aller Dinge – sei dieses Woher und Wohin auch als Anfangs- und Endlosigkeit eines Prozesses zu deuten. Daß sie entsteht als Versuch, hinter der Fülle und bunten Vielheit der „Erscheinungen“ zu einer letzten Einheit, einem Wesen, einem Sein, einem An-sich vorzudringen, aber auch auf der anderen Seite diese Vielheit und Erscheinung selbst in ihrer reinen „Gegebenheit“, ihrer Unmittelbarkeit zu fassen. Daß spezifisch „philosophisch“ der Hang zur Tiefe, zur Transzendenz, zum Unbekannten ist, aber auch auf der anderen Seite die Tendenz, das Gewohnte, das Alltägliche, das bisher *Selbstverständliche zum Problem* zu machen. Daß letzte *Voraussetzungen* und letzte *Resultate* der „Einzelwissenschaften“ in das Gebiet philosophischer Untersuchung führen. Daß die Philosophie in der Logik das Werkzeug auszubilden bestrebt ist, dessen sich alle Wissenschaft bedienen soll, und in Metaphysik und Mystik die Grenzen eines Gebietes streift oder überschreitet, das über alle Vernunft ist und jenseits aller Wissenschaft liegt. Endlich verstehen wir, daß es gerade die Grenzen der Einzelwissenschaften und die Beziehungen ihrer verschiedenen Gegenstände zueinander sind, an denen Probleme entstehen, die das Denken des Philosophen anziehen: das Verhältnis des organischen Lebens zur anorganischen Natur, des Psychischen zum Physischen (des Leibes zur Seele), der kulturellen Entwicklung zum Naturgesetz, der mathematisch-idealen Form und Ordnung zur Realität der Erfahrungswelt.

Wieder aber ist es unmöglich oder führt unweigerlich auf eine zu enge Bestimmung, wenn wir die Philosophie einfach als Wissenschaft vom Universum oder von der Totalität des Seins definieren wollen, selbst dann, wenn wir den Bogen dieses „Seins“ so weit spannen, daß er nicht nur seelisches und körperliches, immanentes und transzendentes, sondern auch „ideelles“ und „reelles“, das zeitlose Sein der Begriffe, Gedanken und Ideen und das zeitliche Sein der „Wirklichkeit“ umfaßt, wenn wir von der Philosophie so etwas wie eine Gegenstandstheorie überhaupt und eine Lehre von den „Seinssphären“ im allerallgemeinsten Verstande erwarten. Denn sofort erinnern wir uns auch hier einer mindestens scheinbar gerade entgegengesetzten Auffassung und eines Gegensatzes, der sich durch die ganze Geschichte der Philosophie hindurchzieht: Immer wieder nämlich folgt auf eine Periode, die in dieser Weise den Blick des Philosophen in die Weite, auf das Universum, das Ganze lenkt, eine andere, die diesen Blick vielmehr auf einen einzigen Punkt in diesem Universum, die ihn nicht nach außen, sondern nach innen gerichtet wissen will, die die Philosophie nicht als „Welterkenntnis“, sondern als *„Selbsterkenntnis“* bestimmt. Allerdings, so schroff dieser Gegensatz ist — ist das „Ich“ nicht ein verschwindendes Pünktchen im All des Seins? — können wir doch wieder an jeder einzelnen Stelle verstehend die Motive verfolgen, die von der Welterkenntnis zur Selbstbesinnung führen, ebenso wie wir in der Vertiefung in das „Ich“, sein Tun und Denken, zu dem ja auch das Erkennen der Welt gehört, noch das Bedürfnis nach endgültiger Welterkenntnis durchschimmern sehen. Aber auch umgekehrt: in der Welterkenntnis, gerade je mehr sie auf ein abschließendes Verstehen des „Wesens“ und „Sinnes“ der Welt geht, hören wir eine andere Frage mitschwingen — die Frage: Was soll *ich* in dieser Welt und was soll diese Welt *mir?* Auch dann, wenn der erkennende Philosoph sein eigenes Ich an der ihm zukommenden — recht unbedeutenden — Stelle mit eingereiht hat in die gegenständliche Welt, bleibt ihm unweigerlich diese Doppelheit von Ich und Welt und die Frage: Wie verhalte *ich* mich zur Welt einschließlich dieser meiner eigenen Person?

Damit aber tut sich uns noch ein weiterer, tieferer Gegensatz auf. Wir gingen davon aus, daß Philosophie Erkenntnis und der Philosoph ein Erkennender sei. Gewiß ist er das, aber ist er es ausschließlich und allein? Gibt es nicht eine praktische Philosophie, eine Philosophie, die für das Leben und im Leben wirksam sein will, und nennen wir nicht einen Philosophen auch einen Menschen, der in bestimmter Weise – allerdings in einer Weise, die auch wieder etwas mit Vernunft und Einsicht zu tun hat – sein Leben gemeistert und gestaltet hat? Gibt es nicht den Typus des Philosophen, der Führer und „Werteschaffer" sein will?

Wir können den Gegensatz, um den es sich hier handelt, noch schärfer greifen, indem wir die einzelnen Disziplinen der Philosophie ins Auge fassen. Zu diesen Disziplinen gehört die „Logik". Die Logik aber enthält die „Theorie der Theorie", die reine Mathesis, die Lehre von der reinen gedanklichen Form, von der Form des Gedachten oder Denkbaren als solchen. Sie ist damit die reinste und abstrakteste Erkenntnis, die abgezogenste Theorie, die als solche in den engsten Beziehungen zur Mathematik steht, ja gerade in der Gegenwart die Tendenz zeigt, mit ihr zu einer Wissenschaft zusammenzuwachsen. Eine philosophische Disziplin ist indessen auch die „Ethik" mit ihrer wesentlichen Beziehung zu den Problemen und Aufgaben des praktischen Lebens, die es eben nicht mit der Welt der reinen Gedanken, sondern mit der des Handelns zu tun hat, die Ethik, zu deren Aufgaben mindestens es gehört, die Frage „was soll ich tun" zu beantworten. Aber auch innerhalb der Logik, innerhalb der Ethik finden wir denselben Gegensatz in gewisser Weise wieder. Die Logik ist die Theorie der Theorie, die Wissenschaft vom Gedachten als solchem, aber sie ist auch die Lehre vom „Organon", vom Werkzeug des Denkens, die sich damit an den denkenden als handelnden Menschen, an das Denken als praktisch-zielstrebiges Tun wendet. Die Ethik setzt Ziele und stellt Forderungen, aber sie durchforscht auch das Gebiet der Werte, der gültigen Werte und Wertzusammenhänge, sie gibt eine Theorie der Werte und eine Tafel der Güter, in einer Form, die wissenschaftliche Geltung beansprucht. Logik wie Ethik erscheinen, je nach dem Gesichtspunkt, unter den man sie stellt, als spezifisch theoretische und spezifisch praktische Disziplinen. Die Frage aber, was sie primär sind, ob das Tun-sollen dem Sein-sollen, die Norm dem Wert vorhergeht oder umgekehrt die Norm, das „Du sollst“ nur die praktische Folgerung aus einer rein sachlichen Werterkenntnis ist, ob die Grundform der Logik die einer „Kunstlehre“ des richtigen Denkens ist oder umgekehrt die Vorschriften einer solchen Kunstlehre selbst nur praktisch gewendete, an sich rein theoretische Einsichten über gegenständliche Gebilde („Sätze“, „Wahrheiten“) sind, ist selbst wieder eine philosophische Streitfrage, die uns in aus der Geschichte der Philosophie wohlbekannte Richtungsgegensätze hineinführt.

Es ist richtig, zu sagen, Philosophie sei Wissenschaft, ja reinste und objektivste Wissenschaft, und die Behandlung ihrer Probleme fordere vom Philosophen die geistige Haltung des reinen Denkers. Aber es ist auch richtig, zu sagen, daß gerade der Philosoph auf Probleme geführt wird, die ihn zu wertender und fühlender Stellungnahme zwingen – wie sollte ohne solche Stellungnahme eine Lehre von den „Werten“ möglich sein? Ist aber dies Erfühlen der Werte, dies fühlende Stellungnehmen nicht das Gegenteil reiner Theorie und eben das, was dem *nur* Erkennenden, dem, der nur sehen und Spiegel des Geschauten sein will, verboten ist? Es ist nicht mehr Theorie als solche, es ist Leben und Praxis. Aber der Philosoph kann auch, wie wir sahen, die Grenzen von Wissenschaft und Religion, von Erkennen und Glauben überschreiten, genauer: er kann zu Problemen geführt werden, in denen sein religiöses Erleben sprechen, seine geistige Haltung weit mehr die des homo religiosus als die des reinen Denkers sein wird. Und nicht nur die Ästhetik führt ihn zur Kunst: schon die in der Philosophie immer wiederkehrende Aufgabe, ein „Weltbild“ zu entwerfen, fordert die Einstellung des Künstlers und ist ohne künstlerische Gabe und Fähigkeit nicht zu lösen; die großen philosophischen Systeme haben gerade in dem ihnen so wesentlichen Zug systematischer Geschlossenheit etwas vom Kunstwerk an sich. Der Metaphysiker ist zugleich Künstler und muß es sein, der philosophierende Mystiker spürt etwas von dem

Geist der religiösen Genien in sich, Sokrates' Leben und Sterben ist ein Stück seiner Philosophie.

Es gibt keine wirklich das Ganze der Philosophie treffende Begriffsbestimmung, welche die Philosophie so von den Einzelwissenschaften abzuscheiden vermöchte, wie wir, durch Gegenstand und Methode, die Einzelwissenschaften voneinander trennen können, aber auch keine, die Philosophie und Religion, Philosophie und Kunst, Philosophie und „Leben" ganz scharf voneinander zu sondern gestattete. Es gibt Formen der Philosophie, die gerade das Schwergewicht des Philosophierens in eines dieser anderen Gebiete zu verlegen scheinen. Aber im Grunde gibt es auch keine in diesem Sinn allgemein gültige Definition der „Kunst" oder der „Religion", ja der „Wissenschaft". Es gibt „Religionen" und „Kunstwerke", aber es ist nicht möglich, etwa das Gemeinsame in allen Religionen herauszuabstrahieren und aus ihm einen Allgemeinbegriff der Religion zu machen. Die Religionen haben verschiedene Seiten, eine dogmatisch-metaphysische, eine kultlich-symbolische, eine moralisch-soziale. Mit der einen grenzen sie an die Philosophie, mit der andern an die Kunst, mit der dritten an die Formen des gesellschaftlichen Lebens. Die eine wie die andere kann so überwiegen, daß eine bestimmte Religion fast rein als metaphysisches System oder als Ausdrucksform sozialen Lebens erscheint – ohne daß wir darum doch aufhören dürften, sie als „Religion" zu betrachten und in einer Geschichte der Religion mit zu berücksichtigen. Schon deshalb nicht, weil in den Religionen selbst Tendenzen auftauchen – neben entgegengesetzten Tendenzen – die Religion in Metaphysik, in Philosophie oder in reine Moral oder in eine rein soziale Form aufzulösen. Von einem bestimmten Religionsbegriff aus gesehen, der aber selbst stets auch an einer bestimmten Religion orientiert, also aus einem apologetischen und nicht historischen Standpunkt erwachsen ist, erscheinen solche „Religionen" als Entartungen, als Gebilde, die nicht mehr „eigentliche" Religionen sind; gerade der Historiker dagegen kann nicht umhin, sie in seine Betrachtung mit einzubeziehen und seinen historischen oder historisch relevanten Religionsbegriff *auch* an ihnen (wenn auch gewiß nicht *nur* an ihnen) zu orientieren.

Es gibt keinen spezifischen Gegenstand der Philosophie, aber es gibt *Probleme*, die wir als philosophische Probleme bezeichnen. Diese Probleme – die Frage nach dem Wesen der Wahrheit, nach dem Wesen und den Weisen des Seins, nach der Beziehung der Reiche des Seienden zueinander, nach dem Ursprung und dem Ziel des Weltgeschehens, nach dem Guten, dem Sollen und der Stellung des Menschen in der Welt, nach dem Schönen und dem Sinn der Kunst usw. – haben nichts eigentlich sachlich Gemeinsames, ebensowenig die Antworten, die auf diese Fragen gegeben werden, die zum Teil die Form des Gedankens und seines exakten wissenschaftlichen Ausdrucks annehmen, aber auch des religiösen Symbols, des künstlerischen Bildes, ja des Lebens selbst tragen können. Aber sie bilden dennoch ein Ganzes, sie hängen doch untereinander zusammen, denn ein Problem führt zum andern, gebiert das andere. Das verstehen wir gerade dann, wenn wir diese Probleme bis zu Ende, in alle ihre Möglichkeiten verfolgen oder zu verfolgen suchen. Und dieser Drang, zu einem wirklichen Ende und Abschluß, zu einem Absoluten zu kommen, sei dieses „Absolute" auch die Einsicht in die Unübersteigbarkeit des Relativen, ist ja nun wirklich das Einzige, was – nicht sachlich den philosophischen Problemen oder Lehren – aber allem philosophischen Streben, der geistigen Bewegung, aus der Philosophie hervorgeht, gemeinsam ist. So ist es schließlich nicht ein zeitlos begriffliches Wesen, sondern es ist der lebendige Strom des Werdens, in dem ein Problem aus dem andern, zusammen mit dem Wandel des gesellschaftlichen, moralischen, religiösen Lebens und dem Wachstum der Einzelkenntnis, entsteht, der die Einheit der Philosophie ausmacht. Mit anderen Worten: es ist der *historische* Zusammenhang, wobei wir freilich unter diesem historischen Zusammenhang nicht nur eine tatsächliche zeitliche Abfolge, sondern eine verständliche und nacherlebbare geistige Entwicklung verstehen.

Damit aber sind wir zu einer eigentümlichen Umkehrung des Gedankens gekommen, von dem wir ausgingen. Nicht eine Beantwortung der Frage „was ist Philosophie?“ muß einer Darstellung der Geschichte der Philosophie vorausgehen, sondern die Geschichte der Philosophie selbst ist das einzige Mittel, uns jene Frage in wirklich umfassender Weise zu beantworten, freilich eine Geschichte der Philosophie, die nicht Daten, Lebensläufe und Aussprüche berichtend aneinanderreiht, sondern eine Entwicklungsgeschichte der philosophischen Problematik, die die innere Folgerichtigkeit in dieser Entwicklung begreiflich macht. Diese Geschichte der Philosophie ist daher selbst – ein Umstand, der in keiner anderen Wissenschaft eine Parallele hat – eine philosophische Disziplin und eine solche von unentbehrlicher Bedeutung. Sie zeigt uns, was Philosophie ist und was Philosophie bedeutet in der Entfaltung des menschlichen Bewußtseins und der menschlichen Kultur. Sie ist damit zugleich ein Philosophieren über die Philosophie.

Eine andere Frage entsteht indessen an dieser Stelle: *wann*, in welchem Zeitpunkt und mit dem Auftreten welcher Gedanken und Probleme haben wir die Geschichte der Philosophie zu beginnen? Daß es sich freilich nicht um einen Zeit*punkt* im strengen Sinn handeln kann, daß die Philosophie nicht wie Athene dem Haupt des Zeus fertig entspringt, sondern daß ein allmählicher Loslösungs- und Verselbständigungsprozeß zu ihr hinführt, ist von vornherein klar. Aber eine Loslösung wovon und eine Verselbständigung wozu? Wir pflegen von einer Philosophie im eigentlichen Sinn erst da zu sprechen, wo das bewußte Nachdenken, also das Sinnen des Einzelnen sich auf bestimmte Fragen richtet – vor allem auf die Frage nach dem Woher, dem *Ursprung* der Welt, in die der Mensch sich hineinversetzt findet, die er mit seinen Sinnen wahrnimmt, die ihm Nahrung und Obdach bietet, ihn aber auch mit Gefahren bedroht, der Welt, in der er mit seinesgleichen zusammenlebt, die indessen auch unsichtbare Gewalten enthält, von denen religiöse Traditionen und Mythen ihm berichten. Und daneben die

Frage nach der Richtschnur des Handelns, nach dem rechten Tun und Verhalten. Ehe aber das persönliche, individuelle Denken sich diesen Fragen zuwendet, besitzt der Mensch schon gewisse Antworten, die das kollektive und unbewußte Denken geschaffen hat und die eben in den überlieferten Mythen und religiösen Vorstellungen, wie in den traditionellen Regeln der Sitte und der geltenden Moral eingeschlossen liegen. Daher entsteht Philosophie teilweise in einer durch das persönliche Denken geschaffenen Fortbildung und Ausdeutung des Mythos, einer bewußteren Fassung der Sittenregeln und moralischen Forderungen, teilweise in einer gegen sie gerichteten Kritik von seiten des Individuums, zwei Dinge, die sich natürlich auch verbinden können, deren Verbindung ursprünglich sogar in gewisser Weise die Regel ist, denn es gibt keine Fortbildung ohne Kritik und mindestens ursprünglich keine Kritik ohne den Versuch, etwas Besseres an die Stelle des Alten zu setzen, das dann doch nie ohne Verbindung mit dem Alten ist.

Philosophie löst sich los von Mythos, Religion und traditioneller, ohne Kritik befolgter Lebensgestaltung, ihre Entstehung ist damit zugleich ein Stück der Loslösung des individuell-persönlichen vom kollektiven Denken und Leben. Philosophie setzt den Philosophen voraus, dessen Persönlichkeit seiner Philosophie das Gepräge gibt. Sie setzt den persönlichen Denker sogar in höherem Grade voraus, als dies ihre Tochter, die Wissenschaft, tut. Denn von „Wissenschaft" im eigentlichen Sinn sprechen wir erst da, wo sich eine feste Tradition, ein Handwerkszeug von Begriffen und Methoden herausgebildet hat und mit ihrer Hilfe eine wachsende Summe von „tatsächlichen Kenntnissen" gewonnen wurde, an deren Vermehrung und Verarbeitung der einzelne Jünger der Wissenschaft mit dem übernommenen und immer weiter verfeinerten Werkzeug arbeitet. Wissenschaft ist in höherem Grade eine Sache der Generationen, damit objektiver und unabhängiger vom einzelnen wissenschaftlichen „Arbeiter"; Philosophie ist subjektiver, sie ist mehr „Schöpfung", Werk, das den Stempel des Schöpfers trägt.

Ein Unterschied, der natürlich auch relativ zu nehmen ist, da ja Philosophie und Wissenschaft ohne scharfe Grenze ineinander übergehen; auch ist nicht zu vergessen, daß der Vertreter der Einzelwissenschaft selbst Philosoph sein und daß die schöpferische Leistung des Philosophen in der Schaffung einer wissenschaftlichen Methode bestehen kann. Mit alledem aber steht die Philosophie wiederum in eigentümlicher Weise zwischen den großen Schöpfungen des Kollektivgeistes, dem Mythos, der Religion, der Sitte, und den Ergebnissen der bewußten und methodischen Arbeit aufeinander folgender Generationen, wie wir sie in den Resultaten der Wissenschaft und der auf sie gegründeten Technik vor uns haben. Und ebenso steht der Philosoph mit seinen auf die „Welt", die Totalität gerichteten und doch wieder stark persönlichen Gedanken zwischen dem Menschen, der noch ganz in der „Gemeinschaft" wurzelt, lebt, handelt und denkt, und dem Menschen der späten „Gesellschaft", der im Rahmen bewußt geordneter Verhältnisse und mit Hilfe zweckvoll gestalteter Werkzeuge mit seinesgleichen zu klar bestimmten Zwecken zusammenwirkt.

Es ist im Grunde dieselbe Sache, nur von anderer Seite her gesehen, wenn wir darauf hinweisen, daß die Philosophie nicht denselben eindeutig „fortschreitenden" Charakter in ihrer Geschichte zu zeigen pflegt, wie er der „Wissenschaft" zukommt. Der Fortschritt der Wissenschaft ist bedingt durch die wachsende Summe der unverlierbaren „Tatsachenkenntnisse", die sie erarbeitet und fixiert. Auf dem Grund ihrer jeweiligen Tatsachenkenntnisse erwachsen ihre Probleme, die damit selbst wechseln, gelöst werden, um neuen Problemen Platz zu machen. Die eigentlichen Grundprobleme der Philosophie finden nie in diesem Sinn *eine endgültige* Lösung, sie werden daher auch nie schlechthin überholt, sondern kehren wieder – ebenso wie die *verschiedenen möglichen* Lösungen, die ihnen gegeben werden können. Der „Fortschritt" der Philosophie besteht in der Vertiefung, Ergänzung, Erweiterung dieser Lösungen und in ihrer In-Beziehung-Setzung zu den im Rahmen wissenschaftlicher

Erkenntnis (das Wort im weitesten Sinn genommen) festgestellten Tatsachen. Dabei werden freilich eine Reihe ursprünglich philosophischer Probleme allmählich an die Wissenschaft abgegeben und endgültiger Lösung überantwortet, andere als falsch gestellte Scheinprobleme aufgeklärt und damit von der ewigen Problematik der Philosophie abgespalten.

Die Loslösung der Philosophie von Mythos, Religion, Tradition ist ein allmählicher Prozeß, der sich mehr oder minder vollständig vollziehen kann. Die Philosophie kann der Religion näher bleiben, sie kann das Gewand des Mythos beibehalten, wenn auch vielleicht nur in der Form einer durchsichtigen Symbolik. Die Philosophie kann auf dem Standpunkt einer theologisierenden Philosophie oder wenigstens im Bannkreis ihrer Fragen verharren – zustimmend, ausdeutend, apologetisch oder kritisch und verneinend. Oder sie kann den Weg zurücklegen bis zu dem Punkt, an dem sie die Wissenschaft im engeren Sinn aus sich entläßt und selbst zu wissenschaftlicher Form und wissenschaftlicher Schöpfung tendiert. Der Philosoph kann dem Propheten, dem Religionsstifter, dem Volksführer und -erzieher nahe verwandt bleiben, und er kann sich zum Denker entwickeln, der mit den Waffen der Logik den Problemen zu Leibe geht, die ihn innerlich ergriffen haben.

Zu ihrer vollen Entwicklung ist die Philosophie in diesem letzten Sinne nur an einer Stelle gekommen, in dem Volk, dessen Sprache uns auch das Wort und den Begriff geschenkt hat: bei den Griechen. In der griechischen Philosophie verfolgen und beobachten wir den Weg zur Wissenschaft, die ja selbst eine spezifische Schöpfung des europäischen Abendlandes und nicht denkbar ist ohne das Begriffswerkzeug, das die griechische Philosophie geschaffen hatte. Das hindert nicht, daß dies griechische bzw. dies antike Philosophieren an späteren Stellen gerade wieder eine Wendung von der wissenschaftlich-gedanklichen Form weg und zur Lebenspraxis, Lebenskunst, zum Mythos und zum religiösen Erleben nimmt. Doch bleibt ihr auch dann und auch da, wo sie gegen die Ratio, gegen das Überwiegen der wissenschaftlichen Form kämpft, eine Beziehung zur rationalen Methode. Die Beziehung zur Wissenschaft und die Auseinandersetzung mit ihr, sei diese Wissenschaft nun dogmatisierte Theologie oder Natur- und Geschichtswissenschaft, bleibt im Mittelpunkt der von der griechischen Philosophie abhängigen und sie fortsetzenden abendländischen Philosophie. Darum stellt diese abendländische Philosophie auch in relativ hohem Grade eine einheitliche Entwicklung dar.

Wenn man andererseits von einer „Philosophie der Primitiven" etwa spricht, also jener Völker, die in einer Art wirtschaftlichen, sozialen und geistigen Gleichgewichts stehengeblieben sind (das durchaus nicht „primitiv" im Sinne besonderer Einfachheit zu sein braucht), so kann hier natürlich nur die Welt- und Lebensansicht gemeint sein, die auf dem Grunde ihrer Mythen, religiösen Vorstellungen und Einrichtungen durchschimmert. Und auch die Rede von einer „Philosophie der Bibel" oder des in der Zarathustrareligion sich äußernden persischen Geistes kann kaum einen anderen Sinn haben, bei aller hohen Eigenart und Geschlossenheit des alttestamentarischen Monotheismus und seiner imperativischen Moral oder des persischen Dualismus und seiner Kampfethik und trotz den Ansätzen zu einer religiösphilosophischen Reflexion, wie wir sie in den späteren Büchern des Alten Testaments bis hin zu dem resignierten Pessimismus des „Prediger Salomo" finden. Es wird sich Gelegenheit geben, auf den philosophischen Gehalt dieser Dinge mit einigen Worten einzugehen, da, wo eine an sie anknüpfende Entwicklung in den Hauptstrom der abendländischen Philosophiegeschichte einfließt.

Anders steht es mit Indien und China. Hier vollzieht sich eine eigene Entwicklung, die den Namen einer Geschichte der indischen und chinesischen Philosophie wohl verdient und eine besondere Darstellung rechtfertigt. Hier stoßen wir auf ausdrücklich gestellte philosophische Fragen, auf Antworten, die den Stempel bewußt persönlichen Denkens tragen und nach fortschreitender Vertiefung und Begründung suchen; hier begegnen wir bereits einer Diskussion verschiedener möglicher philosophischer Ideen und Standpunkte; wenn auch die indische Philosophie ihren Zusammenhang mit der indischen Religiosität nirgends ganz verliert und der chinesischen Philosophie ein Zug zur praktischen Lebensführung den Stempel aufdrückt.

ERSTES KAPITEL

DIE ALT-INDISCHE PHILOSOPHIE

Die ältere indische Literatur trägt durchgehend religiösen Charakter, sie ist enthalten in dem umfassenden Schriftenkomplex kanonischer Geltung, den wir unter dem Namen des *Veda* kennen. Dieser Schriftenkomplex ist mannigfach geschichtet. Er zerfällt zunächst in die vier Teile des Rig-, Sama-, Yayur-, Atharvaveda – Teile, die äußerlich mit den vier beim Opfer amtierenden Priestern und ihren Funktionen in Verbindung gebracht werden. Jeder dieser Teile aber enthält wiederum erstens eine „Sammlung" von Hymnen, Liedern oder Opfersprüchen, zweitens die sogenannten „Brahmanas", theologische Texte, Ritualvorschriften, Deutungen der Opferriten, Lieder und Sprüche, ferner Meditationen, zu denen dann auch die philosophisch so besonders wichtigen „Upanishaden" („Geheimlehren") gehören; endlich, drittens die „Sutras", kurze, bisweilen stichwortartige Zusammenfassungen des Inhalts der voraufgehenden Lieder und Brahmanas. Ohne Zweifel aber haben wir außerdem in den Veden ein Gebilde vor uns, das aus Teilen sehr verschiedenen *zeitlichen* Ursprungs zusammengewachsen ist, wenn auch die Entstehungszeit der Teile nur schwer und ungenau zu bestimmen ist. Den ältesten Bestandteil bilden offenbar die *Hymnen des Rigveda,* die uns einen Blick in die indische Kultur jener Zeit tun lassen, in der die arischen Einwanderer und Eroberer des Landes noch in der Gegend des Industals sich befanden, also den Ganges und das eigentlich tropische Indien noch nicht erreicht, auch trotz der scharfen Abgrenzung gegen die Ureinwohner die für das spätere Indien so charakteristische Kasteneinteilung noch nicht ausgebildet hatten. Eine kriegerische Epoche spiegelt sich in ihnen; in wirtschaftlich und geistig entwickelten, von der Masse sich abhebenden Kreisen – vergleichbar den

Fürstenhöfen, an denen die homerischen Gesänge vorgetragen wurden – haben wir den Ursprung der Hymnen zu suchen. In dem Pantheon, das uns in ihnen entgegentritt und das an die olympische Götterwelt, wenn auch unter weit weniger scharfer Abgrenzung und plastischer Individualisierung der einzelnen Göttergestalten, erinnert, ragt Indra hervor, der Gott gewaltiger Kriegstaten, der den berauschenden Somatrank liebt, und neben dem, wie neben dem irdischen König der unentbehrliche Hauspriester, sich eine Art Priestergott (Brahmanaspati) abzeichnet, der über die Macht der magischen Formel und des magischen Wissens verfügt; aber auch Agni, der Gott des Herdfeuers, und Varuna, der wie Zeus der Hüter der Weltordnung und der Richter der Vergehen ist.

Jene Vorstellung der Macht und Erhabenheit des Göttlichen, vor der der Mensch zum Nichts wird, die den Kern der *jüdischen* Religiosität bildet, ist bekanntlich den Indern wie den Griechen fremd. Die Verfasser der homerischen Gesänge scheuen sich nicht, gelegentlich Geschichten zu erzählen, die die Götter zum Gegenstand des Gelächters machen, ebenso stoßen wir in den Hymnen des Rigveda etwa auf ein Lied, das in ausgesprochen komischer Form uns den betrunkenen Indra schildert. Früh wagt sich der Zweifel an die Götterwelt, entrüstet spricht ein Lied von den Ungläubigen, die von Indra selbst behaupten, er sei nicht. Neben dem Spott und dem Zweifel aber steht die grübelnde Frage, die sich durch die Erzählungen von den Göttern und dem, was sie den Menschen gegeben, gebracht, geschaffen haben, nicht mehr befriedigen lassen will, die Frage nach dem Woher, dem Ursprung der Welt. Und zwar der Welt *einschließlich* der Götter, wenigstens der Götter des bekannten Pantheon, die zum Diesseits der Welt gerechnet werden, wenn nach dem letzten, dem eigentlichen Urgrund gefragt wird. *Warum ist überhaupt Etwas und nicht Nichts?* Diese echte philosophische Grübelfrage taucht auf, die der Mensch nie wirklich beantworten und die er doch auch nie lassen kann zu stellen, und führt über die personifizierten Göttergestalten hinaus zu Begriffen, in denen ein noch ungelenkes, stammelndes Denken einen ersten Anfang, ein „Absolutes“ zu fassen versucht, oder ein „Nichts“, das doch schon den Keim des Seienden in sich trägt, und damit eine Brücke, die vom „Nichts“ zu der Fülle des Seienden hinführt.

Ein großartiges Dokument dieses philosophischen Grübelns ist uns in dem 129. Hymnus des zehnten Buches der Rigvedasammlung erhalten, dem berühmten Schöpfungshymnus. Was regte sich, so fragt der Dichter hier, als es „nicht das Nichtseiende, noch das Seiende“, als es weder „Tod noch Unsterblichkeit“ (weder Mensch noch Gott) gab, als Tag und Nacht noch nicht geschieden war? Wer weiß es, wer könnte es verkünden, woher die Schöpfung entstand? *Die Götter sind später*. Wer weiß es also, woraus sie geworden ist? „Woraus diese Schöpfung geworden ist, ob er sie gemacht hat oder nicht: der über sie wacht im höchsten Himmel, der weiß es gewiß – oder weiß auch er es nicht?“ In den mittleren Versen versucht der Verfasser, der so am Schluß zu der großen Frage zurückkehrt, dann doch eine Art Antwort, die zwischen einem auch sonst aus dem Mythos bekannten Bilde und einem begrifflichen Schema in der Mitte steht. Ein dunkles, unterschiedsloses Gewoge nennt er das, woraus alles entstand – wir denken an das „Wüste und Leere“ des biblischen Schöpfungsberichts, aber auch an das „Chaos“, das „Gähnend-Leere“ der Hesiodischen Theogonie, an das „Apeiron“, das Grenzen- und Bestimmungslose des griechischen Philosophen Anaximander – alles Versuche, jenes „Nichts“ begrifflich zu denken, das dem bestimmten „Etwas“ entgegensteht und aus dem doch das „Etwas“ werden kann. Von diesem Leeren umschlossen aber entsteht nun „das Eine“ durch die Kraft des „Tapas“. Tapas bedeutet jene innere Kraft, die der Mensch in sich selbst spürt, die er durch Konzentration, durch Willensanspannung, durch Aszese und seelisches Training in sich wecken und steigern kann – deren methodische Ausbildung in ihrer Macht über den Körper im späteren Indien eine eigene Aufgabe bildete. Aber wie der folgende Vers zeigt, bringt der Verfasser diese Kraft dann auch mit der Zeugungskraft, mit dem Eros in Verbindung, den wir in gleicher Bedeutung, als kosmogonischen, weltschaffenden Eros in altgriechischen Mythen und jenen zwischen Mythos und Philosophie in der Mitte stehenden Theo- und Kosmogonien der Orphiker oder Hesiods wiederfinden. Daß die Weltentstehung ein Zeugungs- und Begattungsprozeß war, ist ja ein bei verschiedenen Völkern der Erde wiederkehrender, ein *typischer* Mythos: aber an die Stelle der mythischen Erzählung tritt eben hier der abstrakte Begriff.

Es gibt andere typische, bei den verschiedensten Völkern wiederkehrende Weltentstehungsmythen, Bilder, die den Weltwerdeprozeß nach Analogie irgendeines bekannten Einzelvorgangs der Wirklichkeit schildern: das Werden und Wachsen eines Weltenbaumes, die Entwicklung aus dem Weltei, das Schmieden oder Gestalten der Welt aus einem Material durch den Urgott, das Sichzerteilen eines Urriesen oder Urgottes in einzelne Stücke, aus denen die einzelnen Sphären und Reiche der Welt: Sonne, Mond und Erde, Mensch, Pflanze und Tier hervorgehen. Bleiben wir bei diesem letzten Mythos stehen, so stoßen wir auch auf ihn in einem der alten Hymnen der Rigvedasammlung. Aber zugleich in einer charakteristisch indischen Wendung, die einen auch sonst bereits im Rigveda anklingenden Gedanken enthält, der in der Theologenphilosophie Indiens besondere Bedeutung gewinnt: Die Zerteilung des Urgottes oder Urriesen wird als Opfer gefaßt. In einer Opferhandlung, also in einem Vorgang, der sein Abbild, sein Analogon in dem vom Priester dargebrachten Opfer besitzt, dessen symbolische Wiederholung das Opfer ist, entsteht das Weltall.

Es ist für die Entwicklung der indischen, der brahmanischen Religion bedeutsam, daß in ihr das Opfer frühzeitig den Charakter der Gabe, des Geschenkes an die Götter verliert und zu einer reinen, nach strengem Ritus zu verrichtenden Kulthandlung von symbolischer Bedeutung und magischer Wirkung wird. Wie das im einzelnen gekommen ist (Ansätze zu einer solchen Entwicklung finden wir ja auch sonst), kann und muß hier dahingestellt bleiben, ebenso, ob jener Vergleich der Weltentstehung mit der Opferhandlung in einzelnen der alten Hymnen selbst den Anstoß zu solcher Wandlung der Auffassung gab oder nicht vielmehr schon eines ihrer Symptome war. Tatsache ist jedenfalls, daß wir in weit späterer Zeit immer wieder der Neigung begegnen, philosophische Einsichten, metaphysische Intuitionen in den Opferritus hinein-, bzw. aus ihm herauszudeuten, im Ritus die Sprache zu erblicken, in der ein geheimes Wissen um die letzten Dinge sich kundgibt. Und ein Weiteres hängt damit zusammen: die Stellung des Priestertums, die außerordentliche Machtstellung und Bedeutung des Brahmanen, die ihm jenes Wissen, vor allem das Wissen um den richtigen Opferritus, der allein auch das Opfer wirksam macht, gibt. Diese Macht wird zuletzt in gewissem Sinn eine Macht sogar über die Götter; denn das Opfer als Ausdruck geheimen Wissens um die Gründe und Zusammenhänge der Dinge übt selbst magische Kräfte, aus der Gabe wird die beschwörende Handlung, aus dem Gebet die magische Formel, das Wort, das die Kräfte der Natur bezeichnet und herbeiruft. Vor dem Steckenbleiben in einer bloßen Zaubertechnik, in einem Gestrüpp von Zaubermitteln und -formeln aber bewahrt den indischen Geist eben der Gedanke, daß es ein Wissen um die Gründe und das Wesen der Dinge ist, das hinter magischer Kunst und wirkendem Opferritus steht, mit anderen Worten, es bewahrt ihn davor seine philosophische Begabung und Neigung.

Die ausgezeichnete Stellung des Priestertums aber konnte sich weiter nur ausbilden und diese eigentümliche Höhe erreichen im Zusammenhang mit der Ausbildung eines geschlossenen Priesterstandes mit eigener Tradition, wie sie nun das indische Kastenwesen schafft. Mit ihm aber und der ganzen Gesellschaftsordnung, deren hervorstechendstes Merkmal es ist, sind wir über die Periode der Hymnen des Rigveda hinweggeschritten, stehen wir in der „Brahmanazeit".

Schon in den Hymnen des Rigveda taucht die grübelnde Frage auf nach dem unbekannten obersten Gott, der über allen einzelnen Göttern der Tradition, der jenseits aller einzelnen Dinge steht: „Wer ist der Gott, daß wir ihm opfernd dienen?“ Das Suchen nach dieser obersten Gottheit, dieser höchsten Schöpferkraft, der gegenüber alle Dinge, Menschen und Götter, Tiere und Pflanzen, Erde und Gestirne zu Abhängigem, Geschaffenem, Gewirktem werden, setzt sich in den theologischen Brahmanatexten fort. „Prajapati“, der Vater der Welt, wird diese oberste Gottheit genannt, noch personifiziert, dann aber auch zu rein begrifflicher Wesenheit verblassend: gelegentlich mit dem „Jahr“ gleichgesetzt – der Zeit, aber zugleich auch der im Jahreswechsel sich auswirkenden Fruchtbarkeit der Natur. Vor allen Dingen aber stoßen wir hier nun auf den Zentral- und Leitbegriff der indischen philosophischen Spekulation: auf *das Brahman* (sächlich, im Unterschied zu dem späteren persönlichen Gott Brahma der hinduistischen Volksreligion) als Urprinzip alles Seienden. Brahman bedeutet ursprünglich das Gebet, den heiligen Spruch, das magische Wort. Dies „Wort“ wird jetzt zum Urwesen selbst, zu seinem Namen, der aber – wie überall in der magischen Weltansicht – mit dem Wesen aufs engste verschmilzt, seine Kräfte übt und dem, der ihn, den Namen, kennt, den Weg zum Wissen um das Wesen selbst vermittelt. „Am Anfang war das Wort“ – nur hier nicht in Gestalt des griechischen „Logos“, der vernünftigen Rede, sondern der magischen Formel, in die sich das Wissen und Vermögen des priesterlichen Hüters uralter Tradition zusammenfaßt.

Dem *einen* Brahman steht gegenüber die Vielheit alles dessen, was unterschiedlich sich sondert durch das, was eben die vielen Einzeldinge unterscheidet, durch „Name und Gestalt“ (namarupa). Von ihnen allen ist das Brahman zu unterscheiden – aber eben nicht wie ein Ding vom andern, neben dem andern. Das Brahman – das Göttliche – in der sächlichen Fassung des Wortes liegt, daß ihm jene Persönlichkeit und Gestalt abgesprochen wird, die dem Einzelnen nur im Unterschied von andern Einzelnen, die dem „Individuum“ zukommt. Dieses Brahman ist daher alles in allem, es wirkt in allen Dingen, es durchdringt sie, wie, um einen späteren Vergleich zu gebrauchen, das Salz, das sich im Wasser löst, das ganze Wasser durchdringt und salzig macht. Es ist in jedem noch so kleinen Teil ebenso wie in der ganzen Schöpfung.

Die Brahmanspekulation ist das eine wichtige Thema der indischen Philosophie und Theologie. Mit dem Brahman aber verbindet sich ein zweiter Begriff: der des *Atman*, des Ich, des Selbst.

Ist das Brahman überall, so ist es auch *in mir*. Hier aber, im eigenen Ich, eröffnet sich dem indischen Philosophen der Weg zum Brahman: nicht indem ich nach außen blicke, die Dinge und Gestalten wahrnehme und unterscheide, sondern indem ich mich in mich selbst versenke, finde ich das Brahman. Der nach außen gewendete Blick trennt die Einzeldinge voneinander, scheidet aber auch Subjekt und Objekt; die nach innen gerichtete Versenkung hebt diese Scheidung auf und führt damit zu der Wurzel, in der mein Selbst mit dem Urgrund der Welt zusammenhängt. Vorausgesetzt freilich, daß die Versenkung tief genug reicht, tiefer als das wache Bewußtsein, tiefer selbst als der Traum.

Es gibt zwei Wege, auf denen die Religion und der religiöse Mensch den Zugang zu Gott zu finden sucht. Der eine, wir können ihn kurz den Weg der prophetischen Religion nennen, ist der des Gebets, des Zwiegesprächs, in dem dem Beter Gott als ein „Du" gegenübertritt, als ein seinem „Ich" unermeßlich überlegenes „Du", aber doch als ein Du, zu dem er sprechen kann. Die Religiosität der israelitischen Propheten, die Religion Jesu ist ohne das Gebet nicht denkbar, im Gebet tritt die Person des Beters zu dem lebendig-persönlichen Gott in Beziehung. Der andere Weg ist der der Versenkung, die in die Tiefe des Ich, des „Selbst" dringt, bis das Ich selbst in der Gottheit aufgeht. Jede mystische Religiosität ruft Gott im Ich, nicht als Du. Die Übung der Versenkung aber, bis hin zur Ausbildung einer virtuosen Technik, ist vor allem der indischen Religiosität zu eigen. In sich selbst findet der Mensch das Brahman, den göttlichen

Grund aller Dinge. *Der Atman ist das Brahman* – in diesem Satz ist nun bereits das Thema bezeichnet, das vor allem in den älteren *Upanishaden*, jenen den Brahmanatexten angehängten, übrigens aus recht verschiedenen, z. T. erheblich jüngeren Zeiten stammenden Reflexionen, so häufig berührt wird. Als eine besondere Lehre oder Belehrung tritt jener Gedanke hier auf, mehrfach finden wir, daß der Weise, der sie erteilt, nicht der Brahmanenkaste angehört, daß er seine Einsicht dem bloßen Ritual- und Wortwissen entgegenstellt, ein Zeichen, daß diese Wendung zu philosophischer Reflexion einer Zeit entstammt, in der man der in äußerlichem Zeremonialdienst erstarrenden brāhmanischen Religion ein neues Leben einzupflanzen versucht.

Die Brahman-Atman-Spekulation gewinnt nun aber hier noch eine weitere Bedeutung dadurch, daß sie sich mit einem seit der Brahmana- oder Upanishadenzeit zentralen Bestandstück der indischen Theologie und Philosophie verbindet: mit der Lehre von der *Seelenwanderung*.

Lassen wir dahingestellt, wie diese (in den Rigveda-Hymnen noch fehlende) Lehre entstanden ist, so enthält sie jedenfalls einmal den Gedanken, daß die Seele nach dem Tode des Körpers nicht verschwindet, sondern sich neu inkorporiert, und zwar als Mensch – höherer oder niederer Kaste – aber auch als Tier oder als Gott, und zweitens den, daß die Form des nächsten Lebens, zu dem er wiedergeboren wird, um einen neuen Lebenslauf durchzumachen, von dem Lebenswandel des Menschen in der voraufgehenden Existenz abhängt. Ein gutes Leben führt eine höhere, ein schlimmes eine tiefere Lebensform herbei, die Wiedergeburt enthält Lohn und Strafe – aber nicht durch Gericht und Eingreifen eines Gottes, sondern mit einer Art Naturnotwendigkeit: der Atman selbst bereitet sich seiner Natur, seinem Wesen gemäß den neuen Leib, sein Wesen aber hat sich gebildet durch seine Taten – es ist gut geworden durch gute, böse geworden durch böse Taten.

Das Streben des gläubigen Jüngers der Seelenwanderungslehre war offenbar ursprünglich darauf gerichtet, durch die

Wiedergeburt zu einem höheren, glücklicheren Leben aufzusteigen. Allmählich aber wird nun diese ganze ewige Wiederkehr von Leben und Sterben, dieser unaufhörliche Kreislauf der Geburten in seiner „schlechten Unendlichkeit", um mit Hegel zu reden, zu dem Urbild eines Daseins ohne Ziel, Zweck und Sinn, zu einer Sisyphusexistenz, von der der Mensch *Erlösung* ersehnt. Diese Erlösung bietet das Einswerden mit dem Brahman, die Versenkung, die damit zugleich in charakteristischen Gegensatz tritt zu dem Handeln und Wollen, zu der Tat, die den Menschen, sei sie gut oder böse, in die Welt, in die Kette der Dinge und Gestalten, in die Wiedergeburt verstrickt. Den *Weg* zur Erlösung aber weist die Brahman-Atman-Lehre, die Lehre von der Identität des Atman mit dem Brahman, des „Selbst" mit dem Urgrund der Dinge.

So wird die indische Religion und ihre philosophische Interpretation Erlösungslehre. Aber es handelt sich nicht, wie im Christentum, um eine Erlösung von der Sünde und der „Sünde Sold", dem Tod, sondern um eine solche von der Wiedergeburt, d. h. der Sinnlosigkeit eines ewig in ähnlicher Form wiederkehrenden Lebens als naturnotwendiger Folge der „Tat" und ihres Grundes, des Wollens und Begehrens. Und noch ein zweiter Unterschied gegenüber der christlichen Erlösung sei hier sogleich hervorgehoben: so wie es nicht durch das Eingreifen der Götter, sondern mit einer Art Naturnotwendigkeit geschieht, daß der Gute zu höherem, der Böse zu niederem Leben wiedergeboren wird, so ist es auch nicht Gott, der erlöst, sondern der Mensch erlöst sich selbst. Schließlich ist es nicht Buße, Reue, Umkehr, sondern es ist zuletzt das *Wissen,* das die Erlösung bringt. In dem Gedanken, daß der Mensch aus eigener Kraft den Weg zum Ziel, zur Seligkeit, erkennen und durch sein Wissen gehen kann, steht die indische Philosophie zusammen mit dem Griechentum, genauer mit der Sokratik, gegen das Christentum. Aber das „Wissen" des indischen Philosophen ist nicht die klare Bewußtheit, nicht die begründete und begründende Einsicht, die Sokrates der Tugend gleichsetzt und in der er den Grund der Glückseligkeit erblickt, sondern es ist ein intuitives, mystisches Innewerden, das sich vollendet im Einswerden der Seele mit dem Brahman, das sich völlig erst im Versinken unter die Schwelle des Bewußtseins vollzieht: Brahman ist nicht Logos.

Zu bemerken ist freilich, daß dieser Gedanke der Brahman-Atman-Lehre als des Erlösungswissens in reiner Form nur in einigen Upanishaden uns entgegentritt: die Grenzen zwischen Philosophie und Theologie, begrifflich gefaßtem Gedanken und überliefertem Mythos sind fließend. Aber in den jüngeren Upanishaden sind nun schon die Anfänge der philosophischen Systembildung erkennbar, deren Ausbildung wir in der späteren Zeit verfolgen können. Vor allem gilt das für die sogenannte *Sâmkhyaphilosophie*, als deren Urheber der mythische Seher Kapila genannt wird und das seine klassische Form im 4. oder 5. nachchristlichen Jahrhundert erhielt, „Samkhyakarika" des Isvarakrsna).

Klare und scharfe Begriffsbildung und begriffliche Unterscheidung fehlt der Mystik der Upanishaden, wird auch nicht von ihr erstrebt. Ergriffen von dem All-Einheitsgedanken sprechen die Denker und Dichter von dem Wege der von der Außenwelt sich zurückziehenden Seele zum Brahman, von der Identität der Seele des Menschen mit dem Brahman, aber es wird nie ganz klar, ob unter der „Seele", dem Atman, ausschließlich die Einzelseele zu verstehen ist oder eine Allseele, an der die Seele des einzelnen Menschen nur irgendwie teilhat, wie sich überhaupt das Individuum zum All und seiner Einheit verhält, in welcher Beziehung schließlich die Seele zur Natur, zur materiellen Welt steht. Diese Fragen interessieren hier noch nicht, das Erleben und Insichaufnehmen jenes Grundgedankens ist das Ziel, nicht die Beantwortung solcher in der Konsequenz des Grundgedankens sich aufdrängender Einzelfragen. Anders, wenn wir uns zu einem philosophischen System wie dem Samkhya wenden – schon der Name deutet darauf hin –, die „Samkhya" ist die „aufzählende", also begrifflich unterscheidende Lehre.

Zunächst wird Seele und Körper, oder vielleicht sagen wir besser: Geist und Natur einander gegenübergestellt. *Geist:* d. h. die vielen voneinander getrennten einzelnen Seelen oder individuellen Geister; die Samkhyaphilosophie meidet das Wort Atman, das das Atmende, Lebende bezeichnet und den Gedanken an ein Alleben und eine Allseele nahelegt, und setzt dafür Purusa, das ursprünglich Mann bedeutet. *Natur:* die zusammenhängende, aber von ständiger Veränderung, immerwährendem Geschehen durchzogene Materie. Die Natur (Prakrti, das Wort ist auch im Indischen weiblich) ist das ewig Werdende, dem der Geist als ein in sich ruhendes und an sich unveränderliches Sein gegenübersteht. Die Natur wirkt und handelt, der Geist ist an und für sich rein passiv, seine Funktion ist ein bloßes Schauen, durch ihn wird lediglich das, was in der Natur sich abspielt, bewußt. Aber der Geist ist von Anfang an in die Materie verstrickt, an ein Stück Natur, einen Körper gebunden. Der Körper zerfällt, da alles in der Natur ein Werden und Vergehen ist, mit seinem Zerfall geht der Geist über in einen neuen Körper: auch für die Samkhyaphilosophie ist die Seelenwanderung selbstverständliches Dogma. Dabei stoßen wir weiter – wie in den ältesten griechischen Philosophemen – auf den Gedanken eines periodischen Wechsels in der Gesamtnatur, eines Aufgehens aller Einzeldinge in der Materie und ihres sich wieder Herausgestaltens. Dieser Wechsel wird mit den drei Urkonstituentien der Materie in Zusammenhang gebracht, dem Klaren, Hellen, Leichten – Nebligen, Dunstigen – und Finsteren, Starren, Schweren, wir dürfen auch sagen: dem Licht, der Luft und der Erde. Aus diesen Konstituentien (wir denken an die „Elemente" der griechischen Philosophie) sind alle Dinge gemischt, ihr *Gleichgewicht,* ihre gleichmäßige Vermischung bedeutet jenen von Zeit zu Zeit wiederkehrenden Urzustand der Materie; das *Überwiegen* des einen in irgendeinem Teil der Natur leitet den Weltprozeß ein, in dem sich Dinge in wechselnder Mischung der Urstoffe herausbilden und wieder auflösen, um anderen Platz zu machen. Man beachte indessen dabei, daß die indische Philosophie zwischen dem, was *wir* „seelisch“ und „körperlich“ nennen, nicht in der uns geläufigen Weise scheidet: Das finstere und schwere Konstituens der Materie bildet nicht nur die erdhaften Dinge, sondern es ist auch in den „schweren“, den betäubenden Gedanken und seelischen Vorgängen enthalten; das kosmische Konstituens des Leichten und Hellen gibt nicht nur dem Licht im physikalischen Sinn, sondern auch dem Angenehmen, dem seelisch Leichten seinen Charakter; das Neblige und Bewegliche wird zugleich als das „Schmerzliche“ bezeichnet. Eine Unterscheidung „subjektiver“ und „objektiver“ Qualitäten in unserem Sinn ist also dieser Lehre grundsätzlich fremd, es ist alles „objektiv“, der Geist gießt nur das Licht des Bewußtseins darüber aus, er ist lediglich Spiegel. Nur daß alles „Objektive“ ein stets Werdendes und Vergehendes, kein beharrlich Seiendes ist. Noch mehr: Die „seelischen“ Vorgänge, die danach also nicht geistiger, sondern materieller Natur sind, stellen sogar das erste Geschehen dar, das sich in der Materie entwickelt. Das Denken oder der Verstand (es ist ein weiterer bedeutsamer Zug, daß zwischen dem Vorgang, der Funktion und dem Organ – Denken und Verstand, Sehen und Auge – nicht deutlich geschieden wird: die Natur ist eben Geschehen, das sich vorübergehend zu Dinghaftem verfestigt, nicht dinghaftes Sein, an dem oder mit dem etwas geschieht) als Unterscheidung, Aufzählung, als Grund damit für die Möglichkeit alles Einzelseienden läßt das Sonderdasein entstehen; die Sinne und ihre Funktionen, deren sich das Denken bedient (in die es sich gleichsam differenziert), scheiden das Riechende (die Erde), das Schmeckende (Wasser), Gefühlte (Luft), Farbige und Geformte (Feuer), Tönende (Äther). Genauer wird von diesen sogenannten groben Elementen der Äther nur gehört – er ist reiner Ton –, die Luft wird gehört und gefühlt, das Feurige gehört, gefühlt und gesehen usw., so daß die am Ende stehende Erde alle sinnlichen Qualitäten in sich vereinigt (wenn ihr auch der Geruch spezifisch eigen ist), also als Verwebung dieser Qualitäten, als Ding im eigentlichen Sinn erscheint. Zu den Wahrnehmungsorganen und -funktionen treten die Weisen des Tuns – Sprechen, Greifen, Gehen, Entleeren, Begatten – mit ihren Organen. Das Denken, das Wahrnehmen und das Handeln in seinen verschiedenen Formen (bzw. die betreffenden Organe) bilden den psychischen Organismus des Menschen, das Gebilde also, mit dem der „Geist“ sich verbindet. Zwischen das Denken und die Sinne schiebt dabei sich noch eines ein: das „Ich“ oder das Ichorgan, das erst den Organismus zu der lebenden Einheit macht, der er ist.

An diese organische Lebenseinheit ist der Geist gebunden – hier beginnt nun die höchst eigentümliche Wendung, die zu der praktischen Seite der Samkhyaphilosophie, zu der Form hinüberführt, die sie dem Erlösungsgedanken gibt. Der mit dem Ichkörper verkoppelte Geist, der die in ihm sich abspielenden Vorgänge bewußt macht, verwechselt sich gleichsam mit dem Leibe, sein Selbst mit der organischen Lebenseinheit, oder zum mindesten: er scheidet nicht zwischen sich selbst und dem Körper. Er empfindet das Tun und Leiden des Körpers wie sein eigenes Tun und Leiden. Eben dies Nichtunterscheiden, dieser Irrtum verstrickt ihn dauernd in die Materie und die materielle Wiedergeburt – bis der Irrtum durch die Einsicht in die Wesensverschiedenheit beider, also durch die Philosophie, zerstört wird. Ist jener Irrtum aber gehoben, die Einsicht gewonnen, so gibt die Materie den Geist frei, sie (deren Verbindung mit dem Geist unter erotischem Bilde gedacht wird) zieht sich gleichsam schamhaft von ihm zurück.

Die Erlösung ist also hier eine Erlösung des Geistes vom Körper, ohne daß dabei das Brahman noch eine wesentliche Rolle spielte. Aus der erlösenden Einsicht in die Identität des Atman mit dem Brahman, der Seele mit Gott, ist die erlösende Erkenntnis der Verschiedenheit von Geist und Körper geworden. Es ist daher auch verständlich, daß in der späteren klassischen Form des Samkhya das Brahman überhaupt verschwindet, das System also atheistisch wird (in demselben Sinn wie der Buddhismus: nicht die Götter, aber Gott wird geleugnet).

Von der Samkhyaphilosophie wesentlich beeinflußt ist das *Yogasystem.* Der Yoga ist vor allem eine Praxis bzw. eine Anweisung zur Praxis der Versenkung, der Lösung des Geistes vom Körper und von den Begierden und Bedürfnissen des Körpers. Die Inder haben es ja bekanntlich in der Technik dieser Loslösung, der Beherrschung der körperlichen Funktionen von der Seele aus außerordentlich weit gebracht, und das von ihnen ausgearbeitete System körperlichen und geistigen Trainings (Konzentrationsübungen, Annahme bestimmter Körperstellungen, Atemregulierung usw.) ist sicherlich das vollkommenste und wirksamste, das in dieser Hinsicht existiert. Es ist vor allem die Leistung des Yoga, und der „Yogin" der Meister in dieser praktischen Kunst. Allerdings ist im Auge zu behalten, daß diese körperlich-geistigen Exerzitien selbst nur vorbereitende Bedeutung als Mittel zum Zweck haben, das Ziel, dem sie dienen, ist die Meditation und die in ihr aufleuchtende Erkenntnis. Die Erkenntnis erlöst, nicht das Training. Darum kann auch dic Yogapraxis sich mit den Gedanken der Samkhyaphilosophie verbinden. Aber „Erkennen" bedeutet allerdings für das indische Denken nie ein bloßes Zur-Kenntnis-Nehmen, sondern ein völliges Durchdrungenwerden von der Einsicht, um deren Erkenntnis es sich handelt. Ohnedem könnte die Erkenntnis ja nicht jene eminent praktische, erlösende Wirkung haben. In der Upanishadlehre ist die Erkenntnis der Identität des Atman mit dem Brahman zugleich das tatsächliche Einswerden beider, in der Samkhyaphilosophie die Erkenntnis von der Wesensverschiedenheit des Geistes und Leibes zugleich die Lösung des einen vom andern. Unterscheiden ist reales Trennen, man denke auch daran, daß mit dem Hören der Ton, mit dem Sehen die Farbe entsteht und realiter – nicht als „bloßes Phänomen" etwa – existiert. Man darf sich auch nicht daran stoßen, daß hier *scheinbar* der Geist auf den Körper wirkt, was ja der Samkhyalehre widersprechen würde. In Wirklichkeit ist auch hier das Wollen und Wirken ein „materieller" Vorgang, womit sehr gut zusammenstimmt, daß körperliche Vorgänge – Körperstellung,

Atemregulierung, Fixierung – die Lösung bzw. die aufleuchtende Erkenntnis der Zweiheit von Geist und Körper vorbereiten. Auch für die Samkhyaphilosophie ist die Materie nicht eigentlich ein dem Geist feindlicher oder auch nur ein dumpf-mechanisch wirkender Faktor, das Geschehen in der Natur ist vielmehr teleologisch, auf das Ziel der Erlösung des Geistes gerichtet oder diesem Ziel dienstbar. Ein nicht unbedeutender Unterschied zwischen (den entwickelten Formen des) Samkhya und Yoga bedarf allerdings noch der Erwähnung: Der Yoga erkennt das Dasein eines obersten Gottes an. Freilich nicht im Sinn des pantheistisch gedachten Brahman, mit dem die Seele in der Erlösung verschmilzt, sondern – theistisch – eines obersten allweisen und mächtigen persönlichen Gottes, der (angerufen mit der Silbe „Om") dem Menschen zur Erlösung hilft.

Die Samkhyaphilosophie weist den Weg zur Erlösung des Geistes von der Verstrickung in die Materie. Sie lehrt aber eben damit zugleich den Weg zur wirklichen Überwindung des Schmerzes, des Leidens. Alle anderen Mittel, sich vom Schmerz zu befreien – Medizinen, Betäubung durch Genuß, kluge und vorsichtige Lebensführung, Amulette und Sprüche – helfen nur scheinbar und vorübergehend. Nur die Erlösung bringt die wirkliche Befreiung vom Schmerz. Erlösung, die die Erkenntnis bringt, ist Erlösung vom Leiden.

Die *Erlösung vom Leiden* als *einziges* Ziel kennzeichnet die Lehre des BUDDHA, die wohl nicht ohne Zusammenhang ist mit den Anfängen der Samkhyaphilosophie, wenn auch deren systematisch ausgebildete Form in eine weit spätere Zeit als der ältere Buddhismus fällt. Zugleich will Buddhas Predigt nichts weiter als dies: Erlösung von dem das ganze Leben durchziehenden Leiden verheißen und den Weg zu dieser Erlösung zeigen. Nur dies eine ist ihm wichtig und wesentlich; jede Erkenntnis, die nicht zu diesem Zweck in Beziehung steht, wird als gleichgültig und überflüssig abgelehnt, das Streben nach ihr und damit das Streben nach Erkenntnis *als solcher*, die Neugier des Wissenwollens, zurückgewiesen als ein Haften an der Welt, als der Befreiung, der Erlösung schädlich. Ob die Welt ewig oder nicht ewig, endlich oder unendlich sei, ob der Erlöste nach dem Tode fortlebe oder nicht, alles das sind Fragen, auf die der Buddha eine Antwort nicht geben will, die mit seiner Lehre nichts zu tun haben. Der Buddhismus wird Religion, nicht Philosophie. Aber seine Grundgedanken gehören doch in den Rahmen der Geschichte der Philosophie.

Die Legende läßt den von aller Schönheit und allen Genüssen eines mit Gütern gesegneten Lebens umgebenen Prinzen Gautama durch die Begegnung mit einem hilflosen Greise, einem Kranken und einem Leichnam veranlaßt werden, in die Einsamkeit zu ziehen und um die erleuchtende Erkenntnis zu ringen. Mit anderen Worten durch die erste und grundlegende der „vier edlen Wahrheiten“: durch die Erkenntnis der Wahrheit, daß das Leben – in jeglicher Gestalt – Leiden ist. Von der Geburt an steht dem Menschen unentrinnbar der Tod bevor, erwartet ihn der Abstieg, das Alter, der Verlust in jeglicher Gestalt, droht ihm die Krankheit. Das Leben ist ein verzögertes Sterben, im Gewinn meldet sich der Verlust an, in der Lust lauert der Schmerz. Das Leben ist Leiden – man kann vor dieser Erkenntnis den Blick verschließen, aber man kann sie nicht leugnen, nachdem man sie einmal erkannt hat. Die zweite Wahrheit spricht den Ursprung des Leidens aus: dieser Ursprung ist der „Durst“, die sinnliche Begierde, eben die Begierde, die uns am Leben haften läßt – und mit ihm am Leiden. Als dritte Wahrheit folgt die Lehre von der Aufhebung des Leidens: sie kann nur bestehen in der Aufhebung jenes „Durstes“, der Begierde in ihren verschiedenen Formen, in der sich der Mensch an das Leben klammert. Wer vom „Durst nach Dasein“ freigeworden ist, geht ein in die Wunsch- und Schmerzlosigkeit des „Nirvana“. Das Nirvana ist ein Zustand, eben der Zustand des Erlöstseins, er ist von dem, der den Durst nach Dasein und die Begierde nach Lust überwunden hat, in *diesem* Leben erreichbar, nicht erst in einem Jenseits; ob es ein solches Jenseits gibt, ein Fortleben oder ein Dahinschwinden ins Nichts, ist dem Erlösten gleichgültig, daher die Frage, ob das Nirvana das Nichts oder ein seliges jenseitiges Leben sei, eine jener Fragen, die der Buddha ablehnen muß. Endlich die vierte Wahrheit, der Weg zur Aufhebung der Begierde, der achtteilige Pfad: „rechtes Denken, rechtes Wollen, rechte Rede, rechtes Handeln, rechtes Leben, rechtes Streben, rechte Besinnung, rechte Versenkung."

Zwei miteinander zusammenhängende Gedanken sind vor allem bestimmend für diesen ganzen in so meisterhaft klarer und einprägsamer Kürze formulierten Gedankengang. Einmal, daß das Begehren, der Wille mit der von ihm eingeschlagenen Richtung der wirksame Faktor ist, der das Leben erhält und ihm seine Beschaffenheit gibt: der Mensch wird, was er im Grunde sich wünscht, was er sein will, sein Leben ist die Erfüllung und damit das Bild seines Strebens. Auch über den Zerfall, den Tod des jeweiligen Leibes hinweg, in der Kette der Wiedergeburten. Daß aber die diesen seinen Leib und dieses sein Leben bildenden Kräfte auftreten und in dieser Richtung wirksam sind, das beruht zuletzt auf seiner „Unwissenheit": darauf, daß er nicht weiß – nicht wirklich weiß, sich dies Wissen nicht wirklich zu eigen gemacht hat –, daß das Leben, dem er nachjagt, Leiden, Schmerz, Enttäuschung, Verlieren, Alter und Tod, und das alles in unaufhörlicher Wiederkehr ist. Dies Nichtwissen gibt dem Wollen die Richtung auf das Leben und seine Genüsse, seine Zwecke, gleichgültig (und individuell verschieden), wie sie der einzelne Mensch sich vorstellt und erstrebt, und bedingt das immer wiederholte Haften an diesen Genüssen und Zwecken. Ist der Mensch dagegen wissend geworden, so erstrebt er nicht mehr das Leben, diese vor seiner Begierde stehenden Ziele, die ihn immer von neuem in den Ablauf des Daseins und den Kreis der Geburten verstricken, sondern er richtet sein Wollen nur noch in jedem Augenblick auf das Tun des „Rechten" – nicht mehr das „Was" seines Lebens, auch nicht mehr, „daß" er lebt, sondern das „Wie" seines Lebens ist ihm das Wesentliche. Eben damit aber hebt sich der unheilvolle Kreislauf auf, die Erlösung vom Leiden in allen seinen Formen ergibt sich aus dieser Wendung der Willensrichtung von selbst. Den Weg zur Erlösung weist also die Erkenntnis – aber nicht das gelehrte Vedastudium der Brahmanen und nicht das philosophisch-wissenschaftliche Grübeln über allerhand Fragen, die sich menschliche Neugier vorlegen kann, sondern die *eine* aufleuchtende Einsicht in das, was zu wissen not tut, in die vier Grundwahrheiten vom Leben und Leiden. Und der Weg selbst besteht im Handeln, im Tun – aber nicht im Handeln des Menschen der Welt, der nach Glücksgütern und Genüssen strebt, noch in der Selbstquälerei des Aszeten, sondern im Tun des Rechten, mithin in der Befolgung der Gebote der Moral, in der sittlichen Selbstzucht.

Das Wollen und Begehren bestimmt das Tun und das Geschehen, das Geschehen bestimmt, was wird, also was ist, denn *alles Sein ist Werden*, Geschehen, Ablaufen der Kausalkette. Die Samkhyaphilosophie faßt das materielle Sein (einschließlich des „Seelischen“, des Wahrnehmens, Denkens, Wollens) als ein beständiges Werden und Vergehen, aber neben der Natur als dem Werden steht der beharrende schauende Geist als ein identisches Wesen, dessen Eingehen in den Fluß des Geschehens Selbsttäuschung ist. In der Philosophie der Upanishaden erscheint das Brahman als ewige Substanz und mit ihm im Grunde der Atman, der ja mit dem Brahman wesenhaft identisch ist. Nach der Lehre des Buddha ist alles Werden eine Kette des Geschehens, in der ein Glied aus dem andern folgt. Es gibt kein Brahman als höchstes Prinzip, der Buddhismus ist atheistisch (natürlich gibt es die Götter, die aber zum Buddha kommen, um von ihm Belehrung zu erbitten und die in den Lauf der Seelenwanderung eingefügt sind). Ebenso aber wird ausdrücklich die Einheit und Substantialität der Seele oder des Geistes, der Person geleugnet: so wenig wie der Wagen noch etwas Besonderes ist außer dem Wagenkorb, der Deichsel, den Rädern, der Achse usw., kurz den Teilen, aus denen der Wagen besteht, so wenig bin „ich“ noch ein besonderes Wesen außer „meiner“ Gestalt (bzw. den wechselnden Formen, die sie annimmt), „meinen" Gedanken, Vorstellungen, Strebungen. „Ich": das ist der in sich mannigfaltige und vielgestaltige Ablauf „meines" seelisch-körperlichen Lebens; die Identität des Ich wird vorgetäuscht durch den einen Namen, den ich seinen Phasen und Teilen gebe. Zu dieser Einheit der Bezeichnung aber bin ich dadurch berechtigt, daß die Phasen eines Lebens einen *kontinuierlichen* Zusammenhang bilden, eine Kausalkette, in der ein Glied aus dem andern folgt. Das einstige Kind und der jetzige Erwachsene sind „derselbe" Mensch, nicht weil ein identisches Wesen in ihnen steckt, sondern weil der Erwachsene aus dem Kinde wird.

Eine letzte Frage taucht hier auf: wird nicht mit der Aufhebung des Täters, der handelnden Persönlichkeit auch der Begriff der Schuld und der Verantwortung aufgehoben? Hat es Sinn, von einem solchen moralischen Zusammenhang in der Seelenwanderung zu sprechen? Buddha antwortet mit der Gegenfrage: wenn jemand das Stroh seiner Hütte anzündet und das sich verbreitende Feuer verzehrt das ganze Dorf, ist er dann nicht für den Brand verantwortlich, weil die Flammen, die die anderen Häuser verbrennen, nicht die Flammen sind, die er an sein Stroh setzte? Das Leben eines Menschen, und zwar sein Leben, wie es sich durch den Kreislauf der Wiedergeburten hindurch erstreckt, ist eine fortbrennende Flamme, eine Phase folgt aus der anderen, in kontinuierlicher und somit auch in moralischer Kausalität.

Im vierten und dritten vorchristlichen Jahrhundert, in der Zeit insbesondere der Könige Candragupta und Asoka, ist der Buddhismus die herrschende Religion in Indien, der Brahmanismus ist ganz zurückgedrängt. Später beginnt dann der Rückgang seines Einflusses, mit dem Ende des ersten Jahrtausends ist er aus dem eigentlichen Indien so gut wie verschwunden, neben dem Islam ist der Brahmanismus wieder die indische Religion geworden. Mit den geistigen Kämpfen in jener Zeit des Niedergangs des Buddhismus dürfte das Aufkommen und die Entwicklung einer philosophischen Richtung zusammenhängen, deren Namen schon – „*Vedanta*" (Veda-Ende; am Veda-Ende standen die Upanishaden) – erkennen läßt, daß sie ausdrücklich die Rückkehr zum Vedastudium forderte und in den Upanishaden die (geoffenbarte) Wahrheit erblickte. Daß trotzdem die Kommentare zu den Upanishads, in denen die Schöpfer dieser Philosophie, vor allem SAMKARA (im 9. Jahrhundert), ihre Lehre niederlegen, selbständige philosophisch-systematische Leistungen darstellen, deren Inhalt mehr in die kommentierten Schriften hineininterpretiert als aus ihnen herausgelesen werden kann, ist von vornherein verständlich. Sie suchen ein ganzes einheitliches System hinter den tiefsinnigen und dunklen Wendungen der Upanishaden, bekämpfen dabei zugleich einerseits die Veräußerlichung der Brahmanentheologie zu Zeremonialkult und Ritualismus, andererseits sowohl die Samkhyaphilosophie wie die buddhistischen Lehren.

Die Vedantaphilosophie legt die Brahman-Atman-Lehre der Upanishaden zugrunde, steigert sie aber zu einem strengen Monismus, einer All-Einheitslehre: die Welt ist der „Schleier der Maya", ein Trugbild, ein Traum des einen göttlichen Brahman, außer dem im Grunde nichts existiert. Die Erlösung vom Leiden und der Wiedergeburt besteht im Durchschauen dieser Täuschung – nicht der Täuschung oder vielleicht sagen wir hier besser des Irrtums, von dem die Philosophen des Samkhya sprachen, der Verwechslung des geistigen Ich mit dem Leibe, an den es gebunden ist, sondern der Täuschung, daß dieses Ich selbst mit der Welt des Körpers, der Natur ein wirkliches, substantielles Wesen sei. Die Aufhebung dieser Täuschung bedeutet das Aufgehen im Brahman, die Erlösung wird also auch hier durch Erkenntnis gewonnen, nur daß die Erkenntnis das fromme „Suchen in der Schrift", das rechte Verstehen der in den heiligen Schriften überlieferten Weisheit ist. Die Stellung gegen die Samkhyalehre mit ihrem Dualismus von Natur und Geist und ihrem Pluralismus der Geister ist klar, aber auch die gegen den Buddhismus, der mit dem Vedastudium das Grübeln über die metaphysischen Grundfragen ablehnt. Auch bekämpft das Vedanta die buddhistische Auffassung, daß der Körper vom Psychischen her, durch das Begehren und den

Trieb geschaffen werde, gleichsam sein körperlicher Ausdruck wäre: Seele oder Ich und Körper sind in gleicher Weise und in demselben Sinn „wirklich", sehen wir von ihrer Beziehung zum Urgrunde des Brahman ab, so sind sie zwei in Wechselbeziehung stehende Realitäten. Erst von dem Standpunkt der metaphysischen Brahmanlehre aus erkennen wir den Scheincharakter im Sein *beider*. Endlich bezeichnet die Vedantaphilosophie diese ihre eigene als eine esoterische Lehre, daneben steht die exoterische Fassung, die Brahman als Schöpfer und Regierer der Welt bezeichnet und die Erlösung als seliges Eingehen zu diesem persönlich gefaßten Gott betrachtet. Aber dieser niedere Brahman gehört im letzten Grunde selbst noch der Welt an; wer ihn nur erkennt und ersehnt, ermangelt noch des letzten und höchsten Wissens (das freilich am periodisch wiederkehrenden Weltende dem zum niederen Brahman Eingegangenen von selbst zuteil wird).

ZWEITES KAPITEL

DIE CHINESISCHE PHILOSOPHIE

Das Hauptthema des indischen Philosophierens ist das metaphysisch-religiöse. Das Ziel ist die Erlösung, das Mittel Wissen – Wissen vom Grunde – des Seins oder des Leidens. Dem indischen Denken eignet ein weltflüchtiger und lebensabgewandter Zug: der Mensch sinnt nicht nach, um das Ersonnene dem Leben dienstbar zu machen, sondern um durch das Sinnen sich vom Leben zu lösen. Damit ist das indische Philosophieren auf der anderen Seite stark zweckbestimmt, aber dieser Zweck ist eben die Erlösung, d. h. dieser Zweck liegt jenseits des Lebens. Und diesen Zweck will das indische Denken auch dem Leben selbst geben: wir sollen unser Leben und Handeln so einrichten, daß wir vom Leben – von der Wiedergeburt – frei werden. Also: einheitliche Richtung auf ein Ziel, aber dies Ziel liegt nicht im Leben, sondern jenseits des Lebens. Der Weise, der Erleuchtete hat das Diesseitige hinter sich gelassen, er steht außerhalb der Welt, er ist nicht mehr Mensch, sondern hat teil an der Gottheit, oder die Götter selbst kommen zu ihm, um Belehrung über den Weg zur Erlösung zu erbitten. Daher hat der indische Philosoph es mit dem Menschen, der im Leben steht, wirkt, handelt und von diesem Leben vermöge seiner Stellung und seiner Aufgaben nicht los kann, eigentlich gar nicht zu tun, ihm hat er nichts zu sagen oder nur eine exoterische Lehre zu geben. Der Weise selbst vollendet sein Leben, indem er am Ende in die Einsamkeit geht, als Bettler ganz der Meditation lebt. Die Vorschriften der buddhistischen Moral sind in ihrer reinen Form nur vom Mönch zu erfüllen. In der Popularphilosophie der „Bhagavadgita" wird von den Pflichten gesprochen, die jedem aus seiner Stellung und seinem Beruf erwachsen: der Krieger muß kämpfen, der Bauer den Boden bestellen; es wäre zwecklos, wenn der

Krieger von der höheren Einsicht aus, daß das Töten, das er üben muß, gegen den tieferen Sinn und die Einheit alles Lebenden verstößt, den Speer wegwerfen wollte. Aber die Forderungen, denen er sich nicht entziehen *kann* und im Sinn einer *innerhalb* des Lebens zu Recht bestehenden Moral nicht entziehen *darf*, heben jene philosophische Einsicht nicht auf, sondern bestätigen nur, daß das *eine* Ziel, von dem der Philosoph spricht, mit den vielerlei Zielen des Lebens ganz unvergleichbar ist, so unvergleichbar, wie das Absolute dem Relativen.

Ganz anders die chinesische Philosophie. Sie hat von Anfang an einen stark praktischen, lebenszugewandten Zug, sie bewegt sich mit ihren Problemen in dem von Leben umschlossenen Kreise, ihr Ziel ist Gestaltung des Lebens, nicht Benutzung des Lebens für ein dem Leben selbst transzendentes Ziel (allerdings kämpft sie in ihren bedeutenden und charakteristischen Erscheinungen ebenso nachdrücklich gegen eine Benutzung des Lebens für ihm immanente Ziele – Macht, Genuß, Ruhm; nicht irgend etwas erreichen, sondern vollendet, vorbildlich, harmonisch leben selbst ist das Ziel, welches harmonische dann zugleich auch das glückliche Leben sein wird). Die chinesischen Philosophen sind nicht Theologen, sondern sie sind Staatsmänner, Volkserzieher, Ratgeber der Könige und Fürsten, oder sie wünschen es zu sein. Das gilt auch für den großen Mystiker Lao-tse; wenn er in die Einsamkeit geht, so tut er es nicht, um in der Versenkung Welt und Menschen zu vergessen und mit der Gottheit eins zu werden oder diese Loslösung, diese Freiheit im negativen Sinn als Nirvana zu erleben, sondern er tut es, weil ihm keine Wirkungsmöglichkeit auf die Menschen seiner Zeit gegeben ist, und die Einsamkeit selbst ist ihm nicht die Loslösung von, sondern ein Leben mit der Welt, mit Himmel und Erde, mit Pflanzen und Tieren. Nicht in der Versenkung gibt er sich auf, gräbt er den Schacht, der jenseits des Bewußtseins zu dem einen unbewußten Quell alles Seins führt, sondern im Walten der großen Naturmächte – Himmel und Erde, Wasser und Pflanzenreich – sieht er das Symbol des

Ewigen, des „Tao", das damit auch zum Lenker seiner Seele und zum Führer zu dem rechten Leben wird, zu dem Leben, in dem Welt und Ich, Unbewußtes und Bewußtsein, schaffender Geist und empfangende Natur im rechten, harmonischen Verhältnis zueinander stehen. Dieses Leben ist, wie es sich am Vorbild des Tao, des Himmels, der Erde orientiert, selbst immer noch vorbildlich, das Leben eines Menschenleiters und Volkserziehers, gleichgültig ob es Menschen gibt, die dieses Vorbild auf sich wirken lassen.

Es ist bezeichnend, daß am Anfang der chinesischen Philosophie – nicht ein Lied, das grübelnd nach dem fragt, was noch jenseits der Götter steht, sondern – ein *Orakelbuch* steht, das uralte *„I ging"*, das *„Buch der Wandlungen"*, das Buch, dessen Einfluß wir bei Lao-tse erkennen und zu dem Kung-tse einen Kommentar geschrieben hat. Es ist ein Orakelbuch, das aber zugleich ein Buch der Weisheit ist oder geworden ist, d. h. ein Buch, das dem das Orakel Befragenden nicht voraussagt, was geschehen wird, sondern wie er sich zu verhalten hat, gemäß der Konstellation der Dinge, vor der er steht, und gemäß seiner eigenen Natur, denn die Gefahren und die Probleme, vor denen der Mensch in seinem Leben steht, erwachsen aus der Art, wie seine Natur sich zur bestimmten Situation verhält. Das Orakel- und Weisheitsbuch leitet, außer daß es Anweisungen zum Verhalten in der bestimmten Situation gibt, aus der heraus es befragt wird, an zur Selbsterkenntnis und zur Selbstveredlung. Allerdings ist nun gerade zum Verständnis der Voraussetzungen dieses Buches eine Eigentümlichkeit des chinesischen Denkens zu beachten. Die chinesische *Schrift* ist bekanntlich keine Buchstaben-, sondern eine Begriffszeichenschrift, und die Begriffszeichen der Schrift sind von um so größerer Wichtigkeit, als die Zahl der, stets einsilbigen, *gleichlautenden* Worte groß ist. Mit jener Eigentümlichkeit aber hängt es weiter zusammen, daß der chinesische Wortbau nicht zwischen Substantiv, Adjektiv, Verb unterscheidet: dasselbe Zeichen bedeutet „groß", „Größe", „vergrößern". Der abstrakte Begriffsinhalt, der gemeinsam in allen diesen Begriffen steckt, wird herausgehoben, zugleich aber wird er in einem optischen Bild versinnlicht, symbolisiert. Das chinesische Denken bewegt sich in Symbolen abstrakter Begriffe, es hat zugleich für die Gefühlswirkung solcher Symbole ein feines Verständnis. Dies symbolische Denken in seiner eigentümlichen Verbindung von Abstraktheit und Anschaulichkeit neigt dazu, verschiedenartige Gegenstände, die uns in irgendeiner Weise verwandt, vergleichbar anmuten – das Schöpferische, den Himmel und den Vater etwa, das Empfangen, die Erde, die Mutter, oder Sanftmut und Wind, Heiterkeit und den See, Abgrund und Wasser – mit demselben Symbol zu belegen (so in der Symbolik des I ging) und damit auch in ihnen „dasselbe", dasselbe einheitliche Wesen zu erblicken. Diese Wesenheiten, die so durch die Naturdinge, aber auch durch die menschlichen Eigenschaften hindurchschimmern, zu denen sich diese selbst wieder wie Symbole verhalten, sind damit das eigentlich Letztwirkliche und -wirkende. Wir könnten sie „Ideen" nennen, dürfen nur nicht vergessen, daß die Platonischen Ideen, an die wir bei diesem Wort zunächst denken, Gattungsbegriffe sind, einander über- und untergeordnete Klassenbegriffe, auf dem Wege abstrahierender Heraushebung objektiv gemeinsamer „Merkmale" von „Dingen" gewonnen; es gibt keine Platonische Idee, an der Mutter und Erde, eine fröhliche Stimmung und ein See „teilhätten". Die ideellen Wesenheiten, die der altchinesische Denker als wirkende Gewalten hinter den Naturdingen und -begebenheiten erfühlt, wenn ihm diese Dinge selbst wie Symbole transparent werden, sind keine beharrenden Dinge oder Substanzen – „Substanzen", grammatische Subjekte herauszuheben und ihrem Sein eine primäre Bedeutung zuzuschreiben, ist ja seine Sprache nicht geeignet –, es ist daher auch ihr Auftauchen und Verschwinden, ihr Umschlagen ineinander möglich: die Natur wandelt sich, und gerade diese Wandlungen stellt das Buch I ging symbolisch dar.

Diese Wandlungen geschehen nun aber weiter nicht gesetzlos, sondern es waltet in ihnen eine Ordnung, ein ewiges

Gesetz. Damit kommen wir zu dem obersten Prinzip, das über und in allen Dingen wirkt und waltet und zugleich zu dem charakteristischen Grundbegriff der chinesischen Philosophie (vergleichbar mit und doch charakteristisch verschieden von dem indischen „Brahman" wie dem griechischen „Logos"), dem *„Tao"*. „Tao" heißt eigentlich „Weg", und zwar scheint das Wort ursprünglich gebraucht zu sein für die Bahnen der Gestirne am Himmel, von hier aus aber gewinnt es den Sinn Ordnung, ewige Ordnung, das Ewige – aber eben nicht im Sinn eines Ewigen und Zeitlosen, das wie das Brahman ein Ding an sich jenseits der täuschenden Vielheit der Dinge wird und zu dem wir gelangen, indem wir diese Täuschung durchdringen und von der Welt der Täuschung durch Erkenntnis, Vedastudium oder Yogapraxis uns lösen, sondern im Sinn der ewigen Ordnung (die schon die chinesische Sprache und Schrift von einem ordnenden Wesen oder Prinzip nicht zu scheiden ermöglicht), die wir in der andächtig kontemplativen Schau der himmlischen Wandlungen als deren „Sinn" durchschimmern sehen. Daß der Mensch sich nach dieser ewigen Ordnung richten, sie auf sich wirken lassen und in sich aufnehmen müsse, wird der Grundgedanke der chinesischen Ethik, die damit zugleich ihren konservativen und kontemplativen Charakter wahrt. – Mit dem sechsten vorchristlichen Jahrhundert kommen wir in die Zeit, in der das chinesische Geistesleben den starken und entscheidenden Einfluß der beiden großen Persönlichkeiten des jüngeren KUNG-TSE und des älteren LAO-TSE erfuhr. Die Zeit, in der sie leben, ist für China eine Zeit der Wirren und des Niederganges, der inneren Kriege und Palastrevolutionen, des politischen Zerfalls und des Verfalls der Sitten sowie der allgemeinen wirtschaftlichen Not. Diese Dinge sind es gewesen, die den großen Lehrmeister des chinesischen Geistes, dessen Name seitdem mit der Geschichte seines Landes unlösbar verknüpft ist, zu seinem unermüdlichen belehrenden, ratenden und organisatorischen Wirken auf den Plan gerufen haben, KUNG-TSE, den „Meister Kung", lat. Confucius. Sein Wirken während seines langen Lebens

(551–478) als Volkserzieher, als Ratgeber der Fürsten, als Minister, war keineswegs stets von äußerem Erfolg begleitet, er mußte, von Mißtrauen und Ungnade verfolgt, immer wieder die begonnene Tätigkeit aufgeben, heimatlos von Staat zu Staat ziehen, in dem unbeirrbaren Gefühl, in dieser Arbeit, auch wenn er immer wieder von neuem beginnen mußte, den einzigen Sinn und die Möglichkeit seiner Existenz gefunden zu haben: Wie sollte man leben, wenn man nicht mit Menschen leben – und auf sie wirken – könnte? Auf zwei Dinge gründete sich dann offenbar vor allem sein großer posthumer Erfolg: auf die Heranbildung einer Gruppe von Schülern, die mit größter Verehrung an ihm hängen und sein Werk bewahren und fortsetzen, und auf seine schriftliche Hinterlassenschaft. Dies literarische Erbe bestand, bezeichnend für das vor allem auf die Schaffung und Erhaltung einer großen und guten sittlichen *Tradition* gerichtete Wirken Kungs, in erster Linie aus Sammlungen von Urkunden, von Liedern, von Riten; auch das Buch der Wandlungen wurde, wie schon gesagt, von ihm neu herausgegeben und kommentiert.

Die Zeit, deren Andenken Kung-tse wieder erwecken will, ist die der halb sagenhaften Fürsten Yao, Schun und Yü, Männer, die durch ihr eigenes untadeliges Leben ihrem Volke ein Beispiel waren und in der Fürsorge für das Wohl der ihnen anvertrauten Menschen ihre Pflicht als Herrscher vorbildlich erfüllten. „Der Fürst sei Fürst, der Diener sei Diener, der Vater sei Vater, der Sohn sei Sohn“ lautet eine charakteristische Wendung der Konfuzianischen Moral. Der Mensch ist hineingeboren in bestimmte Beziehungen: er ist Vater und Sohn, Gatte oder Gattin, Fürst oder Diener, Freund. Diese Beziehungen geben seinem Leben Sinn und Inhalt und bestimmen seine Pflichten, die eben in der richtigen Ausfüllung dieses seines Platzes im Universum bestehen: Der Vater soll mild und der Sohn ehrfürchtig, der ältere Bruder freundlich und der jüngere fügsam, der Gatte gerecht und die Gattin gehorsam, der Herrscher liebevoll und der Diener gewissenhaft sein. Dabei kehren diese

Grundbeziehungen überall wieder in der Welt, sie werden gleichsam wiedergespiegelt überall, wo Menschen zusammenwirken: Das Verhältnis von Vater und Kind in dem von Alter und Jugend überhaupt, von älterem und jüngerem Bruder in dem von führendem und geführtem Genossen, von Herr und Diener in Vorgesetztem und Untergebenem, Arbeitgeber und Arbeitnehmer. Die eigentlichen Grundbeziehungen, wir können sagen die Ursymbole der Art, wie der Mensch in die Welt eingegliedert ist, sind die Beziehungen der Familienmitglieder, auch der Fürst ist der „Vater" seines Volkes, der Staat die erweiterte Familie, auch die Staaten sollen die eine Familie der Menschheit bilden (Kung-tse verwirft durchaus den kriegerischen Nationalismus ebenso wie den Machtkampf der Einzelnen gegeneinander, der konfuzianische Staat ist prinzipiell pazifistisch und war es tatsächlich Jahrhunderte hindurch. Die Wirtschaft ist als Bedarfswirtschaft auf der Grundlage der Landwirtschaft gedacht). Mit der Lehre, daß das Handeln der Menschen der rechte Ausdruck dieser ihm wesentlichen Beziehungen sein müsse, hängt es weiter zusammen, daß Kung-tse zwar die Nächstenliebe stark betont, aber die Lao-tsesche Richtschnur „Zu den Guten bin ich gut, zu den Nichtguten bin ich auch gut", die unterschiedslose Liebe zu allen Menschen, ablehnt; zu den Guten gut, den Nichtguten gegenüber gerecht sein, ist seine Forderung. Auch die Strafe ist unvermeidlich, nur muß ihr als Wichtigstes die Belehrung vorausgehen und stets das gute Beispiel dessen, der das Recht zu strafen hat, mit ihr verbunden sein. Endlich findet der Mensch die Beziehungen, die er zu andern hat, auch in sich selbst wieder; in ihm ist das tiefe eigentliche Wesen, das den äußeren Sphären seines Seins gebieten, sie beherrschen muß, ohne sie – aszetisch – zu vergewaltigen, in ihm ist Männliches und Weibliches, Herrschendes und Dienendes, Führendes und Geführtes. So ergibt sich die Pflicht, nicht nur aus der richtig verstandenen Beziehung zu den andern, sondern aus dem richtig verstandenen Kosmos der eigenen Person heraus zu handeln. Auch hier ist das Mittel das Vorbild der echten, großen Persönlichkeiten, der Alten: nach ihnen soll der Fürst sich richten, der dann seinem Volk dies Vorbild verkörpern soll. Außerdem aber der Blick auf die Natur und ihre Ordnung, auf den Himmel, auf das „Tao". Und endlich das Sichstillhalten, das Abwarten, das Insichhineinlauschen, bis das Tiefste des eigenen Wesens spricht. Das Handeln des Menschen soll Ausdruck sein, Ausdruck seiner Beziehungen zu andern, Ausdruck seiner Person: hier liegt auch der Grund, der Kung-tse die Musik so sehr lieben und schätzen läßt. Er soll Treue bekunden, Treue im Verhalten gegen die andern und gegen sich, d. h. gegen seine Person. Und auch Treue gegen die Tradition: Kung-tse hält auf die Befolgung der alten Sitten und Gebräuche, nicht als Selbstzweck, sondern weil er auch dies Ehren der alten Sitten und der Toten (Ahnenkult) als symbolisch bedeutsam betrachtet.

Diese *traditionalistische* Richtung seines Denkens ist es hauptsächlich, die Kung-tse von dem großen chinesischen „Mystiker" LAO-TSE trennt, mit dem er sich übrigens in den Grundgedanken durchaus und nahe berührt. Er entstammt dem Süden des chinesischen Reiches – Konfuzius dem Norden –, ist um 600 geboren, bekleidete ein Amt als Reichsbibliothekar und ging im Alter in die Einsamkeit; unter seinem Namen geht die Aphorismensammlung, die den Titel „*Taoteking*", das Buch von Tao und vom Leben des Menschen (te), führt. Das Stillhalten, das nicht gewaltsam stürmische Wollen, sondern Abwarten, bis das Wesen, die „Mitte" in uns spricht, hatte auch Kung-tse gefordert; noch schärfer ausgeprägt, ja gewissermaßen als einzig wesentliche Forderung aufgestellt und als Wesen des Weisen finden wir dasselbe bei Lao-tse. Wirken, ohne nach Absichten, nach Zwecken zu handeln, Wirken durch das, was man ist, durch das Wesen, das ist seine immer wiederholte Lehre an die Menschen. Der wirklich große Mensch und Fürst wirkt unsichtbar, ist unscheinbar, man weiß kaum, daß er da ist. Alle Gewalt, alle gewaltsamen Handlungen werden als sinnlos verworfen, sie gehen vorüber und hinterlassen keine dauernde Wirkung, wie selbst die heftigen Ausbrüche der Natur, das Gewitter, das nicht länger als einen Morgen, der Platzregen, der nicht über einen Tag dauert. Das Unscheinbare, das Weiche und Nachgiebige ist das Wirksame: das Wasser in seiner Durchsichtigkeit und der Stetigkeit seiner Wirkung. Geduld und Liebe sind die unüberwindlichen Kräfte im Leben, auch Feindschaft soll man mit Wohltun vergelten. Wo aber Waffen gebraucht und Kriege geführt werden, da wachsen Disteln und Dornen und kommen Hungerjahre. Aber auch gegen das Gebieten und Verbieten, gegen das Preisen der Tugenden, gegen das bewußte und ausdrückliche Pflegen von Pflicht und Sitte kämpft Lao-tse, sie sind ihm Zeichen des Verfalls und keine Mittel, ihm zu steuern, sie verschärfen ihn vielmehr: ist die Familie im Grunde uneins, so entsteht die „Pflicht“ der Kindesliebe. Fort mit den „Heiligen“, den „Gelehrten“, den „Moralisten“, mit anderen Worten: mit allen Verdiensten und Vorzügen, die sich der Mensch zuschreibt – dann wird das Volk am ersten zu Natürlichkeit und Einfachheit, zu Familiensinn und Liebe zurückkehren, fort mit der Überschätzung der Geschicklichkeit und des Gewinnes, dann wird es keine Diebe und Räuber mehr geben. Nur eines bleibt zu erstreben: der Blick auf das Tao, das innere Aufnehmen des Tao und das Sichrichten nach ihm. Aus dem Schwinden des inneren Zusammenhangs der Menschen mit diesem ewigen, stillen Walten in der Natur geht alles Unheil hervor: wer diesen Zusammenhang hat, besitzt alles: Stille, Güte, Geduld, Glück, Herrschaft. Wo Lao-tse vom Tao spricht, stellen sich bei ihm auch gewisse metaphysische Wendungen ein, er nennt es „Sein“ *und* „Nichtsein“, versucht also hier ähnlich wie das Weltentstehungslied des Rigveda, wie Hesiod mit seinem „Chaos“ den Urgrund in einen Begriff zu fassen, der sein über alles Seiende Hinausliegen bezeichnen soll, zugleich aber der allgemeinen Tendenz des Lao-tseschen Denkens entspricht, das überall Stille, *Nicht*handeln, *Nicht*wollen lehrt und in diesem Nichthandeln das wahre Wirken, in der Stille die wahre Fülle findet.

Er nennt es auch die „Mutter der Welt“, das Mütterliche, das empfangende Prinzip. Wir selbst sollen uns empfangend, wartend verhalten, bis „es“ in uns spricht, nicht durch Aktivität den Zusammenhang mit dem Urgrunde zerreißen. Insofern alles aus ihm hervorgeht, können wir ihm die Namen aller Dinge, auch die entgegengesetzten, beilegen; insofern es über alle Dinge und ihre Gegensätze, die aus ihm entstehen, hinaus ist, gibt es keinen Namen, mit dem wir es bezeichnen können. Aber auch Lao-tse erscheint das Tao am ersten im Anblick des Himmels: Der Mensch richtet sich nach der Erde, die Erde richtet sich nach dem Himmel, der Himmel richtet sich nach dem Tao, das Tao richtet sich nach sich selbst. –

Von den Philosophen des auf die Zeit der Kung-tse und Lao-tse folgenden Jahrhunderts seien zwei in eigentümlicher Gegensätzlichkeit stehende Erscheinungen genannt: Mi-ti (Mo-ti), der Verkünder der allgemeinen Menschenliebe, der auch einen Gott lehrt, der die Menschen liebt, und in dem Mangel dieser die Menschen verbindenden hilfreichen Liebe, die durch ihre Gegenseitigkeit jedem zugute kommen wird, die Ursache alles Unglücks der Menschen sieht, und Yang-tschu, der Vertreter eines egoistischen Eudämonismus und einer resigniert pessimistischen Lebensansicht (der Tod macht alles gleich; böse Tyrannen und verehrte Heroen sind nach ihrem Tode gleich – Moder und Auflösung), dessen Lehre aber die Berufung auf das Tao auch nicht gefehlt zu haben scheint (Triebe und Begierden sind die „Natur“ des Menschen, sie unterdrücken heißt gegen die Natur – das Tao – handeln). Beide zeigen in ihrer Gegensätzlichkeit einen Zug zum Extremen, wie später in der griechischen Philosophie der Heroismus der Stoa und die Genußlehre Epikurs. Und wie diesen beiden der Aristotelismus seine Lehre von der „rechten Mitte“ entgegenstellt, so erneuert Mi-ti und Yang-tschu gegenüber Meng-tse (Mong-tse, lat. Mencius, geb. 372 v. Chr.) die konfuzianische Lehre mit ihrer Zentralstellung der Familie und der familiären Bindungen und Pflichten, die sowohl durch den von Yang-tschu gelehrten Individualismus wie durch die unterschiedslos allgemeine Menschenliebe aufgelöst wurde. Meng-tse vor allem hat der Konfuzianismus seine spätere ausschlaggebende Stellung in China zu verdanken.

DRITTES KAPITEL

DIE GRIECHISCHE PHILOSOPHIE

1. *Die Naturphilosophie der älteren Zeit*

Der griechischen Sprache entstammt das Wort „Philosophie". Und dem griechischen Denken entstammen die Begriffe und Probleme, die nicht nur in die *Philosophie* des abendländischen Mittelalters und der abendländischen Neuzeit bis zur Gegenwart, sondern auch in die abendländische *Wissenschaft* oder die Wissenschaften von der Natur und dem Geistesleben als nicht fortzudenkender Bestand eingehen. Hier und nur hier vollzieht sich – ohne daß damit der Inhalt und die Bedeutung des griechischen Philosophierens erschöpft wäre – der Übergang vom philosophischen zum wissenschaftlichen Denken im engeren Sinn, hier entspringt der Quell, der sich, wenn auch in mannigfachen Wendungen und Windungen, zu dem Strom der abendländischen Wissenschaft erweitert. Es ist das, wie gesagt, nicht ihre einzige Bedeutung: außer dieser Bereitung und Bearbeitung eines Bodens, aus dem ein Baum entspringt, dessen Pflege und dessen Frucht unserer abendländischen Kultur wesenhaft zugehört, prägt das Griechentum eine Fülle von in sich geschlossenen philosophischen Haltungen und Stellungen zur Welt, die ein fast unerschöpfliches Reservoir bilden, auf das der von Griechenland beeinflußte und befruchtete Geist immer wieder zurückgreift. Heraklitismus und Eleatismus – die Welt gesehen als ewiges Werden, als unaufhörlicher Wandel, und die Welt als beharrende „Substanz"; Mechanismus und Teleologie – die Welt als Produkt blinder Naturnotwendigkeit und als Blüte und Frucht zielstrebiger, organischer, zweckgerichteter Kräfte –; Epikureismus und Stoizismus – kluge Lebenskunst und heroisches Lebensideal –; Platonismus und Nominalismus – die Welt des raumlosen Gedankens und der zeitlosen Idee als seiende, in der Seinsweise der „Idee" bestehende Welt und als bloße Fiktion, als Mittel und Werkzeug lediglich des die Wirklichkeit bearbeitenden Verstandes –; Sokratismus, das sokratische Ziel des Menschen als fleischgewordener Vernunft, die vollendetste Personifikation aller noch nicht an sich selbst zweifelnden Aufklärung, und Neupythagoreismus, Neuplatonismus, Philosophie des Mythos, romantisierende Mystik der griechischen Spätzeit: in außerordentlich charakteristischer Form treten uns hier in dem engen und einen so unsagbaren Reichtum bergenden Rahmen des griechischen Geistes Gegensätze in klassisch einfacher Form entgegen, denen wir dann in der „neueren" Philosophie in mannigfacher Mischung, Verzweigung, Tatsachenfüllung und Erfahrungsbeziehung wieder begegnen.

Ist dieser Reichtum, diese Mannigfaltigkeit das einzige charakteristische *Merkmal* der griechischen Philosophie? Die Fülle und Verschiedenheit der Inhalte, nicht ein gemeinsamer Inhalt, ein wiederkehrender oder wenigstens hervorstechender Zug, wie in Indien die Lehre vom Brahman, in China der Gedanke des Tao? Zweifellos gehört jene *Mannigfaltigkeit* eines suchenden und eben damit ständig sich selbst überwindenden und in widerstreitende und kämpfende Richtungen sich auflösenden Geistes zur *Eigenart* gerade der griechischen und weiterhin der abendländischen Geschichte überhaupt, wenn auch in der letzteren Zeiten größerer Einheitlichkeit und Kontinuität und solche fast bis zur völligen Vereinzelung der Persönlichkeit, des Individuums sich aufspaltender Vielfachheit miteinander wechseln. Wollen wir aber einen *spezifisch* griechischen Begriff und Gedanken herauslösen, so kann es nur jener Begriff des *„Logos"* sein, des sinnvollen Wortes, der vernünftigen Rede als Urphänomen der Welt, als Grundform der Erkenntnis, als Ziel des Denkens und Handelns, den wir schon im vorigen Abschnitt gelegentlich dem „Brahman" und dem „Tao" entgegen- und zur Seite stellten. Die Griechen sind die Meister der wirkungsvollen Rede und die Erfinder ihrer Kunst und Technik, der Rhetorik, sie sind die Schöpfer des mit

Gründen und Gegengründen arbeitenden wissenschaftlichen Gesprächs und der Kunst und Wissenschaft der Dialektik. Auch darin, daß der Weg zu Wahrheit und Erkenntnis über Rede oder Gespräch geht, zeigt sich jener „agonale“ Zug des griechischen Geistes, seine Neigung zum Kampf in der Form des *Wettkampfes*, der scharfen Entgegensetzung, der Spaltung in konkurrierende und sich bekämpfende Richtungen, der bewußten Individualisierung und Abgrenzung der Person wie der Meinung. Der Grieche will den *Gegner*, hat er ihn nicht, so muß er ihn sich schaffen, gegebenenfalls durch Überspitzung der eigenen Ansicht, er will das „Anderssein“. So wird sein Denken auch ein in scharfer Klarheit bewußtes und begründetes, sein „Wort“, der „Logos“, jene gedanklich eindeutige und von bewußtem Sinn erfüllte Rede, aus deren Analyse die Lehre von der folgerichtigen Gliederung des Gedankens, die „Logik“, entspringt, die die Brücke von der Philosophie zur Wissenschaft schlägt. Dieser Logos ist etwas wesentlich anderes als das indische „Brahman“, in das wir eingehen, wenn wir alles, was „Name und Gestalt“ hat, hinter uns lassen, etwas anderes als das symbolische Zeichen, das der chinesische Denker auf sich wirken läßt und in dem die Dinge sich abspiegeln. Soll es Erkenntnis geben, so muß es möglich sein, die Welt im Logos, in der bewußten, vernünftigen, gegliederten Rede darzustellen, so muß das Wesen der Welt selbst logisch, vernünftig, rational sein. Wenn auch die antike Philosophie in ihrer letzten Phase dazu neigt, diesen Logos ganz zum *göttlichen* Logos zu machen, der durch die Weltschöpfung zu uns spricht, den wir erst andächtig hören müssen, ehe wir ihn nachzudenken versuchen, wenn und soweit solches Nachdenken möglich ist – womit der griechische Logos dann mit dem schöpferischen, gebietenden „Wort“ verschmilzt, mit dem der jüdisch-christliche Schöpfergott die Dinge aus dem Nichts ins Dasein ruft.

Und noch eins ist für den griechischen Geist charakteristisch: neben dem *logischen* der *eidetische* Zug, die Tendenz zur Schau, zur bildhaften Plastik der Erkenntnis, zur

Welt„*anschauung*“ im wörtlichen Sinn. Name und „*Gestalt*“, dem Inder Schall und Rauch, sind dem Griechen das Wesen, an das er sich hält; auch für Heraklit löst sich die Vielheit der Einzeldinge in das eine geschaute, plastische Bild des „Flusses“, des strömenden Wassers und zugleich des verzehrenden Feuers; auch für Parmenides tritt an die Stelle der geleugneten Vielheit der Dinge die plastisch gesehene Kugel, der Sphairos der wirklichen Welt; auch die Begriffe, die Plato als Wesen der Dinge entdeckt, gestalten sich zu „Ideen“, zu mit dem Auge des Geistes schaubaren Typen und Gattungswesen, welchen selben Ausdruck – „Idee“ – der Materialist und Mechanist Demokrit für seine Atome gebraucht. Eine Erkenntnis, die nicht in ein *Bild* übersetzbar wäre, würde den Griechen so wenig befriedigen, wie eine solche, die nicht in logischer Form, in *sprachlichem* Gedankenausdruck sich wiedergeben ließe. Wenn auch Bild und Wort die ganze Spanne umschließen von den Propheten- und Sehergestalten eines Heraklit oder Pythagoras bis zur Begriffssystematik und Terminologie eines Aristoteles und bis zur Deutekunst und philologischen Auslegung der späten Neuplatoniker und frühen christlichen Denker. Endlich zeigt sich in dieser Richtung auf Bildhaftigkeit und Schau wie in der Bevorzugung des „Logos“ eine und dieselbe Tendenz zur *Bewußtheit*, zur Ausschaltung des Unbewußten. Was sich klar aussprechen, in die Form des sprachlichen Satzes gießen und was sich in bildhafter Gestalt vor uns hinstellen läßt, das muß die Sphäre des Bewußtseins durchschritten haben, in Symbol und magisch bedeutsamem Urwort „spricht“ das Unbewußte. So ist es auch verständlich, daß nicht die einzige, aber doch die eindrucksvollste und charakteristischste Schöpfung der griechischen Philosophie die *Sokratik* ist, die höchste Blüte der griechischen Aufklärung, das Ideal der Menschen der hellen, klaren Bewußtheit und unbedingten Herrschaft der Vernunft und seine Verkörperung in der Gestalt des Sokrates selbst.

Ist die älteste griechische Philosophie vom Orient abhängig, ein Ableger orientalischer Weisheit? Sicher haben schon die ältesten griechischen Denker Kenntnis von zwei wichtigen Wissenschaften aus dem Osten besessen und aus ihnen Anregung geschöpft: die Kenntnis der ägyptischen Geometrie und der babylonischen Astronomie – jeder weitere orientalische Einfluß in der ältesten Zeit ist unsicher. Und auch die Verarbeitung jener feststehenden Einflüsse zeigt die Eigenart und Selbständigkeit des griechischen Geistes. Erst in der Hand der Griechen fügen sich die wesentlich auf empirischem Wege gefundenen und dem praktischen Zweck der Feldmessung dienenden Lehrsätze der ägyptischen Geometrie zu einem auf Axiome und Definitionen gegründeten beweisbaren System wie dem Euklids zusammen, und lösen sich die astronomischen Berechnungen und Beobachtungen aus dem Zusammenhang der altbabylonischen Gestirnreligion (unbeschadet der Rolle, die später wieder die Astrologie auch in Griechenland spielt) und fügen sich in den Bau eines astronomischen Weltbildes – von Anaximander bis zu Ptolemaeus. Die Kunst des ägyptischen Feldmessers und die Weisheit des chaldäischen Magiers bereichert das Wissen und dient dem Erkenntnisdrang des griechischen „Philosophen“, des ersten eigentlich *theoretischen* Menschen, der lebt, um zu erkennen, aus der Erkenntnis als solcher einen höchsten Lebenszweck macht, und dann wieder erkennt, um zu leben, d. h. die gewonnene Erkenntnis zur Grundlage der Gestaltung seines Lebens macht. Diesen theoretischen Menschen, den Philosophen in diesem Sinn schafft erst Griechenland – trotz der tiefsinnigen indischen Spekulation und der Unterweisung der chinesischen Volkserzieher. Ein wenig hängt das damit zusammen, daß Griechenland keinen geschlossenen Priesterstand besaß, dem die Vermittlung zwischen Göttern und Menschen zufiel; die Macht und das Ansehen des Geistes, die ja überall als unsichtbare Gewalt neben der Macht des Schwertes stehen, kamen hier nicht in die Hand des Priesters, auch nicht in die des beamteten Staatsmannes, sondern in die des Forschers und Denkers. Er kann, wie es offenbar schon bei Thales der Fall war, bei Pythagoras oder Empedokles, zum Mittelpunkt eines Kreises werden, der, zwischen der Schul- und Lerngemeinschaft einer Akademie und der Lebensgemeinschaft eines Ordens in der Mitte stehend, bald der einen, bald dem andern mehr sich nähernd, wissenschaftliche, moralische, politische Ziele verfolgt und eben in ihrer Verbindung zum Organ und Träger einer philosophischen Tradition wird. –

Das griechische Philosophieren beginnt mit derselben grübelnden Frage, die wir aus der indischen Urzeit kennen: nach dem Anfang und Ursprung der Dinge, der noch über die Götter der traditionellen Religion hinausliegt, mit dem Ansatz zu einer *Kosmogonie,* die dann bald in eine *„Theogonie"*, eine Darstellung der sich ablösenden Göttergeschlechter ausläuft. Es beginnt mit tastenden Versuchen, Begriffe zu bilden, die eine Art Mittleres zwischen Sein und Nichts bezeichnen – wie das „Chaos", das Gähnend-Leere, das die Theogonie des *Dichters* HESIOD an den Anfang stellt – und daneben andere Begriffe, die uns bekannte Urkräfte halb personifizieren, halb begrifflich-abstrakt fassen – die „Gaia", die breitbrüstige Erde, und „Eros", die zeugende männliche Kraft bei Hesiod; „Zeus", wieder mit dem zeugenden Prinzip identifiziert, Chtonia, der dunkle Schoß der Masse, und Chronos, die Zeit, bei PHEREKYDES aus Syros. Eben die Loslösung der Kosmogonie, der auf die Frage einer Weltentstehung und weiter eines Weltbildes sich beziehenden Gedanken, von der mythologisierenden Theogonie scheidet in der Darstellung des Aristoteles im ersten Buch der Metaphysik (der ältesten Darstellung der Geschichte der Philosophie, die wir besitzen) die „ganz Alten" von den eigentlichen Philosophen, die Aristoteles mit dem Ionier THALES in der Stadt Milet an der Karischen Küste Kleinasiens – deren ionische Kolonien ja überhaupt die Stätte der ersten Blüte der griechischen Kultur sind – beginnen läßt. Einer der „sieben Weisen", deren uns überlieferte Sinnsprüche und Klugheitsregeln zugleich als erster Niederschlag praktisch-philosophischer Reflexion gedeutet werden können, soll Thales die Sonnenfinsternis des Jahres 585 vorhergesagt haben, was auf eine Kenntnis der babylonischen Finsterniskataloge schließen läßt, wie die ihm zugeschriebenen geometrischen Einsichten eine Bekanntschaft mit der Geometrie der Ägypter wahrscheinlich machen. Von einer Schrift des Thales – die Schriften der zunächst folgenden Denker tragen den charakteristischen Titel *„περὶ φύσεως“*, „über die Natur“ – weiß Aristoteles nichts; der Inhalt seiner Philosophie aber faßt sich ihm zusammen in den Satz, daß der Urgrund, wir dürfen auch gleich sagen: *Urstoff* aller Dinge das Wasser, das Flüssige, Feuchte sei. Beobachtungen über die befruchtende Wirkung des Wassers für die Entstehung und Erhaltung alles Lebens, geographische und meteorologische Erfahrungen in bezug auf den Einfluß des Meeres und der Flüsse auf die Gestaltung des Landes mögen zusammen mit der Nachwirkung mythologischer Elemente, der Lehre vom Okeanos, der rings die Erde umschließt als Vater der Götter und Menschen, zu diesem Satz wesentlich beigetragen haben. Materie, Stoff ist dieses flüssige Urelement, noch aber ist in den Gedanken des „Stoffes“ das Moment des nur Passiven nicht eingegangen: der eine Grundstoff wird zugleich als belebt („Hylozoismus“) und als in lebendiger Wandlung begriffen gedacht, weshalb Thales scheinbar auch die Frage, warum und auf welchem Wege aus ihm die Vielheit der Dinge entspringt, noch fernliegt: das Lebendige ist nicht starr und tot, es wandelt sich und läßt Neues aus seinem Schoße entstehen, es ist in diesem Sinn selbst ein „Göttliches“ und erfüllt alles mit „Göttern“, beseelt, verlebendigt es.

Es ist als Quell alles Seienden unerschöpflich: dieser Begriff des Unerschöpflichen, des Grenzenlosen, des *„Apeiron“* wird von dem zweiten der milesischen Naturphilosophen, von ANAXIMANDROS als „arché“, als Anfang und Ursprung, gesetzt. Ein wichtiger, in der späteren Philosophie immer wiederkehrender Grundbegriff ist damit von ihm geschaffen: der Begriff einer Materie, die sich von allen uns bekannten Stoffen durch seine Unbegrenztheit, wir dürfen auch gleich hinzufügen: durch seine qualitative Unbestimmtheit unterscheidet – er ist nicht Wasser, nicht Feuer, nicht warm, nicht kalt, nicht fest und flüssig, sondern eben der gemeinsame Ursprung aller dieser Qualitäten bzw. qualitativ bestimmten Stoffe. Es ist eine bedeutsame, dem im Anschaulichen arbeitenden Geist des Griechen eigene Wendung, daß qualitative Bestimmung zugleich zur Begrenzung, das Bestimmte zum Begrenzten, zum Endlichen wird. Merkwürdig ungriechisch mutet es nur an, daß das Unendliche, Gestalt- und Bestimmungslose dem Göttlichen gleichgesetzt, in einem uns überlieferten Satz des Anaximandros sogar das Hervorgehen des Endlichen und Begrenzten aus dem Apeiron als „Schuld" bezeichnet wird, für die mit dem allem Endlichen bestimmten Tode Buße gezahlt werde. In dem späteren griechischen Denken wird überall das Apeiron, die ungestaltete und bestimmungslose Materie, zur *untersten* Stufe; je höher wir in der Stufenleiter steigen, desto klarer, bestimmter wird das Seiende Form und Gestalt. Dagegen ist es wiederum ein naheliegender und zugleich für die spätere Philosophie fruchtbarer Gedanke, daß aus dem Bestimmungslosen, dem Seienden schlechthin, die Mannigfaltigkeit der Dinge durch Differenzierung, durch *Auseinandertreten der polar entgegengesetzten Qualitäten* entsteht: zunächst das Heiße und Helle, die Feuersphäre des Himmels, die sich vom Dunklen und Kalten, der Erde, scheidet und sie umgibt, auf der dann weiter Festes und Flüssiges, Land und Meer, sich sondert; aus dem Meere steigen dann wieder Dämpfe auf, welche die feurige Sphäre umhüllen und sie in einzelne Lufträder zersprengen, die durch Öffnungen (Sonne, Mond) ihre Flammen hinausspeien. Hier fügt sich dann das astronomische und das Erdbild des Anaximandros ein, das die Erde säulenförmig im Mittelpunkt des Weltalls frei schweben läßt, ursprünglich überall von Wasser bedeckt, das damit bei ihm wie bei Thales der Ursprung alles Lebendigen wird: fischartig waren die ersten lebenden Wesen.

Anaximenes, der dritte und letzte Philosoph von Milet (das 494 in die Hände der Perser fiel), setzt die unerschöpfliche arché der Welt wieder einem bestimmten Stoff gleich, der

Luft (die vom Dampf noch nicht unterschieden wird). Es ist verständlich, daß, was Thales im Meere und im Wasser sah: den alles umschließenden Ozean, die bewegende Kraft, das lebenspendende und erhaltende Element, in der Luft, dem Luftozean mit seinen Stürmen und Regengüssen, seiner Unentbehrlichkeit für jedes lebende, atmende Wesen, erst recht wiedergefunden werden konnte. Zwei Gedanken fügt Anaximenes hinzu. Erstens ist ihm die Luft zugleich der belebende Hauch, die in den lebenden Körper eingehende und ihn als lebenden zusammenhaltende Seele. Schärfer trennt sich damit gegenüber dem alten „Hylozoismus“, der nur schlechthin eine lebende Materie kennt, das aktiv lebendige, alles umgebende und zusammenhaltende Element und der nur passive Stoff, wenn auch auf der anderen Seite wieder alles aus der einen Luft entstehen und damit aus ihr, als dem Urstoff, bestehen soll. Und damit im Zusammenhang das Zweite: Anaximenes wirft die Frage auf, *wie*, in welchem Prozeß aus dem Urstoff alles andere: Feuer, Wasser, Erde entsteht, und er bestimmt diesen Vorgang als den der Verdünnung und Verdichtung. Noch deutlicher zeichnet sich damit der Begriff des beharrenden und im Tiefsten sich gleichbleibenden Stoffes ab, aus dem alles hervorgeht und im Grunde *besteht:* das Feuer ist verdünnte, Wolken, Wasser, Schlamm, Stein *sind* stufenweise verdichtete Luft. Die ältesten Denker suchen den Anfang der Dinge, indem sie jenen Übergang zwischen Sein und Nichtsein begrifflich zu fassen sich bemühen, den wir auch noch in Anaximanders Apeiron durchschimmern sehen; die griechischen Naturphilosophen gehen, indem sie nach dem „Urstoff“ fragen, von dem bald auch *ausdrücklich* formulierten Satz aus, daß „Aus Nichts Nichts entstehen kann“, der Anfang des Seienden also selbst ein Seiendes sein muß.

Anaximenes gibt uns den Eindruck eines nüchternen Naturbeobachters und -erklärers; ein wesentlich anderes Bild zeigt sich, wenn wir uns von ihm und den milesisch-ionischen Naturphilosophen überhaupt zu den Denkern der folgenden Generation, zu Pythagoras, Heraklit, Parmenides wenden. Die Dichtung um die Wende des sechsten und fünften vorchristlichen Jahrhunderts, die Dichtung eines Pindar und Aischylos, zeigt einen hohen, pathetischen, hieratischen Stil, und dieser selbe Stil ist auch den Philosophen der Zeit, den Aphorismen des Herakleitos, deren vieldeutige Kürze ihm den Beinamen des „Dunklen" eingetragen hat, der poetischen Einkleidung und feierlichen Verkündung des parmenideischen Lehrgedichts nicht fremd. Wir dürfen diese Eigenart des Denk- und Schreibstils auch in Verbindung bringen mit der religiösen Bewegung, die seit der Mitte des 6. Jahrhunderts über Griechenland und die griechischen Kolonien in Unteritalien geht, der *orphischen* Bewegung, die den orgiastischen Kult des thrakischen Dionysos nach Griechenland bringt. Weder die Ekstasen und Rauschzustände, die mit dem Kult verbunden waren, noch der Seelenwanderungs-, Wiedergeburts- und Erlösungsgedanke, der im Mittelpunkt seiner Lehre steht, mutet uns griechisch an, insonderheit wenn wir von Homer und dem von Homer erzogenen und an ihm gebildeten Hellenentum herkommen; es bedurfte einer besonderen Arbeit, um den Barbarengott und die mit ihm verknüpften Lehren und Riten zu gräzisieren, und diese Gräzisierung wird z. T. eben von den Philosophen vollzogen. Andererseits ist es eben dieser Kult und seine Lehre, der zu einer vertieften Erkenntnis und zu einem von religiösem Gefühl und religiöser Ehrfurcht getragenen Sinn für die *Seele* und das Seelische führt. Damit hängt es weiter zusammen, daß die Philosophie nicht nach einer naturwissenschaftlichen Erklärung des Einzelnen, sondern nach einem symbolischen Ausdruck des Ganzen, der Welt, des Kosmos strebt: die „Zahl" des Pythagoras, das „Feuer" Heraklits, das „Eine" des Parmenides (dem gegenüber alle Vielheit und Bewegung als bloßer „Schein" abgetan wird) sind nicht wie das Wasser des Thales und die Luft des Anaximenes reale Ursachen und Substanzen, sondern in erster Linie abbildende Symbole des Weltganzen.

Von PYTHAGORAS wissen wir bestimmt, daß er ein Anhänger der Lehre von der Seelenwanderung war. Auf der Insel

Samos geboren, geht er später nach Unteritalien, wo der von ihm gegründete Bund, dessen Riten und Lebensvorschriften die Erlösung vom „Rade der Geburt" zum Ziele hatten, in Kroton eine Zeitlang eine aristokratisch-politische Herrschaft ausübte, bis sie ihm in einer blutigen Revolution genommen wurde. War die pythagoreische Gemeinschaft ursprünglich ein wesentlich religiöser Verband, so gehörten doch zu den Dingen, die in ihr getrieben wurden, von Anfang an auch Wissenschaft und Kunst, genauer *eine* Wissenschaft und *eine* Kunst: die Mathematik und die Musik. Beide treten ferner in Beziehung zueinander: dem Pythagoras selbst wird die wichtige Entdeckung der Abhängigkeit der harmonischen Tonverhältnisse von der einfachen Ganzzahligkeit im Verhältnis der Längen der gestrichenen Saiten zugeschrieben. Aus dieser Einsicht, daß den harmonischen Tönen ganze Zahlen zugeordnet, ihre Beziehung durch eine Beziehung ganzer Zahlen ausgedrückt werden kann, scheint sich die pythagoreische Lehre entwickelt zu haben, daß die *Zahl* die arché, der Ursprung und das Wesen der Dinge sei, d. h. daß wir allen Dingen Zahlen und Zahlenbeziehungen zuordnen, die Welt und ihre Ordnung auf das Zahlenreich übertragen und auf seine Ordnung abbilden können. Den ersten Gegenstand ihres Studiums bildeten dabei die Zahlen selbst, die Pythagoreer wurden die Schöpfer der griechischen Arithmetik; bezeichnenderweise eben für das an der Anschauung haftende griechische Denken interessiert sie dabei aber weit weniger die Zahlenreihe, für deren Darstellung ihnen ja auch mangels der Null eine angemessene Zeichengebung fehlte, als die verschiedenen Arten und Gruppen, in die sich die Zahlen einteilen lassen: die geraden und ungeraden, quadratischen und „rechteckigen", kubischen und Pyramidalzahlen usw., und die sie, wie die Namen zeigen, durch Anordnung von Punkten in räumlichen Figuren zur Darstellung bringen. Von hier aus war dann nur noch ein Schritt zu dem weiteren Gedanken, daß alle räumlichen Dinge aus solchen Punkten, aus einer bestimmten Anzahl derselben bestehen. Gerade hier aber stieß dann der ältere Pythagoreismus offenbar auf die große Schwierigkeit des Irrationalen, d. h. auf die Entdeckung, daß es im Raum Beziehungen gibt, die sich niemals durch das Verhältnis zweier ganzer Zahlen ausdrücken lassen – wie die Beziehung der Diagonale zur Seite des Quadrats. Es scheint, daß sie sich dieser Schwierigkeit zunächst durch eine unklare Einführung des Begriffs unendlich vieler und kleiner Elemente solcher Gebilde zu entziehen suchten, bis ihnen die Aufdeckung der Antinomien des Unendlichen durch den Eleaten Zeno diesen Ausweg verlegte. Wie weit indessen dieser älteste Pythagoreismus auf dem Wege wissenschaftlicher arithmetischer Forschung mit dem Aufsuchen von Analogien zu dem dort Gefundenen im Reich des Kosmos, der Seele, der Musik usw. gedrungen ist, läßt sich schwer mehr mit Bestimmtheit entscheiden.

Herakleitos von Ephesos, ein betont einsamer, in fast paradoxen Wendungen und Sprüchen sich ergehender Denker, zu dessen gewollter Einsamkeit auch sein aristokratischer Widerwille gegen die Masse beigetragen haben mag, verachtet offenbar solche Einzelforschung: sie ist ihm unnütze Vielwisserei. Wie eine Parallele zu Thales' Lehre vom Wasser und der des Anaximenes von der Luft erscheint es, wenn er das Feuer für die arché der Dinge erklärt, aber der Begriff der arché hat hier doch einen anderen Sinn; er bezeichnet keine beharrende Substanz, da Heraklit vielmehr das dinghaft Beharrende in der Welt als Schein leugnet und betont, daß die Welt ein Geschehen, ein Prozeß, ein ewiges *Werden* und Vergehen ist – wie die Flamme, das Verbrennen. Genauer ein in sich zurücklaufender Kreisprozeß, an dessen Anfang oder Ende nun allerdings wieder das alles verzehrende und neu aus sich gebärende Feuer steht. Ein Werden, ein fließendes Geschehen ist die Welt: alles Beharrlich-Identische ist Schein, wie der Fluß, in den ich heute hineinsteige, nur äußerlich und scheinbar „derselbe" ist wie gestern. Nur eines beharrt: das Gesetz im Wechsel, das Schicksal, das über dem Ganzen waltet und in gleicher Abfolge und nach gleichen Maßen alles ineinander verwandelt und umschlagen läßt, wie Waren in Geld und Geld in Waren. Gegensatz und Kampf herrscht in der Welt – der Kampf ist der Vater aller Dinge –, aber aller Gegensatz löst sich zuletzt in Einheit und Harmonie, wie der gesetzmäßige Wechsel des Auf und Ab im Kosmos zeigt. Im Kosmos waltet *eine* Vernunft, ein *Logos* – zum ersten Male stoßen wir bei Heraklit auf diesen Begriff –, wie die Worte des Satzes, die Buchstaben des Wortes durch den Sinn geeint werden. Endlich findet Heraklit denselben Wandel – von Jugend und Alter, Tod und Geburt – und dieselbe Vernunft im menschlichen Leben, in der Seele des Menschen (offenbar klingen hier orphische, Wiedergeburtsgedanken an), wie das Feuer, der Fluß, die Rede, wird ihm die Seele Symbol und Wesen der Welt.

Den Gegenpol zu der heraklitischen Lehre vom Werden bildet die eleatische Lehre vom einen, unveränderlichen Sein. Parmenides, ihr eigentlicher Begründer, hat in der 540 gegründeten Stadt Elea in Unteritalien auch als Gesetzgeber und Politiker gewirkt; dahingestellt mag bleiben, ob Aristoteles ihn mit Recht mit dem älteren Xenophanes in Verbindung bringt, der in Kolophon in Kleinasien geboren, später bis in sein hohes Alter als Barde in dem griechisch besiedelten Italien umherzieht und uns eher als Volkserzieher und -belehrer, denn als Denker und Philosoph erscheint. In uns erhaltenen Fragmenten seiner Lieder wendet er sich heftig gegen das Menschliche und Allzumenschliche der Göttergestalten bei Homer und Hesiod: Es ist „*ein* Gott, der größte unter Göttern und Menschen, weder an Gestalt noch an Gedanken den Sterblichen ähnlich“, er ist „ganz Gesicht, ganz Gedanke, ganz Gehör“ und „lenkt ohne Mühsal alle Dinge mit dem Gedanken seines Geistes“. Diese Richtung auf eine versittlichte und von Anthropomorphismen befreite Gottesvorstellung, auf einen pantheistisch gefärbten Monotheismus setzt sich dann später fort bei Plato („Euthyphron“), in der Stoa, im Neuplatonismus, um zuletzt mit der christlichen Philosophie zu verschmelzen.

Parmenides gibt in der schon erwähnten Einleitung seines

Lehrgedichtes kund, daß er zwei Dinge, von der Muse ihm offenbart, den Menschen mitzuteilen habe: die geschlossene, unwidersprechliche „Wahrheit" und das, was nur als „Meinung" gelten solle. Jene letzte Wahrheit besteht im Grunde nur aus *einem* Gedanken: dem, daß das „Sein" *eines*, unveränderlich, unvergänglich und unentstanden sei; im Bilde einer geschlossenen Kugel stellte es sich Parmenides dar, und vielleicht dürfen wir diese Kugel mit der Gottheit des Xenophanes gleichsetzen, die erhaben über und verschieden von allem Einzelseienden ganz Denken und Geist ist, denn auch Parmenides fügt seiner Lehre vom *einen* Sein den Satz hinzu, daß Sein und Denken eines sei. Eben dieser Gedanke leitet aber weiter über zu der Begründung seiner philosophischen These, mit welcher der Eleat ganz neue Bahnen einschlägt, insofern er sich auf eine rein logische Argumentation stützt: Das Seiende muß eines und unvergänglich = unveränderlich sein, weil jeder Versuch, ihm Vielheit oder Bewegung zuzuschreiben, zu dem widerspruchsvollen Ergebnis führen müßte, daß ein „Nichtseiendes sein" würde. Denn das aus vielen Teilen Bestehende ist und ist nicht, insofern ein Teil eben nicht der andere ist, desgleichen das sich Verändernde, auch das sich Verdünnende und Verdichtende. Wir dürfen hinzusetzen, alles Verdichten und Verdünnen wie alle Teilung setzt den leeren Raum, also das Nichts als seiend, voraus. Indem Parmenides durch diese rein rationalen Überlegungen Vielheit, Bewegung, Veränderung als widerspruchsvolle Begriffe vom Sein auszuschließen und durch solche logische Ausschließung seine Seinslehre zu begründen sucht, wird er der erste Vertreter einer philosophischen Dialektik und logisierenden Metaphysik.

In der Ausbildung solcher scharfsinnigen Dialektik ist ein unnachahmlicher Meister sein Schüler ZENON aus Elea, der Entdecker der Antinomien des Unendlichen: die Elemente, aus denen das „Viele", das Zusammengesetzte bestehen soll, sind entweder selbst größenlos, dann wird aus ihrer Zusammensetzung nie eine positive Größe entstehen, oder sie besitzen eine wenn auch noch so kleine Größe, dann wächst durch ihre unendliche Zahl (denn alles Ausgedehnte kann wieder zerlegt werden) das aus ihnen Zusammengesetzte über jede endliche Größe hinaus; wer eine Rennbahn durchlaufen will, muß erst ihre Hälfte, dann die Hälfte der andern Hälfte, dann die Hälfte der übrigbleibenden Hälfte usw. in infinitum durchlaufen, also kann er nie an das Ende der Bahn gelangen. Es ist wohl anzunehmen, daß diese zenonischen Antinomien sich speziell gegen die Art richten, wie die älteren Pythagoreer mit dem unklaren Begriff unendlich kleiner physischer Punkte operierten, aus denen alles Räumliche zusammengesetzt sein sollte, gegen ihren Versuch also, die Lehre, daß das Wesen aller Dinge die (ganze) Zahl sei, dadurch durchzuführen, daß sie das räumliche Kontinuum in ein Diskretum unendlich vieler und kleiner Punkte verwandelten. Aber auch die Relativität aller Bewegung, die Abhängigkeit ihrer Bestimmung von der Wahl des Bezugskörpers, hebt Zenon hervor und damit die Unmöglichkeit, dem absoluten Sein Bewegung zuzusprechen.

Die eleatische Lehre endet in einem „Akosmismus“, in der Erklärung der gesamten gewöhnlich sogenannten Welt für bloßen „Schein“ und ihrer Ersetzung durch das eine absolute Sein. Enthüllt sich dies Sein dem Denken des Philosophen, so ist jener Schein „Sinnenschein“. Parmenides berührt sich hier mit Heraklit und steht zugleich in äußerstem Gegensatz zu ihm: für Heraklit war das wahrhaftig Wirkliche, das der tiefer schauende Blick des Philosophen entdeckt, stets ein Werdendes und Fließendes, alles substanziell Beharrende „Sinnenschein“, der scharfe Gegensatz von Sein und Schein ist also beiden gemeinsam. Aber die Eleaten betonen ihn noch schärfer, indem bei ihnen der „Schein“ schließlich alles umfaßt, was die Wahrnehmung, das Leben uns zeigt, nur der reine, abstrakte Seinsbegriff bleibt auf der anderen Seite. Hier führt gar keine Brücke mehr zu einer Naturerklärung, wie sie die ältesten Philosophen erstrebten, auch die Frage, wie und warum ein solcher „Schein“ der Mannigfaltigkeit und Bewegung entstehen kann, bleibt unbeantwortet. Und doch kann gerade Parmenides bei einem völligen Verzicht auf solche Naturerklärung nicht stehenbleiben: In jenem uns allerdings sehr lückenhaft übermittelten zweiten Teil seines Gedichts, das nicht letzte „Wahrheit", sondern nur „Meinung" geben soll, wird eine Kosmogonie entwickelt, die die vergänglichen und wechselnden Dinge aus dem Zusammenwirken von „Feuer" und „Nacht" (Sein und Nichtsein?), dem Hellen und Leichten und dem Dunklen und Schweren entstehen läßt.

Die Eleatik übt durch die Schärfe und Konsequenz ihrer Logik einen starken Einfluß auf die Philosophie der Folgezeit; vor allem ist es die Folgerichtigkeit, mit der hier der Begriff des beharrlichen substantiellen Seins durchgeführt wird, zu dem ja schon die milesische Urstofflehre geführt hatte, der sich die Philosophen des 5. Jahrhunderts nicht verschließen können. Andererseits streben sie nun doch zu einer positiven Naturerklärung zurück anstatt des unüberwundenen Gegensatzes von absolutem Sein und bloßem „Sinnenschein", wenn auch dieser Gegensatz gleichfalls sich erhält. Um aber den Begriff der beharrenden Substanz, aus der die Mannigfaltigkeit der Dinge besteht und entsteht, für den Zweck einer einleuchtenden Naturentstehungslehre brauchbar zu machen, muß ihm etwas von der Starrheit des eleatischen Seins genommen werden. Eben dies geschieht bei allen Philosophen des 5. Jahrhunderts im Grunde in der gleichen Weise: man zerlegt das beharrend, unentstanden und unvergänglich Seiende, die Substanz, in eine Mehrheit von Elementen und denkt sich die Vielheit der Dinge durch Verbindung und Trennung der Elemente, also durch Bewegung entstanden. Alle wissenschaftliche Erklärung strebt nach Vereinfachung, nach Rückführung des Verschiedenen auf dasselbe: indem alles Seiende aus denselben Elementen zusammengesetzt, alle Veränderung als Ortsveränderung dieser Elemente gedacht wird, ist diesem Streben nach Vereinfachung in hohem Grade Genüge getan.

Als Übergangserscheinung zwischen den Metaphysikern des 6. und den Naturforschern des 5. und 4. Jahrhunderts tritt uns Empedokles von Agrigent auf Sizilien (um 490—430) entgegen. Reste seines einen Lehrgedichtes zeigen ihn uns als orphisch beeinflußt, als Anhänger der Lehre vom Kreislauf der Geburten, dem der Kreislauf der Welt entspricht, als Sühnepriester, der sich magische Kräfte zuschreibt; auch als Politiker, als Führer der Demokratie hat er in seiner Vaterstadt eine Rolle gespielt. Andererseits knüpft an ihn eine nicht unbedeutende Ärzteschule an, physikalische Experimente werden auf ihn zurückgeführt, und in seiner Schrift „über die Natur" (man könnte diesen Titel der alten Schriften auch übersetzen „über das Werden der Dinge", denn die „Physis" ist wörtlich übersetzt das „Gewordene") lehrt er, daß es kein Werden und Vergehen, sondern nur Mischung und Sonderung gibt; was sich aber mischt und sondert, das sind die vier „Wurzeln" der Dinge: die vier Elemente des Feurigen, der Luft, der festen Erde und des flüssigen Wassers. Dann aber fügt er weiter zu der Frage nach der Substanz und nach dem Wesen der Veränderung die nach der *Kraft,* der aktiven Ursache, die den Prozeß des Werdens in Gang bringt, die Elemente mischt und sondert, und beantwortet sie durch die Einführung der kosmischen Gewalten der „Liebe" und des „Hasses". Daß die anziehenden und abstoßenden Kräfte in solcher Beziehung vermenschlicht, nach Analogie seelischer Kräfte verstanden werden, kann uns nicht wundernehmen, liegt doch auch in unserem Begriff der Natur*kräfte* noch etwas von einem Analogon der erlebten Kraft unseres Willens. Die wechselnde Vorherrschaft der Liebe (bis zur innigsten Vereinigung aller Elemente im „Sphairos", in der geschlossenen Weltkugel – wir denken zugleich an Parmenides) und des Hasses (bis zu völliger Sonderung) in der Welt führt den Kreislauf der Weltperioden herbei, den Empedokles wie vor ihm Heraklit lehrt. Was die Entstehung der Organismen unter dem Einfluß der die Elemente mischenden Liebe angeht, so bildeten sich zuerst einzelne Glieder, die sich zu seltsamen Ungeheuern vereinigten, die sich nicht erhalten konnten, bis die schaffende Verbindung lebens- und fortpflanzungsfähige Wesen entstehen ließ. Schon bei Anaximenes findet sich der

Gedanke, daß der lebende Organismus durch die Atmung mit dem Gesamtleben, mit der Luft, die die Welt umschließt und aus sich hervorgehen läßt, in Verbindung steht; Heraklit lehrt dasselbe vom Feuer der Seele und dem Feuer der Welt; Empedokles weist auf die Poren hin, durch die der lebende Körper mit der Außenwelt in ständigem Austausch sich befindet. Er knüpft an diesen Gedanken seine Lehre von der sinnlichen Wahrnehmung: weil wir selbst Feuer und Wasser und Luft und Erde sind, nehmen wir „Gleiches mit Gleichem", durch Gesicht, Geschmack, Gehör, Getast die Elemente der Außenwelt wahr (wir denken an Goethe: „Wär' nicht das Auge sonnenhaft, die Sonne könnt' es nie erblicken ...").

In ANAXAGORAS aus Klazomenai, den Jahren nach älter, dem Auftreten nach jünger als Empedokles, dem Freund des Perikles, mit dem die Philosophie eine Stätte in Athen findet, stoßen wir auf einen echten Gelehrten- und Forschertypus. Ob er als erster die Ursache der Sonnen- und Mondfinsternisse richtig erkannte, mag dahingestellt bleiben, jedenfalls hat er die abergläubische Furcht vor diesen Erscheinungen bekämpft; wahrscheinlich durch die Beobachtung eines Meteorsteins wird er zu der Behauptung geführt, daß Sonne und Mond glühende Steinmassen seien (eine Lehre, die ihm freilich als erstem unter den griechischen Philosophen eine Anklage wegen Götterleugnung eintrug). Auch für ihn gibt es kein echtes Entstehen und Vergehen, sich Mehren und Mindern des ein für allemal Seienden, sondern nur Mischung und Sonderung, doch auch die vier empedokleischen Elemente lehnt Anaxagoras ab: so viel qualitativ verschiedene Stoffe, so viel Elemente gibt es („wie kann Haar aus etwas werden, das nicht Haar, Fleisch aus etwas, das nicht Fleisch ist?"), nur bestehen alle diese qualitativen Elemente aus sehr vielen unsichtbaren kleinen Partikeln, deren Zerstreuung das scheinbare Verschwinden, deren Vereinigung das scheinbare Entstehen der Dinge bedingt. Ursprünglich war alles in einem chaotischen Gemisch durcheinander gewirrt, in dem kein Ding vom andern gesondert und unterscheidbar war – durch welche Kraft entstand aus diesem Chaos der Kosmos der Dinge, wie kam Stein zu Stein, Wasser zu Wasser, Fleisch zu Fleisch, um die Erde, die Meere, die tierischen und menschlichen Körper zu bilden? Der wirksame Faktor, der die Bewegung einleitete, die vom Chaos zum geordneten Kosmos führt, kann nun nach Anaxagoras nur eine vernünftige, vorausschauende, planmäßig wirkende Macht sein; der Philosoph nennt sie den „Nūs", den Weltgeist, die Weltvernunft. Er ist damit der erste Vertreter einer *teleologischen,* mit dem Gedanken einer zielstrebigen Entwicklung und Kraft arbeitenden Naturerklärung, welche zielstrebige Entwicklung zu dem Kreisprozeß bei Empedokles und Heraklit (obgleich auch bei ihnen, mindestens bei Heraklit, der Weltprozeß ein seelischer, logischvernünftiger ist) in einem gewissen Gegensatz steht. Freilich ist dieser „Nūs" bei Anaxagoras zugleich selbst materiell gedacht (wie übrigens auch Liebe und Haß bei Empedokles), der feinste und beweglichste aller Stoffe, zugleich der einzige, der, von allen andern getrennt, in die chaotische Mischung am Anfang nicht eingeht. Mit dieser ursprünglichen Sonderung des Geistes hängt es wohl auch zusammen, daß nach Anaxagoras nicht in uns „das Gleiche das Gleiche", sondern umgekehrt „das Verschiedene das Verschiedene erkennt", mit anderen Worten das Erkennen ein Unterscheiden, zuletzt das sich selbst Unterscheiden des Geistes von der Außenwelt ist.

Der teleologischen Naturerklärung des Anaxagoras steht gegenüber das mechanistische Weltbild eines der größten Naturforscher des Altertums, der freilich schon dem vierten Jahrhundert angehört: des DEMOKRITOS aus Abdera (um 460 bis 360), des Vertreters einer Atomistik im modernen Sinn. Das substanziell, im Sinn der Eleaten unentstanden, unvergänglich und unveränderlich Seiende sind ihm die undurchdringlich harten, nach Größe, Gestalt und Lage allein verschiedenen Atome und außer ihnen – das „Nichtseiende", das auch trotz der eleatischen Dialektik in gewissem Sinn existiert, nämlich das „Leere", der leere Raum, in dem sie sich bewegen. Die sich bewegenden Atome prallen gegen- und wirken in Druck und Stoß aufeinander, vermöge ihrer Gestalt verhäkeln sie sich, bilden zusammenhängende größere Körper. Dabei geschieht alles mit mechanischer Naturnotwendigkeit – ein Begriff, den in dieser Form Demokrit zuerst prägt –, es gibt weder Zufall noch zweckbestimmtes Geschehen in der Natur. Daß aus dem Chaos der Kosmos wird, daß das Gleiche zum Gleichen kommt, ist Wirkung nicht eines planmäßig ordnenden Nūs, sondern blind mechanischer Ursachen. In der Lehre, daß Farbe, Ton, Wärme und Kälte nichts objektiv Seiendes seien, sondern auf die Seite des Scheins gehörten – wie der charakteristische Ausdruck lautet, nicht „physei", von Natur, sondern „nomō", durch Satzung, wie ein durch menschliche Willkür geschaffenes Gesetz, existierten – ist ihm sein Landsmann, der „Sophist" Protagoras, vorangegangen. Endlich schreitet Demokrits mechanistische Weltauffassung zu einem ausdrücklichen und bewußten Materialismus fort (in gewissem Sinn sind allerdings alle älteren griechischen Naturphilosophen Materialisten: alles Wirkliche wird ihnen zugleich ein Körperliches): die Seele besteht aus den den Körper durchströmenden Feueratomen; Denken, Wahrnehmen, Fühlen ist Bewegung der Seelenatome, ist ein Vorgang im Körper. Und physiologisch ist im Grunde auch die in einer Reihe von Aphorismen erhaltene Ethik Demokrits begründet: das höchste Gut, die Glückseligkeit, die „Euthymie", das ruhige Gleichmaß der Lebensstimmung fällt mit der ruhigen und gleichmäßigen Bewegung der Seelenatome, im Gegensatz zu dem Sturm der Leidenschaften, zusammen.

Neben Demokrits Atomismus steht als zweite reife Frucht der griechischen Naturphilosophie der Frühzeit das System der *Pythagoreer*, wie es seine Formung vor allem wohl durch ARCHYTAS von Tarent, den hervorragenden Mathematiker, Zeitgenossen und Freund Platos (dessen „Timaios" sie in den wesentlichsten Punkten referiert), erhielt. Von der Theorie ausgehend, daß das Wesen aller Dinge die (ganze) Zahl sei, hatten die Pythagoreer zunächst alle räumlichen

Gebilde aus Punkten, mathematischen Atomen gleichsam, zusammengesetzt gedacht, eine Vorstellung, deren widerspruchsvolle Konsequenzen Zenons Antinomien aufzeigten. Demokrit nahm den Atomismus auf für die Materie, trennte aber diese, das physikalisch Wirkliche, scharf vom Kontinuum des leeren Raumes. Diesen Atomismus verwerfen die späteren Pythagoreer, sie scheiden nicht zwischen Raum und Materie, sondern nehmen eine kontinuierliche, gleichsam flüssige Raummaterie an (wie im Beginn der Neuzeit Descartes im Gegensatz zu der Erneuerung der demokritischen Atomistik durch Gassendi), Härte und Undurchdringlichkeit sind ihnen so subjektive Sinneserscheinungen (des Tastsinnes), wie Farbe, Ton oder Wärme. Die Materie hat also nur mathematisch-geometrische Eigenschaften, die Physik wird zu einem Teil der Geometrie. Der „Punkt" ist nicht ein Teil, sondern eine Grenze im Raum – aus „Grenze" und „Unbegrenztem" (Kontinuum) ist alles zusammengesetzt. Den „Elementen" des Feuers, Wassers usw. werden die (damals von dem Mathematiker Theätet entdeckten) regulären geometrischen Körper (Tetraeder, Oktaeder, Ikosaeder, Würfel) zugeordnet, die Verwandlung der Elemente ineinander, die physikalischen Umsetzungen überhaupt bestehen in einer geometrisch nachkonstruierbaren Umwandlung jener geometrischen Körper ineinander, die durch die sich gegeneinander abgrenzenden Strömungen in der Raummaterie gebildet werden. Eine hervorragende Leistung ist die Astronomie der Pythagoreer: sie entfernten zum ersten Male die Erde aus dem Mittelpunkt der Welt, faßten sie als Kugel auf und schrieben ihr eine Bewegung um das im Mittelpunkt der Welt gelegene (uns, da wir ihm immer dieselbe Seite zuwenden, unsichtbare) Zentralfeuer zu, das von West nach Ost die an Sphären (durchsichtigen Kugeln) befestigten Himmelskörper – Gegenerde, Erde, Mond, Sonne, 5 Planeten, Fixsternhimmel – umkreisen, in Abständen, die denen der musikalischen Harmonien entsprechen. Es war nicht mehr weit von hier zu dem Gedanken der Achsendrehung der Erde und endlich bereiten die pythagoreischen Astronomen jener Vorwegnahme der kopernikanischen Lehre im Altertum den Weg, wie wir sie bei Aristarchos von Samos (ca. 280 v. Chr.) finden.

2. *Welt, Mensch und Gesellschaft: Von der „Sophistik" bis zur klassischen Höhe der griechischen Philosophie*

Im griechischen Geistesleben des fünften Jahrhunderts stoßen wir auf eine Reihe von Männern, die man unter dem Namen der „Sophisten" zusammenzufassen sich gewöhnt hat, obgleich im Altertum dieser Name mindestens auch in einem erheblich weiteren Sinn gebraucht wurde. In dieser Namengebung aber liegt zugleich eine abfällige Beurteilung, die zuletzt auf die Kritik zurückgeht, die Platon und ihm folgend Aristoteles an den „Sophisten" üben und die sie als skrupellose Dialektiker, Liebhaber und Meister einer logischen Vexierkunst hinstellt, als philosophierende Anwälte gefährlicher, auflösender, nihilistischer Strömungen und Gegner wirklichen, echten Dienstes an der Wahrheit. Diese Kritik (die unserem heutigen Gebrauch des Wortes „Sophist" die Färbung gegeben hat) ist zunächst selbst Ausdruck oder Teil einer Zeiterscheinung, sie berührt sich mit einer deutlich erkennbaren Reaktion konservativer Kreise in Griechenland gegen das Treiben der Philosophen überhaupt, wie es offenbar mehr und mehr in die Öffentlichkeit gedrungen war: es ist hier an die schon erwähnte Anklage gegen Anaxagoras zu erinnern, der später eine gleichartige gegen den „Sophisten" Protagoras und schließlich das „Verbrechen" der Athener gegen die Philosophie, der Prozeß des Sokrates folgen sollte. Gerade Sokrates ist nun freilich für Platon der eigentliche Überwinder der „Pseudophilosophie" der Sophisten im engeren Sinn, andererseits zeichnet die derbe Karikatur des Lustspieldichters Aristophanes in den „Wolken" eben ihn als den Rabulisten und Rechtsverdreher, der gegen Geld bereit ist, aus Schwarz Weiß oder, wie die spätere Wendung lautet, aus der schwächeren Rede die stärkere zu machen. Dazu kommt, daß vielfach die Kritik Platons eigentlich gar nicht den von ihm ausdrücklich erwähnten „Sophisten“, sondern ursprünglichen Genossen aus dem Kreis des Sokrates gilt, von denen gezeigt werden soll, daß sie an andere Stelle, nicht zu den echten Schülern des Meisters gehören. Jene Zusammenfassung gerade der Protagoras, Gorgias, Prodikos, Hippias usw. und die an ihnen geübte platonische Kritik, die für uns in ihrer Bezeichnung als „Sophisten“ mitschwingt, ist also jedenfalls selbst mit Vorsicht aufzunehmen.

Immerhin haben jene Männer zunächst eins wirklich gemeinsam, eine Art Beruf: es sind Wanderlehrer, die sich selbst und ihr Wissen zur Schau stellen und gegen Geld Unterricht erteilen. Dieser Unterricht erhielt bei den meisten von ihnen eine Zuspitzung auf das Praktisch-Nützliche, auf das Leben. Nicht „Wahrheit“ als Selbstzweck wollen sie finden und übermitteln, sondern Menschen bilden, bessern, veredeln und ihnen Kenntnisse und Fähigkeiten mitteilen, vor allem die im politischen Leben so wichtige Kunst der *Rede*.

Eben diese Dinge – die Beurteilung der Wissenschaft nach ihrem Wert für das menschliche Leben, ihrer Nützlichkeit anstatt ihrer objektiven Wahrheit, und die Schätzung der Rhetorik, der Kunst der Überredung im Kampf der Geister – sind der Quell der Hinneigung zur *Skepsis,* die in den Eingangsworten der Schrift des berühmtesten der Sophisten, des PROTAGORAS aus Abdera (um 480–410), über die „Wahrheit“ deutlich wird: der „Mensch sei das Maß aller Dinge“, mit anderen Worten: es gibt keine objektive Wahrheit, sondern derselbe Satz kann für den einen wahr, den andern falsch sein. Nach Platos „Theätet“ hat er sich für diese These auf die Subjektivität und Relativität der sinnlichen Wahrnehmung berufen (was dem einen kalt, kann dem andern warm, was dem einen süß, dem andern bitter sein), und aus ihr weiter gefolgert, daß „wahr“ von je zwei stets möglichen entgegengesetzten Behauptungen nur die genannt werden könne, die sich kraft der sie verfechtenden Persönlichkeit und der Kunst ihrer Rede durchsetze.

Der Mensch ist das Maß der Dinge – noch in einem weiteren Sinn ist freilich dieser Satz charakteristisch für die Sophistik und die ganze in und mit ihr beginnende Zeit. Der Mensch und der Lauf seines Lebens erscheint nicht mehr abhängig von einem über ihm waltenden Schicksal, göttlichen Willen, inneren Kräften der Natur, er empfindet sich auf sich selbst gestellt, von seinem eigenen Charakter, seinen Fähigkeiten, seinem Wollen, seinen Kenntnissen ist sein Verhalten und weitgehend auch sein Erfolg und sein Glück bestimmt. Im griechischen Drama ist der den Sophisten nahestehende Euripides mit seinem Charakterdrama den großen Metaphysikern der griechischen dramatischen Dichtung, den Aischylos und Sophokles, gefolgt; nicht mehr das Verhältnis des Menschen zum Schicksal, zu den Göttern, zum Wesen der Dinge, sondern sein Verhältnis zu seinesgleichen und zur Gesellschaft ist das eigentlich wichtige Problem. Die Frage, die man dabei vor allem aufwirft, ist die: was ist in diesen menschlichen Dingen – im Menschen selbst, in der Sprache (die gerade mit Rücksicht auf die Rhetorik ein Hauptgegenstand der Untersuchung ist), in Staat und Recht – „natürlich", also gegeben und unveränderlich, was ist nur Menschenschöpfung und -satzung, also durch den Willen veränderlich? Und gerade für das letztere interessiert man sich im Grunde mehr. Das Menschliche ist schließlich, da es das uns Nächstliegende ist, auch das best Erkennbare; je weiter die Dinge vom Menschen fort liegen, desto unsicherer, aber auch desto gleichgültiger werden sie dem Sophisten: Von den Göttern, sagt Protagoras, weiß ich nicht, ob sie sind oder nicht sind.

In dem Maß, als die Götter und die Natur zurücktreten, gewinnt der Mensch und seine *Geschichte* an Bedeutung. Die Sophisten, Protagoras, dem hier wie in der Lehre von der Subjektivität der Sinnesqualitäten sein Landsmann Demokrit folgt, sind die eigentlichen Schöpfer des Fortschrittsgedankens, des Gedankens einer durch menschliche Arbeit und Besiegung der (entgöttlichten) Natur geschaffenen fortschreitenden Kulturentwicklung. Das Bedürfnis weckt die Kräfte des Verstandes und Willens, aus rohem tierischem

Zustand arbeitet sich der Mensch empor zu seiner gegenwärtigen Kulturhöhe (man sieht den polaren Gegensatz, in den die sophistische Aufklärung hier zur orphischen Erlösungslehre tritt), seine Herrschaft über die Natur gewinnt er, indem er sie nachahmt: das Vogelnest lehrt ihn den Hausbau, seine Werkzeuge sind den tierischen Organen nachgebildet, im Ackerbau schafft er künstlich und absichtsvoll, was die Natur unabsichtlich tut.

Bedeutungsvoll wird vor allem die Theorie des Staates und Rechtes, und hier begegnen uns zwei charakteristisch entgegengesetzte Auffassungen: nach der einen sind die Menschen von Natur gleich, die Unterschiede der Stände und Nationen künstliche, zugunsten jener natürlichen Gleichheit zu überwindende Unterschiede (Antiphon; auch gegen die Sklaverei wenden sich einzelne Sophisten, so Alkidamas), der Staat ist der Ausdruck eines Vertrages, der jedem das Seine garantiert (Lykophron); nach der andern ist das gesellschaftliche Dasein ein Kampf um die Macht, der Staat der Ausdruck der Herrschaft der oder des einen über die andern, das Gesetz der Wille des Stärkeren, der naturgegebene Unterschied zwischen den Menschen der zwischen Starken und Schwachen, Siegern und Unterworfenen (Kallikles in Platos „Gorgias", Thrasymachos im „Staat"). Gemeinsam ist beiden Richtungen – im Gegensatz, wie wir sehen werden, zu Platon und Aristoteles – der *Individualismus,* die Auffassung von Staat und Gesellschaft als im letzten Grunde reinen Willensschöpfungen der einzelnen Menschen. Und gelegentlich wird auch die Religion, der Götterglaube dazu gemacht: Kritias erklärt ihn für eine Erfindung weiser Staatsmänner.

Es ist verständlich, daß der Radikalismus dieser sophistischen Theorien, im Zusammenhang mit dem Auftreten solcher zugleich blendenden und hemmungslosen Persönlichkeiten wie Kritias, des Führers im tyrannischen Regiment der Dreißig, oder Alkibiades, jene Reaktion und der Sophistik feindliche Stimmung hervorrief, der dann auch der Prozeß und die Hinrichtung des SOKRATES (399) entsprang. Sokrates hatte ja unzweifelhaft charakteristische Züge mit den „Sophisten“ gemeinsam: vor allem betätigte er sich wie sie lehrend, erziehend, wandte er sich wie sie mit seiner Lehrtätigkeit an die Jugend, die er mit dem Eros des echten Pädagogen liebte und die offenbar zu einem Teil beinahe fasziniert an ihm hing, wenn er auch oder vielleicht weil er seine Tätigkeit nicht gegen Geld, sondern eben aus jener Liebe zum werdenden Menschen und nicht in der Form rednerischer Schaustellungen, sondern im Gespräch von Mensch zu Mensch übte. Außerordentlich stark muß der Einfluß gewesen sein, der von ihm auf die ganz verschieden zusammengesetzte Schüler- oder Jüngerschar ausging, die ihn umgab. Vergleichbar der Wirkung der großen Religionsstifter, überdauert dieser Einfluß seinen Tod und wirkt fort in dem Bilde seiner Persönlichkeit, das wir, freilich nun in verschiedener Richtung stilisiert, in der aus dem Kreise der Sokratiker entstehenden Literaturgattung der „Sokratischen Gespräche“ sich spiegeln sehen. (Erhalten sind uns von dieser Literatur vor allem die Dialoge Platons und die „Erinnerungen“ des Xenophon.) Dies Sokratesbild ist es auch, das aus dem Ideal des „Weisen“ in den späteren griechischen Philosophenschulen uns immer wieder, wenn auch in verschiedener Fassung und Begründung entgegentritt, bis es in der Spätzeit durch das Pythagorasideal, das Ideal des Menschen, der, im Wesen der Dinge mit seinem eigenen Wesen verankert, über intuitives Wissen und magische Kräfte verfügt, verdrängt wird.

Sokrates ist der Mensch der vollen klaren Bewußtheit, des sicheren, inneren Gleichgewichts, der unerschütterlichen Herrschaft der Vernunft über die Sinne und Affekte. Zwei charakteristische Aussprüche heftet die Überlieferung ihm an: Tugend sei Wissen, und: Niemand tue freiwillig Böses. Beide hängen zusammen: ist Tugend Wissen, nämlich Wissen um die wahre „Glückseligkeit“, um das, was für ihn wahrhaft und eigentlich zu wünschen und zu fürchten ist, so ist das Laster, das Tun des „Bösen“ Unwissenheit oder *Irrtum* – niemand aber „irrt“ freiwillig. Sokrates aber lebt zugleich seine Lehre: bei ihm ist Erkennen und Tun des Richtigen in einem solchen Maße eines, daß nicht einmal ein Kampf sichtbar ist, daß selbst die Todesfurcht verschwindet, ohne daß es eines affektbetonten Gegenmotivs bedarf. Sokrates sucht und findet die unerschütterliche Grundlage des Wissens und Handelns in sich selbst und er will auch die andern dazu leiten, sie in sich und durch eigene Überlegung zu finden – charakteristisch ist die Fiktion des eigenen „Nichtwissens", das durch Befragen des anderen Belehrung sucht; auch die göttliche Stimme hört er in sich, als sein „Daimonion". Stimmt er hier in dieser praktisch geübten Autonomie – Selbstbestimmung und inneren Freiheit – des Individuums mit den Sophisten überein, so zeigt sein Denken doch auf der andern Seite im Gegensatz zu dem Radikalismus der Sophisten unverkennbar gewisse konservative Züge. Er übt unbeirrt freimütige Kritik an den gesellschaftlichen und politischen Zuständen, weigert sich, einem ungerechten Befehl zu gehorchen, widersetzt sich dem Affekt der erregten Volksversammlung, stellt geflissentlich den tüchtigen Handwerker, der seine Arbeit versteht, dem Demagogen und der einsichtslosen Masse gegenüber, führt dem politisierenden vornehmen Müßiggänger gegenüber das hesiodische Wort im Munde, daß Arbeit niemals schändet. Gleichzeitig aber weigert er sich, die Gelegenheit zur Flucht aus dem Gefängnis zu benutzen: Wer von dem Recht der Auswanderung keinen Gebrauch gemacht hat, hat damit stillschweigend versprochen, die Gesetze der Stadt, in der er lebt, zu achten, er würde wortbrüchig werden, mit sich selbst in Widerspruch geraten, wenn er sich ihnen entziehen wollte, wo sie gegen ihn angewandt werden. Die (warnende und mahnende) Stimme der Gottheit spricht *in* ihm, nicht zu ihm durch Tradition und äußere Autorität, aber zugleich ist Sokrates fromm, kein Zweifler und Ungläubiger; gerade das „Daimonion" zeigt, daß er sich, ohne über ihr Wesen zu grübeln, in der Hand einer höheren Macht fühlt, die ihn leitet – so wie es am besten ist – und ihm gleichsam eine Aufgabe gestellt hat, der er sich nicht entziehen darf. Bei Heraklit oder Parmenides wird die *Natur*, der Kosmos, bei Sokrates wird der *Mensch* zum „*Logos*", dort ist es die Ehrfurcht vor der mehr geahnten als voll erkannten Weltvernunft, hier die Ehrfurcht vor der klar erkannten Vernunft in unserem Bewußtsein, die uns leiten und bestimmen soll. Es ist ein weiter Abstand zwischen Heraklit und Sokrates, zwischen der Forderung der Hingabe an die Vernunft der Dinge und der des Gehorsams gegen die Stimme der eigenen Vernunft, aber es ist doch auch eine notwendige Entwicklung, die vom einen zum andern hinführt; wie uns wiederum in Platon der großartige Versuch entgegentritt, beides, die Vernunft der Dinge und die eigene menschliche Vernunft, das Ideal des Menschen, der alles, was er denkt und tut, mit heller Bewußtheit an dem Maßstab der eigenen Vernunft mißt und des Menschen, der vertrauend und verehrend zu der ewigen kosmischen Ordnung aufblickt, in eins zu verschmelzen.

Die Wege der Sokratiker, der Schüler des Sokrates, trennen sich in der Deutung der Lehre und der Persönlichkeit des Meisters: was ist das „Wissen", das Sokrates der „Tugend" gleichsetzt? *Worin besteht* die Glückseligkeit, die Eudämonie, die das höchste Ziel des menschlichen Strebens bildet? ARISTIPPOS aus Kyrene macht aus dem Eudämonismus einen Hedonismus, aus Sokrates den klugen Lebenskünstler: glückselig kann nur ein Leben heißen mit möglichst viel Lust und möglichst wenig Unlust, erfüllt von einem Zustand der Lust, der keine Unlust folgt. Dem „Kyniker" ANTISTHENES dagegen ist die innere Unabhängigkeit, Freiheit, daher auch Bedürfnislosigkeit, die Erhabenheit der Persönlichkeit über die Zustände der Lust und des Schmerzes das höchste Gut. In seiner Weise nimmt später Platon (im Dialog „Philebos") zu der Frage des Wertes der Lust Stellung mit dem Ergebnis: es ist für den Menschen unmöglich, nur nach Lust und nicht zugleich nach Vernunft und Einsicht um ihrer selbst willen zu streben, denn das würde heißen, daß ihm ein bloßes dumpfes Dahinvegetieren, ohne Erinnerung und Selbstbewußtsein, wünschenswert sei; aber auch ein Leben nur der Vernunft, ohne positive Lust, ist zwar für Götter, aber nicht für Menschen möglich. Aber wie beides für den Menschen notwendig ist, so gibt es auch zwei Arten von Lust: die gemeine Lust der Sinne und die ästhetische Freude, die zuletzt aus der Betrachtung und Bewunderung der Harmonie und Ordnung, der Vernunft des Kosmos quillt. Die Vernunft wird hier zugleich zum Quell der echten Lust und zum Richter darüber, ob Lust echte und wahre oder falsche und nicht erstrebenswerte Lust ist. Zugleich tritt der eine Hauptgegensatz zwischen Platon und den erwähnten Sokratikern zutage: Antisthenes und Aristipp stimmen darin überein, daß das Wissen, die Erkenntnis, die Sokrates meint, die allein möglich und notwendig ist, die *Selbsterkenntnis* bzw. die Erkenntnis der eigenen Bewußtseinszustände ist, bezüglich der Welterkenntnis stellen sie sich auf den skeptischen, Protagoreischen Standpunkt. Für Platon dagegen geht, gerade je mehr er über die bloße Sokratik hinauswächst, der Weg zur Selbsterkenntnis und zur Erkenntnis des letzten Sinnes des menschlichen Daseins über die *kosmische* Erkenntnis, denn im Menschen spiegelt sich der Kosmos, im Kosmos die menschliche Seele. Und zu dieser veränderten Auffassung des Verhältnisses des Menschen zur Welt (die Platon den Naturphilosophen, den Eleaten und den Pythagoreern annähert) gesellt sich die veränderte Auffassung des Verhältnisses des Menschen zum Staat und zur Gesellschaft: Aristippos wie Antisthenes stehen auf dem Boden des reinen Individualismus, für Platon besteht zwischen dem Einzelmenschen und dem Staat dasselbe Wechselverhältnis wie zwischen Seele und Kosmos, der Mensch ist ebenso der Gemeinschaft unabtrennbar eingegliedert wie dem Weltganzen.

PLATON wurde 427, also im Anfang des Peloponnesischen Krieges, der großen Selbstzerfleischung Griechenlands, in Athen geboren. Obgleich Abkömmling einer begüterten altaristokratischen Familie, deren Tradition er im Blut trägt, wird er durch den Handwerkersohn Sokrates so gefesselt, daß er um der Philosophie willen (nach der Überlieferung) seine dichterischen Versuche verbrennt: er, der Künstler hohen Ranges, als den ihn Werke wie der „Phaidon“, das Bild der letzten Lebensstunden des Sokrates, oder das „Symposion“, das glanzvolle Bild des lebenden Sokrates, zeigen, ordnet seine Kunst der Philosophie, aber nicht der Philosophie als *bloßer* Erkenntnis, sondern als das private Leben *führender* und das öffentliche Leben *reformierender* Erkenntnis unter. Abstammung und Neigung weisen ihn auf politische Betätigung. Er versucht sie zweimal; zuerst unter der Herrschaft der Dreißig, deren Häupter ihm verwandt sind und mit denen ihn die Vorliebe für dorisches Wesen, spartanische Hingabe des Einzelnen an den Staat verbindet, deren Willkür- und Gewaltherrschaft ihn indessen bald ebenso abstößt; das zweite Mal unter der gemäßigten Demokratie nach dem Sturze der Dreißig, aber hier richtet dann die Hinrichtung des Sokrates eine unübersteigbare Schranke zwischen ihm und der leitenden Partei auf. Seitdem hat er in die Politik seiner Vaterstadt nur noch als Kritiker eingegriffen, so in dem scharfen Angriff des „Gorgias“ auf die Begründer der athenischen Demokratie, die Themistokles, Kimon, Perikles, die, anstatt für das wahre Wohl des Volkes, für seine sittliche Erziehung zu sorgen, vielmehr nur seinem Bedürfnis nach Reichtum, Luxus und Macht Vorschub geleistet hätten. Die ihn nach Unteritalien führende große Auslandsreise, auf der er die für seine wissenschaftliche Entwicklung so bedeutungsvolle Beziehung zu den Pythagoreern anknüpft, auch wohl auf der andern Seite jenen starken Einfluß der Orphik, ihrer Seelenlehre und ihres Mythos erfährt, den seine Schriften zeigen, schien ihm in Syrakus durch die Bekanntschaft mit den beiden Dionys und die Freundschaft mit Dion ein neues Feld für die Realisierung seiner politischen Ideen zu bieten, allein die Pläne scheiterten unter eigener Lebensgefahr für den Philosophen. In Athen aber widmete er sich bis zu seinem Tode (348) ausschließlich der schriftstellerischen und der erzieherischen Tätigkeit im Kreise der von ihm geschaffenen Lebens-, Kult- und Lehrgemeinschaft der Akademie.

Während uns die Schriften der früheren Philosophen nur

in Bruchstücken, Zitaten in späteren Schriftstellern, erhalten sind, sind wir in der glücklichen Lage, das Werk Platons – mit Ausnahme der „Apologie“, der Verteidigungsrede des Sokrates vor Gericht, durchgehends Dialoge, in denen meist Sokrates als Hauptunterredner auftritt – vollständig zu besitzen. Streit besteht nur über die Echtheit einiger Gespräche (von denen mehrere schon im Altertum abgelehnt wurden) und über ihre Reihenfolge. Heute unterscheidet man zumeist nach sprachlichen und inhaltlichen Kennzeichen vier Gruppen. Zunächst die im engeren Sinn sokratischen Dialoge, in denen Platon offenbar im Sinn und Geist des Sokrates selbst rein ethische Fragen behandelt. Ausgehend von der Frage nach dem Wesen einer bestimmten „Tugend“ (der Tapferkeit im „Laches“, Besonnenheit im „Charmides“, Frömmigkeit im „Euthyphron“, Gerechtigkeit im ersten Buch der „Republik“) oder *„der“* Tugend (areté), wie im „Protagoras“, sucht er zu zeigen (und spricht dabei nach der Art des Sokrates das Resultat nicht aus, sondern läßt es bei einem scheinbar resultatlosen Schluß erraten), daß es im Grunde nicht „Tugenden“, sondern nur die *eine* Tugend, nämlich das rechte Wissen von dem, was in Wahrheit zu fürchten und zu wünschen ist, um das höchste Gut, die Einsicht in *das Gute* – in das System und die Ordnung der Werte können wir dafür auch sagen – gibt.

Als Beispiel diene der *„Euthyphron“* (der zugleich für eine sittliche Läuterung der Gottesvorstellung wirken soll): auf die Frage nach dem Wesen der Frömmigkeit gibt der Befragte die Antwort, das Fromme sei „das den Göttern Wohlgefällige“. Aber welchen, da es doch viele Götter gibt, deren Geschmack nicht übereinstimmt, oder ist an die Mehrzahl der Götter gedacht? Sehen wir von dieser Schwierigkeit ab: gefällt den Göttern das Fromme, weil es fromm ist, oder ist es fromm, weil es den Göttern gefällt? Die Götter tun doch nichts ohne Grund (eine Willkür der Götter, die ein bestimmtes Verhalten der Menschen grundlos wünscht, wäre ein unwürdiger Gedanke); dann kann aber das Fromme nicht als das den Göttern Gefallende *definiert* werden. Es folgt die

Bezeichnung der Frömmigkeit als „Teil" der Gerechtigkeit: wir geben „jedem das Seine", den Göttern Opfer, Gebet und Ehrungen, um dafür ihre Hilfe zu empfangen – Frommsein hieße also, eine Art Handelsgeschäft mit den Göttern betreiben. Ist dieser Gedanke unmöglich, so bleibt nur übrig, daß die Frömmigkeit in den Ehrengaben besteht, die wir den Göttern darbringen, weil wir es ihnen schuldig sind – aber warum sind wir das, und warum haben die Götter Freude daran? Die – angedeutete – Lösung der Fragen liegt in dem Gedanken, daß die Frömmigkeit nicht ein „Teil" der Gerechtigkeit, sondern die Gerechtigkeit selbst ist, die ihrerseits hier schon wie später in der „Republik" als die umfassendste Tugend, als *die* Tugend erscheint: Fromm sein heißt gerecht, heißt gut sein, das Gute aber gefällt den Göttern, denn das Gute ist das Göttliche. Man beachte, wie in der Ablehnung der „Tugenden" zugunsten der „Tugend" auch der Gedanke liegt, daß es keine spezifische Tugend, kein spezifisches Ideal des Spartaners und des Atheners, des Kriegers und des Arbeiters, des Mannes und der Frau, des Freien und des Hörigen, sondern nur *eine* Tugend, *ein* Ideal des *Menschen* gibt. Dieser Gedanke mit allen seinen Konsequenzen ist nun freilich mehr *sokratisch* und gehört zu den Gedanken, die Sokrates mit bestimmten Sophisten verbinden und über ihn hinaus zur Stoa und schließlich zum Christentum führen, als daß er *platonisch* wäre. Er löst jene ererbten Bindungen, auf denen die aristokratische Seite der griechischen Kultur beruht, die auch Platon in sich trägt und positiv wertet, und die er später gerade durch seine Idee einer künstlichen Heiratsregelung und Aufzucht einer durch entsprechende Paarung erzielten Vorzugsklasse wieder herstellen will.

Die zweite Gruppe Platonischer Schriften führt uns zu dem Höhepunkt seines Schaffens in künstlerischer wie in gedanklicher Hinsicht, sie umfaßt die wunderbaren Werke Phaidon, Gastmahl, Phaidros, die weiteren Bücher der Republik und entwickelt die spezifisch Platonische Metaphysik, die *Ideenlehre,* sowie seine Lehre vom Wesen und Schicksal der Seele im Anschluß an die orphischen Gedanken der Unsterblichkeit und Wiedergeburt; Kunst, Wissenschaft und Metaphysik einen sich im Gewande des *Mythos*, der zwischen gleichnishaftem Bild und wissenschaftlichem Begriff schwebenden, in freier künstlerischer Darstellung an alte traditionelle Mythen anknüpfenden Darstellung, deren sich Platon hier gern in unnachahmlicher Weise bedient. Den Übergang bildet der „*Gorgias*", in dem der in gewisser Weise formale Tugendbegriff des Sokrates (der die areté im Grunde mit der Widerspruchslosigkeit und Folgerichtigkeit im Streben nach dem einmal erkannten höchsten Gut gleichsetzt) bereits eine stärkere inhaltliche Färbung erfährt in einem Sinn, der auf das altgriechische Ideal der „Kalokagathia", des ästhetisch-ethischen Ideals der nach Körper und Seele edlen und harmonischen Persönlichkeit, zurückführt. Das Böse ist Unform, Disproportion, Krankheit der Seele, wie echte sinnliche Freude und Lust nur einem gesunden und schönen Körper, so kann wahre Glückseligkeit nur einer edel und harmonisch gebildeten Seele zu eigen sein. Der Dialog schließt mit dem Mythos vom Totengericht: nach dem Tode wird die Seele nackt vor ihren Richtern stehen, die ihre Fehler sehen und sie dem verdienten Schicksal überantworten werden. Mag mancher solche Erzählung für ein Märchen halten, fügt Platon hinzu, ihm enthalte sie tiefe Wahrheit.

Zur „*Ideenlehre*" führt der „*Menon*" hinüber. Aus dem mehr pädagogisch als theoretisch gemeinten sokratischen Gedanken, daß alle Tugenden – Tapferkeit, Besonnenheit, Frömmigkeit, Gerechtigkeit – im Grunde als Tugenden identisch sind mit der Einsicht in das wahrhaft und allein zu Wünschende und zu Fürchtende, daß, wer diese Einsicht in das eine höchste Gut erworben hat und unbeirrbar nach ihr handelt, auch jene Tugenden besitzt, aus diesem Gedanken wird hier der andere, daß über den einzelnen Tugenden „die" Tugend an sich oder *als solche* steht, das *Wesen* der Tugend, zu ihnen sich verhaltend wie das Wesen „Figur" zum Dreieck oder Quadrat, oder wie das Wesen „Ton" zum Ton des Bildhauers, des Ofensetzers usw., das Wesen „Farbe" zum Grün oder Rot. Es gibt das Einzelne, das *Individuelle* und es gibt das *allgemein begriffliche Wesen,* das wir vom Einzelnen aussagen (Tapferkeit ist eine Tugend, Rot ist eine Farbe), an dem das Einzelne also *„teilhat"*, wenn wir mit dem Teilhaben eben diese spezifische Beziehung des Individuellen zum zugehörigen allgemeinen begrifflichen Wesen bezeichnen.

Tugend ist Wissen, Erkenntnis – eben dieser sokratische Grundsatz hatte dazu geführt, daß die Sokratiker sich mit der Frage nach dem Wesen und Sinn der Erkenntnis besonders beschäftigten. Auch Platon wendet ihr seine volle Aufmerksamkeit zu, insbesondere im *„Theaitetos"*, dem wichtigsten Dialog einer dritten Gruppe von Schriften, die in mehr nüchterner, wissenschaftlicher Form Erkenntnisfragen behandeln und sich kritisch mit anderen philosophischen Richtungen auseinandersetzen. Hier wird zunächst aller Skepsis und allem Wahrheitsrelativismus gegenüber gezeigt, daß es *allgemeingültige* erkennbare *Wahrheit,* also auch ein allgemeingültiges *Sein* geben muß: die entgegengesetzte Behauptung hebt sich selbst auf, sie behauptet als „wahr", daß es keine „Wahrheit" gibt. Allerdings: das Einzelne, Individuelle, das Ding oder vielmehr die vielen Dinge der Wahrnehmung sind etwas, das ständiger Veränderung, dem heraklitischen Fluß unterliegt, von dem auch nur relativ gültige Urteile – in zeitlicher Begrenzung und in Beziehung auf den Wahrnehmenden – ausgesprochen werden können. Der Wein ist für mich süß, für einen anderen vielleicht sauer, das Stück Holz ist eines, aber wenn ich es zerbreche, besteht es aus zwei oder mehr Stücken. Anders jedoch, wenn wir vom Individuum zum gedachten allgemeinen Begriff übergehen: *die* Zahl 2 steht zu *der* Zahl 4 in einem und demselben allgemeingültigen und unveränderlichen Verhältnis, Kreis und Gerade sind Kreis und Gerade, ihr Wesen bestimmt allgemeingültig der Mathematiker, wenn wir auch die *einzelne* Kreislinie zur Geraden zurechtbiegen können. Die Welt der reinen Begriffe ist die Welt des unveränderlich beharrenden eleatischen Seins, des jeweils „Einen" im Gegensatz zur

Welt der am *einen* Begriff teilhabenden vielen Individuen. Allerdings mit einer wesentlichen Einschränkung: Parmenides hatte nur den starren Gegensatz von „Sein“ und „Nichtsein“, von dem seienden Einen und der nicht seienden Vielheit gelten lassen wollen und dem Sein alle „Bewegung“ abgesprochen. Platon zeigt, daß die Begriffe selbst eine, wenn auch raum- und zeitlose *gegliederte Vielheit,* ein *Reich* bilden, dessen Glieder in Beziehungen zueinander stehen, daß wir den einen gar nicht ohne den anderen Begriff denken können und daß zuletzt der eine aus dem anderen entspringt. Die Begriffe bilden eine geordnete Welt, einen Kosmos, ein System. Dies System stellt sich als eine Pyramide, eine Begriffspyramide dar. Ist dabei zunächst der Gegensatz der beharrend-seienden *Begriffs-* und der aus den ständig sich verändernden Individuen gebildeten fließenden, nur in subjektiver „Meinung“ beurteilbaren *Wahrnehmungswelt* von Platon besonders betont, so scheint sich ihm später jene Begriffspyramide vom obersten Begriff (dem des Seins oder des „Guten“) durch die Aufspaltung (die genauer eine Dichotomie, eine Zweiteilung ist) in immer weitere Unterarten (bzw. Klassen, Gattungen, Arten) bis herab zu der Mannigfaltigkeit der Individuen zu erstrecken. Die klassifizierende Einteilung der Begriffe, und zwar vor allem erstens der mathematischen, zweitens der die Gattungen und Arten der Organismen einschließenden und drittens der ethischen, wurde eine Hauptaufgabe der wissenschaftlichen Arbeit in der Akademie.

Erkennen ist Einordnen der Dinge unter ihre Wesensbegriffe, damit Übertragung auf die Dinge, was für die Wesensbegriffe selbst gilt: ihrer Ordnungsbeziehungen zueinander. Woher aber kennen wir die Begriffe selbst und wie erkennen wir ihre Beziehungen zueinander? Was ist „Denken“ – mit anderen Worten –, wenn wir dem Wahrnehmen das Denken als Erfassen der Begriffe, der Welt des Allgemeinen, gegenüberstellen? Alles Erkennen ist für die antike Philosophie und insbesondere für Platon zuletzt ein Schauen, so das Denken ein *schauendes Erfassen* der allgemeinen Begriffe, die damit selbst zu allgemeinen Gegenständen, zu schaubaren Typen und Idealbildern, zu *Ideen* werden. Allerdings ist nun diese Schau gegründet auf die Wahrnehmung der Einzeldinge: im einzelnen Dreieck bzw. in den vielen einzelnen Dreiecken finden wir „das" Dreieck, im einzelnen Rot „das" Rot in specie wieder. Dies „Wiederfinden" aber wäre nicht möglich, wenn wir nicht ein Wissen um die allgemeinen Wesenheiten in uns trügen. Wir könnten nicht zählend zwei Gegenstände als „zwei" erkennen, wenn nicht ein Wissen um das, was Zweiheit, was Zahl ist, in uns schlummerte und angesichts der „zwei", der „zählbaren" Gegenstände in uns in Aktion gesetzt würde. Wir könnten nicht irgendwelche Dinge vergleichen, d. h. in bezug auf ihre Gleichheit oder Verschiedenheit betrachten, wenn wir nicht bereits wüßten, was Gleichheit und Verschiedenheit selbst und an sich ist, mag uns dies Wissen auch erst bewußt werden angesichts der gleichen oder verschiedenen Dinge, die die Sinne uns zeigen. Im Dialog „Menon" bringt Platon eine eigentümliche Episode: Sokrates lehrt einem Sklaven einen mathematischen Lehrsatz, aber dies Lehren ist genauer ein Anleiten zum Selbstfinden. Und hinter diesem Selbstfinden, d. h. hinter diesem Ein- oder Aufleuchten einer Wahrheit steckt das Klarwerden einer schlummernden, unbewußten Einsicht. Auch die Sinne und die Mitteilungen andrer Menschen könnten uns keine Erkenntnisse übermitteln, das Sehen und Hören wäre ein totes Hinstarren und flüchtiges Am-Ohr-Vorübergleiten, wenn nicht der Verstand aus Eigenem sein begriffliches Wissen, sein Wissen um die Ideen hinzutäte und mit dessen Hilfe das Wahrgenommene eben zum Erkannten, Beurteilten machte. Ist aber ein Wissen um solche allgemeinen Gegenstände uns angeboren, sein Auftauchen in unserem jetzigen Leben ein Wiedererkennen, ein „Erinnern", so muß es in einer *Präexistenz,* in einem Dasein vor der Geburt, durch direkte Schau der Ideen erworben worden sein. Und dies Dasein vor der Geburt legt uns nahe, auch auf eine Fortexistenz nach dem Tode zu schließen. Hier biegt die *Erkenntnislehre* Platons ein in seine *Metaphysik* der Seele.

An verschiedenen Stellen kommt Platon auf die Unsterblichkeit der menschlichen Seele zu sprechen, vor allen Dingen ist sie das Thema der Gespräche, die er im „Phaidon" den sterbenden Sokrates mit seinen Schülern führen läßt. Es werden Beweise für die Unsterblichkeit aufgestellt: einer dieser Beweise stützt sich auf die eben erwähnte Analyse der Erkenntnis, die „Erinnerung" und Präexistenz voraussetze, ein andrer verweist auf die Unkörperlichkeit, Einheit und Unteilbarkeit der Seele, ein dritter (im „Phaidros") darauf, daß die Seele, selbst unbewegt, das sich und den Körper Bewegende sei. Entscheidender aber als solche, die Verschiedenheit der Seele vom Körper (an dessen Tode sie daher nicht teilzunehmen braucht) hervorhebenden Gründe, ist für Platon der Beweis, der unmittelbar vom begrifflichen Wesen, von der „Idee" der Seele ausgeht: die Idee der Seele ist von der des Lebens unabtrennbar; so wenig wie das Feuer als ein wesenhaft Warmes auch kalt sein, so wenig wie die Zahl 3 gerade sein kann, so wenig kann die Seele sterben – ihrer inneren Wesensverwandtschaft mit dem Leben wegen. In diesem Zusammenhang wendet sich Platon zugleich gegen die bisherige Naturphilosophie, die immer nur nach den äußeren Bedingungen des Seins und Geschehens, anstatt nach seinen eigentlichen inneren Gründen gefragt habe. Der eine, Anaxagoras, habe den richtigen Weg geahnt in seiner Lehre, daß nicht mechanische Notwendigkeit, sondern Vernunft und Sinn die Welt gestalten und beherrschen, aber auch er habe diesen Gedanken nicht durchgeführt. Ihn durchführen heißt einsehen, wie Werden und Sein jedes Dinges durch seine Teilhabe an den Ideen, am Kosmos der Vernunft bestimmt wird. Leben und Tod sind Gegensätze wie warm und kalt, gerade und ungerade. Darum liegt es im Wesen des Lebens, nach Fortdauer, Erhaltung, Ewigkeit zu streben. Das irdische, an den Körper gebundene organische Leben verwirklicht dies Streben in der ihm zu Gebote stehenden Möglichkeit: durch die Fortpflanzung in der Folge der Geschlechter. Die unkörperliche Seele an und für sich aber, das reine Lebensprinzip, gehört der Welt des Ewigen, Zeitlosen an, in der es keinen Tod gibt, der Welt der Ideen, in der sie ihre eigentliche Heimat hat. Darum ist sie selbst vernunftbegabt, d. h. sie besitzt das Wissen um die Ideen und die Fähigkeit, ihr unvollkommenes Abbild in den irdischen Dingen wiederzuerkennen. Doch mit der Vernunft, mit dem Sinn für das Ewige und Echte, streitet in ihr der sinnliche Hang zu den vergänglichen, irdischen Gütern und Genüssen, der sie in die Körperwelt verstrickt, an den „Kerker des Leibes" bindet. In ihr schreitet sie (nach dem Mythos im „Phaidros") von Geburt zu Geburt, bis es ihr gelingt, den Körper und seine Welt zu überwinden und in die der ewigen Werte, des Schönen und Guten an sich, zurückzukehren. Dabei folgt sie dem tiefsten Zuge des ihr innewohnenden Eros, denn der Eros, die Liebe, das menschliche Streben in allen seinen Formen, von der Geschlechtsliebe bis hin zum Verlangen nach Wahrheit und Erkenntnis, ist im Grunde nichts als die Sehnsucht nach der verlorenen Heimat im Ewigen („Das Gastmahl").

Die Ideenwelt ist die Welt des Guten und Schönen, die Idee des Guten ist die höchste Spitze der Begriffspyramide, des Ideenreiches; die Ideen, die Urformen, schaubaren Urgestalten sind zugleich die Idealbilder der Dinge. Wir verstehen diesen Gedanken, wenn wir an das Beispiel der geometrischen reinen Gestalten und Idealbegriffe, auch an die Gattungstypen der Organismenwelt etwa denken, zumal es in der Richtung des ästhetischen Sinnes der Griechen liegt, das „Schöne", auch den Gegenstand der künstlerischen Darstellung, im ausgebildeten *Typus*, nicht in der Herausarbeitung des individuell *Persönlichen* zu suchen. Eine Schwierigkeit entsteht nur, wenn wir uns fragen, ob es denn nicht auch Begriffe und somit auch Ideen von Häßlichem und Schlechtem gibt? Es ist nicht ganz klar, wie Platon diese (von ihm selbst im „Parmenides" gestreifte) Frage beantwortet hat, doch scheint die Lösung im Zusammenhang zu stehen mit seiner Antwort auf die Frage nach dem Wesen des Negativen und weiterhin des Irrtums. Es gibt nicht *neben* oder gegenüber der Idee des *Seins* eine solche des *Nichtseins* oder des Nichts, an dem etwa die Gegenstände „teilhätten", von denen wir in negativen Urteilen etwas aussagen. Das Negative ist vielmehr ein *Verschiedenheitsurteil,* ein Urteil, das eine Unvereinbarkeit, eine Gegensätzlichkeit ausspricht, also eine an sich wiederum positive Beziehung (so „positiv" wie Ähnlichkeit oder Gleichheit, zu der sie nur selbst wieder in Gegensätzlichkeit steht) zwischen an sich Positivem. Das „Gute" wäre dann dieser Inbegriff der *positiven* Urgestalten und ihre Ordnung, ihr System, das „Böse" wäre der Mangel, die Verkrüppelung, die Verzerrung in der *Verbindung* jener Urformen in der Welt, in der wir leben, der Welt des *Vergänglichen* und Irdischen, der Welt, die mit der reinen Gestalt auch das Gestaltlose, das Apeiron, das Leere, die zerfließende Mannigfaltigkeit umfaßt, in die die gestaltenden Ideen hineinwirken. Dies Gestaltlose wird, nach dem Mythos des „Timaios", durch den göttlichen „Demiourgos", den Weltbildner, im Hinblick auf die Ideen gestaltet. Das Gute ist Gestalt, System, Ordnung, Harmonie; dem Guten in diesem Sinn als dem herrschenden Weltprinzip stellt Platon dann gelegentlich in seiner letzten Schrift, den „Gesetzen", eine böse Weltseele, d. h. einen der Ordnung und harmonischen Einheit widerstreitenden Faktor entgegen, der gleichsam in der Welt im ganzen so wirkt wie die sinnlichen Triebe und Affekte in der Seele des Menschen.

Das Gute ist Ordnung, Harmonie, Ebenmaß, die höchste Tugend ist daher die Tugend der *Gerechtigkeit,* die nicht nur eine Beziehung des Menschen zu anderen, sondern zu sich selbst ausdrückt, die jene harmonische Ordnung der Seele ist, die sichere Über- und Unterordnung der seelischen Funktionen, des Trieb-, Willens- und Vernunftlebens in der harmonischen Persönlichkeit. Das Wesen dieser Gerechtigkeit aber erkennen wir am besten nicht am Einzelmenschen, sondern am „Menschen im Großen", d. h. am Staat. Der Grundgedanke des großen Platonischen Werkes, das diesen Titel – *„der Staat"*, die Republik, Politeia – führt, ist der, daß der Mensch und das Gemeinwesen, dem er angehört (und das Platon selbstverständlich als Polis, als griechischen

Stadtstaat versteht) in bestimmter unlösbarer Wechselwirkung stehen. Der Staat ist zunächst keine künstliche Schöpfung, das Dasein als Bürger ist dem Menschen so wesentlich und unentbehrlich wie die Arbeitsteilung, das Zusammenwirken mit seinesgleichen. Außerdem aber ist das Gemeinwesen im Grunde ein Organismus von gleichem Bau wie der einzelne Mensch: er braucht die *Wirtschaft* und die wirtschaftlich produzierenden Ackerbauer und Handwerker wie das menschliche Individuum den Nahrungstrieb und seine körperlichen Organe, er braucht einen äußeren, dem Schutz und der Ordnung dienenden Machtfaktor, den Stand der *Krieger* oder Wächter, dem regelnden menschlichen Willen vergleichbar, und er braucht eine *Regierung*, eine Leitung, die die Macht einsetzt, wo es nötig ist, wie die überlegende und zielsetzende menschliche Vernunft dem Willen gebietet und durch ihn auch das Triebleben und die Ernährung und Erhaltung des Ganzen, dem es dient, ordnet und in seiner dienenden und nützlichen Stellung hält. Es ist offenbar der Vergleich mit dem Organismus des Staates, der Platon (im „Phaidros“ und in der „Politeia“) zu der Lehre von der Dreiteilung der menschlichen Seele führt, deren drei Teile, die Vernunft, der Mut oder Wille (Thymos) und die Begierde, im Kopf, in der Brust und im Unterleib lokalisiert gedacht werden. Im „Phaidros“ wird das Bild des Wagenlenkers mit den zwei Rossen, dem edlen, leicht lenkbaren, und dem wilden, triebbeherrschten, gebraucht, um die Seele zu schildern. Endlich besteht unvermeidlich eine wechselseitige Beeinflussung: wie der Einzelne, so der Staat, aber auch umgekehrt: im Einzelnen spiegelt sich das soziale Ganze, dem er als Glied angehört. Ein Staat, in dem der Kriegerstand maßgebend ist, erzieht Menschen, in denen Ehrgeiz und Ruhmsucht die Seele beherrschen; ein Staat, in dem das Geld regiert, bewirkt auch im Einzelnen ein Überhandnehmen des Erwerbs- und Besitztriebes; in einem Staat, in dem die Launen einer Volksversammlung, von geschickten Demagogen erregt, bestimmend sind, wächst auch ein Geschlecht auf, das sich gewöhnt, der Laune und dem Augenblicksgefühl widerstandslos nachzugeben; die Tyrannis endlich macht die Menschen zu Knechten, in denen der Wunsch lebt, andere zu tyrannisieren. Diese falschen und einseitigen Staatsformen sind zugleich dadurch ausgezeichnet, daß sie keine Stabilität besitzen, sondern, ständigem Umsturz ausgesetzt, immer ineinander umschlagen.

Dem stellt nun Platon sein Staatsideal gegenüber; den Staat der Gerechtigkeit, in dem jeder Stand seine Funktion im Dienst des Ganzen übt, seiner speziellen Tugend sich befleißigt, für seine Aufgabe entsprechend vorgebildet wird und der Harmonie des Ganzen dient; den Staat, der auch in sich harmonische, „gerechte" Menschen bildet. Platons Politeia ist ein Idealbild, eine Utopie, noch mehr: sie ist in gewisser Weise das Vorbild aller späteren Gesellschafts- und Staatsutopien geworden. Aber diese Utopie wurzelt doch zugleich im griechischen Staatsleben: wie Platon an der Polis festhält, wie der Gedanke eines über die Grenzen der ein lebendiges Gemeinschaftsleben führenden Gemeinde hinausreichenden Staatsgebildes ihm fernliegt, so erinnert die Gliederung der Bürger in seinem Staat an altgriechische Ideale. Der wehrhafte Adelsstand auf der einen Seite, der zugleich der Träger streng geordneter Zucht und Sitte und politisch bevorrechtet ist; die Menge der beschirmten Bauern und Handwerker mit geringeren politischen Rechten und einer größeren Freiheit privaten Lebens; dann die zugleich priesterliche und leitende Funktion einer aus der Gesamtheit der Krieger ausgewählten Gruppe von „Weisen": in alledem liegt die Erinnerung an insbesondere dorische Einrichtungen. Auch kehrt Platon, wie ja auch schon vorhin betont wurde, hier zweifellos mehr zur altgriechischen Tradition zurück als Sokrates. Ein Hauptgegner, den er bekämpft, ist die intellektualistische und individualistische Auflösung der alten Kultur, das Ideal der bloßen Ausbildung und Verfeinerung der Persönlichkeit, ebenso wie die Verselbständigung der Seiten der geistigen Kultur, die Entwicklung von Kunst, Wissenschaft, Rhetorik als und zum Selbstzweck. Ein Schüler des Sokrates *und* der Sophistik aber bleibt er doch insofern, als er nicht einfach ein Anwalt der Vergangenheit ist und aus ihr seine Ideale holt, sondern das Bild eines Staates entwirft, der ohne Rücksicht auf das, was war und ist, durch einen bewußten und absichtsvollen Neubau geschaffen werden soll. Aristokratisch und sozialistisch sind seine Hauptzüge. Die Gestaltung der Wirtschaft und der eigentlich wirtschaftlich arbeitenden Klassen – das Hauptproblem der Gesellschaftsphilosophie der Neuzeit – interessiert ihn kaum, das Hauptgewicht fällt auf die Frage der Einrichtungen in den beiden oberen Ständen der Wächter und der Regierenden. Um sie ganz an ihre Aufgabe und an die Interessen des Staates zu binden, wird für sie ein gemeinschaftliches Lagerleben ohne Privateigentum und ohne private Familie gefordert. Auch die Frauen dieser Stände sollen an diesem Gemeinschaftsleben teilnehmen – Platon betrachtet den Unterschied der Geschlechter in allen Dingen, die die Betätigung im Sinn und Dienst des Staates angehen, als gleichgültig –, die Kinder werden gemeinschaftlich betreut und erzogen. Ausführlich wird über die Erziehung der späteren Mitglieder des Wächter- und des regierenden Standes gehandelt: Musik (einschließlich der Dichtung) und Gymnastik, in ihrem Zusammenwirken Seele und Körper zugleich stählend und veredelnd, soll sie zu tapferen Beschützern, nicht zu rohen Tyrannen der Bürger heranbilden. Die Werke der Dichter sollen dabei sorgfältig ausgesucht und gereinigt werden: nichts Häßliches und Böses und nichts, was Furcht vor dem Tode wecken könnte, darf in ihnen enthalten sein, aber auch jene Erzählungen bei Homer und Hesiod, die den Göttern menschliche Schwächen und Schlechtigkeiten andichten, müssen verschwinden. Weichliche, berauschende Musik – nichts, sagt Platon, dringt so tief in die Seele wie der Rhythmus und die Harmonie der Töne – bleibt ebenso ausgeschlossen wie eine Schauspielkunst, die das Gute und Schlechte mit gleicher Kunstfertigkeit darstellt und ohne eigenen Charakter in jede Seele sich einfühlt. Einfach und gesund soll die Lebensweise sein, keine reizenden Speisen, keine geistigen Getränke; die ärztliche Kunst soll darauf bedacht sein, Krankheiten zu heilen, aber nicht das Leben des Schwächlings und des Unheilbaren mit künstlichen Mitteln zu verlängern.

Platon ist kein Freund der athenischen Demokratie, er verlangt eine Herrschaft der „Einsichtigen" anstatt der Masse. Indessen bedeutet ihm das nicht ein Regiment technisch ausgebildeter Fachmänner oder gar eine politische Bevorrechtung der „Bildung" (das wäre viel eher sophistisch gewesen). Politik ist ihm nicht Verwaltungs-, sondern Erziehungsaufgabe; das „Wissen", das die Führerschicht vor allem haben soll, ist ein Wissen um Gut und Böse, um die Skala der Werte. Ebenso steht Platon durchaus ablehnend dem sophistischen Fortschrittsgedanken gegenüber: gerade die Stabilität, das im Gleichgewicht Beharren, die Überflüssigkeit einer weiteren „Entwicklung" ist für seinen Idealstaat wesentlich. Das geschichtliche Geschehen aber faßt sich ihm in den alten orphischen Gedanken des Kreislaufs. Die durch Katastrophen (die übrigens zu verschiedener Zeit die verschiedenen Kulturen treffen) periodenweis unterbrochene Menschheitsentwicklung ist gezwungen, ihren Weg immer wieder von vorn zu beginnen.

In eigentümlicher Weise fügt sich dabei in der späteren Entwicklung der platonischen Philosophie die Begründung des Gedankens ein, daß überhaupt die Kreisbewegung allem zeitlichen Geschehen wesenhaft ist: alles irdische Sein und Geschehen ist ein Abbild des ewig, zeitlosseienden Kosmos der Ideen; soweit das Irdische Ordnung und Gestalt besitzt, weist es auf die Ideen zurück. Diese Nachbildung der „Einheit" in der „Vielheit", der „Gestalt" im „Apeiron", des „Kosmos" im „Chaos" aber geschieht in Stufen. Die oberste Stufe ist die astronomische Welt, das „ewige", d. h. in ewig gleicher Form wiederkehrende Gefüge der Himmelsbewegungen. In ihm, durch die Kreisbahnen der Himmelskörper, entsteht die Zeit — als ewig sich drehendes Rad, als Wiederkehr des Gleichen, als Zeitkreis. Alles irdisch-zeitliche Geschehen muß sich in diesen Zeitkreis eingliedern, an der Kreisform der Zeit teilnehmen, wie alles Sein und Geschehen zuletzt um das zeitlos ruhende Sein kreist.

Noch einmal, in dem Alterswerk der *„Gesetze“* („Nomoi“), kommt Platon auf das Problem des Staates zurück. Er verzichtet nicht auf das Ideal der „Politeia“, aber er zweifelt an seiner Durchführbarkeit – es ist vielleicht ein Ideal für Götter, nicht für fehlbare Menschen. So zeichnet er hier den „zweitbesten“ Staat. Der Idealstaat der Politeia hatte die Regierung in die Einsicht und den Willen der durch kein Gesetz gebundenen Führer gelegt; fehlen solche geborenen Führernaturen aber, die von Fall zu Fall entscheiden, so ist die Herrschaft unpersönlicher, fester und unverbrüchlicher Gesetze das beste. Im übrigen entwickeln die „Nomoi“ ein Staatsideal, das in vielem bereits das aristotelische Ideal der „rechten Mitte“ vorwegnimmt: ein Staat, der auf einem gesunden Bauernstand und seinem politisch maßgebenden Einfluß ruht, wirtschaftlich aus sich selbst lebt, Handel und Gewerbe nur in beschränkten Grenzen in den Händen politisch einflußloser Metöken zuläßt, durch Gesetze und Einrichtungen (Landesgeld) den Reichtum beschränkt und ein Versinken in die Armut verhindert. Eigentümlich ist die starke *religiöse* Stimmung, die uns hier wie in den Alterswerken Platons überhaupt begegnet: „Gott ist das Maß aller Dinge“, die göttlichen Angelegenheiten sind im Grunde wichtiger als die menschlichen, der feierlichen Verehrung der Götter wird im Staatsleben eine überaus wichtige Rolle beigelegt. Der Zug zum Transzendenten, der Blick auf das Jenseitige, zusammen mit der Verstärkung der dualistischen Weltauffassung, des Glaubens an ein positiv Böses in der Welt des Irdischen charakterisiert die platonische Spätphilosophie und bereitet bei Platon selbst bereits die Wendung vor, die, zum Teil unter Anknüpfung an sein Werk und unter Benutzung seines Namens, die Philosophie in der letzten Periode des antiken Lebens nimmt.

Nicht ohne Zusammenhang mit diesem Zuge steht auch der immer engere Anschluß an den Pythagoreismus, der sich einmal in der Parteinahme für die Pythagoreische Physik gegen die Demokritische Atomistik kundgibt (deutlich vor allem in dem Dialog „Timaios“), dann aber auch in einer, ihrem eigentlichen Sinn nach noch heute umstrittenen Abbildung des Ideen- auf das Zahlenreich. Das System der Zahlen war aus naheliegenden Gründen für Platon stets neben den Werten das wichtigste und instruktivste Beispiel eines Kosmos ideell seiender Wesen. Wie nun das System der Ideen durch die Gleichsetzung der obersten Idee mit dem „Guten“ mit dem der Werte verschmolzen wird, so wird das Reich der Zahlen ein in allen Teilen entsprechendes Abbild des Reiches der Ideen. Der weitere Ausbau dieser Lehre von den „Idealzahlen“ scheint dann in der Platonischen Akademie nach dem Tode ihres Schöpfers namentlich seit seinem zweiten Nachfolger (Xenokrates) besonders gepflegt worden zu sein. Die eigentliche und namentlich die wissenschaftliche Fortbildung der griechischen Philosophie und des Werkes Platons lag jedoch nicht in diesen Spekulationen, sondern in der Arbeit des Mannes, der offenbar schon zu Lebzeiten Platons eine gewisse selbständige Stellung in der Akademie einnahm, um dann bald ganz seine eigenen Wege zu gehen: ARISTOTELES.

Aristoteles wurde im Jahre 384 in Stageira auf der thrakischen Halbinsel Chalkidike geboren. Seine Vorfahren waren Ärzte, wir dürfen also annehmen, daß auch ihm selbst frühzeitig die Wissenschaft der Medizin nahetrat: Familientradition und Erziehung weisen ihn in die Richtung der empirischen Naturbetrachtung, schon ehe er der Ethik und Dialektik der Sokratiker und der Metaphysik Platons sich zuwendet. Mit 18 Jahren kommt er nach Athen und tritt in den Lehrverband der Akademie ein, der er bis zum Tode Platons angehörte. Schon in dieser Zeit hat er sich lehrend und schriftstellerisch – als Verfasser von Dialogen – betätigt, und zwar (wie die neuerliche Rekonstruktion des Dialogs „Eudemos“ durch W. Jaeger beweist) wesentlich im Sinn und Geist eines unverfälschten Platonismus: die Unsterblichkeit der Seele wird mit an Platon sich anlehnenden Argumenten bewiesen, Präexistenz und Ideenschau festgehalten, die Verbindung mit dem Leibe als eine Art Erkrankung der Seele aufgefaßt. Nach Platons Tod ging Aristoteles nach

Assos an der kleinasiatischen Küste, wo der Fürst Hermeias von Atarneus, mit dem ihn ein enges Freundschaftsband verknüpfte, eine Tochterschule der Akademie gegründet hatte. Die genauere Durchforschung von Schriftfragmenten, die aus der Zeit der Lehrtätigkeit in Assos stammen, läßt vermuten, daß in dieser Zeit die innere Loslösung von der Ideenlehre und die kritische Stellung Platon gegenüber einsetzte, insbesondere zunächst als Kritik an der späteren, pythagoreischen Fassung der Lehre: wie kann es, fragt Aristoteles, „Zahlen" geben, die doch nicht addierbar, nicht Zahlen im gewöhnlichen Sinne sind? Zugleich wendet er sich gegen den Gedanken der Periodizität und behauptet die Ewigkeit der Welt, hält aber noch mit Platon an der Beseeltheit und Göttlichkeit der Gestirne fest. Auch seine ethischen Anschauungen in dieser Zeit (von denen uns die „Eudemische Ethik" Kunde gibt) zeigen, in Übereinstimmung mit Platon, noch eine stärkere religiöse Fundamentierung als später.

Die Philosophenschule in Assos fand durch die Ermordung des Hermeias und die Zerstörung seines Reiches durch die Perser ein baldiges Ende (ein tiefempfundenes Gedicht des Aristoteles auf den tragischen Tod des Freundes und Philosophen ist uns erhalten); Aristoteles selbst aber hatte schon vorher, im Jahre 343, einer Einladung des Königs Philipp folgend, seinen Wohnsitz an den mazedonischen Hof in Pella verlegt, um die Erziehung des jungen Alexander zu übernehmen. Mit seinem königlichen Zögling scheinen den Philosophen noch lange freundschaftliche Beziehungen verbunden zu haben. Aristoteles hielt die Einigung Griechenlands in irgendeiner Form für eine politische Notwendigkeit, er hätte wohl auch nichts dagegen gehabt, wenn diese Einigung unter der Oberhoheit eines mazedonischen Königs sich vollzogen hätte, ebenso war er von dem Vorrang und damit auch einem Herrscherrecht der Griechen vor den südlichen und nördlichen Völkern überzeugt. Als echter Grieche konnte er auf der andern Seite die imperialistischen Ziele Alexanders, die immer mehr asiatische Formen annehmende

Gestalt seines Regiments sowie die Gleichstellung der Asiaten mit den Griechen niemals billigen. In seinem 50. Lebensjahr kehrte Aristoteles nach Athen zurück und errichtete im Lyzeum, einem mit dem Tempel des Apollon Lykeios verbundenen Gymnasium, seine Schule, die den Namen des Peripatos oder der *peripatetischen Schule* erhielt. Zwölf Jahre später wurde, wohl betrieben von der antimazedonischen Partei in Athen, eine Anklage wegen Religionsvergehens gegen ihn erhoben, der er sich durch freiwillige Verbannung entzog. Er starb 322 in Chalkis auf Euböa.

Von seinem literarischen Werk ist uns vieles verlorengegangen, vor allem die im Altertum hochgeschätzten Dialoge der Jugendzeit. Die Gestalt der uns erhaltenen Lehrschriften ferner zwingt zu der Annahme, daß wir in ihnen nicht zur Veröffentlichung für weitere Kreise bestimmte Bücher, sondern eine schriftliche Fixierung aristotelischer Vorlesungen vor uns haben, in die zudem aus verschiedenen Zeiten stammende Abschnitte oft nur lose verbunden hineingenommen worden sind. Bezeichnend für die Arbeitsweise des späteren Aristoteles ist die Einteilung nach Problemen und Disziplinen: während im Grunde jeder platonische Dialog metaphysische, ethische, psychologische, politische Fragen behandelt und in Beziehung setzt, wird hier nach dem Prinzip der wissenschaftlichen Arbeitsteilung vorgegangen, das Wissen gesammelt und systematisiert. Das Aristotelische Denken ist der Ursprung der Trennung der Einzelwissenschaften voneinander und ebenso innerhalb der Philosophie der einzelnen philosophischen Disziplinen.

Neben den *logischen* Schriften, von alters her als „*Organon*", „Werkzeug", der wissenschaftlichen Erkenntnis zusammengefaßt (vor allem die beiden „Analytiken" mit der Lehre von den Schlüssen, der wichtigsten logischen Leistung des Aristoteles, die kleineren Schriften über die „Kategorien" und über den Satz [„Hermeneutik"], die „Topik" mit der Schrift über die sophistischen Trugschlüsse – das Werkzeug der Disputierkunst), stehen die *physikalischen* (die „Physik", die Schrift über den Himmel, über Entstehen und

Vergehen, die Meteorologie); in der überlieferten Anordnung folgte auf die Physik die Schrift über die Prinzipien des Seienden (über die „erste" Philosophie), deren zufällige Stellung der in ihr behandelten Disziplin ihr den nun auch sachlich nicht unpassenden Namen der *„Metaphysik"*, d. h. „die Schrift nach der Physik", verschaffte; in die Zoologie führt uns die „Tiergeschichte", ein Buch wesentlich vergleichend anatomischen und physiologischen Inhalts, der sich eine Anzahl kleinerer zoologischer Schriften anreihen, in die Psychologie die Schrift *„Über die Seele"*; den drei Ethiken *(„Nikomachische Ethik"*, „Eudemische Ethik", „große Ethik") schließt sich die *„Politik"* an, zu der als eine Art Materialsammlung eine Schrift gehörte, welche die Verfassungen einer großen Anzahl griechischer Staaten darstellte, von der uns der „Staat der Athener" erhalten ist; endlich „Rhetorik" und „Poetik".

In seiner Persönlichkeit als religiös begeisterter Dichter und Denker, als politischer und sozialer Reformator erinnert uns Platon an die Gestalten eines Thales, Pythagoras, Parmenides, mit denen die Geschichte der griechischen Philosophie beginnt. Aristoteles seinerseits, der Forscher, Sammler, Beobachter und *Systematiker* größten Stils, verkörpert in vollkommenstem Maß jenen eigentlichen Gelehrtentyp, der seit Anaxagoras und Demokrit in der Welt des griechischen Geisteslebens seinen Einzug gehalten hatte.

Trotz dieser Verschiedenheit in der Denkrichtung und Veranlagung ist die Auffassung vom Sinn und der Aufgabe der Erkenntnis zunächst bei Platon und Aristoteles die gleiche (zumal ja auch Platon der eigentliche Begründer der wissenschaftlichen Begriffseinteilung, also der Systematik, ist). Im ersten Buch der „Metaphysik" stellt Aristoteles die wirkliche, einsichtige Erkenntnis der bloßen „Erfahrung" und Übung gegenüber, die auch das Tier besitzt. Erfahrung ist bloße wiederholte Wahrnehmung, Erkenntnis beruht auf der Bildung allgemeiner Begriffe und Sätze. Stelle ich fest, daß Kallias, Sokrates und noch dieser oder jener andre, als sie krank waren, durch ein bestimmtes Mittel geheilt wurden, so habe ich eine Erfahrung gemacht, die mich wohl auch veranlassen kann, an anderen Menschen die Heilkraft jenes Mittels zu erproben, zu einer wissenschaftlichen Einsicht aber gelange ich erst, wenn ich den allgemeinen Begriff des an einer bestimmten Krankheit leidenden Menschen und den allgemeinen Satz bilde, daß eben für alle an dieser Krankheit Leidenden dieses Mittel gut ist. Wissen hat nur, wer nicht beim Einzelnen, auch nicht beim vielen Einzelnen stehenbleibt, sondern sich zur Idee des *Allgemeinen* erhebt. Erkennen wir hier deutlich den Schüler Platons, so entfernt sich nun Aristoteles von seinem Lehrer, wenn er dann doch wieder das Ziel des Wissens in der Erkenntnis des Einzelfalles, des einzelnen Dinges erblickt: nämlich in dem *Schluß*, den wir vom Allgemeinen auf das Einzelne, durch die Unterordnung des Einzelfalls unter den Allgemeinbegriff und das allgemeine Gesetz ziehen. Der Zweck ist die Erkenntnis des Einzelnen, aber nicht die Erkenntnis der bloßen Tatsache, sondern die Einsicht in das Warum, in die Gründe seines Seins und Verhaltens, und eben dies leistet der allgemeine Begriff und Satz.

Nur in Sätzen, in sinnvollen, vernünftigen Aussagen vollzieht sich die Erkenntnis, nur Sätze sind wahr oder falsch. Ein Satz aber ist eine Verbindung oder Trennung *zweier* Begriffe, d. h. er ist eine Aussage, die etwas von einem anderen bejaht oder verneint. Schon Platon hatte den Satz näher untersucht und sich die Frage vorgelegt, wann eine Aneinanderreihung von Worten ein Satz, d. h. ein Gebilde einheitlichen Sinnes ist. In derselben Richtung bewegt sich Aristoteles' Lehre von den „Kategorien", d. h. den Begriffen, die eine Aussage möglich machen. Er unterscheidet zunächst das, wovon ausgesagt wird, das „Hypokeimenon", die *„Substanz"*, und das Ausgesagte. Substanzen sind Dinge, schließlich die einzelnen, individuellen Dinge, sie sind das, wovon zuletzt ausgesagt, das aber nicht seinerseits wieder als Prädikat ausgesagt werden kann, daher auch das, worauf sich zuletzt unser Erkennen richtet, wie schon weiter oben angedeutet wurde. Das aber, was von einem Gegenstand ausgesagt wird, betrifft seine Größe, Beschaffenheit, Beziehung zu anderem, seinen Ort oder seine Zeit, seinen Zustand, sein Haben, Tun oder Leiden, gibt m. a. W. Antwort auf die Fragen: wie groß?, wie beschaffen?, in welcher Beziehung?, wann, wo? usw. Wenn Aristoteles so zusammen mit dem Begriff der Substanz 10 Kategorien aufzählt, so ist klar, daß er diese logischen Grundbegriffe zunächst der Untersuchung der Sätze der Sprache entnimmt. Seine Logik ist überall zunächst an der Sprache orientiert, sie ist ihm das Kleid, die äußere Form des Gedankens. Denken aber wiederum ist Abbilden der Wirklichkeit, des Seins. Genauer: das Denken, soweit es wahr ist, bildet das Sein ab, „Wahrheit" ist Übereinstimmung des Denkens mit dem Sein. Auch in dieser – selbstverständlichen – Grundlage seiner Erkenntnislehre steht Aristoteles auf demselben Boden wie Platon. Das „ist" des prädizierenden Urteils drückt für Platon die Teilhabe am Sein aus, auch im negativen Urteil, das ein Verschiedensein ausspricht. Die Struktur des „Logos" und die des Seins müssen sich daher entsprechen: Logik ist zugleich „Ontologie".

Des weiteren trennen sich aber auch hier wieder die Wege beider Philosophen. Das Sein ist für Platon der Ideenkosmos. Seine Struktur, von der obersten Begriffsspitze bis zu den untersten Aufspaltungen der Begriffe, wird in unsern Urteilen, in den begrifflichen Über- und Unterordnungen, die sie vornehmen, abgebildet, die Beziehungen der Ideen, ihre Teilhabe aneinander, ihr sich Ausschließen oder sich Bedingen findet in unserer Erkenntnis seinen Ausdruck. Auf die Einzeldinge der Wahrnehmungswelt bezieht sich unser Erkennen, soweit sie an der Ideenwelt, als der Welt des eigentlichen Seins, teilhaben. Aristoteles lehnt dieses An-sich-sein der Ideen ab. Es bedeutet ihm eine überflüssige und widerspruchsvolle Verdoppelung der Wirklichkeit. Das Wirkliche, die Substanzen sind die Einzeldinge, die allgemeinen Begriffe gehören auf die Seite des Ausgesagten, der Prädikate. Es gibt nicht „den" Menschen, die Idee des Menschen, sondern nur den einzelnen Menschen – Sokrates, Kallias usw.

Aber es gibt im einzelnen Menschen das allgemein Menschliche – zugleich das, was er mit allen anderen Menschen „gemeinsam" hat – und das nur Individuelle, was ihn von anderen Menschen unterscheidet: die Gattungs- und Wesenssphäre, und die hier und jetzt gegebene Individualisierung der Gattung. Für Platon spiegeln unsere sprachlich formulierten Urteile, spiegelt der „Logos" die *Struktur des Ideenkosmos* von seiner obersten Begriffsspitze bis zu den untersten Aufspaltungen der Begriffe wider; für Aristoteles dagegen spiegelt sich in ihm die *Struktur des Einzeldinges,* auf die zuletzt alle unsere Aussagen sich beziehen.

Einen Gegenstand erkennen bedeutet für Aristoteles sein „Wesen" erfassen; aussprechen, was es für ein Gegenstand ist. Dies Wesen aber wird ausgedrückt durch den nächst höheren Gattungsbegriff (das „genus proximum"), unter den er gehört, d. h. der sein gattungsmäßiges allgemeines Wesen bezeichnet, und die spezifische Differenz, die ihm seine individuelle Eigenart gibt. Dabei wird vorausgesetzt, daß es für jeden Gegenstand *einen* und nur einen solchen Wesensbegriff, daß es also auch eine „richtige", natürliche Systematik für alle Dinge gibt, daß Begriffe nicht etwa *nur* klassenmäßige Zusammenfassungen von Einzeldingen nach irgendwelchen Ähnlichkeiten sind.

Das Allgemeine, der Begriff ist keine raum- und zeitlos seiende Urgestalt außerhalb der Individuen, an der sie „teilhaben", sondern es ist das in den Dingen, den Individuen steckende Wesen derselben. Es ist aber eben damit zugleich noch mehr: nämlich die Wesens*ursache,* die das akzidentelle Sein des Dinges, d. h. die Vielheit seiner einzelnen Eigenschaften und sein Verhalten, sein Tun und Leiden, bestimmt, soweit es eben wesensbestimmt oder, was dasselbe besagt, notwendig und somit erschließbar ist. Der „Logos", der nach Aristoteles die Struktur des zu erkennenden Gegenstandes abbildet, ist damit nicht das Urteil, sondern der *Schluß,* und die Logik findet ihr wichtigstes Kapitel in der Schlußlehre. Letztes Ziel der Erkenntnis ist es nicht nur zu wissen, *daß,* sondern *warum* die Dinge so sind und sich so verhalten, und eben dies sagt uns der Schluß. Genauer der eigentlich wissenschaftliche Schluß, der von dem Grunde auf die Folge, von dem der Natur nach Früheren auf das der Natur nach Spätere, und nicht nur von dem für unser Wissen zufällig Früheren auf das für uns Spätere schließt. Wir können aus der beobachteten Phasenbildung des Mondes auf seine Kugelgestalt und aus der Kugelgestalt des Mondes auf die Notwendigkeit seiner Phasenbildung schließen, aber nur der letztere Schluß ist der Natur der Dinge selbst gemäß, als Schluß von der Ursache auf die Wirkung.

Die Bedeutung, die Aristoteles dem Schluß in seiner Erkenntnislehre zuschreibt, läßt es verständlich erscheinen, daß die Schlußlehre, insbesondere die Lehre vom Schluß mit zwei Prämissen, vom Syllogismus, in systematischer Vollständigkeit durchgeführt, den Hauptteil seiner Logik bildet. Jeder gültige Syllogismus enthält drei Sätze, die beiden Prämissen (Ober- und Untersatz) und den Schlußsatz, und in ihnen drei Begriffe (Ober-, Unter- und Mittelbegriff), die in einem bestimmten Unterordnungsverhältnis stehen. Wie die Begriffe, so sind diese Verhältnisse – das Verhältnis des Begriffs „Lebewesen" zum Begriff „Mensch" etwa – etwas realiter in den Dingen Existierendes. Der Mittelbegriff verknüpft Ober- und Unterbegriff, er ist das eigentliche Werkzeug des Schlusses, nach seiner Stellung in den beiden Prämissen unterscheiden sich die drei „Schlußfiguren", innerhalb deren die verschiedenen „Schlußmodi" entstehen, je nachdem wir allgemeine oder partikuläre, bejahende oder verneinende Ober- und Untersätze in den Schluß einsetzen. Die Aristotelische Schlußlehre ist der Ausgangspunkt der späteren „formalen" Logik, es sind des speziellen Inhalts entkleidete reine Urteilsformen, aus deren Kombination die Schlüsse abgeleitet werden, unter Anwendung der obersten Gesetze aller Deduktion, des Satzes vom Widerspruch und vom ausgeschlossenen Dritten, die gleichfalls hier zum erstenmal ihre ausdrückliche Formulierung erhalten („es ist unmöglich, daß ein und dasselbe Prädikat einem und demselben Subjekt zugleich und in derselben Beziehung zukomme und nicht zukomme“ und „es kann zwischen Sein und Nichtsein, zwischen Wahrheit und Falschheit kein Mittleres geben, vielmehr ist von jedem Gegenstande jegliches Prädikat notwendig entweder zu bejahen oder zu verneinen“). Für Aristoteles selbst ist jedoch die Logik nicht rein formal, d.h. eine Untersuchung der Form unseres Erkennens, abzüglich eines Inhalts, den es der Wahrnehmung entnähme, sondern sie ist zugleich und in erster Linie Ontologie, d. h. Lehre von der Grundstruktur des Seienden, die in der des Logos sich spiegelt. Auch hinter dem Gegensatz des bejahenden und verneinenden sowie des Notwendigkeits- und Möglichkeits- (des apodiktischen und problematischen) Urteils verbergen sich Seinsunterschiede: das negative Urteil stellt den ausschließenden Gegensatz zweier Wesenheiten fest – warm und kalt, fest und flüssig, sein und nichtsein, das allgemeine bejahende Urteil, das notwendige und wesenhafte, das partikuläre Urteil, das nur mögliche oder zufällige, nicht wesenhaft-notwendige Verbundensein von begrifflich faßbaren Wesenheiten in demselben Individuum (alle festen Körper sind schwer, alle schweren Körper fallen gegen den Mittelpunkt des Weltalls, alle Menschen [d. h. die Menschen als solche] sind vernünftig auf der einen – einige feste Körper sind weiß, einige Menschen haben eine dunkle Hautfarbe, d. h. mit dem allgemein menschlichen Wesen kann sich eine helle oder dunkle Hautfarbe zur Einheit eines menschlichen Individuums verbinden auf der anderen Seite). „A kann B sein“ – ein solches problematisches Urteil drückt nach Aristoteles richtig verstanden nicht eine Unwissenheit oder Unsicherheit unseres Wissens aus, eine subjektive Unkenntnis der Bedingungen, unter denen A B ist, sondern ein positiv bestehendes Verhältnis von A und B, ein mögliches und, wo es auftritt, rein tatsächliches, aber nicht notwendiges aneinander Gebundensein. Was notwendig ist, ist eben darum nicht nur möglich, Notwendigkeit und Möglichkeit sind reale Gegensätze, Möglichkeit kein Begriff, der nur einer subjektiven Erkenntnissphäre angehört. Dabei ist freilich zu beachten, daß Aristoteles das Ideal der vollendeten Erkenntnis im Auge hat. Nur sie erfaßt das rechte Verhältnis der begrifflichen Wesenheiten zu jenen und vermag, ihm folgend, die Eigenschaften und das Verhalten eines Gegenstandes richtig aus ihren Gründen zu deduzieren. Unsere menschliche Wissenschaft ist vielfach genötigt, umgekehrt von den Folgen zu den Ursachen aufzusteigen, durch Induktion, durch den Vergleich der Individuen erst ihr gemeinsames Wesen zu erschließen.

Die Platonische Idee außerhalb des Dinges wird zum substantiellen Wesen im Einzelding. Das Einzelding setzt sich zusammen aus diesem seinem Wesen, seiner ihm mit den Dingen derselben Gattung gemeinsamen Gestalt und den nur individuellen Zügen, der hier und dort befindlichen Masse, der diese Gestalt aufgeprägt, in der Aristotelischen Sprache: aus *„Form“* und *„Materie“* (Morphé und Hýlē). Mit diesen Begriffen gelangen wir aus dem Gebiet der Logik in das der Metaphysik.

Die Bezeichnung weist hin auf das eine Bild, das eine Urphänomen, nach dessen Analogie Aristoteles alles Geschehen und Wirken auffaßt oder das er als Grundform in alles Geschehen hineinsieht: das *Gestalten eines Materials* unter der Herrschaft eines aktiv formenden Faktors – des Tons in der Hand des Bildhauers, der Steinmasse in der des Baumeisters. Mit diesem Bilde aber verschmilzt ein zweites: das des *organischen Werdens,* der geprägten Form, die lebend sich entwickelt, des pflanzlichen oder tierischen Keims, der den Nahrungsstoff zu Stamm und Blatt, Fleisch und Blut umwandelt und aus ihm den Körper baut. Und zwar einen Körper, gleich dem, der zu Anfang des Entwicklungsprozesses den Keim in die „Materie“, den tierischen Samen in die Nahrungsstoffe des mütterlichen Organismus, den Pflanzenkeim in die Erde senkte. Die Grundbegriffe der aristotelischen Weltbeschreibung und -erklärung entstehen aus der Verschmelzung dieser beiden Urbilder alles Geschehens und aus der Übersetzung derselben in die Sprache des „Logos“ – nicht der Begriffsteilung Platons, die von der Spitze einer Begriffspyramide anfängt und bis zum Individualbegriff hinabführt, sondern der Schlußkette, die vom Individuum zu seinem begrifflichen Wesen und von ihm zu den ihm wesenszugehörigen Äußerungen führt. In einem stimmen dabei diese beiden Paradigmata des Geschehens überein: das Tun des Bildhauers wie das Wachsen und Werden des Organismus ist ein zielstrebiges, ein *zweckbestimmtes* Geschehen. Die Naturerklärung des Aristoteles ist durch und durch *teleologisch* und steht damit in scharfem Gegensatz zu der *mechanistischen* Weltbetrachtung Demokrits. Es gibt keine Zwecke und keinen Zufall, lehrte Demokrit, sondern nur gleichmäßige Naturnotwendigkeit alles Geschehens. Für Aristoteles ist nicht nur jedes Geschehen in der Natur ein Stück eines zielbestimmten Prozesses, sondern es gibt auch in der Natur den Unterschied des Notwendigen, d. h. wesenhaft Bestimmten, und des „Zufälligen", dessen was auch anders sein könnte.

Die Nahrungsstoffe sind dem Tier und der Pflanze gegenüber „Materie", der Tier und Pflanze ihre Form aufprägen: die anorganische, die elementare Natur verhält sich zur lebenden wie Materie zur Form. Aber die Nahrung ist selbst geformt, auch in ihr ist Form und Materie zu unterscheiden. Geformte Materie wird selbst wieder bloße Materie für eine Formursache höherer Ordnung: die Welt gliedert sich in Stufen, in eine Reihe, an deren einem Ende die bloße, die „erste Materie", das noch ganz Ungestaltete, von dem wir daher auch gar nichts aussagen können, dessen „Sein" selbst bloße „Möglichkeit", keine aktualisierte „Wirklichkeit" ist, an dessen anderem Ende die reine „Form" steht, die reine Aktivität. Es muß eine solche reine Form geben, einen selbst unbewegten *„ersten Beweger":* unmöglich kann die Reihe der Ursachen, von denen der Anstoß zur Gestaltung der „Materie" ausgeht, ins Unendliche gehen. Der in die Erde gesenkte Samen, die formende Ursache in der werdenden Pflanze, stammt selbst von einem pflanzlichen Organismus, und zwar gleicher Art wie die Pflanze, zu der er die ihm zur Verfügung stehende Nahrungsmaterie ausgestaltet: jede *Formursache* setzt eine dem schließlichen Ziel der durch sie gewirkten Entwicklung *gleiche Bewegursache* voraus.

Durch diesen Gedanken vollzieht sich gewissermaßen die Verschmelzung des Vergleichs alles Seienden mit einem werdenden Organismus und mit dem Produkt einer menschlichen formenden Tätigkeit. Der „erste Beweger", die Gottheit, senkt den Keim der Gestaltungsentwicklung in die Materie, die sich so organisch zu einem Gebilde entwickelt, dessen Ziel wieder in der Gottheit vorgezeichnet ist. Die Gottheit, das „Gute", steht also am Anfang und am Ende, sie verhält sich zur Welt wie der Bildhauer zum Ton, zugleich aber wie die vollendete Gestalt zum schlummernden Keim. Als ordnendes, vernünftiges Prinzip ist der göttliche Beweger reine denkende Vernunft, Aristoteles vergleicht ihn dem Feldherren, der die Ursache der Ordnung des Heeres ist und in dem sich diese Ordnung zugleich selbst verkörpert. Als ewig, unbewegt und unveränderlich ist er reine Form, ohne Materie. Aus demselben Grunde ist er nicht mehr begehrend, strebend, wollend, er ist reines Sichselbstdenken oder Schauen, zugleich im Besitz der vollendeten Glückseligkeit. Klar ist der Unterschied der aristotelischen obersten Gottheit, dem Weltbaumeister und Weltziel, vom christlichen Schöpfer Himmels und der Erden, der die Welt durch seinen Willen aus dem Nichts hervorruft und im Sein erhält. Unverkennbar aber ist auch der Unterschied zu Platon, der zu dem Göttlichen in der ewigen Ordnung des zeitlosen Ideenkosmos und der zeitlichen Ordnung der sichtbaren Gestirne andächtig aufschaut und in der irdischen Welt das unvollkommene Abbild oder Nachbild, den Schatten gleichsam des Göttlichen sieht.

Die Welt, in die so der Keim der Entwicklung gelegt ist, und die von der Materie zur reinen Form, zur Gottheit strebt, gliedert sich in einzelne Stufen, deren jede wieder als Materie für die nächst höhere Formung oder Formursache dient. Wir können diese Stufen auch als solche geringerer oder stärkerer Belebung oder *Beseelung* der Materie ansehen, denn die „Seele" ist für Aristoteles die gestaltende Formursache, die „Entelechie" des lebenden Körpers. Die Platonische Lehre von den drei Teilen der Seele lehnt er ab, an ihre Stelle setzt er drei Stufen der Seele, von denen wiederum die untere als „Materie“ der höheren „Form“ voraufgeht. Die vegetative (Ernährungs- und Fortpflanzungsfunktion aller, auch der pflanzlichen Lebewesen bedingende), die animale (in Wahrnehmung und triebhafter Bewegung sich äußernde), endlich die vernünftige, die denkende Seele des Menschen sind diese drei Stufen der Seele, die in ihrer Wirkung auf den Körper, dem sie innewohnen, zu seiner immer stärkeren Ausgestaltung und Verlebendigung führen. Die denkende Seele, der nūs, erkennt die allgemeinen Ideen und damit das Ewige, Unveränderliche, Wahre. Aber nicht, weil er sich ihrer aus einer Präexistenz erinnerte, die Platonische Lehre von der „Anamnesis“ übernimmt Aristoteles in seiner reifen Zeit nicht. Als „tabula rasa“, als unbeschriebenes Blatt kommt die Seele auf diese Welt, im Hinblick auf die Wahrnehmungen bildet sie ihre Begriffe, ohne daß darum Wahrnehmung und Begriff dasselbe wären. Insofern alles Erkennen aber, auch das der Ideen, einerseits ein Leiden und andrerseits ein Tun ist, spaltet sich der nūs selbst wieder in zwei Stufen: den leidenden und den (später sogenannten) tätigen nūs. Diese tätige Vernunft erscheint bei Aristoteles als der unsterbliche Teil der menschlichen Seele, wobei freilich nicht ganz klar wird, ob diese die allgemeingültigen Ideen aktiv denkende Vernunft als *eine* überindividuelle, in die menschlichen Einzelseelen hineinwirkende oder als individuelle Vernunft des einzelnen Menschen zu denken ist. Die unterste Stufe der Welt bildet die „anorganische“ oder besser gesagt die elementare Welt, des Feurigen, Luftförmigen, Flüssigen, Festen. Auch auf sie aber überträgt Aristoteles die Analogie des organischen Geschehens: das verzehrende und sich fortpflanzende Feuer, das auflösende und verflüssigende Wasser (das den Tropfen Wein aufzehrt und selbst zu Wasser macht) mischen und trennen sich nicht in quantitativer und qualitativer Unveränderlichkeit, wie bei Empedokles oder wie die Atome Demokrits, sondern sie werden, bewegen sich, pflanzen sich fort, prägen sich wechselseitig Form und Gestalt auf.

Ein Wesensgegensatz trennt ferner die astronomische und die terrestrische Welt, die Himmelssphären mit dem ihnen eigentümlichen Element des „Äthers" in ihren ewigen und kreisförmigen Bahnen und die irdischen Elemente mit ihren anhebenden und aufhörenden, geradlinigen Bewegungen. In ihrer Ewigkeit und Unveränderlichkeit stehen diese Himmelssphären dem immateriellen ersten Beweger am nächsten, ihre einzige Bewegung ist das Beschreiben ihrer sich gleichbleibenden Kreisbahnen, nur insofern haben sie „Materie". Die Himmelssphären (in deren Theorie sich Aristoteles der komplizierten Konstruktion der Astronomen Eudoxos und Kallippos anschließt, die er jedoch selbst noch verbessert) umschließen die Welt, die eben dadurch zu einer in sich geschlossenen und einzigen wird: außerhalb ihrer gibt es, wie keinen Körper, so auch keinen Raum und keine Zeit mehr, der „leere" Raum und dic „leere" Zeit sind unwirkliche Abstrakta. Durch die Sphären ist ein Mittelpunkt des Weltgebäudes und der Gegensatz von Mittelpunkt und Peripherie, von „oben" und „unten" gesetzt. Die Bewegung, die in dieser Welt unter dem Himmelsgewölbe zwischen Mittelpunkt und Peripherie herrscht, erhält ihren Anstoß von der himmlischen Kreisbewegung, die durch die Schiefe der Ekliptik in das irdische Gebiet hineinwirkt.

Von den irdischen Elementen ist die Erde als das (absolut) schwere, das Feuer als das (absolut) leichte Element charakterisiert. Leichtigkeit und Schwere empfinden wir unmittelbar durch den Tastsinn, aber derselbe Sinn zeigt uns noch die weiteren Grundqualitäten des Kalten und Warmen, Trockenen und Flüssigen, die sich nun in allen vier irdischen Elementen wiederfinden, vielmehr ihr Wesen bestimmen: das Feuer als das Warme und Trockene, die Luft als das Warme und Flüssige, das Wasser als das Kalte und Flüssige, die Erde als das Kalte und Trockene.

Auch hier wieder tritt uns der Gegensatz der aristotelischen zu der demokritischen, aber auch zu der pythagoreischen (und platonischen) Physik entgegen. Einmal in der Objektivität der sinnlichen Qualitäten, nicht nur des Tastsinnes;

ausdrücklich wird die Behauptung abgelehnt, daß es Farben nur durch und für ein sehendes Auge, Töne durch ein hörendes Ohr gäbe. Nur muß den Tätigkeiten der Dinge, in denen sich ihre Eigenschaften auswirken, dem Leuchten, Tönen, Wärmen eine Tätigkeit unseres Organs, ein Sehen, Hören gleichsam entgegenkommen, damit jene Akzidenzen der Dinge wahrgenommen werden. Und wie es Qualitäten gibt, so eine qualitative Veränderung, ja im Grunde ist jede Veränderung „qualitativ", auch die Bewegung und Mischung, ein Sichauswirken von Qualitäten (Schwere, Leichtigkeit) und ein Überwinden der einen Qualität durch die andere. Die Elemente sind also selbst nicht beharrend, sie wandeln sich ineinander (eine Verwandlung, an der jedoch der Äther nicht teilnimmt), sie schlagen ineinander um entsprechend der Gegensätzlichkeit der Urqualitäten. Endlich ist kein Körper eine Summe von Atomen, sondern selbst eine Einheit, wenn er auch *teilbar*, d. h. in Teile zerlegbar ist; denn diese Teile sind nicht aktuell (wie die Atome), sondern potentiell in ihm vorhanden.

Mit den Grundbegriffen seiner Metaphysik hängt auch die aristotelische *Ethik* zusammen. Jedem Ding eignet ein bestimmtes Wesen und mit dem Wesen eine bestimmte Tätigkeit, die eben der Ausdruck, das Sichauswirken dieses Wesens ist. Dies Wirken aber ist zielbestimmt, die in dem Ding wirkende Form zugleich sein „Telos", das Ziel, auf das sein Streben geht. Welches ist das Ziel, das „höchste Gut" für den Menschen? Wir nennen es die Eudämonie, aber worin besteht die „Glückseligkeit"? Eben in der Beantwortung dieser Frage gingen die Ansichten der Philosophen heillos auseinander. Darum schlägt Aristoteles einen anderen Weg ein: er geht nicht vom höchsten Gut, sondern eben vom Wesen des Menschen und der ihm eigenen Wesensbetätigung aus, er bestimmt nicht den Weg vom Ziel, sondern das Ziel vom Weg aus. „Der Mensch ist ein vernünftiges Wesen", die Vernunftbetätigung, das Denken der *Ausdruck* seines Wesens, der Weg zur Verwirklichung seines Telos, seines höchsten Gutes. Im Denken also besteht die „Tugend" des Menschen, das theoretische Leben steht über dem praktischen. Aber auch die praktischen Tugenden der Selbstbeherrschung, Mäßigung, Tapferkeit usw. stellen die Herrschaft der Vernunft über das Handeln dar. Und zwar besteht die Wirkung der Vernunft darin, daß sie überall das rechte Maß, die allgemein gültige Mitte zwischen dem Zuviel und Zuwenig hält. Jede Tugend ist daher die rechte (nicht arithmetisch-mechanische, sondern eben vernünftige) Mitte zwischen zwei Lastern. Die Tapferkeit ist die rechte Mitte zwischen Feigheit und Tollkühnheit, die Freigebigkeit die rechte Mitte zwischen Geiz und Verschwendung, die Selbstbehauptung zwischen demütiger Selbstaufgabe und hochmütiger Anmaßung. Wir finden hier die echt griechische Wertung wieder von Maß und Form, Selbstbegrenzung und Gestalt, Harmonie und Einheit. Andrerseits liegt in dieser Betonung der „Mitte" eine Absage an jede extreme, insbesondere aszetische Ethik, gegen eine Moral, die die Unterdrückung und Auslöschung der Triebe anstatt ihrer Beherrschung durch die Vernunft und die die völlige Gleichgültigkeit gegen die äußeren Lebensgüter fordert. Der ethische Rigorismus der Stoiker kämpft später gegen diese peripatetische Erweichung des sittlichen Ideals, sie stellen deshalb ausdrücklich der Aristotelischen „Metriopathie" ihr Ziel der „Apathie" entgegen.

Der Mensch ist ein auf *gesellschaftliches Zusammenleben* angelegtes Wesen, das höchste Gut vollendet sich ihm daher nicht im individuellen Menschenleben, sondern im überindividuellen Organismus des Staates, die Ethik gipfelt in der Politik. Aristoteles verzichtet geflissentlich auf ein einheitliches utopisches Staatsideal, er sucht den engeren Kontakt mit der politisch-historischen Wirklichkeit. Von den bestehenden Verfassungen ausgehend sucht er bei jeder die entartete von der richtigen, vernunftgemäßen Form zu scheiden: die Monarchie, in der der Herrscher für seine Untertanen wie der Vater für seine Kinder sorgt, von der Tyrannis, in der er die Interessen der Gesamtheit seinen egoistischen Wünschen unterordnet; die Aristokratie, in der der Adelsstand der verantwortliche Führer der staatlichen Gemeinschaft ist, wie der Mann in der rechten Ehe, von der Oligarchie, der einseitigen Herrschaft des Reichtums und seiner Interessen; die Republik, die sich auf den fürsorgenden Gemeinsinn aller (die sich wie Geschwister zueinander verhalten) stützt, von der Demokratie, in der jeder nur seinem Lebensgenuß nachjagt. Der Vergleich mit Ehe und Familie ist mit Bedacht gewählt: die Familie ist für Aristoteles der unentbehrliche Kern des Staates, weshalb er auch den Kommunismus, den Platons „Politeia“ für das Leben der oberen Stände fordert, als der Natur des Menschen und seines Gemeinschaftslebens zuwiderlaufend ablehnt. Das Ideal der rechten Mitte begegnet auch hier: das Übergewicht des Mittelstandes, damit im besonderen auch die zentrale Stellung der Landwirtschaft scheint dem Philosophen die beste Gewähr für eine solide Entwicklung des Staates. Deutlich zeigen sich gerade in der Politik wie die Vorzüge so die Grenzen seines Denkens. Wie er über die griechische Polis in seinem politischen Denken nicht hinausgeht, wie ihm der Wertunterschied von Griechen und Barbaren ein selbstverständlicher, in der Natur des Menschen liegender Unterschied ist, so sucht er auch die Notwendigkeit und Berechtigung der Sklaverei, deren Unentbehrlichkeit für das bestehende Wirtschaftsleben er erkennt (sie werden nicht eher aufhören, als bis die Webstühle von selbst weben!), aus dieser selben Menschennatur abzuleiten.

Wie Aristoteles in dem unvergleichlichen Universalismus seines Denkens kein Gebiet des menschlichen Wissens außer acht gelassen hat, so ist er auch der erste, der der Kunst eine eigene Untersuchung widmet, im Gegensatz zu Platon, der, obgleich selbst Künstler, die Kunst nur unter pädagogischem Gesichtspunkt betrachtet. Wie die Logik auf das Wesen der wissenschaftlichen Erkenntnis eine Technik des Beweises aufbaut, die Ethik auf das Wesen des Menschen als zielstrebig handelnden Vernunftswesens sich gründend Richtschnur und Ziel der Praxis entwickelt, so will die „Poetik“, vom Wesen des künstlerischen Schaffens ausgehend, die Technik der künstlerischen Produktion zur Dar-

stellung bringen. Das Wesen aller künstlerischen Tätigkeit ist Darstellung, „Nachahmung". Mit dem Mittel des Wortes, der Sprache stellt die Dichtung im besonderen menschliche Handlungen und in ihnen sich ausdrückende Charaktere dar. Als Tragödie bietet sie edle und große Menschen unserer Bewunderung, als Komödie gibt sie kleine und alltägliche Charaktere unserem Lachen preis. In seiner Aufgabe, der Darstellung menschlicher Charaktere, berührt sich der Dichter mit dem Historiker, aber während uns der Historiker nur lehrt, was dieser oder jener Mensch tatsächlich getan hat, zeigt uns der Dichter, was ein Mensch dieser Art tun muß, die Poesie ist daher „philosophischer" als die Geschichte. So hat es die Dichtung mit dem Allgemein-Menschlichen und insofern mit jedem Menschen, mit uns selbst, dem Zuhörer oder Zuschauer zu tun: eben dies ist auch der Grundgedanke der ein wenig vieldeutigen, oft zitierten Wendung in bezug auf die Tragödie, sie habe Furcht und Mitleid in uns zu wecken und eben damit diese Gefühle zu „reinigen".
Platons Ideenlehre hat jenem „Idealismus" den Namen gegeben, der in der Sphäre des „Idealen" die Sphäre einer höheren eigentlichen Wirklichkeit und den tieferen Sinn auch allen realen Daseins erblickt. Demgegenüber erscheint uns Aristoteles als „Realist". Zum Realisten macht ihn sein ungeheures Tatsachenwissen, das Ergebnis einer unermüdlichen Beobachter- und Sammlertätigkeit. Es ist verständlich, daß die *peripatetische Schule* in der Fortsetzung dieser Arbeit mehr und mehr zu einem Hort und Zentrum der gelehrten Arbeit, schließlich eines wissenschaftlichen Spezialistentums wird. Der Nachfolger des Schöpfers als Schulhaupt, *Theophrastos,* ist bekannt als Verfasser zweier botanischer Werke, der kleinen Schrift über die „Charaktere", einer Beschreibung bestimmter Charaktertypen, wohl als Beispielsammlung für die Ethik gedacht; einer mehr kritisch behutsamen, als systematisch weiterführenden Schrift über die metaphysischen Grundbegriffe (soweit wir nach den Fragmenten, die wir besitzen, urteilen können) und einer uns leider verlorenen Geschichte der philosophischen Lehrmei-

nungen, einer Schrift, aus der alle späteren „Doxographen“ (Darsteller der „Doxai“, der philosophischen Meinungen) unmittelbar oder mittelbar geschöpft haben. Sein Nachfolger STRATON, mit dem charakteristischen Beinamen des „Physikers“, läßt das teleologische Element der Aristotelischen Weltansicht hinter dem Gedanken einer rein kausalen Naturnotwendigkeit zurücktreten, nähert sich also Demokrit. Die Aristoteliker der späteren, insbesondere der römischen Zeit, widmen sich vor allem der Exegese der Aristotelischen Schriften. Der berühmteste und bedeutendste der Kommentatoren ist der unter Septimius Severus in Athen lehrende ALEXANDER VON APHRODISIAS.

3. Die nach-aristotelischen Schulbildungen

Zwei Interessen beherrschen die griechische Philosophie: das wissenschaftliche an der Erkenntnis der Welt und das moralische an der rechten Stellung des Menschen zur Welt. Die wissenschaftliche Entwicklung findet in Aristoteles ihren Höhepunkt, bereits in seiner Schule bahnt sich die Auflösung der Philosophie in die Wissenschaften, die Trennung von Philosoph und Spezialforscher an. Der Philosophie bleibt das Streben nach einem Gesamtbild der Welt, nach einer „Weltanschauung“, die zugleich als „Lebensanschauung“ jene praktisch-religiöse Aufgabe der Philosophie erfüllt.
Nicht die Größe einzelner Persönlichkeiten, sondern der Streit in festen Traditionen lebender *Schulen* – der Stoa, der Epikuräer, der Skepsis – drückt der auf Aristoteles folgenden Zeit den Stempel auf. Für alle diese Schulen ist die Philosophie in erster Linie die Lehre vom Weg zur Glückseligkeit. Die Tradition der eigentlichen, zu Platon in Gegensatz stehenden sokratischen Schulen lebt in ihnen fort: die Stoa ist eine vertiefte Kynik, die epikureische Schule eine Fortsetzung des kyrenaischen Hedonismus, auch die Skepsis sucht die Orientierung an dem sokratischen Verfahren. Daneben greift man auf Gedanken älterer Richtung zurück, die Stoa knüpft an Heraklit, Epikur an Demokrit an. Trotz der

verschiedenen Richtung, in der sich ihre Weltanschauungen bewegen, zeigen diese Schulen im letzten Resultat ihrer Ethik, in der Beschreibung der Haltung des „Weisen" der Welt gegenüber, eine charakteristische Ähnlichkeit: die „Apathie" der Stoiker, die „Ataraxie" der Epikureer und Skeptiker ist im Grunde ein und dasselbe – die ungetrübte Heiterkeit dessen, der über Furcht und Begierde erhaben ist. Die Frage nach dem Sinn des Lebens – zu dessen bedeutsamsten Phänomenen eben jetzt der Tod gehört – tritt in den Mittelpunkt des Lebens: ein Zeichen, daß die „Sinnhaftigkeit", daß der Wert des Lebens dem Menschen nichts Selbstverständliches mehr, sondern eben eine zweifelhafte, problematische Sache ist.

Die *stoische Schule* – um 300 von ZENON aus Kition in der bunten Säulenhalle, der „Stoa poikílē", in Athen eröffnet, später von KLEANTHES und CHRYSIPPOS (um 280–205) geleitet – steht in ihrer Physik auf dem Boden eines pantheistischen Monismus. Alles Wirkliche ist körperlich, aber diese eine körperliche Wirklichkeit ist durchdrungen, durchwaltet, beseelt von dem einen Urfeuer, das als Kraft die Dinge zusammenhält, als organisierende Seele die Pflanzen, die Tiere und Menschen gestaltet und belebt, die „Samen" aller Naturgebilde in sich enthält. Dieses Urfeuer ist zugleich göttlich und vernünftig, es ist die Weltvernunft, der *Logos.* Die Natur und das Naturgeschehen ist vernünftig, es ist gut so wie es ist, es ist zielstrebig, *teleologisch* geordnet. Die offenbare Zweckmäßigkeit des Organischen, aber auch das zweckvolle Ineinandergreifen und aneinander Angepaßtsein aller Dinge dient den stoischen Philosophen zum Beweis ihrer Teleologie, die sich freilich nicht freihält von der Neigung zu einer etwas flachen anthropozentrischen Nützlichkeitsbetrachtung.

Aus der teleologisch-pantheistischen Weltansicht versteht sich die religiöse Stimmung der stoischen Philosophie und ihre freundliche Stellung zur Volksreligion, wenn auch deren Göttergestalten und -mythen sich eine allegorische Deutung gefallen lassen müssen. Vor allem ist es der Gedanke der göttlichen Vorsehung und Vorherbestimmung alles Seienden und damit in Zusammenhang der Glaube an Vorzeichen, Wahrträume, Prophezeiungen, der ganze Komplex der „Mantik", den sie übernehmen und den sie – wissenschaftlich – durch den Gedanken der inneren Beziehung aller Dinge und Geschehnisse, auch der scheinbar unbedeutenden und äußerlichen, zum einen Weltgrunde stützen. In dieser Beziehung zum Weltgrunde gewinnen die Dinge auch ihre tiefere Bedeutung für den Menschen, der sich seiner Verwandtschaft mit dem Weltgrunde und des Hineinverwobenseins seines Schicksals in das Weltganze bewußt ist. Alles ist vorherbestimmt und vernünftig, alles steht mit allem in Beziehung, alles ist notwendig, nicht im Sinn einer mechanischen, sondern organisch-zielstrebigen Notwendigkeit. Das organische Weltgeschehen ist aber nicht, wie bei Aristoteles, eine gleichsam in gerader Linie aufsteigende Entwicklungsreihe fortschreitender Formung einer Materie, sondern es biegt sich, wie bei Heraklit, zum Kreis, zur wiederkehrenden Weltperiode.

Sein Schicksal kann der Mensch nicht ändern. Aber die Art, wie er dies Schicksal aufnimmt und betrachtet, hängt von ihm ab. Und eben in der Art, wie er sich diesem eigenen Schicksal gegenüberstellt, ob er ungeduldig und klagend mit Gott und der Welt hadert oder sich geduldig und freudig fügt, liegt der Unterschied des *Weisen* und des Toren. Diese tugendhafte und fromme Gesinnung des Weisen und das aus ihr quellende Handeln, das Leben „in Übereinstimmung mit der Natur", die aus ihr sich ergebende „Apathie", Freiheit von allen erregenden Leidenschaften ist das höchste nicht nur, sondern das einzige wirkliche *Gut*.

Die Philosophie des Epikuros, der 306 seine Schule in Athen eröffnete, ist in Ethik und Lebensauffassung der Gegenpol des Stoizismus: dort der moralische Heroismus, der im Leben nur das Mittel sieht, um die Tugend zu üben, hier die Lebenskunst, die in der Philosophie den Weg zu echtem Lebensgenuß sieht. Auch Epikur geht von einer materialistischen Metaphysik aus, die jedoch nicht pantheistisch-teleologisch ist, sondern mechanistisch die Atomenlehre Demokrits erneuert. Nur mit der zunächst sehr eigentümlich erscheinenden Modifikation, daß die Atome von der ursprünglichen vertikalen Fallbewegung, die Epikur ihnen zuschreibt, ohne äußeren Grund, aus einer Art Willensfreiheit heraus, um Beträge, die jenseits der Grenzen des Bemerkbaren liegen, abweichen, wodurch dann erst ein Zusammenprallen und damit die Weltbildung möglich werden soll. Zu dieser Lehre wird Epikur offenbar mit durch den Wunsch veranlaßt, bereits in die Grundelemente der Welt ein Moment unberechenbarer Zufälligkeit hineinzutragen. Die Stoa will ein gläubiges Vertrauen auf den Weltlauf wecken, Epikur zeigt dem Menschen die Welt und sein eigenes äußeres Schicksal als eine Verkettung blinder Notwendigkeit und unberechenbaren Zufalls – der wir am besten mit der Gleichgültigkeit gegenübertreten, die dem Blinden und Zufälligen, mit unserer eigenen Natur in keiner Weise Verknüpften gebührt.

Damit in Zusammenhang steht bei Epikur die Bekämpfung alles religiösen „Aberglaubens". Alles geht „natürlich" zu, übernatürliche Mächte, die in die Welt und unser Schicksal eingreifen, gibt es nicht – daß die Wissenschaft uns von der Furcht vor ihnen befreit, ist eines ihrer Hauptverdienste. Epikur leugnet nicht die Existenz der Götter, aber sie sind ihm selige, selbstgenugsame Wesen in Menschengestalt – ist ihm doch der Mensch das uns bekannte höchstentwikkelte Glied der Natur –, die sich nicht um die Welt kümmern: Epikurische Weise. Auch die Seele ist materiell und sterblich: wie vor den Göttern, brauchen wir keine Furcht vor einem Jenseits zu haben. Aber auch den Tod, den Zustand völliger Bewußtlosigkeit, zu fürchten, wäre Torheit. Den Tod müssen wir willkommen heißen, lehrt die Stoa, er ist das natürliche Aufgehen der uns zugehörigen Schicksalslinie in das Weltschicksal; der Tod „geht uns nichts an", lehrt Epikur, er ist gleichgültig, wie im Grunde die Welt, der Atomregen, dem Weisen gleichgültig ist.

Eine der eigentümlichsten Erscheinungen der nach-aristotelischen Schulphilosophie ist es, daß auch die *Skepsis* zur

Grundlage einer Lebensphilosophie gemacht wird. PYRRHON aus Elis (um 360–270, nach ihm ist auch die Bezeichnung der skeptischen als „pyrrhonischer“ Philosophie üblich) und sein Schüler TIMON VON PHLIUS (um 330–234) gehen hier voran, unter dem Scholarchat des ARKESILAOS aus Pitane (314 bis 240) aber schlägt auch die Platonische Akademie eine skeptische Richtung ein (die sogenannte „mittlere“ Akademie), die in dem scharfsinnig-kritischen KARNEADES (um 214 bis 129) ihren Höhepunkt erreicht. Nachdem dann die Akademie (rund seit 100 v. Chr.) wieder in andere Bahnen eingelenkt ist, finden wir den Skeptizismus namentlich in Alexandria wieder, und zwar in seiner schärferen, pyrrhonischen Fassung bei AINESIDEMOS aus Knossos und schließlich in der sogenannten Schule der empirischen und methodischen Ärzte, aus der um 150 n. Chr. SEXTUS EMPIRICUS hervorgeht, dessen uns erhaltene Schriften (die „Pyrrhonischen Hypotyposen“ und die Schrift „gegen die Mathematiker“) eine wichtige Quelle unserer Kenntnis der antiken Skepsis und ihrer Gegner bilden. Die Skepsis zeigt sich uns damit zugleich neben der Stoa und dem Neuplatonismus als dauernder und wichtiger Faktor der gesamten spätantiken Philosophie.

Die ältere Skepsis stellt zunächst insofern durchaus ein Gegenstück zur stoischen und epikurischen Lehre dar, als ihr die Philosophie wesentlich die Aufgabe hat, den „Weg zur wahren Glückseligkeit“ zu zeigen. Dieser Weg aber, der Weg zur „Ataraxia“, zur „Meeresstille des Gemüts“, führt eben über die Einsicht in die Unerkennbarkeit der Dinge und die aus ihr sich ergebende Urteilsenthaltung („Epoché“). Die skeptische Akademie bekämpfte vor allem das stoische System, aus verständlichen Gründen: für die Stoa war die pantheistische Grundüberzeugung, die Überzeugung von der Vernünftigkeit des Weltganzen und Weltlaufs Voraussetzung der Glückseligkeit, ja die Eudämonie bestand für sie in dem aus dieser Überzeugung und ihrer unbedingten Wahrheit quellenden Vertrauen auf das Schicksal. Die stoische Philosophie ruhte auf einer bestimmten dogmatischen Ansicht von der Wirklichkeit und bemühte sich daher zu zeigen, daß es eine wahre Erkenntnis der Wirklichkeit oder daß es Vorstellungen gebe, die durch die Art, wie sie sich unserem Bewußtsein darstellen, sich auch als unzweifelhaft wahr zu erkennen geben (die sogenannten „katalēptischen" Vorstellungen). Insbesondere vertritt sie den Gedanken, daß gewisse „Gemeinbegriffe", zu denen z. B. der Gottesbegriff und die Vorstellung von einer göttlichen Leitung der Welt gerechnet wird, schon durch ihre Verbreitung bei allen Menschen und Völkern ihre Wahrheit bezeugen. Gegen das Vorhandensein solcher Wahrheitskriterien wendet sich die Kritik der Skepsis mit dem Hinweis darauf, daß jede Vorstellung eine subjektive und eine objektive Seite hat: subjektiv, als Inhalt unseres, vielleicht jeden Bewußtseins, ist sie eine unbestreitbare Tatsache, daß ihr aber eine Realität, ein Ding an sich entspricht, also eine objektive Wahrheit zukommt, können wir nie durch irgendwelche Gründe erweisen, bestenfalls mit einer gewissen Wahrscheinlichkeit vermuten. Hervorgehoben sei noch, daß Karneades auch einen nachdrücklichen Kampf gegen die von den Stoikern verteidigte Lehre von den Vorzeichen (Mantik) und die Astrologie führt und damit dem Schicksalsgedanken der Stoiker gegenüber die Willensfreiheit behauptet. Damit berührt er einen Punkt, in dem ihm die christlichen Denker später folgen, so sehr sie im übrigen eine weit tiefere Kluft von der Skepsis als von dem Vorsehungsglauben der Stoa trennt.

Aus der späteren Skepsis stammen die zehn „Tropen" (Wendungen, Sätze, in denen die Gründe für die skeptische Weltansicht kurz zusammengefaßt werden), sie gehen aus von der Verschiedenheit der Sinnesorgane (bei Mensch und Tier, bei den Menschen untereinander, beim einzelnen Menschen), die verschiedene Weltbilder bedingen, von denen keines als wahr erwiesen oder als falsch widerlegt werden kann, und zeigen weiter, wie alle Sinneswahrnehmungen relativ sind und derselbe Gegenstand uns ganz verschieden erscheinen kann. Ist es hier die Glaubwürdigkeit der Sinne, die bekämpft wird, so wenden sich spätere „Tropen" gegen das Denken und die Vernunft; jeder Schluß bedarf der Voraussetzungen, die entweder unbewiesen angenommen oder selbst aus anderen Voraussetzungen abgeleitet werden müssen; also führt das Schließen zuletzt entweder zu einem willkürlich gesetzten Ausgangspunkt oder in einen unendlichen Regreß oder in einen Zirkel. Die empirischen oder methodischen Ärzteschulen, aus denen Sextus Empirikus stammt, vertreten den Standpunkt einer konsequenten Erfahrungswissenschaft, die nur Tatsachen sammeln und aus diesen Tatsachen versuchsweise vorläufig Schlüsse auf den Ablauf der weiteren Erfahrungstatsachen zieht, sich dagegen jeder Hypothese über das „An sich", das Wesen der Dinge enthält (übrigens auch in bezug auf die Medizin, die nur nach den beobachtbaren Symptomen der Krankheiten fragen und rein empirisch Erfahrungen über die tatsächliche Wirkung einzelner Heilmittel sammeln soll).

Das dritte und zweite vorchristliche Jahrhundert zeigt uns den scharf sich ausprägenden Gegensatz der Schulen, der selbst wieder, als unausgleichbarer Gegensatz der Weltanschauungen, eine Hauptstütze der Skepsis ist. Dieses Bild ändert sich um die Wende des zweiten zum ersten Jahrhundert. An die Stelle des Gegensatzes und der kritischen Auseinandersetzung tritt eine Annäherung, ein Betonen des Gemeinsamen, ein Eklektizismus; die Skepsis verschwindet (mit Philon von Larissa und Antiochos von Askalon, dem Lehrer Ciceros) aus der Akademie, und man huldigt der Überzeugung, daß mit jener Übereinstimmung auch der Weg zur Erkenntnis der Wahrheit gefunden sei. Zusammenhängen mag diese Entwicklung damit, daß die Philosophenschulen in dieser Zeit immer weniger Pflegestätten der Weltanschauung und Lebensgemeinschaft, dafür immer mehr Unterrichts- und Bildungsanstalten werden, vor allem für die jungen Römer, die zu Bildungszwecken Athen aufsuchen. Der stärkste historische Einfluß ist hier von der sog. *mittleren Stoa* ausgegangen, deren erster Vertreter, PANAITIOS (um 185–110), in seiner Weltauffassung stoische mit peripatetischen und platonischen Zügen verbindet und in der Ethik den starren Rigorismus der älteren Stoa mildert. Insbesondere lehrt er, daß man von jedem Menschen nur verlangen könne und dürfe, daß er das in ihm liegende Ideal verwirkliche: Achilleus soll ganz und gar Achilleus, Odysseus Odysseus sein – es hat keinen Sinn, für beide ein allgemein menschliches Persönlichkeitsideal verbindlich aufzustellen. Und wie Panaitios hier von der abstrakten zu einer mehr konkreten Auffassung des Menschen übergeht, so auch in der Auffassung des Gemeinschaftslebens: es gibt nicht nur das Individuum und den einen Weltstaat, sondern von der Familie bis zum konkreten Staat die vielen, in ihrer Eigenart berechtigten Formen der menschlichen Gesellschaft. Panaitios gehört eine Zeitlang, zusammen mit dem Geschichtsschreiber Polybios, dem Kreise an, der sich in Rom um den jüngeren Scipio gesammelt hatte. Seine Schriften werden eifrig von Cicero benutzt, die großenteils von Cicero geschaffene Latinisierung der griechischen philosophischen Terminologie (bei der nicht wenige Begriffe eine spezifisch römische Färbung erhalten, so wenn aus dem „Kalokagathón", dem „Schönen und Guten" das „honestum", das Ehrenhafte; aus den „Kathēkonta", dem, was sich gebührt, die „officia", die Pflichten – gegen den Staat – werden) wird großenteils im Anschluß an die Schriften des Panaitios vollzogen („de officiis", „de legibus"). So gehört Panaitios nicht zuletzt zu denjenigen Autoren, unter deren Einfluß die durch die griechische Philosophie bedingte Rationalisierung der Grundlagen des römischen Rechtes wie der römischen Religion vor sich ging.

Verwirft Panaitios Mantik und Astrologie, so liegt ein Haupteinfluß und eine besondere Rolle seines bedeutendsten Schülers, des auf Rhodos wirkenden POSEIDONIOS (135–51), darin, daß er in sein umfassendes Weltbild, das er als Astronom, Geograph, Physiker, Historiker aufbaut, auch diese Dinge einschließlich der Astrologie wieder aufnimmt und so in eigentümlicher Weise mit exakter Forschung und gelehrtem Wissen ein Weltbild vereinigt, das, den Bestrebungen der Zeit entgegenkommend, auch mystische Züge, einschließlich einer ausgebildeten Dämonenlehre, enthält. In seiner

Geschichtsphilosophie verteidigt er die pythagoreische Lehre von einer goldenen und glückseligen Urzeit, im Gegensatz zu der Demokritisch-Polybiosschen Theorie von dem elenden und tierähnlichen Zustand des Urmenschen. Was ihn übrigens nicht hindert, dann doch wieder – mit Demokrit – die Geschichte als eine fortschreitende Entwicklung darzustellen, beruhend auf den technischen Erfindungen (des Webstuhls, des Pfluges, der Behandlung des Erzes), die er den „Philosophen" zuschreibt, eine Auffassung sowohl des „Philosophen" wie der Geschichte, von der wir verstehen, daß sie den heftigen Widerspruch späterer, zur ursprünglichen Lehre zurückkehrender Stoiker (Seneca) weckte.

Diese *jüngeren Stoiker* – SENECA (3–65), der Lehrer Neros, der unter Domitian lebende frühere Sklave EPIKTET (um 50–130), der Kaiser MARCUS AURELIUS (von 161–180 regierend) – gehören der römischen Entwicklung an: daß dem römischen Charakter gerade die altstoische Haltung entsprach, zeigt uns eine so echt römische Persönlichkeit wie Cato. Auf der anderen Seite freilich fand auch der *Epikureismus* in den oberen Klassen des gebildeten Roms der späteren Zeit einen geeigneten Boden, und hier entstand daher auch in dem Lehrgedicht „De rerum natura" des LUCRETIUS CARUS (etwa 96–55 v. Chr.) eine vortreffliche Darstellung der Epikurischen Lehre.

4. Die Theosophie der Spätantike: Der Neuplatonismus

Die Weltanschauungen der Schulen sind eine Art Religionsersatz für den Gebildeten. Aber gerade das eigentlich *religiöse* Bedürfnis, das Verlangen nach einem Übersinnlichen, die Sehnsucht nach und das Interesse an einer jenseitigen Welt konnte auf die Dauer weder durch die ausgesprochene Diesseitslehre des Epikureismus, noch durch die konsequent provisorische, sich auf das Ungewisse aller Dinge einstellende Lebenshaltung der Skeptiker, noch durch den „Glauben" der Stoa, der doch schließlich ein rein moralischer

Glaube war, unterbunden werden. Zugleich mit dem Eindringen der hellenistischen Kulte in das römische Reich und der in ihnen sich äußernden Belebung und Individualisierung des religiösen Lebens zeigen sich auch in der philosophischen Literatur Erscheinungen, die auf der Grenze von Philosophie und Religion stehen. Verständlicherweise ist es der Pythagoreismus und Platonismus, auf den man zurückgreift. Charakteristisch für die entstehende Metaphysik ist erstens ein zur Stoa und zum Epikureismus in Gegensatz tretender Dualismus zwischen Gott und Materie, *Gutem* und *Bösem* in der Welt, zweitens eine Dämonologie, die die Kluft zwischen Mensch und Gott mit allerhand Geisterwesen verschiedenen Ranges ausfüllt, drittens die Annahme der Seelenwanderung, viertens die Lehre, daß die Natur eben von *geistigen* Kräften beherrscht wird, endlich damit die Tendenz zu einer magischen Naturerklärung und -beherrschung, denn Magie bedeutet die Beeinflussung der seelischen Kräfte in der Natur durch die seelischen Kräfte des Menschen. Damit ändert sich der Erkenntnisbegriff: Erkennen ist nicht Schließen und Wahrnehmen, sondern geistiges Schauen und seelisches Einfühlen. Endlich und vor allem: das Sokratesideal, das Ideal voller Bewußtheit, Klarheit und Selbstkontrolle, der in sich abgeschlossenen, harmonischen, bewußten Persönlichkeit, macht einem anderen Ideal Platz, dem Pythagorasideal, dem Ideal des Menschen, der im Grunde mehr ist als Mensch, der mit den Wurzeln seines Wesens in die Tiefe der Dinge, ja ins Transzendente ragt, dem sich Welten eröffnen, die den gewöhnlichen Sterblichen verschlossen sind. Typisch ist die Lebensbeschreibung, die uns aus der Zeit des Septimius Severus, von dem unter Domitian lebenden Wundermann Apollonios von Thyana erhalten ist, einem Aszeten, der auf weiten Reisen die Weisen Ägyptens und Indiens aufsucht, über telepathische Fähigkeiten verfügt, seine eigenen früheren Existenzen kennt, in einer von der Pest befallenen Stadt in einem Bettler den bösen Geist erkennt, der die Pest verursacht usw.

Ein Hauptsitz jener religiös-philosophischen Bestrebungen

wie der hellenistischen Kulte ist *Alexandria*, andererseits mit seiner Bibliothek, seiner Sternwarte, seinem zoologischen und botanischen Garten immer mehr der Mittelpunkt der gelehrten Einzelforschung. Aus der hellenistisch-jüdischen Gemeinde Alexandriens stammt (um den Beginn unserer Zeitrechnung) ein Denker, der eine bedeutsame Vermittlerrolle zu spielen berufen war: PHILON, ein gesetzestreuer Jude, der es sich, offenbar aus innerem Bedürfnis, zur Aufgabe macht, die griechische Philosophie (eklektisch aufgefaßt, mit platonischen verbinden sich stoische Elemente) als identisch mit der Bibel nachzuweisen – eine Konkordanz, die übrigens dadurch ihre nähere Begründung findet, daß Platon zum Mosesschüler gemacht wird. Erreicht wird dieses Ziel einmal dadurch, daß die platonischen Ideen zu Gedanken im Geiste Gottes, im göttlichen „Logos", und gleichzeitig zu in der Welt wirksamen Kräften Gottes gemacht werden, der Begriffsrealismus Platos also ins Theologische und Psychologische (im Sinn einer Psychologie des göttlichen Geistes) umgebogen wird; und ferner durch eine allegorische Ausdeutung der biblischen Schriften (Philons Hauptwerk ist ein Pentateuchkommentar), die sich mit dem Glauben an die Wahrheit ihres Wortsinnes verbindet und ihre Parallele in einer Ausdeutung der Natur hat, die an die Stelle der eigentlichen kausalen Naturerklärung tritt. Die Gestalten der Heiligen Schrift waren wirkliche historische Wesen, aber zugleich sind sie Symbole, Erscheinungen von Gedanken oder Eigenschaften Gottes, wie umgekehrt die Gedanken und Eigenschaften Gottes als platonische Ideen und schließlich als Engel, Menschen, Dinge sichtbare Gestalt und Realität gewinnen. Die *interpretierende* Methode der spätantiken Philosophie, die Natur und Schriftwerke (sei es die Bibel, sei es wie im späteren Neuplatonismus die Schriften Platons etwa) in gleicher Weise behandelt und damit die Natur zur Schrift Gottes, zum Gleichnis des Transzendenten, und die Schriften und Mythen zu Urkunden der verborgenen Wirklichkeit macht, begegnet hier bei Philon zum erstenmal. Auch verstehen wir, wie die christlichen

Philosophen und hellenisierenden Bibelinterpreten, Philons Methode folgend, den „Logos" Gottes in Christus Mensch werden lassen.

Eine große systematische Leistung bringt diese letzte Phase der Philosophie des Altertums schließlich im „*Neuplatonismus*" hervor, im Werk des PLOTINOS, der, 203 in Ägypten geboren – nachdem er, dem Zuge der Zeit nach der Weisheit des Ostens folgend, vergeblich mit dem Heere des Kaisers Gordian Persien und Indien zu erreichen versucht hatte –, sich in Rom niederließ, wo er eine Anzahl von Schülern um sich sammelte. Hier schreibt er dann auch jene Abhandlungen nieder, die, von seinem Schüler Porphyrios in 6 Gruppen von je 9 Büchern zusammengefaßt, von dieser Anordnung her den Namen der „*Enneaden*" erhielten.

Plotins Denken ist vor allem beherrscht durch den Gegensatz gegen jede Art des Materialismus: das eigentlich Wirkliche und Wirkende, von dem alles andere abhängt, ist rein geistiger Natur, das Körperliche selbst erhält Dasein und Gestalt nur dadurch, daß es ein gestaltendes, formendes und erhaltendes geistiges Prinzip gibt, ebenso wie das Sinnliche Wert und Schönheit nur durch den Abglanz des Geistigen erhält, der auf ihm ruht. Die Seele ist unkörperlich, sie ist auch nicht eine an den Körper gebundene „Entelechie", sondern ein unteilbares einheitliches Wesen, das als identisch dasselbe Wesen überall im Körper gleichmäßig gegenwärtig ist. Von dem Unterschied Körper – Seele – Ideenwelt (Geist) ausgehend versucht Plotin dann weiter die gesamte Wirklichkeit als eine logische Stufenfolge von Welten zu begreifen, die in ihrem Sein, in ihrer Einheit, in der Art ihres Wirkens, in ihrem Wert eine *Reihe* bilden. An der Spitze steht die Gottheit, die nur als *das* Sein, *das* Eine und *das* Gute zu bezeichnen ist: alles, was einheitlich, seiend oder gut ist, setzt ein solches Eines oder Sein an sich voraus. Auf das Eine folgt die Welt des nūs, des denkenden Geistes und der von ihm gedachten Ideen, die Welt der strengen Einheit, die sich doch zugleich in die Zweiheit von Subjekt und Objekt und – als Objekt – in die Vielheit der ideellen Gegenstände zerlegen muß, zugleich die Welt des ideellen und damit des zeitlosen, ewigen Seins. Es folgt die Welt der Seele, der Weltseele und der vielen, aus ihr hervorgehenden und in ihr seienden Einzelseelen. Ihr Wesen besteht in dem beseelenden und belebenden, damit zugleich gestaltenden und organisierenden Wirken, durch das sie die Körper als bestimmte, abgegrenzte, geformte Körper schaffen und erhalten. Sie sind also den Körpern zugewandt, auf die sich ihr Streben und Wirken richtet, aber andererseits gestalten sie die Körper den Ideen gemäß, die ihnen durch den nūs gegeben werden, sie vermitteln also zwischen der Ideen- und der Körperwelt und übersetzen das zeitlose Sein der Ideen in das zeitliche Werden der körperlichen Dinge. Das Letzte endlich ist die „Materie", in der die Seele die Körper gestaltet, das nur Mannigfaltige, Unbestimmte, jeder Einheit und damit auch jeder Bestimmtheit, die es zu einem „Etwas" macht, Ermangelnde, das „Nichtseiende". Die Aufgabe der Seele ist es, sich aus der Materie loszuringen (in die sie immer wieder, im Kreise der Wiedergeburten in der Seelenwanderung, gelangen wird) und zu den höheren Welten einzugehen: in dem selten und nur wenigen erreichbaren *Zustand der Ekstase* gelingt es dem Menschen, ganz mit der Gottheit zu verschmelzen und so den Weg der „Emanationen", der Auswirkungen Gottes zurückzugehen. Denn alle Dinge sind solche Auswirkungen, nicht bewußte Schöpfungen des göttlichen Willens, wie nach der christlich-jüdischen Vorstellung, aber Ausstrahlungen seines Wesens, den Ausstrahlungen der Sonne vergleichbar.

In seiner späteren Gestalt nimmt der Neuplatonismus immer mehr mythologische Elemente in sich auf und wird zu einer philosophierenden Theologie des absterbenden Polytheismus in bewußtem Gegensatz zu dem erstarkenden Christentum, gegen das schon Porphyrios, der Schüler und Biograph Plotins, eine besondere Schrift richtet. Auch KAISER JULIAN, der „Abtrünnige", der noch einmal den Versuch macht, das Heidentum zu neuem Leben zu erwecken, ist, von dem unter Konstantin lebenden Syrer JAMBLICHOS beeinflußt, den

Neuplatonikern zuzuzählen: seine Rede zu Ehren des sichtbaren Sonnengottes, des „Königs“ Helios, zeigt, daß er die irdische Welt als Symbol, als Abglanz einer intelligiblen Welt faßt, in deren Mittelpunkt *das* Gute und Eine steht, von dem jene Welt geistiger Wesen ebenso Sein und Licht erhält wie unsere Welt von der Sonne. Die Philosophie der späten Neuplatoniker ist großenteils begriffliche Mythendeutung und wiederum begrifflicher Aufbau, der die Begriffe in mythische Wesen übersetzt.

Eine eigentümliche Mischung von einem Glauben an die magische Wirkung der Kulte, Zeichen, Namen der Götter, der Reinigungs- und Weihezeremonien, der „theurgischen Kräfte“ mit einer ausgesprochenen systematischen Begriffsscholastik zeigt das Werk eines der letzten heidnischen Neuplatoniker, des in Konstantinopel geborenen, in Athen lehrenden PROKLOS (410–485). Er entwickelt sein System begrifflicher Stufen in einem, an Hegel erinnernden, dialektischen Dreischritt, dem der Gedanke zugrunde liegt, daß alles Geschehen zunächst ein Sichentfernen der Wirkung von der Ursache und dann eine Rückkehr darstellt; das die Welt widerspiegelnde Begriffsschema ist ein Kreis von Kreisen, deren umfassendster den Ausgang alles Seienden vom Sein, der Welt von Gott, und ihre Rückkehr zur Gottheit bezeichnet.

Im Jahre 529 wurde auf Befehl des Kaisers Justinian die Schule der Neuplatoniker in Athen geschlossen – ein äußeres Zeichen des Endes der antiken Philosophie.

VIERTES KAPITEL

DIE PHILOSOPHIE DES MITTELALTERS

1. *Urchristentum und Patristik*

Die antike Kultur hat einen natürlichen Anfang in dem Eintritt der sie tragenden Völker, der Griechen und Römer, in die Geschichte. Ihre Kultur ist gewiß nicht ausschließlich, aber doch in wichtigsten Zügen autochthon geschaffen; die Geschichte der griechischen Philosophie ist zugleich die Geschichte des griechischen Volkes bis zu dem Zeitpunkt, da es in philosophischen Dingen der Lehrer des römischen wird und bleibt. Anders das mittelalterliche Geistesleben. Die romanischen und germanischen Völker, die seine Träger sind, wachsen in die hochentwickelte reife Kultur der Antike hinein, werden durch sie erzogen, geschult, belehrt. Das Geistesleben des Mittelalters ist ohne die antike Begriffs- und Formenwelt, ohne den Inhalt der antiken Wissens- und Lebensgestaltung nicht denkbar. Die Kultur des Mittelalters ist eine übernommene Kultur: schon aus diesem Grunde muß sie ohne scharfen Trennungsstrich in die Antike übergehen.

Die antike Kultur wird von den jungen romanischen und germanischen Völkern übernommen, indem sie ihnen eingepflanzt, indem diese Völker in ihrem Geist erzogen werden. Diese Erziehung aber erfolgt nun durch die *Kirche* und sie erfolgt zugleich im Sinn des *Christentums,* also einer verchristlichten antiken Kultur. Damit sind die drei Faktoren bezeichnet, deren Vollendung den eigentlichen Beginn des Mittelalters und seiner Kultur bedeutet: die im Laufe der *Völkerwanderung* übernommene aktive, führende Stellung im geschichtlichen Leben durch Germanen und Romanen, die *Verchristlichung* der antiken Gedankenwelt, die Ausbildung der Autoritäts- und Machtstellung der *Kirche.*

(Am Rande dieser Entwicklung, mit ihr teilweise in Wechselwirkung tretend und philosophisch hier nur so weit zu berücksichtigen, als sie auf die Entwicklung der abendländischen Philosophie Einfluß gewinnt, steht einerseits die Parallelerscheinung der Kultivierung der arabischen Stämme durch Islam und Antike, andererseits die der Slawen durch die griechische Kirche.) Diese drei Dinge aber: die Völkerwanderung mit der ungeheuren Vernichtung der durch die antike Geistesarbeit aufgehäuften und erarbeiteten Kulturschätze und mit der ebenso außerordentlichen Steigerung des Wertes und Erhöhung der Funktion der gebliebenen – die Verchristlichung der antiken Gedankenwelt und Lebensform – die Entstehung der Autorität und Macht der Kirche – sind selbst Geschehnisse, die einen jahrhundertelangen Entwicklungsprozeß umschließen, den eigentlichen Werdeprozeß des mittelalterlichen Geistes, der sich noch im Rahmen der antiken Welt, des römischen Weltreiches, und gleichzeitig, sowie vielfach in Wechselwirkung, mit gedanklichen Entwicklungen und geistigen Strömungen abspielt, die bereits im vorigen Abschnitt dargestellt wurden.

Worin besteht die Verchristlichung der antiken Welt- und Lebensauffassungen? Was ist das wesentlich Neue, das das Christentum bringt? Das spezifisch Christliche im Unterschied zur Welt- und Lebensauffassung der Antike? Zunächst der Begriff Gottes als des *Schöpfers*, der die Welt durch das Gebot seines Willens aus dem Nichts hervorruft. Damit die Aufrichtung der unüberbrückbaren Kluft zwischen schaffender und geschaffener Natur, zwischen Gott und *Kreatur*. Dieser Gegensatz in seiner schlechthinnigen Absolutheit fehlt der antiken Welt ebenso wie der Schöpfergedanke. Für sie ist Gott entweder Baumeister – dann steht ihm immer noch die Materie gegenüber, die er gestaltet, wenn sie auch zu einem Unbestimmbaren, Qualitätslosen, Seienden in der Weise des nur „Möglichen“ verblaßt. Er braucht ein Material – wie der menschliche Baumeister und Bildhauer, mit dem Gott damit, wenn auch noch so überlegen, auf eine Stufe rückt. Oder Gott ist das Sein selbst, im

Sinn des Neuplatonismus, alles andere hat sein Sein durch das göttliche Sein: dann ist dies Sein der Menschen, der Tiere und Dinge doch selbst, wenn auch noch so mittelbar eine „Teilhabe" am göttlichen Sein, nicht der Art nach vom göttlichen verschiedenes Geschöpf-sein, und ebenso ist das Werden der Dinge ein Hervorgehen aus Gott, nicht eine bloße Folge seines Willensgebotes. Die christliche Schöpferidee, der Gedanke der bloßen Kreatürlichkeit der Welt und des Menschen führt einen langen, ja, einen nie endgültig entschiedenen Kampf mit der neuplatonischen Auffassung, immer wieder dringt die letztere in den christlichen Gedankengang ein, immer wird der christliche Gottesgedanke und die christliche Bestimmung des Verhältnisses von Gott und Mensch abgebogen ins *Mystische;* denn der Gedanke der *inneren Verwandtschaft von Gott und Mensch,* ihrer zutiefst bestehenden Wesensgleichheit – seien sie auch durch noch so viele *Stufen* getrennt –, der Ausfüllbarkeit der sie trennenden Kluft, der Möglichkeit völliger Verschmelzung beider ist die *eine wesentliche Seite jeder „Mystik".*

Der Gegensatz Schöpfer – Kreatur angewandt auf das Verhältnis Gott und Mensch hat keine nur oder vorwiegend theoretische, sondern eine eminent praktische Bedeutung. Ist der Mensch nur kraft des göttlichen Willens, so ist es der Sinn seines Lebens, den Willen seines Schöpfers zu tun. Die Weltanschauung des Christentums ist theozentrisch in einem anderen Sinn, als es etwa die des Neuplatonismus ist. Für den Neuplatonismus ist Gott alles in allem, alles Sein zugleich göttlich – für das Christentum ist alles durch Gott *und um Gottes willen da,* zu seiner Ehre, zu seinem Ruhme, damit er offenbar werde. Es ist etwas anderes, ob ich sage, daß Gott in den Dingen *erscheint,* oder ob ich sage, daß er sich in den Dingen *offenbart:* die Offenbarung ist ein Ausdruck seines Wesens *und* Willens, der damit zugleich als der allein gültige gesetzt ist. Daraus ergibt sich ferner die oberste, ja die alleinige christliche Tugend, die *Demut,* die das Wesen der christlichen Pietas ist, daraus ergibt sich ihr Gegensatz, das Laster des Hochmuts, des Gott gleich sein oder sich an die Stelle Gottes setzen wollen. Daraus ergibt sich ferner die Umfärbung der antiken „Tugenden", die zu „glänzenden Lastern" werden (gleichgültig, wo oder wann dieser *Ausdruck* sich findet), wenn sie nicht von der Demut durchdrungen und auf Gott bezogen sind. Alles ist auf Gott bezogen, auch das Verhältnis der Menschen zueinander: nicht weil die Menschen von Natur gleich sind, sondern weil sie alle Kinder Gottes – oder Brüder und Schwestern in Christo – sind, gilt das Gebot der Gerechtigkeit, das sich vielmehr nun in das der „Liebe", der Ausdehnung der Familienbande auf alle Glieder der menschlichen Kindschaft Gottes verwandelt; auch das Verhältnis des Menschen zur irdischen Obrigkeit, zum Staat: dem man gehorchen soll, weil alle Autorität von der einen einzigen, die es gibt, von der Autorität Gottes gesetzt oder zugelassen ist. Daß das Verhältnis Gottes zu den Menschen als Liebe, Gott selbst als „Vater" gefaßt wird, bedeutet zwar einen Gegensatz zum Alten Testament, aber keine Annäherung an den Gedanken, daß Gott als aktiv-zeugende Kraft in die Welt selbst eingeht (zumal diese Gottes*kindschaft* im Grunde erst durch die *Wiedergeburt* in Christo eintritt), vielmehr umgekehrt eine Vergeistigung des irdischen Kind-Vater-Verhältnisses, eine Betrachtung auch dieser Beziehung unter dem Gesichtspunkt der Beziehung des Menschen zu Gott; auch die elterliche ist eine von Gott übertragene und erborgte Autorität, der Gehorsam des Kindes, seine Ehrfurcht vor den Eltern das naturgegebene Symbol der Haltung Gott gegenüber.

Gott, das Subjekt des allmächtigen Schöpferwillens, ist *persönlicher* Gott. Dem persönlichen Gott steht die persönliche Seele gegenüber, wie ein Ich dem Du. Die Persönlichkeit des christlichen Gottes hängt mit seiner Transzendenz, seiner absoluten Jenseitigkeit eng zusammen, welche Jenseitigkeit ihrerseits wieder die Kluft zwischen Gott und kreatürlicher Welt betont. Ein unpersönliches Göttliches – ein göttliches „Es", auch in der Gestalt platonischer Ideen, erst recht in der des heraklitischen und stoischen Logos – zerfließt immer irgendwie in die Welt, zerteilt sich in sie, treibt ihre Ausläufer in die Seelen. Alle Mystik von ihrem Versuch aus, eine Einheit zwischen Gott und Mensch herzustellen, neigt dazu, die Persönlichkeit Gottes, sein Ich-sein zu leugnen oder zu mindern, sei es auch dadurch, daß sie ihn zu einem „überpersönlichen" Wesen macht, will sagen das Ich-sein selbst als niedere Stufe des Seins zu erweisen sucht. Von dieser Herabsetzung wird dabei stets zugleich das Ich-sein der Seele des Menschen betroffen. Denn dem persönlichen Gott entspricht die *persönliche Seele:* die personalistische Religiosität trägt notwendigerweise wesentlich dazu bei, auch den Begriff der Persönlichkeit der Seele auszubilden. Für die antike Philosophie ist die Seele im Grunde ein Es, ein Unpersönliches, ein Naturfaktor, weshalb es ihr selbstverständlich ist, die Begriffe Seele und organisches Leben in engste Verbindung zu bringen, und der Gedanke der Weltseele, von der die einzelne Seele ein Ableger ist, stets nahe liegt, wo von der Seele die Rede ist. Der Gedanke, daß die Seele gerade als einsame Seele vor Gott steht und seinen Blick auf sich ruhen fühlt, ist im Grunde nicht antik. Der Christ, dem großen Beispiel der Propheten und Jesu folgend, spricht zu Gott im Gebet, als Ich zum Du, als umschlossene Persönlichkeit zur anderen, wenn auch unermeßlich erhabenen. Der Mystiker spricht nicht im Gebet zu Gott, sondern er sucht Gott in der Versenkung, in der Ekstase, in einer Sprengung der Grenzen seines Ich.

Eine Art gemeinsamer Front kann sich hier bilden zwischen der *Sokratik* und ihrem Ziel klarer Bewußtheit und dem *Christentum* – gegen pantheistische Mystik und ihr Ziel der Überwindung des Bewußtseinskreises. Dies Bündnis tritt aber erst klar in der Neuzeit in die Erscheinung, in der Aufklärung, vor allem in Kant, der das autonome Gewissen zum einzigen Quell des Gottesglaubens macht. Dem Urchristentum und dem Mittelalter ist dieser Weg durch die starke Betonung des Gegensatzes von Gott und Geschöpf verschlossen. Niemals kann hier Gott nach dem Bilde der menschlichen Persönlichkeit gedacht, sondern nur umgekehrt der Mensch ein Bild – im Sinn des platonischen Schattenbildes –

Gottes sein, was immerhin auch wenigstens eine analogische Deutung der durch Dogma und Offenbarung feststehenden göttlichen Eigenschaften von der Seele aus (anstatt von der Natur aus) erlaubt.

Der andere Pfeiler des christlichen Glaubens, neben dem des persönlichen, transzendenten Schöpfers der kreatürlichen Welt, ist der Gedanke der Erlösung des Menschen von Sünde und Tod durch das, im Sakrament gewährte und vollzogene, Einswerden mit dem *Gottmenschen*. Den Gedanken des Gottmenschen teilt das Christentum mit den übrigen hellenistischen Kulten, die seit dem ersten vorchristlichen Jahrhundert in wachsender Zahl in das römische Reich eindringen und gemeindebildend wirken. Ihr Einbruch in das religiöse Leben der Antike ist allgemein ein Zeichen erwachenden persönlichen, *individuellen* religiösen Bedürfnisses gegenüber der zu einer reinen Staatsangelegenheit (und schließlich im Kaiserkult zur Vergötterung des Staates selbst) veräußerlichten offiziellen römischen Religion. Diese persönliche Religiosität wächst in dem Maß, als die öffentlichen Angelegenheiten dem Einzelnen, seinem Einfluß und aktiven Interesse, ferner rücken, d. h. als der Staat aus der lebendigen Polis zum Imperium und zur Verwaltungsmaschine wird, deren Leitung schließlich in der Hand eines Einzigen liegt. Diese persönliche Religiosität aber bedeutet vor allem Sehnsucht nach persönlicher Unsterblichkeit (wie sie übrigens stets mit der Lockerung des Verhältnisses des Individuums zu der es überlebenden Gemeinschaft Hand in Hand geht). Warum gewinnt nun das Christentum im Konkurrenzkampf mit den übrigen hellenistischen Kulten die Oberhand? Hier ist vor allem eins in Rechnung zu stellen: die vom Judentum übernommene Ausschließlichkeit, die die Vermischung mit den anderen Kulten und das Aufgehen und Verblassen in dem allgemeinen religiösen Synkretismus hindert (wenn auch Ansätze zu solcher Vermischung vorhanden sind). Diese Ausschließlichkeit bahnt den Weg von der religiösen Gemeinschaft zur *Kirche*.

Die Menschwerdung Gottes und die sakramentale Vereinigung mit ihm ist das *mystische Element des Christentums,* das die Brücke zur Mystik (und damit zum Pantheismus) nicht abreißen läßt, wenn sie auch bisweilen aufs äußerste gespannt erscheint. Die Möglichkeit aber, den transzendenten persönlichen Schöpfergott und seinen prinzipiellen Unterschied von aller Kreatur mit der sakramentalen Mystik zu vereinigen, bot die *paulinische Theologie:* die Verbindung von Schuld – gefaßt als „Sünde", als Schuld gegen Gott – und Tod; der Gedanke, daß der Mensch von Geburt, durch seine Abstammung, seine „Physis", sündig und zum Tode verdammt ist, die Menschwerdung Gottes als freie Tat und die Erlösung, die Wiedergeburt des Menschen in der Vereinigung mit Christus als *Gnade Gottes.* Die freie Tat Gottes ist ein einmaliger *geschichtlicher* Vorgang, der sich als solcher in der christlichen Dogmatik behauptet trotz aller von der Mystik ausgehenden Versuche, ihn zu einem zeitlosen, außer- und vorgeschichtlichen Prozeß umzudeuten: die christliche Philosophie muß daher *Geschichtsphilosophie,* Geschichtsmetaphysik werden und den Menschen in die Geschichte hineinstellen. Die Grundlage aller übrigen hellenistischen Kulte ist ein symbolisch auszudeutender *Mythos,* die des Christentums eine *historische Tradition.* Diese Tradition muß eine unantastbare, kanonische Form gewinnen und eine Autorität sich bilden, die über diese Unantastbarkeit wacht.

Die christliche Religion ruht auf dem *„Glauben"*, sie ist ohne den Glauben und den Begriff des Glaubens nicht möglich. Der Glaube gewinnt sein fest umschriebenes Gebiet und seine klare Abgrenzung von allem „Wissen" – dem intuitiven, gnostischen einer inneren Offenbarung wie dem allgemein prüfbaren der Erfahrung und Schlußfolgerung – in dem Maß, als die Tradition und die sie hütende und vertretende Autorität der Kirche sich konsolidiert. Im Laufe des Vorgangs aber, in dem das geschah, mußte zugleich das Problem des Verhältnisses von Glauben und Wissen gelöst bzw. in einem bestimmten Sinn entschieden werden.

Von dem christlichen Erlösungsgedanken aus bedarf es noch einmal eines Rückgriffes auf die *moralische Haltung* des

Christen. Der Mensch ist durch seine Natur – das Wort Natur ganz im Sinn der griechischen „Physis“ genommen, das ja wesentlich das „natürlich Gewordene“ bezeichnet, also das Moment des Gezeugt- und Geborenseins einschließt – *Sünder* und dem Tode überantwortet. Die Sünde ist ihm so eigen wie das Geboren- und das Sterblichsein, nur auf übernatürlichem Wege kann sie von ihm genommen werden. Das bedeutet nicht, daß er nicht gegen die Sünde kämpfen könnte oder sollte, im Gegenteil, ohne diesen Kampf würde er ja gar kein Erlösungsbedürfnis haben, sondern nur, daß ihm aus eigener Kraft kein Erfolg dieses Kampfes beschieden ist. (Schon die Meinung, er *könnte* aus eigener Kraft das Ziel erreichen, also „Glückseligkeit“ gewinnen, wie die Sokratik im weitesten Sinne lehrt, ist selbst Vermessenheit – Sünde.) Der Kampf aber, den er damit führt, ist ein Kampf gegen seine ganze Natur, das Ziel *Überwindung dieser Natur,* wiederum im Sinn der Physis. Mit anderen Worten: zum Christentum gehört wesentlich das *Virginitätsideal.* Die stoische Apathie, die sokratische Souveränität über den Affekt, über die sinnliche Begierde, ist etwas wesentlich anderes als dies ständig mit Aufbietung aller Kräfte erstrebte und nie völlig erreichte Streben nach der Überwindung des „Fleisches“. Stoa, Sokrates, selbst Platon fußen auf dem Gedanken, daß die „höhere“ Seite der menschlichen Seele über die niedere herrschen soll und kann; für das Christentum ist die Seele in ihrer natürlichen Gestalt als Ganzes verderbt, das Ziel ist ein ganz anderer, neuer Mensch; eben darum aber ist auch nicht etwa ein höherer Seelenteil des Menschen unsterblich, sondern der ganze Mensch ersteht auf, wenn ihm die Gnade der Erlösung zuteil wird, nur verwandelt, das Fortleben geschieht nicht als körperliche Seele, sondern in der Form der „Auferstehung des Fleisches“. So wird das „Natürliche“ zugleich als Ganzes verurteilt und als Ganzes gerechtfertigt. Wie das gemeint ist, tritt am deutlichsten in der Haltung dem *Tode* gegenüber zutage. Das Todesproblem, die Frage nach der richtigen Haltung dem Tode gegenüber, nach der Überwindung der Todesfurcht, spielt ja in der antiken Philosophie zunächst seit der Sokratik, dann in noch höherem Maße seit den nacharistotelischen Schulbildungen eine wichtige Rolle. Dabei tritt gerade hier immer der Gedanke in den Mittelpunkt, daß die Todesfurcht ein von der menschlichen Vernunft zu überwindender *Irrtum* ist, ob nun in der Weise des Sokrates in Platons Apologie, der das Sterben *entweder* als ein Einschlafen *oder* als einen Übergang zu anderem Leben (in dem es wohl auch Aufgaben und Ziele geben wird), also keinesfalls als etwas zu Fürchtendes charakterisiert, oder des Sokrates-Platon im „Phädon", der die Unvereinbarkeit von Seele und Tod, also das Nicht-sein des Todes für die Seele „beweist", oder der Stoa, die das Sterben als Aufgehen des menschlichen Lebens in der Welt, als Reifwerden und Erfüllen seiner Bestimmung darstellt, oder des Epikureers, den der Tod „nichts angeht".

Alle diese den Tod weginterpretierenden Überlegungen sind dem Christen – sind für Paulus wie für Augustin – *Selbstbetrug*, ein Sicheinreden, daß man den Tod nicht fürchte. Die Todesfurcht ist menschlich, ja sie ist *das* Menschliche, so menschlich wie die Sünde, von der sie ja unabtrennbar ist. Die Erlösung von der Todesfurcht kann nur Erlösung vom Tode sein, und sie kann nur auf dem Wege der Gnade erfolgen. An diesem Punkte scheiden sich am deutlichsten die Wege – nicht der einzelnen Gedanken der antiken Philosophie, sondern ihrer Grundeinstellung zum Leben vom Christentum. Und über diese Gegensätzlichkeit sind sich zwei Männer ganz klar, deren Namen eben genannt wurden: derjenige, der dem Christentum seine Gestalt als Religion gab – Paulus, und derjenige, der den Grund der kirchlichen Weltansicht legte – Augustinus.

Sind damit die prinzipiellen Gegensätze bezeichnet zwischen Christentum und antiker Philosophie, so sind doch auch die Berührungspunkte – mit dem Dualismus und Idealismus Platons und der Neuplatoniker, mit der Teleologie des Aristoteles, mit dem Monotheismus und dem Vorsehungsglauben der Stoiker – leicht zu sehen. Nur eine Richtung blieb von dieser Berührung von vornherein ausgeschlossen: die

Skepsis. Mit dem Gedanken, daß wir beim Zweifel stehenbleiben müßten, daß es ein Ergreifen der Wahrheit, der unumstößlichen, gewissen Wahrheit überhaupt für den Menschen nicht gebe, konnte die Anhängerschaft einer Lehre, deren erstes Wort der unbedingte Glaube, das uneingeschränkte Ja zu bestimmten Grundlehren war, unter keinen Umständen paktieren. Man beachte, daß für das ausgehende Altertum und beginnende Mittelalter der „Glaube“ nicht etwa der Lehre einer nach Grundlage und Methode anerkannten „Wissenschaft“ gegenübertritt, daß es sich hier nicht wie vielfach in der Neuzeit um den Gegensatz „Religion“ und „Wissenschaft“ (religiöses und wissenschaftliches Weltbild) handelt. Wo *dieser* Gegensatz auftritt, da kann die erweckte *skeptische* Haltung gegenüber der *Wissenschaft*, ihren Ergebnissen und Methoden, zur *Begründung des Glaubens* und der Religion dienen. Aber in der Zeit, von der wir sprechen, handelt es sich um den Gegensatz des Glaubenden, der die Wahrheit besitzt, und des Zweifelnden, der diesen Besitz für unmöglich erklärt, in zweiter Linie dann um den von allgemeingültigem Glauben und persönlicher Offenbarung oder Intuition.

Sehen wir von gelegentlichen stoischen Wendungen bei Paulus (dem Zitat aus dem stoischen Dichter Aratos „Denn wir sind seines Geschlechts“) und der Anwendung des Philonischen Logosbegriffs auf Christus im Anfang des Johannesevangeliums ab, so tritt uns die erste deutliche Verbindung griechischer Philosophie und christlicher Lehre in der *apologetischen Literatur des zweiten Jahrhunderts* entgegen, d. h. in Gelegenheitsschriften zur Verteidigung der christlichen Religion, teilweise in Form von Bittschriften an den Kaiser, teilweise als Aufklärungsschriften an die Gesamtheit der Heiden gerichtet. Ihre Hauptaufgabe ist es, die den Christen gemachten Vorwürfe zurückzuweisen: gegenüber der Verdächtigung ihres Lebenswandels oder des Abendmahls wird auf die Strenge gerade der christlichen Moral verwiesen; gegenüber dem Vorwurf des Atheismus und der Gottesleugnung auf die Höhe der christlich-monotheistischen Gottesidee sowie darauf, daß auch die Christen trotz der monotheistischen Spitze Engel und Dämonen annehmen; der behaupteten Staatsfeindlichkeit wird die tatsächliche Loyalität der Christen entgegengehalten. Der bedeutendste dieser ältesten Apologeten ist JUSTINUS der Märtyrer, um die Mitte des 2. Jahrhunderts wirkend, in Palästina von griechischen Eltern geboren, der nach längerem Studium der verschiedenen philosophischen Lehrsysteme (Stoa, Peripatos, Pythagoreismus, Platonismus) zum Christentum kommt. Eine Hauptursache seiner Bekehrung ist der Eindruck, der ihm die Standhaftigkeit und Überzeugungstreue christlicher Märtyrer macht: der heillosen Skepsis, die aus dem Widereinander der philosophischen Richtungen hervorgeht, tritt in den „Blutzeugen“ des Christentums die *Kraft des Glaubens* entgegen, die nur aus dem Besitz absoluter Wahrheit hervorgehen zu können scheint. So findet er im Christentum der heiligen Schriften die allein „sichere und heilsame Philosophie“. Zugleich aber bemüht er sich, die Übereinstimmung aufzuzeigen zwischen der echten Philosophie, wie sie von den größten griechischen Philosophen gelehrt wurde – Sokrates, Heraklit, Platon, den Stoikern – und der christlichen Lehre, d. h. Justin folgt den Spuren Philons, wie er auch in Christus den menschgewordenen Logos sieht. Auch macht er, wie Philon, Platon zum Schüler des Moses, was ihn übrigens auf der anderen Seite nicht hindert, denselben Logos, der als Christus erschienen ist, auch als keimartige Anlage in jedem Menschen wirksam sein, also jeden Menschen eine Gottes- und eine Erkenntnis des Guten ohne und vor aller Offenbarung gewinnen zu lassen. Im Grunde folgt er ja dabei freilich nur dem Vorgang des Paulus, seiner Parallelisierung des mosaischen Dekalogs und des natürlichen Gewissens. Wenn er dann wieder „Beweise“ für die Unsterblichkeit ablehnt und sie ausschließlich (in Gestalt der Auferstehung des Fleisches) als Gnadengabe des Schöpfers an den Menschen ansieht, so sehen wir in allen diesen Gedanken ein charakteristisches Schwanken zwischen dem Streben nach der Konkordanz der christlichen Lehre mit der im Sinn eines Eklektizismus, der nur Skepsis und Epikureismus ausscheidet, gereinigten philosophischen

Tradition und dem Hervorheben der ausschließlichen Eigenart eines christlichen Glaubens an die Offenbarungen der Heiligen Schrift, deren Verständnis selbst nicht durch Vernunft erworben, sondern durch Gnade gegeben wird. Ist diese Stellung Justins wohl als die typische der Apologeten zu bezeichnen, so fehlen doch daneben nicht ganz die Eiferer, die alle griechische Philosophie als sittlich korrupt und als Werk gottfeindlicher Dämonen verwerfen, wie Tatian der Assyrer oder Hermias, der Verfasser der „Verspottung der heidnischen Philosophen". Die Erfolglosigkeit ihres Unterfangens zeigt sich freilich schon an ihnen selbst, die sich in ihrer eigenen Schriftstellerei dem Einfluß der so fanatisch bekämpften Philosophie nicht entziehen können.

Ein neues Kapitel der Entwicklung der christlichen Philosophie beginnt mit der in der gleichen Zeit einsetzenden Bewegung der *Gnosis* und der gegen sie gerichteten Reaktion. Hier handelt es sich schon nicht mehr um eine Auseinandersetzung des Christentums mit dem Heidentum, sondern um eine solche innerhalb des Christentums, obgleich allerdings die religiöse Richtung der „Gnosis" nicht ausschließlich christliche Färbung trägt und noch ein typisches Produkt des spätantiken religiösen Synkretismus ist. Gerade in der Auseinandersetzung mit der Gnosis und in der Scheidung von ihr bewährt sich das früher erwähnte, dem Christentum von seinem Ursprung her wesentlich eigene Moment der Ausschließlichkeit. Zugleich festigt sich das geistige Fundament einer einheitlichen christlichen Kirche als Hüterin einer in der „Glaubensregel" auf knappste Form gebrachten unantastbaren christlichen Wahrheit, die in der Offenbarung des Alten und Neuen Testaments verankert ist, also dem einzelnen nur die demütige Erforschung einer in den Grundrissen fest gegebenen, nicht die Entdeckung einer irgendwie neu zu offenbarenden Lehre übrig läßt. Diejenige Schöpfung der Gnosis, die sich verhältnismäßig am längsten erhielt, war die einzige ernsthafte Konkurrenzgründung, die der aus dem Kampf mit den gnostischen Häretikern hervorgehenden katholischen Kirche entstand, die Kirche des Marcion aus Sinope. Wie ihre siegreiche Gegnerin stützt sie sich auf die Schrift und die paulinische Theologie, beraubt sich aber durch die radikale Ablehnung des Alten Testaments der tieferen Verwurzelung in Tradition und Geschichte (also jener Momente, die später Augustin in genialster Form pflegt). Dazu kommt, daß sie sich durch die Übersteigerung des Virginitätsideals zur radikalen aszetischen Ablehnung der Ehe und des Geschlechtsverkehrs überhaupt führen läßt und sich damit selbst zur bloß vorübergehenden Existenz einer auf das nahe Ende der Welt eingestellten Sekte verurteilt. Alle gnostischen Systeme stimmen in gewissen Grundgedanken überein: schroff dualistisch stellen sie Gott, dem Urgrund alles Guten und Lichten, die Welt gegenüber, die nun aber nicht zur Schöpfung Gottes, sondern eines untergeordneten, ja bisweilen Gott feindlichen Demiurgen wird, womit zugleich die Verbindung zwischen dem Schöpfergott des Alten und dem Erlösergott des Neuen Testaments – bei Marcion dem Gott der Liebe und dem der bloßen Gerechtigkeit – zerschnitten ist. Gott, der den Menschen erlöst, dessen Logos in Christus erscheint, ist nicht der Weltschöpfer. Damit wird das für das Christentum schwierigste, das Theodizeeproblem, die Frage, wie eine Welt der Sünde und des Unheils göttliche Schöpfung sein kann, gelöst; andererseits aber ist das „Böse" nicht mehr rein menschliche Schuld und Sünde, die Erlösung mehr eine Erlösung *von der Welt* als *von der Schuld:* der moralische, im Schuldgefühl, im Sündenerlebnis liegende Grund des christlichen Empfindens und Glaubens wird ins Kosmische verschoben. Nicht mehr der einzelne Mensch verzweifelt im Gefühl seiner Sünde und der Unfähigkeit, sich aus eigener Kraft von dieser selbstverschuldeten Last zu befreien, und ergreift die göttliche Hand, die sich ihm im Gnadenwunder entgegenstreckt, sondern die „Erlösung" wird eine Hilfe, die ihm Gott im Kampf gegen das substantiierte „Böse" zuteil werden läßt. Im einzelnen Menschen spielt sich ein Kampf ab, der das Abbild eines ewigen oder außerzeitlichen Kampfes zwischen Licht und Finsternis darstellt, der Mensch selbst wird die Walstatt, auf der kosmische Gewalten, Welt und Überwelt, miteinander ringen. Damit geht überhaupt, wenigstens in der Gnosis eines Basileides oder Valentinus, das christliche Weltbild mit seinen Polen Gottes und der sündenbeladenen nach Erlösung verlangenden Einzelseele, über in eine spekulative Kosmogonie, die Schilderung eines Weltwerdeprozesses überzeitlicher Art, von dem das, was im Menschen und auf der Erde geschieht, ein bloßes Abbild, ein Schatten, eine Nachahmung ist. Diese Kosmogonie ist allerdings eine psychologische, d. h. die kosmischen Gewalten („Äonen") und hypostasierten Kräfte, zwischen denen das überzeitliche Drama sich abspielt, sind ins Kosmische gedeutete innerseelische Kräfte. Gerade diese Herabsetzung des Innerseelischen zu einem bloßen Symbol und Schattenbild aber nimmt ihm, nimmt dem Einzel-Ich und seinem moralischen Erleben seine Wirklichkeit und Wichtigkeit. Und ebenso dem Historischen: auch die Erscheinung Christi auf Erden verliert die Kraft, Bedeutung und Wirklichkeit eines einmaligen historischen Ereignisses: nicht Gott wird in Jesus Mensch, sondern die göttliche Kraft verbindet sich mit einem menschlichen Scheinleibe. Damit aber wandelt sich endlich und vor allen Dingen der Weg der Erlösung: nicht mehr die durch göttliche Gnade gebotene Wiedergeburt in Christo wandelt das Wesen des Menschen, so daß er nun in Demut Gott gehorchen und in Seligkeit ihn schauen kann, sondern die erkennende Schau aller jener kosmischen Geheimnisse und Zusammenhänge, von Christus geoffenbart, vom Gnostiker erkannt und gedeutet, gibt dem Menschen den Sieg – der im Grunde identisch ist mit dem Sieg des Lichtes über die Finsternis, Gottes über das Böse. Jene erkennende Schau, halb innere Erleuchtung des Gnostikers, halb seine Fähigkeit, Christi Wort aufzunehmen und recht zu deuten, ist die „Gnosis". Darin, daß er schließlich eine Selbsterlösung des Menschen auf dem Weg über eine persönlich schauende Erkenntnis, die zugleich Schriftdeutung und kosmische Deutung seelischer Vorgänge ist, – ja fast könnte man sagen: eine Erlösung Gottes durch den Menschen lehrt, liegt trotz dem christlichen Einschlag die Antithese zum eigentlichen Christlichen im Gnostizismus.

Jenem Begriff der „*Gnosis*" aber wird nun von den Gegnern des Gnostizismus um so schärfer der Begriff der „Pistis", des *Glaubens,* entgegengestellt. Der zur Willkür entarteten Spekulation gegenüber betont Irenaeus (gest. um 202) die reine apostolische Überlieferung, die die Identität des höchsten Gottes mit dem Weltschöpfer lehrt und uns den nämlichen Gott in den Offenbarungen der Natur, des alten wie des neuen Bundes zu den Menschen, den Heiden, Juden und Christen, sprechend zeigt. Nur aus diesen *Offenbarungen,* nicht durch besondere *Schau,* können wir Gott erkennen, *soweit* er überhaupt für den Menschen erkennbar ist, denn er ist zuletzt und seinem Wesen nach unbegreiflich, was der Hochmut der Gnostiker vergißt. Die einzig wahre „Gnosis" ist die apostolische Lehre, wie sie durch die Kirche überliefert wird. Am schärfsten wird der Gegensatz von Glauben und Gnosis zugespitzt in dem Wort, das man dem eigentlichen Begründer der lateinisch-christlichen Literatur, Tertullian (geb. um 160), zuschrieb, das jedoch in dieser Form sich nicht bei ihm findet: credo quia absurdum est — ich glaube, *weil* das Geglaubte gegen meinen Verstand geht, d. h. der echte Glaube ist eine Demütigung des Verstandes, ein demütiger Verzicht auf Verstehen und Einsehenwollen. Freilich wird bei ihm nun wieder der Gegensatz gegen die Gnosis, die Häresie, zu einem Gegensatz gegen die Philosophie: die Philosophen, von Thales bis Sokrates, bis Platon, bis Zenon, sind die „Patriarchen der Häretiker". Alle falschen Lehren finden sich irgendwo bei den Philosophen; Gott kann man nur durch Christus, Christus nicht ohne den Heiligen Geist und das Sakrament des Glaubens erkennen. Diese leidenschaftliche Gegnerschaft hindert indessen nicht, daß Tertullian, ebenso wie vor ihm Tatian der Assyrer, wo er selbst philosophische Themata berührt, offenbare Einflüsse der griechischen Philosophie zeigt, so insbesondere in der Schrift über die Seele, die nach ihm ganz nach stoischem Vorgang materiell und aus dem Samen des Vaters hervorgehend gedacht wird. (Wodurch dann zugleich die Erbsünde sozusagen physiologisch erklärt wird. Dieser „traduzianistischen" Lehre stellt ARNOBIUS den „Kreatianismus", die Lehre von der besonderen Schöpfung jeder Menschenseele entgegen.) Der schroffen Entgegensetzung von Wissen und Glauben, d. h. der Verderbtheit des menschlichen Verstandes, entspricht bei Tertullian die Verderbtheit und unheilbare Sündhaftigkeit des natürlichen menschlichen Wollens und damit die Verdammung des Trieblebens. Sie führt ihn zuletzt zu der puritanischen und an die unmittelbar bevorstehende Wiederkunft Christi glaubenden Sekte der Montanisten – und damit wie die von ihm bekämpften Gnostiker von dem Wege, der historisch zum Aufstieg der siegenden und erziehenden Kirche führte, in eine Sackgasse.

Auf den äußersten Gegensatz innerhalb der christlich-kirchlichen Bekämpfer des Gnostizismus stoßen wir, wenn wir vom lateinischen Westen zum griechischen Osten, von Tertullian zu CLEMENS VON ALEXANDRIEN (gest. 215) und seinem großen Schüler und Nachfolger in der Leitung der Alexandriner Katechetenschule, ORIGENES (185–254), übergehen. Ist Tertullian stärker von dem gröberen, handgreiflicheren Materialismus der Stoa in seinen theoretischen Anschauungen beeinflußt, so ist für Clemens PLATON der beste aller Philosophen (wenn auch gerade das Bild des Frommen und Weisen – in dem die antike Tugend der sapientia sich mit der christlich-demütigen pietas eint –, das er zeichnet, wieder stark stoische Züge zeigt). Wichtiger aber: verdammt Tertullian die Philosophie als Werk schlechter Dämonen und menschlicher Vermessenheit, obgleich er sich ihrem Einfluß nicht entziehen kann, so ist sie für Clemens eine Gabe des göttlichen Logos an den Menschen, durch die die Heiden für die Aufnahme des Christentums ebenso vorbereitet, *erzogen* wurden, wie die Juden durch das Gesetz. Die griechische Philosophie enthält in partieller, zerstreuter Form die Wahrheit, die uns in der christlichen Offenbarung geeint und vollendet entgegentritt. Endlich und vor allem: auch Clemens will eine „Gnosis", ein erleuchtendes Durchdringen und Verstehen der christlichen Wahrheit, zu dem die Philosophie unumgängliches Hilfsmittel ist, nur daß der „Glaube“ allerdings die notwendige *Vorstufe* der Gnosis ist und die Übereinstimmung mit dem Glaubensinhalt immer das Kriterium der Wahrheit der philosophischen Spekulation bleibt. Dem späteren „credo ut intelligam“ – ich glaube, um dann das Geglaubte auch mit der Vernunft einzusehen, im Gegensatz zu der schroffen Entgegensetzung beider in dem credo quia absurdum, – steht damit Clemens sehr nahe. Dennoch ist bei ihm der Sinn des Zusammenhanges zwischen Glauben und Wissen ein wenig anders: im Glauben werden für ihn nicht zuerst wie für die Scholastik (Anselm) gewisse Wahrheiten schon fest formuliert, um dann von der Philosophie bewiesen, in ein System gebracht und von diesem System aus wieder interpretiert zu werden, nach der Art, wie der interpretierende Jurist mit dem faktisch vorliegenden Gesetzestext verfährt, sondern das gläubig demütige Aufnehmen der Offenbarung ist die unumgängliche *erzieherische Vorbereitung* für die philosophische Schau. „Erziehung“ ist überhaupt der Gedanke, der überall im Mittelpunkt bei Clemens steht, Erziehung und Vergeistigung der Natur, im Gegensatz zu der gewaltsamen Unterdrückung, die Tertullian fordert. Auch in der Ethik: Tertullian will den Trieb nur, wo er nicht unterdrückt werden kann, zulassen – die Ehe ist ihm diese vorläufige notgedrungene, unter Kautelen gestellte Zulassung des Tierischen –, während sie für Clemens der Weg zur Veredlung und Vergeistigung des Triebes ist.

Das systematische Denken liegt Clemens nicht, sein eigentlich philosophisches Buch führt den Titel „Teppiche“ („Stromata“), ein „Gewebe wissenschaftlicher Kommentare über die wahre Philosophie“, ein beliebter Titel für Schriften, die ohne einheitliche Disposition und geschlossenen Gedankengang über verschiedene Gegenstände handeln. Eine ganz andere Persönlichkeit tritt uns in dieser Hinsicht in seinem Nachfolger ORIGENES entgegen, dem bedeutendsten Denker im vor-augustinischen Christentum, vielleicht einem Schüler desselben Ammonius Saccas, dessen Unterricht auch Plotin genoß. Und Plotins Schüler, der Philosoph und Christenfeind Porphyrius, hat (nach einem Zitat bei Eusebius) mit Achtung von der Kenntnis gesprochen, die sich Origenes von der griechischen Philosophie erworben habe, ja von ihm gesagt, Origenes habe „hellenisierend" den jüdischen und christlichen Mythen die griechische Philosophie untergeschoben. In der Tat kämpft Origenes zwar gegen die Gnosis, aber er ersetzt die gnostische Schau, die persönliche innere Offenbarung und Erkenntnis, durch eine auf die philosophische Tradition sich stützende Interpretation, die, wie die Fragmente seiner Hauptschrift (de principiis) zeigen, eine starke Vermischung christlicher und platonischer Gedanken und damit eine starke Abschwächung des spezifisch Christlichen enthält. Aus der zeitlichen Schöpfung der Welt wird eine ewige Schöpfung, die schon mit dieser Wendung stark einer Emanation sich nähert; hinter der zeitlichen Menschwerdung Gottes steht das ewige Hervorgehen des Logos aus Gott; den Seelen selbst, der nächsten Schöpfung, kommt Präexistenz zu. Das „Böse" ist der Abfall der Geister von Gott, die zur Strafe und Läuterung mit einem Körper umkleidet werden, auch dieser Abfall seinem letzten Wesen nach, als Abfall des Teufels und der Dämonen, ein überweltliches Geschehen. Die Erlösung geschieht durch den Mensch gewordenen Logos, der zuletzt auch den Teufel und seinen Anhang erlöst. In der Rückkehr aller Wesen zu Gott vollendet sich also ein *Kreislauf* – der aber dann von neuem beginnt und sich in *Ewigkeit* wiederholt, so daß zuletzt unter dem christlichen Gewande die Weltanschauung Heraklits durchschimmert. Das Theozentrische der christlichen Gefühls- und Ideenwelt wird ebenso gemildert wie der Gegensatz des Schöpfers und der Kreatur, das einmalig Historische und in der Einzelseele Erlebte des Geschehens in ein Gedankliches, Kosmisches umgedeutet, aus der Sünde und Schuld des einzelnen Menschen der im Grunde notwendige (stets sich wiederholende) „Fall" der endlichen Wesen, deren Gottesferne ebenso notwendig durch die Rückkehr zu Gott periodisch wieder aufgehoben wird. Wir verstehen es, daß auch die Gedankenschöpfung des Origenes die kirchliche Gegnerschaft weckte und in ihrer eigenen Stellung schärfte; der Philosoph selbst wurde, nachdem er fast 30 Jahre lang an der Spitze der Alexandrinischen Schule gestanden hatte, 232 exkommuniziert.

Bleiben wir im Osten, so erinnert noch stark an die Philosophie des Origenes die des über hundert Jahre jüngeren GREGOR VON NYSSA (um 335 in Cäsarea in Kappadozien geboren). Auch bei ihm vollendet sich zuletzt als Kreislauf die Rückkehr aller Wesen zu Gott; das Böse ist zwar nicht – gnostisch – eine Gott gegenüberstehende selbständige Macht, sondern durch die Vermessenheit des Gott gleich sein wollenden Geschöpfes in die Welt gekommen, aber die Strafe, die mit dem Herabsinken in den Körper den abgefallenen Seelen auferlegt wird, hat nur den Sinn der Läuterung, der Besserung, der Wiederherstellung der ursprünglichen Gottesebenbildlichkeit der Seele. Sie ist also nicht ausschließlich Manifestation der göttlichen Gerechtigkeit: alles Gedanken, die zeigen, daß auch bei Gregor der Sinn des Weltgeschehens nicht ausschließlich theozentrisch in dem Offenbarwerden der Eigenschaften Gottes, sondern auch, wie in der Gnosis, in der Erlösung der Menschenseele besteht.

Doch zwischen Origenes und Gregor liegt der Streit um „Homousie“ und „Homoiusie“, der Streit um die Frage, ob der „Sohn“, der göttliche Logos, dem Schöpfergott als erste Schöpfung (Emanation) unterzuordnen oder mit ihm „wesenseins“ zu setzen sei, liegt das Konzil von Nizäa, das die Arianische Subordinationslehre mit der in ihr liegenden Tendenz zu einer Schöpfer und Schöpfung verbindenden Stufenfolge *verurteilt* und zugunsten der unüberbrückbaren Trennung zwischen der dreieinigen Gottheit und der Welt der Geschöpfe entscheidet. Damit entsteht bei Gregor zuerst die Aufgabe, die dann für die philosophische Arbeit des ganzen Mittelalters wesentlich wird: einen Substanzbegriff zu bilden, der die Einheit Gottes mit der Dreiheit der göttlichen Personen vereinbar, begreiflich erscheinen läßt. Lösbar ist die Aufgabe nur, indem man auf den Platonismus zurückgreift, aber die neuplatonischen Emanationsstufen und damit erst recht die Anklänge an den stoischen Pantheismus vermeidet. Gott als *Wesen* wird von der göttlichen *Vernunft* und dem *göttlichen Geist* unterschieden, aber die göttliche Vernunft verhält sich anders zu Gott schlechthin, als etwa eine menschliche Eigenschaft zum Menschen, der diese Eigenschaft *hat*. Denn alle endlichen „Substanzen" sind nur von Gott gewirkte Verknüpfungen ihrer „Akzidenzen", Verwirklichungen dieser Akzidenzen in einer sie verbindenden Materie, während die göttliche Vernunft und der göttliche Geist ebenso von Ewigkeit her sind, wie das göttliche Wesen oder Sein selbst, an dem sie teilhaben, sich also nicht wie „Akzidenzen", sondern wie „Personen" verhalten. Was ewig ist, hat zugleich Gestalt und Personalität: platonische und philonische Gedanken erstarren hier zu festen Begriffen, in denen man das Mysterium begrifflich-konstruktiv zu fassen glaubt. Dasselbe begegnet uns bei dem Dogma der Gottmenschwerdung und Erlösung: alle Menschen sind „in Adam geboren", d. h. sie haben teil an der Idee des Menschen, die in Adam persönliche Gestalt annahm und in Sünde fiel, sie werden „in Christo wiedergeboren", d. h. sie haben nun durch Sakrament, Glauben und Buße teil an der in Christo durch Gottes Gnade erneuerten, in reiner Gottesbildschaft wiederhergestellten „Menschheit", d. h. Idee des Menschen.

Das Dogma hat feste Gestalt angenommen; die philosophische Begriffssprache wird so gefeilt, daß es in ihr begreiflichen Ausdruck findet.

Zum lateinischen Westen wieder hinüberblickend stoßen wir nun mit dem 4. Jahrhundert auf die machtvollste und für die weitere Entwicklung entscheidende Persönlichkeit der Patristik: AUGUSTINUS. Augustin ist 354 in Thagaste in Nordafrika als Sohn eines heidnischen römischen Zenturio und einer tieffrommen, seelische Zartheit und Vergeistigung mit Charakterstärke verbindenden christlichen Mutter geboren. Sein Leben zeigt eine Reihe starker innerer Wandlungen: dem Genußleben der römischen Jugend wird er durch das Studium einer ciceronianischen Schrift entrissen, schließt sich dann der gnostischen Sekte der Manichäer an, deren Dualismus (Licht-Finsternis, Gut-Böse) allein das ihm offenbar vordringliche Problem des Ursprungs des Bösen in der Welt zu lösen scheint. Als er die unwissenschaftlichen Phantastereien in dem manichäischen Weltbild und bei seinen Vertretern durchschaut, geht er zum allgemeinen Zweifel, zur akademischen Skepsis über, von der er sich durch das Studium des Platonismus, vor allem Plotins, wieder befreit, um schließlich (387), durch Ambrosius in Mailand gewonnen, zum Christentum überzutreten. Ursprünglich Lehrer der Rhetorik, tritt er 391 in den Dienst der Kirche und wird 395 Bischof von Hippo Regius, in welcher Stellung er nun mit Leidenschaft für die Einheit der Kirche (gegen die Donatisten) und gegen die häretischen Umbiegungen der christlich-kirchlichen Lehre (gegen Manichäer, Pelagianer und kleingläubige Zweifler) kämpft. Sein Tod fällt in das Jahr 430.

Die erste uns erhaltene Schrift ist ein heftiger Kampf „contra academicos“, gegen die Skepsis, der er selbst eine Zeitlang nicht entgehen zu können vermeinte: bezeichnenderweise beginnt sie mit dem Gedanken, daß ohne die unbezweifelbare Überzeugung vom Bestehen und dem Besitz der Wahrheit der Mensch niemals die Glückseligkeit erlangen könne – die Skepsis, der Mangel an jener festen Gewißheit, welche der die Ruhe dieser Gewißheit glühend ersehnende Augustin zuletzt nur im Glauben an das geoffenbarte Wort finden *konnte,* ist ein Zustand heilloser Unseligkeit. Aber es *muß* auch wahre Erkenntnis geben: Niemand zweifelt, daß von zwei kontradiktorisch entgegengesetzten Sätzen einer wahr ist, niemand kann zweifeln, daß, ob auch sein Wahrnehmen, sein eigenes Leben und Erleben ihm vielleicht keine richtige Kunde von der Außen-, der Körperwelt gibt, so es doch jedenfalls das Dasein des eigenen Ich, der eigenen Seele beweist („ich lebe, also bin ich“ – hier nimmt Augustin den späteren, bekannten Satz des Descartes voraus). *Es gibt eine Wahrheit:* in dieser unbestreitbaren Wahrheit befinden wir uns zugleich im *Besitz* wenigstens *einer* Wahrheit. Das zeitlose Bestehen einer *absoluten Wahrheit* aber bedeutet für Augustin zugleich – platonisch – ein *absolutes Sein,* also das

Sein eines Absoluten: das Sein Gottes. Wir können das zeitlose Sein einer Wahrheit nicht denken, ohne das ewige Sein Gottes zu denken. Auch wenn wir mathematische, logische Wahrheiten, platonische Ideen denken, denken wir Gedanken im Geiste Gottes: Augustin übernimmt die philonisch-neuplatonische Subjektivierung der platonischen Ideen zu Gedanken Gottes. Damit sind zugleich die zwei Wesenheiten bezeichnet, um die das augustinische Denken kreist und die ihm der einzig würdige Gegenstand der Forschung sind: *Gott und die Seele.* Je älter Augustin wird, desto schärfer betont er, daß die Physik und die Erkenntnis aller Dinge, die nicht mittelbar wenigstens auf Gott und das Verhältnis der Seele zu ihm sich beziehen, keinen selbständigen Wert besitzt, sie führt im Grunde nur zum Hochmut (insbesondere in der rückschauenden letzten Schrift, den „Retractationes").
Alles Erkennen ist im Grunde ein Suchen nach der Wahrheit, in der man Gewißheit, Ruhe und Heil der Seele findet: diese Ruhe und dieses Heil aber liegt in der völligen Hingabe an Gott – unser Herz ist unruhig, bis es in Gott zur Ruhe kommt. Der Erkenntnis Gottes nahe gekommen sind Platon und seine Schüler, aber das volle Licht gibt uns erst die Offenbarung der Schrift. Die beiden Erkenntnisquellen aber, das Suchen in der eigenen Seele und das in der Schrift, die Psychologie und die Theologie, ergänzen sich bei Augustin: wir können das Wesen Gottes, soweit es uns erkennbar ist, am besten durch die *Analogie* der Seele (als des Ebenbildes Gottes) verstehen: wie in uns Sein, Leben und Erkennen oder (an anderer Stelle – in den „Konfessionen" und in De trinitate) Sein, Wissen und Lieben sich zu einem einheitlichen Wesen eint, so einen sich die drei Personen in Gott, wie die Seele *eine* und doch *überall* im Körper ist, so ist Gott einer und allgegenwärtig. Aus dem *Nichts* hat Gott die Welt ins Dasein gerufen – es gibt keine böse Realität im Sinn der Gnostiker, keine irgendwie reale Materie ihm gegenüber – gerade diese Nichtigkeit der Kreatur gegenüber dem alleinigen Sein Gottes zeigt sich am deutlichsten in dem Unterschied der *Zeitlichkeit* des kreatürlichen und der *Ewigkeit*

des göttlichen Seins: ist doch die „Zeit" selbst, deren „Sein" im Grunde ja nur im Sein der ausdehnungslosen jeweiligen Gegenwart und der Vergegenwärtigung der eigentlich nichtseienden Vergangenheit und Zukunft in Gestalt von Erinnerung und Erwartung besteht, eine Mischung von Sein und Nichtsein. Diese Mischung wird uns wieder nur begreiflich, wenn wir vom Sein der Zeit in der Seele, vom Zeit*bewußtsein* ausgehen, und umgekehrt können wir nur von unserer „Gegenwart" aus das „Sein", die Allgegenwart Gottes ahnend verstehen (Augustin verwendet hier platonische Gedanken, ergänzt sie aber durch die dem Altertum fernliegende psychologische Analyse des Zeiterlebens, die eine seiner geistvollsten philosophischen Leistungen darstellt).
Gott schuf die Welt aus freiem Willen, und er schuf auch den Menschen *frei.* Aus freiem Willen aber sündigte Adam, nicht nur aus Begierde, sondern auch aus Stolz – wie der Teufel –, durch den Abfall von Gott entstand die Sünde, die als Erbsünde dem Menschen die Fähigkeit *nicht* zu sündigen *nahm,* seinem Willen die Richtung auf das Böse gab, die nur durch die *Gnade* wieder von ihm genommen werden kann. Nachdrücklich wendet sich Augustinus gegen den Gedanken der schließlichen Rückkehr *aller* abgefallenen Seelen zu Gott (noch mehr freilich gegen den eines immer wiederholten Kreislaufs von Abfall und Erlösung): die Strafe ist nicht nur Läuterung und Besserung im Interesse der Gestraften, sondern sie ist Ausdruck, Manifestation der Gerechtigkeit Gottes, wie die Gnade – die Begnadigung – der Erlösten Ausdruck seiner Güte. Ausschließlich Gott steht im Mittelpunkt und ist der Sinn alles Seins und Geschehens, nicht der Mensch, nichts was der Welt des Kreatürlichen angehört. Diese Gottbezogenheit seines ganzen Weltbildes ermöglicht es Augustin, im Gegensatz auch zu den gemäßigten Formen des Pelagianismus an der *Prädestination,* der Vorherbestimmung der Menschen teils zur Erlösung, teils zur Verdammnis, festzuhalten, wiederum namentlich in seinen theologischen Spätschriften.
Gott schuf die Welt – mit der Zeit – durch seinen Willen aus dem Nichts, er wurde in der Gestalt des Sohnes willent-

lich Mensch, als die Zeit erfüllt war, um den Auserwählten die Erlösung zu bringen und so den Prozeß der Scheidung der Erlösten, die zum Leben mit Gott im himmlischen Jerusalem bestimmt sind, von den Genossen des Teufels einzuleiten, der mit dem Jüngsten Gericht beendet sein wird. Dieser Prozeß – von der Weltschöpfung bis zum Ende – vom Sündenfall bis zur Erscheinung Christi und der Vollendung des Erlösungsvorgangs – ist ein einmaliges historisches Geschehen, nach Gottes Ratschluß auf der Erde sich vollziehend, nicht Abbild oder Symbol eines außerzeitlichen, gnostisch erschauten Vorganges. Von diesem historischen Geschehen spricht Augustin in seinem umfassenden geschichtsphilosophischen Werk, dem „Gottesstaat", zugleich der letzten und größten Apologie des christlichen Altertums (geschrieben aus Anlaß der Plünderung Roms – der ersten seit sagenhaften Zeiten – durch Alarich und die Goten und der sich regenden Frage, ob nicht die Aufgabe der alten Götter dies Ereignis verschuldet habe). Der „Gottesstaat" umfaßt der Idee nach alle Bürger des zukünftigen Gottesreiches, die ihm entgegenstehende „civitas terrena" alle diejenigen, die der Herrschaft des Bösen unterliegen. Die irdische Geschichte aber (deren vorchristliche Entwicklung im Anschluß an das Alte Testament erzählt und in Perioden geteilt wird) ist die allmähliche Trennung beider, ihr Ziel die unter der Zucht Gottes erfolgende Errichtung einer irdischen Gemeinschaft, die das Reich Gottes vorbereitet und, wenn auch in vergänglicher und unvollkommener Form, abbildet. Es ist die mittelalterliche Idee der Kirche, die geleitet durch den Stellvertreter Gottes auf Erden selbst eine irdische Stellvertreterin und ein Bild des Reiches Gottes ist und der die Verwaltung seines „Wortes" und seiner Gnadengaben übertragen wurde, die hier ihre theoretische Grundlegung findet.

Dem geschichtlichen Werdegang mit seinen Perioden entspricht in gewisser Weise die *Entwicklung der einzelnen Seele* vom triebhaften Handeln gegen das als Naturordnung empfundene göttliche Gebot zum vollen und klaren Wissen um dies Gebot und der Verzweiflung in der Sünde, zum Ergreifen der Gnade und endlich dem Ruhefinden in Gott. Dieses System der *Entsprechungen* – des Wesens Gottes und der Struktur der Seele, des Himmelsreiches und der idealen irdischen Gesellschaftsordnung, der Entwicklung der Menschheitsgeschichte und der Einzelseele – das seinen Vorgang wesentlich im Platonismus (Staat – Seele, Ideenkosmos – Welt) hat, wird später in der unter dem Einfluß des Augustinismus stehenden christlichen Mystik zu einer förmlichen Methode ausgebildet. Abgesehen davon aber ist die Gesamtwirkung Augustins auf die ganze mittelalterliche Philosophie ausschlaggebend durch die endgültige und entschiedene Festlegung des theozentrischen, auf den unüberbrückbaren Wesensgegensatz von Schöpfer und Kreatur begründeten Charakters der christlichen Weltanschauung; durch die Gegenüberstellung von Gott und einsamer Einzelseele und die Auffassung des Erlösungsvorgangs als eines innerseelisch-realen (nicht nur symbolisch ein überzeitliches Geschehen abspiegelnden) Geschehens; durch die Darstellung des Weltprozesses als eines einmaligen, in Phasen zerlegbaren historischen Vorgangs; durch die Schöpfung der begrifflichen Mittel zur Grundlegung der Stellung der Kirche. –

Aus der gesamten mittelalterlichen Philosophie, der Mystik vor allem, aber auch der Scholastik nicht wegzudenken ist der Einfluß einer Gruppe von Schriften, die unter dem Namen des von Paulus bekehrten Areopagmitgliedes Dionysios in Athen gingen, in der Tat jedoch um 500 in Syrien entstanden sind („Über die göttlichen Namen", „Über die himmlische" und „Über die kirchliche Hierarchie"). Sie sind wesentlich neuplatonisch, von Proklos beeinflußt, übernehmen den Gedanken des von Gott ausgehenden und zu ihm zurückkehrenden Kreisprozesses, versuchen aber doch wieder die christliche Idee der Weltschöpfung durch Gottes Willen mit der neuplatonischen Emanation zu verbinden: Gott schafft die Welt, aber sein Geist ergießt sich in sie (in Triaden, dem neuplatonischen Dreischritt, der nun zugleich als ein Gleichnis der Trinität in der Schöpfung erscheint), um dann die Dinge zu Gott zurückzuführen. Die gleichnishafte Nachbildung des

Göttlichen im Irdischen, des Schöpfers im Geschaffenen, erscheint dann vor allem in der Funktion der irdischen Hierarchie, der kirchlichen und damit zugleich der von kirchlichem Geist durchtränkten gesellschaftlichen Ordnung. Sie hat die himmlische Ordnung, die Hierarchie der Geister, der Engelssphären unter der monarchischen göttlichen Spitze nachzubilden und zugleich auf sie vorzubereiten. Die mittelalterliche Welt ist in fester Form *ständisch gegliedert.* Diese ständische Gliederung der Gesellschaft, vorgebildet in der abgestuften kirchlichen Hierarchie und zugleich durch die Kirche aufrechterhalten und sanktioniert, wird, wie durch die Ideenwelt der Augustinischen Civitas Dei, so hier durch die des Pseudo-Dionysius als im Wesen der menschlichen Gesellschaft liegende Form theologisch-philosophisch abgeleitet und begründet. Diese Begründung verbindet sich dann mit einer *Standesethik,* wie sie vielleicht zuerst Augustins Lehrer Ambrosius entwickelte: einer Ethik der das ganze Leben regelnden „Pflichten" (im Sinn des „Geziemenden" der Stoa, der „officia" Ciceros, nicht in dem das Handeln aller Menschen gleichinhaltlich regelnden kantischen Pflichtgebots), die sich aus der Stellung, die jedem Menschen in der kosmischen Ordnung durch Gott angewiesen ist, ergeben.

Die unter der Wirkung des Neuplatonismus und des Pseudo-Dionysius stehende mittelalterlich-christliche *Mystik* neigt dazu, Gottes Erhabenheit über die Welt aufs äußerste zu steigern, aber gerade diese Steigerung des ekstatischen Aufblicks hat, so sehr sie zunächst im christlichen Sinn die Kluft zwischen Gott und Mensch betont, auf der anderen Seite die Tendenz, alle Bezeichnungen, die wir Gott geben, alle Begriffe, die wir uns von ihm machen können, einschließlich der „Persönlichkeit", des Willens, der Liebe oder Güte, zu nur analogischen Bildern herabzusetzen. Die Gottheit wird damit zu etwas schlechthin Unerkennbarem gemacht, es gibt also nur eine negative, die *Verschiedenheit* Gottes von allem Endlichen dartuende Gotteserkenntnis. Der Gott der Christen, in dem man nicht ekstatisch versinkt, sondern der immer das wenn auch noch so erhabene Du des

Menschen bleibt, verflüchtigt sich damit zu einem mystischen Übersein, dem „Numinosen“ an sich, und auf der anderen Seite werden die „Namen“, die wir Gott geben – wie eben bei Pseudo-Dionysius – zu Emanationen, *unter* der höchsten Gottheit stehend wie im Neuplatonismus, und *verpersönlicht* wie bei Philon.

Die Philosophie der Patristik trägt im ganzen, im Osten wie im Westen, das Gepräge des Platonismus; sie ist sogar eine Fortsetzung, ein Zweig der neuplatonischen Bewegung der Spätantike, die in Plotin ihren Höhepunkt erreichte. Nur hier und da tritt daneben ein *Aristotelismus* zutage, so im Osten in der Schule von Antiochia, im Westen in den Schriften des (525 auf Befehl Theoderichs hingerichteten) Boëthius. Im Platonismus überwiegt stets die religiöse Einstellung, „Erkennen“ ist hier zuletzt immer Gott „erkennen“, d. h. mit ihm eins werden wollen (womit die „Unerkennbarkeit“ Gottes, ja schließlich die Gleichsetzung Gottes mit dem Nichtsein durchaus vereinbar ist), die Sehnsucht nach der „Wahrheit“ ist die Sehnsucht nach „Gott“, nach der Seligkeit der Gottesschau oder des ekstatischen Aufgehens in Gott und der Selbstvernichtung. Aristotelismus dagegen bedeutet immer eine Wendung zum Gelehrtentum, Interesse an der Tatsachenwelt (einschließlich der geoffenbarten „Tatsachen“, in die die Religion sich auflöst) und der systematischen Ordnung und begrifflichen Bewältigung ihrer Stoffmassen. Aristotelismus führt zu einer „Scholastik“ im Sinn der abendländischen Hochscholastik, einem zugleich enzyklopädischen und bis ins einzelne durchsystematisierten Weltbild. Auf die Entwicklung des *östlichen* Christentums hat der Aristotelismus kaum einen Einfluß geübt, er wird jedoch von Syrien durch die vertriebenen Nestorianer nach Persien übertragen, dringt von dort in die Kulturwelt des *Islam* und wird so der Ausgangspunkt der *mohammedanischen Scholastik*, deren Bekanntwerden im Abendlande dann hauptsächlich zu der schnellen Entfaltung der Blüte der abendländischen Hochscholastik im 12. Jahrhundert beiträgt. Die Boëthiusschen Übersetzungen und Kommentare zu den logischen Schriften des Aristoteles (und zu der „Einführung“ des Porphyrios) haben dagegen auf das westliche Christentum, seine Theologie und Philosophie nicht unbedeutend gewirkt (ebenso die im Kerker nach antiken Vorbildern abgefaßte, im Geist mehr stoische als christliche Schrift „Trost der Philosophie“). Die Tendenz seiner Arbeiten, eine Übereinstimmung zwischen Platon und Aristoteles in den grundlegenden Gedanken nachzuweisen, arbeitet den Konkordanzbestrebungen der Scholastik vor.

2. *Die Scholastik*

Die „mittelalterliche“ Philosophie im engeren Sinn, die nach dem allgemeinen Kulturniedergang und der Barbarisierung des Abendlandes seit dem 5. Jahrhundert einsetzt, erwächst aus der in den Klosterschulen geübten Unterweisung und Erziehung des Klerus, sie dient ursprünglich wesentlich diesem Zweck, ist also Schullehre – Scholastik, systematisierte, für die Zwecke des Lehrens und Lernens zubereitete Theologie. („Scholastiker“ hießen ursprünglich die Lehrer der aus dem antiken Schulbetrieb übernommenen „sieben freien Künste“ Grammatik, Dialektik, Rhetorik [Trivium], Arithmetik, Geometrie, Musik und Astronomie [Quadrivium] und die Lehrer der Theologie.) Die philosophischen Quellen, auf die sich die mittelalterliche Lehre in ihrer ältesten Zeit stützt, beschränken sich auf die kleineren logischen Schriften des Aristoteles in der Boëthiusschen Übersetzung und Kommentierung (dazu Boëthius' Euklidübersetzung und seine Schriften zur Arithmetik und Musik, ferner die Lehrbücher des Quadriviums von Martianus Capella, Cassiodor u. a.), dazu den Platonischen „Timaeus“, Schriften von Cicero und Seneca, vor allem endlich die Schriften der „Väter“, namentlich Augustins, in denen das neuplatonische Erbgut lebendig fortwirkte. Was die *scholastische Methode* angeht, so charakterisiert sie ihr bester Kenner (Grabmann) in folgenden Worten: „Die scholastische Methode will durch Anwendung der Vernunft, der Philosophie, auf die Offenbarungswahrheiten möglichste Einsicht in den Glaubensinhalt gewinnen, um so die übernatürliche Wahrheit dem denkenden Menschengeiste inhaltlich näher zu bringen, eine systematische, organisch zusammenfassende Gesamtdarstellung der Heilswahrheit zu ermöglichen und die gegen den Offenbarungsinhalt vom Vernunftstandpunkt aus erhobenen Einwände lösen zu können." Die scholastische Philosophie will also *begründen* und *widerlegen*, nicht *finden:* wir verstehen danach die Bedeutung, die die Aristotelische Logik von vornherein für sie hat, ebenso das Vorbild der Euklidischen Geometrie. Die Wahrheit des zu Begründenden und in systematischen Einheitszusammenhang zu Bringenden steht in bestimmten, fest formulierten Sätzen dogmatischer, autoritativer Dignität von vornherein fest: „credo ut intellegam". Man beachte, daß nicht nur der Glaubens*inhalt*, sondern auch seine *sprachliche Form* als „wahr" feststeht: damit ist die realistische Grundansicht einschließlich des realistisch-ontologischen Fundaments der Logik festgelegt – „Erkennen" bedeutet die von Gott regierte Wirklichkeit in Sätzen und Schlußfolgen abbilden, die Formen und Strukturen dieser Sätze und Schlüsse sind selbst eine adäquate Wiedergabe der Wirklichkeit, spricht doch Gott selbst in seinem geoffenbarten „Wort" in solchen Strukturen. Die Scholastik tritt damit nicht nur der Skepsis, sondern jeder Relativierung und Subjektivierung der „Erkenntnisform" ablehnend gegenüber; genauer: das Eindringen „psychologistischer", nominalistischer Doktrinen bedeutet den Zerfall der Scholastik. Es gibt nur *eine* gültige Wahrheit, nur *ein* richtiges System der Erkenntnis, das alle Disziplinen und Einzelerkenntnisse in sich schließt, der mittelalterliche Philosoph fühlt sich nicht als *Schöpfer* einer Weltansicht, sondern als *Arbeiter* an diesem System, seine Person verschwindet hinter dieser seiner Arbeit, wie die Person des mittelalterlichen Baumeisters hinter den Riesenwerken der gotischen Dome, an denen Generationen bauen – zur Ehre Gottes. Die großen *„Summen"* suchen dies System zu erbauen nach vorgezeichnetem Grundplan. Die festen Quadern liefern die Autoritäten: die Dogmen, die Aussprüche der Kirchenväter, endlich die grundlegenden Erkenntnisse, die die philosophischen Autoritäten erarbeitet haben. Es bedarf daher der Sammlungen ihrer Aussprüche, wie sie die *„Sentenzenbücher“* zusammenstellen. Eine erste wichtige Aufgabe aber ist es, diese „Sentenzen“ untereinander in Einklang zu bringen, bzw. ihre Vereinbarkeit miteinander nachzuweisen. Der Nachweis solcher *„Konkordanz“* ist ein Ziel, um das sich die mittelalterlichen Philosophen immer wieder bemühen; aus dem Streben nach ihm erwächst auch die scholastische Methode im engeren Sinn, die Methode des „sic et non“, der Gegenüberstellung der Aussprüche der betreffenden Autoritäten über jede einzelne Frage, um dann die sie nach Möglichkeit vereinigende Lösung zu finden.

Die *Ethik* der Scholastik muß auf der einen Seite imperativische Gebotsethik – das Gute tun heißt Gott gehorchen – auf der anderen Seite Wertethik sein; Gott selbst ist der Inbegriff des Guten, und er hat jedes Ding wie die Welt im ganzen so geschaffen, wie es am besten ist. Da das *höchste Gut* existiert, muß die mittelalterliche Ethik bei aller Betonung des „Tuns“ doch zuletzt im kontemplativen Verhalten, im *Schauen* des Göttlichen, sei es im Diesseits oder erst im Jenseits, das höchste Ziel erblicken. Der *Staat* ist seinem Wesen nach *ein* Weltstaat – das irdische Abbild und die Vorbereitung des Gottesstaates. Die Ordnung der Gesellschaft ist ständisch gegliedert mit einer obersten Spitze – ein Bild der himmlischen Hierarchie. Der Einzelne steht unter Autoritäten und übt selbst autoritative Funktion, aber diese autoritative Funktion ist zuletzt nur stellvertretend, Vertretung der einzigen göttlichen Autorität, also nicht natürliche oder erworbene Würde, sondern anvertraute Funktion. Das gilt ebenso für die gesellschaftliche Stellung, für die geistigen Gaben und für das „Eigentum“, den Besitz: es ist anvertrautes Gut, für dessen Gebrauch zuletzt vor Gott Rechenschaft abzulegen ist.

In dem Karolingerreich verwirklicht sich das erste mittelalterliche „Weltreich“, die erste Vereinigung von irdischer civitas dei und Erbnachfolger des römischen Imperiums. Hier begegnet uns daher auch die erste Blüte mittelalterlicher Kultur. Die Schriften der Männer, die, von Karl dem Großen berufen, die Schulen des Frankenreiches organisieren (Alcuin), tragen freilich so gut wie ausschließlich kompilatorischen und übermittelnden Charakter. Die einzige Ausnahme macht der aus Irland stammende, von Karl dem Kahlen um 840 an die Hofschule in Paris berufene JOHANNES ERIUGENA mit seinem Werk „Über die Einteilung der Natur" („De divisione naturae") und seiner Übersetzung der Schriften des Dionysius Areopagita, von dessen Mystik Eriugena den stärksten Einfluß erfuhr. Auch Eriugena beginnt mit dem Glauben an die Offenbarung, der die Vernunft nie widersprechen kann, die er aber dann mit Hilfe der Vernunft und im engen Anschluß an Dionysius' Neuplatonismus interpretiert. Damit wird ihm das Weltgeschehen ein Kreislauf, von Gott ausgehend und zu Gott zurückkehrend; in der Schöpfung durch Gott: die „schaffende und nicht geschaffene Natur" ihren Anfang nehmend, dessen Geist sich in die weiteren Stufen: in die „geschaffene und schaffende Natur" der göttlichen Gedanken, der allgemeinen Ideen und Vorbilder der Dinge, weiter in die „geschaffene und nicht schaffende Natur" der aus diesen Urbildern hervorgehenden Einzelwesen ergießt, um in Gott als „nicht geschaffene und nicht schaffende Natur" wieder einzugehen. Direkt ist Gott nicht erkennbar; wir erkennen ihn als „Sein" – als „Vater" – im Sein, als „Weisheit" – als „Sohn" in der Ordnung, als „Leben" – als Heiligen Geist – in der Bewegung der Dinge: die Dinge dienen uns also zur *gleichnishaften* Erkenntnis Gottes. Aber eben nur im Gleichnis: jedes Prädikat, das wir Gott beilegen, kommt ihm eher *nicht* zu, als zu, denn jedes Prädikat hat einen Gegensatz, Gott aber ist gegensatzlos. Wir erkennen hier die negative Theologie des Areopagiten ebenso wie vorher den Platonischen Begriffsrealismus, endlich das „Entsprechen" der Struktur der Dinge und des göttlichen Wesens. Der gewagte Neuplatonismus des Eriugenaschen Systems führte später zu seiner kirchlichen Verwerfung.

Auf die „karolingische Renaissance" folgt der Kulturverfall des 10. Jahrhunderts, erst in der Zeit der cluniacensischen Reformbewegung und Gregors VII. begegnen wir einem neuen geistigen Aufschwung. Anselmus von Canterbury, ein geborener Piemontese, später Abt eines Klosters in der Normandie, von 1093 bis zu seinem Tod 1109 Erzbischof von Canterbury, ein Anhänger der Prinzipien des Papstes Gregor VII., ist zugleich einer der stärksten und selbständigsten mittelalterlichen Denker. Er gibt eigentlich dem aus Augustin, der ihm überhaupt in philosophischen Dingen Führer ist, entnommenen Satz „credo ut intelligam" – ich glaube, um dann das Geglaubte auch mit der Vernunft einzusehen – seinen präzisen Sinn und sucht ihm folgend gerade die höchsten Mysterien des Glaubens dialektisch zu begründen. Alles Erkennen vollzieht sich in wahren Urteilen, deren Wahrheit im Schluß eingesehen wird, wahr aber ist ein Urteil, sofern das in ihm Behauptete *ist*, sofern es also mit dem Seienden übereinstimmt: Wahrheit setzt Sein voraus. Alles *„Seiende"* aber setzt voraus, daß es ein *„Sein"* schlechthin, ein absolutes Sein gibt, an dem es teilhat – es kann kein „Seiendes" geben, wenn es kein Sein gibt, ebenso wie kein Gutes oder vergleichsweise Wertvolles, wenn es nicht einen absoluten Wert, ein schlechthin Gutes gibt. Also muß es ein absolutes Sein und ein absolut Gutes geben: Gott („Monologium" 1070). Neben diesen, ganz im Geist des Platonischen Begriffsrealismus gedachten Gottesbeweis tritt später (im „Proslogium") das zu besonderer Berühmtheit gelangte „ontologische" Argument: Gott ist „das Größte", das Größte aber kann nicht nur im Geist des Denkenden, sondern muß an sich existieren, da das an sich Existierende eben „größer" ist oder sein muß, als das nur im Intellekt Existierende. Der Beweis blieb schon zu Anselms Zeiten nicht unwidersprochen, er wurde mit dem Gegenargument angegriffen, daß auf diesem Wege jedes Wesen, das den Superlativ irgendeiner Gattung darstellt, als existierend dargetan werden kann, worauf Anselm immerhin antworten konnte, daß jedes Einzelding von vornherein mit Beschränkungen gedacht werde, daß das in seiner Art „Größte" eben nicht das „absolut Große" sei, auf das der ontologische Beweis allein anwendbar sei. Der Beweis ist charakteristisch für die rein rationale Auffassung des Erkennens: Erkennen bedeutet seiende Gegenstände begrifflich denken und aus diesen Begriffen Folgerungen ziehen. In irgendeiner Form kehrt der ontologische Beweis wieder, wo Erkennen *begrifflichem* Erkennen, *Begreifen* einem *Erfassen des Gegenstandes selbst* gleich gegesetzt, das „Sein" des gedachten Gegenstandes aber als ein „Sein" verschiedener Art: „in mir" oder „außer mir", als „relatives" oder „absolutes" Sein, gedacht wird. Faßt man dagegen das Erkennen als subjektives Vorstellen, dem nun entweder ein seiender, d. h. ein Gegenstand der Außenwelt entspricht oder nicht, so verliert das Argument seinen Sinn.

Gott denkt die Ideen, die Musterbilder der Dinge, diese Bilder aber sind zugleich das schöpferische „Wort", nicht wie im menschlichen Denken folgt der Begriff der Wahrnehmung des Einzelnen, sondern er geht ihm als schöpferischer Begriff vorher; das menschliche Denken ist abhängig von den Dingen, das göttliche Denken läßt die Dinge aus sich hervorgehen. Als schöpferisches Wesen steht das „Wort" neben dem „Sein" Gottes, mit dem es zugleich eines ist, ein Verhältnis, das durch kein besseres Symbol, als durch das vom „Vater" und „von Ewigkeit gezeugten Sohn" bezeichnet werden kann, die beide wieder durch die Liebe, durch den „Geist" verbunden sind, welche Dreieinigkeit wiederum in der menschlichen Seele ihr Abbild findet. Anselm geht schließlich so weit (in der Schrift „Cur deus homo"), auch das Dogma von der Inkarnation, von der Erlösung durch die Menschwerdung Christi logisch zu begründen: Weil sie Sünde gegen Gott ist, ist die menschliche Schuld durch den Menschen unsühnbar, wie sollte der Mensch Gott Genugtuung geben können? Also muß Gott selbst stellvertretend sie sühnen, und der Mensch durch die Menschwerdung Gottes erlöst werden. Deutlich zeigt diese Argumentation (die bedeutenden Eindruck machte), wie die scholastische Übersetzung des Dogmas ins Begrifflich-Verstandesmäßige seinen lebendigen religiösen Inhalt zerstört, ihn durch eine tote, juristische Konstruktion ersetzt. Wir verstehen, daß demgegenüber der *Mystik* immer wieder die Aufgabe zufiel, diesen Inhalt solcher Verbegrifflichung gegenüber lebendig zu erhalten, während das Denken der Scholastik durch scharfe begriffliche Distinktion die Grundscheidungen und die Wesensstruktur des christlichen Weltbildes (Gott – Kreatur) klar aufrechtzuhalten bestrebt war. Man vergleiche mit Anselm den (über ein halbes Jahrhundert jüngeren) RICHARD VON ST. VICTOR, der, stark in der Mystik wurzelnd, doch zugleich den Wunsch nach logischer Begründung des Dogmas teilt: die Trinität, die Freiheit der Personen in Gott, wird bei ihm aus der Liebe Gottes, die nicht nur Selbstliebe sein kann, begriffen, die Inkarnation aus der Einheit des machtvollen Schöpfers und des liebenden Erlösers in Gott – hinter den begrifflichen Deduktionen ist doch das lebendige Gotteserlebnis, im Erleben Gottes als der göttlichen Liebe gründend, hier stärker zu spüren.

Daß die Glaubensmysterien begrifflich nur mit Hilfe des *Platonismus*, des platonischen Begriffsrealismus, gefaßt werden, wurde schon betont. Es zeigt sich das auch deutlich am Schicksal des von Anselm bekämpften ROSCELINUS VON COMPIÈGNE. Seine nominalistische Doktrin, die die Begriffe für bloße vom Menschen erdachte Bezeichnungen ähnlicher Gegenstände erklärte, alles Wirkliche daher ausschließlich aus individuellen Einzeldingen bestehen ließ, drohte aus der Dreieinigkeit eine Dreiheit von Substanzen, von Göttern zu machen und wurde deshalb auf der Synode von Soissons 1092 verurteilt. Im übrigen zeitigt der *„Universalienstreit"*, der Streit um die genauere Fassung der Seinsweise des Allgemeinen und seines Verhältnisses zur Substantialität und Realität des Einzeldinges, eine Mehrheit von Auffassungen: am meisten dem eigentlichen Platonismus nähert sich WILHELM VON CHAMPEAUX (gest. 1121), der die Einheit der Substanz aller derselben Gattung angehörigen Wesen und ihre nur akzidentelle Unterschiedlichkeit behauptet. Eine vermittelnde Stellung sucht der Schüler Roscellins PETER ABÄLARD zu gewinnen. Nach ihm sind die Allgemeinbegriffe zwar nicht bloße Wortzeichen (voces), aber „sermones“, *sinnerfüllte* Worte, die wir urteilend von einer Mehrheit von Gegenständen aussagen. Ihnen aber entspricht in den Gegenständen selbst der gleichartige „status“, die Gleichheit des Wesens, in unserem erkennenden Bewußtsein das Begriffsbild (conceptus, daher „Konzeptionalismus“), das Allgemeinbild des Menschen überhaupt z. B., zu dem wir die Bilder der verschiedenen Menschen, die wir gesehen haben, zusammenschmelzen, endlich das schöpferische Urbild der Dinge im Geiste Gottes. Abälard bereitet damit die stehende Formel vor, in der die Universalienfrage in der herrschenden Richtung der Hochscholastik gelöst wird: universalia ante rem (vor den Dingen): als Urbilder im Geiste Gottes; universalia in re (in den Dingen): als Wesen im Unterschied zum Außerwesentlich-Zufälligen; universalia post rem (nach den Dingen): als Begriffsbilder in uns. Nur daß in der Hochscholastik das Sein des allgemeinen Wesens „in“ den Individuen genauer im Sinn der Aristotelischen Teleologie, des sich Auswirkens des Gattungswesens im Einzelexemplar, verstanden wird. Mit der Frage nach der Seinsweise der Universalien verbindet sich dann im Universalienstreit die andere, *wie wir* die Allgemeinbegriffe *bilden* und uns zum Bewußtsein bringen, und hier steht dann die Augustinische Auffassung, daß wir die Ideen in Gott schauen, durch eine von Gott ausgehende Erleuchtung, um sie dann in den Dingen wiederzufinden (die mittelalterliche Fassung der Platonischen Anamnesis), dem Aristotelischen Empirismus gegenüber, nach dem der Weg zum Allgemeinen für uns der des Vergleichs und der Abstraktion an den wahrgenommenen Einzeldingen ist.

Petrus Abaelardus (1079–1142), bekannt durch sein Liebesverhältnis zu Heloïse und sein unglückliches Schicksal, ist einer der geistreichsten und wirksamsten Schriftsteller des Mittelalters. Sein „Sic et non“ ist nicht die erste, aber die literarisch eindrucksvollste Darstellung und Anwendung der scholastischen Methode der Gegenüberstellung und Ausgleichung der Autoritäten. Sein „Scito te ipsum“ entwickelt eine Auffassung der Ethik, die durch die Betonung des Gewissens und den Wert der „Gesinnung“ modern, stärker anthropozentrisch als theozentrisch anmutet. Dazu macht überhaupt das Denken Abälards stärker den Eindruck des Subjektiv-Impulsiven und Persönlichen, wie seine ganze Persönlichkeit den des Unsteten: wir verstehen es, daß die stärkste und frömmste Persönlichkeit unter den Mystikern des 12. Jahrhunderts, Bernhard von Clairvaux, einen erbitterten Kampf gegen ihn führt und überall Anklänge an ketzerische Abwege in seinen Schriften wittert, obgleich an sich der Vorwurf, Abälard intellektualisiere das Mysterium des christlichen Glaubens, nicht einmal in solchem Maß auf ihn zutrifft. Aber wenn auch ein Anselm z. B. in konsequenterer Weise noch das Dogmengebäude in ein Begriffssystem verwandelt, so ist doch auch im Gegensatze zu Abälard bei ihm der tiefere Ernst unverkennbar, mit dem er, unbeugsam und die mittelalterliche Kirche gleich einem Gregor verkörpernd, in der christlichen Lehre wurzelt.

Wissenschaftlich andererseits ist Abälard die *Schule von Chartres* und vor allem ihre bedeutendste Persönlichkeit Gilbert de la Porrée (um 1150) überlegen. Hier treffen wir zum erstenmal auf den Einfluß arabischer Schriften, insbesondere medizinischen, mathematischen und naturwissenschaftlichen Inhalts (Adelard von Bath), im Anschluß daran auf ein stärkeres Naturinteresse überhaupt und auf ein stärkeres Wirksamwerden der Aristotelischen Tradition (der „alten“ tritt die „neue Logik“, die Logik der Aristotelischen Analytiken, an die Seite; Zusammenarbeit von Deduktion – nach dem Vorbild der Mathematik – und Induktion, Herausarbeitung der obersten Prinzipien aus der Wahrnehmung der gegebenen Einzeldinge wird angestrebt). Wie Abälard, so wird auch Gilbert von Bernhard von Clairvaux bekämpft, der, ohne ein Feind der Wissenschaft sein zu wollen, doch weit über alle begriffliche Erkenntnis die *Kontemplation*, die demütige, fromme Betrachtung stellen will, in der wir Gottes inne und zuletzt mit ihm eins werden – wie der Wassertropfen im Wein aufgeht, wie das glühende Eisen die Natur des Feuers annimmt und die vom Licht durchflossene Luft selbst zum Licht zu werden scheint.

Die von Gilbert angewandte, von Abälard dargelegte und auf alle Gebiete der Philosophie ausgedehnte „scholastische Methode" des sic et non, der Gegenüberstellung und Vereinigung der Autoritätenaussprüche, findet ihren wichtigsten Ausdruck in den schon früher erwähnten Sentenzenbüchern, den Vorläufern und Wegbereitern der großen zusammenfassenden „Summen" der Hochscholastik, vor allem dem meistgebrauchten Werk dieser Art, den „vier Büchern Sentenzen" des Petrus Lombardus (entstanden 1150–52). In diesem und den von ihm abhängigen Werken vollendet sich in gewisser Weise die Aufgabe, die der ersten Periode der Scholastik vor allen Dingen zufällt: die Sammlung der patristischen Tradition und die Ausgleichung der in ihr vorhandenen Gegensätze. Zugleich wird dieses Werk des Lombarden das offizielle Unterrichts- und Lehrbuch der kommenden Theologengenerationen.

Der Aufschwung, den die scholastische Philosophie mit dem Ausgang des 12. Jahrhunderts nimmt, hängt nun aber weiter zusammen mit dem Bekanntwerden der wichtigsten Werke der *arabischen* Philosophie, für deren Aufnahme, wie die Philosophie der Schule von Chartres zeigt, der Boden bereitet und für die der Zeitpunkt eben durch die Vollendung der „Konkordanzarbeit" besonders günstig war.

Über die Syrer und christlichen Araber war die griechische Philosophie in die Kreise des Islam getragen worden, und zwar zunächst ein mit Aristotelischen Gedanken durchsetzter Neuplatonismus – Alfarabi (gest. 950) ist wesentlich Neuplatoniker: „er war Mystiker, erklärte das Erkennen für ein Erleuchtetwerden durch den aktiven Geist der letzten Sphäre und sieht den Gipfel der Welt als das *Eine* an, dem alles Niedere stufenweise zustrebt" (Horten). Zugleich aber gibt er eine sachlich-logische Einteilung der Wirklichkeit und demgemäß der Wissenschaften von der Wirklichkeit, die Anlehnung an Aristoteles erkennen läßt: der Wissenschaft

vom Instrument des Denkens, der Logik, folgt die eigentliche Philosophie, in theoretische, Physik und Metaphysik umfassende, und praktische Philosophie – Ethik – zerfallend.
Eine weit höhere Bedeutung namentlich als Übermittler Aristotelischen Lehrgutes an das Arabertum kommt AVICENNA (Ibn Sina, 980–1037) zu. Er steht der Naturwissenschaft näher, ist Arzt, lehrt Medizin und Philosophie in Ispahan und „schrieb beinahe über alle Gegenstände, die Aristoteles behandelt hatte“ (Horten). Die Lehre vom Allgemeinen und Begrifflichen erfährt bei ihm zunächst gewisse Festlegungen, die maßgebend bleiben: Das „Allgemeine“ als solches ist das von vielen Gegenständen Aussagbare, insofern ein nur als Denkfunktion, im Denken Existierendes; das hindert indessen nicht, daß in jedem Gegenstand seine „Washeit“ (quidditas) als das dem allgemeinen Begriff, den wir uns von ihm machen (und der im Geiste Gottes als Urbild der Gattung dem Individuum vorhergeht) Entsprechende existiert, und sich mit den individuellen Akzidentien verbindet, die das „hier und jetzt“ existierende Individuum als solches charakterisieren. Abstrahieren wir so die Allgemeinbegriffe aus den Dingen, so gibt es aber doch auch Begriffe, vor allem der der Allgemeinheit selbst, die spezifische *Schöpfungen des Denkens* sind. Die Materie, in der sich aus Gott strömende Formen verwirklichen, den Grund der Vielheit der Individuen, erklärt Avicenna für ewig.
Auf die Scholastik Avicennas und seine Intellektualisierung der mohammedanischen Religion reagiert die islamische *Mystik* vor allem in der Person AL GAZALIS (1059–1111), der seinen religiösen Glauben – an die zeitliche Schöpfung der Welt aus dem Nichts, die leibliche Auferstehung, die Wunder – mit einer ausgesprochenen Skepsis der Philosophie und Wissenschaft gegenüber verbindet, einer Skepsis, die namentlich auch (eine Verbindung antiker und moderner Skepsis) den Ursachbegriff betrifft.
Die bedeutendste und namentlich für das Abendland wichtigste Persönlichkeit der arabischen Philosophie ist AVERROES (Ibn Roschd, 1126 in Cordova in Spanien geboren, wo er

später das Richteramt bekleidete, aber schließlich wegen ketzerischer Lehren nach Marokko verbannt wurde. Kurz nach seinem Tode 1198 erfolgte die Vertreibung der Mauren aus Spanien). Für Averroës ist Aristoteles „*der* Philosoph“. Seine Werke sind Paraphrasen und Kommentare der Aristotelischen Schriften. Die Religion ist ihm bildliche Darstellung der philosophischen Wahrheit, das credo ut intelligam wandelt sich also hier in den Gedanken, daß der religiöse Glaubensinhalt nur eine andere – exoterische – Form der philosophischen Vernunfteinsicht ist. Von der orthodoxen Aristotelesinterpretation und -nachfolge weicht Averroës vor allem in seiner Lehre von der Seele, in seinem „Monopsychismus“ ab, d. h. darin, daß er nur *eine* einheitliche überindividuelle menschliche Vernunft (intellectus agens) annimmt, die Vielheit der denkenden menschlichen Wesen also der Materie zuschreibt, woraus sich dann auch die Unsterblichkeit nicht der Einzelseele, sondern nur dieses Menschheitsgeistes ergibt.

Die Kenntnis der arabischen Philosophie, z. T. auch des Korpus der Aristotelischen Schriften, kommt dem Abendland durch die Vermittlung der *jüdischen* Philosophen und ihrer Übersetzungen und Kommentare. Sehen wir ab von der vielleicht in frühe Zeiten zurückgehenden Kabbala, der jüdischen Parallelerscheinung zur Gnosis, so erreicht die jüdische Philosophie ihre vom reinen Schriftgelehrtentum – der Gefahr des jüdisch-religiösen Geistes – freieste und selbständigste Phase, wie die arabisch-islamische Philosophie in Spanien, seit dem Anfang des 11. Jahrhunderts. Ein stark aristotelisch gefärbter Neuplatonismus begegnet uns in der Schrift „fons vitae“, die die christlichen Scholastiker dem Araber Avicebron zuschreiben, hinter welchem Namen sich in Wahrheit der spanische Jude Ibn Gebirol (um 1020 bis 1070) verbirgt, ein religiöser Dichter und Philosoph. Die „fons vitae“, die Lebensquelle, ist der göttliche Wille, den Avicebron als erste Hypostase von Gottes Wesen unterscheidet, in der Gott, dessen Wesen unerkennbar ist, uns erscheint. Nicht der Logos also, nicht die göttliche *Vernunft*,

sondern der göttliche *Wille* ist diese schöpferische Macht, aus der die Formen der Dinge hervorgehen, die sich mit der Materie verbinden: wir erkennen den Versuch, den jüdischen Schöpfer- mit dem neuplatonischen Gottesbegriff zu vereinen. Ein wichtiger Punkt der Philosophie des Avicebron ist die Lehre, daß auch die Seelen aus Materie und Form bestehen; es gibt die (übrigens auch durch Gottes Willen geschaffene) *eine* Materie, die sich zu körperlicher und seelischer Materie spezifiziert und in der sich die Formen realisieren; diese eine Materie wird damit allgemein das „Prinzip der Individualität", der Grund der individuellen Vielheit.
Ein Geistesverwandter des arabischen Skeptikers gegenüber der Wissenschaft und gläubigen Mystikers in religiösen Dingen Al Gazali, auch von ihm beeinflußt, ist der Dichter Jehuda Halevi (1083–1140), der die Unvereinbarkeit von Glauben – dem Glauben an die Schöpfung aus Nichts, den zeitlichen Anfang der Welt, die Auferstehung des Leibes usw. – und Philosophie darzutun versucht.
Der bedeutendste der jüdischen Philosophen des Mittelalters endlich ist Moses Maimuni (Moses Maimonides), der 1135 in Cordova geboren, wie Averroës, dessen Werke er kennenlernte, später nach Ägypten auswanderte, wo er 1204 starb (sein Hauptwerk: der „Führer der Umherirrenden", Moreh Nebuchim). Maimonides ist entschiedener Aristoteliker: es steht fest für ihn, daß, abgesehen von den Propheten, niemand der Wahrheit so nahe gekommen ist wie Aristoteles. Er ist ferner überzeugt von der Übereinstimmung der Schrift und der reinen Vernunfterkenntnis, und das Streben nach dieser Vernunfterkenntnis, nach Erkenntnis der Wahrheit durch den eigenen Verstand, ist ihm selbst eine religiöse Pflicht. Und zwar nicht nur in dem Sinn des credo ut intelligam, das das unantastbare Schriftwort über die Wahrheit der Vernunfteinsicht richten läßt, sondern wo der Inhalt der Schrift klarer Vernunfteinsicht widerstreitet, hat die Vernunft den Vorrang und ist die Schrift allegorisch auszulegen. Allerdings lehnt der jüdische Philosoph die Aristotelische Lehre von der Ewigkeit der Welt ab zugunsten des zeitlichen

Anfangs der Schöpfung, aber nur weil ihm die Aristotelischen Beweise nicht zwingend zu sein scheinen, ebenso wie er sich vor der geoffenbarten Lehre von der Auferstehung des Leibes beugt. Im ganzen begegnet uns bei ihm gerade im Unterschied von den christlichen Philosophen zum erstenmal der Gedanke einer reiner Vernunftreligion, die, unabhängig von der Offenbarung aufgebaut, mit ihr übereinstimmt und nur durch einzelne, der Vernunft nicht erreichbare, aber ihr nicht widersprechende Wahrheiten von der Offenbarung ergänzt wird. So wie uns bei Al Gazali und Halevi zum erstenmal die Verbindung frommer Gläubigkeit und skeptisch-kritischer Einstellung zur Wissenschaft begegnet, die etwas wesentlich anderes ist als die Demütigung des Verstandes zur höheren Ehre des Glaubens, die das credo quia absurdum oder als das sich Führenlassen durch den Glauben auch auf den Wegen des Verstandes im credo ut intelligam ist. Auch in der Ethik zeigt sich Maimonides als Aristoteliker, er nimmt die Metriopathie an, die Herrschaft der Vernunft über die Affekte, zwischen denen sie die rechte Mitte weist, betont aber nachdrücklich die Willensfreiheit und lehnt jede Form des Prädestinationsgedankens ab: dem Gebot Gottes und der Vernunft steht der freie Wille des Menschen gegenüber.

Außerordentlich umfangreich ist der Zuwachs an gelehrtem Stoffwissen, der dem Abendland seit dem Ende des 12. Jahrhunderts durch die Übersetzungen der Aristotelischen Werke und seiner arabischen und jüdischen Kommentatoren übermittelt wird. Zu den über Toledo kommenden Übersetzungen aus dem Arabischen gesellen sich dabei bald auch die Aristotelesübersetzungen direkt aus dem Griechischen, die einen gewissen Abschluß durch die Arbeit WILHELM VON MOERBEKES (gest. 1286) finden, der Pönitentiar am Päpstlichen Stuhl und zugleich der philologische Berater und Mitarbeiter des Thomas von Aquino war. Das bereicherte und vertiefte gelehrte Studium aber schuf sich seine Stätten: wie die Einrichtung der Kloster-, Dom- und Hofschulen den Anfang der frühscholastischen Theologie und Philosophie, so bedeutet die Gründung der großen mittelalterlichen Universitäten, deren von der theologischen *getrennte* Artistenfakultät nunmehr die Pflege der Philosophie als besondere Aufgabe übernahm, den Anfang der Hochscholastik. Den Beginn machte Paris im 12. Jahrhundert, dem im Anfang des 13. Oxford folgte. Ein weiterer Mittelpunkt der wissenschaftlichen Arbeit wurden die Bettelorden der Dominikaner und Franziskaner. Ihr Zweck war allerdings von Anfang ein anderer – die Bekämpfung der Häresien (Dominikaner), die Wiederbelebung des Ideals christlichen Lebens und christlicher Tugend –, und weder Dominikus noch Franziskus können unter die Philosophen im engeren Sinn gerechnet werden. Obgleich Franz von Assisi (1182–1226), wenn nicht in theoretischer Lehre, aber durch sein Leben selbst eine bestimmte Form christlicher Welt- und Lebensanschauung in vorbildlicher Reinheit und Klarheit verkörpert hat: jenes Weltbild, das vollen Ernst macht mit dem Bruder- und Schwestersein aller Kreatur und dem Gedanken, daß der Sinn alles menschlichen Daseins die dienende Geschwisterliebe und das Preisen des göttlichen Schöpfers und Vaters sei, das auch den eigentlichen und tiefen Sinn aller Lebensfreude ausmacht. An zwei Punkten ist die christliche Mystik stets in Gefahr, die Verbindung mit wesentlich Christlichem zu verlieren. Einmal darin, daß die mystische Gottesliebe mit ihrer Tendenz zur Ekstase und zum Versinken in Gott zu einer Art religiösen Egoismus (oder Erotizismus) führt und damit das Gebot dienender Nächstenliebe aus dem Auge verliert oder seine Erfüllung nur noch zur äußerlichen Bedingung der Gnade der Gottesschau macht. Und zweitens darin, daß die Versenkung als Weg zur Gotteserkenntnis und Vergottung (das Gott mit „Ich" und nicht mit „Du" Rufen) die Kluft zwischen Schöpfer und Kreatur relativiert, die Demut des geschaffenen Menschen in das ekstatische Gefühl des Gottgleichseins – wenn auch als „Fünklein" dem Feuer – umschlagen läßt. Die Franziskanische „Mystik", wenn wir sie so nennen wollen, schmilzt die echt christliche Stellung zur Mit-Kreatur, zu der der „Mitmensch" erweitert wird, und zum göttlichen

Schöpfer ein in das mystische Einheitserlebnis mit der Natur. In diesem Einheitserlebnis ist Franziskus Mystiker, trennt ihn eine Kluft von tertullianischer, puritanischer Selbstentzweiung und Härte gegen sich selbst und die Natur, jener Härte, die in Furcht und Zittern die Kreatur dem Schöpfer gehorchen lassen will. Alles wissenschaftliche Studium liegt dem Heiligen freilich fern, es gehört nicht zu dem Einen, was not tut. Die Wendung von andächtiger Betrachtung und Lebensführung zu dem (natürlich auch von andächtigem Aufblick zu Gott getragenen) theoretischen Leben wurde erst von Alexander von Hales vollzogen, der 1231 in den Orden trat und 1245 starb.

Die Aufnahme der Aristotelischen Schriften und Gedanken erfolgt keineswegs einhellig und nicht ohne Widerstand. Papst Gregor IX. erließ ein Verbot des Studiums der naturwissenschaftlichen Werke bis zu ihrer Prüfung durch eine besondere Kommission, und in der älteren Dominikaner- wie Franziskanerschule finden sich Spuren eines entschiedenen Kampfes gegen die eindringenden Neuerungen. Genauer lassen sich vier Richtungen unterscheiden. Einmal jener eben erwähnte Konservativismus, der dem Aristotelismus ablehnend gegenübersteht. Zweitens, als äußerster Gegensatz, um die Mitte des 13. Jahrhunderts der in der Artistenfakultät von Paris entstehende „lateinische Averroismus", dessen Hauptvertreter Siger von Brabant ist: er vertritt offen die Aristotelische Lehre von der Ewigkeit der Welt und der Bewegung, die Averroistische Doktrin von der Einheit des Intellekts in allen Menschen und sucht sich der Schwierigkeiten, die aus der Unvereinbarkeit solcher Lehren mit dem kirchlichen Dogma entstehen, durch die Annahme einer *doppelten Wahrheit,* einer theologischen und philosophischen, also durch die völlige Trennung von Philosophie und Theologie, von Vernunfterkenntnis und Glauben, die auch die Möglichkeit eines Widerspruchs zwischen beiden zuläßt, zu entziehen. Daß die Kirche sich mit dieser Auffassung nicht befreunden konnte, ist klar: sie wurde 1270 und 1277 offiziell verurteilt. Drittens und viertens der Versuch, eine Konkordanz zwischen Aristoteles und der bisherigen Theologie, zwischen Aristotelismus und Augustinismus, um die kurzen Schlagworte zu gebrauchen, herzustellen, und zwar auf der *einen* Seite mehr im konservativen, Augustinischen Geist oder im Sinn einer Augustinischen Mystik – Träger dieser Bewegung wird der Franziskanerorden, sein wichtigster Ausdruck sind die Werke des BONAVENTURA. Und auf der *anderen* Seite unter stärkerer Zugrundelegung des Aristotelischen Systems: hier begegnen wir der Arbeit des ALBERTUS MAGNUS und seines großen Schülers THOMAS VON AQUINO, der Philosophie des Dominikanerordens, die heute das offizielle philosophische System der katholischen Kirche ist. Das Streben beider Richtungen geht auf ein abschließendes, zusammenfassendes *System der Welterkenntnis,* das alle Sphären der Wirklichkeit umfaßt und in ihrer Beziehung zueinander kennzeichnet, von der Erde zum Himmel aufsteigt, ein enzyklopädisches System aller Wissenschaften, das in der Theologie seine Krönung erhält – vergleichbar den großen gotischen Domen derselben Zeit, die von der Erde emporsteigend in den Himmel zu ragen scheinen. Augustinus wollte nur „Gott und die Seele" erkennen, das Erkennen selbst ist ihm nicht Selbstzweck, sondern ein Stück des Weges der Seele zu Gott; für Anselm ist die Philosophie ausschließlich Mittel zum Zweck des systematischen Gefüges der Theologie, des Dogmengebäudes; jetzt wird der wissenschaftlich gegründete Aufbau des Wirklichkeitsbildes als des christlichen Weltbildes, Natur, Menschheitsgeschichte, Seele, überirdische Welt umfassend, zum Selbstzweck, die wissenschaftliche Arbeit als solche eine Arbeit im Dienste Gottes und des christlichen Geistes auf Erden. Die Art, wie *Bonaventura* – zeitweise Lehrer an der Pariser Universität, seit 1257 Ordensgeneral des Franziskanerordens, 1274 gestorben – diese Aufgabe löst, hält sich nun freilich weit näher der Denkweise Augustins. Auch ihm ist im Grunde alle Erkenntnis der Welt symbolische, analogische Gotteserkenntnis, Gott das einzige Ziel unseres Erkenntnisstrebens wie unseres Strebens überhaupt. Bonaventura übernimmt Anselms ontologischen Gottesbeweis: wir erkennen das Dasein Gottes, des absoluten Seins, aus dem bloßen Begriff Gottes, und er übernimmt den Gedanken des Platonisch-Augustinischen Realismus, das alles Einzelne, Individuelle nur vom Allgemeinen aus, von den Ideen her – das Endliche nur vom Unendlichen, das Zeitliche nur als Abglanz des Ewigen – erkannt werden kann. Die Ideen selbst erkennen wir durch göttliche Erleuchtung; er wendet sich damit ablehnend gegen den Grundsatz der Aristotelischen Erkenntnistheorie, daß alle Erkenntnis des Allgemeinen vom Einzelnen, von der Wahrnehmung aus gewonnen werde: sich selbst und Gott kennt die Seele in angeborener Erkenntnis. Wir sehen, wie damit zugleich – ein Grundgedanke aller Mystik – das „Erkennen" eines Gegenstandes selbst in dem Einssein mit ihm gipfelt. Aristotelisch ist der andere Gedanke: Erkennen ist Beobachten, Vergleichen, systematisches Eingliedern eines vom Erkennenden verschiedenen Objekts. Gott ist für Bonaventura wie für Thomas das letzte und höchste Ziel der Erkenntnis, für Bonaventura ist dies Ziel erreicht im Aufgehen der Seele in Gott: damit ist in der Gotteserkenntnis die Idee der Erkenntnis selbst vollendet, gleichgültig wie weit solche Vollendung dem Menschen in diesem Leben beschieden ist. Für Thomas ist die Gotteserkenntnis der höchste Punkt, aber auch die Grenze, zu der sich das Erkennen aufschwingen kann: hier stößt die Vernunft an das Geheimnis, das in demütigem Glauben hingenommen werden muß. Und noch an einem Punkt können wir den Unterschied deutlich fassen. Augustinus sucht, wie früher erwähnt wurde, die göttliche Dreieinigkeit durch den Hinweis auf den analogen Aufbau der menschlichen Seele – Sein, Erkennen, Lieben – verständlich zu machen, er bedient sich auch sonst der symbolisierenden Analogie als Erkenntnismittel. Thomas wie Bonaventura folgen ihm auf diesem Wege, aber was für Thomas eben „nur" eine Analogie, eine Verbildlichung, der Ersatz einer Erkenntnis in einem Gebiet ist, in dem es eigentliches Erkennen für uns nicht mehr gibt, ist für Bonaventura *die* eigentliche und tiefste Methode der Erkenntnis, deren er sich überall bedient. Das

Universum zerfällt in Sphären, die nach dem gleichen inneren Gesetz aufgebaut sind, die sich ineinander spiegeln, die einander entsprechen, vielmehr von denen die niederen den höheren entsprechen, die niederen Abbilder, Schatten der höheren sind. Das Licht ist das Abbild der erleuchtenden Kraft der Wahrheit in der Seele; in der Vereinigung von Substanz, Akzidens und verknüpfendem Band zwischen beiden stoßen wir auf das Bild der Dreieinigkeit. Gott hat den Menschen nach seinem Bilde geschaffen und er hat in dem Schöpfungsprozeß ein Urbild der Welt selbst und ihrer Gliederung gegeben: den sechs Schöpfungstagen und dem einen Ruhetag entsprechen 6 bzw. 7 Zeitalter der Welt und des Menschen, 6 bzw. 7 Zeitalter im Alten und im Neuen Bunde (Bonaventura führt seine einteilende Geschichtskonstruktion in Analogie zur Augustinischen Konstruktion fort bis zu seiner Gegenwart), 6 Stufen der aufsteigenden Gotteserkenntnis usw. Man sieht hier zugleich, wie diese symbolisch-analogische Methode, dies Zerlegen der Welt in sich entsprechende, in gleicher Struktur sich abbildende Sphären mit einer gewissen Notwendigkeit zur Zahlensymbolik, zur Wiederkehr bevorzugter Zahlen führt.

Unter der geistigen Führung des Albertus Magnus und Thomas von Aquino wird der Dominikanerorden der eigentliche Hort der Aristotelesstudien und des auf Aristoteles basierten kirchlichen Weltbildes und Wissenschaftssystems. ALBERT VON LAUINGEN – „Albert der Große“ –, im Jahr 1193 geboren, an der Pariser Universität und vor allem in Köln als Lehrer tätig, wo er 1280 starb, hat in einer ungeheuer ausgedehnten Arbeit die Aristotelische Philosophie in allen ihren Teilen zugleich mit den jüdischen und arabischen Kommentaren seinen Zeitgenossen erschlossen. (Nach dem Beispiel des Avicenna stellen seine eigenen Schriften nicht wie die des Averroës und des Thomas einen fortlaufenden philologisch genauen Kommentar, sondern eine lockerere Paraphrase über den Aristotelischen Text mit allerhand Erweiterungen und Exkursen dar.) Albertus ist in erster Linie *Gelehrter*, weniger ein kritischer und gestaltender Kopf wie Thomas. Sammlung und Ordnung eines riesenhaften Materials ist seine Stärke und die Aufgabe, die er sich stellt. Dies gesammelte und eingeteilte Material entstammt wesentlich der Tradition, den Aristotelischen Schriften insbesondere, indessen fehlt es in den naturwissenschaftlichen Disziplinen auch nicht an der Verwertung eigener Beobachtungen, die uns berechtigen, dem scholastischen Philosophen den Namen eines Naturforschers beizulegen (namentlich in Botanik und Zoologie, aber auch in bezug auf chemische Zusammenhänge: auf Albertus geht der Begriff der chemischen „Affinität" zurück). Doch ist das Beobachten selbst bei Albert nicht ein kritisches Befragen der Natur, ein Beantworten einer gestellten Frage, ein Feststellen des So- und nicht Andersseins eines Tatbestandes, sondern eben ein Tatsachensammeln, das auf der gleichen Stufe steht und gleichartig behandelt wird wie das Sammeln von Kenntnissen aus Büchern; deshalb hat auch die Berufung auf eigene Beobachtung bei Albert im Grunde nichts voraus vor der Berufung auf die Autorität des Aristoteles. Es wird ferner nicht geschieden zwischen der Tatsache selbst und ihrem sprachlichen Ausdruck, der Gestalt, die sie in unserem Erkennen und Wissen von ihr annimmt. Wenn daher die angesammelten Kenntnisse eingeteilt, geordnet, systematisch dargestellt werden – die eigentliche Aufgabe des Philosophen –, so ist das erarbeitete System zugleich ein System der Tatsachen, der Dinge, der Welt, und dies System aller Gegenstände ist zugleich ein System unseres Wissens von ihnen, ein System aller möglichen Wissenschaften. Vorausgeschickt wird diesem System die Logik wie bei Aristoteles als Lehre vom „Werkzeug" des Erkennens und damit als Einführung des Schülers in die Technik des Erkennens, das Definieren, Urteilen, Schließen, als Propädeutik. Dann folgt die eigentliche Philosophie in ihren zwei Teilen: der „Real-" und der „praktischen Philosophie" – d. h. genauer der Lehre von dem vom Menschen *unabhängigen* und dem von ihm bzw. seinem Willen *abhängigen* Sein. Zerfällt die „praktische" Philosophie dann weiter in Politik, Ökonomik und Ethik, so die „Realphilosophie" in Theologie als Lehre vom höchsten und unbedingten Sein, Mathematik als Lehre von der Zahl als solcher (Arithmetik), vom Verhältnis der Zahlen zueinander (Musik), von den unbeweglichen Größen (Geometrie) und den beweglichen Größen (Astronomie) und Physik als Lehre von den Gegenständen, deren Erkenntnis und Sein sich von der Materie nicht trennen läßt, von der Natur im engeren Sinn, die ihrerseits wieder in die elementare Natur, das Pflanzen-, das Tierreich, den Menschen (einschließlich der Seele bzw. der Lehre von der Seele) zerfällt. Wir erhalten also ein System in Gestalt einer „Begriffspyramide", die durch die logische Vollständigkeit der Einteilung jedes Begriffs in Unterbegriffe die Vollständigkeit des Systems im ganzen, die Gewißheit, daß alle möglichen Gegenstände und alle möglichen Wissensinhalte in ihm befaßt sind, gewährleisten soll. Jeder Gegenstand findet hier seinen ihm zukommenden Platz, wie jedes Ding, nicht als Individuum, sondern seinem begrifflichen Wesen nach im Raume seinen natürlichen Ort hat – das Erdhaft-Feste im Mittelpunkt, das Ätherische an der Peripherie usw. Das System der Dinge hat eine letzte oberste Spitze: Gott. Sie ist zugleich die oberste Ursache von allem, der erste Beweger; indem wir von der begrifflichen Spitze herabsteigen, steigen wir zugleich von der Ursache zur Wirkung, vom aktiven zum passiven Faktor, von der Form aller Formen bis zur Materie herab (die ihrerseits auch Ergebnis eines zeitlichen Schöpfungsaktes ist). Das System alles Seienden ist daher zugleich ein *genetisches* System, das nicht nur Art- und Gattungsverschiedenheit, sondern auch das Werden der Dinge abbildet (wie das ja auch Aristoteles von der Darstellung der Welt in einem System von *Schlüssen* verlangt). Das System der Welt ist ein theozentrisches, genauer ein in Gott gipfelndes, von ihm ausgehendes und zugleich wieder auf ihn hinweisendes System, denn wie die höchste Realität, so ist Gott auch das höchste Gut. Man beachte indessen, daß, wie Gott die Spitze des Ganzen, so der Mensch in gewisser Weise die der physikalischen Welt darstellt; um seinetwillen ist im Grunde die niedere Welt, sind Elemente, Pflanzen und Tiere da, Mittel für seine Lebenszwecke (wie er selbst wieder samt aller Kreatur um Gottes willen da ist), weshalb auch Nützlichkeit und Schädlichkeit der Tiere und Pflanzen selbst zu zoologischen und botanischen Eigenschaften und Einteilungsgründen werden.

Thomas von Aquino ist 1225 auf dem Schloß Roccasecca bei Neapel geboren, trat 1243 in den Dominikanerorden ein, wurde dann in Paris und Köln der Schüler des Albertus Magnus, um 1252 die eigene Lehrtätigkeit in Paris zu beginnen, die er später durch einen mehrjährigen Aufenthalt in Italien unterbrach. In Paris richtete sich sein Hauptkampf gegen die Averroistenschule, aber auch nach der anderen Seite, gegen den Augustinismus der Franziskaner und gegen Mitglieder seines eigenen Ordens setzte sich seine Philosophie nur langsam durch. Immerhin stand seine Autorität, als er 1274 – im selben Jahr wie Bonaventura – auf der Reise zum Konzil von Lyon starb, schon ziemlich fest. 1309 wurde die thomistische Doktrin zur offiziellen Ordenslehre erklärt, 1323 erfolgte die Heiligsprechung des „Doctor angelicus". Seine Hauptwerke sind außer den Aristoteleskommentaren und dem Kommentar zu Lombardus' Sentenzenwerk die beiden umfassenden Summen: die „Summa contra gentiles" (eine gegen die „Heiden", d. h. die Averroisten gerichtete Apologie des katholischen Glaubens), auch Summa philosophica genannt, und die Summe theologica, eine nach der scholastischen Methode aufgebaute Lehre vom Dasein und Wesen Gottes, der Bestimmung des Menschen, der Erlösung und den Sakramenten.

Credo ut intelligam – gläubiges Hinnehmen der geoffenbarten Wahrheit, um dann eben diese Wahrheit auch mit der Vernunft einzusehen – war die Losung der ganzen ersten Periode der Scholastik, inhaltlich deckt sich damit der Umfang des Geglaubten und Erkannten, nur muß derselbe Inhalt *erst* geglaubt, *dann* erkannt, mit der Vernunft durchleuchtet werden. Für Thomas sind dagegen Offenbarung und Vernunft bzw. Erfahrung zwei Erkenntnisquellen, die uns Verschiedenes zu lehren bestimmt sind, die Sphären des Glaubens und des Wissens decken sich nicht oder nur zum

Teil: es gibt Mysterien, Geheimnisse des Glaubens, die nicht widervernünftig, nicht absurd, aber übervernünftig sind, und zu ihnen gehören gerade diejenigen Lehren, die die Theologie eines Anselm vor allem einleuchtend machen wollte, die Trinität, die Menschwerdung Christi, die Erlösung, aber auch die Schöpfung der Welt in der Zeit. Andererseits sind gerade die Grundlagen der Religion, das Dasein, die Unendlichkeit, das Geistsein Gottes, erkennbar, d. h. streng beweisbar. Wissen heißt beweisen, glauben heißt auf die Autorität der Offenbarung hin für wahr halten, die Mitteilungen der Offenbarung aber knüpfen an an das, was wir wissen: in gewissem Sinn tritt also hier an die Stelle des credo ut intelligam ein intelligo ut credam. Freilich nun wieder nicht im Sinn der Vernunftreligion des Maimonides (oder des 17. und 18. Jahrhunderts, Lockes), der der Glaube nur Ergänzung und nähere Bestimmung des erkennenden Wissens ist, sondern in dem Sinn, daß die Wissenschaft dem Menschen die Vorbedingungen schafft für die Aufnahme und das Verstehen des höchsten Lichtes, mit dem dann die Offenbarung ihn erleuchtet. Die Wissenschaft erbaut die Vorhalle, von der aus wir in den Tempel des Glaubens treten.

Alle Erkenntnis geht von der Erfahrung aus. Sie entsteht als eine Wechselwirkung zwischen Objekt und Subjekt, Gegenstand und Verstand. Durch die Sinne werden Wahrnehmungsbilder – species sensibiles – in uns wachgerufen, es bedarf jedoch der *Tätigkeit* des Verstandes, um aus ihnen die allgemeinen Begriffe, die Begriffsbilder, die species intelligibiles, herauszuheben, die das allgemeine Wesen der Dinge uns erkennen lassen. Im Erkennen nehmen wir die Außenwelt in uns auf, ihrem unstofflichen Wesen nach, doch über die Einwirkung der stofflichen Dinge auf unsere Sinne. Was aber das rein Unkörperliche angeht, so erkennen wir Menschen es immer nur analogisch, mit Hilfe von Analogien aus der sinnlich erfahrbaren Welt, wie wir ja auch von geistigen Beziehungen nur in sprachlichen Bildern reden können. Eben damit weist *unser* Erkennen hin auf höhere Erkenntnisformen, auf ein direktes, *alles* durchdringendes Schauen, das uns Menschen versagt ist. Die Universalien sind nach der uns schon bekannten Formel vor den Dingen als ihre Urbilder im Geiste Gottes, in den Dingen als ihr Wesen und ihre wirkende „Form", nach den Dingen als allgemeine Vorstellungsbilder in unserem Geist. Einen Gegenstand erkennen heißt sein Wesen und dessen Wirken in der Materie des Gegenstandes in einen Begriff fassen, also die Wesens- und Kausalstruktur des Gegenstandes im Intellekt nachbilden, wahr ist unsere Erkenntnis, wenn dies Bild mit der Wirklichkeit übereinstimmt (adaequatio rei et intellectus). Der höchste Begriff, zu dem uns die abstrahierende und generalisierende Betrachtung führt, ist der des „Seins", die grundlegende Wissenschaft ist die „Ontologie". An ihre Spitze treten die unmittelbar einleuchtenden Prinzipien, die logische und ontologische Denk- und Seinsgesetze zugleich sind: vor allem der Satz des Widerspruchs, als Seinsgesetz: daß Seiendes nicht zugleich nicht sein kann, als Denkgesetz: daß nichts in der nämlichen Hinsicht zugleich bejaht und verneint werden kann. Von ihm sind andere Sätze abhängig, die doch zugleich auch unmittelbare Evidenz besitzen: daß keine Wirkung ohne Ursache, daß das Ganze größer als der Teil sein muß, daß nur Wirkliches anderes verwirklichen, aus dem Zustand bloßer „Möglichkeit" (Potentialität) in den aktueller Wirklichkeit überführen kann, daß wenn zwei Dinge einem dritten, sie untereinander gleich sind, daß das Nichts keine Eigenschaften hat. Es sind Sätze, die zugleich im Wesen der Dinge und in dem unseres Verstandes gründen, als wahr einsichtig gewußt, sobald wir sie uns vergegenwärtigen, ohne eines Beweises zu bedürfen, zugleich durch den Hinblick auf das Sein der Dinge bestätigt. Alles Denken ist eben als solches unmittelbar auf das Sein bezogen, ist wesenhaft Denken des Seienden. Doch ist dieser höchste Begriff des Seins nicht in *demselben,* sondern nur in einem *analogischen* Sinn auf „alle" Gegenstände anwendbar: Gott „ist" in einem anderen Sinn, als die Seele oder der Körper. Und was vom „Sein" gilt, gilt von drei anderen Begriffen – der Einheit, des Wahren, des Guten – die mit dem des Seins umfangsgleich sind: wie jedes

Ding seiend, so ist es auch eines, wahr (mit sich selbst identisch) und gut (als göttliche Schöpfung). Alles Seiende ist ein bestimmtes „Etwas", ein „Was", und dieses Etwas „existiert", an jedem Ding ist also „Essenz" und „Existenz" unterscheidbar. Aber auch hier stoßen wir wieder auf den Gegensatz von Gott und allem endlichen Wesen, von Schöpfer und Kreatur: von Gottes „Wesen" ist die Existenz unabtrennbar, in ihm ist mit der Essenz die Existenz gesetzt. Doch führt diese Bestimmung bei Thomas nicht zu dem uns bekannten ontologischen Gottbeweis: es gibt keinen Schluß rein vom Begriff auf die Existenz Gottes, sondern nur einen Schluß vom zufälligen auf das notwendige Dasein, von der wahrgenommenen tatsächlichen Existenz der Dinge, deren Nichtexistenz auch denkbar wäre, auf die Existenz eines Wesens, dem das Dasein nicht in dieser abtrennbaren Weise eignet, oder dem die Existenz nicht durch etwas außer ihm gegeben sein muß. Ebenso muß es einen Schluß vom Dasein der tatsächlichen Bewegung auf einen „ersten Beweger" und von dem des verhältnismäßig, des relativ Guten auf ein höchstes Gut geben, in bezug auf das oder im Vergleich mit dem alles andere „gut" ist.

Alles Seiende ist Substanz oder Akzidens – selbständiges Subjekt, von *dem*, oder Prädikat, *das* ausgesagt wird. Substanzen im letzten Sinn sind nur die individuellen Dinge, Substanzen in sekundärer Bedeutung die Essenzen, die allgemeinen Wesensformen in ihnen. Alles Geschehen ist ein sich Entfalten solcher Wesensform in der (gleichfalls von Gott geschaffenen) Materie, in der die Formen keimartig, potentiell angelegt sind. Dieser Entfaltungsprozeß wird wieder angeregt durch die bewegende, die wirkende Ursache, zuletzt den ersten Beweger, Gott. Der Entfaltungsprozeß, alles Geschehen in der Welt also ist durch ein Ziel bestimmt, teleologisch, ein organisches Werden. Sein letztes Ziel aber das höchste Gut, also wiederum Gott. Die Materie ist das „Prinzip der Individuation", dieselbe Form mit verschiedener Materie sich umkleidend ergibt die Vielheit der Exemplare derselben Gattung. Die Seele ist die formende, gestaltende Kraft des organischen Körpers, sie ist reine Form ohne Materie (gegen Avicebron und die Franziskaner), jede Seele Wesen und Individuum – Person – für sich, individuell unsterblich (gegen die Averroisten), eine besondere Schöpfung Gottes. Die Welt im Ganzen gliedert sich in Stufen. Die unterste Stelle nehmen die unbeseelten Körper ein, deren Wirken nur ein nach außen gerichtetes Weitergeben ihrer Qualität ist: Feuer entzündet, Kaltes kühlt ab, Bewegtes setzt in Bewegung. Die nächste Stufe sind die Pflanzen, in denen eine innere formgebende, also im engeren Sinn organische Kraft wirkt, die die Pflanze wachsen und Samen entwickeln läßt, aus denen eine neue gleichartige Pflanze entsteht. Aber die Lebenstätigkeit ist noch unvollkommen: sie erschöpft sich in dem Kreislauf von Ernährung – Aufnahme äußerer Stoffe, die zum Aufbau des Pflanzenkörpers dienen – und Fortpflanzung – Abgabe des Samens, der in die Erde gesenkt wieder eine Pflanze hervorbringt. Höher steht die wahrnehmende Seele des Tieres, deren Tätigkeit zwar auch von außen angeregt wird, um aber dann im Innern selbst, durch die Bildung von Vorstellungen, durch die Anhäufung eines Schatzes von Erinnerungen sich zu entfalten. Aber die nur wahrnehmende und auf die Wahrnehmungen mit Bewegungen antwortende Seele wendet sich noch nicht auf sich selbst zurück, reflektiert nicht auf sich selbst – wie es der menschliche Verstand tut, der zugleich um sich und sein Tun weiß. Auf einer noch höheren Stufe, bei den Engeln, bedarf das verstehende Erkennen nicht mehr des Anstoßes von außen, es erfaßt die Welt vom Verständnis des eigenen Wesens aus. Die höchste Stufe aber nimmt Gott ein, in dem Denken und Sein, Wesensbild und Wesenheit selbst völlig eins sind. Man sieht, wie bei Thomas die Stufen des Seins zu Stufen des Lebens, die Stufen des Lebens aber zu solchen des Erkennens werden.

Unterscheiden und Einteilen – begriffliches Fixieren des Unterschiedenen und Anordnen der gewonnenen Begriffe in einem System – endlich nicht zuletzt Über- und Unterordnen der seienden und unterschiedenen Begriffs- und Gegenstandssphären nach dem ihnen an sich zukommenden oder innewohnenden *Wert*, darin besteht die eigentliche Erkenntnisarbeit des Aquinaten. Angewandt auf die Psychologie ergibt sie eine Aufzählung und Rangordnung der einzelnen „Vermögen“ der Seele, die in Vernunft und Wille gipfeln, und zwar mit der Vernunft an höchster Stelle: Thomas ist Intellektualist, die Vernunft bestimmt nach ihm durch Werterkenntnis und Zielsetzung den Willen, der aber seinerseits frei, nicht notwendig determiniert, ein Vermögen freier Wahl ist. Und in der *Erkenntnis* Gottes, in der visio divinae essentiae, liegt für den Menschen der Grund wahrer und höchster Seligkeit.

Die Willensfreiheit ist die Voraussetzung aller Moral: nur freie und aus vernünftiger Überlegung geschehende Handlungen sind gut. Inhaltlich ist unser Tun gut, wenn es mit dem Gebot Gottes, d. h. der erkennbaren, von Gott geschaffenen Wertordnung der Dinge übereinstimmt. Die „Tugenden“ sind erworbene Dispositionen zum Tun des Guten; Thomas übernimmt die griechische Lehre von den vier „natürlichen“ Tugenden der Weisheit, Gerechtigkeit, Mäßigkeit, Tapferkeit, ergänzt sie aber durch die „übernatürlichen“ Tugenden Glaube, Liebe, Hoffnung. Das letzte Ziel des Menschen, die ewige Seligkeit, kann nur durch Gottes Mitwirkung, durch die *Gnade* erlangt werden, die selbst eine Teilnahme an der göttlichen Natur ist, gewirkt durch Gottes Menschwerdung und die von Christus eingesetzten, von der Kirche, deren Haupt Christus ist, verwalteten Sakramente.

Wie für Aristoteles, ist für Thomas der Mensch ein zoon politikon. Als naturnotwendig ist der *Staat* zugleich gottgewollt, der Gehorsam gegen seine Obrigkeit Pflicht. Der Zweck des Staates ist die Erziehung des Menschen zu einem tugendhaften Leben, zuletzt seine Vorbereitung für die Vereinigung mit Gott; da dieser Vorbereitung vorzüglich die Kirche dient, steht sie über dem weltlichen Staat. –

Am Augustinismus der Frühscholastik ist der eigentliche, ja einzige Gegenstand des philosophischen Denkens Gott und sein Verhältnis zur Seele und zur Welt, das Ziel der Philosophie die systematische Begründung des Dogmas durch vernünftige Überlegung und den Nachweis der Übereinstimmung der Autoritäten. Das Hauptgewicht fällt dabei notwendigerweise gerade auf die spezifisch christlich-kirchlichen Dogmen: Trinität, Inkarnation. Die Frühscholastik mußte damit auch fest auf dem Boden des Platonischen Begriffsrealismus stehen, ohne den die Logisierung jener Dogmen nicht möglich war. Im Aristotelismus der Hochscholastik ist der gedankliche Aufbau und die systematische Durchbildung eines die Gesamtheit aller Dinge umfassenden, dem christlichen Geist entsprechenden Welt- und Naturbildes Selbstzweck geworden, er treibt Naturerkenntnis zur höheren Ehre Gottes, mit dem Aufblick zu Gott als der höchsten Spitze, dem Schöpfer, Erhalter, Regierer des Ganzen, der damit aber selbst eben nur als *Krone* des Gebäudes erscheint, dessen übernatürliches Wesen uns erst die die Vernunfterkenntnis ergänzende *Offenbarung* enthüllt. Die *Spätscholastik* schreitet auf dem Wege, der von der Früh- und Hochscholastik führt, fort bis zur völligen Auflösung des eigentlichen scholastischen Ideals, bis zur völligen Trennung von weltlicher Philosophie und aus übernatürlicher Quelle stammenden Gottesglauben. Zugleich erfolgt in der Spätscholastik erkenntnistheoretisch die Wendung zum *Nominalismus* und damit zu der Lehre von der alleinigen Wirklichkeit der individuellen Einzeldinge.

Die Wendung zu der „spätscholastischen“ Selbstauflösung der Scholastik und ihres wissenschaftlichen Ideals vollzieht sich ferner in der Auseinandersetzung und im Zusammenhang mit der Zuspitzung der Gegensätze zwischen Dominikanern und Franziskanern. Aus der *konservativen* Opposition der Franziskaner gegen den Aristotelismus und seine Verbindung von Naturerkenntnis und Theologie wird eine *radikale* Opposition, die der von Theologie und Glauben durch einen scharfen Schnitt getrennten Naturerkenntnis ihr Eigenrecht gibt, religiös aber von der Thomistischen Auffassung, die den Menschen sich in einer wohlgeordneten verchristlichten Welt, in einer schon im Diesseits unter der Herrschaft der Kirche errichteten civitas Dei sich fühlen lehrt, zurückkehrt zu der einsamen Seele, die, in eine gottferne „Natur“ gestellt, Gott als der Übernatur gegenübersteht, des Gerichts und der civitas Dei am Ende der Dinge gewärtig. Die Spätscholastik bereitet der Naturwissenschaft der Neuzeit den Weg und ihr Augustinismus weist auf die Religiosität der Reformation.

Auf der Grenze der Hoch- und Spätscholastik steht der Franziskaner Duns Scotus (in Schottland geboren, als Lehrer in Oxford, Paris und Köln tätig, nach umfassender literarischer Tätigkeit verhältnismäßig jung 1308 gestorben). Duns Scotus ist in erster Linie ein scharf kritisch veranlagter Kopf – als Kritiker, nicht in grundsätzlicher Skepsis bemängelt er die Schärfe der theologisch-philosophischen Beweise – und ein scharfsinniger Begriffsanalytiker: als solcher macht er sich zur besonderen Aufgabe die systematische Darstellung des Kategoriensystems, des Systems der „Transzendentia“, der obersten, auf alles Seiende anzuwendenden Gattungsbegriffe. Duns Scotus ist nicht Nominalist, die Begriffe sind für ihn, wie für Thomas, nicht subjektive Schöpfungen, sondern sie bilden die reale Struktur der Gegenstandswelt ab. Aber er ist in gewissem Sinn Individualist: jedes Ding ist ein „Was“ und ein „Dies“, es hat allgemeine und individuelle Züge, aber auch diese individuellen Züge, sein „Dies“, sein „Hier und Jetzt“-Sein (seine „haecceïtas“) ist etwas Denkbares, begrifflich Faßbares, eine individuelle Form. Nicht die „Materie“ – mit einer solchen ist im übrigen jedes endliche Ding, auch die Seele umkleidet – ist der Grund der Individualität, sondern eben jene spezifische Form des Gegenstandes. Eine von der Thomistischen Denkweise verschiedene *Wertung des Individuellen,* des Spezifischen, verbirgt sich hinter dieser Lehre. Und dem entspricht nun auch der andere besondere Zug der Philosophie des Franziskaners: sein „Voluntarismus“. Der Mensch ist nicht in erster Linie ein erkennendes, sondern ein *wollendes* Wesen, der Wille ist es erst, der ihn zur Erkenntnis führt, und im Willen, nicht in der Vernunft, liegt der Quell der Glückseligkeit. Vor allem betont Duns auch in Gott den Primat des Willens, er greift auf den

alten Gedanken zurück, daß das Gute gut ist, *weil Gott es will*, das Böse böse, weil er es verbietet, nicht umgekehrt – Gott hätte auch einen anderen Moralkodex festsetzen können. Es gibt danach keine an sich bestehende Wertordnung der Dinge, die, der Seinsordnung vergleichbar, von uns ebenso wie diese erkannt würde, wie der Thomismus lehrt. Zugleich ist klar, daß die Betonung des – freien – Willens Gottes die Überzeugung von der Unbeweisbarkeit aller jener Dogmen bestärken mußte, die zuletzt auf einen Willensakt Gottes zurückgehen (Inkarnation, Erlösung).
Der bedeutendste Kopf der eigentlichen Spätscholastik, zugleich der Begründer und Hauptvertreter des Nominalismus, ist Wilhelm von Occam (Ockham), der, gebürtig in England und in Oxford ausgebildet, gleichfalls Franziskaner, nach seiner Verurteilung in Avignon (1328) beim Kaiser Ludwig dem Bayern Zuflucht fand und 1349 in München starb. Occam ist Nominalist: alle Wirklichkeit besteht aus individuellen Einzelwesen, allgemeine Gegenstände sind fingierte Gegenstände, es gibt nur Zeichen allgemeiner Bedeutung, die wir einander ähnlichen Einzeldingen um dieser Ähnlichkeit willen zuordnen. Historisch namentlich wirksam wurde das erkenntnistheoretische Prinzip, das er der Annahme realer Allgemeinbegriffe entgegenhält: man dürfe die Zahl der Gegenstandsarten nicht überflüssig vermehren („entia non sunt multiplicanda praeter necessitatem"), eine Art Ökonomieprinzip der Erkenntnis. Da nur Individuelles Wirklichkeit hat, ist die Intuition, die äußere und innere *Erfahrung*, die Grundlage aller Erkenntnis. Eine rationale Theologie oder eine Psychologie, die die Unsterblichkeit der Seele *beweist*, ist auf dieser Grundlage natürlich nicht möglich. Einheit, Unendlichkeit, selbst das *Dasein* Gottes läßt sich nicht stringent beweisen, es handelt sich in allem unserem Wissen von Gott und der transzendenten Welt um *Glaubenssätze*, die wir gestützt auf die Autorität der Bibel und der kirchlichen Tradition gläubig hinnehmen, die aber weder beweisbar sind noch als Beweisprinzipien dienen können. In der Willensfrage wie in der Ethik teilt Occam den Standpunkt des Duns Scotus:

das gesamte Sittengesetz, auch die Gebote des Dekalogs sind nur in dem freien Willen Gottes begründet, durch den sie auch beliebig abgeändert werden könnten. Zwischen Glauben und Einsehen oder Wissen tut sich eine Kluft auf: wir verstehen, daß hier auch die averroistische Lehre von der „doppelten Wahrheit" nicht mehr fern lag. An Occam knüpfte sich eine zahlreiche Schule, deren Mittelpunkt die Pariser Universität wurde. Hier wirkte u. a. Nicolaus von Autrecourt (1346 von der Kurie verurteilt), der das Dasein einer realen Außenwelt und das Kausalgesetz für unbeweisbar erklärte. Nicole Oresme († 1382, Bischof in Lisieux) nimmt mathematische Schöpfungen voraus, die erst im Beginn der Neuzeit allgemeine Verbreitung gewinnen: das Rechnen mit Potenzen gebrochener Exponenten, das Koordinatensystem der analytischen Geometrie.

Wie Duns Scotus und Occam in England gebürtig, wie sie in Oxford ausgebildet, wo er später als Lehrer tätig war, wie sie ein Mitglied des Franziskanerordens, steht ROGER BACON (um 1210–1294) vielleicht noch mehr als Übergangsgestalt zwischen Mittelalter und Renaissance vor uns: Universal veranlagt und gerichtet, wie sein Zeitgenosse Albertus Magnus, aber in einem ganz anderen Sinn als die Systematiker der großen Summen, deren ganzes Wissenschaftsideal er ebenso verwirft, wie er gegen die Aristotelische Logik kämpft. Erfahrung und Experiment als Weg zur Erkenntnis ist die Forderung, die er stellt und seine Entdeckungen, die Resultate, die seiner Forschung nicht zuletzt dadurch beschieden waren, daß sich seiner glücklichen Beobachtung ein unzweifelhaftes mathematisches Talent gesellt, stellen ihn ohne Frage an die Spitze der mittelalterlichen Naturforscher (Entdeckung der Gesetze der Reflexion und Strahlenbrechung, der Luftspiegelung, Kalenderreform, chemische Experimente usw.). Doch ist ihm die Erfahrung und das Experiment, mit denen er das gegebene System der scholastischen Naturwissenschaft sprengt, nicht eine beobachtende Konstatierung von Erfahrungstatsachen, nicht eine methodische Befragung der Natur, sondern zuletzt ein Versuch, die letzten Elemente der Natur in die Hand zu bekommen, ihre Kräfte zu beherrschen, um mit ihrer Hilfe die Gewalt über die Natur zu erhalten, die dem Menschen zukommt. Das letzte Ziel der experimentierenden Erfahrung sind die Geheimwissenschaften – Alchimie, Astrologie, Magie. Auf der anderen Seite steht neben der äußeren die innere Erfahrung, die uns das Wissen von der Seele gibt, die – hier verbindet sich der Augustinismus Bacons mit seinem Empirismus – ihrerseits eine Erleuchtung der Seele durch Gott und deren höchste Stufe das ekstatische Einswerden mit Gott ist. So berührt sich in Roger Bacon Naturforschung und Mystik.

Im Franziskanerorden, der von Anfang an der Träger der Augustinischen Tradition und damit auch der an Augustin anknüpfenden Mystik ist, vollzieht sich im einzelnen Denker jene Trennung von Naturerkenntnis und mystischer Religiosität, jenes Nebeneinander beider, das bis an die Grenze der Lehre von der „doppelten Wahrheit" führt. Die Möglichkeit dieses Nebeneinander beruht z. T. auf dem *Voluntarismus* (der auch bei Roger Bacon nicht fehlt, vielmehr in der Betonung der Herrschaft über die Natur als Ziel und Sinn der Naturerkenntnis renaissancemäßig gefärbt in die Erscheinung tritt), auf der Lehre vom Primat des Willens – des Willens, der *einmal* den Weg der Erkenntnis, den Weg zur Natur und *dann* den Weg zur Über-Natur, zu Gott führt, den Menschen zum Glied der zwei Welten, der *Natur* und der *Gnade,* macht. Im Dominikanerorden dagegen geht die Entwicklung dahin, daß eine Entwicklung des mystischen Faktors bei *bestimmten Denkerpersönlichkeiten* einsetzt. Im Ausgangspunkt, in der begrifflichen Grundlage, vielfach noch mit der Scholastik Alberts und Thomas' verbunden, freilich unter besonderer Anknüpfung an die neuplatonischen Elemente bei den großen Aristotelikern, führt diese dominikanische Mystik dahin, daß, unter fast völliger Abstreifung des systematischen Charakters und der Ansätze zur Naturerkenntnis, die Philosophie wesentlich zum *Ausdruck* eines religiösen Fühlens wird.

Die weitaus stärkste Persönlichkeit dieser aus dem Dominikanerorden hervorgehenden Mystiker ist der Deutsche Meister Eckhart (um 1260 in Hochheim bei Gotha geboren, seit 1304 Ordensprovinzial des Dominikanerordens für Sachsen, seit 1307 Generalvikar, später in Straßburg und Köln als Lehrer tätig. 1326 wurde ein Prozeß von der Kirche gegen ihn angestrengt, der indessen erst nach seinem Tode [1327] mit der Verurteilung einer Reihe von Sätzen als ketzerisch endete). Von einem Welt- und Naturbild, das in systematischer Ordnung und sauberer Schichtung die verschiedenen Sphären der elementaren und lebenden Natur, des Menschen, der Geister bis zur Gottheit umfaßt, finden wir bei Eckhart nichts, sein Denken kreist ausschließlich um die Gottheit und die Seele. Die Frage, wieweit der Eckhartsche Gottesbegriff theistisch-christlich oder pantheistisch-neuplatonisch ist, ist bis heute strittig und wird es im Grunde immer bleiben: die feste, klare Begriffsbildung und -abgrenzung ist überhaupt nicht Eckharts Sache. Offenbar ist die Neigung bei ihm vorhanden, auf der einen Seite sich nicht zur Kirche und zum Dogma in Gegensatz zu bringen – keineswegs nur aus äußeren Gründen, die Zugehörigkeit zur Kirche wird von ihm als Symbol der Zugehörigkeit zu Christus und zu Gott empfunden, die Kirche ist, hier denkt und fühlt er durchaus mittelalterlich, nicht individualistisch-renaissancemäßig, der Leib Christi. Auf der anderen Seite aber neigt er dazu, den Ausdruck seiner eigenen Gedanken ins Übertriebene, ja Paradoxe zu steigern. Sein Denken ist nicht systematisch-architektonisch, ein Bauen in festen aufeinander abgestimmten Begriffen, sondern es ist Ausdruck eines intensiven religiösen Lebens. Bezeichnend ist zunächst die Tendenz, Gott – *das* Sein, das „reine und volle" Sein, das Absolute, das schlechthin Eine – in seiner Erhabenheit über alles Endliche ins Höchstmögliche zu steigern. Damit kommt Eckhart auf die Wege der „negativen Theologie" des Areopagiten: alles Positive, was wir von Gott aussagen, kommt ihm nur analogisch, kommt ihm eher nicht zu als zu – eingeschlossen sogar das „Sein" selbst: das Versinken in die höchste Gottheit ist im Grunde ebenso ein Sturz in den Abgrund des *Nichts*. Erst recht steht dies Göttliche, die göttliche Wesenheit über der dreieinigen Gottheit, die selbst damit nur als erste Emanation der überpersönlichen Gottheit erscheint. Wird so die Kluft zwischen Gott und allem anderen so erweitert und vertieft, daß der dreieinige Gott des christlichen Dogmas nicht mehr als oberste und höchste Spitze erscheint, so wird auf der anderen Seite – wie bei allen neuplatonisch beeinflußten Denkern – dieselbe Kluft dadurch verringert, daß das Geschaffenwerden der Kreatur aus dem Nichts mit einer Emanation aus dem Wesen Gottes, das Erhaltenwerden durch Gott mit der Teilhabe am göttlichen Sein zusammenfließt, aus der Schöpfung in der Zeit eine ewige Schöpfung wird. Vor allem: der Kern der menschlichen Seele, die „Seele der Seele", das „Fünklein" (scintilla) in der Seele erscheint als göttlicher Natur, göttlichen Wesens: die „Ebenbildlichkeit Gottes" der Seele wird zur Göttlichkeit ihrer Natur gesteigert. Wäre der *ganze Mensch* so, wie dies Fünklein in ihm, er wäre „allzumal ungeschaffen und ungeschöpflich, über die Zeit erhaben in Ewigkeit". Indem ferner aus der willentlichen Schöpfung ein Hervorgehen der Dinge aus Gott wird, wird dieses Hervorgehen selbst zu einem notwendigen Prozeß: „Von Not muß Gott wirken alle seine Werke." Und wie der Schöpfungs-, so wird auch der Erlösungsprozeß aus einem einmaligen, historischen und freien Akt zu einem notwendigen ewigen Vorgang; dem Verlangen der Seele zu Gott entspricht ein Drängen in Gott zur Seele, das durch das Menschwerden Gottes und das Einswerden der Menschen mit Gott sich erfüllt: „Gott mag unser also wenig entbehren, wie wir seiner." Das Einswerden mit Gott aber geschieht in der Gotteserkenntnis, vielmehr es geschieht selbst in einem Akt der Erkenntnis, der übervernünftigen, mystischen Erkenntnis. „Glaube" ist die höchste, die übervernünftige Form der Erkenntnis, sie wird „Glaube" genannt, nur um sie von der gewöhnlichen „Erkenntnis", dem Wahrnehmen und dem kunstmäßigen Denken, zu unterscheiden. Wie Thomas ist Eckhart *Intellektualist*, im Erkennen vollendet sich das Wesen des Menschen und erreicht der Mensch die Seligkeit. Aber für Thomas ist diese Seligkeit im Schauen Gottes erst im Jenseits erreichbar, wie auch erst im Jenseits aus dem Glauben ein wirkliches schauendes Erkennen wird, während Eckhart den Schritt zu dieser Einheit mit Gott in der übervernünftigen Erkenntnis schon in das Diesseits verlegt.

Unter den Vertretern der deutschen Mystik, auf die Eckhart einen entscheidenden Einfluß geübt hat, sind vor allem Johannes Tauler und der weichere, mehr lyrische Heinrich *Seuse* (lat. Suso) zu nennen. Auch die von Luther herausgegebene „Deutsche Theologie“ (unbekannten Verfassers) entstammt dem Eckhartschen Kreis.

FÜNFTES KAPITEL

DIE PHILOSOPHIE DER RENAISSANCE

Äußerlich betrachtet können wir die Zeit des 15. und 16. Jahrhunderts, die Zeit des Übergangs vom „Mittelalter“ zur „Neuzeit“, nach vierfacher Richtung charakterisieren: als Zeitalter der von Italien ausgehenden „Renaissance“ und des „Humanismus“, als Zeitalter der Erfindungen und Entdeckungen, als Zeitalter der Reformation und endlich als Zeitalter der sich bildenden Nationalstaaten und des wirtschaftlichen Aufstiegs des Bürgertums.
In gewissem Sinn beginnt der „Humanismus“, die Neubelebung der Kenntnis und des Studiums des Altertums, bereits mit jenem Einströmen der griechisch-arabischen Literatur in das lateinische Abendland, das den Anstoß zur Entwicklung der Hochscholastik gibt. Es geht eine kontinuierliche Linie von der Übertragung der Aristotelischen Werke ins Lateinische im 12. bis zur Übersetzung des ganzen Platon durch Marsiglio Ficino im 15. Jahrhundert. Dante, der Verehrer Vergils und die erste große und markante Dichter*persönlichkeit* der Neuzeit, wandelt in den philosophischen Grundlagen seines dichterisch gestalteten Weltbildes durchaus und bewußt in den Bahnen des Thomas von Aquino. Petrarca, der mit seiner leidenschaftlichen Begeisterung für das römische Altertum recht eigentlich der Vater des Humanismus wird, Petrarca, der für sein Leiden am Leben Heilung bei Augustin, aber auch bei Cicero und Seneca sucht, steht doch zugleich unerschütterlich auf dem Boden der christlichen Weltansicht, die er in einer besonderen Streitschrift gegen die Averroisten verteidigt. Den letzten entscheidenden äußeren Anstoß zur Übermittelung der Aristotelischen Schriften an das lateinische Abendland gab die Zerstörung des spanischen Maurenreiches; dem entspricht im 15. Jahrhundert die Eroberung Konstantinopels durch die Türken

(1453), die die oströmischen Gelehrten mit ihren literarischen Schätzen zur Auswanderung nach Italien zwingt (doch *vollendet* auch hier dies Ereignis nur eine schon vorher begonnene Bewegung, schon die Bestrebungen zur Wiedervereinigung der östlichen und westlichen Kirche führen zur Berührung der italienischen mit den byzantinischen Gelehrten, so die Kirchenversammlung zu Ferrara 1438, die den Platoniker Gemistos Plethon nach Italien führt).

Auf der anderen Seite besteht doch ein deutlicher Unterschied zwischen der Rezeption des Aristoteles, die im 13. Jahrhundert zur Hochscholastik führt, und dem neuerwachenden Interesse an der antiken Literatur, das den Humanismus des 15. Jahrhunderts einleitet. Männer wie Albertus und Thomas, so sehr ihr Werk eine Neuschöpfung ist, fühlen sich nicht als Propheten einer neuen Zeit und ihre Arbeit als Bruch mit dem bisherigen Weltbilde, dem sie vielmehr das endgültige feste Fundament zu geben überzeugt sind. Der Aristotelismus war hier, wie in der gleichen Entwicklungsphase des Islam, das gegebene Werkzeug, um die Philosophie des Dogmas zu einem auch die profanen Wissenschaften in sich schließenden Gesamtweltbild zusammenzufassen. Thomas *vollendet,* was die Jahrhunderte vor ihm begonnen haben, und er sieht sein eigenes Werk in dieser Beleuchtung. Es ist das ragende Wahrzeichen der gesamten christlichen Philosophie des Mittelalters und die theoretische Begründung einer in Glauben und Institutionen fest verankerten Welt- und Gesellschaftsordnung. Die „Humanisten" dagegen fühlen sich als Propheten und Vertreter einer Zeit, die grundsätzlich umwälzend Neues bringt und fordert, ein Neuwerden, eine „Wiedergeburt", eine „Reformation" an „Haupt und Gliedern", einen Bruch mit dem Alten. Der *Wille* ist nicht auf Erhaltung, Begründung, Konkordanz, Systematisierung eines gegebenen Materials, sondern auf Neuschöpfung, kritischen Kampf gegen das Alte, Suchen und Erweitern des Stoffes gerichtet. Daher auch dort die systematische Einheit, hier das Auseinanderfallen in eine Reihe von Richtungen, deren jede ihre Eigenart betont bis herab zu der ganz persönlichen Eigenart des Denkers, die eine immer stärkere Unterstreichung erfährt.

Es ist verständlich, daß wir dabei zunächst aus dem Altertum bekannten Richtungen und Gegensätzen begegnen. Unter dem Protektorat des Cosimo Medici bildet sich 1440 in Florenz eine Platonische Akademie, deren bedeutendster Lehrer der schon erwähnte Marsiglio Ficino (1433–99) wird, der Übersetzer der Schriften Platons, der selbst den Platonismus in neuplatonischer Fassung vertritt. In denselben Kreis gehört Pico von Mirandola (1463–94) und sein gleichnamiger Neffe. Aber auch der Aristotelismus erwacht in neuer Gestalt, großenteils unter bewußter Ablehnung des kirchlich approbierten thomistischen Aristoteles, teils averroistisch, aber auch unter kritischer Stellung gegen den Averroismus und mit Rückgang auf den antiken Kommentator Alexander von Aphrodisias. Ein führender Kopf dieser letzteren Richtung ist Pietro Pomponazzi (Petrus Pomponatius, als Lehrer in Bologna tätig, 1462–1525). In seiner Schrift „über die Unsterblichkeit der Seele“ greift er die heikle Frage an, ob die persönliche Unsterblichkeit mit der Seelenlehre des Aristoteles vereinbar ist, und verneint sie: als Form des lebenden Körpers ist die Seele ebenso an den Körper gebunden wie die Erkenntnis an die sinnliche Wahrnehmung. Ebenso verwirft er in einer anderen Schrift die menschliche Willensfreiheit. Der Mensch und seine Seele ist ein Naturwesen, eingegliedert in die Natur und ihre Notwendigkeit, dem Fatum unterworfen.

Eingegliedert in die *eine* Natur: dieser Gedanke der *Einheit der Natur* ist es, in dem sich diese divergierenden Richtungen, auch die hylozoistischen Theorien eines Telesio, Patrizzi oder Paracelsus, auch die demokritische Atomenlehre, die Gassendi zu erneuern sucht, zusammenfinden und damit der latente oder offene Gegensatz zum Dualismus des christlichen Dogmas. Genauer ist es der Gedanke einer *dynamischen* Natureinheit, der vorschwebt: wer erkennend in die Tiefe der Natur dringt, muß auf *dieselben* einheitlichen Grundkräfte stoßen, die die „Welt im Innersten zusammenhalten". Es gilt diese Kräfte zu *suchen:* diese suchende, forschende Einstellung ist für die Philosophie der Renaissance charakteristisch, wie sie allerdings schon für Roger Bacon charakteristisch war, die suchende und *ver*suchende, mit den Dingen experimentierende Haltung. Es handelt sich nicht mehr darum, die gegebenen, bekannten Sphären der Welt begrifflich sauber abzugrenzen und zu definieren, sondern in die unbekannten Kräfte und Elemente zu dringen, die sich hinter allen diesen äußerlich eingeteilten Sphären – deren Entgegensetzung und Einteilung nun vielmehr eine bloße Worterkenntnis, keine Sacherkenntnis zu sein scheint – verbergen. Zu diesen Kräften aber erkennend vordringen heißt sie *beherrschen* können, an der Naturbeherrschung muß sich die Naturerkenntnis bewähren. Doch ist diese Naturbeherrschung zunächst als eine *magische* gedacht, entsprechend dem Umstand, daß die Vorgänge der Natur wesentlich als organische, als Lebensvorgänge gedacht werden: der Mensch dringt in die Natur, weil er selbst ein Glied der Natur ist, dieser einen lebenden Natur, weil in ihm dieselben Kräfte lebendig und wirksam sind wie in der Natur; die Natur erkennen heißt die Naturkräfte des eigenen Wesens mit denen der äußeren Natur zusammenfließen lassen.

Damit sind wir zu einem weiteren, für die Naturphilosophie der Renaissance charakteristischen Moment gekommen: ihr Hauptproblem ist stets die Stellung des *Menschen* in der Natur und ein immer wiederkehrender Gedanke der, daß der Mensch eine Art *Mittelstellung* in der Welt einnimmt, derart, daß er ein „Mikrokosmos", die „kleine Welt" ist, in der sich der „Makrokosmos" spiegelt, in der alle Kräfte im kleinen vorhanden und wirksam sind, die im Universum sich finden, so daß auch das Studium des Menschen der Weg zum Studium und zur Erforschung der Welt ist. Aus diesem Grunde wird bei PARACELSUS (1493–1541) z. B. die Medizin zur Grund- und Hauptwissenschaft; der Arzt erkennt im menschlichen Leib die wirksamen Kräfte der Natur, und was er hier erkennt, findet er wieder in der großen Natur, ja am Firmament: der Gestirnkonstellation, unter der der einzelne steht, die sein Geschick zu bestimmen sucht (die Sterne wirken nicht mit ausnahmsloser Notwendigkeit, als Fatum, aber sie bedeuten Tendenzen, die den Menschen ziehen, Gefahren, die ihm drohen – inclinant, non necessitant), entspricht die Konstellation der Organe (dem unglückdrohenden Stern die bedrohende Krankheit). Der Arzt aber, der Kräfte und Gegenkräfte in der Natur kennt, kann auch die Gegenkräfte, aus heilenden Kräutern und Mineralien, die Gott für den Menschen wachsen ließ, zur rechten Zeit in den Körper einführen und hier ihre Wirkung beobachten, der Arzt, der so zugleich der eigentliche Helfer und Diener Gottes ist. Wenn für die christlich-mittelalterliche Auffassung der Mensch zum Herrn der Schöpfung bestellt ist, so erinnert das natürlich an die Stellung, die die Renaissancedenker ihm anweisen, aber der Unterschied ist zugleich deutlich, er liegt vor allem wieder in der suchenden, forschenden, fragenden Haltung: der Mensch und sein Schicksal ist *Problem,* man will aus der Natur das Schicksal und Wesen des Menschen und umgekehrt aus dem Wesen des Menschen das der Natur erkennen.

Nicht in festen Umrissen mehr ist die Natur in ihren einzelnen Teilen dem Menschen bekannt und gegeben, so daß er das Bekannte nur in klare Begriffe zu fassen braucht, sondern sie ist das unbekannte Reich, in das er eindringen will. Seine eigene Stellung aber in dieser Welt ist ihm nicht mehr durch Offenbarung, die er demütig anzuhören hat, übertragen, sondern er glaubt an diese Stellung, wie er an seinen Stern und an das Glück, die Fortuna glaubt, die er finden, erringen, erobern muß. Die Renaissance wird das Zeitalter der „Erfindungen und Entdeckungen". Ein lebendiges Interesse am Stoff, an der bunten Vielheit der Dinge und ihren Zusammenhängen, eine starke Erfinderlust und Entdeckerfreude beherrscht die Zeit, der Begriff der „Natur" umkleidet sich mit dem Schimmer des Geheimnisvollen und der Schönheit. Ästhetische Züge kennzeichnen überall das Weltbild der Renaissancedenker und -dichter – die Grenze zwischen beiden verwischt sich, wie uns am deutlichsten das Beispiel eines Giordano Bruno zeigt –, das die Phantasie ebenso wie den bloßen Verstand befriedigen soll. Noch im Weltbilde eines der Männer, die als Begründer der modernen Naturwissenschaft in erster Reihe genannt werden müssen, bei Kepler treten diese ästhetischen Züge stark hervor, ja es läßt sich nicht leugnen, daß die Überzeugung, das Buch der Natur sei „in Zahlen und mathematischen Figuren" geschrieben, es herrschten in ihr einfache Zahlenverhältnisse und geometrische Regelmäßigkeiten, eine ihrer Wurzeln in der Voraussetzung von der Schönheit der Natur und der Harmonie aller ihrer Beziehungen hat.

Für das mittelalterliche Denken ist das Studium der Natur nicht Selbstzweck – sowenig wie die Natur selbst, die vielmehr nur den Schauplatz darstellt, auf dem sich das Drama der Menschheitsgeschichte vom Sündenfall bis zur Erscheinung Christi und bis zum Jüngsten Gericht abspielt. Jetzt wird die Natur zu dem großen, unbekannten, geheimnisvollen Gebiet, auf dem der Mensch Befriedigung seines Dranges nach Erkenntnis, nach Macht, nach Verständnis seines eigenen Wesens sucht. Und ungeheuer ist die Erweiterung, die diese Natur und mit ihr der Gesichtskreis des Menschen erfährt, der sich mit ihr beschäftigt, wenn er von Kolumbus bis zu Giordano Bruno geführt wird, von der Entdeckung des neuen Erdteils zu dem Gedanken der *Unendlichkeit* der Welt, in der die Erde zu einem Stern unter Sternen zusammenschrumpft.

Dieser Gedanke der *Unendlichkeit* des Universums ist neben dem der dynamischen *Einheit* der Welt einer der wichtigsten und bedeutungsvollsten Gedanken der Renaissance. Das Weltall der Antike und des Mittelalters ist begrenzt und endlich, der Fixsternhimmel seine feste Schale, wie auch innerhalb dieses umgrenzten Weltalls alles seine feste Grenze, sein begriffliches Wesen und seinen bestimmten Ort hat. Ferner steht der antiken Auffassung das Grenzenlose, das Apeiron, das Zerfließende, in Maß und Zahl nicht zu Fassende, dem Werte nach *unter* dem klar und deutlich Begrenzten, der faßbaren Form; das Grenzenlose, auch der unbegrenzte leere Raum, sinkt herab zur niedrigsten Stufe, der nur potentiell seienden „Materie" oder zum Nichts, seine Unendlichkeit hat daher auch nichts zu tun mit der „Unendlichkeit", d. h. dem absoluten Sein Gottes. Jetzt, in der Renaissance, taucht die umgekehrte Wertung auf, die Unendlichkeit der im Raum sich ausbreitenden Welt macht sie dem Wesen Gottes verwandt und sie entspricht dem Wesen des Menschen, in dem selbst der Drang zur Unendlichkeit, das Streben ins Grenzenlose wohnt. (Ficino und Pico von Mirandola schließen aus diesem der Menschenseele eigenen Trieb ins Unendliche auf ihre Unsterblichkeit; Pico ist ferner dieses Unendlichkeitsstreben ein Zeichen für die Freiheit und Unabhängigkeit des Menschen von den Gestirnen, er bekämpft die Astrologie und die Vorstellung eines Fatums; Pomponazzi lehnt es ab, daraus, daß der Mensch sich nach der Unendlichkeit sehne, auf seine wirkliche Unendlichkeit zu schließen, und lehrt das den Menschen beherrschende Fatum, mit dem er sich abzufinden habe. Wie Paracelsus, der Arzt, den Menschen zwischen Willen und Fatum stellt und ihn lehren oder ihm helfen will, durch Erkenntnis das Geschick zu lenken und zu beeinflussen, wurde oben bereits erwähnt.)

In charakteristischer Prägung tritt uns dieser Gedanke der Unendlichkeit zuerst entgegen in dem deutschen Denker NICOLAUS CUSANUS (um 1401–1464), so genannt nach seiner Vaterstadt Kues an der Mosel, der zugleich als Bischof, Kardinal, päpstlicher Legat im Dienst der Kirche wirkt. Seine Schriften, vor allem das Buch „De docta ignorantia", über das „gelehrte Nichtwissen", zeigen ihn zunächst als neuplatonischen Mystiker, wesentlich beeinflußt von Dionysius Areopagita und Eriugena. Das Aufsteigen zu Gott, das Erkennen Gottes als des innersten Wesens und absoluten höchsten Seins ist das letzte Ziel aller Erkenntnis. Aber dies Ziel ist nur in einer negativen Theologie erreichbar, in jenem gelehrten Nichtwissen, das zugleich die höchste Form des uns möglichen Wissens ist. Alle anderen Gegenstände erkennen wir, indem wir sie von anderen unterscheiden, ihrem Gegenteil gegenüberstellen, Gott aber hat keinen Gegensatz, vielmehr: in ihm vereinigen sich alle Gegensätze, er ist die coincidentia oppositorum, wie auch Wesen und Wirken, Können und Sein in ihm sich einen; possest, „können = sein“ nennt Cusanus in eigener Wortbildung Gott. Gott ist das Unendliche, und zwar das unendlich Große und das unendlich Kleine, das Minimum – ganz in jedem noch so kleinen Ding – und das Maximum – das Größte erfüllend. Daher kommen wir Gott in unserer Erkenntnis am nächsten, wenn wir den Übergang vom Endlichen zum Unendlichen vollziehen und uns dabei klar werden, wie eben in diesem Übergang die Gegensätze sich einen. So kommt der Cusaner dazu, die Gotteserkenntnis und das Wesen Gottes durch Beispiele aus der Mathematik zu illustrieren. Lassen wir die eine Seite eines Dreiecks unbeschränkt wachsen, so wachsen auch die beiden anderen, bis sie im Unendlichen mit der Geraden zusammenfallen. Wächst der Durchmesser des Kreises ins Unendliche, so fällt die Kreislinie mit der Geraden zusammen. Wie im unendlichen Kreis Zentrum, Durchmesser und Peripherie eins sind, so ist das aktuell Unendliche – Gott – Anfang von allem, alles umfassend und alles durchdringend. Gott ist die aktuelle Unendlichkeit, die Welt ist nicht aktuell unendlich, sie ist nur „endlos“, aber eben diese Endlosigkeit weist zurück auf ihre Herkunft aus der absoluten Unendlichkeit, die Welt ist gleichsam eine endliche Unendlichkeit oder ein geschaffener Gott. Auch hier wieder dienen mathematische Beispiele zur Erläuterung: die unendliche Zahlenreihe als Entfaltung der Einheit; Linie, Fläche, Körper als Entfaltung des Punktes. Cusanus verbindet damit in eigentümlicher Weise metaphysisch-theologische und mathematische Spekulation, bzw. die letztere wird ihm die Grundlage der ersteren. Die mathematische Spekulation aber führt ihn zu infinitesimalen, zu *Grenzbetrachtungen* und zu einer auf solche Grenzbetrachtung sich gründenden mathematischen Begriffsbildung, die die scheinbare Starrheit des Gegensatzes der mathematischen Gebilde aufhebt. Die antike Mathematik – Geometrie wie Arithmetik – ist wesentlich statisch, bleibt bei der Untersuchung starrer, begrifflich unterschiedener Figuren und Zahlbegriffe (der in geometrischen Figuren darstellbaren Quadrat-, Dreiecks-, Rechtecks-, Kubik-, Pyramidalzahlen usw.) stehen, wenn uns auch die bedeutungsvollen Anfänge einer dynamischen, des Grenzübergangs sich bedienenden Betrachtung in Archimedes' Exhaustionsmethode begegnen. Die Mathematik der Neuzeit ist gekennzeichnet durch den prinzipiellen Aufbau der mathematischen Begriffsbildung auf der Grundlage der Grenzbetrachtung und der Reihenbildung – der Kardinal aus Kues ist hier einer der ersten Wegweiser auf dem Wege, der über Kepler und Cavalieri zu Newton und Leibniz führt. Die Übersetzung jener mathematischen Spekulation aber ins Theologisch-Metaphysische, so seltsam sie uns anmutet, fördert ihrerseits den Gedanken der dynamischen Einheit des Naturganzen, dessen letzte einheitlich wirkende Kraft Gott selbst ist, und dessen Unendlichkeit das eigentliche Bindeglied mit der Gottheit darstellt.

Gott ist das Unendliche, damit nie Erfaßbare, das Verborgene – Deus absconditus. Das Persönliche, Patriarchalische im Verhältnis Gottes zum Menschen, dem die Geborgenheit des Menschen im „Mutterschoß" der Kirche entspricht, ist damit verschwunden – auch für diesen hohen Funktionär der Kirche, der für die Einigung der gesamten Christenheit unter einem päpstlichen Oberhaupt (das will freilich sagen: unter dem Verstand und Willen einer überragenden Persönlichkeit) wirkt. Der Mensch *sucht* Gott, in ihm lebt die Sehnsucht nach Gott – in der Form der Sehnsucht nach dem Unendlichen und nach der Vollkommenheit. Andererseits *verharrt* jedes Wesen der kreatürlichen Welt in seiner Art, seiner Gattung, es strebt nach Selbsterhaltung, nach Vollendung in *seiner* Art. Auch der Mensch, der nach der Verwirklichung der „Idee des Menschen", also danach strebt, vollkommener Mensch zu sein. Dem Menschen aber unter allen Wesen der Schöpfung ist es allein vergönnt, diese Vollendung des Menschlichen, den vollkommenen Menschen zu schauen: in Christus, der menschgewordenen Gottheit. Damit eint sich im Menschen das Unendlichkeitsstreben, das

Vollkommenheitsstreben und das Streben, er selbst, Mensch zu sein. Auch für Cusanus ist der Mensch der Mikrokosmos, das Wesen, das in der Mitte der Welt, auf der Grenze der höheren und niederen Natur stehend, beide verbindet und um beide weiß, beide erkennt, sei es auch nur, wenn es sich um die Gotteserkenntnis handelt, in der Form der docta ignorantia. Indem Gott Mensch wird, erlöst er den Mikrokosmos und erlöst er damit die Welt. Der Mensch aber wird voller und ganzer Mensch, indem er Christ wird. Cusanus ist der Typus des „christlichen Humanisten", das antike Ideal des „werde der Du bist", der Erfüllung des eigenen Wesens, eint sich in seiner Lehre mit dem christlichen Ideal der Selbstaufgabe und Hingabe an Gott. Die Kirche aber als die Gemeinschaft der Christusgläubigen ist ihm zugleich die Vollendung der Menschheit.

Der Deus absconditus, der Gott, den wir als uns verborgenen *suchen* und den wir dann in dem menschgewordenen Gott, in Christus *finden,* ist auch der Gott LUTHERS – trotz der Kluft, die den Reformator und streitbaren Gründer einer neuen Kirche von dem päpstlichen Legaten trennt, der für die Einigung der westlichen und östlichen Christenheit arbeitet.

Die Renaissance ist zugleich die Zeit der *Reformation.* Gemeinsam ist den reformatorischen Bewegungen zunächst eins: der Kampf gegen die Mittlerstellung des Priesters und der „sichtbaren" Kirche. Die Seele, jede Menschenseele, steht unmittelbar zu Gott, jeder Mensch ist „Priester". Die wahre Kirche ist die unsichtbare Gemeinschaft derer, die in der Gnade sind. In dieser Ablehnung der Mittlerstellung der Kirche und damit zugleich der den Menschen stufenweise an sicherer Hand emporführenden Erkenntnis berührt sich die reformatorische Auffassung mit der Mystik, indem sie die Seele einsam vor Gott stellt, wiederholt sie die Situation Augustins. Auch in dem erdrückenden Sünden- und Schuldgefühl dieser Seele, das wie einst in dem fortschreitenden Auflösungszustand der antiken Gesellschaft, Religion, Wissenschaft, so jetzt nach dem Zusammenbruch der kirchlichen Mittlerstellung sich bis zum Gefühl der Verlorenheit steigert. In der Lehre vom allgemeinen Priestertum in jedem Menschen liegt eine ungeheure Steigerung des menschlichen Selbstbewußtseins, dieselbe Steigerung im Grunde, die uns in den Naturphilosophen, Alchimisten, Allerweltskünstlern der Frührenaissance, in einem Pico von Mirandola oder Cardanus etwa, in so naiv-prahlerischer Form begegnet, die in der Mikrokosmosidee ihren charakteristischen Ausdruck findet, die aber eben hier, in den Reformatoren, umschlägt in das Gefühl der Angst und Verzweiflung, mit dem der religiöse Mensch auf das Aufsichselbstzurückgeworfen- und -gestelltsein reagiert. Von der eigentlichen Mystik scheidet sich die reformatorische Bewegung durch das Festhalten an der unbedingten Autorität der „Schrift". „Das Wort sie sollen lassen stahn" – die festformulierte geoffenbarte Wahrheit, an der nicht zu drehen und zu deuteln ist. Also keine gnostische innere Schau und persönliche Offenbarung, sondern ein passives Sicherleuchtenlassen durch das unantastbare geschriebene Wort. Hier ist dann auch mit der neuen Kirchengründung der Weg zu einer protestantischen Scholastik geöffnet (Melanchthon: als Lehrer der Form brauche die junge Kirche einen Philosophen, der nichts vom Sophisten an sich habe und die rechte Methode besitze – Aristoteles). Übrigens darf nicht unerwähnt bleiben, daß mit dem Beginn der Gegenreformation die katholische Scholastik vor allem in dem spanischen Jesuiten FRANZ SUAREZ (1548–1617) einen bedeutenden und einflußreichen Denker und Schriftsteller hervorbringt.

In SEBASTIAN FRANCK (1499–1543), VALENTIN WEIGEL (1533 bis 1588) und dem Görlitzer Schuhmacher JACOB BOEHME (1575–1624) entwickelt sich eine protestantische Mystik (nicht ohne Einfluß von der magischen Naturphilosophie des Paracelsus her), die sich in Gegensatz zu dem biblischen Buchstabenglauben der protestantischen Orthodoxie und Scholastik setzt. Ein Zusammenhang mit der von Luther herausgegebenen „Deutschen Theologie" und mit der Schule Eckharts ist nicht zu verkennen, andererseits finden sich aber auch charakteristische neue Wendungen. Nicht als ruhendes ewiges Sein, sondern als Wille, als wallendes Leben wird Gott bei Boehme gefaßt. Gott offenbart sich im Menschen, und er kehrt durch den Menschen zu sich selbst zurück; Gott wird Welt und Mensch, um sich selbst zu finden, zu erkennen. Auch das Böse wird in diesen Prozeß der göttlichen Selbstentfaltung als ein notwendiger Faktor mit hineinverlegt, ohne den schon in Gott selbst vorhandenen „Gegenwurf“ des Dunklen und Bösen würde die Selbstgestaltung und Weltwerdung nicht vor sich gehen können. Alles Leben ist daher notwendigerweise gut und böse. Es ist ein seltsames Gemisch von Urwüchsigkeit und Gelehrsamkeit, von bildhafter Kraft des Ausdrucks und wuchernder Phantastik, das uns in den, teilweise sprachschöpferisch bedeutenden, deutschen Schriften Boehmes begegnet.

Die Reformation kämpft auf der einen Seite für die Befreiung des religiösen Lebens von der Bevormundung durch die sichtbare Kirche und ihren Anspruch, der Verwalter und Interpret des göttlichen Willens zu sein. Aber von dieser ist unabtrennbar die andere Seite: der Kampf für die Emanzipation des weltlichen Lebens von der Beeinflussung und Regelung durch religiöse Gesichtspunkte und eine religiös sanktionierte und fundierte Moral, für die Eigengesetzlichkeit und das Eigenrecht des „Weltlichen“, sei es auch die Eigengesetzlichkeit einer „Welt“, die zu „Gott“ im Gegensatz steht.

Die frühkapitalistische *Verkehrswirtschaft* und der Aufschwung der *Städte* seit dem 13. Jahrhundert hat die gebundene Wirtschaft des Mittelalters und ihre feste ständische Gesellschaftsordnung allmählich zerstört; das *Bürgertum*, der Träger der neuen Wirtschaft, als einheitlicher freier Stand, der sich gegen Adel und Geistlichkeit einerseits, gegen das unfreie Bauerntum andererseits abgrenzt, ist in starkem politischen und kulturellen Aufstieg begriffen. Im 15. und 16. Jahrhundert steht es auf dem Gipfel seiner Macht, die dann, im Zeitalter des fürstlichen Absolutismus, durch die aufsteigende staatliche Macht der Landesherren eine Beschränkung erfährt. Aus seiner Sphäre, nicht mehr aus der der Geistlichkeit, kommen im wesentlichen die Denker und Philosophen der Renaissance. Die offizielle Wirtschaftsmoral des Mittelalters, wie in jeder relativ stabilen Wirtschaft und Gesellschaft zugleich Ausdruck, Sanktion und Verteidigung einer herrschenden Denk- und Wertungsweise, ist eine in hohem Grade unpersönliche Moral; persönliche Eigenschaften, Talente wie Willensvorzüge, sind ebenso wie Stellung und Besitz anvertrautes Gut, das im Sinn der göttlichen Vorschrift verwaltet werden soll, nicht Verdienst oder persönlicher Wertvorzug und als solcher irgendein Recht begründend. Jeder Stand hat seine feste Stellung und sein Daseinsrecht im Ganzen der in eine feste Ordnung gefügten Gesellschaft, auch der der Armen, Besitzlosen, auf das Almosen der Besitzenden Angewiesenen, denn der Reiche bedarf des Armen so gut wie der Arme des Reichen, der Reiche, der keine Almosen zu geben Gelegenheit hat, schädigt seine Seele und bringt nicht das Opfer, das zur rechten Verwaltung des in seine Hände gelegten Gutes gehört, so gut wie andererseits dem Armen seine Armut gegeben ist, damit er sie mit Geduld und christlicher Demut trage. Das Hinausstreben über den eigenen Stand, das sich Heraufarbeiten, sei es noch so sehr auf persönliche Fähigkeit und rastlose Arbeit gegründet, gilt in dieser statischen Gesellschaftsmoral mindestens als verdächtig. Demgegenüber bildet sich in der Renaissance, zunächst und am schärfsten in Italien, eine ausgeprägte Persönlichkeitsmoral oder besser eine Persönlichkeitswertung aus, die mit ihrer Schätzung der „virtù“, der geistigen und Charakterkraft, durch die der einzelne das Geschick meistert, das Glück, die „Fortuna“ erringt und im Konkurrenzkampf obsiegt, fast jenseits von gut und böse steht. Dazu kommt das weitere: die Auflösung des mittelalterlichen Einheitsstaates und der mittelalterlichen Staatsidee, der Idee des Weltstaates, der irdischen civitas Dei, des christlichen Nachfolgers des römischen Reiches. In den kräftig und selbständig gewordenen Städten lebt die antike Polis wieder auf; bewußte Organisation, rationales Gefüge, persönliche Führereigenschaft des einzelnen prägen den Staat sichtbar in seiner neuen Form, erhalten ihn, machen ihn widerstandsfähig; in Frankreich und England treten die ersten ausgesprochenen Nationalstaaten in die Erscheinung, während zugleich überall nationale Eigenart, Kultur und Literatur sich entfaltet, ebenso wie Persönlichkeitseigenart und -kultur.

Die Renaissance legt den Grund der neueren Staatsphilosophie, alle ihre Grundrichtungen begegnen uns bereits im 15. und 16. Jahrhundert. Der Florentiner Niccolo Machiavelli (1469—1527) ist der Theoretiker des nationalen Machtstaatsgedankens, die Politik, die diesen nationalen Machtstaat, seine Selbsterhaltung und Machtsteigerung als letzten unbedingten Wert allem politischen Handeln zugrunde legt, hat von ihm ihren Namen erhalten. Der Grundgedanke des Machiavellismus ist die scharfe Trennung von Politik und Moral, genauer gesagt die Unterordnung der Moral unter die Politik. Ziel des politischen, d. h. des Handelns des verantwortlichen Staatsmannes soll allein die Erhaltung und Machtsteigerung des Staates sein; was diesem Zweck dient, ist gerechtfertigt, ist gut. Die Moral, die Religion selbst ist schließlich ein Mittel in der Hand des Staatsmannes, um den einzelnen Bürger für den Dienst am Staate brauchbar und gefügig zu machen. Darum steht Machiavelli der christlichen Moral und Religion kühl gegenüber, besser als der Preis der Demut scheint ihm das Lob der römischen Bürgertugend. Eine Schwierigkeit droht hier dem Machiavellistischen Staat: der einzelne Bürger ist durch Sitte und Religion, sowie durch das Recht und die hinter ihm stehende Staatsgewalt gebunden, wer aber bindet den Staatsmann selbst, in dessen Hand die Leitung der Staatsmaschine und die Leitung der Moral, der „öffentlichen Meinung" liegt? Was hindert ihn, den Staat zum Mittel seines Privatvorteils zu machen? Hier bleibt nur eins: das Privatinteresse des „Fürsten" muß mit dem Interesse des Staates zusammenfallen, seine Stellung so gestaltet werden, daß sein Wohl und Wehe an das des Staates gebunden ist. Hier liegt der tiefere Sinn des Machiavellistischen „Principe": es muß eine Person — oder eine Klasse — im Staate geben, die von sich sagen kann, sie sei der Staat, weil die Steigerung des Wohlstandes und der Macht des Staates ihre eigene Wohlstands- und Machtsteigerung bedeutet. Wo endlich die Grenzen des Staates, da liegen auch die des Rechtes und der Moral, wo Staaten sich gegenüberstehen, gibt es nur den Kampf um die Macht, sei es mit militärischen, sei es mit den Mitteln der Politik.

Machiavelli sei gleich eine andere Persönlichkeit gegenübergestellt, rund hundert Jahre jünger als jener: HUGO DE GROOT (1583–1645). Machiavelli ist Italiener, Grotius Holländer, jener entstammt einem Lande, das, zerrissen von äußeren und Bürgerkriegen, bedroht vom Ausland, nach nationaler Einheit strebt, dieser ist der Abkömmling eines aufblühenden Handelsstaates, der sich siegreich seine Unabhängigkeit erkämpft hat und nun seine Schiffe auf allen Meeren sieht. Machiavelli geht aus vom Staat, Grotius vom *Recht*. Für jenen ist der Staat der Urheber des Rechtes, das nur ein Mittel in seinen Händen ist, um den Bürger in seiner Zucht zu halten, für diesen ist der Staat der *Garant*, der *Schützer des Rechtes*, das von ihm unabhängig, vor ihm besteht, das daher auch nicht an den Grenzen des Staates aufhört; gerade dem zwischenstaatlichen, dem Völkerrecht („De jure pacis et belli") widmet Grotius seine besondere Aufmerksamkeit und sein Werk. Jeder Mensch hat von Haus aus gewisse Rechte, es gibt ein an sich gültiges, aus reiner Vernunft erkennbares *Naturrecht*. Dieses Naturrecht aber bedarf, um sich durchzusetzen, einer realen Macht, der Staatsgewalt. Der Staat und seine Machtmittel sind dazu da, das Recht zu schützen und zur praktischen Durchführung zu bringen.

Das Grund- und Urrecht des Menschen nun, zu dessen Schutz der Staat da ist, fällt für Grotius zusammen mit dem Recht auf sein *Eigentum*. Der Staat, die Notwendigkeit des Staates entsteht zusammen mit dem Privateigentum und dem Bedürfnis seines Schutzes. Freilich hat der einzelne auch ein Recht auf sein Leben, auf die Unversehrtheit seines Körpers, allein auch dieses Naturrecht wird bezeichnenderweise dem Recht auf Eigentum begrifflich unterstellt: der eigene Körper ist sozusagen das angeborene, das Ureigentum des Menschen.

Und wie alles Eigentum letzten Endes auch veräußerlich, verkäuflich ist, so auch die Freiheit des eigenen Körpers: Grotius konstruiert eine Berechtigung der Sklaverei unter bestimmten Umständen – im Fall eines Krieges bestehe ein „Recht", die Bewohner des eroberten Landes zu Sklaven zu machen, insofern als man sie ja totschlagen könnte und sie gewissermaßen ihr Leben mit der Hingabe ihrer Freiheit erkaufen. Man sieht, wie dieses schreckliche Recht, das doch in bedenklichem Widerspruch zu dem Gedanken steht, daß der Sinn des Staates der *Schutz* der *Menschenrechte* ist, eng zusammenhängt mit jener zentralen Stellung des Begriffs des „Eigentums" im System der menschlichen Rechte. Besitz kann ich vertauschen, verkaufen, als Preis zahlen, als Ware behandeln; kann ich mit der Freiheit mein Leben bezahlen, so sind beide eben Ware oder Besitz.

Endlich sei den beiden erwähnten gleich noch der Anfang der dritten Auffassung vom Wesen und Sein des Staates angereiht: die *demokratische* Staatsidee. Wir finden sie, die später in Rousseau ihren klassischen Vertreter finden sollte, im Beginn der Renaissance zuerst ausgesprochen bei den sogenannten „*Monarchomachen*". Im Mittelpunkt ihrer Theorie steht die Frage nach der Stellung des Königs, des Fürsten. Verschmilzt der Fürst in Machiavellis Lehre als leitender Staatsmann mit dem Staat selbst, der seinerseits zum unbedingten Herren des Bürgers gemacht wird, so wird hier dagegen der König lediglich zum Beauftragten des Volkes. Das Volk ist der ursprüngliche und eigentliche Souverän, an seiner Stelle und für ihn nur handelt der Fürst, der dauernd der Kontrolle des Volkes und des von ihm gegebenen Gesetzes unterliegt. Denn das Gesetz ist dazu da, eine Willkürherrschaft des Königs zu verhindern, das Gesetz ist nicht der Wille, sondern die Schranke des Fürsten, der Fürst steht unter, nicht über dem Gesetz.

Nicht ohne Interesse ist es, daß die monarchomachische Lehre sich zum Teil in bewußter Reaktion der mittelalterlich-kirchlichen Staatsauffassung gegen den modernen Nationalstaat und die in ihm liegende Tendenz zur Verselbständigung und

Verweltlichung des Staates, dazu, den Staat zum absoluten Wert und Selbstzweck zu machen, entwickelt (Kardinal Bellarmin, der spanische Jesuit Mariana).

Sozialistische Ideen begegnen uns in der Form der romanhaft ausgeschmückten Schilderung eines Idealstaates, einer „Utopie", so in THOMAS MORUS, des Ministers Heinrichs VIII., der seine charaktervolle Opposition mit dem Tode büßen mußte, gleichnamigem Werk („De optimo statu rei publicae deque nova insula Utopia" 1516). Ein Roman, aber ein solcher, der nicht unterhalten, sondern das Ideal einer Ordnung vor Augen stellen soll, in der zunächst dafür gesorgt wird, daß die Güter produziert und *jedem* zugeteilt werden, die er zum Leben braucht, dann aber auch dadurch, daß alle an der Arbeit teilnehmen, einem jeden die freie Zeit bleibt, um seinen Geist zu entwickeln und sich der Knechtschaft des Leibes zu entziehen. Oder im „Sonnenstaat" des Dominikaners THOMAS CAMPANELLA (1568 in Calabrien geboren, da seine politischen Schriften Verdacht erweckten, 30 Jahre lang in Gefangenschaft gehalten und 1639 gestorben), der mit dem Gedanken eines Staates der sozialen Gerechtigkeit die Idee einer Weltmonarchie unter der Herrschaft des Papstes verbindet.

Zu den Staatstheoretikern gesellen sich die *Moralisten* und *Psychologen.* Die Staatstheorie führt zur juristischen Konstruktion, die psychologische Betrachtung, die moralisierende Menschenkunde lenkt den Blick auf die bunte Vielheit der Charaktere, der Typen, die uns der Reichtum des Lebens und der vielgestaltige Lauf der Geschichte zeigt und neigt damit von selbst ebenso zur schriftstellerischen Kunstform des Essays, wie sie künstlerischen Blick und Sinn voraussetzt. Ein Meister dieses psychologischen Essays ist MICHEL DE MONTAIGNE (1533–1592), der zugleich die Reihe der großen französischen „écrivains" eröffnet, die zu Voltaire und Rousseau führt. Selbsterkenntnis – Selbsterkenntnis des Menschen, der sich selbst zum Rätsel und zum Problem geworden ist – nicht „des" Menschen nach seiner Stellung im Kosmos, sondern dieses bestimmten Individuums, das sich als Ich anspricht, ist das eigentliche Thema Montaignes, und sich selbst sucht er zu erkennen, indem er vergleichend, die Menschen studierend, Welt und Geschichte durchwandert. Aber immer bleibt diese Erkenntnis fragmentarisch, wie uns ja auch das Woher und Wohin aller Dinge und nicht zuletzt das Woher und Wohin des eigenen Lebens am Ende problematisch, unerkennbar ist. Als Humanist kennt Montaigne die philosophischen Lehren der Alten, unter ihnen allen aber scheint ihm die Skepsis am angemessensten, eine ein wenig weltmännische Skepsis, die sich mit einer ritterlich-stoischen Haltung dem Leben und dem Tode gegenüber und mit einem leisen Zug zu einem geistigen Epikureismus vermischt.

Neben dem französischen steht der englische Meister des Essays, neben dem geistreichen Skeptiker Montaigne, dem Künstler der Feder und der Menschenkenntnis, steht der ehrgeizige Staatsmann FRANCIS BACON, Baco von Verulam, der Minister Elisabeths und Jakobs I., der dann in erzwungener Muße, ein wirksamer Rhetor und Agitator, zum Schriftsteller wird, das Bild einer wissenschaftlichen Kultur, einer kommenden Herrschaft der Menschen über die Natur entwirft, nicht mehr nur als Roman, als Utopie („Nova Atlantis“), sondern auch unter tätigem Hinweis auf die Methode, ein großangelegtes System der Materialsammlung und -verarbeitung.

Bacon ist der Prophet, aber nicht der Schöpfer der neuen *Naturwissenschaft*, die selbst erst in einer Reihe genialer Einzelleistungen entsteht. An ihrer Spitze ist das Werk des Thorner Domherren KOPERNIKUS zu nennen, die heliozentrische Weltansicht, 1543, im Todesjahr des Verfassers, in der Schrift „Über die Umdrehungen der Himmelskörper“ veröffentlicht. Die Lehre von der Bewegung der Erde um die Sonne war dem Altertum, den späteren Pythagoreern und Platonikern, nicht fremd, aber was dort vereinzelt blieb und, durch die Autorität des Aristoteles erstickt, wirkungslos verhallte, wird jetzt erst zu einem leidenschaftlich umstrittenen, dann siegreichen Gedanken, ja zum Zentrum der neuen Weltansicht.

Die Erde steht nicht mehr ruhend im Mittelpunkt der Welt,

sie wird zu einem Stern unter Sternen – der Aristotelische Wesensgegensatz der astronomischen und terrestrischen Welt erscheint aufgehoben, an seine Stelle tritt der Gedanke der *einen*, überall denselben Gesetzen gehorchenden und von denselben Kräften beherrschten Natur – schließlich, nachdem die feste Schale des Fixsternhimmels fällt, die Fixsterne als Sonnen und Mittelpunkte anderer Planetensysteme im unendlichen Raum gedacht werden, wird die Erde zu einem winzigen Staubkorn im All – diese Erde, die für das mittelalterliche Weltbild der Schauplatz der „Weltgeschichte“ sein sollte, um deretwillen die Welt geschaffen war. Die hier sich zwingend ergebenden gefühlsmäßigen Folgerungen treten uns vor allem in den Schriften des GIORDANO BRUNO entgegen („Von der Ursache, dem Prinzip und dem Einen“ 1584, das „Aschermittwochsmahl“, „Vom heroischen Enthusiasmus“ usw.), dem glänzenden Dichterphilosophen der italienischen Renaissance, der die Kutte des Dominikaners abstreifend ein unstetes Wanderleben führt und schließlich 1600 als Märtyrer seiner Überzeugung in Rom verbrannt wird. Der Gedanke der Unendlichkeit und der Einheit der Welt stehen im Mittelpunkt seiner Gedanken. Die Welt ist unendlich, Oben und Unten wie Mittelpunkt und Horizont gibt es nur für den Betrachter, es existieren nicht Schwere und Leichtigkeit, sondern nur ein Streben des Gleichen zum Gleichen, der Teile der Sonne zur Sonne, der Erde zur Erde. Die Welt ist einheitlich im Sinn *eines* lebenden Organismus, ihre Seele ist Gott, der nicht von außen – wie der Wagenlenker die Rosse – die Welt bewegt, sondern als ihr innewohnendes Prinzip im Ganzen wie in jedem ihrer Teile wirkt. Und wie die Welt im ganzen ein beseelter Organismus ist, setzt sie sich auch aus geformten Einheiten, aus „Monaden“ zusammen, die ein innerer Selbst- und Formerhaltungstrieb gestaltet und erhält. Ist der Mensch ein verschwindend kleiner Teil der unendlichen Welt, so fühlt er doch in sich den Pulsschlag des Universums, so webt doch in ihm das göttliche Leben des Ganzen. Von dem Untergang des Einzelnen, vom eigenen Leiden und Kämpfen hebt sich sein Blick zu der Harmonie und

Ewigkeit des Ganzen und hilft ihm in „heroischem Enthusiasmus“ über Leiden und Tod zu triumphieren.

Baut so Brunos Phantasie und Gefühl ein metaphysisches Weltbild auf dem Grunde der Kopernikanischen Lehre auf, so wird die eigentlich wissenschaftliche Leistung des Kopernikus von Johannes Kepler (1571–1630) und Galileo Galilei (1564–1642) fortgebildet; steht Bruno der Mathematik und mathematischen Naturerkenntnis wie später Goethe noch kühl, ja ablehnend gegenüber, weil sie ihm ein Schema an die Stelle der lebendigen Wirklichkeit zu setzen scheint, spielt auch noch in Keplers Weltbild das ästhetische Motiv eine große Rolle, so fixiert Galilei in den Grundlagen seiner Mechanik in voller Klarheit und Schärfe Wesen und Sinn einer Erkenntnis der *Naturgesetze* in mathematischer Gestalt. Einen Naturvorgang – den Fall der Körper zur Erde, die schwingende Bewegung des Pendels – erkennen heißt ihm zunächst ihn in seine einzelnen meßbaren Seiten zerlegen – Fallraum und Fallzeit, Schwingungsdauer und Pendellänge –, um dann (durch experimentelle Befragung der Natur) zu prüfen, in welcher funktionellen Abhängigkeit diese Seiten (die ihnen zuzuordnenden Maßzahlen) stehen. Das den Ablauf des Vorgangs exakt beschreibende *Naturgesetz* tritt damit an die Stelle der aristotelisch-scholastischen „Formen“, der den Dingen innewohnenden begrifflichen „Wesenheit“, die ihr Verhalten bestimmen sollte: wenn Aristoteles den Fall der Körper dadurch erklären wollte, daß sie als „schwere“ Körper ihren „natürlichen Ort“ im Mittelpunkt des Weltalls haben und suchen, so lehnt Galilei die Frage ebenso ab wie die Antwort – nicht „warum“, sondern „wie“ die Körper fallen, heißt seine Frage, und sie wird beantwortet nicht durch die Annahme in den Dingen verborgener, in ihrem Verhalten sich äußernder Qualitäten, sondern durch das Fallgesetz, zu dem uns die Analyse der Erfahrung, die mathematische Hypothese und ihre Prüfung durch das Experiment leitet. Die Natur ist *eine*, insofern sie überall von denselben Grundgesetzen beherrscht wird; das Trägheitsgesetz, nach dem jeder Körper in einem Zustand der Ruhe oder gleichförmig-geradlinigen Bewegung verharrt, solange nicht äußere Kräfte auf ihn wirken, gilt für terrestrische und astronomische Bewegungen, hebt damit wiederum die Aristotelische „Wesensverschiedenheit" beider auf und bereitet die Verschmelzung von Astronomie und Mechanik vor, die später Newton vollendet. Die Mechanik wird die Grundwissenschaft von der Natur, das organische Naturbild macht dem mechanistischen Platz, an die Stelle der Magie tritt die Technik, an die Stelle der Qualitäten – die quantitative Physik, die nur meßbare und zählbare Faktoren als Elemente der Wirklichkeit anerkennt.

SECHSTES KAPITEL

DIE PHILOSOPHIE DES 17. UND 18. JAHRHUNDERTS

1. Der Kartesianismus

Die Geschichte der mittelalterlichen Philosophie zeigte das Bild einer Einheitlichkeit und Geschlossenheit, die gegenüber dem Reichtum der Gedanken, Richtungen und Probleme des antiken Geisteslebens fast eintönig erschien. Von dieser Gleichförmigkeit sticht auffallend ab der Sturm und Drang der Renaissance mit ihrer Fülle eigenartiger, wenn auch nicht immer im tieferen Sinn originaler Köpfe, in deren jedem die Welt sich wieder auf andere Weise zu spiegeln scheint, in denen ältestes Gedankengut mit genialer Neuschöpfung, wissenschaftliche Intuition mit wuchernder Phantastik sich mischt. Und wieder treten wir in eine andere Welt und werden in gewisser Weise an das Mittelalter zurückerinnert, wenn wir die Entwicklung der neueren Philosophie vom Ende des 16. bis zum Ende des 18. Jahrhunderts überblicken, eine Entwicklung, die trotz der Verschiedenheit der Denkerpersönlichkeiten und der Systeme eines Descartes, Spinoza, Hobbes, Locke, Leibniz doch auffallend viel gemeinsame Züge, charakteristisch wiederkehrende Probleme und Begriffe, eine unverkennbare Stetigkeit des Fortganges aufweist.

Diese Einheitlichkeit ist vor allem durch einen Faktor bedingt: durch die Bedeutung, die die Naturwissenschaft, genauer die *mathematische Physik* für die Philosophie in dieser Epoche gewinnt, ein Zusammenhang, der schon äußerlich darin zutage tritt, daß fast alle Philosophen der Zeit durch die Schule der Naturwissenschaft hindurchgegangen sind und daß ihre bedeutendsten Vertreter – ein Descartes und Leibniz vor allem – selbst als mathematische und physikalische Forscher in hervorragendem Maße tätig waren. Die mathematische Naturwissenschaft ist die erste selbständige Wissenschaft der Neuzeit, die durch die Fruchtbarkeit ihrer Resultate, durch ihren unverkennbaren gleichmäßigen Fortschritt als wissenschaftliches Vorbild erscheint, dessen Verfahren, dessen *Methode* es auch auf diejenigen Gebiete zu übertragen gilt, die nicht zur „Natur" im engeren Sinn gehören.

Damit kommen wir auf das erste gemeinsame Problem, das überall von Descartes bis Kant den Ausgangspunkt der philosophischen Betrachtung bildet: das Problem der richtigen Methode. Die Beantwortung der Frage, welchen Weg unser Erkennen einzuschlagen hat, muß dem Betreten dieses Weges selbst, die Untersuchung des menschlichen Verstandes also der Erkenntnis der „Welt" vorausgehen. Das bewußte Verfahren nach einer allgemeingültigen Methode der Erkenntnis ist es, durch das sich diese Philosophen vor allem von ihren Vorgängern unterschieden und ihnen überlegen glauben.

Als Muster gilt die mathematische, die geometrische Erkenntnis. Der besondere Vorzug der Geometrie ist ihr geschlossener systematischer Aufbau, die Art, wie sie aus letzten klaren Begriffen und einsichtigen Axiomen ein wissenschaftliches Beweisgebäude errichtet. Daher wird die methodologische Grundfrage überall die nach den letzten „unbezweifelbaren Grundsätzen" und den letzten „unauflöslichen Begriffen". Gelingt es uns, diese Begriffe und Grundsätze zu finden, so ist mit ihrer Hilfe ein *„klares und deutliches"* Bild des Gegenstandsgebietes zu gewinnen, auf das sich jene Begriffe und Grundsätze beziehen. *Klarheit und Deutlichkeit aber ist Wahrheit,* oder was dasselbe besagt: *Irrtum* und Täuschung ist *„Verworrenheit"*, ist unklares Durcheinandergehen der grundlegenden Elemente, unscharfe Auffassung der begrifflich zu unterscheidenden Elemente selbst und damit ihrer Beziehungen zueinander.

Ziel der Philosophie ist ein klares und deutliches Bild der *Wirklichkeit.* Zur Wirklichkeit aber gehört nun nicht nur die *Körperwelt,* die die mathematische Physik vorbildlich behandelt, sondern auch die *Seele* und *Gott*. Ein Gesamtbild der Wirklichkeit ist anzustreben, das, auf einheitlicher Grundlage aufgebaut und von einheitlicher Methode geführt, über das Verhältnis des Menschen zu Gott, sowie des Körpers zur Seele eine befriedigende Antwort, aus klaren und deutlichen Begriffen abgeleitet, gibt.

Die letzten, klar und deutlich zu bestimmenden, voneinander also auch sicher zu unterscheidenden Elemente der Wirklichkeit bezeichnet man mit dem überkommenen philosophischen Terminus als die *„Substanzen"* – die res, die dinghaften Faktoren – der Welt. Nach diesen Substanzen, nach dem substanziell Wirklichen also wird gefragt, aus dem die Welt sich zusammensetzt. Dies Wirkliche aber ist zugleich das Wirkende, sein sich Zusammenfügen ist ein Zusammenwirken, die Substanzen mit ihren Beziehungen zueinander sind zugleich die Ursachen dessen, was in der Welt geschieht. Kennen wir die elementaren Substanzen, so kennen wir ihre Beziehungen zueinander, also die Art ihres Wirkens aufeinander; ist die Zergliederung, der Weg der „Analyse" bis zu ihnen vorgedrungen, so gelingt es auch der „Synthese", aus ihnen die Welt in Gedanken zusammenzusetzen, begrifflich nachzukonstruieren. „Substanz" und „Ursache", „Substantialität" und „Kausalität" sind, der erste dem zweiten vorangestellt, die Begriffe, mit denen die Philosophie des 17. und 18. Jahrhunderts vor allem arbeitet. Wie die Methode der „Analyse" und „Synthese" an der mathematisch-naturwissenschaftlichen Methode, so sind diese Begriffe in der Fassung, die man ihnen gibt, an der Form orientiert, die sie in ihrer Anwendung auf die Körperwelt annehmen: die Substanz wird nach Analogie eines körperlichen „Dinges" gedacht, auch die „Seelensubstanz" zu einer Art unausgedehnten Seelendinges; „Ursache" und „Wirkung" hängen im seelischen Geschehen nicht in anderer Weise zusammen als im körperlichen, auch Gott ist zuletzt nicht in anderer Wortbedeutung Substanz und Ursache, als die Dinge, die wir so nennen (wenn auch vielleicht mit Unrecht so nennen). Nur in einem Punkt freilich unterscheidet sich Gott von allen anderen Gegenständen körperlicher oder seelischer Art: er ist „unendlich“, alles andere ist „endlich“. Hatte der Begriff des „Unendlichen“ und der Beziehung des Unendlichen zum Endlichen, die Frage nach der Herkunft des einen aus dem andern schon in der Renaissance eine wichtige Rolle gespielt, so begegnen wir dem hier wieder, nur daß nun auch diese Dinge, die die Renaissancephilosophie mit dem Gefühl erfaßte und durch Analogien zu begreifen suchte, auf klare und deutliche Begriffe gebracht werden sollen.

Jene Begriffe – Substanz und Kausalität – werden zunächst als selbstverständlich vorausgesetzt und gebraucht: man fragt, welches die Substanzen der Welt sind; daß es sie gibt, daß der Begriff der „Substanz“ sinnvoll und anwendbar ist, wird nicht in Zweifel gezogen, so wenig wie daß es „unauflösliche Begriffe“ und „unbezweifelbare Grundsätze“ gibt, die die Analyse zu suchen und zu finden hat. Allmählich aber werden diese Begriffe selbst zum *Problem*, sie werden in ihrer Gültigkeit in Frage gestellt und untersucht: aus der Erkenntnistheorie, die die Methode und ihre Voraussetzungen klärt und formuliert, wird die Erkenntnis*kritik*, die ihre Grenzen zu bestimmen sucht.

Endlich ist die Geschichte der Philosophie in dieser Epoche nicht zu verstehen und zu kennzeichnen ohne jenen Begriff, der nun seit und durch Descartes für das Problem der Seele und ihres Verhältnisses zur Welt wie zu Gott grundlegend wird: den Begriff des *Bewußtseins*.

Für die ganze antike Philosophie fallen zwei Begriffe zusammen: Seele und Leben. Die Seele ist das, was den belebten Körper zum belebten macht, was ihn von der toten Natur unterscheidet; der Gegensatz von Seele und Körper ist der von organischer und anorganischer Natur. Demgemäß gehört zu den Funktionen der Seele das Atmen und die Ernährung etwa ebensogut, wie das Wollen und Denken. Bei Augustin zum ersten Male vollzieht sich die neue Begriffsbildung, die die Seele mit dem Bewußtsein oder mit dem bewußten, denkenden und wollenden Ich identifiziert. Aber zur fruchtbaren Anwendung gelangt dieser Gedanke erst im

Beginn der neueren Philosophie, und damit zugleich wird der Gegensatz von Seele und Körper zu dem anderen Gegensatz: dem von innerhalb und außerhalb des Bewußtseins. Das Verhältnis von Seele und Körperwelt aber muß so bestimmt werden, daß es verständlich wird, wieso ich, das wissende und denkende Bewußtsein, von einer Welt außerhalb des Bewußtseins etwas wissen kann. Man sieht, wie das metaphysische Problem des Zusammenhangs von Körper und Seele mit Notwendigkeit zu dem Erkenntnisproblem, dem Problem der Methode, wie es oben genannt war, zurückführt, zu der Frage: Wie, auf welchem Wege gelangen wir zur Erkenntnis der Wahrheit? Eine Frage, die jetzt noch genauer die Form annimmt: Wie gelangen wir zur Erkenntnis einer *Welt außerhalb des Bewußtseins?*

Der Gedanke der mathematischen Methode und dieser Begriff des Bewußtseins nun werden zum ersten Male klar ausgesprochen und formuliert von DESCARTES, den man daher mit Recht als eigentlichen Begründer der neueren Philosophie bezeichnet hat.

RENÉ DESCARTES ist 1596 in La Haye in der Touraine geboren; sein Großvater war Arzt, sein Vater Jurist. Sein Leben verläuft eigentümlich unstet, heimatlos, das Leben eines Einsamen und Mißtrauischen, der sich immer wieder selbst zum Exil, zur Verborgenheit verurteilt, ohne Menschen und Welt doch ganz entbehren zu können. Den Schulunterricht genießt er, ohne von ihm allzusehr befriedigt zu sein, in der kürzlich gegründeten Jesuitenschule von La Flèche, dann nimmt er als Offizier am Dreißigjährigen Kriege teil, und zwar – der Katholik – in holländischem Dienst, also auf protestantischer Seite. Das Kriegshandwerk interessiert ihn indessen weniger als technische und mathematische Probleme: Wissenschaft wird ihm zur Leidenschaft, eine wissenschaftliche Entdeckung im Winterquartier in Neuburg zum erschütternden Erlebnis (1619). Bald darauf verzichtet er auch auf die militärische Laufbahn, widmet sich ganz der Forschung und der Ausarbeitung seiner Gedanken, die sich auf das ganze Gebiet der Erkenntnis der Natur und der

Mathematik erstrecken. Seinen Wohnsitz verlegt er nach Holland, wo er an verschiedenen Orten lebt, mit der sonstigen Welt, mit der er indessen einen lebhaften gelehrten Briefwechsel unterhält, oft nur durch den Pater MERSENNE verbunden, der in Paris der Mittelpunkt eines bekannten wissenschaftlichen Kreises war. Auf die Herausgabe eines größeren Werkes über „die Welt" verzichtet er, als ihn die Nachricht von der Verurteilung Galileis und seiner Schrift zur Verteidigung der Kopernikanischen Lehre erreicht – nicht aus Feigheit, wir wissen, daß Descartes persönlich tapfer war, aber aus persönlicher Abneigung gegen einen ihn in die Öffentlichkeit zwingenden Kampf mit der Kirche. Er hat eine Abneigung gegen Menschen, die, weder von Geburt, noch vom Schicksal zur Leitung öffentlicher Angelegenheiten bestimmt, als Reformatoren auftreten und die Welt ändern wollen, er will lieber den bestehenden Ansichten und Einrichtungen folgen, solange nichts Besseres und sicher Gegründetes an ihre Stelle gesetzt werden kann. Anstatt jener Schrift erscheinen zunächst 1637 die „Essais" mit der analytischen Geometrie, der Optik, einer Schrift über die Meteore und der *„Abhandlung über die Methode"*, 1641 folgen die „Betrachtungen über die Grundlagen der Philosophie" (*„Meditationes* de prima philosophia") mit den Einwänden einer Reihe von Gelehrten, darunter Hobbes, Gassendi, Arnauld, und den Antworten Descartes', 1644 die *„Prinzipien der Philosophie"* mit ausführlicher Darstellung des physikalischen Weltbildes des Philosophen, 1649 die psychologische Untersuchung über die Leidenschaften. In demselben Jahr folgte er einer Einladung der Königin Christine von Schweden nach Stockholm – Angriffe der orthodoxen Kalvinisten, die ihn bald als Katholiken, bald als Atheisten verdächtigten, sowie der Konflikt mit seinem eigenen Schüler Regius trugen dazu bei, ihm den Aufenthalt in Holland zu verleiden –, aber er erlag schon 1650 dem rauheren Klima des Nordens.

Der erste bedeutsame Wendepunkt in der wissenschaftlichen Entwicklung Descartes' ist die Entdeckung der analytischen Geometrie, also der durch die Einführung der Kartesischen

Koordinaten ermöglichten Bestimmung jedes Raumpunktes durch drei Zahlengrößen und jedes geometrischen Gebildes durch eine Gleichung zwischen den Koordinaten seiner Punkte; damit des Beweises geometrischer Sätze auf dem Wege der Rechnung, unter alleiniger Voraussetzung der arithmetischen Rechenregeln. Die Arithmetik, die Zahlenlehre, erscheint ihm als Muster der Wissenschaft: sie zerlegt jede Zahl in die Einheiten, aus denen sie besteht, geht also vom Zusammengesetzten zurück zum nicht weiter zerlegbaren Einfachen und setzt aus diesen selben Einheiten alle Zahlen nach denselben Rechenregeln zusammen. Die analytische Geometrie überträgt diese Methode auf die Geometrie. Es handelt sich nun für Descartes darum, diese „mathematische“ Methode der Zergliederung bis zu den begrifflich einfachen Elementen, deren Beziehungen zueinander uns so evident sein müssen wie die Beziehungen der addierbaren und subtrahierbaren Zahleinheiten, und des „klaren und deutlichen“ Aufbaus aus diesen Elementen auf die „Philosophie“ anzuwenden und damit auch die scheinbar in heillose und unentscheidbare Gegensätze zerspaltene „Weltweisheit“ zu echter Wissenschaft zu machen.

Ein Unterschied besteht hier jedoch: die Mathematik hat es mit Gegenständen zu tun, die der Verstand selbst schafft, mit selbst konstruierten und definierten Begriffen, die Philosophie mit der uns gegebenen Wirklichkeit. Wo finden wir einfache, klare und deutliche Grundbegriffe, die sich auf die wirkliche Welt, evidente, unbezweifelbar gewisse Einsichten, die sich auf Seiendes beziehen? Um das unbezweifelbar Gewisse zu finden, geht Descartes aus vom Zweifel, d. h. er schaltet alles aus, was prinzipiell der Möglichkeit eines Zweifels unterliegt. Zweifelhaft ist das Dasein der Körperwelt einschließlich des eigenen Körpers: glauben wir doch auch im Traum nicht vorhandene Dinge zu sehen und zu empfinden; die wahrgenommene Körperwelt könnte selbst ein Traum, eine Täuschung der Sinne sein. Zweifelhaft sind die Beweise der Mathematik, in denen wir nicht umhin können, Schlußketten mit Hilfe des Gedächtnisses zu überblicken – das Gedächtnis kann uns wie die Sinne täuschen. Wir glauben an einen allmächtigen Gott, aber es könnte auch einen mächtigen Lügengeist geben, der aus Freude an der Lüge uns Dinge als selbstverständlich erscheinen ließe, die falsch sind. Gewinnt mit diesem letzten Gedanken der Zweifel scheinbar eine schrankenlose Erweiterung, so zeigt sich nun zugleich seine Grenze: *jeder* Zweifel setzt etwas voraus, nämlich seine eigene und damit die Existenz des zweifelnden Ich. Die Existenz meines eigenen Zweifelns, damit allgemeiner meines Denkens, d. h. meines *Bewußtseins* (auch das Wahrnehmen, Fühlen, Wollen sind in diesem Descartesschen Sprachgebrauch Akte des „Denkens") ist mir unbezweifelbar gewiß, ich kann sie sinnvollerweise nicht so bezweifeln wie das Dasein der „Außenwelt", kann also seine Existenz als gewiß voraussetzen: ich denke, also bin ich – cogito ergo sum. Ich kann bezweifeln, ob meiner Wahrnehmung ein wirkliches Ding, meiner Erinnerung eine wirkliche Vergangenheit, meinem Begriff ein Gegenstand entspricht, aber ich kann nicht zweifeln, ob ich die Wahrnehmung als solche habe, die Erinnerung als solche vollziehe, den Begriff als solchen denke, ob mein (augenblickliches) Bewußtsein mit diesen seinen Inhalten, seinen modi, existiert. Damit ist zugleich eine wichtige Scheidung vorgenommen: auf der einen Seite steht das „Ich", das Bewußtsein, auf der anderen Seite die Welt außerhalb des Bewußtseins, insbesondere die Körperwelt; das eine ist mir in seiner Existenz unmittelbar gewiß, die andere zweifelhaft, also wegdenkbar, ohne daß die erstere mit aufgehoben würde. D. h. Bewußtsein (oder denkendes Ich) und Körperwelt erweisen sich als wesensverschieden, als substanziell verschieden, als zwei nicht aufeinander zurückführbare „Substanzen". Das Ich ist die „denkende Substanz", die res cogitans. Wie kommen wir vom Bewußtsein zu der begründeten Überzeugung vom Dasein einer Außenwelt? *Einen* Gegenstand gibt es, den wir, obgleich „außerhalb", mit der gleichen Sicherheit erkennen: Gott. Zwei Gottesbeweise führt Descartes: der eine ist das uns bekannte ontologische Argument des Anselm von Canterbury, der andere schließt aus unserer eigenen Unfähigkeit, als endliche Wesen aus eigener Kraft den Begriff des Unendlichen zu bilden, auf Gott als einzig möglichen Urheber dieses Begriffes: nur Gott selbst kann uns die Idee des Unendlichen eingepflanzt haben, also existiert Gott. Diese Einführung des Gottesbegriffes aber wirkt selbst als eine Art erkenntnistheoretischer Deus ex machina: wie der Gedanke des allmächtigen Lügengeistes den Zweifel grenzenlos zu erweitern schien, erlaubt es nun das Vertrauen auf die Wahrhaftigkeit Gottes, daß wir auch dem *Instinkt* Glauben schenken, der uns die Wahrnehmungen unserer Sinne als Bild einer äußeren Körperwelt, unsere Erinnerungen als Nachwirkungen einer Vergangenheit zu deuten nötigt. Nicht Gott führt uns immer und notwendig, sondern unser eigener Wille führt uns gelegentlich irre, dadurch, daß er verworrenen anstatt klaren und deutlichen Vorstellungen zustimmt.

Der Gottesbegriff ist ein unserem Verstand von Gott eingepflanzter, ein an- oder *eingeborener* Begriff, eine idea innata. Darum besitzt er auch jene Klarheit und Deutlichkeit, die evidente Sätze aus ihm herzuleiten gestattet. Kein Inhalt der sinnlichen Erfahrung, kein aus ihr entnommener Begriff ist frei von Unklarheit und Verworrenheit, daher sind nie die Sinneswahrnehmungen, sondern nur die reinen begrifflichen Schöpfungen, die doch keine Willkürschöpfungen des Verstandes sind, die eingeborenen Begriffe und Einsichten die mögliche Grundlage wissenschaftlicher Welterkenntnis. Ohne sie systematisch aufzuzählen, gibt Descartes doch außer dem Gottesgedanken eine Reihe solcher Ideen an: die logischen Grundprinzipien, der Begriff der Substanz und der Ursache, der Ausdehnung und der Zahl. Damit vollzieht der Philosoph den Schritt zu einem rationalistischen Aufbau der Erkenntnis, der sich auf grundlegende Begriffe stützt, die klar und deutlich das Wesen des zu erkennenden Gegenstandes bezeichnen.

Die Seele ist die res cogitans, die denkende Substanz; das Bewußtsein ihre Wesenseigenschaft, ihr „Attribut". Was ist der Körper? Wir können alle Eigenschaften eines Körpers wegdenken, ohne ihn im ganzen aufzuheben – seine Farbe, Härte, Temperatur, Gestalt –, nur eine nicht: den Raum, den er einnimmt, seine Ausdehnung. Ein unausgedehnter Körper ist ein Nichts. Die Ausdehnung ist also das Attribut des Körpers, der Körper eine ausgedehnte Substanz, eine res extensa. Von dieser Begriffsbestimmung aus führt der Weg zur Kartesischen Physik: alle Eigenschaften des Körpers müssen als Modifikationen der Ausdehnung, alle physikalischen Vorgänge als Lageveränderungen, als Bewegungen gedeutet werden. Farbe, Ton, Wärme sind Bewußtseinserscheinungen, denen Bewegungen zugrunde liegen. Ferner aber erschließt Descartes aus dem Satz, daß die Ausdehnung Wesens*eigenschaft* des Körpers ist, auch die Unmöglichkeit einer körperlosen Ausdehnung, d. h. eines leeren Raumes, und kommt damit zur Ablehnung der Demokritisch-Epikurischen Atomistik, die zu gleicher Zeit Pierre Gassendi (Kanonikus in Dijon, 1592–1655) erneuerte. Das Letztwirkliche der Körperwelt ist ein gleichmäßig erfüllter Raum, eine Art flüssige Raummaterie. Wie den leeren Raum, so verwirft Descartes ferner jede Art von Fernkräften; nur in unmittelbarer Berührung, durch Druck und Stoß wirken die Teile der Materie aufeinander, d. h. überträgt sich „Bewegung“ vom einen auf den andern, wobei die „Bewegungsmenge“, bestimmt durch das Produkt von Masse und Geschwindigkeit, konstant bleibt. Die stetige Raumerfüllung durch die Materie hat die eigentümliche Folge, daß jede Bewegung eines Körpers als Teil einer in sich zurücklaufenden Bewegung gedacht werden muß. Dieser Gedanke führt dann auf die Hauptursachen hin, deren sich Descartes in seiner physikalischen Kosmogonie zur Erklärung der heutigen Gestaltung der Welt bedient: auf die strömenden Wirbel, durch die wir uns aus einer ursprünglich chaotisch gestaltlosen Materie Sonne und Fixsterne, Erde und Planeten sich heraussondernd denken können, während die Bewegung der Weltkörper als ein passives Herumgeführtwerden durch solche Wirbel in der sie umgebenden flüssigen Himmelsmaterie anzusehen ist.

Die streng mechanische Welterklärung überträgt Descartes

von der Physik auch auf die Biologie. Alle Vorgänge im lebenden Körper sind rein physikalisch-mechanisch zu erklären, mit einer einzigen Ausnahme: den willkürlichen Handlungen, in denen die „Seele“, d.h. das Bewußtsein, vom Gehirn aus in das Körpergeschehen eingreift. Abgesehen vom Bewußtsein und seiner Einwirkung ist der lebende Organismus ein Automat, ja den Tieren will der Kartesianismus ein solches rein automatenhaftes Maschinendasein zuschreiben.

Das Weltbild Descartes' ist streng *dualistisch:* Seele und Körper, Bewußtsein und raumerfüllende Materie, wollendes und fühlendes Ich und von mechanisch wirkenden Ursachen abhängige Bewegung stehen sich „wesensverschieden“ gegenüber. Nur an bestimmten Punkten treten sie in Wechselwirkung: von einem menschlichen Gehirn empfängt ein menschliches Bewußtsein Wirkungen, die es zu Empfindungen und Gefühlen anregen, von der wollenden Seele gehen Impulse aus, die in eine nervöse Reizung und Bewegung der Glieder des Körpers auslaufen. Dieser Dualismus hindert indessen nicht, sondern begünstigt eher den Versuch, die Seele und das innerseelische Geschehen nach „mathematischer Methode“ und damit nach Analogie der Körperwelt zu betrachten (die Seele wie ein unsichtbares und unausgedehntes „Ding“ zu behandeln). Auch die Kartesische Affektenlehre zeigt diesen Charakter einer die Naturwissenschaft nachahmenden Psychologie.

Die Grundeinteilung der seelischen Vorgänge ist die in tätige und leidende Zustände, d.h. in Zustände, die ihre Ursache nur in der Seele, und solche, die sie im Zusammenwirken von Seele und Körper haben. Auf die eine Seite tritt das reine Wollen und Denken, auf die andere die sinnlichen Empfindungen und Leidenschaften. Hier gewinnt zugleich die Psychologie Descartes' ihren Anschluß an Ethik und Erkenntnistheorie: Leiden ist Unvollkommenheit, der Mensch soll die Affekte durch den Willen beherrschen, die Wahrnehmungen durch den reinen Begriff klären, im Handeln und Erkennen nur den klaren und deutlichen Vorstellungen zustimmen, dann vermeidet er den Irrtum auf der einen, die Sünde auf der anderen Seite. Das Ideal der „Klarheit und Deutlichkeit" wird damit auch auf das Gefühls- und Willensleben übertragen.

Descartes' Philosophie hat verhältnismäßig schnell einen starken Einfluß geübt, sie wird zum Gegenstand angeregter Diskussionen und erwirbt mit der Zeit in Holland und Frankreich eine wachsende und eifrige Anhängerschaft, der freilich auch ebenso streitbare und mächtige Gegner gegenüberstehen. Am gefährlichsten für die neue Philosophie war die Feindschaft der Jesuiten, die es (1662) veranlaßten, daß die Schriften von Descartes auf den Index kamen, und bald darauf auch erreichten, daß Ludwig XIV. das Vortragen Kartesianischer Lehren an den Universitäten in Paris und Angers verbot. Auf der anderen Seite aber fand der Kartesianismus Aufnahme und Pflege bei den heftigsten religiösen Feinden der Jesuiten, im Kreise der Jansenisten und in der Hauptstätte ihres Wirkens, dem Kloster *Port Royal.* ANTON ARNAULD (1612–1694), der schon zu den Kritikern der Meditationen gehörte, war Jansenist; von ihm und Pierre Nicole (1625–1695) stammt die „Logik von Port Royal", die „Kunst zu denken", eine Logik unter dem Gesichtspunkt der Kartesianischen Methodenlehre.

Der *Jansenismus* war wesentlich Augustinismus, die von Jansenius erneuerte Augustinische Gnadenlehre sein religiöser Ausgangspunkt, die Erbsünde, die heillose Verderbtheit der menschlichen Natur und die Erlösung allein durch die Gnade das Zentrum ihrer Theologie, der Kampf gegen die Kompromißtaktik des Jesuitismus, gegen die Laxheit seiner kasuistischen Moral, gegen die von ihm betriebene Verweltlichung des Religiösen eine seiner Hauptaufgaben. Mit den Lehren Augustins aber berührte sich die Philosophie Descartes' in verschiedenen Punkten: im cogito ergo sum, in der Betonung des Primats der Erkenntnis der Seele vor der des Körpers, in der Stellung des Gottesbegriffs. Die Verankerung der ganzen Welterkenntnis einerseits in der Selbst-, andererseits in der Gotteserkenntnis erlaubte eine Verknüpfung Descartesscher und Augustinischer Gedanken.

Eine tiefe und gewaltige religiöse Persönlichkeit ist aus dem Jansenistenkreise hervorgegangen: Blaise Pascal (1623 bis 1662). Und derselbe Pascal, der sein Leben durch schwerste Aszese verkürzte, in seinem nachgelassenen aphoristischen Hauptwerk, den „Pensées sur la religion“, einem außerordentlich starken christlich-religiösen Erleben Ausdruck gab, vorher in den „Lettres provinciales“ den schärfsten Angriff gegen die jesuitische Moral richtete, war zugleich ein genialer Mathematiker und in wissenschaftlichen Dingen ein überzeugter Vertreter des Kartesianischen Erkenntnisideals der „Klarheit und Deutlichkeit“ und der „mathematischen Methode“. Aber diese Klarheit und Deutlichkeit, zu der uns die einzige Wissenschaft, die diesen Namen verdient, führt, hat eine unübersteigliche Grenze: nie können wir mit ihr das Wesen des Unendlichen begreifen, auf das sich doch unser Erkenntnisbedürfnis schließlich überall richtet, und nie können wir mit Hilfe jener klaren und deutlichen Begriffe das *Wesen* unseres eigenen *Ich* erfassen, das zwischen dem Unendlichen und dem Nichts, zwischen dem in der Ewigkeit lebenden Gott und dem im Augenblick aufgehenden Tier in der Mitte steht – ein Nichts im Vergleich zur Gottheit, ein All im Vergleich zum Nichts – ohne das eine und das andere nicht zu begreifen und doch unfähig, das eine wie das andere zu begreifen. Ein Zug zum Paradoxen, zur Herausarbeitung schroffer Gegensätze kennzeichnet das Pascalsche Denken, aber nicht um mit diesen Paradoxen geistreich zu spielen, sein Skeptizismus, wenn wir es so nennen wollen, ist bei ihm, der am Ideal der Klarheit und Deutlichkeit hängt, selbst eine Art intellektueller Aszese und Selbstzerstörung. Der leuchtenden Evidenz der Mathematik wird schroff entgegengestellt ihre völlige Unfähigkeit, das zu erkennen, was zuletzt allein not tut. Aber auch für die Paradoxie eines Dogmas wie desjenigen der Erbsünde hat Pascal eine nicht minder klare Einsicht, wie der kritische Verstand eines Bayle, um dann doch, nachdem er diese

Paradoxie dargelegt hat, mit dem Gedanken zu schließen, daß diese scheinbar widersinnige Lehre allein uns unser eigenes Wesen verständlich macht. Aber im Gefühl dieser Schuld, die unser ganzes Sein wesenhaft durchzieht und uns unglücklicher macht als jedes andere Wesen auf der Welt, empfinden wir zugleich das Große, das uns von allen sonstigen irdischen Wesen unterscheidet: daß wir von Gott wissen und von unserer wahren Aufgabe, demütig uns ganz in seine Hände zu geben. Und in diesem Wissen um das eine, was uns zu tun bleibt, spricht in uns das untrügliche Gefühl, das Herz, das seine eigene Vernunft hat, die die „Vernunft" nicht kennt. Schließlich beruht selbst das rationale Denken und Schließen auf Axiomen, deren Wahrheit wir fühlen, nicht sehen: die Unendlichkeit der Zahlenreihe, die unendliche Teilbarkeit des Raumes.

Die Jansenisten stehen ähnlich wie die Reformatoren in einer eigentümlichen Zwischenstellung zwischen Mittelalter und Moderne. Die Gegnerschaft gegen die Kirche (aus der sie allerdings nicht austreten) macht sie zu natürlichen Bundesgenossen der nach Befreiung von kirchlicher Bevormundung und kirchlichem Einfluß strebenden Wissenschaft bzw. der Kreise, in denen sie ihre Vertreter gefunden hat. Ihre Augustinische Frömmigkeit, ihr Kampf gegen die Verweltlichung der Religion dagegen, der theozentrische Charakter ihrer Religiosität muß eine unübersteigbare Schranke zwischen ihnen und den Ansprüchen einer Vernunft aufrichten, der „Klarheit und Deutlichkeit" das letzte und entscheidende Wahrheitskriterium ist. So kommt gerade der schärfste Denker und tiefste religiöse Genius von Port Royal zu jener eigentümlichen Doppelstellung, die ihn mit äußerster kritischer Schärfe einerseits die Paradoxie der christlichen Grundlehren darlegen, andererseits das Ungenügen selbst der scheinbar klarsten und deutlichsten Grundbegriffe der Wissenschaft dartun läßt, um schließlich jene Logik des demütigen Herzens, des Glaubens über den Anspruch der Wissenschaft zu erhöhen.

Noch in einem anderen, stark vom Kartesianismus beeinflußten Denker zeigt sich ein Zug zum Skeptizismus, allerdings nun hier nicht aus religiösen Motiven wie bei Pascal, eher an die Skepsis des gebildeten Weltmannes und Menschenkenners Montaigne erinnernd, aber mehr auf gelehrter, wissenschaftlicher Basis ruhend. PIERRE BAYLE (1647 bis 1706), eine Persönlichkeit von mehr kritischer als schöpferischer Begabung, einer starken Neigung zur Polemik und umfassendem historisch-gelehrten Wissen, ist der Verfasser des „Dictionnaire historique et critique", eines enzyklopädischen Werkes, das auf das geistige Leben des 18. Jahrhunderts einen bedeutenden Einfluß geübt hat. Er richtet gegen die Dogmen des Glaubens eine rationale Kritik, spielt aber auch wieder die Glaubenssätze gegen die „unbezweifelbare Gewißheit" der Axiome aus. Seine Hinneigung zum Kartesianismus hindert ihn nicht, an grundlegenden Lehren Descartes' und der Kartesianer Kritik zu üben, das Fragwürdige etwa in der Berufung auf die „Wahrhaftigkeit Gottes" hervorzuheben, die objektive Realität der Ausdehnung (die doch schließlich nicht minder wie Farbe und Ton ein Inhalt der Wahrnehmung ist), die Gleichsetzung von Raum und Materie in Zweifel zu ziehen.

Bayle ist einer der wenigen Philosophen der Zeit, die historischen Sinn haben. Doch wird er in diesem Punkt übertroffen von einem in seiner Zeit kaum beachteten Denker, der als ausgesprochener Gegner des Kartesianismus auf den Plan tritt, von dem Italiener GIAMBATTISTA VICO (1668–1744, Professor der Rhetorik in Neapel). Indem Descartes aus zeitlos gültigen Axiomen nach Art der Geometrie auch den Menschen erkennen wollte, übersah er, daß die wichtigste Leistung des Menschen seine geschichtliche Leistung, die Schöpfung der Kultur ist, und daß nicht diese Schöpfung aus der abstrakten Natur des Menschen, sondern umgekehrt die Menschennatur aus der Geschichte zu verstehen ist. In seinem Hauptwerk, der „Scienza nuova", der „neuen Wissenschaft über die gemeinschaftliche Natur der Völker" (1725), stellt Vico die Geschichte als die in bestimmten Etappen, durch bestimmte Formen des gesellschaftlichen, wirtschaftlichen und geistigen Lebens, aber nicht ohne Rückschläge, sich vollziehende Kultivierung und Zivilisierung des Menschen dar. Sie vollzieht sich durch die Handlungen, Triebe und Gefühle der Menschen, aber ohne bewußtes Ziel, ohne Wissen um den eigentlichen Sinn dieser Entwicklung: die Menschen sind die Werkzeuge, durch die die Geschichte selbst ihr Werk erbaut. Vico erinnert mit diesem Gedanken an Hegels Geschichtsphilosophie, ebenso wie sein Versuch, der Geschichte selbst ordnende Begriffe zu entnehmen, die ihren Verlauf in Etappen gliedern, an Herder gemahnt. Doch ist er zugleich gläubiger Katholik, der Weg der Geschichte ist der Weg, den die Vorsehung die Menschen führt, auch ist der Einzelmensch nicht etwa nur ein Produkt und Glied der Geschichte, sondern er steht als individuelle Seele unter Gottes jenseitigem Gericht. Sein historisches Material entnimmt Vico nun allerdings zum großen Teil der Mythologie, da er (auch hier ein Vorläufer der Romantik) in den Mythen den bildhaft-symbolischen Ausdruck der Urgeschichte erblickt. Die ursprünglich wie die wilden Tiere einsam in den Wäldern lebenden Menschen wurden durch Not und Gefahr zu einem seßhaften Leben, erst in Höhlen, dann in selbstgebauten Hütten, gezwungen. Der Seßhaftigkeit folgte der Ackerbau, Landbesitz, und mit dem tatsächlichen Besitz die feste Ordnung, das Recht, unter dessen Schutz er gestellt wurde. Alles Recht aber wurde stets religiös fundiert und verankert: neben der Not ist die Religion das Hauptwerkzeug der Zivilisierung; die Religion, an deren Anfang Vico jedoch nicht wie der Deismus der Aufklärung einen abstrakten Monotheismus, sondern einen animistischen Polytheismus stellt, in dessen psychologischer Seite sich Furcht und Ehrfurcht mischen. Die stärksten und intelligentesten Menschen schufen sich zunächst Besitz und festen Wohnplatz, ihre Häuser wurden zu Zufluchtsstätten derer, die sich um des Schutzes willen in ihren Dienst stellten: es bildet sich Herren- und dienende Kaste, Patrizier und Plebejer. Der Kastengegensatz führt zu Aufständen und Kämpfen, Kämpfe fordern einen Anführer und eine straffe

Organisation: es bildet sich an Stelle der lockeren Gemeinschaft der Staat, zuerst mit monarchischer Spitze, dann mit aristokratischer Herrschaft, schließlich als Demokratie. An der Hand der römischen Geschichte als Beispiel zeigt Vico, wie aus der Republik das Cäsarentum hervorgeht und schließlich der Untergang, d. h. der Rückfall in die Barbarei folgt, aus dem die Entwicklung von neuem sich erheben muß. Interessant ist, wie Vico mit den politischen und kulturellen Verhältnissen den Charakter der Völker sich wandeln läßt: er ist erst roh, dann streng, später mild, darauf fein und zart, endlich – vor dem Untergang – sittenlos. Ist Vico gläubiger Katholik, so hindert ihn das endlich doch nicht, als echter Denker des 17. Jahrhunderts, im Mittelalter eine Zeit der Barbarei zu erblicken. –

Zweifel an Einzelheiten der Beweisführung Descartes', gedankliche Schwierigkeiten innerhalb seines Systems sind es, die zu den ersten systematischen Fortbildungen seiner Lehre führen. Diese Schwierigkeiten knüpfen sich zunächst an den Descartesschen Dualismus: wie kann, wenn Seele und Körper verschiedene Substanzen, gegeneinander selbständige Wesenheiten sind, eine Wirkung derselben aufeinander, eine kausale Abhängigkeit denkbar sein? Zumal es „klar und deutlich" scheint, daß die Wirkung aus der Ursache „hervorgeht", also ursprünglich in ihr „enthalten" ist? Schon Descartes selbst berührt das Problem in seinen Briefen. Bei dem Deutschen Clauberg, den Franzosen de la Forge und Cordemoy wird die Entstehung der Empfindung als Folge der Nervenerregung, der Bewegung durch den Willen des Menschen als ein göttliches Wunder bezeichnet: *Gott* bewirkt es, daß bei *Gelegenheit* der Reize im Zentralsystem in unserem Bewußtsein Inhalte – Farb-, Form-, Tonwahrnehmungen usw. – auftauchen, und daß jedesmal, wenn wir „wollen", die nervösen Strömungen im Gehirn eine Richtung nehmen, die in die gewollte Körperbewegung ausläuft. Dieser „*Okkasionalismus*", die Lehre von den Gelegenheitsursachen, wird zur Grundlage eines philosophischen Systems bei ARNOLD GEULINCX (1625–69, zuerst Professor in Loewen, später, zum Kalvinismus übergetreten, in Leiden). Sein Gedankengang verläuft zunächst sehr ähnlich demjenigen von Descartes: auf den methodischen Zweifel folgt das cogito ergo sum, die Gegebenheiten des Bewußtseins sind der unzweifelhaft existierende Ausgangspunkt aller Erkenntnis. Diese „modi“ des Bewußtseins aber zerfallen in zwei Gruppen: die Akte des Fühlens, Wollens, Urteilens, die wir unmittelbar als aus uns stammend, als durch uns gewirkt erleben, und die Wahrnehmungsinhalte, die uns gegeben werden und von denen wir nie wüßten, wie wir sie schaffen sollten, die also ihre Ursache außer uns haben müssen. Diese Ursache kann aber erst recht nicht eine passive tote Materie sein – wie sollten aus Bewegungen im Raum Bewußtseinsinhalte werden? –, sondern nur ein Wesen mit aktiver, schöpferischer Kraft, nur unendlich uns überlegen: Gott. Aber Gott hat auch die Materie geschaffen, und sein Wille setzt Bewegungen und Bewußtseinsinhalte in jene gesetzmäßige Beziehung zueinander, die die einen nicht zu „Ursachen“, aber zu Bedingungen, zu „causes occasionelles“ der andern macht. Auch in seiner Physik schließt sich Geulincx eng an Descartes an, nur daß er noch schärfer die Einheit der Raummaterie betont: der Raum oder die Materie besteht nicht aus Teilen, sondern begründet nur die Möglichkeit des Zerfalls in (relativ dauernde) Einzelkörper durch die strömenden Bewegungen, die die Raumteile voneinander scheiden. Wie sich der Punkt zur Linie, die Linie zur Fläche, die Fläche zum Körper, so verhält sich der Körper zum Raum, er ist eine „Modifikation“, kein in sich selbständiger Teil des Raumes. Alles Geschehen in der Körperwelt ist ein Fortschreiten, Sich-Ausdehnen oder Konzentrieren der ein für allemal quantitativ unveränderlichen „Bewegungsmenge“ im Raum. Wir haben also eigentlich drei Formen des „Ursache-seins“. Erstens das eigentliche, wahre Wirken, d.h. Schaffen, das wir in unseren *inneren* Willenshandlungen erleben und dessen Erleben allein uns völlig verstehen läßt, daß und wie etwas entsteht, ein Verständnis, das Gottes Weisheit und sie allein für die ganze Welt besitzt. Zweitens: das Übergehen der Bewegung, die Gott ein für allemal geschaffen hat, von einer Stelle des Raumes, von einem „Körper" auf den anderen, diese Ortsveränderung, auf die der Physiker alle körperlichen Vorgänge zurückführt. Und drittens das bloße äußerliche Bedingungs-, Okkasionalverhältnis, das zwei ganz und gar verschiedene Gebilde der Art verkoppelt, daß, wenn das eine da ist, auch das andere zeitlich folgt. Schließlich pflanzt Geulincx auf seine Lehre auch eine okkasionalistische Ethik, eine Moral der reinen Gesinnung und des demütigen Sich-Beugens unter das Schicksal, d.h. den Willen Gottes: nur die eigene Gesinnung steht in unserer Macht, der Erfolg immer in Gottes Hand.

Der zweite Hauptvertreter des Okkasionalismus ist der Pater Nicole Malebranche (1638–1715, Mitglied des Ordens der Väter des Oratoriums Jesu, nächst Descartes der bedeutendste französische Philosoph des 17. Jahrhunderts). In seinem Hauptwerk, der „recherche de la vérité", legt Malebranche zunächst ausführlich dar, daß die sinnliche Wahrnehmung nur zu verworrener und widerspruchsvoller Erkenntnis führt; nicht die Sinne, sondern nur die mathematischen Begriffe können die Grundlage der Lehre von der Körperwelt bilden. Die Sinneswahrnehmungen sind Bewußtseinsmodifikationen, die verworren die Außenwelt spiegeln, aber die Vorgänge der Außenwelt, einschließlich der nervösen Reizprozesse in den Sinnesorganen, sind nicht ihre „Ursachen", sondern nur die mit ihnen nach einer gottgewollten Regel verbundenen Bedingungen — causes occasionelles. Über Geulincx hinausgehend aber überträgt Malebranche diesen Begriff auch auf die Zusammenhänge innerhalb der Körperwelt: beim Stoß eines Körpers auf einen anderen löst sich nicht eine Bewegungsmenge vom einen ab und geht auf den andern über, sondern eine Bewegung – die „Ursache" – hört auf, eine andere – die „Wirkung" – hebt an, und diese zwei verschiedenen, aufeinander gesetzmäßig folgenden Bewegungen sind quantitativ einander gleich. Die Physik stellt solche regelmäßigen *Beziehungen* fest, d.h. Gesetze, die Bedingungsverhältnisse, okkasionale Abhängigkeiten aussprechen, nicht „Ursachen". „Ursache" ist nur Gott und die Seele. Aber auch die Ursächlichkeit der Seele sucht Malebranche möglichst einzuschränken: unser klares und deutliches – mathematisches – Erkennen ist ein Betrachten von Ideen und den in und mit ihnen evident gegebenen Beziehungen, diese Ideen aber sind nicht Schöpfungen unseres Verstandes, sondern ideae innatae, die Gott uns eingepflanzt hat. Und hinter diesen Ideen, mit denen unser Denken arbeitet, steht überall zuletzt eine: die „Idee" des Unendlichen. Wir können den einzelnen begrenzten Körper nur auffassen, indem wir ihn im *unendlichen* Raum begrenzt denken, wir können den einzelnen Gegenstand nur erfassen, indem wir ihn einem „allgemeinen" Begriff, d. h. einer *unendlichen* Reihe eingliedern. Der „Begriff" des Unendlichen entsteht nicht durch einen Akt der Verallgemeinerung oder Reihenbildung (wie z. B. die englischen Philosophen behaupten), sondern er ist in jedem solchen Akt und damit in jedem Denkakt vorausgesetzt. Und doch – oder eben darum – können wir das Unendliche selbst gar nicht in einen Begriff fassen, es gibt eigentlich keine Idee des Unendlichen, sondern nur Ideen, die wir im Unendlichen erschauen. *Das* Unendliche aber ist Gott, also: *„wir schauen alle Dinge in Gott"*.

Wie sollte es in einem endlichen Wesen eine Idee des Unendlichen geben? Umgekehrt: wir als endliche Wesen sind im Unendlichen, in Gott – Gott ist der „Ort der Geister", wie der Raum der Ort der Körper ist – auf dieser unserer „Teilhabe" an Gott (die platonische Wendung entspricht dem platonisierenden Denken Malebranches) beruht unser Wissen von Gott, das also ein „Wissen" prinzipiell anderer Art ist als unser Wissen sowohl von der Körperwelt wie von uns selbst. Von den Körpern haben wir Begriffe, aber daß diesen Begriffen Wirklichkeit entspricht, eine Außenwelt existiert, können wir nie beweisen. Uns selbst, unser Bewußtsein nehmen wir wahr, wissen also unbezweifelbar gewiß, „daß" wir sind, haben aber keinen klaren und deutlichen Begriff unseres Wesens, die Psychologie bleibt eine rein empirische, keine mathematisch konstruktive Wissenschaft. Gott ist das einzige Wesen, bei dem für uns Gegenstand und Begriff zusammenfallen, das begriffliche Denken in ein Innesein des Daseins und Wesens Gottes selbst übergeht, in dem wir leben und denken.

Der immer stärkere Nachdruck, der auf die Wirksamkeit Gottes fällt, der schließlich fast allein „Ursache" im eigentlichen Sinn genannt werden darf, führt die aus Descartes' Schule hervorgehenden Denker immer mehr zum Pantheismus. Durch die Wendung, daß für ihn nicht Gott in der Welt, sondern die Welt in Gott sei – „*Panentheismus*" nennt man später eine Metaphysik dieser Art –, sucht Malebranche seine Lehre allerdings von dem eigentlichen Pantheismus zu scheiden, der nun seinen klassischen Vertreter in SPINOZA findet.

Baruch d'Espinosa – BENEDICTUS SPINOZA – entstammt einer aus Portugal vertriebenen Judenfamilie und ist 1632 in Amsterdam geboren; ursprünglich zum Rabbiner bestimmt und gebildet, wird er seiner freien Anschauungen wegen (im „Tractatus theologico-politicus", der ihm die lebenslängliche Feindschaft der Orthodoxen aller Konfessionen zuzog, fordert er grundsätzliche Toleranz, Denk- und Redefreiheit in religiösen Dingen, historische Bibelkritik) aus der Gemeinde ausgestoßen und führt seitdem einsam und genügsam das Leben eines Weisen, zuletzt im Haag, wo er 1677 starb. Sein Hauptwerk, die Ethik („Ethica ordine geometrico demonstrata"), erschien wie der „Politische Traktat", sein drittes wichtiges Werk, postum.

Spinoza ist nicht in erster Linie Mathematiker und Physiker wie Descartes, von dessen Schriften er doch den entscheidenden Einfluß empfängt, sein Interesse gilt dem Menschen, aber er will den Menschen, sein Fühlen und Wollen so betrachten, wie der Mathematiker seine Figuren: vorurteils- und leidenschaftslos zergliedernd und die Gesetze erforschend, aus denen es so notwendig entspringt, wie aus dem Wesen des Dreiecks seine Eigenschaften. Die „mathematische Methode" wird bis in die Äußerlichkeiten durchgeführt, die „Ethik" demonstriert ihre Sätze wie Euklids Geometrie aus

Definitionen und Axiomen, verfolgt also einen streng konstruktiv rationalen Weg. Der Gottes- und der Substanzbegriff stehen am Anfang. Aus dem Begriff der „Substanz" als des unabhängig Existierenden und in seiner Existenz zu Begreifenden („Substanz ist das, was in sich ist und durch sich begriffen wird") wird abgeleitet, daß es nur *eine* Substanz geben kann (mehrere würden sich begrenzen, also nicht unabhängig sein), daß sie ewig und unendlich, also mit Gott, dem „unbedingt", in jeder Hinsicht, „unendlichen Wesen", identisch sein muß, dessen Dasein zugleich nach dem ontologischen Argument bewiesen wird. Gott ist die Substanz der Welt, alles übrige, Körper und Seelen, sind nichts als Modifikationen, wechselnde Zuständlichkeiten der göttlichen Substanz, verhalten sich selbst zu ihr wie die wechselnden Zustände eines Dinges zum Ding. Die zwei wesensverschiedenen Substanzen Descartes', Ausdehnung und Bewußtsein, werden danach zu zwei Wesenseigenschaften der einen göttlichen Substanz – Gott ist selbst Körper und Seele –, weshalb auch jeder körperlichen Veränderung in der Welt eine seelische und umgekehrt entsprechen muß (wie jeder Veränderung in einem Ding eine solche aller seiner Seiten oder Eigenschaften), ohne daß darum die eine „Ursache" der anderen wäre. Jeder körperliche ist vielmehr durch einen körperlichen, jeder seelische durch einen seelischen Vorgang bedingt (begrenzt), die Reihe der körperlichen bildet wie die der seelischen Vorgänge eine zusammenhängende Kausal-Kette, beide aber sind verknüpft als zwei Seiten derselben substantiellen Wesenheit. Aus dieser Ableitung des Satzes, daß „Ordnung und Zusammenhang" der körperlichen Vorgänge gleich sein muß der Ordnung und dem Zusammenhang der seelischen, ergibt sich Spinozas Lösung des Leib-Seele-Problems, der psychophysische Parallelismus an Stelle der Wechselwirkung der beiden Substanzen Descartes', deren Schwierigkeiten zu der künstlichen Theorie des Okkasionalismus geführt hatten. An sich muß Gott unendlich viele Attribute haben, wir kennen nur jene zwei, Ausdehnung und Bewußtsein, von denen dieses sich auf jene bezieht: jeder Bewußtseinsmodus, jedes Empfinden, Wahrnehmen, Denken, Begehren ist zugleich ein – klares oder verworrenes – Wissen um einen körperlichen Zustand oder Gegenstand (jede „Idee" ist Vorstellung eines körperlichen „Ideals"). Unser Bewußtsein spiegelt zunächst unseren Körper, unsere Seele ist die „Idee" eines bestimmten, „unseres" Körpers, sie spiegelt weiter die Körperwelt in ihrer Wirkung auf diesen unseren Körper. Spinozas Psychologie ist in hohem Grade intellektualistisch, das ganze Seelenleben wird aus Vorstellungen zusammengesetzt gedacht, die Affekte selbst werden zu Ideen umgedeutet: unser Begehren ist die Idee, das seelische Korrelat der diesem Körper wie jedem Ding eignen Tendenz zur Selbstbehauptung, Lust und Schmerz sind der Ausdruck für die Förderung und Hemmung, die diese Selbsterhaltung erfährt, alle übrigen Affekte werden auf diese drei zurückgeführt. Selbstbehauptung ist zugleich Freiheit, ist Aktivität, Leiden ist Passivität, Abhängigkeit. Absolute „Freiheit" kommt nur Gott zu, denn Gott ist allein Ursache, aktiv – welche Freiheit jedoch sehr wohl sich vereint mit der *Notwendigkeit*, mit der alles aus dem Wesen (nicht dem Willen) Gottes hervorgeht. Der Mensch ist „frei" in dem Maß, als sein Wollen und Tun aus klaren und deutlichen Vorstellungen, nicht aus blinden und zufälligen Sinneneindrücken und -antrieben entspringt. Eine indeterministische, eine Willensfreiheit, die Ursachlosigkeit bedeuten würde, verwirft Spinoza schlechthin als Selbsttäuschung, als bloßen Ausdruck unserer Unkenntnis der bestimmenden Ursachen. Die höchste Stufe der Freiheit und die tiefste und dauerndste Freude quillt aus der *Erkenntnis*, genauer aus der echten, adäquaten Erkenntnis der Wahrheit. Spinoza unterscheidet drei Arten der Erkenntnis: die aus den Sinnen stammende Vorstellung einschließlich der aus ihnen abstrahierten Allgemeinbegriffe, das rationale, vernunftmäßige Schließen und das unmittelbare „anschauende Wissen". Die sinnlichen Vorstellungen sind die Quelle des Irrtums durch ihre Verworrenheit, das unklare Zusammenfließen des eigenen und des auf ihn wirkenden fremden Körpers, des äußeren Objekts und der Zutat des Sinnesorgans. Im anschauenden, unmittelbaren Wissen erfassen wir die „Gemeinbegriffe“ (der Ausdruck entstammt bekanntlich der stoischen Erkenntnislehre), die letzten, notwendigerweise klaren und adäquaten Grundbegriffe, die das gemeinsame Grundwesen, den gemeinsamen Ursprung aller Dinge zum Gegenstand haben und von denen die Vernunfterkenntnis, die rationale Deduktion auszugehen hat. Diese Deduktion, wie sie Spinozas „synthetisches“ Verfahren selbst übt, erfaßt alle Dinge in ihrer Beziehung zu Gott, zum schöpferischen Quell der Natur, in ihrer Ewigkeit gewissermaßen (sub specie aeternitatis). Die Freude, das Glück, das wir in ihr empfinden, bezogen auf ihren Gegenstand, also auf Gott selbst, ist in Spinozas Sprache die „intellektuelle Liebe zu Gott“ (amor dei intellectualis). In diesem höchsten Glück erreichen wir zugleich die höchste Freiheit und Vollkommenheit – der wahrhaft eigennützige, sich auf sein eigentliches Glück verstehende Mensch ist zugleich der beste, der tugendhafteste – und er ist der gemeinnützigste, denn dies Gut der Erkenntnis wird uns nur wertvoller, mit je mehr Menschen wir es teilen. Der dem 17. und 18. Jahrhundert so vielfach charakteristisch eigene Sokratismus, der Glaube, daß Tugend Wissen um das wahre, eigentliche Glück sei, und der Glaube an die durch den rechten Gebrauch der Vernunft herstellbare Harmonie der Menschen und ihrer Interessen tritt nirgends reiner als bei Spinoza zutage.

In der Eindeutigkeit seiner pantheistischen Weltansicht erinnert Spinoza an den größten Pantheisten der Renaissance, an Giordano Bruno. Zugleich aber ist der Gegensatz deutlich, der Persönlichkeiten wie der Zeiten. Für Bruno ist die Welt brausende Bewegung, Sturm und Drang, Ringen und Kämpfen. Der Mensch jubelt und leidet, siegt und stirbt, der Rausch aber, der Enthusiasmus, der aus dem Bewußtsein der Einheit mit dem Weltganzen quillt, gibt seinem Leben auch im Leiden und Untergang Wert und Höhe. Für Spinoza ist die Welt ein in sich geschlossenes, ruhendes Sein, das zeitliche Folgen wird zu einem logisch-mathematischen Erfolgen, in der betrachtenden Erkenntnis ihrer kristallklaren Schönheit stillt sich Leiden, verworrene Unruhe, trüber Affekt und tritt lichte Ruhe an ihre Stelle – Bruno faßt die Welt als lebenden Organismus, Spinoza als mathematisch-physikalisches System. Zugleich aber deuten oder fühlen im Grunde beide in die Welt ihr eigenes Persönlichkeitsideal hinein.

2. Die englische Philosophie im 17. und 18. Jahrhundert

Die Geschichte der neueren Philosophie verläuft in zwei relativ getrennten Entwicklungsreihen, die trotz vieler Berührungspunkte und Wechselbeziehungen in einem gewissen sachlichen und räumlichen Gegensatz zueinander stehen: neben der kontinentalen die der *englischen* Philosophie. Francis Bacon (1561–1626), der Minister der Königin Elisabeth und Jakobs I., der schon in dem Abschnitt über die Renaissancephilosophie Erwähnung fand, erinnert an Descartes in der nachdrücklichen Betonung des Wertes und der Wichtigkeit einer *methodischen* Wissenschaft von der Natur. Der aristotelischen Logik, dem „Organon", stellt er sein „Novum organon", der Deduktion und dem vom Allgemeinen zum Besonderen fortschreitenden Schlußverfahren die von der Tatsachenbetrachtung – nicht von vorgefaßten Begriffen, die sich nur als leere Worthülsen erweisen – ausgehende, schrittweise das Beobachtete verallgemeinernde *Induktion* gegenüber. Erfahrung ist die einzige Grundlage, Induktion das einzig fruchtbare Verfahren der Wissenschaft: in dieser *empiristischen* Erkenntnislehre schlägt Bacon eine Bahn ein, die für eine Hauptrichtung der englischen Philosophie charakteristisch wird. Wahr ist unsere Erkenntnis, wenn sie sich in und an der weiteren Erfahrung bewährt, wenn sie uns Vorhersagen, wenn sie uns damit eine praktische – *technische* – Naturbeherrschung ermöglicht: „Wissen ist Macht". Auch in dieser Verknüpfung von Erkenntnis und Praxis nimmt Bacon einen Gedanken voraus, der für die englische Philosophie vielfach charakteristisch wird.

Stärker als in der kontinentalen Philosophie spiegelt sich im Denken der englischen Philosophen die politische Entwicklung ihres Landes, wie sie auch stärker, als Leidende, aber auch als Handelnde, in diese Geschichte verwoben erscheinen. Ihr Denken hat weniger weite Horizonte, aber es ist schärfer und ohne Scheu vor entschiedener Stellungnahme den unmittelbaren praktischen Gegenwartsproblemen zugewandt. Aber auch die englische Geschichte ihrerseits wirft über ein volles Jahrhundert früher als die Geschichte Frankreichs und Deutschlands Probleme auf, die den bürgerlichen Denker zur Entscheidung und zur Anteilnahme zwingen. Für den französischen, erst recht für den deutschen Bürger ist das politische Geschehen in derselben Zeit ein Schicksal, das er über sich ergehen lassen muß, der Machtkampf der Großen, dem er aus dem Wege geht oder den er erträgt wie Sturm und Gewitter. Weder Descartes noch Spinoza empfinden diese Wellen der Politik anders denn als ein störendes Element ihrer philosophischen Versenkung, dem gegenüber sie sich ihre Freiheit in der eigenen Welt ihrer Gedanken schaffen. Die philosophische Entwicklung ist hier verwandt der religiösen, vor allem in Deutschland: schärfer als je und irgendwo wird vom deutschen Protestantismus die Trennungslinie zwischen religiöser und weltlicher Sphäre, religiöser „Innerlichkeit" und Richtung auf das Überirdische, das Jenseitige, und der Welt des politischen, wirtschaftlichen, beruflichen Handelns und Zwecksetzens gezogen. Die Moral des Lutherischen Protestantismus in seiner deutschen Prägung wird, soweit die moralische Regelung und Beeinflussung des Tuns des Menschen in der Welt in Frage kommt, wesentlich zur Berufsmoral: die Treue im Beruf, die Pflichterfüllung in den von ihm gestellten Aufgaben ist die entscheidende Forderung, den Beruf selbst aber gibt Gott, er stellt den Menschen auf seinen Posten – durch das Walten der Verhältnisse, in die der einzelne ohne sein Zutun hineingeboren wird oder hineinwächst. Preußen im besonderen wird das klassische Land dieser Lutherischen Berufsethik. Gott gibt dem Menschen seinen Platz, aber er bedient sich dabei wesentlich der Hand der „Obrigkeit", sie ist zunächst der entscheidende Faktor, als deren Objekt der Mensch, der Bürger sich fühlt. So verbindet sich dem Berufsethos das Gebot „Seid untertan der Obrigkeit", dessen Konsequenzen schließlich sogar ein „cuius regio, eius religio" zu rechtfertigen vermögen.

Auf der anderen Seite macht sich auch CALVIN das „Seid untertan der Obrigkeit" zu eigen – nur daß hier ein Mann dieses Gebot ausspricht, der selbst, wenn auch in einem kleinen Staatswesen, in der Polis Genf, die Obrigkeit, und zwar in recht unumschränkter geistlich-weltlicher Machtfülle, verkörpert und auf den Schutz und Schirm keiner Landesfürsten angewiesen ist. So wird ihm das „untertan sein" weniger wie im Luthertum ein sich Beugen unter das Schicksal, mehr ein Gehorchen denen gegenüber, denen Gott Amt, Beruf und Willen zu einer christlichen Leitung des Gemeinwesens anvertraut hat, den berufenen Leitern der kirchlich-politischen Gemeinde, zwei Dinge, die im kalvinistischen Genf zusammenfallen. Und schärfer kann der Gedanke hervortreten, daß eben nur die christliche und die rechtgläubige Obrigkeit jenes Recht beanspruchen kann und daß einer ungläubigen oder einer Obrigkeit, die nicht den rechten Glauben hat, gar einer solchen gegenüber, die offenkundig von Gott verworfen ist, der Satz in Kraft tritt „man muß Gott mehr gehorchen als den Menschen". So verstehen wir, daß der kalvinistischen Lehre Beziehungen zu der monarchomachischen Theorie erwachsen, der Lehre von der Souveränität des Volkes und seinem Recht, den König zu richten bzw. zur Verantwortung zu ziehen, deren katholische Vertreter früher erwähnt wurden. Auf kalvinistischer Seite ist es der Schotte Knox, der, ein treuer Anhänger Calvins, die presbyteriale Gemeindeverfassung Genfs in seine Heimat verpflanzt und damit das Puritanertum organisiert, das mit der Waffe seinen Glauben gegen das Königtum (Maria Stuart) verteidigt und schließlich den Sieg davonträgt. Erzieher des jungen

Königs Jakob VI. wird der Geschichtsschreiber BUCHANAN (1506–83), der in seiner Schrift „De iure regni apud Scotos" Gott für den Schöpfer der Staaten, zugleich aber die Gerechtigkeit für die Grundlage des Staates erklärt. Das Recht zu üben, ist die Pflicht des Königs, diese Aufgabe aber ist ihm übertragen vom Volk, das seinerseits die Gesetze beschließt, die Recht sein sollen. Verletzt der König seine Amtspflicht, so ist er selbst dem Gericht des Volkes unterworfen.

Das *Puritanertum* wird dann bekanntlich der eigentliche aktive Träger der englischen Revolution, des Kampfes eines kräftigen Bürgertums gegen die absolutistischen Ansprüche einer Krone, deren tatsächliche und finanzielle Macht in keinem Verhältnis zu jenen Ansprüchen und dem persönlichen und egoistischen Willkürregiment stand, das sie zu führen versuchte. Das revolutionäre Bürgertum kämpft gegen die vom König eigenmächtig erhobenen Steuern, also für den Schutz des Eigentums, gegen willkürliche Verhaftungen, also für die Freiheit der Person, endlich für die Freiheit des Kultus und Bekenntnisses, das man von dem dem Katholizismus zuneigenden König bedroht glaubt, also für die bekannten liberalen Forderungen. Der Fortgang des Kampfes aber führt zum gewaltsamen Umsturz, zur Abschaffung der Monarchie und zur Hinrichtung des Königs, zur Realisierung der Demokratie und der Idee der Volkssouveränität, wie die Monarchomachen sie vertraten.

Vielleicht am klarsten, dazu getragen von dem Schwung einer leidenschaftlichen und begeisterten Persönlichkeit, tritt uns dieser Zusammenhang demokratischer und puritanisch-religiöser Ideen in den politischen Schriften des Dichters MILTON entgegen, wenn diese Schriften selbst auch den Charakter von Gelegenheitsschriften tragen, nicht ein ausgearbeitetes System der politischen Philosophie darstellen. Der Mensch ist von Gott geschaffen, er ist die Kreatur, die demütig vor dem Schöpfer sich beugen muß; diese Unterwerfung ist die Pflicht *aller* Menschen, die also alle vor Gott gleich sind. Es schiebt sich kein priesterlicher Mittler zwischen Gott und die übrigen Menschen ein, der sie freisprechen oder binden, und es schiebt sich auch kein Fürst zwischen sie ein, der den ihm Untergebenen die Verantwortung abnehmen könnte. Und ist der Mensch von Gott geschaffen, so ist er doch nach Gottes Ebenbild geschaffen und damit als Wesen, dem die Freiheit in die Brust gelegt ist und das sich selbst nicht zum Sklaven erniedrigen darf, sondern in sich dies Ebenbild Gottes ehren und achten soll. „Wenn die Liebe zu Gott als ein vom Himmel gesandtes Feuer, welches auf dem Altar unserer Herzen lebendig erhalten werden soll, das erste Prinzip aller guten und tugendhaften Handlungen im Menschen ist, so ist die fromme und gerechte innere Achtung und Ehrfurcht vor uns selbst das zweite und kann gedacht werden als die radikale Quelle, woraus jede lobenswerte, wertvolle Handlung ihren Ursprung nimmt." Ist aber die Freiheit eine Grundeigenschaft des Menschen, so ist auch die *bürgerliche* Freiheit kein „Geschenk des Herrschers", sondern „ein angeborenes Geschenk aus der Hand Gottes selbst". Unmöglich und unwürdig ist daher auch der Gedanke, daß der Mensch auf diese seine ursprüngliche Freiheit und Selbstbestimmung verzichten könne, um sie auf den Herrscher zu übertragen, ein Monarch ist nur ein durch das Parlament zu kontrollierender Volksbeamter.

Die englische Revolution nimmt bekanntlich eine ähnliche Entwicklung wie später die große französische. Die siegreichen Führer der demokratisch-liberalen Ideen mit den programmatischen Forderungen der Volkssouveränität und -selbstbestimmung, aber auch der Unantastbarkeit des Eigentums und der persönlichen Freiheit, werden bedrängt auf der einen Seite von Anhängern vager kommunistischer Ideale, die an die Stelle der formalen rechtlichen die tatsächliche Gleichheit setzen wollen, auf der anderen Seite von den Aufständen der royalistischen Reaktionäre. Es entsteht der latente oder wirklich ausbrechende Bürgerkrieg und auf der anderen Seite der Übergang zur Diktatur und schließlich zur Militärherrschaft. Das Ende der revolutionären Gesinnung und des revolutionären Strebens und der beste Wegbereiter der Restauration ist die aus jenen aufreibenden Kämpfen notwendig entspringende Revolutionsmüdigkeit, die Sehnsucht nach Frieden um jeden Preis, nach einer starken Regierungsgewalt – nicht mehr, um errungene hohe Ideale sieghaft zu verteidigen, sondern um Ruhe, Ordnung, Gesetzlichkeit überhaupt wiederherzustellen und zu bewahren. Diese Revolutionsmüdigkeit und die sich aus ihr ergebende nüchterne, pessimistische und resignierte Beurteilung des Menschen und der menschlichen, gesellschaftlichen Verhältnisse – im geraden Gegensatz zu dem enthusiastischen, im religiösen Gefühl verankerten Glauben an den Menschen bei Milton – ist die Grundstimmung, die der Staatsphilosophie des THOMAS HOBBES Richtung und Charakter gibt.

Freilich nimmt Hobbes nicht in dem Sinn aktiv an den Ereignissen teil wie etwa Milton. Andererseits sind seine staatsphilosophischen Werke keine Gelegenheitsschriften, sondern ein scharfsinnig und konsequent durchdachtes System. Und seine Staatslehre ist zwar unzweifelhaft seine bedeutendste Schöpfung, aber sie fügt sich zugleich ein in den Rahmen eines philosophischen Gesamtbildes der Welt, das eine gedankliche Leistung darstellt, die sich den übrigen großen Systemen des siebzehnten Jahrhunderts ebenbürtig anreiht.

THOMAS HOBBES ist 1588 als Sohn eines Dorfvikars in der Nähe des Städtchens Malmesbury geboren, 1679 im Hause des Grafen Devonshire, mit dessen Familie er seit seinen jungen Jahren als Erzieher und Hofmeister verknüpft war, gestorben, hat also in seinem langen Leben Revolution und Restauration erlebt. Er ist als junger Mensch eine Zeitlang Sekretär Bacons gewesen, und gleichgültig ob dieser Verkehr Einfluß auf ihn geübt hat, stimmt Hobbes jedenfalls in gewissen Grundgedanken mit den Lehren des Kanzlers überein: auch für ihn gründet sich alle Erkenntnis auf Erfahrung und zielt schließlich ab auf praktisch nützliche Belehrung des Menschen; nicht zuletzt gilt das von der Geschichte und dem Studium der menschlichen Gesellschaft: wir müssen aus ihm, aus dem Studium der geschichtlichen und gesellschaftlichen Wirklichkeit, die Triebfedern des menschlichen

Handelns erforschen, um zu lernen, wie Menschen zu behandeln und Staaten zu lenken sind.

Andererseits übt auf ihn einen starken Einfluß die Bekanntschaft mit der Geometrie Euklids und ihrem strengen Beweisgang sowie mit der Mechanik Galileis; er übernimmt das deduktiv-systematische Wissenschaftsideal der „mathematischen Methode", die er selbst nachzuahmen versucht. Eben dieses Ideal hatte die kontinentalen Philosophen – Descartes, Spinoza – zum Rationalismus, zu der Annahme eingeborener Begriffe, also von der Wahrnehmung unabhängiger Grundbegriffe und unmittelbar einleuchtender Axiome geführt. Hobbes dagegen ist Empirist: wie läßt sich dieser Empirismus, die Annahme, daß alle Begriffe und Erkenntnisse aus der Erfahrung stammen, mit der mathematischen Methode, d. h. mit der Forderung vereinen, daß alle Erkenntnisse nach der Weise der Euklidischen Mathematik aus wenigen Definitionen und Axiomen deduziert werden sollen? Die Lösung der Schwierigkeit bietet Hobbes ein Gedanke, den eine moderne erkenntnistheoretische Richtung gerade im Hinblick auf die Geometrie wieder aufgenommen hat: Die „Axiome" der Geometrie und jedes deduktiven Systems, wie es die Wissenschaft anstrebt, sind nicht einleuchtend wahre, eingeborene Einsichten, sondern Annahmen, Festsetzungen, die sich zuletzt dadurch bewähren müssen, daß die aus ihnen gezogenen Folgerungen mit der Erfahrung übereinstimmen, oder daß die von ihnen in Beziehung gesetzten Grundbegriffe zur Formulierung unserer Erfahrungen dienlich sind und zureichen. Es gibt einen doppelten Wahrheitsbegriff: „wahr" im mathematischen Sinn (die einzig wirklich streng und exakt nachweisbare „Wahrheit") heißt ein Satz, der sich logisch aus den einmal angenommenen Definitionen ableiten läßt; auf der anderen Seite ist das ganze System einschließlich der Definition „wahr", sofern es mit der Erfahrung übereinstimmt. Wir fassen die in der Erfahrung gegebenen mannigfaltigen Dinge unter möglichst wenige Grundbegriffe, durch deren Kombination wir dann neue, komplexere Begriffe bilden, die wir den verschiedenen Gegenständen zuordnen können. Am vollendetsten geschieht das in der Arithmetik, im Rechnen und Zählen, aber auch alles andere Denken ist eigentlich ein Rechnen mit Begriffen, d. h. noch genauer mit Zeichen, denn Begriffe sind Zeichen, Namen, die wir den Dingen geben, aber eben allgemeine Namen, die wir nicht *einem* Ding, sondern *vielen* mit Rücksicht auf ihre Ähnlichkeit oder ihren Zusammenhang zuordnen. Die Fähigkeit, derartige allgemeine Zeichen zu bilden, das von ihm erfundene Instrument der Sprache, unterscheidet den Menschen vom Tier und setzt ihn in den Stand, in viel umfassenderer Weise seine Erfahrungen zusammenzufassen, daher auch zu beherrschen und nutzbar zu machen, als das am einzelnen Eindruck hängende Tier. Man sieht, Hobbes ist konsequenter Nominalist.

Daß alle Naturerkenntnis von den gegebenen Wirkungen auszugehen und sie auf ihre *Ursachen* zurückzuführen hat, darin stimmt Hobbes mit Bacon überein, aber strenger als dieser verbannt er den Begriff von „Zweckursachen" aus aller wissenschaftlichen Erklärung überhaupt: alles in der Welt geht „natürlich" zu, hängt von gesetzlich wirkenden Ursachen ab; Hobbes ist *Naturalist.* Mit Descartes ist er der Meinung, daß alle Vorgänge in der Körperwelt mechanisch, durch Bewegungen erklärt werden müssen, aber im Gegensatz zu ihm überträgt er diese Forderung auch auf die Welt des Seelischen. Gewiß sind die Phänomene des Bewußtseins als solche keine körperlichen Bewegungen, aber darum können ihnen doch Bewegungen zugrunde liegen, können sie körperlich bedingt sein. Eine immaterielle Seele ist ein unvorstellbares Gebilde, alles substanziell Wirkliche und Beharrliche können wir nur als Körper denken; Hobbes ist *Materialist.* Und mit seinem Materialismus und Naturalismus ist weiter gegeben die schroffe Ablehnung jedes Gedankens einer „Willensfreiheit".

Hobbes entwickelt diese Gedanken in den 1655 und 1658 erschienenen beiden ersten Teilen seines systematischen Hauptwerkes, der „Elemente der Philosophie", in „De corpore" und „De homine" („Über den Körper" und „Über den Menschen"). Alles substanziell Wirkliche besteht aus Körpern – die Wissenschaft vom Körper ist die auf alle (beharrenden) Gegenstände anwendbare Grundwissenschaft – bestimmte Körper sind lebende Wesen und speziell Menschen oder Tiere (die Wissenschaft vom Menschen ist ein spezieller Zweig der Körperlehre) – die Menschen aber wiederum sind nicht nur Menschen überhaupt, sondern Menschen, die im Urzustand oder – wie wir – in Staaten leben: „Bürger". So wird das wissenschaftliche Gebäude gekrönt durch das Werk „De cive" – „Vom Bürger", und von dem Ganzen, das durch die Beziehungen der Bürger zueinander und ihre Handlungen gegeneinander entsteht, dem Staat. Denn der Staat ist kein Wesen an sich, außerhalb der ihn konstituierenden Handlungen der Menschen als „Bürger", so wenig wie der Raum etwas Wirkliches ist außerhalb der Körper und ihrer räumlichen Beziehungen.

Der Mensch ist Egoist, geleitet von dem Streben nach dem eigenen Vorteil, also dem Besitz möglichst vieler Güter in der Welt. Daraus ergibt sich als gesellschaftlicher Ur- oder Naturzustand der „Kampf aller gegen alle". Dieser anarchische Naturzustand aber läßt ein Gut vermissen, nach dem alle notwendigerweise gleichmäßig streben: Sicherheit. Aus dem Streben nach diesem einen gemeinsamen Ziel muß allmählich der Wunsch entstehen, an die Stelle des Naturzustandes mit dem „Recht" jedes einzelnen auf alles den status civilis, den geordneten Staat, treten zu lassen, in dem jeder sich verpflichtet, den Besitz des anderen nicht anzutasten, d. h. also die Einrichtung des gesetzlich geschützten, garantierten Eigentums besteht. Ein Vertrag der einzelnen miteinander schafft den Staat, aber dieser Vertrag hat nur dann praktische Bedeutung, wenn eine Macht da ist, die seine Durchführung erzwingt, d. h. der Staatsvertrag kann in der Praxis nur die Form eines gemeinsamen Verzichts aller auf die Machtmittel bedeuten, die einem einzelnen zur Verfügung gestellt werden, um Sicherheit und Ruhe zu schaffen und zu erhalten. Dieser *eine* herrschende Wille braucht nicht der Wille *eines Menschen*, er kann auch der einer Anzahl, etwa einer Parlamentsmehrheit, sein; wesentlich ist nur, daß ein solch unumschränkter, auch durch das Gesetz nicht gebundener, sondern über dem Gesetz stehender mit entsprechender Macht ausgestatteter Willensfaktor da ist. Einem anderen Werk, das vom Staat handelt, hat Hobbes den Namen des biblischen Ungeheuers „Leviathan" (aus dem Buch Hiob) gegeben, der Staat ist ein solches Ungeheuer, eine ungeheure Maschine, die den Willen des einzelnen beherrscht. Aber der Mensch hat nur die Wahl zwischen zwei Ungeheuern: dem diktatorisch regierten Staat oder der Revolution, die nichts anderes bedeutet als die Wiederkehr des Naturzustandes mit dem Kampf aller gegen alle. In dieser Verabsolutierung der Staatsmacht geht Hobbes schließlich so weit, daß er auch Religion und Aberglauben durch die Beziehung auf den Staat unterscheidet: Aberglaube ist staatlich nicht anerkannter Glaube. Hobbes spricht vom Dasein Gottes als der obersten Ursache, aber man versteht es nach alledem, daß er seinen Zeitgenossen als krasser und gefährlicher Atheist galt.

Für das Mittelalter gibt es nur eine Autorität: diejenige Gottes, jede andere wird nur in seinem Namen geübt. Mit der Renaissance tritt einerseits die Autorität der freien Persönlichkeit, andererseits die des weltlichen Staates an die Stelle: Gott spricht im Gewissen oder sein irdischer Vertreter ist der Staat. Das Problem aber ist nun, diese beiden Faktoren miteinander in Einklang zu bringen.

Es ist verständlich, daß dem Hobbesschen Naturalismus, Materialismus und „Atheismus" entschiedene Gegner, gerade auch in England, erstanden. Schon in seinem älteren Zeitgenossen Herbert von Cherbury (1581–1648) bahnt sich eine Richtung an, die später zu einer wichtigen Strömung im englischen Geistesleben wird, der englische *Deismus*. Für Hobbes, auch für Bacon im Grunde, tritt die Frage nach der Wahrheit der Religion ganz in den Hintergrund: Religion ist Glaubenssache, der Glaube wird zuletzt nach seiner Zweckmäßigkeit, nicht nach seiner Wahrheit beurteilt. Dagegen fragt Herbert und mit ihm der gesamte Deismus nach der einen wahren Vernunftreligion, die, einleuchtend und beweisbar, die Krönung und den Abschluß des ganzen Gebäudes menschlicher Erkenntnis bildet. Daß ihnen die Vernunft als Quelle der religiösen Wahrheit erscheint, stellt die Deisten in Gegensatz zu den Vertretern einer reinen Offenbarungsreligion, auch dann, wenn sie, wie Cumberland oder Locke, zu beweisen suchen, daß das Christentum mit der Vernunftreligion zusammenfällt oder ihr am nächsten kommt. Im übrigen stoßen wir auf mancherlei Schattierungen des Deismus, von den Christen, die auch die christlichen Glaubensmysterien anerkennen wollen, nur betonen, daß auch der Glaube und die Offenbarung nur Über-, nicht Widervernünftiges lehren könne und dürfe, über diejenigen, die die „einfache und wahre" Lehre Christi von den dogmatischen Spitzfindigkeiten einer späteren Theologen- und Priesterreligion abtrennen wollen, bis hin zu den christentumsfeindlichen „Freidenkern".

Bezeichnend aber für alle diese Richtungen ist der Gedanke, daß es eine Vernunftreligion gibt, die zugleich „Naturreligion" ist, also am *Anfang* der Geistesentwicklung steht. Man sieht sofort, wie sich hier ein anderer Begriff des *Naturhaften* und eine andere Auffassung des Ursprünglichen – in der Welt und in der Menschennatur – abzeichnet, als wir sie bei Hobbes finden. Vernunft und Natur sind nicht Gegensätze, sondern sie gehören zusammen, d. h. die Welt ist nicht ein Inbegriff toter Körper und blind mechanischer Zusammenhänge, sondern ein harmonisch gefügtes, vernünftig, sinnvoll geordnetes Ganzes, das das Dasein eines lenkenden Wesens deutlich verrät. Der Mensch ist nicht ein nur von Gier und Furcht beherrschtes Tier, das erst auf dem Umweg über das Verlangen nach Sicherheit dazu geführt wird, künstlich eine Gesellschaft zu schaffen, die auf Gewalt und Zwang beruht, sondern er ist ein geselliges Wesen, eingefügt in das Ganze des Universums und in eine Gemeinschaft, zu der ihn Liebe und Wohlwollen ebenso führen wie die vernünftige Einsicht, daß sein eigenes Glück am besten im Glück der Gesamtheit gewahrt ist.

Liebe und Wohlwollen sind *angeborene* Neigungen. Das Bestreben nun, eine *ursprüngliche*, dem Menschen von Haus aus eigene Vernunftreligion in einigen möglichst einfachen und einleuchtenden Gedanken und Sätzen festzulegen, führt von selbst zu der Neigung, den Begriff des „Angeborenen" auch auf solche Gedanken, also auf das Gebiet der Erkenntnis zu übertragen. Damit entsteht neben dem Empirismus Bacons und dem Konventionalismus des Hobbes eine Gegenströmung, die den Begriff der „angeborenen Ideen", der unmittelbar einleuchtenden allgemeinen Vernunfteinsichten zur Geltung bringen will, allerdings nicht ganz einheitlich, bald mehr im Sinn Platons (H. Cudworth und die „Schule von Cambridge"), bald mehr in dem der Stoiker bzw. Ciceros, bald mehr in dem Descartes'. Dem tritt dann freilich wieder entgegen der sehr starke Einfluß der umfassenden und konsequenten Neubegründung des Empirismus bei dem bedeutendsten englischen Denker des 17. Jahrhunderts, bei *Locke*. Aber jene Gegenströmung erlischt nicht, und sie erhält einen neuen Antrieb, als dann die Fortbildung des Empirismus nach Locke – in David Hume – unentrinnbar zu *skeptischen* Konsequenzen zu führen scheint.

JOHN LOCKE – nicht der scharfsinnigste und gewiß nicht der tiefste, aber zweifellos derjenige englische Philosoph, von dem die breiteste Wirkung ausging, der für die englisch-französische „Aufklärung" eigentlich bestimmende Denker – ist 1632 bei Bristol als Sohn eines Rechtsgelehrten geboren. Der scholastische Wissenschaftsbetrieb in Oxford befriedigt ihn nicht, weit mehr gewinnt er durch das Studium der Schriften Descartes' und durch den Umgang mit dem bekannten Physiker Boyle und mit dem auf empirischem Standpunkt stehenden und von Bacon beeinflußten Mediziner Sydenham. Im Hause des Lord Shaftesbury findet er als Erzieher des Sohnes und Enkels eine pädagogische Aufgabe, der er sich nicht nur gewissenhaft und erfolgreich widmet, sondern die ihn auch zu einer Besinnung auf die Grundlagen, die Mittel und Ziele der Erziehung („Some thoughts on education", 1693) veranlaßt. Die Bekanntschaft wird aber auch der Weg zur politischen Tätigkeit, zweimal hat Locke unter der Ministerpräsidentschaft Shaftesburys ein Staatsamt bekleidet, ist aber dann auch, vom Mißtrauen Jacobs II. verfolgt, mit seinem Gönner in die Verbannung gegangen, um unter aktiver Teilnahme an der zweiten englischen Revolution zurückzukehren. Zur Verteidigung der liberalen englischen Verfassung von 1688 schreibt er – gegen Filmer, den Vertreter des patriarchalischen Königtums, des Königtums von Gottes Gnaden – seine Abhandlungen über die Regierung („Two treatises on government"). Sein Staatsideal ist die konstitutionelle Monarchie, die durch die „Trennung der Gewalten", der gesetzgebenden und der ausübenden (Montesquieu fügt später als dritte die richterliche hinzu), durch die gesetzliche Bindung des Fürsten, der nicht über, sondern unter dem Gesetz steht, den Einzelnen, seine persönliche Freiheit, seine geistige Freiheit und sein Eigentum vor Willküreingriffen der regierenden Macht schützt. In religiöser Hinsicht vertritt Locke den Gedanken der „Vernünftigkeit des Christentums" („On the reasonableness of christianity"); die Offenbarung, deren Echtheit selbst durch die Vernunft zu prüfen ist, kann uns Über-, aber nie Widervernünftiges glauben lehren; für religiöse Toleranz nimmt er nachdrücklich in den „Toleranzbriefen" Stellung. 1704 ist er gestorben.

Lockes Hauptwerk ist der im Jahre 1690 erschienene „Essay concerning human understanding", der *„Versuch über den menschlichen Verstand"*. In der Vorrede spricht der Philosoph über den Anlaß zur Abfassung und das eigentliche Thema des Buches: ein Gespräch mit Freunden (über die Prinzipien der Moral und der geoffenbarten Religion), das resultatlos verlief, führte ihn zu der Frage, ob wir nicht, ehe wir gewisse Untersuchungen in Angriff nehmen, erst eine allgemeine Prüfung unseres Verstandes, der *Grundlagen* und der *Grenzen* unserer *Erkenntnis* vornehmen sollten.

So tritt wie bei Bacon die Frage nach der richtigen Methode der Erkenntnis an den Anfang, und wie bei Bacon ist diese Methode die der Induktion, der Empirie. Zugleich aber besteht ein charakteristischer Unterschied: Bacon ist weit entfernt, die Frage nach den „Grenzen“ der menschlichen Erkenntnis voranzustellen, seine Methode ist ihm die Methode der Erfindungen und Entdeckungen, die uns die geistige und technische Herrschaft der Natur sichern und ein goldenes Zeitalter heraufführen, von dem er ein utopisches Bild entwirft. Bacon ist ein Zeitgenosse des Frühkapitalismus der Renaissance, der großen Handelsherren jener Zeit, in der England den Grund seines Kolonialreiches legt. Etwas vom Grandseigneur, vom Lebensstil des Adelsstandes lebt in diesen Führern des Bürgertums, und in Bacon selbst lebt etwas von der amoralischen Schätzung menschlicher Kraft und menschlichen Eroberergeistes, der virtù, wie sie den italienischen Renaissancephilosophen eignet. Die puritanische Arbeitsaszese, der fanatisch kalvinistische Geist des um sein Recht kämpfenden Bürgertums ist noch nicht in England eingedrungen. Steht Bacon noch vor, so steht Locke in der Zeit nach dem Puritanerkampf. Das Bürgertum hat seinen Staat errichtet und sicher gegründet. Es fühlt sich als Stütze der staatlichen *Ordnung*, die nun nicht mehr, wie der grimmige Einsiedler Hobbes meinte, durch äußere Gewalt gehalten werden muß, weil sie sicherer auf der breiten Grundlage des bürgerlichen *Mittelstandes* ruht. Denn als Mittelstand fühlt sich das Bürgertum, zwischen dem grundbesitzenden Adel, dem man vorwirft, daß er sein Eigentum brach liegen läßt, anstatt es zum Nutzen des Ganzen zu bebauen, arbeiten und Zins tragen zu lassen, und dem Proletariat, dessen Armut eben doch die Folge irgendwelcher Mängel, an Begabung, an Fleiß, an Sparsamkeit, sein muß. Das Bürgertum, der bürgerliche Mittelstand ist die Klasse, die sich durch diese Eigenschaften ihr Eigentum verdient hat – Eigentum besteht zu Recht, wenn es geronnene Arbeit ist und selbst – man fügt hinzu zum Vorteil des Ganzen – arbeitet, d.h. Zins trägt. Und mit dem Eigentum hat es sich das Recht verdient, es zu vererben und es, natürlich in den gebotenen mäßigen Grenzen, den Pflichten der Sparsamkeit und Rechtlichkeit entsprechend, zu genießen, zumal dies Genießen und Ausgeben ja selbst wieder die Wirtschaft belebt. Die Zeit der puritanischen Arbeitsaszese ist vorüber, auch verblaßt die leidenschaftliche religiöse Fundierung der eigenen Rechte, des eigenen Selbstgefühls, die dem Puritanismus eigen ist. Der Erfolg ist nicht mehr trotz aller Anstrengung nur „Gnade", bzw. in Furcht und Zittern erwartetes Zeichen, daß man im Stande der Gnade sich befindet, sondern er ist der Segen, der auf der Arbeit ruht; Gott ist der Schirmherr der sittlichen Weltordnung, die Lohn und Strafe schon in dieser Welt gerecht verteilt, die, ebenso wie die physikalische Gesetzlichkeit der Natur, der Ordnung eines wohlgeordneten staatlichen Gemeinwesens entspricht.

Wir sind in der Welt, um nützliche und solide Arbeit zu leisten: das gilt auch für das Denken und Erkennen. Fragen, die man nicht beantworten, über die man nur in Worten streiten kann, sind müßig, die Beschäftigung mit ihnen Müßiggang. Wenn Locke die Grenzen der menschlichen Erkenntnis festlegt, so geschieht es nicht in der aszetischen Demut Pascals, auch nicht mit dem Verzichten Kants, der der unerbittlichen Verstandespflicht folgt, wenn auch sein Herz an der Metaphysik hängt, auf die er verzichten soll, sondern es geschieht in dem Bewußtsein, das Feld solider Denkarbeit gegen unnütze Scheinarbeit abzugrenzen, und es geschieht ferner in dem Gefühl, mit dem „gesunden Menschenverstand", dem Normalverstand sich in vollem Einklang zu befinden.

Alle Erkenntnis geht aus von der Erfahrung, Erfahrung ist das im Bewußtsein Gegebene – hier ergänzt Locke Bacon durch Descartes. Aber mit Entschiedenheit wendet er sich gegen Descartes' Begriff der „angeborenen" Begriffe und Erkenntnisse: das neugeborene Kind nimmt erst einzelne konkrete Inhalte, Schmerz und Lust, Ton und Farbe wahr, ehe es abstrakte Begriffe und allgemeine Einsichten besitzt. Also werden alle Erkenntnisse und Begriffe aus der Einzelerfahrung auf dem Wege der Induktion gewonnen. Die letzten Elemente, in die wir das Bewußtsein zerlegen können, die „einfachen Ideen", die Inhalte der „sensation" und „reflection", der inneren und äußeren Wahrnehmung, sind das *Material*, das der Verstand braucht und das er verarbeitet, ohne das er eine leerlaufende Maschine wäre. Was tut er mit diesem Material, worin besteht seine Arbeit? Er verbindet es (wie wir die Buchstaben zu Worten und Sätzen verbinden) zu Begriffen – der Begriff Dreieck enthält die verschiedenen spitz-, stumpf-, rechtwinkligen Dreiecksformen, die uns die Wahrnehmung gezeigt hat – auch zu „Substanzen“: die Substanz, die ich Gold nenne, verknüpft, „trägt“ gelbe Farbe, Schwere, Dehnbarkeit und alle anderen wahrnehmbaren Eigenschaften, die das Gold konstituieren, an sich. Und er vergleicht es; Erkennen im engeren Sinn ist Vergleichen, Erfassen der „Übereinstimmung“ (im bejahenden) und „Nichtübereinstimmung“ (im verneinenden Urteil) unserer Ideen. Es gelingt Locke leicht, die Gleichheits- und Verschiedenheitsurteile, ferner die mathematischen Urteile (als Erkenntnisse der Größenverhältnisse zwischen Zahlen und geometrischen Gebilden), endlich die Gesetze der Naturwissenschaft unter diesen Erkenntnisbegriff zu fassen: bei ihnen bedeutet die „Übereinstimmung“ genauer ein „Zusammenexistieren“: daß „Gold gelb ist“ heißt, daß mit den sonstigen wahrnehmbaren Eigenschaften des Goldes auch die gelbe Farbe stets verbunden ist. Aber wie steht es mit den reinen Existentialurteilen: „Gott existiert“, „es gibt Atome“? Hier, sagt Locke, handelt es sich nicht um eine Übereinstimmung unserer Ideen miteinander, sondern mit der Wirklichkeit außerhalb ihrer. Mit intuitiver Gewißheit erfassen wir nur die Wirklichkeit unseres Bewußtseins, mit einem Instinkt, der sich an unsere Sinneswahrnehmungen knüpft, die der körperlichen Außenwelt, demonstrativ beweisbar ist das Dasein Gottes (durch den kosmologischen Beweis, der Gott als allmächtige, weise und gütige Ursache der Welt erschließt).

Locke sieht nicht, daß die Einführung dieses Begriffes der „Außenwelt“ ebenso wie der Gottesbeweis für die empiristische Grundlage seiner eigenen Erkenntnistheorie eine große Schwierigkeit enthält: wenn alle Erkenntnis nur an das *Material* der Bewußtseinsinhalte gebunden ist, wie können wir dann von einer „Welt außerhalb des Bewußtseins“ ein Wissen haben? Oder zwischen solchen Inhalten unterscheiden (wie Locke es im Anschluß an die Physik seiner Zeit tut), in denen die Eigenschaften der Dinge sich widerspiegeln, wie sie wirklich sind (die „primären Qualitäten" der Ausdehnung und Härte), und solchen, die nur Erscheinungen von realen Bewegungen sind (die „sekundären" Qualitäten – Farbe, Ton, Wärme)? Wie können wir wissen, daß „alles" einschließlich der Welt im Ganzen, die doch kein Erfahrungsinhalt sein kann, eine Ursache hat? Hier liegen die Probleme, von denen die scharfsinnigsten Denker der Folgezeit in England, Berkeley und Hume, ausgehen. Andererseits eröffnet nun die einfach-klare Grundlegung des Empirismus in dem Lockeschen Werk die Auseinandersetzung mit dem Rationalismus der kontinentalen Philosophen: Leibniz richtet gegen den „Essay" seine „Nouveaux essais sur l'entendement humain". Daß das Kind keine fertigen Begriffe und Erkenntnisse auf die Welt mitbringt, daß Erfahrung aller Begriffsbildung und Erkenntnis *zeitlich* vorhergeht, gibt er Locke ohne weiteres zu. Aber darum gibt es doch einen anderen Unterschied: den der Begriffe und Erkenntnisse, die nur Verallgemeinerungen gegebener Erfahrungstatsachen sind („blau", „süß", „Farbe" – alle Vögel haben Federn), und derjenigen Begriffe, die in irgendeinem Sinn Schöpfungen des Verstandes sind (der Zahlbegriff, der Begriff des Allgemeinen selbst) oder der Erkenntnisse, die wir ohne Rücksicht auf Erfahrung als wahr einsehen (wie die Grundprinzipien der Logik und Mathematik). D. h. Leibniz ersetzt, gerade mit Rücksicht auf die Lockesche Kritik, den (psychologischen) Gegensatz des „Angeboren" und „Erworben" durch den (logischen) des *„Apriori"* und *„Aposteriori"* der Erkenntnis. –

Lockes Einfluß ist ein ungemein starker und ausgedehnter. Er wird der bestimmende Geist nicht nur der englischen, sondern auch der französischen *Aufklärung*, er wirkt auch stark nach Deutschland hinüber, wenn auch hier sein Einfluß demjenigen Leibnizens begegnet. Die „Aufklärung": wir können das Wort im engeren und weiteren Sinn nehmen. Im weiteren Sinn umfaßt es die Zeit seit dem Anfang des 17. Jahrhunderts, seit Descartes, seit Bacon, seit dem Glauben an die alles leistende und bewältigende Kraft der *methodischen* Arbeit, also des methodisch arbeitenden *Verstandes,* seit der Aufstellung des Wahrheits- oder Erkenntnisideals der „Klarheit und Deutlichkeit", dem auch Hobbes z. B. anhängt. Im engeren Sinn ist die Aufklärung rund die Zeit des 18. Jahrhunderts, d. h. die Zeit, in der nicht mehr die *Idee* dieser Methode, des allgemeinen Verstandesmaßstabes aufgestellt, begründet und der Plan alles dessen entworfen wird, was mit ihrer Hilfe geleistet werden kann und soll, sondern in der man im ruhigen, sicheren Besitz der Methode und der Grundlagen sich glaubt, in der man von der „Analyse", die die Grundlagen herausarbeitet, übergehen zu können glaubt zu dem großen Werk der „Synthese", die nun nicht mehr die Arbeit eines Mannes, sondern von zusammenwirkenden Generationen sein wird. In der Vorrede zu dem klassischen Werk der französischen Aufklärung, in der „Enzyklopädie", verkündigt D'Alembert, daß das Zeitalter der Theologie und der Philosophie nunmehr dem der „Wissenschaft" – le siècle de la science; science ist der Name der Naturwissenschaft – gewichen sei. Und in Deutschland ist der eine Leibniz der große Enzyklopädist, die Universalmethode meistert das Universalwissen, und die Zeit scheint absehbar, in der die Wissenschaft ihr Werk vollendet hat. Dasselbe Gefühl festen Besitzes, gelöster Problematik beseelt Locke.

Wenn in Frankreich überall in den geistig interessierten Kreisen vor dem Einfluß Lockes derjenige Descartes' verblaßt, von Malebranche oder Pascal ganz zu schweigen, so ist das vor allem das Verdienst VOLTAIRES und seiner „Lettres sur les Anglais". Aber derselbe Voltaire bringt dann in seinen „Eléments de la philosophie de Newton" seinen Landsleuten auch den anderen großen Engländer nahe, dessen Einfluß demjenigen Lockes nahekommt und sich mit ihm verbindet.

Der Gedanke der Einheit der Natur und der die Natur geschlossen und unverbrüchlich beherrschenden Naturgesetzlichkeit war von Anfang an ein Grundgedanke der Aufklärung. Aber erst bei Isaac Newton (1643–1727) wird dieser Gedanke nicht mehr ein physikalisches Programm wie bei Descartes, eine metaphysische Idee wie bei Spinoza, sondern durchgeführte, durch Rechnung, Beobachtung und Experiment erwiesene wissenschaftliche Theorie. Im Gravitationsgesetz ist *das* Grundgesetz der Natur ausgesprochen. Auch Newton ist, wie sein großer Rivale Leibniz, nicht ein Beginner, sondern ein Vollender. In dem Infinitesimalkalkül und seiner Anwendung auf geometrische und mechanische Probleme wird das Programm durchgeführt, das Descartes aufgestellt und in der analytischen Geometrie in Angriff genommen hatte: die rechnerische, die algebraische Behandlung der geometrischen und mechanischen Probleme. Daß Newton und Leibniz fast gleichzeitig und wesentlich unabhängig den Kalkül erfinden, ist das äußere Zeichen dafür, daß sie beide die Ansätze und Arbeiten einer Reihe von Vorgängern abschließend zusammenfassen. Aus dem Newtonschen Gravitationsgesetz lassen sich dann einerseits die Keplerschen Gesetze der Planetenbewegung, andererseits Galileis Fallgesetz ableiten, Mechanik und Astronomie sind zu *einer* Wissenschaft verschmolzen, die Aristotelische Lehre von der „Wesensverschiedenheit" der Welt über und unter dem Monde ist endgültig aufgehoben, die Annahme von „verborgenen Qualitäten", in denen die Scholastiker die Ursachen des Naturgeschehens suchten, von Gestirnseelen, von einem Drang der fallenden Körper zum Mittelpunkt der Welt ist überflüssig: es gibt nur überall dieselben gesetzlich wirkenden Kräfte, das Naturgesetz drückt die Art ihres Wirkens und damit ihr Wesen aus. Allerdings führt Newton nun in seinen „Prinzipien der Naturphilosophie" zwei Gedanken ein, die zunächst auf den heftigen Widerspruch namentlich der Kartesianer stoßen: den absoluten Raum und die absolute Zeit und die durch den leeren Raum hindurch wirkenden anziehenden Fernkräfte. Für die Kartesianische Physik ist der Raum bekanntlich die Ausdehnung der einen Materie, und Körper wirken nur in unmittelbarer Berührung, durch Druck und Stoß aufeinander. Die überlegene physikalische

Leistungsfähigkeit der Newtonschen Mechanik verschafft ihr den Sieg, und sie behält diese Vorrangstellung fast unbestritten bis zum Ende des 19. Jahrhunderts.

In gewisser Weise ist auch Newton den Deisten zuzurechnen, auch er sucht Gott in der Natur und mit der Vernunft. Aus der Platonisierenden Schule von Cambridge (H. More) stammenden Gedanken folgend, bringt er den absoluten Raum und die absolute Zeit mit der Allgegenwart und Ewigkeit Gottes in Beziehung, sie sind gleichsam die Formen, in denen Gott die Welt schaut („Sensorium dei"). Gleichzeitig ist er Theist, studiert gläubig die Offenbarungsschriften, hält durchaus an der Persönlichkeit Gottes, auch an der Möglichkeit der Wunder fest. Doch sind es nicht diese religiösen, sondern ist es wesentlich der Gedanke der unverbrüchlichen Gesetzlichkeit und Einheit der Natur, der als Grundgedanke des Newtonschen Systems in der französischen Aufklärung fortwirkt. In diese Einheit wird auch der Mensch, die menschliche Seele, wird auf der anderen Seite die göttliche Ursache der Welt mit hineingezogen. Die Newtonsche Tradition trägt daher gerade hier zu der naturalistischen Entwicklung bei, die Newtons eigenem Empfinden nicht entspricht.

Zu den natur- und religionsphilosophischen treten die *moralphilosophischen* Probleme. Der Hobbesschen Auffassung, daß die Menschen sich nur als isolierte, ausschließlich vom Egoismus beherrschte Individuen gegenüberstehen, hatte schon Cumberland die Lehre gegenübergestellt, daß angeborene Neigungen der Liebe und des Wohlwollens die Menschen zu einer organisch-harmonischen Einheit, vergleichbar und eingegliedert dem einheitlichen Ganzen des Universums, verbinden. Diese Lehre erfährt durch Newtons Physik einen neuen Antrieb: Wie die Körper durch das von Gott gegebene Gesetz der Schwere, durch die ihnen eingepflanzte Massenanziehung zu einem Kosmos vereinigt werden, so die Menschen durch die Liebe und die Pflicht. Die Naturgesetze begründen die Ordnung, die Gemeinschaft der Natur, ohne die die Natur nicht einen Augenblick sein könnte, die Sittengesetze ebenso die Ordnung, die Gemeinschaft der Menschen (Clarke, Wollaston).

Dieser Gedanke, die sittlich-geistige Natur des Menschen von der Natur des Kosmos aus zu begreifen und von diesem Standpunkt ebenso den Naturalismus des Hobbes wie ein puritanisch-aszetisches Christentum zu bekämpfen, ist das treibende Motiv der von poetischem Schwung getragenen, von Geist und Satire belebten Essays SHAFTESBURYS (1671 bis 1713, des Enkels jenes Shaftesbury, in dessen Dienst Locke stand). Sein Werk („Characteristics of men, manners, opinions, times") ist unsystematisch, in Gesprächen, Briefen, Reden, allerhand Kunstformen abgefaßt, mehr den Künstler als den Denker verratend, und erinnert in der glühenden Liebe zum Griechentum, zu dem griechischen Ideal des Kalokagathós, der Harmonie der Seele und des Körpers, der Verbindung von Schönheit und Sittlichkeit – der Demutsreligion des Christentums steht er mindestens kühl gegenüber – mehr an die Renaissance als an die Aufklärung, in der Art seines ausgesprochenen Pantheismus, in der Auffassung der Welt als lebenden Organismus an Bruno. Ästhetisch gefärbt wie seine Metaphysik ist auch Shaftesburys Ethik: wir haben einen „moralischen Sinn", ein angeborenes Beurteilungsvermögen in uns für den Wert einer harmonischen Persönlichkeit, jenes Gleichgewichts der Neigungen, das den sittlich hochstehenden Menschen kennzeichnet. Dieser Begriff des moral sense, des angeborenen Vermögens moralischer Billigung und Verwerfung der eigenen Handlungen, des unbeteiligten Zuschauers und Richters in uns, hat, wenn auch unter Abstreifung der ästhetisierenden Fassung, in der englischen Philosophie fortgewirkt (Hutcheson, „System der Moralphilosophie", 1755).

Auf der anderen Seite kämpft der Arzt BERNARD MANDEVILLE von einem Hobbes jedenfalls nahe verwandten naturalistischen Standpunkt gegen Shaftesbury in der Satire seiner „Bienenfabel" (1705 und 1714), der Geschichte eines Bienenstocks, dessen Wohlstand blühte, aber mit den unentbehrlichen Begleiterscheinungen des Ehrgeizes, der Erwerbgier, des Luxus auf der einen, des Mangels und Neides auf der anderen Seite; die Aufhebung dieser „privaten Laster" schädigt Kraft und Blüte des Ganzen. Nicht die moralische Belehrung und die Schönheit der Tugend, sondern die Begierde nach Verbesserung seines Loses und die Eitelkeit des Menschen (auch moralische Selbstachtung ist nur eine verfeinerte Form der Eitelkeit) erhalten den Fortschritt der Gesellschaft und schaffen die Mittel zur Bekämpfung gewisser Auswüchse.

Gegen Mandeville und gegen Shaftesbury, gegen Freidenker und Pantheisten kämpft dann vom christlichen Standpunkt aus der Ire George Berkeley (1685–1753), der als Bischof von Cloyne ein hohes kirchliches Amt bekleidete. Berkeley ist gläubiger Christ, aber kein Puritaner und kein aszetischer Fanatiker, vielmehr von humanitären und zivilisatorischen Ideen geleitet (er war 1728–31 in Amerika, um auf den Bermudainseln Missions- und Erziehungsanstalten zu gründen; sein letztes Werk, die „Siris", ist ebenso aus dem Wunsch, seine leidenden Zeitgenossen auf die Heilwirkung des Teerwassers hinzuweisen, wie aus philosophischen Interessen hervorgegangen). Außerdem aber ist er ein scharfsinniger Kritiker und Fortbildner der Lockeschen Erkenntnisanalyse („Principles of human knowledge" 1710, „Hylas und Philonous" 1713), und zwar in der Richtung des Nominalismus – es gibt keine allgemeinen Vorstellungen, sondern nur Worte allgemeiner Bedeutung – und eines phänomenalistischen Idealismus: die „Dinge", die körperlichen „Substanzen" sind nichts als Komplexe von Wahrnehmungsinhalten, ihre Existenz ist ihr Wahrgenommenwerden, ihr Dasein ihr Bewußtsein, esse est percipi. Daß ein Ding fortexistiert, wenn ich oder andere es nicht wahrnehmen, bedeutet nichts als sein Wahrgenommenwerden*können*, sein Erscheinen in meinem Bewußtsein unter bestimmten Bedingungen. Die Naturwissenschaft erforscht diese Bedingungen, d. h. genauer die Regeln oder Gesetze, nach denen die Bewußtseinsinhalte, die „Ideen", aufeinander folgen, sie fragt also nicht nach „Ursachen", sondern nach solchen phänomenalen Bedingungszusammenhängen, deren Kenntnis uns erlaubt, innerhalb gewisser Grenzen das in unserem Bewußtsein Auftretende vorherzusagen. Eine „Materie" dagegen als Ding an sich außerhalb unseres Bewußtseins, zumal eine Materie, die z. B. ausgedehnt sein sollte, ohne farbig zu sein, ist ein unvorstellbares Gebilde, ein sinnleeres Wort. Auf der anderen Seite fordert das Wahrnehmen ein wahrnehmendes Ich, ein aktives Subjekt, eine Seele, deren Sein nicht passives Wahrgenommenwerden, sondern eben aktives Tun, Denken, Wahrnehmen ist. Und dem endlichen Ich steht gegenüber das allmächtige geistige Wesen, Gott, der auch allein die Ursache unserer Wahrnehmungsinhalte und ihres gesetzmäßigen Zusammenhangs ist, gleichsam in diesen Inhalten, durch die Wahrnehmungswelt, zu uns spricht. Die Naturwissenschaft zeigt den gesetzmäßigen Zusammenhang in unseren Wahrnehmungen auf, zeigt also, daß hier kein Chaos von Buchstaben, sondern eine sinnvolle Schrift vor uns steht, die theologisierende Metaphysik deutet diese Schrift als Botschaft Gottes. Das führt hinüber zu neuplatonischen Gedanken, denen die letzte Schrift Berkeleys, die schon erwähnte Siris, huldigt.

Die von Locke ausgehende Entwicklung wird zu einem gewissen Höhepunkt und Abschluß von dem Schotten David Hume (1711–1776) geführt, der mit der Klarheit Lockes und der kritischen Schärfe Berkeleys entgegen den theologischen und mystischen Neigungen des letzteren eine kühle, skeptische Haltung verbindet. Sein Hauptwerk, der „Traktat über die menschliche Natur" mit den drei Teilen über den Verstand – daraus erwuchs später die „Inquiry concerning human understanding" (1748) –, über die Leidenschaften und über den Willen – daraus erwuchs die „Inquiry concerning the principles of moral" (1751) – entstand 1735 bis 1737 in Frankreich; seinen Ruhm als scharfer Denker und glänzender Schriftsteller begründeten indes erst später seine Essays, zu denen sich dann auch nationalökonomische und historische Schriften gesellten.

Alle unsere Erkenntnis stammt ihrem Inhalt nach aus der

Erfahrung, das Denken schafft nicht, es verknüpft nur das Material, das uns in den „Ideen“ der Sinnes- und Selbstwahrnehmung gegeben ist – diesen Gedanken Lockes übernimmt Hume, führt ihn nur begrifflich noch schärfer durch. Soll ein „Begriff“, d.h. ein Wort Sinn haben, so müssen wir mit ihm eine Vorstellung verbinden können, alle unsere Vorstellungen (Ideen im engeren Sinn) aber sind Abbilder unserer Wahrnehmungen (unserer „Impressionen“) oder Kombinationen solcher Abbilder: wir können eine grüne Farbe nur vorstellen, weil wir grüne Farben gesehen, an einen Affekt der Trauer uns nur erinnern, weil wir Trauer erlebt, einen goldenen Berg nur phantasieren, weil wir Berge und Gold wahrgenommen haben. Die Wahrnehmungen mit ihrem eigentümlich lebhaften, eindringlichen Charakter, der Zwangsläufigkeit, mit der sich ein Gefühl des Glaubens von unserer Seite an sie heftet, sind die – körperliche und seelische – „Wirklichkeit“; die verblaßten Erinnerungs- und Phantasiebilder, die von ihnen in unserem Bewußtsein zurückbleiben, bilden demgegenüber die Welt der „bloßen Vorstellung“. Wir „glauben“ an die Fortexistenz der „Wirklichkeit“, die wir zur Zeit nicht wahrnehmen: dieser „Glaube“ besteht nur in dem Charakter relativer Eindringlichkeit und Lebhaftigkeit, der den Inhalten, die wir gerade wahrgenommen haben und wieder wahrzunehmen erwarten, in der Zwischenzeit bleibt, sobald wir sie uns vorstellen. Berkeley hatte den Begriff der körperlichen „Substanz“ zerstört: das „Ding“ ist nur ein zusammenfassender Name für den Wahrnehmungskomplex der gesehenen Farbe und Form, getasteten Härte usw., in dem es „erscheint“; Hume stimmt dem zu, überträgt diesen Gedanken jedoch im Gegensatz zu Berkeley auch auf das Ich, die „seelische Substanz“: unsere Bewußtseinsanalyse zeigt uns nicht neben dem Wahrnehmen, Fühlen, Wollen noch ein wahrnehmendes, fühlendes „Ich“, also ist das „Ich“, die „Seele“, nichts als die Summe jener Erlebnisse, ein „Bündel von Perzeptionen“.

Ein Begriff hat nur Sinn, wenn wir die Wahrnehmung aufzeigen können, aus der er erwächst: seine bekannteste Leistung vollbringt Hume, indem er diese Forderung dem Begriff der Ursache und Wirkung, der Kausalität, gegenüberstellt. Wo wir diesen Begriff auch anwenden, ob auf Feuer und Wärme, die Bewegung der stoßenden und gestoßenen Kugel, Wille und Bewegung, aber auch auf rein innerseelische Zusammenhänge (hier geht Hume über Berkeley und Malebranche, die sonst mindestens zum Teil seine Kausalanalyse vorwegnehmen, aber in der *inneren* Willenshandlung einen echten Kausalzusammenhang unmittelbar zu erleben glauben, hinaus), immer nehmen wir genau genommen nur eine zeitliche Folge wahr, ein Nacheinander. Wie kommen wir dazu, aus diesem Nach- ein Auseinander, ein *notwendiges* Nacheinander zu machen? Wie kommen wir dazu, beim Wiederauftreten der „Ursache" auf das Kommen der „Wirkung" zu schließen? Dieser Schluß ist niemals logisch begründbar; auch wenn wir tausendmal wahrgenommen haben, daß Wärme spürbar wird, wenn ein Feuer angezündet ist, sagt uns kein logisch begründbarer Schluß, daß es das tausendunderste Mal auch so sein wird. Daher ist auch das induktive kein logisch begründbares Erkenntnisverfahren. Können wir nicht logisch rechtfertigen, so können wir jedoch psychologisch erklären, wie wir zu jenem scheinbaren „Schluß" kommen. Haben wir zweierlei, wie z. B. Feuer und Wärme, oft zusammen oder nacheinander wahrgenommen, so bildet sich zwischen diesen beiden Vorstellungen eine „Erfahrungs-" oder „Berührungs*assoziation*", vermöge deren nun die eine bei ihrem Auftreten im Bewußtsein die Erinnerung an die andere nach sich zieht. (Dieser Begriff der Assoziation, der gesetzmäßigen Vorstellungsverknüpfung, ist lange vor Hume geprägt worden. In der Zeit Humes hatte dann namentlich das Vorbild der Newtonschen Physik die Psychologen Brown, Hartley, Priestley dazu geführt, das Gesetz der Assoziation der Vorstellungen gewissermaßen als ein Analogon zum Gesetz der Massenanziehung als Grundgesetz des seelischen Lebens aufzustellen.) Je häufiger zwei Vorstellungen zusammen auftreten, desto enger knüpft sich zwischen ihnen die Assoziation, desto zwangsläufiger drängt sich die zweite unserem Bewußtsein auf, wenn die erste da war. Dieser erlebte Zwang, der Zwang der Gewohnheit, wie wir auch sagen können, wird gleichsam in die „Dinge“ hineinverlegt, wenn wir das Vorgestellte als Ursache und Wirkung bezeichnen und sagen, daß die Ursache die Wirkung nach sich ziehe und notwendig mache.

Hume nennt seine Philosophie selbst Skeptizismus: alle Wirklichkeitserkenntnis (also von der Erkenntnis rein mathematischer Beziehungen zwischen Vorstellungen abgesehen) ruht auf der Induktion und der Anwendung des Ursachebegriffes, die ihrerseits jedoch nur Ausdruck eines psychologischen Zwanges, einer Gewohnheit, eines Instinkts, nicht einer logisch begründbaren Einsicht sind. Man erinnere sich jedoch, daß es einen Skeptizismus verschiedener Art gibt: die Skepsis Pascals, die das Wissen in Frage stellt, um den Glauben zu verherrlichen, der Zweifel Descartes', der alles Bezweifelbare ausscheiden will, um die unbezweifelbar gewissen Einsichten zu behalten, der spätantike Skeptizismus einer endenden Kulturperiode, der aus der Erschütterung und Unsicherheit alles Wissens und jedes Standpunktes sich nur noch auf eines zurückzieht: auf die Fähigkeit, auf schlechthin schwankendem Boden fest zu stehen. Alles das liegt Hume fern, der religiöse Glaube ebenso wie das Suchen nach dem archimedischen Punkt oder die heroisch resignierte Bewußtheit. Vor allem ist ihm „Bezweifelbarkeit“, d. h. genauer: logische Unbegründbarkeit nicht Unsicherheit der Wissenschaft, im Gegenteil: die Wissenschaft ruht sicherer auf dem Instinkt und der Gewohnheit als auf dem Verstand und der Logik; nicht gegen die Naturwissenschaft, sondern gegen den Wert der Logik und gar der mit reinen Vernunftgründen arbeitenden Metaphysik richtet sich sein „Skeptizismus“. Würden wir selbst das Kausalgesetz beweisen oder widerlegen können, so würde das nach keiner Seite die geringste Wirkung üben: die Vernunft ist einflußlos, die *Natur*, die menschliche Natur in unserem Erkennen herrscht, und die skeptische Philosophie kann uns nur einen guten Rat geben: der Natur ihren Lauf zu lassen. Laisser faire, laisser aller: Hume ist gleichzeitig Nationalökonom und der Freund von Adam Smith. Denn denselben Standpunkt nimmt der schottische Philosoph nun auch in den Fragen der praktischen Philosophie ein. Nicht ein „Vertrag", weder im Sinn Hobbes' noch Lockes, hat den „Staat" geschaffen, sondern das unter dem Druck äußerer Gefahr entstehende Bedürfnis nach Leitung und die natürliche Autorität des Familienoberhauptes schufen die Unterwerfung und Befehlsgewalt, die den Anfang staatlicher Verhältnisse darstellen. Hat das Untertanenverhältnis eine Zeitlang gewährt, so wird es zur Gewohnheit und mit der Gewohnheit zum „zu Recht Bestehenden"; es wirkt fort, auch nachdem die Umstände weggefallen sind, die es ursprünglich geschaffen haben. Wo freilich der Selbsterhaltungstrieb den Menschen zur Empörung treibt, wird schließlich auch die Gewohnheit versagen, darum ist das „Recht" zum Widerstand in Ausnahmezeiten ebenso selbstverständlich wie die „Pflicht" zum Gehorsam in ruhiger Zeit.

Man sieht: Hume lehnt hier überall die Frage nach der logischen – vernunftrechtlichen – Begründung ab und ersetzt sie durch die psychologisch-genetische, die Frage nach der Entstehung; sein Standpunkt ist daher auch der eines historisch-psychologischen Relativismus. Dieselbe historisch-psychologische Einstellung tritt uns in seiner Religionsphilosophie („Naturgeschichte der Religion", „Dialoge über die natürliche Religion") entgegen: nicht aus der „Vernunft", sondern aus Furcht und Hoffnung angesichts der unbeherrschbaren Mächte in der Natur, nicht als abstrakter Monotheismus, sondern als polytheistischer Dämonenglaube entsteht die Religion. Die Möglichkeit eines Schlusses auf einen vernünftigen Urheber und Regierer der Welt will Hume nicht abstreiten, aber auf alle Fälle bleibt ein solcher Schluß höchst unsicher. Und niemals wird eine auf das Spinngewebe solchen Schlusses gegründete „Religion" die historischen Religionen ersetzen können. Humes Dialoge über die natürliche Religion bedeuten das Ende des Deismus der Aufklärung, wie in gewisser Weise die

Humesche Philosophie überhaupt das Ende der Aufklärung bedeutet.

Das skeptische Resultat der Humeschen Erkenntnistheorie wird in der Heimat des Philosophen selbst besonders von den Vertretern der sog. *schottischen Schule* bekämpft (THOMAS REID, 1710–1796, Professor in Glasgow, JAMES BEATTIE, 1735–1803, DUGALD STEWART, 1753–1828). Mit Locke und Hume teilt Reid die Überzeugung, daß alle Erkenntnis von der Erfahrung ausgeht, aber er faßt den Begriff der Erfahrung anders. Erfahrung ist nicht das Gegebensein von Inhalten, von Ideen und Impressionen im Bewußtsein, die wir nur „verknüpfen" und von denen als „Abbildern" oder als Wirkungen wir (mit welchem Recht? wird dann notwendigerweise gefragt werden) dann auf eine ihnen zugrunde liegende Dingwelt schließen, sondern Erfahrung ist ein unmittelbares Wahrnehmen äußerer Gegenstände, teils direkt (im sehenden Erfassen von Form und Größe der Sehdinge), teils indirekt, d. h. in nicht erschlossener, sondern evident erlebter Deutung von Bewußtseinsinhalten: wir können eine Farbe oder Festigkeit nicht empfinden, ohne in dieser Bewußtseins- oder Empfindungsqualität die Farbigkeit und Festigkeit eines äußeren Dinges eben wahrzunehmen. Dies zugleich untrennbar mit dem Glauben an die Wirklichkeit des Wahrgenommenen verbundene Wahrnehmen äußerer Gegenstände ist also ein Letztes und Unableitbares; es ist weder auf ein Gegebensein von Inhalten noch auf einen „Schluß" zurückführbar, es ist ein selbstverständlicher Bestandteil jedes Bewußtseins und für den „gesunden Menschenverstand", den „common sense", ebenso sicher als Erkenntnisquelle, wie etwa die Erinnerung an die selbsterlebte Vergangenheit. Mit diesem common sense hatte Locke in voller Übereinstimmung zu sein geglaubt, aber aus seiner Philosophie war der Idealismus Berkeleys und der Skeptizismus Humes hervorgegangen, nun beruft sich die schottische Schule auf eben diesen gesunden Menschenverstand gegen die ganze Philosophie, die in den „einfachen Ideen" im Bewußtsein die einzige Grundlage, das Material und die Grenzen unserer Erkenntnis sieht.

3. Leibniz und die deutsche Aufklärung

Mehr als in den anderen großen europäischen Kulturländern wird in Deutschland die Renaissance (abgesehen vom Gebiet der bildenden Kunst) eine wesentlich religiöse, keine allgemeine weltliche Kulturbewegung. Die Entstehung der evangelischen Kirche und der damit beginnende *religiöse Kampf*, der Deutschland in zwei feindliche religiöse Lager teilt, um zuletzt in eine Folge von Religionskriegen überzugehen, zwingt alle geistigen Bewegungen der Zeit in seinen Bannkreis; das deutsche Geistesleben des 16. und 17. Jahrhunderts ist auf protestantischer wie katholischer Seite in erster Linie von religiösen, ja theologischen Tendenzen beherrscht. Der Humanismus war von vornherein in Deutschland mehr eine Angelegenheit der Gelehrten; soweit er sich nicht auf das philologische Gebiet oder das Ideal rein formalpädagogischer Schulung beschränkt, tritt er in den Dienst der Theologie, der Formulierung und Begründung des neuen Dogmas, es entsteht eine protestantische Scholastik, ein eklektisch-theologischer Aristotelismus. Neben der Scholastik steht wie im Mittelalter eine Mystik, nur noch form- und gestaltloser, noch zerfließender in ihren Begriffen, reiner persönlicher Gefühlsausdruck einer religiösen „Innerlichkeit". Die Verbindung des kirchlichen mit dem fürstlichen Absolutismus bringt die Jurisprudenz in weitem Umfang unter den Einfluß der Theologie; noch ein SAMUEL PUFENDORF (1632–1694) muß einen langwierigen Kampf für die Befreiung des Naturrechts von der theologischen Scholastik führen. JOHANNES ALTHUSIUS (1557–1638), der Vorläufer Rousseaus als systematischer Begründer einer konsequenten demokratischen Staatsidee, bleibt unbekannt. Die originellen pädagogischen Ideen eines Ratichius und Comenius finden erst viel später die verdiente Beachtung. Der stattlichen Reihe bedeutender Mathematiker und Physiker in Italien, Frankreich und England von Galilei bis zu Newton hat Deutschland seit dem Tode Keplers nur Größen dritten und vierten Ranges an die Seite zu stellen. Gering ist die Zahl derer, die Descartessche

(Clauberg), Spinozistische (Tschirnhausen), Baconische Lehren nach Deutschland zu verpflanzen suchen.
In diese enge und einseitige, im mittelalterlichen Geist noch weitgehend befangene und den großen geistigen Entwicklungen der Zeit fernstehende Geisteslage bringt nun eine Wandlung das Werk des einen Mannes, der den Größten unter den Geistern des 16. und 17. Jahrhunderts, den Galilei, Descartes, Newton ebenbürtig an die Seite tritt und in seiner Vielseitigkeit, dem Umfang seines Wissens und seiner Arbeit in der Neuzeit einzig dasteht: LEIBNIZ.
Gottfried Wilhelm Leibniz ist zwei Jahre vor dem Abschluß des Westfälischen Friedens in Leipzig als Sohn eines Professors der „Moral" geboren. Eine außerordentliche Frühreife und erstaunliche Belesenheit schon in jungen Jahren zeichnet ihn aus: wir wissen, daß er schon mit 15 Jahren, als Student der Leipziger Universität, bekannt offenbar mit den Hauptschriften Descartes', Gassendis, Hobbes', aber auch der Alten und der Scholastiker, den Gegensatz der scholastischen und der neueren, mechanistischen Physik erwog und sich für die letztere entschied. Dabei ist er jedoch schon in dieser frühen Jugend nicht geneigt – und dieser Zug ist ihm geblieben –, Descartes (oder gar Bacon) in ihrer Abneigung gegen die Aristotelisch-scholastische Logik zu folgen; die systematisch vollständige Überschau eines Gegenstandsgebietes mit gedanklicher Einreihung aller in ihm enthaltener *Möglichkeiten* scheint ihm nur durch einen strengen logischen Aufbau nach dem Vorbild der Aristotelischen Syllogistik möglich. Den Kartesianern stimmt er nicht zu, wenn sie meinen, daß weit mehr Fehler durch Wahl unrichtiger Voraussetzungen als durch fehlerhaftes Schließen bedingt seien: überblicken wir vielmehr alle möglichen Voraussetzungen, fassen wir sie also formallogisch immer wieder als mögliche Folgerungen noch allgemeinerer Sätze, anstatt bei Sätzen stehenzubleiben, die inhaltlich uns so sicher und einleuchtend wie möglich erscheinen, so sind wir vor dem Irrtum am besten geschützt. Leibniz strebt hier einem Ziel nach, das gerade heutigen Denkern wieder vorschwebt: einer Verschmelzung der Lo-

gik und reiner Mathematik, einem Ausbau der Mathematik zu einer die Logik mitumschließenden Lehre von den geordneten Gegenständen überhaupt und andererseits der Logik zu einem „Logik-Kalkül" (mit modernem Ausdruck), einer Erkenntnistechnik nach dem Vorbild der Rechenregeln anwendenden Algebra. Diese Bestrebungen (in deren Konsequenz natürlich in einem gewissen Gegensatz zu Descartes, in einem schärferen zu Kants „transzendentaler Ästhetik" die Ausschaltung des anschaulichen Elements aus der Mathematik liegt) ziehen sich durch Leibniz' ganzes Leben hindurch, ohne daß er mit ihnen auf seine Zeit einen besonderen Einfluß übte. Mit ihnen verbindet sich freilich noch ein anderes: der Gedanke eines „Begriffsalphabets", d. h. eines Rückgangs zu den letzen *einfachen* Grundbegriffen, durch deren Kombination es möglich sein müsse, das begriffliche Wesen *aller* Gegenstände eindeutig zu bezeichnen. Gedanken dieser Art liegen ja schon Descartes nahe, aber Leibniz geht weiter, er glaubt sogar – hier ein echter Geist der Aufklärung – an die Möglichkeit, auf diesem Wege zu einer rational aufgebauten Sprache (vergleichbar unserer chemischen Formelsprache) zu kommen, die die lebenden Sprachen zu ersetzen imstande sei. Stillschweigend vorausgesetzt ist dabei natürlich, daß es möglich sei, die Aufgaben der Wissenschaft zu endgültiger und abschließender Lösung zu bringen – eine charakteristische Voraussetzung des 18. Jahrhunderts, der Aufklärung, die dem wissenschaftlichen Turm zu Babel, den die französischen Enzyklopädisten errichten wollen, nicht minder zugrunde liegt.

Als Logiker zeigt sich uns Leibniz auch in erster Linie in den zahlreichen juristischen und theologischen Arbeiten seiner Jugend. Sie dienen dem Gedanken einer grundlegenden Reform des corpus iuris auf philosophischer Grundlage, einer streng rational und systematisch aufgebauten „iurisprudentia rationalis", andererseits einer systematisch vollständigen Apologie der christlichen Lehre und Kirche gegen Atheisten und Sektierer, auf philosophisch-logischer Grundlage. Allerdings sind diese Schriften z. T. schon im Auftrage des kurmainzisch-erzbischöflichen Ministers Frhr. v. Boineburg abgefaßt, in dessen Dienste Leibniz 1667 nach seiner Promotion zum Dr. iuris getreten war. Doch liegt auch dieses mehr juristisch-logische als naturrechtlich-ethische und mehr theologische als religiöse Interesse in der Art Leibnizens und ist auch seiner späteren Zeit eigen, ebenso wie der „Fürstendienst", in dem er seit 1667 lebt, nicht nur ein notwendiges Übel für ihn ist. Auch in die Politik wird Leibniz durch diese Verbindungen in damaliger wie späterer Zeit hineingezogen. In einem anonymen Flugblatt sucht er more geometrico den polnischen Königswählern zu beweisen, daß der vom kurmainzischen Hof begünstigte Pfalzgraf von Neuburg der beste Kandidat für den erledigten polnischen Thron sei. Wichtiger ist sein Versuch, durch eine Denkschrift die Eroberungsgelüste Ludwig XIV. von Europa gegen die Europa bedrohenden Türken zu lenken: ein echt Leibnizscher Plan, die gefährlichen und ehrgeizigen Neigungen des Einzelnen zum Wohle des Ganzen, d. h. eines geeinten christlichen Europa, nutzbringend diesem Ganzen einzugliedern: ebenso charakteristisch wie später in der Hannoveraner Zeit seine eifrige Teilnahme an den Bemühungen um eine Wiedervereinigung der christlichen Kirchen und später wenigstens der Reformierten und Lutheraner. Erfolg war allen diesen politischen Einheitsbestrebungen freilich nicht beschieden – hier wie auf anderen Gebieten, wie schließlich auch in der Philosophie bleibt die Riesenarbeit Leibnizens ein Torso.

Jene politischen Absichten hatten ihn nach Paris geführt; der Pariser Aufenthalt, unterbrochen durch eine Reise nach London, führt ihn in das Zentrum der mathematisch-physikalischen Forscherarbeit seiner Zeit, in der er bald selbst eine der ersten Stellen einnimmt: in das Jahr 1676 fällt seine Begründung der Differential- und Integralrechnung, die ihn später in einen langwierigen Prioritätsstreit mit Newton verwickelt. In demselben Jahr tritt er in Hannover in die Dienste des welfischen Fürstenhauses mit dem Auftrage, eine Geschichte dieses Hauses zu schreiben. Durch Hannover kommt er mit dem preußischen Hof in Beziehung, der geistvollen Königin Sophie Charlotte ist das neben der früher erwähnten „Nouveaux essais" einzige größere Werk gewidmet, das der Philosoph vollendete: die *Theodizee*. Auch die Gründung der Berliner Akademie der Wissenschaften nach dem Vorbild der Pariser und Londoner, ein Teil seiner weiteren Pläne zu einer Organisation der wissenschaftlichen Arbeit überhaupt, ist sein Werk. Außerdem bestehen Beziehungen zu Wien – für den Prinzen Eugen ist eine der kleinen Darstellungen seiner Metaphysik geschrieben, die „Principes de la nature et de la grâce" (1714). An weiteren solchen äußerst knappen Darstellungen seien erwähnt aus früherer Zeit der „Discours de métaphysique" (1686), aus späterer „De ipsa natura" (1698) und die „Monadologie" (1714 verfaßt, erst nach dem Tode Leibnizens bekannt geworden). Daneben geht ein außerordentlich ausgedehnter Briefwechsel einher, für die Kenntnis der Leibnizschen Philosophie von höchster Wichtigkeit, der ebenso wie der handschriftliche Nachlaß erst in unseren Tagen voll zugänglich gemacht und ausgeschöpft wird. Sehr vereinsamt, mit dem Fürsten, in dessen Dienst er stand und der inzwischen als Georg I. den englischen Königsthron bestiegen hatte, fast zerfallen, ist Leibniz im November 1716 gestorben.

Was Leibniz von allen anderen Philosophen der neueren Zeit unterscheidet, das ist die ungemeine Vielseitigkeit seiner Interessen, der außerordentliche Umfang seiner Kenntnisse. Aber mit der Ausbreitung seines Wissens verbindet sich ein Streben nach Harmonisierung und Vermittlung, durch das die eigentümliche Universalität seiner Natur erst zu ihrer vollen Geltung kommt. Wie er sich um eine Universalsprache bemüht, eine umfassende Organisation der gesamten wissenschaftlichen Arbeit in die Wege leitet, die christlichen Konfessionen zu einer Weltkirche einigen will, so will er auch in seiner Philosophie dasjenige System schaffen, in dem sich die berechtigten Gedanken aller bisherigen Systeme – und in jedem philosophischen System der Vergangenheit steckt seiner Überzeugung nach ein berechtigtes Gedankenmotiv – vereinigen, und ihre Gegensätze ausgleichen.

Als wichtigster und schärfster Gegensatz kommt zunächst in Betracht der zwischen der mathematisch-physikalischen Naturerklärung der Neuzeit und den substanzialen Formen der Scholastik. Mit ihm hing aufs engste zusammen die Frage, ob es in der Natur eine Entwicklung nach Zwecken gäbe, der Gegensatz teleologischer und mechanischer Naturbetrachtung. Innerhalb der mathematisch-mechanischen Naturbetrachtung gab es den Kampf zwischen der eigentlichen Lehre Descartes' und der Kartesianer, die Materie und Raum einander gleichsetzten, und den Anhängern der Atomistik (Demokrit – Epikur – Gassendi), die die Materie in starre, durch leeren Raum getrennte Einheiten zerlegten. In der kartesianischen Schule war das Problem der Kausalität aufgetaucht, das auf der einen Seite schließlich dazu geführt hatte, der Seele, dem Individuum alle Wirksamkeit, bei Spinoza gar alles selbständige Sein abzusprechen, um sie auf Gott zu übertragen, ein Gedanke, dem doch auf der anderen Seite das natürliche Bewußtsein widersprach, kraft dessen sich das Ich als wollendes und tätiges einheitliches Wesen weiß. Vielleicht lassen sich indessen alle diese Gegensätze der Zeit im Sinn der Leibnizschen Auffassung auf zwei reduzieren, die selbst eng miteinander zusammenhängen. Es ist zunächst der Gegensatz zwischen *biologischer* und *mechanisch-physikalischer* Naturbetrachtung. Dem organischen Leben scheint ihm die Erklärungsweise der mathematischen Physik nicht gerecht zu werden: sie führt zu einer solchen Gewaltsamkeit wie der Leugnung des tierischen Bewußtseins, stellt Tiere und Maschinen auf die gleiche Stufe und kennt nur den Gegensatz zwischen Bewußtsein und rein passiver toter Masse. Eben die Biologie aber führt zur Zweckbetrachtung und zu den präformierten substanzialen Formen, zu den aristotelischen Begriffen der Entwicklung und Anlage zurück: eine der wichtigsten Entdeckungen der Zeit war die Entdeckung der Mikroorganismen, die das Vorhandensein organischer Keime in der Luft, dem Wasser, allenthalben zu beweisen schien, weiter die der Samenfäden, die bei Leeuwenhoek, Malpighi, Swammerdam zu der Präformationslehre geführt hatten, nach der die folgenden Generationen eingeschachtelt in dem väterlichen Organismus stecken. Kurz der Gedanke überall vorhandener zielstrebiger, organisierender Kräfte trat den Druck- und Stoßwirkungen der Descartesschen Physik entgegen – deren große Verdienste und Erfolge doch auf der anderen Seite niemand entfernter war zu leugnen als der Physiker und Mathematiker Leibniz. Und zweitens: die mathematische Naturerklärung führt zu einer Quantifizierung und damit zu einer schematisierenden Vereinfachung der Natur, zu der Annahme überall gleichartiger Faktoren. So sehr Leibniz die Durchsichtigkeit und Klarheit dieser Auffassung anerkennt, so widerstrebt ihr doch sein Individualismus, sein Gefühl für den Wert und die Einzigkeit des Individuums, das in seiner Einmaligkeit existiert und als solches erkannt und begriffen werden muß. Zusammenfassend können wir sagen: die Welt soll als Ganzes, als Einheit verstanden und doch dem einzelnen seine qualitative Eigenart gelassen, es nicht zur bloßen Ziffer herabgedrückt werden. Auch von hier ergibt sich das Streben zwischen *Mechanismus* und *Teleologie*, zwischen *Pantheismus* und *individueller Selbständigkeit* der einzelnen Seele, zwischen *Atomistik* und *kontinuierlicher Raumerfüllung* zu vermitteln.

Ist damit das von Anfang an bestehende, wenn auch nicht klar bewußte Ziel des Leibnizschen Denkens bezeichnet, so gibt es nun andererseits innerhalb der herrschenden kartesianischen Physik und Metaphysik Punkte, die ihn über dieselbe hinaustreiben. Erstens ist es innerhalb der Physik der Begriff der *Kraft* und die Ersetzung des Gesetzes der Konstanz der Bewegungsgröße durch das der Erhaltung der Kraft: jeder bewegte Körper repräsentiert eine bestimmte Kraft, vermöge deren er einem Stoß, der seine Geschwindigkeit oder Richtung verändern will, Widerstand leistet. Diese Kraft bedingt eine bestimmte Wirkungsfähigkeit, die Fähigkeit, einen Effekt zu erzielen, der durch die konstante Größe mv^2 gemessen werden kann. Also, schließt Leibniz weiter, besitzt der Körper außer dem Volumen, der *Ausdehnung*, noch eine Grundeigenschaft: eben die Eigenschaft einer bestimmten *Kraft*, die ihn jedem Richtung oder Geschwindigkeit ändernden Stoß einen passiven Widerstand entgegensetzen läßt. Damit ist der Gedanke Descartes', daß das Attribut des Körpers die Ausdehnung sei, durchbrochen, der *wirkliche* Körper von dem *mathematischen* unterschieden. Noch eins: in den Bewegungsgesetzen Descartes' und seiner Nachfolger waren offenbar Fehler enthalten, mit genialem mathematisch-physikalischen Scharfblick erkennt Leibniz den eigentlichen Grund dieser Fehler: man hat nicht gesehen, daß Ruhe und Bewegung, wie Gleichheit und Verschiedenheit in der Welt nicht Gegensätze sind, sondern die Ruhe als *Grenzfall* der Bewegung, die Gleichheit als Grenzfall der Verschiedenheit betrachtet werden muß, daß die in den Kontinuen des Raumes und der Zeit ausgebreitete Natur als kontinuierlich sich verändernd gedacht werden muß. Wir erkennen in diesem Grundprinzip, daß die *Natur keine Sprünge macht,* den Begründer der Infinitesimalrechnung.

Der wirkliche physikalische Körper ist mehr als der geometrische, als der Raum. In derselben Richtung bewegt sich die Auffassung von Raum und Zeit als bloßen Ordnungsformen, als Inbegriffen von Beziehungen zwischen Dingen. Beziehungen sind nichts an sich Wirkliches. Endlich führt zu demselben Punkt die Untersuchung der metaphysischen Grundbegriffe selbst, insbesondere des *Substanzbegriffs* (aus dem ja auch Spinoza sein System herausdemonstriert hatte). Im Begriff der „Substanz" liegt die Einheit und die Wirksamkeit; eine räumlich ausgedehnte Substanz aber wäre keine Einheit und bestände nicht aus Einheiten, da der Raum ins Unendliche teilbar ist, also ist eine res extensa, eine substanziell wirkliche Körperwelt, unmöglich. Von den beiden Substanzen Descartes' bleibt nur die Seele übrig, sie ist eine Einheit, die in ihr enthaltene Vielheit nur eine solche innerer Zustände, ihrer Vorstellungen, sie ist außerdem als wollendes Wesen Kraftzentrum, aktives Wesen, nicht wie der Körper passiv. Was ist aber dann die Körperwelt? Nichts als ein Inbegriff von Vorstellungen, ein nur durch das denkende

Bewußtsein phänomenal Existierendes. Vom bloßen Traum aber unterscheiden sich diese Vorstellungen einer „wirklichen" Körperwelt dadurch, daß die Vorstellungswelten aller Seelen sich entsprechen, sich wie Projektionen *einer* Welt verhalten, die von verschiedenen Gesichtspunkten aus gespiegelt wird. Dieser „Gesichtspunkt" ist ein der Seele zugeordnetes Stück der Körperwelt, ihr Leib: was ihm jeweils nahe liegt, stellt sie klar, alles andere unklar und verworren vor. Vielmehr: alle Seelen stellen die gleiche Welt vor, aber mit verschiedenen Klarheitszentren. Wie wir auch am Tage die Sterne „sehen", nur daß wir ihren Glanz vom hellen Himmel nicht unterscheiden können, so sehen zwei Menschen, mögen sie noch so weit entfernt voneinander sein, in jedem Augenblick *alles*, was in der gesamten Umwelt *beider*, also *aller* Menschen vorgeht, nur daß im Bewußtsein des einen in verschiedenem Grade klar, was im andern nur in der Unbemerkbarkeit der „petites perceptions" enthalten ist. Das gilt nicht nur für das räumlich, sondern auch für das zeitlich Entfernte: jede Seele ist ewig, sie erinnert sich eines kleinen Teils ihrer Vorstellungen deutlich, ein anderer verliert sich im unbewußten, d. h. undeutlichen Rand ihres Bewußtseins, sie erwartet einiges klar, anderes liegt dunkel geahnt vor ihr, wie die Sterne verborgen sind im Tageslicht. Woher stammen die Vorstellungen? Aus der Seele selbst, sie ist ihre Ursache, denn von außen kann nichts in sie hineinwandern. Gott hat die Menschen geschaffen mit dem Schicksal, das sie erleben werden, mit der Anlage, die sich in diesem Schicksal entfalten wird, jedoch zugleich so, daß die Vorstellungen der einzelnen Seelen der Art zueinander passen, daß sie *eine* Körperwelt in verschiedener Zentrierung darstellen, d. h. in einer *„prästabilierten Harmonie"*. Auch Gott stellt diese selbe Welt vor, aber nicht raum-zeitlich zentriert, sondern allgegenwärtig und ewig, d. h. in allen Teilen gleich klar und deutlich. Die Vorstellungswelten der einzelnen Seelen sind gleichsam Einschnürungen der göttlichen, eben darum raumzeitlich geordnet, denn zu „Raum" und „Zeit" gehört das „Hier" und „Jetzt" als Beziehungspunkt.

Jeder Seele ist in der phänomenalen Welt ein Körper zugeordnet, der sich in ihren klarsten und sie ständig begleitenden Vorstellungen darstellt; jeder beseelte Körper ist zugleich eine natürliche und beharrende Einheit, das gilt auch für die Tierkörper, ja noch mehr: organische Einheiten finden sich nach Leibniz überall in der Körperwelt, nur in absteigender Größenordnung. Und ihnen allen entsprechen Seelen oder besser seelenartige Wesen mit inneren, die Welt spiegelnden Zuständen – „*Monaden*", wie Leibniz sie mit einem alten philosophischen Terminus nennt. Nur die menschliche Seele hat Vernunft, das Tier kennt nur die assoziative Nachwirkung vergangener Erlebnisse, die „einfachen Monaden" haben überhaupt keine klaren Vorstellungen. Nur dem Menschen kann daher auch eine bewußte Fortexistenz nach dem Tode eigen sein, doch sind alle Monaden, ja in gewissem Sinn auch alle lebenden Körper unvergänglich: Sterben ist nur „Involution", Zusammenziehung und Übergang in einen Zustand latenten Lebens, wie „Entstehung" eines Lebewesens „Evolution", Entwicklung im Wortsinn, Entfaltung einer Knospe, Manifestierung eines Latenten ist. Auch seelisch erlebt ja der Mensch im Lauf seines Lebens nur, was latent in ihm lag, er ist ja, gemäß der ihm von Gott gegebenen Anlage, die Ursache, der Schöpfer seiner Vorstellungen.

Wir erhalten also zwei Wirklichkeitssphären, die Welt der Monaden und die von den Monaden vorgestellte körperliche Erscheinungswelt, die insofern zusammenhängen, als jeder Seelenmonade eine organische Einheit und jeder organischen Einheit eine Monade entspricht. Jeder organische Körper (und wir stoßen überall auf solche, jeder noch so kleine Zwischenraum ist ein „Teich voller Fische") ist vom anderen durch seine Lage, also seinen Gesichtspunkt, von dem aus er die Welt spiegelt, also auch seelisch und organisch-körperlich verschieden. Damit kommen wir zu dem zweiten allgemeinen Prinzip, das Leibniz neben das Gesetz der „Kontinuität" alles Seins und Geschehens stellt: dem Prinzip, daß es nicht zwei genau gleiche Wesen in der Welt gibt, daß jedem Unterschied der raum-zeitlichen Lage ein innerer Unterschied entspricht (Prinzip der „Identität des nicht zu Unterscheidenden"). Darum entspricht auch der raum-zeitlichen eine sachliche Ordnung der Dinge. Diejenige Naturbetrachtung freilich, die von den individuellen Verschiedenheiten bewußt abstrahiert, die Kräfte nur als passive Kräfte, in ihrer Wirkung auf die Bewegungen ins Auge faßt, muß die Welt als eine überall gleichartige raumerfüllende Materie ansehen: aber sie kommt damit auch zu einer Welt, die sich nur als ein gedankliches Schema zu erkennen gibt.

Die Körperwelt ist der „mundus sensibilis", die Welt der Wahrnehmung. Sie erkennen heißt sie gedanklich durchdringen, in ein klares und deutliches System von Gründen und Folgen verwandeln. Diese Verwandlung ist eine Mathematisierung, und diese Mathematisierung der Wahrnehmungsdaten ist nur möglich auf der Grundlage der Schemata Raum und Zeit, die als Erscheinungen des „Gemeinsinnes", der bei den Wahrnehmungen aller Sinne beteiligt ist, sinnlich und intelligibel zugleich oder sinnliche Gegebenheiten sind, denen rein gedachte Ordnungsformen adäquat entsprechen, die in rein gedachte Formen übersetzbar sind. Die Monaden, der reale Grund, aus dem die Wahrnehmungen aufsteigen, und die vorstellenden Wesen, für die die Sinnenwelt allein existiert, bilden den „mundus intelligibilis", sie sind nicht wahrnehmbar, nur denkbar, die Begriffe, in denen wir sie denken – Substanz, Grund, Identität, Tätigkeit – erweisen sich aber zugleich als objektiv gültig, indem sie aus uns aufsteigend (a priori) unser eigenes Wesen bezeichnen: wir wissen, was „Substanz" ist, weil wir selbst „Substanz" sind.

Alle erkannten Wahrheiten endlich, ob sie sich auf die reale Monaden- oder die phänomenale Körperwelt beziehen, zerfallen in zwei Gruppen: in die reinen „Vernunftwahrheiten", die, wie die Sätze der reinen Logik und Mathematik, in sich selbst oder nach dem Satz des Widerspruchs als gültig erkannt werden, und die „Tatsachenwahrheiten", die nach dem Satz des zureichenden Grundes gelten, d.h. weil es außerhalb ihrer einen zureichenden Grund ihrer Geltung gibt. Dafür können wir auch von notwendigen und zufälligen Wahrheiten sprechen, der *letzte* Grund aller zufälligen Wahrheiten aber liegt in der Ursache aller Ursachen, im Willen Gottes, und da der Wille Gottes nur die „beste aller möglichen Welten" schaffen konnte, so wird die Begründung der Tatsachenwahrheiten zuletzt eine teleologische. Nehmen wir etwa die Gesetze der Bewegung, so wäre widerspruchslos eine Welt mit anderen mechanischen Grundgesetzen denkbar, aber diese Gesetze würden dann nicht jenen Charakter größter Einfachheit, genauer der Verknüpfung größter Mannigfaltigkeit zu größter Einheit haben – derselbe Charakter, der nun auch die Welt der in prästabilierter Harmonie verknüpften Monaden, den mundus intelligibilis, auszeichnet. Man sieht, wie der Philosoph hier sein Ziel erreicht: mechanische und teleologische Betrachtung, und ebenso die individuelle geschlossenste Selbständigkeit der Monade mit dem Gedanken der vollendeten Einheit des Universums zu verbinden.

Zu zeigen, daß die – scheinbaren – Übel in der Welt ihrem göttlichen Ursprung und ihrem Charakter als bester aller möglichen nicht widerstreiten, ist die Aufgabe der „Theodizee". Ihr Grundgedanke ist, daß zuletzt alles Übel nichts als Unvollkommenheit, ein Negativum, nichts Positives ist und daß gerade die beste Welt auch alle Stufen der Vollkommenheit, d.h. zuletzt der Klarheit und Deutlichkeit des Vorstellens in sich schließen muß.

Alles Wollen, auch das triebhafte Begehren, das die Entwicklung des Menschen beherrscht, hat zum Ziel das Gute, das Vollkommene, aber die Triebe sind eine verworrene Vorstellung des zukünftigen Guten, wie die Sinnenfreuden (Leibniz führt das z.B. an der ästhetischen Freude aus) nur verworren erfaßte geistige Freuden sind. Beim Menschen tritt daher auf Grund der Verworrenheit seines Vorstellens das fehlbare Streben nach dem Besten an die Stelle der fehlfreien Verwirklichung, Sünde und Irrtum mit ihren notwendigen Folgen an die Stelle der Vollkommenheit und Wahrheit. Das höchste Ziel, die höchste Vollkommenheit und das höchste Glück für jede Seele, jede Monade wäre es, das absolut vollkommene Universum in allen seinen Teilen klar und deutlich zu spiegeln – d.h. zu sein wie Gott. Wer alles, Fernes und Nahes, Eignes und Fremdes, Vergangenes und Zukünftiges gleich klar und deutlich erschaute (womit freilich auch der Unterschied von „fern" und „nah", „eigen" und „fremd", „vergangen" und „zukünftig" aufgehoben wäre), würde auch, frei von der Sünde, nur das Gute wollen und verwirklichen.

Das Leibnizsche System hat auf die deutsche Philosophie des 18. Jahrhunderts einen starken Einfluß geübt. Weniger allerdings als Ganzes und in seiner originalen Gestalt – man muß hier auch berücksichtigen, daß der Philosoph kein größeres Werk hinterlassen hatte, das eine Gesamtdarstellung seines Systems gab, nur Skizzen, die für bestimmte Personen bestimmt oder an bestimmte Gegensätze anknüpfend die Grundgedanken entwickelten, oder ein Buch, das wie die „Theodizee" *ein* wenn auch wichtiges Problem in breiter Ausführlichkeit behandelte – als in einzelnen Zügen: in seiner *universalen,* alle Wissenschaften umschließenden und alle Gegensätze versöhnenden *Tendenz,* in seiner *teleologischen,* die Teleologie über die Mechanik stellenden Betrachtung, in seinem den Kartesianismus noch überbietenden, ihn mit der Aristotelischen Logik versöhnenden *Rationalismus,* in seinen theologisierenden Exkursen, die der deutschen Geistesrichtung entsprachen. Jahrzehntelang beherrschte die Katheder der deutschen Universitäten großenteils die „Leibniz-Wolffische Philosophie" – der Ausdruck stammt nicht von dem Schöpfer dieses lehrbaren und lernbaren Systems einer „philosophia et certa et utilis", die mit dem streng logischen Aufbau und der Sicherheit der Grundlage den Vorteil der Nützlichkeit verbinden sollte, von dem Hallenser Professor CHRISTIAN WOLFF (1679–1754). Gründlich und gemeinverständlich, wird seine Lehre einerseits eine Philosophie des gesunden Menschenverstandes, nicht zuletzt in der sehr achtenswerten, freilich etwas hausbackenen und trivialen Ethik, aber auch durch die Abbiegung und Verflachung gerade der originellsten und tiefsten Bestandteile der Leibnizschen Philosophie (aus dem Leibnizschen Spiritualismus wird wieder ein Dualismus von seelischen und körperlichen Substanzen, letztere als aus metaphysischen Punkten bestehend gedacht; die prästabilierte Harmonie wird auf den Zusammenhang von Seele und Körper beschränkt). Andererseits wird sie ein konsequenter Rationalismus; auf die „Ontologie", die vom Sein überhaupt handelt, folgen die rationale Kosmologie, Psychologie und Theologie, die aus reiner Vernunft vom Begriff und Wesen der Welt, der Seele, Gottes handeln, in nach dem Satz des Widerspruchs beweisbaren Sätzen. Die Erfahrung soll dabei nicht vernachlässigt werden: eine empirische Kosmologie, Psychologie, Theologie bestätigt durch die Tatsachen, was dort aus Begriffen deduziert wurde. Von den zahlreichen Schülern Wolffs sei ALEXANDER BAUMGARTEN (1714–1762) erwähnt, der erste Vertreter und Bearbeiter der „Ästhetik", der Lehre vom Schönen, übrigens so rational aufgebaut wie die Wolffische Ethik: wie Wolff den Begriff des „Guten" durch den des „Vollkommenen" erklärt, so sieht Baumgarten im Gefühl für das Schöne die sinnlich-anschauliche Erkenntnis der „Vollkommenheit" eines Gegenstandes.

Allerdings fand die Wolffische Ontologie auch Gegner, die sich vor allem gegen jenen Rationalismus wenden, mit dem Wolff die Grundlagen der Metaphysik allein aus dem rein formalen Denkgesetz des „Satzes vom Widerspruch" ableiten will. Demgegenüber lehrt z.B. CRUSIUS (1715–1775) und ähnlich wie er auch der Mathematiker LAMBERT (1728 bis 1777) und in seinen Schriften aus den sechziger Jahren KANT, daß es in größerer Zahl letzte, unmittelbar gewisse, nicht weiter beweisbare Grundsätze sachlichen Gehalts gebe, die der metaphysischen Weltkonstruktion zugrunde gelegt werden müssen.

Allmählich dringt in die deutsche Aufklärung stärker der englische und französische Einfluß ein, nicht zuletzt durch Friedrich den Großen und die von ihm wiederhergestellte Berliner Akademie der Wissenschaften. Er verdrängt nicht den Leibnizschen Einfluß, sondern verbindet sich mit ihm;

das Interesse an den prinzipiellen und grundlegenden metaphysischen und erkenntnistheoretischen Fragen und Gegensätzen tritt zurück, das Ziel wird mehr die Anwendung als die Grundlegung philosophischer Ideen, nicht zuletzt auch durch die Nachwirkung der die Leibnizsche Philosophie tragenden Überzeugung, daß die Harmonisierung der philosophischen Gegensätze, die Synthese schon *erreicht* sei. Es handelt sich darum, das *Leben* mit Philosophie, mit Vernunft zu durchtränken, das Leben des *Menschen,* der damit selbst, wie schon früher eben in England vor allem, aber auch in dem unter Lockeschem Einfluß stehenden Frankreich, der Hauptgegenstand des philosophischen Nachdenkens gewesen war. Es entsteht eine eklektische Philosophie mit noch stärker betonter Richtung auf praktische Wirkung und Allgemeinverständlichkeit, als wir sie schon bei Wolff finden, nur nach französischem und englischem (Shaftesbury) Vorbild mehr an eleganter literarischer Form interessiert. Die Schriften MOSES MENDELSSOHNS können hier als charakteristisches Beispiel dienen.

Von KANT stammt eine berühmte Definition: Aufklärung sei „der Ausgang des Menschen aus seiner selbstverschuldeten Unmündigkeit". Sapere aude – wage, dich deines Verstandes zu bedienen! sei ihr Wahlspruch, mit anderen Worten die Aufforderung an den *Menschen,* die Verhältnisse, unter denen er lebt, an dem Maßstab seiner Vernunft zu messen und sie vernünftig zu gestalten. In ihren Anfängen ist die Aufklärung sowohl in England (Locke) wie in Deutschland (Leibniz) mehr gerichtet auf das was *ist* oder war, sie sucht die Vernunft im Wesen der Dinge und ihrer Entwicklung, die Vernunftreligion und das Naturrecht in ihrer ursprünglichen, reinen Form. In ihrer späteren Gestalt ist ihr die vernünftige Gestaltung der Dinge mehr das, was sein *soll,* weniger an die göttliche als an die menschliche Vernunft wird gedacht, die bisher ihre Aufgabe eben noch nicht erfüllt hat. Gleichgültig, wie Staaten und Religionen geworden sind, es handelt sich darum, die *rechte* Religion und den *rechten* Staat zu schaffen, die den Ansprüchen der

Vernunft genügen und des Menschen als eines vernünftigen Wesens *würdig* sind. Kritisch – gegen bloße Autorität, Tradition, äußere Gewalt – ist die Aufklärung von vornherein, zu schärferer Kampfeinstellung gegen das Bestehende aber und für ein Zukunftsideal entwickelt sie sich recht eigentlich in der französischen Aufklärung, während die englische (Locke) mehr die Errungenschaften einer durchgeführten Revolution rational zu begründen hat. Dabei ergibt sich weiter eine eigentümliche Verschränkung: Der Kampf der französischen Aufklärung richtet sich immer schärfer nicht nur gegen Ideen, sondern gegen politische Mächte, sie liefert dem nach politischer Herrschaft strebenden Bürgertum das geistige Rüstzeug. Gleichzeitig erzieht die hohe Kultur des französischen Hofes in den französischen Aufklärern eine Aristokratie des Geistes, die merkwürdig absticht von der kleinbürgerlichen Enge, aus der sich der deutsche Geist trotz dem Leibnizschen Riesengeist und trotz der durch Friedrich II. französisierten Akademie nur ganz ausnahmsweise in der Zeit der Aufklärung losringt. Der „aufgeklärte Despotismus" Friedrichs wirkt weit mehr als Druck denn als eine geistige Entwicklung anregender Faktor.

Der Kampf der deutschen Aufklärung richtet sich fast ausschließlich gegen die Theologie, und wie dieser Theologie selbst, so haftet ihr etwas Pedantisches und Schulmäßiges an. Man kämpft um die Humanisierung einzelner Dogmen, wie der Ewigkeit der Höllenstrafen, die Leibniz in seinem Streben nach Harmonisierung von Offenbarung und Philosophie anerkannt, Wolff von der humanen Auffassung der Strafe als Besserungsmittel aus abgelehnt hatte. Erst der eine Lessing hebt das ganze Problem in eine höhere Sphäre: die Höllenstrafen sind ewig, aber nicht als Zuchtmittel einer jenseitigen Strafanstalt, sondern als schmerzendes Bewußtsein des begangenen Fehlers, das auch ein Gott nicht fortnehmen kann und das ich mir nicht einmal nehmen lassen *wollte*. Einer der klarsten und entschiedensten Köpfe unter den deutschen Deisten ist HERMANN SAMUEL REIMARUS (1694–1768), aus dessen „Schutzschrift für die vernünftigen Verehrer Gottes"

Lessing in den Jahren 1774–78 Bruchstücke (ohne den Namen des Verfassers) veröffentlichte. Reimarus, der von Wolff und den englischen Deisten herkommt, ist überzeugter Anhänger einer Vernunftreligion: die Gesetzlichkeit und zweckvolle Ordnung der Welt beweist dem denkenden Menschen das Dasein Gottes und der göttlichen Vorsehung, Wunder aber und eine göttliche Offenbarung (die selbst nur durch ein Wunder zustande kommen könnte) wären Gottes unwürdig; gerade daß Gott keine Durchbrechung der Naturordnung braucht, um seine Zwecke zu erreichen, ist der beste Ausdruck seiner Allmacht und Vorsehung. Offenbarungs- und Vernunftreligion sind also gar nicht vereinbar, sondern prinzipielle Gegensätze. Dazu kommt, daß auf eine übernatürliche Offenbarung an bestimmte Personen und Völker nie eine allgemeine Religion gegründet werden kann. Endlich: weder das Alte noch das Neue Testament entspricht den intellektuellen und moralischen Ansprüchen, denen eine als solche erweisbare Offenbarung entsprechen müßte. Reimarus ist ein überzeugter Gläubiger, ein kämpfender Apostel der deistischen Vernunftreligion; als solcher steht er dem Christentum – ebenso wie dem atheistischen Materialismus – ablehnend gegenüber, wenn er auch angesichts der Zeitumstände seine apologetisch-polemische Schrift noch nicht zu veröffentlichen wagt. LESSING (1729–81) publiziert einen Teil des Reimarusschen Werkes. Lessing ist außerdem in enger Freundschaft Mendelssohn verbunden, dem von Temperament und Charakter milderen, etwas schöngeistigen, aber nicht minder überzeugten Gläubigen der Vernunftreligion, dem das Judentum der Propheten mit seinem reinen, ethisch fundierten Monotheismus den Glauben der Vernunft am besten verkörpert. Mit Mendelssohn kämpft Lessing für Toleranz. Eine Kampfnatur wie Voltaire, aber ohne den Zynismus des Franzosen, ist er überall auf dem Platz, wo es gegen Ungerechtigkeit, Unfreiheit, Intoleranz zu streiten gilt; tapfer von innerster Natur zieht er es unwillkürlich vor, auf der Seite der Minderheit als auf der der Mehrheit zu stehen. Die kritische Seite ist stärker in ihm und entspricht seinem Wesen weit mehr als die Apologetik. Mit Reimarus bekämpft er die buchstabengläubige Orthodoxie, seine Gründe greifen noch mehr ins Prinzipielle: „Zufällige Geschichtswahrheiten" können nicht die Stütze „ewiger Vernunftwahrheiten" sein. Auf der anderen Seite wird er mit seiner vertieften historischen Kenntnis und seinem historischen Interesse weit mehr als Reimarus der Bibel und dem Christentum gerecht. Das Alte, das Neue Testament sind Dokumente einer geschichtlichen Phase, das Christentum eine Etappe der religiösen *Entwicklung* der Menschheit. Ähnlich wie Rousseau sieht Lessing die Furchtbarkeit der von Krieg, Mord und Haß erfüllten Menschheitsgeschichte, aufs tiefste leidet er an diesem krassen Widerspruch, in dem die Tatsachen der Geschichte zu Leibniz' These von der besten aller möglichen Welten und zu dem Optimismus auch der von Locke abhängigen Aufklärung stehen. Er ist indes zu wenig Literat, zu wenig Liebhaber des nur glänzend geschliffenen Wortes, um sich wie Voltaire damit zu begnügen, daß er in einer literarischen Satire den Geist an der Welt, die er nicht ändern kann, sein Mütchen kühlen läßt. Er ist auch zu nüchtern, um sich wie Rousseau in den Traum eines vorgeschichtlichen Paradieses und in den Glauben zu flüchten, daß die Vernunft den Irrgang einer vieltausendjährigen Geschichte werde korrigieren können. Er kämpft mit dem Gedanken, der Geschichte trotz ihrer Furchtbarkeiten, trotz Krieg und Inquisition, trotz der immer wiederkehrenden Verkehrung des Guten ins Böse, trotz dem blutigen Völkerhaß, den die menschenverbindende Vaterlandsliebe, trotz dem zerstörenden Glaubensfanatismus, den die die Menschen in Ehrfurcht und Liebe verbindende Religion erzeugt, einen *Sinn* abzuringen und findet ihn in dem Gedanken einer „Erziehung des Menschengeschlechtes". In religiöser Hinsicht sind die Marksteine dieser Erziehung die „Offenbarungsschriften", an denen die Menschheit lernt – durch „Gott" erzogen wird, d. h. im Grunde unbewußt sich selbst erzieht. Auf jeder höheren Stufe, gewiesen durch die Religionsstifter, die großen Genien der Menschheit, muß die alte, nun überwundene Wahrheit der neuen Erkenntnis eingegliedert, d. h. in ihrem Sinn *symbolisch* verstanden werden. Es ist an der Zeit, auch das christliche Dogma symbolisch zu verstehen von einer neuen, einer Vernunftreligion aus, die Lessing selbst mehr pantheistisch (in seinem Vergleich der Welt mit einem Organismus stärker an Shaftesbury als an Spinoza erinnernd) als deistisch sieht. Aber er ist weit entfernt, als Apologet solcher Vernunftreligion aufzutreten und in ihr der Weisheit letzten Schluß zu erblicken, wie Mendelssohn und Reimarus. Und zuletzt ist ihm die praktische Seite der Religion wichtiger als die theoretisch-dogmatische. Zur Persönlichkeit und zur Gemeinschaft, zur Herrschaft der Vernunft und der Liebe soll der Mensch erzogen werden. Die Erziehungsmittel, Religion und Politik, haben die gefährliche Kehrseite, daß sie, zu religiösem und patriotischem Buchstabenglauben und Fanatismus erstarrt, vernunftwidrige blinde Leidenschaften und Haß gegen andere Völker und Religionen wecken können. Wo diese Gefahr droht, haben wieder die Erzieher mit ihrer Arbeit einzusetzen, vom Glauben der Zukunft aus den der Gegenwart zu korrigieren und so Kommendem den Weg zu bereiten. In politischer Hinsicht sind es die Freimaurer oder in ihrem Geist wirkende Menschen, an die Lessing bei solcher Erziehungsarbeit denkt.

Lessing hält, wie später Kant, am unbedingten Wert der Persönlichkeit, daher auch, wie Leibniz, an der Unsterblichkeit und an dem Gedanken der ins Unendliche gehenden Entwicklung der seelischen Monade fest. Aber zugleich ist ihm die Menschheit – wie die Welt – ein sich entwickelnder Organismus. Beides läßt sich nur dadurch verbinden, daß die Unsterblichkeit die Form der Seelenwanderung annimmt. Zugleich ist Entwicklung nicht mehr wie bei Leibniz Entfaltung von etwas, das von Anfang an, durch Gott, in die Seelen hineingelegt war, nach dem Bild der Entfaltung der Knospe zur Blüte, sondern sie ist fortschreitende Neubildung, Bereicherung – hin zu Gestalten und Zielen, von denen wir uns noch keine Vorstellung machen. *Leben* ist solches Fortschreiten ins Unbekannte, ist Streben und Überwinden des jeweils Gewonnenen, auch in der Erkenntnis: das unendliche *Streben nach Wahrheit* scheint Lessing wertvoller als ihr ruhiger *Besitz*. „Wahrheit“ ist ein im Unendlichen liegendes Ziel, eine *„Idee“ im Sinne* KANTS, dessen Lehre sich hier ankündigt. Für Leibniz ist die Erkenntnis eine endgültig lösbare, eine endliche Aufgabe; ohne diese Annahme wären jene Lieblingsideen Leibnizens, das Begriffsalphabet aus den Zeichen für die letzten begrifflichen Elemente der Dinge und die vollendete Deduktion der Prinzipien der Wissenschaft aus dem Begriff der „besten aller möglichen Welten“ nicht sinnvoll gewesen.

4. Die französische Aufklärung und Rousseau

Die Hauptentwicklung der englischen Aufklärung liegt *nach* der englischen, die der französischen Aufklärung *vor* der großen französischen Revolution. Jene entfaltet sich auf der Grundlage bestehender weitgehender politischer, ökonomischer, religiöser Freiheit als literarischer Ausdruck der Machtstellung eines besitzenden und herrschenden Bürgertums, diese wird zum Kampfmittel und Wegbereiter der Revolution, sie erhält ihr geistiges Gepräge durch den vorgeschobenen Posten einer Generation von Schriftstellern, die mit den Waffen des Verstandes, der Kunst, der Wissenschaft die Welt von den auf ihr lastenden dunklen Mächten der Vergangenheit befreien wollen. Nirgends sonst gewinnt der Glaube an die befreiende Kraft der *Wissenschaft* eine solche Bedeutung und Verbreitung, zusammen mit dem Gedanken, daß eben jetzt die Zeit der Wissenschaft und die Zeit der Neuordnung aller Dinge auf ihrer Grundlage gekommen sei. Das klassische Wahrzeichen dieser Überzeugung ist das Unternehmen der *„Enzyklopädie“*, die das Fazit aus der wissenschaftlichen Arbeit ziehen, ihre Resultate zusammenfassen will. Dem Zeitalter der Religion und der Philosophie, sagt d'Alembert in seiner Einleitung, sei nunmehr das Zeitalter der Wissenschaft – mit anderen Worten dem Glauben und vagen Vermuten das sichere Wissen – gefolgt. Le siècle de la science – die „Wissenschaft“, von der hier die Rede ist, ist die Naturwissenschaft, die Betrachtung der Dinge, der Welt nach naturwissenschaftlicher Methode, d’Alembert selbst ist Mathematiker: es ist also im Grunde das Ideal des Descartes und des Kartesianismus, dessen letzte Konsequenzen man ziehen zu können glaubt. In der französischen Aufklärung, als derjenigen Form der Aufklärung, in der ihr Typus am reinsten zutage tritt, zeigt sich zugleich am deutlichsten, wie die Auflärung im ganzen nur die reife Frucht der Entwicklung ist, die mit dem Ideal der „Klarheit und Deutlichkeit“ und der „mathematischen Methode“ anhebt.

Eine „Enzyklopädie“ steht am Ende, aber bezeichnenderweise auch am Anfang der französischen Aufklärung – in Pierre Bayles „Dictionnaire“. Bayles (1647–1706) beweglicher, kritischer und wissenschaftlicher Geist gewinnt überhaupt auf die geistige Entwicklung des 18. Jahrhunderts einen außerordentlich starken Einfluß, obgleich er sich noch in religiösen Dingen vorsichtig zurückhält, jedenfalls die Vernunft nicht unbedingt zum Richter über den Glauben macht. Eine entscheidende Wendung aber nimmt dann die französische Philosophie durch das Bekanntwerden der Lockeschen Ideen, die den Einfluß des Kartesianismus ganz in den Hintergrund drängen.

Als Hauptvermittler des Lockeschen Empirismus, der Physik Newtons und des englischen Deismus nach Frankreich wurde schon Voltaire (1694–1778) genannt, dessen Briefe „Sur les Anglais“, getragen von starker Bewunderung der englischen Verhältnisse, 1728, dessen „Elemente der Philosophie Newtons“ 1738, dessen „Philosophie ignorant“ (Locke) 1767 erschienen. Voltaire ist kein scharfer und selbständiger Denker, aber durch seine ganze Persönlichkeit, die wie keine andere das Recht des Talents gegenüber dem der Geburt verkündigt, durch seinen unentwegten Kampf für die Freiheit des Geistes, des Wortes, der Presse, durch sein mutiges Eintreten für die Opfer kirchlicher und staatlicher Justizmorde, durch den mephistophelischen Witz, mit dem er die Grundlagen *aller* überkommenen Autorität ihrer unantastbaren Heiligkeit entkleidet, wird er eine entscheidende geistige Potenz seiner Zeit und seines Landes. In der eigentümlich schillernden Art seines Wesens bleibt er dabei freilich auf der Grenze zweier Zeitalter stehen: er, der geborene Geistesaristokrat, gibt sich dem Zauber der Kultur des siècle Louis XIV. gefangen und blickt im Grunde doch mit einer gewissen Verachtung auf das Volk, die Masse herab. In allen Staaten, so bemerkt er in bezug auf Montesquieus Prinzipien, ist es die Furcht, die das Volk im Zaume hält. „Das Volk hat sich zu bilden weder Zeit noch Fähigkeit. Es scheint nötig, daß es einen unwissenden Pöbel gibt; wenn dieser zu räsonieren anfängt, ist alles verloren.“ Es ist hier, wie in so vielen anderen Punkten, kaum ein größerer Gegensatz denkbar als zwischen Voltaire und Rousseau. Für Rousseau ist die Frage des richtigen Staates vor allem anderen eine Frage der Gerechtigkeit, für Voltaire (wie übrigens auch für Helvetius, für Holbach) eine solche der Wohlfahrt, und diese würde Voltaire schließlich doch am besten bei einem aufgeklärten Despotismus, der sich auf die geistig fortgeschrittensten Kräfte der Nation stützt, gesichert erschienen sein.

Eine Persönlichkeit wesentlich anderer Art ist MONTESQUIEU (1689–1755), kein geborener Revolutionär wie Rousseau, dessen Gefühl sich gegen die ganze Kultur seiner Zeit empört, dem das Wort zur Tat, aber auch nicht der geistreiche Literat wie Voltaire, dem das Wort Selbstzweck wird, sondern eine Gelehrtennatur, ein feiner, klarer, humanistisch gebildeter Geist, der aber zugleich mit klugem Blick die Schäden und Gefahren der Zustände seiner Zeit sieht, dem die theoretisch-historische Darlegung zugleich zur Mahnung und Warnung an die eigene Zeit und ihre führenden Gewalten wird. Seine historischen Studien führen ihn zu einem gewissen Relativismus, zu dem Gedanken, der im Mittelpunkt seines Hauptwerkes, des „Esprit des lois“ steht, daß in den Gesetzen jedes Staates der besondere Charakter seines Volkes sich spiegelt, der aber seinerseits wieder die Wirkung der Lebensumstände, insbesondere des Klimas und der Eigentümlichkeiten des Landes ist – die Physis formt und gestaltet die Psyche, nicht umgekehrt. Drei Grundformen der Verfassung kehren in der Geschichte wieder: die Despotie, in der der Untertan durch die Furcht zum Gehorsam gezwungen wird, die Monarchie, in der das Streben nach Ehre und Achtung, die Republik, in der die „Tugend", die Liebe zum Vaterland, zum Volksganzen den Menschen zur Hingabe seiner Kräfte an die Aufgaben des Staates treibt; die Monarchie, die auf Rang, Stellung und Unterordnung, die Republik, die auf Gleichheit der Bürger gegründet ist. Daß diese Staatsformen, deren historische Bedingtheit Montesquieu in wissenschaftlicher Objektivität darlegt, zugleich für ihn nicht gleichwertig sind, sondern eine Rangordnung darstellen, ist klar; sein persönliches Ideal bleibt die englische Verfassung, in der er auch für Frankreich das Heil gegenüber den offenkundigen Gefahren des absoluten Regimes sieht. Die „Trennung der Gewalten", der Legislative und Exekutive, wie sie die englische Verfassung zum Schutze des Rechtes vor den Übergriffen der Staatsmacht verwirklicht hatte, will er durch die Verselbständigung der richterlichen Gewalt ergänzen.

Die empiristische Erkenntnistheorie Lockes wird von Etienne de Condillac (1715–80) zu einem reinen Sensualismus umgebildet: denken wir uns eine Statue, der die menschlichen Sinne nacheinander vom Geruchssinn bis zum höchsten und umfassendsten, dem Tastsinn, gegeben würden, so würde mit dem letzten dieser Sinne das Bewußtsein der Statue zum vollen menschlichen Bewußtsein geworden sein. Das „Beachten" ist nichts als das Dasein der Empfindung im Bewußtsein, das „Vergleichen", das Zusammendasein der „verglichenen" Empfindungen, die „Erinnerung" ihr schwächerer Nachhall im Bewußtsein.

Die sensualistische Erkenntnislehre, die Hervorhebung der Sinne und der körperlichen Sinnesorgane als der einzigen Quelle und Grundlage der Erkenntnis, geht nun auch als Bestandteil ein in die *materialistische* Weltauffassung, wie sie in der Schrift „L'homme machine" (1747) des Arztes La Mettrie, in Helvetius' „De l'esprit" (1758) und in dem „Système de la nature" (1770) des Barons HOLBACH vor allem niedergelegt ist. Zu dem materialistischen Naturbilde, der Rückführung alles Seelischen auf bloße Nerven- und Gehirntätigkeit gesellt sich hier weiter eine ganz auf die Selbstliebe gegründete und optimistisch zugespitzte Ethik und ein ausgesprochener und aggressiver *Atheismus:* Religion ist Priestererfindung, Priestertrug; Unsterblichkeit, die Vorstellung eines jenseitigen Gerichts sind Gedanken, die durch die Angst, die sie in den Menschen erweckten, weit mehr Schaden gestiftet und Unglück in die Welt gebracht haben, als sie Trost gewähren konnten, religiöse Antriebe der Sittlichkeit sind überflüssig oder führen zur Selbstquälerei und zum Fanatismus. Es gibt nur ein höchstes Ziel: das irdische Glück der Menschheit, und nur einen untrüglichen Weg zu diesem Ziel: die durch die Wissenschaft erkannte Wahrheit und die Zerstörung der Täuschungen und Irrtümer, in die die Menschen sich verstricken und mit denen sie sich selbst quälen.

Zwischen solchem atheistischen Materialismus nach dem Vorbilde Epikurs und einem hylozoistischen, das Universum als lebenden und fühlenden Organismus betrachtenden Pantheismus schwankt DENIS DIDEROT (1713–84), neben d'Alembert der zweite Herausgeber der „Enzyklopädie", während JEAN D'ALEMBERT (1717–83) selbst den jeder Metaphysik, auch der materialistischen, gegenüber skeptischen Standpunkt einer positivistischen Erfahrungsphilosophie einnimmt: unsere Begriffe sind Bezeichnungen für klassenmäßig zusammengefaßte Erfahrungstatsachen, Aufgabe der Wissenschaft ist eine mathematische Beschreibung der Tatsachenwelt.

In ihrem bis zur Flachheit, Trivialität und Problemlosigkeit vereinfachten Weltbild haben die Materialisten keinen Platz für die Seele gelassen, sie ist der Verstandeskultur und dem Glauben an die alleinglücklichmachende Kraft der Wissenschaft zum Opfer gefallen. Aber auch das Feuerwerk des Voltaireschen Witzes dient im Grunde nur einer Kultur des Geistes, und wo das Herz, das Gefühl an der Welt leidet, findet Voltaire auch kein anderes Gegenmittel als die Überlegenheit des Intellekts, die er sich im Lachen beweist.

Hier treten wir in eine ganz andere Welt, wenn wir uns zu dem Manne wenden, in dem die französische Aufklärung zugleich ihren größten Genius und ihren schneidendsten Kritiker hervorgebracht hat: zu JEAN JACQUES ROUSSEAU. 1712 in Genf in wenig glücklichen Umständen geboren, auf der einen Seite durch Liebe verwöhnt, auf der anderen vom Schicksal hart angefaßt, wächst Rousseau zu einem unsteten Wander- und einem leidenschaftlich-verworrenen Gefühlsleben heran, auf dem zudem ständig der Schatten des Schuldbewußtseins liegt. Aus der Disharmonie seines Lebens und seiner Natur flüchtet er in den Traum des Paradieses der Unschuld, Ursprünglichkeit, Reinheit und des Friedens – nicht das Zukunftsziel der Materialisten, die von der Vernunft gestaltete und geordnete Kultur, sondern das Vergangenheitsideal der „Natur" nimmt sein Denken und Streben gefangen. Dies hindert ihn jedoch nicht, daß die natürliche und der echten Menschennatur entsprechende Ordnung der Gesellschaft seinem träumerischen, aber auch zugleich leidenschaftlichen, ja in dem ständigen tiefen Leiden an der Welt echt revolutionären Temperament ein Ziel wird, das er mit gedanklicher Kraft umreißt und mit dem er der werdenden Revolution in weit tiefere Kreise hinein als die, auf die die sonstigen materialistischen und enzyklopädistischen Schriften zu wirken vermochten, das Programm gibt. Dabei darf freilich nicht übersehen werden, daß die Identifizierung des „Vernünftigen" mit dem „Natürlichen" in gewisser Weise der gesamten Aufklärung geläufig war und damit auch die Versetzung des erstrebten Vernunftzustandes gleichzeitig an den *Anfang* der Dinge. Der Kampf der Aufklärung gilt der Despotie, dem Priestertrug und ähnlichen verderblichen Einflüssen, die die zugleich einfache und gesunde, dem natürlichen Menschenverstand entsprechende ursprüngliche Lebens- und Glaubensform unterdrückt und zerstört haben – ein Gedankengang, der nun allerdings wieder mit dem der Aufklärung im Grunde gleichfalls selbstverständlichen Glauben an den *Fortschritt* in der Geschichte in latenten Widerspruch gerät. Eben dieser Widerspruch aber ist, weil er aus jener Gleichsetzung von „Natur“ und „Vernunft“ – auch der „Natur“, dem Wesen des *Menschen mit seiner* „Vernunft“ – folgt, der Aufklärung wesentlich und von ihr unabtrennbar, und indem Rousseau durch seine einseitige und entschiedene Stellungnahme den Widerspruch löst, indem ihm der Weg zur reineren und besseren Zukunft radikal ein Weg wird, der den Irrgang der Verstandeskultur *rückgängig* macht, wird er bei allem Zusammenhang mit der Aufklärung ihr entschiedenster und entscheidender Gegner.

In eben dieser Richtung bewegt sich die weniger gedanklich tiefe, als leidenschaftlich und persönlich bewegte Schrift, die ihn mit einem Schlag berühmt machte: die in kulturverneinendem Sinn gehaltene Beantwortung der 1749 von der Akademie in Dijon gestellten Preisaufgabe: „Ob die Erneuerung der Wissenschaften und Künste zum Verderb oder zur Hebung der Sittlichkeit gewirkt habe?“ Fünf Jahre später folgte die Schrift über den Ursprung der Ungleichheit unter den Menschen, gleichfalls eine Preisarbeit (der die Akademie diesmal freilich den Preis versagte). Wandte sich die erste Abhandlung gegen den nur dem Egoismus und der Eitelkeit dienenden Kult der Wissenschaft und Kunst, des Geistes, über dessen Pflege Herz, Gefühl, natürliches Empfinden verkümmern, so gilt hier der Kampf den gesellschaftlichen Verhältnissen, den Folgen eines menschlichen Zusammenlebens, das auf Besitztrieb und Ehrgeiz gegründet ist. Die Unterschiede der Menschen an Kräften und Begabungen, die die Natur schuf, treten weit zurück hinter der künstlichen Kluft, die das gesellschaftliche Leben zwischen Reichen und Armen, zwischen denen, denen ein ererbtes Vermögen in den Schoß fällt, und denen errichtet hat, die für jene arbeiten müssen, oder zwischen denen, die die Machtmittel des Staates in der Hand haben, und den anderen, die nur Untertanen sind.

Trotz der leidenschaftlichen Anklage gegen die Institution des Privateigentums als den Hauptquell des Übels schreitet Rousseau nicht zu sozialistischen Konsequenzen fort, wohl aber zum Entwurf einer radikal demokratischen Staatsverfassung, eines Staates, in dem die natürliche und unveräußerliche Freiheit und Selbstbestimmung im Wesen des Menschen mit dem Zwang und der Gewalt vereinbar ist, die vom Wesen des Staates nicht getrennt werden können (Der „Gesellschaftsvertrag" –, „Contrat social" 1762). Gleichgültig, ob der Staat durch einen „Vertrag" oder sonstwie *entstanden* ist, jedenfalls ist er mehr als ein bloßes äußerliches Herrschafts-, ist er dann und nur dann ein dem Wesen und natürlichen Recht des Menschen entsprechendes Rechtsverhältnis, wenn er als Ausdruck eines *Vertrages* angesehen werden kann. Das aber ist nur dann möglich, wenn jeder einzelne nicht nur Objekt, sondern zugleich Subjekt der Staatsgewalt, der Gesetzgebung und -anwendung ist, wenn also der einzige und unumschränkte Souverän ein einheitlicher, auf das Wohl der Gesamtheit gerichteter *Gemeinwille* ist. An seiner Bildung müssen *alle* mitwirken und teilhaben, ihm gegenüber dürfen die unmittelbaren Organe der ausübenden wie der gesetzgebenden Macht, Mitglieder der Regierung wie des Parlaments, nur die Rolle jederzeit abberufbarer Funktionäre spielen. Der Gemeinwille ist nicht einfach da, er kann nicht ohne weiteres festgestellt werden durch Abstimmung, er ist nicht identisch mit dem Willen irgendeiner *Mehrheit*. Er muß vielmehr im *Einzelnen* durch die Überordnung des Gesamtinteresses über das Privatinteresse herangebildet, erzogen werden; erst durch diese Heranbildung wird aus den vielen Einzelnen das eine „*Volk*". Das größte Hindernis aber, das der Bildung des „Volkes" und des echten Gemeinwillens entgegensteht, ist nicht der Egoismus der isolierten Individuen, der sich gegenseitig aufhebt, als vielmehr der Egoismus der Gruppen und Verbände, der Stände, der Korporationen, der Parteien, die ihr beschränktes Gesamtinteresse an die Stelle des wirklichen Gesamtwohls zu setzen bestrebt sind. Rousseau liefert hier das theoretische Stichwort für den Kampf der Revolution gegen Stände, Parteien und klassenmäßige Zusammenschlüsse. Das „Volk" aber ist ihm die Gesamtheit der Menschen, die durch das Bewußtsein, ein civis, ein citoyen zu sein, und die aus diesem Bewußtsein sich ergebenden Forderungen, durch die

Tugenden des echten Bürgers, zu einer Gesamtheit einheitlich gerichteten Willens und Gefühls sich einen. Als Vertreter und dienender Anwalt der Würde und Majestät dieses „Volkes" fühlt sich ein Robespierre und die von ihm geschaffene Gemeinschaft der „Patrioten", der Klub der Jakobiner.

Für Hobbes und auch für Locke ist die Schaffung des Staates eine organisatorische, für Rousseau wesentlich eine Aufgabe der *Erziehung*. Und damit ordnet sich ihm zugleich das staats- und rechtsphilosophische Problem dem allgemeinen pädagogischen ein, dem er sein anderes philosophisches Hauptwerk, den Erziehungsroman „Emile", widmet. Sein Grundgedanke ist wieder der Gedanke der ursprünglichen Güte der Natur, wie sie aus der Hand des Schöpfers hervorgeht – auch der Menschennatur – und ihrer Verderbnis durch den Einfluß der Zivilisation. Daraus ergibt sich die pädagogische Forderung des natürlichen Werdenlassens, des Fernhaltens des heranwachsenden jungen Menschen von den verbildenden Einflüssen des Kulturlebens. Dieses Fernhalten und Isolieren aber wird nun wieder selbst eine höchst künstliche Veranstaltung, das Waltenlassen der Natur anstatt absichtsvoller Erziehung setzt vielmehr zweckbewußtes Ziehen der Drähte durch den Erzieher, nur unbemerkt vom Zögling, voraus. Die „Natur" wird eine Scheinnatur – wie jene Schäfer- und Hirtennatur der Idylle, in der Marie Antoinette von der steifen Gebundenheit des Hoflebens sich erholte und die doch eben selbst dies Hofleben oder vielmehr die ganze künstliche Heiterkeit und Geistigkeit des Rokoko als Gegensatz brauchte; nur daß bei Rousseau dieser Hang zur „Natur", zur Echtheit, Wahrhaftigkeit, Unmittelbarkeit des Gefühls und seines Ausdrucks selbst kein oberflächliches Spiel, sondern qualvoller Ernst in einer Welt des Geistes, des Esprit, der Herrschaft des Stils und der Literatur ist, die er doch nicht entbehren kann – ein qualvoller Ernst, der sich am erschütterndsten in der fanatischen Selbstentblößung seiner „Bekenntnisse" kundgibt.

Die Natur ist gut, wie sie aus der Hand des Schöpfers hervorgeht – hier gründet auch der gleichermaßen zum Atheismus der Materialisten wie zur Offenbarungstheologie in Gegensatz tretende *Deismus* Rousseaus, wie er in dem „Glaubensbekenntnis eines savoyardischen Vikars“ im „Emile“ niedergelegt ist. Aus der Natur erkennen wir Gott, aber nicht mit Hilfe des Verstandes, sondern durch das Medium des Gefühls, wie wir auch nicht auf beschriebenen Blättern, sondern in unserm Herzen das Gesetz Gottes suchen müssen. Auch hier wieder sehen wir den Zusammenhang Rousseaus mit der Aufklärung und zugleich den Gegensatz zu ihr. Das Dasein der übersinnlichen und der göttliche Ursprung dieser Welt wird als beweisbar hingestellt, zugleich aber das Hauptargument der bisherigen Beweise – der Gedanke der erkennbaren Harmonie des Weltganzen, zu dem der Mensch als Teil und als Krone gehört – schwer erschüttert. Aus der beweisbaren Einsicht wird ein Gefühl, ein Postulat der Sehnsucht, im Grunde eines sich Heraussehnens aus einem Zustand seelischer Zerrissenheit und aus einer Menschenwelt, die den Zuammenhang mit der Seele verloren hat. Wie Kultur und „Natur“, so treten Wissenschaft und Religion als Gegensätze einander gegenüber.

In Hume erreicht die englische, in Rousseau die französische Aufklärung zugleich ihren Höhepunkt und ihre kritische Auflösung, freilich in anderer Form. Humes nüchterner Skeptizismus und historisch-kritischer Sinn zeigen die Utopie in den Idealen der Aufklärung, das Unschöpferische des Verstandes in einer Welt, die durch Gewohnheit, Furcht und Hoffnung beherrscht wird. Für Hume bleibt dabei immer der Verstand die edelste und höchste Funktion des Menschen, die ihn lehrt, mit dem verstehenden Lächeln des Skeptikers die menschliche Gesellschaft zu betrachten und sich mit ihr abzufinden. In Rousseau empört sich mit elementarer Gewalt das Gefühl gegen das Unbefriedigende in der rein verstandesmäßigen Betrachtung der Natur wie des Menschen und gegen den Weg, den die vom Verstand geleitete Kultur die Menschen geführt hat.

Von Hume und Rousseau erfährt Kant entscheidende Einflüsse, in dem sich entsprechend in Deutschland die Entwicklung über die Aufklärung hinaus vollzieht. Seine Kritik der Metaphysik, seine Grenzbestimmung der Erkenntnis wäre ohne Hume nicht denkbar, wenn er auch dann dieser Erkenntnis, der mathematischen Naturwissenschaft in der klassischen Gestalt, die ihr Humes Landsmann Newton gegeben hat, wieder in jenen ihren Grenzen eine aller skeptischen Bezweiflung entzogene feste und objektive Begründung zu geben sucht und in diesen Bestrebungen als echter Nachfolger Descartes' und Leibnizens erscheint. Seine *praktische* Philosophie aber, die Lehre vom einzig unbedingten Wert des „guten Willens", den der einfache, mit keinen glänzenden Verstandes- und Geistesgaben ausgestattete Mensch ebensogut, ja vielleicht eher haben kann als der Hochkultivierte und Gebildete, seine Behauptung des „Primats der praktischen Vernunft" hat von Rousseau die stärksten Anregungen erhalten.

5. *Kant*

Immanuel Kant, 1724 in Königsberg geboren, entstammt einer Handwerker-, einer Kleinbürgerfamilie. Etwas von dieser Abstammung bleibt ihm eigen: mit den Tugenden der Genügsamkeit und Selbstdisziplin die strenge Ordnung eines Lebens, das sich widerspruchslos in enge Verhältnisse fügt, Konflikte mehr klug als leidenschaftlich, immer aber mit Bedacht so löst, daß die Lösung vor dem Urteil des Gewissens bestehen kann, beharrlich auf das *eine* Ziel seiner wissenschaftlichen Lebensaufgabe gerichtet, vorsichtig und zurückhaltend in allem, was außerhalb, frei, unbefangen und selbständig im Urteil in allem, was innerhalb der eigenen Sphäre und Zuständigkeit liegt. Der *Pietismus* des Elternhauses weckt in ihm Ehrfurcht vor echtem praktischen Christentum, der Pietismus der Schule eine tiefe Abneigung gegen religiösen Druck und Gewissenszwang: hier wurzelt die lebhafte Anerkennung, die er später dem humanitären Geist der Philanthropine zollt. Sein äußeres Leben verläuft sehr einfach:

nach 15jähriger Privatdozentur in seiner Vaterstadt erlangt er 1770 die ordentliche Professur daselbst, die er bis zu seinem Tode 1804 bekleidet. Seine geistige Entwicklung geht langsam und stetig vor sich, unter relativ wenigen äußeren Einflüssen, mit einigen charakteristischen Wendepunkten. Die ersten bestimmenden wissenschaftlichen Eindrücke erfährt er auf der einen Seite durch die Lektüre der Naturphilosophie NEWTONS, die ihm dauernd das Muster exakter Wissenschaft bleibt, andererseits durch die LEIBNIZ-WOLFFISCHE Philosophie. Seine ersten naturwissenschaftlichen Schriften verfolgen das Ziel, von der Grundlage der Newtonschen Physik aus Einzelprobleme der physikalischen Geographie zu behandeln, sie erreichen ihren Höhepunkt in der „Allgemeinen Naturgeschichte und Theorie des Himmels" (1755), die die bekannte, später von Laplace erneuerte Hypothese der Entstehung des Planetensystems aus einem rotierenden Nebelfleck, allein unter dem Einfluß der Gravitation, entwickelt: eine mechanistische Kosmologie, der Kant sich beeilt hinzuzufügen, daß sie mit der Annahme eines Schöpfers nicht in Widerspruch stehe, vielmehr der Umstand, daß die Materie auch im Chaos nicht anders als nach Gesetzen wirken und diesen Gesetzen überlassen zu einem Kosmos sich entwickeln müsse, der beste Beweis für das Dasein Gottes sei. Andererseits sucht Kant in seinen ersten philosophischen Schriften die so vielfach bekämpften Grundlagen der Newtonschen Physik, die Lehre vom leeren Raum und der leeren Zeit, sowie von den Fernkräften, logisch-philosophisch zu rechtfertigen; die „physische Monadologie" will die Materie selbst rein dynamisch, als Inbegriff punktueller Kraftzentren im Raum, konstruieren. Um die Mitte der sechziger Jahre finden wir eine bedeutsame Wandlung: Kant wendet sich mit scharfer Kritik gegen die Wolffische Philosophie, die aus wenigen vorgegebenen metaphysischen Grundbegriffen, nur auf den formal-logischen Satz vom Widerspruch gestützt, ein System der Welterkenntnis aufbauen will. Die Zeit solcher Metaphysik sei noch lange nicht gekommen, erst müssen mit Hilfe der Erfahrung die Grundbegriffe und Axiome *gesucht* werden, die einem solchen System zur Grundlage dienen können, und ihre Zahl werde sich als weit größer herausstellen als die der Axiome und Elemente, mit denen die als Vorbild betrachtete Mathematik arbeitet. Wenn Kant hier betont, daß rein *logische* Begriffszergliederung uns nicht zur Einsicht in *reale* Zusammenhänge führen kann, daß zwar der logische Grund die logische Folge für den zergliedernden Verstand erkennbar „enthält", nicht aber der „Realgrund", d. h. die Ursache, die Wirkung, so ist er hier zwar von Humes Darlegungen sicher beeinflußt, aber er wird freilich kein Anhänger des Humeschen „Skeptizismus", d. h. der Ansicht, daß alle Sätze der Naturwissenschaft der Evidenz und Begründbarkeit entbehrende blind gewohnheitsmäßige Erwartungen sind. Und wenn er auch in den „Träumen eines Geistersehers" (1766) satirisch die metaphysischen Systemerbauer, die ihre Privatwelt in Begriffen erträumen, mit dem Theosophen Swedenborg vergleicht, der in Visionen und Bildern träumt, wenn er hier zugleich als ausgesprochener Gegner aller „Schwärmerei" und Mystik auftritt, so spürt man doch auch gerade in einer solchen Schrift, daß zwei Fragen ihn unablässig beschäftigen, die zu einem System der „Metaphysik" drängen: Wie lassen sich *einmal* die Grundlagen einer Wissenschaft von der Natur in unbezweifelbarer Gewißheit und Endgültigkeit dartun – und wie läßt sich *andererseits* mit dieser Wissenschaft von der Natur, die nach Newtons Vorgang streng kausal und mathematisch aufgebaut sein wird, eine Auffassung der Welt verbinden, die dem Menschen Freiheit und sittliche Würde wahrt und uns an einer sittlichen Weltordnung festzuhalten erlaubt? Es sind auch weiterhin die beiden Grundfragen seiner Philosophie.

Ein neuer Standpunkt ist gewonnen in der Inauguraldissertation von 1770 (aus Anlaß des Antritts der ordentlichen Professur): „de mundi sensibilis atque intelligibilis forma et principiis" – „über Form und Prinzipien der Sinnes- und der Verstandeswelt". Ausgangspunkt ist das Problem, das ihm der Raum- und Zeitbegriff Newtons aufgab und das ihn schon vorher immer wieder beschäftigt hatte. Der gesamten

Körperwelt sollen der absolute, leere, ruhende geometrische Raum und die absolute, leere, gleichmäßig verfließende mathematische Zeit als Vorbedingungen ihrer Existenz zugrunde liegen. Was sind diese zwei „unendlichen Undinge", die alle Dinge in sich befassen sollen? Sie sind selbst nicht Dinge („Substanzen"), da der „leere" Raum und die „leere" Zeit ja vielmehr die Abwesenheit aller Dinge bezeichnen; sie sind nicht Eigenschaften und Verhältnisse der Dinge, da sie nicht von den Dingen abhängen, sondern ihnen in irgendeinem Sinn vorhergehen. Dazu kommt, daß wir von Raum und Zeit in den mathematischen Wissenschaften der Geometrie und Arithmetik (im Zählen entsteht das Nacheinander der reinen Zeit, als der Urform der Reihe) ein Wissen andrer Art, strenger und unbedingter Gültigkeit, haben als von den Dingen der Natur und ihrer Eigenschaften. Wir können uns von den möglichen Formen und Gestalten im Raum, vom Raum und der Zeit selbst, von den Zahlen exakte mathematische Begriffe bilden und diese Begriffe in die Anschauung übersetzen, sie anschaulich konstruieren, und wir wissen *vor* aller empirischen Wahrnehmung, aller Erfahrung, d.h. unabhängig von ihr, „a priori", daß alle Dinge, denen wir begegnen werden, in diese Formen sich fügen, daß sie daher auch alle im einen selben Raum und in der einen selben Zeit vereinigt und verbunden existieren. Das alles wird uns nur dadurch verständlich, daß wir in Raum und Zeit nicht an sich existierende Dinge, sondern unserem *anschauenden Bewußtsein* eigene, von ihm unablösbare *Formen* erblicken, ohne die wir daher keinen Gegenstand uns vorzustellen vermögen – Formen, in denen allein unserm Bewußtsein etwas anschaulich *„gegeben"* sein kann – und deren Gestaltungen wir andrerseits, ohne sie in der sinnlichen Wahrnehmung suchen zu müssen, anschaulich entwerfen, konstruieren können. Es ist die Theorie des Raumes und der Zeit, die Kant dann in der „Kritik der reinen Vernunft" festhält. Aus dieser Theorie folgt indessen, daß nicht alle Gegenstände schlechthin, sondern nur alle Gegenstände, die oder sofern sie *unserer Wahrnehmung* gegeben werden können, alle Gegenstände unserer möglichen sinnlichen Erfahrung raumzeitlich geformt und in den einen unendlichen Raum und die eine unendliche Zeit hineinverlegbar sein müssen. Der mundus sensibilis, die Welt des Wahrnehmbaren, ist an einen „absoluten" Raum und eine „absolute" Zeit gebunden, aber dieser Raum und diese Zeit existieren nicht an sich, sondern nur als „Erscheinungen", d.h. auf Grund der Organisation unseres wahrnehmenden Bewußtseins und nur für alles das, was in ihm anschaulich gegeben werden kann. Betrachten wir dagegen die Dinge *an sich*, d.h. unabhängig von ihrer sinnlichen Erscheinung oder so, wie sie der reine Verstand erkennen würde, so haben sie oder so hat der „mundus intelligibilis" keinerlei Beziehungen zu Raum und Zeit (in der Sprache der Kritik der reinen Vernunft: Raum und Zeit haben „empirische Realität" und „transzendentale Idealität"). Es stehen sich also gegenüber: auf der einen Seite die Erscheinungswelt in Raum und Zeit und die auf sie sich beziehende, auf die Tatsachen der Erfahrung, die apriorisch-anschauliche Konstruktion der Raum- und Zeitformen und die Grundbegriffe des Verstandes sich stützende Naturwissenschaft, auf der anderen Seite die Welt der Dinge an sich (losgelöst von ihrer Erscheinungsform durch den reinen Verstand betrachtet), der Intelligibilia und die sie betreffende reine Vernunfterkenntnis der Metaphysik. Eine Metaphysik also neben und über der Physik, eine Welt metaphysischer Realitäten – in der auch der menschliche Geist, in der ein Reich der Werte, eine sinnvolle, sittliche Ordnung der Dinge ihre Stelle finden konnten – neben, außer, über der von mechanischer Naturkausalität beherrschten Erscheinungswelt war damit wenigstens als möglich erwiesen, wenn auch diese Metaphysik bisher eher Programm als ausgeführte Wissenschaft war.

Erst über zehn Jahre nach dieser Programmschrift, 1781, erscheint die „*Kritik der reinen Vernunft*". Das Problem, das Kant in der Zwischenzeit beschäftigte und an der Weiterführung der begonnenen Gedanken hinderte, hat er in einem Brief (an M. Herz 1772) bezeichnet: was gibt überhaupt unseren Vorstellungen, auf der einen Seite den Wahrnehmungen unserer Erfahrung, auf der anderen Seite den reinen Begriffen unseres Verstandes, die „Beziehung auf den Gegenstand"? Mit anderen Worten: was berechtigt uns, sie erkennend auf „Gegenstände" zu beziehen und ihnen „objektive Gültigkeit" zuzusprechen?

Eine „kritische" Untersuchung der Vernunft ist nach Kant eine solche, die die Grundlagen und die *Grenzen* der Gültigkeit der Begriffe und Grundsätze feststellt, mit denen unsere erkennende Vernunft arbeitet. Eine Philosophie wie die Wolffische war „dogmatisch", sie bediente sich gewisser Begriffe und Grundsätze, ohne jene kritische Frage zu stellen; ihr stand gegenüber der „Skeptizismus" Humes; die kritische Philosophie will aus Gründen erkennen, ob und wie weit Erkenntnis mit Hilfe jener Werkzeuge unserer Vernunft, „Erkenntnis aus reiner Vernunft" möglich ist.

Alle Erkenntnis vollzieht sich an der Hand der „Erfahrung". Sehen wir aber genauer zu, so finden wir, daß, indem wir das im eigentlichen Sinn erfahrungsgemäß Gegebene, das Wahrgenommene, das Mannigfaltige der Anschauung, zur Erfahrung verarbeiten, gewisse Voraussetzungen begrifflicher und axiomatischer Art von uns gemacht werden, die damit in unsere Erfahrung eingehen, aber nicht aus ihr, d. h. aus der Wahrnehmung *stammen*. Wir sehen Farben, hören Töne, tasten Härte, aber wir sehen, tasten, hören nicht Notwendigkeit, Einheit und Vielheit, Ursächlichkeit oder Substanzialität. Trotzdem behaupten wir, daß es in der Welt der Gegenstände nicht nur Farben und Töne, sondern auch Einheiten und Vielheiten, Notwendigkeit und Ursächlichkeit „gibt". Jeder Satz, der „aus der Erfahrung" stammt, d. h. *nur* eine Verallgemeinerung einzelner Erfahrungen ist, kann auch durch Erfahrung widerlegt werden, ist nur wahrscheinlich gültig; es gibt aber Sätze, und zwar gerade grundsätzliche Voraussetzungen aller Naturerkenntnis, die wir als durch keine Erfahrung widerlegbar, mithin als streng und allgemein gültig behandeln: so die Axiome der Geometrie, so das allgemeine Kausalgesetz, daß jeder Vorgang eine Ursache haben (auf einen anderen „nach einer allgemeinen Regel folgen") muß. Woher stammen diese „Begriffe und Urteile a priori", wie sind sie vollständig darzustellen, und woher haben wir das Recht, sie anzuwenden, ihnen gegenständliche Gültigkeit zuzuschreiben? Kant gibt seiner Frage in bezug auf die „Urteile a priori" noch eine genauere Fassung. Wir könnten als allgemeines Kausalgesetz, das eben als Beispiel eines apriorischen Satzes erwähnt wurde, den Satz bezeichnen „keine Ursachen ohne Wirkung" (oder keine Wirkung ohne Ursache) und dann geltend machen, daß dieser Satz a priori gültig, weil logisch beweisbar sei: der Begriff einer „Ursache" ohne „Wirkung" sei ein Widerspruch in sich, da im Begriff der Ursache für uns eben schon liege, daß sie Ursache einer Wirkung sei. Definieren wir (mit Descartes) den Körper als „ausgedehntes Ding", so ist es logisch einsichtig, daß ausnahmslos „alle Körper ausgedehnt" sein müssen. Es gibt Sätze, die logisch beweisbar und insofern a priori gültig und von aller Erfahrung in ihrer Geltung unabhängig sind, aber nur deshalb, weil sie reine „analytische" Begriffsurteile sind, die lediglich etwas über den Inhalt unserer Begriffe und nicht über die Wirklichkeit aussagen: weil wir im Begriff der Ursache den der Wirkung, im Begriff des Körpers den der Ausdehnung mitdenken, wissen wir noch nicht, ob es Ursachen und Körper in diesem Sinn gibt. Den analytischen, rein logisch beweisbaren, stehen gegenüber die synthetischen Urteile: wie sind synthetische Sätze a priori möglich? lautet daher Kants Frage. Die Unterscheidung ist wichtig: man denke daran, wie etwa Spinoza oder Wolff mit rein logischen Mitteln, aus vorausgesetzten Begriffen, wie dem Gottes-, dem Substanzbegriff usw., ein ganzes System der Metaphysik, also der Wirklichkeitserkenntnis, abzuleiten versuchten. Synthetisch und a priori, streng gültig, durch keine Erfahrung widerlegbar und doch auf die Wirklichkeit bezogen sind die Axiome der Geometrie, die Prinzipien der „reinen Naturwissenschaft", wie das Kausalgesetz, synthetisch und a priori müssen die Sätze einer Wissenschaft sein, die von Dingen handeln will, die überhaupt jenseits möglicher Erfahrung liegen, vom Anfang,

Ende, Jenseits der „Welt“, einer Metaphysik im überkommenen Sinn – wenn es eine solche Wissenschaft wirklich gibt. So ergeben sich die drei Fragen: wie ist reine Mathematik – wie ist reine Naturwissenschaft – ist Metaphysik möglich? Kant nennt seine Untersuchung des Apriori, seines Ursprungs und seiner Gültigkeit eine „transzendentale“ Untersuchung. Er unterscheidet (anders als der Sprachgebrauch der Zeit vor ihm) „transzendente“, d. h. die Grenzen, die unserer Erkenntnis gesetzt sind, überschreitende, und „transzendentale“, d. h. eben diese Grenzen bestimmende Philosophie. Für eine Gruppe solcher apriorischer Faktoren wurde die Frage schon beantwortet: für die Axiome der Mathematik und die Begriffe des Raumes und der Zeit. Der Raum – der *eine* grenzenlose Raum, der alle „Räume“ als seine Teile umschließt und von dem die geometrischen Axiome gelten – ist kein „Gegenstand der Erfahrung“, er wird nicht wahrgenommen (wie sollte das Unendliche ein Wahrnehmungsinhalt sein?), aber er ist doch auch nicht unabhängig von der Anschauung, aus der er vielmehr mit Notwendigkeit erwächst. Er ist grenzenlos, weil wir eine Grenze „des“ Raumes (eine Grenze, die nicht Grenze *zwischen* Räumen wäre) nicht *vorstellen* können, er ist *„ein“* Raum, weil wir alle beliebigen (wahrgenommenen) Räume stets als Teile eines größeren Raumes vorstellen müssen. *Raum und Zeit sind die apriorischen „Anschauungsformen“*. „Transzendentale Ästhetik“ nennt Kant die Lehre von diesem Apriori der Anschauung, das Wort „Ästhetik“ ist hier nicht in dem erst zur Zeit Kants aufkommenden Sinn einer Lehre vom Schönen, sondern dem griechischen Wortsinn entsprechend als „Wahrnehmungslehre“ verstanden. Daneben stehen nun die apriorischen Begriffe, die dem „Denken“ entspringen, auf die transzendentale Ästhetik folgt eine „transzendentale Logik“. Was ist Denken? Es ist, antwortet Kant, „Synthesis“, Verknüpfen, Zusammenfassen, genauer *urteilendes* Verknüpfen eines anschaulich gegebenen Mannigfaltigen zu *gegenständlicher* Einheit. Wir „sehen“ ein Dreieck, dann ist uns zunächst rein empfindungsmäßig gegeben das „Mannigfaltige der Anschauung“, aus dem sich Seiten und Fläche des Dreiecks zusammensetzen. Aber zugleich erkennen – denken, beurteilen – wir dies Mannigfaltige als Seiten und Fläche eben dieses einen, selben Gegenstandes, als diesen identischen Gegenstand bildend. Dabei bedienen wir uns bestimmter Verknüpfungsformen: wir fassen zur „Einheit“ zusammen, wir grenzen als „Vielheit“ ab, das Dreieck „hat“ diese Seiten, diesen Umfang und Inhalt (wie das Subjekt seine Prädikate oder die Substanz ihre Eigenschaften), die Seiten umschließen, „bedingen“ den Inhalt, Fläche und einzelne Seite sind „Ganzes“ und Teil. Hier entstehen Begriffe, die eigentlich der Ausdruck bestimmter „Denkhandlungen“, Weisen der Verknüpfung sind, aber einer Verknüpfung, durch die aus dem „Mannigfaltigen“ überhaupt erst der einheitliche „Gegenstand“ wird. Könnten wir diese Denkhandlungen nicht vollziehen, hätten wir also diese Begriffe, die „Kategorien“, die kategorialen Denkformen nicht, so würden wir kein Gegenstandsbewußtsein haben, unser Bewußtsein würde nur ein „Gewühl von Empfindungen“ umfassen, „weniger als ein Traum sein“. Damit ist zugleich die Frage beantwortet, mit welchem Recht wir denn jene Begriffe auf die „Gegenstände“ anwenden und behaupten, daß es in der Gegenstandswelt Einheit und Vielheit, Substanzialität und Kausalität „gibt“. Es gibt sie, weil es ohne sie für uns gar keine Gegenstände gäbe, weil sie erst die Gegenstände für das Bewußtsein schaffen („Deduktion der Kategorien“). Und, fügt Kant hinzu, wie es ohne das Denken und seine spezifischen Formen kein *Gegenstands-*, so gäbe es auch kein *Ichbewußtsein.* Es nähme unser Bewußtsein, das „Gewühl der Empfindungen“, nicht die Gestalt eines Selbstbewußtseins, nicht die Form eines „bleibenden und beharrenden“ Ich an, das alle Vorstellungen als „dasselbe“ Ich begleitet, das als Subjekteinheit der Einheit des Gegenstandes gegenübersteht. (Kant bezeichnet diese Icheinheit des Bewußtseins als Einheit der „transzendentalen Apperzeption“ und unterscheidet sie von der Einheit des Ich „des inneren Sinnes“, d.h. der empirisch-psychologischen Person.) Man beachte hier zugleich den Gegensatz zu Hume, der das Bewußtsein nur für ein „Bündel von Perzeptionen“, Ding wie Ich nur für assoziativ entstandene Vorstellungskomplexe erklärt.

Im *Urteil* findet das Denken seinen Ausdruck. Aus dem Urteil, genauer aus den bloßen Formen der Urteile, die übrig bleiben, wenn wir von dem in sie eingehenden Erfahrungsinhalt absehen, aus der Tafel dieser Urteilsformen glaubt Kant daher die *Kategorien,* die „Grundbegriffe des reinen Verstandes“ in vollständiger Systematik herleiten zu können. Jedes Urteil ist der „Quantität“ nach ein allgemeines, partikuläres oder singuläres (alle a sind b – einige a sind b – dies a ist b), es enthält den reinen Begriff der Allheit, Vielheit oder Einheit. Jedes Urteil ist seiner „Qualität“ nach bejahend, verneinend oder „unendlich“ (der Form nach bejahend, dem Inhalt nach, durch die Aufnahme einer Verneinung in das Prädikat, verneinend: a ist ein non = b) und enthält die Kategorie der Realität, Negation oder „Grenze“. Jedes Urteil spricht ein Subjekt und Prädikat-Verhältnis oder ein Bedingungsverhältnis aus oder es teilt ein, enthält also in bezug auf die in ihm enthaltene „Relation“ die Begriffe Substanz und Eigenschaft, Ursache und Wirkung oder Ganzes und Teil. Jedes Urteil ist endlich (in seiner „Modalität“) ein Notwendigkeits-, Möglichkeits- oder Tatsächlichkeitsurteil. So ergibt sich die Tafel der zwölf Kategorien, auf die Kant als Grund- und Einteilungsprinzip einen hohen Wert legt. Die Tafel der Urteilsformen, aus der er sie ableitet, entnimmt er der traditionellen Logik, in der er eine im wesentlichen abgeschlossene Wissenschaft sieht. Die einzige Veränderung, die er vornimmt, die Einführung des „unendlichen“, limitativen Urteils und der eigenen Kategorie der Grenze ist nicht ohne Bedeutung im Rahmen seiner Philosophie: sind doch die transzendentalen eben grenzsetzende Urteile.

Die Erfahrungswelt ist ein „Produkt unseres Denkens“ – darum haben die Denkformen Geltung für die Erfahrungswelt. Das Produkt aber kommt nun nicht ohne das gegebene Mannigfaltige der Erfahrung zustande: die „Synthesis“ braucht ein *Material,* das verbunden wird – „Anschauungen ohne Begriffe sind blind, Begriffe ohne Anschauungen sind leer". Ferner muß es zwischen kategorialer Form und in ihr zu fassendem, zu verknüpfendem anschaulichen Inhalt ein Verbindungsglied geben, d. h. die Verknüpfung in der Richtung einer bestimmten Kategorie muß ein bestimmtes „Schema", ein schematisches Bild gleichsam eines Gegenstandes konstruktiv vorzeichnen, was dadurch möglich wird, daß alles Mannigfaltige der Anschauung selbst einer allgemeinen Form, der Zeit, unterliegt. Jeder Kategorie entspricht daher ein zeitliches Schema: der „Substanz" die Beharrlichkeit – *zeitlich Beharrendes* und Wechselndes beziehen wir als Ding und Eigenschaft aufeinander –, der Kausalität die regelmäßige Folge, der Notwendigkeit das „Dasein zu jeder Zeit" usw. Die Schemata führen zu den *„Grundsätzen" des reinen Verstandes.* Sie sind Prinzipien, Voraussetzungen einer möglichen Naturerkenntnis, denen wir folgen, die wir voraussetzen, wenn wir das Mannigfaltige der Anschauung nach Maßgabe der Schemata durch die Kategorien verknüpfen: wir müssen annehmen, daß in diesem Mannigfaltigen überall eine *beharrliche* Substanz, daß für jeden Vorgang ein anderer gefunden werden kann, dem er als Wirkung zuzuordnen ist, auf den er also „nach einer allgemeinen Regel folgt" usw. Nur durch die Anwendung dieser Grundsätze wird Erfahrung und mit ihr die Erfahrungswelt *möglich.*

Die Bindung der Anwendung der Kategorien an das Mannigfaltige der Anschauung und an die Schemata bestimmt zugleich die *Grenzen* der Erkenntnis. Diese Grenzen sind die Grenzen der möglichen Erfahrung: eine Erkenntnis „aus reiner Vernunft", eine Erkenntnis von Gegenständen, die nicht der an das anschauende Bewußtsein gebundenen Erscheinungswelt in Raum und Zeit, der Welt unserer Erfahrung angehören, eine „Metaphysik", wie sie Kant selbst noch 1770 plante, gibt es nicht. Was man bisher so nannte, vor allem die Wolffische „rationale Psychologie, Kosmologie und Theologie", ist eine Scheinwissenschaft, ein „dialektisches Spiel mit Begriffen, das die Grenzen nicht beachtet, die aller sinnvollen Anwendung der Begriffe und Grundsätze unseres

Verstandes gesetzt sind. Als solches wird sie in der „transzendentalen Dialektik" entlarvt. Wir haben den üblichen Beweis für die Unsterblichkeit der Seele: Die Seele ist „Ich", also Subjekt, nie Prädikat, als solches „Substanz", zur Substanz gehört die Beharrlichkeit, die bei einer unkörperlichen, also einfachen, nicht in Teile auflösbaren Substanz Unsterblichkeit bedeutet. Der Beweis ist eine logische Erschleichung, ein „Paralogismus": Beharrlichkeit ist das Schema der Kategorie der Substanz, daher kann man wohl aus der erfahrungsmäßig festgestellten Beharrlichkeit z. B. der Masse auf die Substanzialität derselben schließen — so verfährt die Naturwissenschaft — nicht aber umgekehrt aus der angeblichen Substanzialität, d. h. Subjektsnatur des Ich auf seine Beharrlichkeit über den Tod, über die Grenze hinaus, die unserer Erfahrung gesetzt ist. Die rationale Theologie kennt drei traditionelle Beweise für das Dasein Gottes: den ontologischen (vgl. S. 140 und 200), der aus dem Begriff Gottes seine Existenz ableitet, den kosmologischen, der nach dem Kausalprinzip, das für „Alles" eine Ursache fordert, auf Gott als Ursache der „Welt" schließt, den physiko-theologischen (teleologischen), der die Zweckmäßigkeit der Welt zur Grundlage des Schlusses auf einen göttlichen Urheber macht. Der teleologische Beweis, führt Kant aus, setzt genau betrachtet den kosmologischen voraus, denn nur wenn ich überhaupt nach dem Kausalgesetz auf eine Ursache der Welt, darf ich auch auf einen zwecktätigen Urheber derselben schließen; der kosmologische aber setzt den ontologischen Beweis voraus oder schließt ihn ein, denn er gilt nur, wenn die Kette der Ursachen nicht ins Unendliche führt, sondern mit einem Wesen abschließt, das seiner Natur nach keine Ursache mehr hat, das selbst den Grund seines Daseins enthält oder aus dessen Begriff auf sein Dasein geschlossen werden kann. Der ontologische Beweis nun macht das Dasein zu einer Eigenschaft Gottes, die man in seinen Begriff aufnehmen kann, die einen existierenden von einem nichtexistierenden Gott unterscheiden würde. Aber Existenz ist keine Eigenschaft. Hundert wirkliche Taler sind nicht „mehr" als hundert nur vorgestellte, sie unterscheiden sich von ihnen nicht durch eine Eigenschaft, sondern durch eine Beziehung: die Beziehung zum Inbegriff unserer möglichen Erfahrung, in der wir auf sie, ihre Ursachen und Wirkungen stoßen. Einem Gegenstand Existenz beilegen heißt eigentlich nicht von ihm, sondern von diesem Inbegriff etwas aussagen. Darum kann kein Existenzialurteil „analytisch" sein, und der Begriff eines Wesens, dessen Dasein aus seinem Begriff analytisch zu folgern wäre, ist von vornherein kein Begriff von einem Gegenstand möglicher Erfahrung.

Zwischen die Kritik der Unsterblichkeits- und der Gottesbeweise schiebt sich der Abschnitt über die *„Antinomien"* ein, über die Widersprüche, in die sich der menschliche Geist unfehlbar verwickelt, wenn er aus reiner Vernunft über Unendlichkeit oder Endlichkeit der Welt in ihrer räumlichen und zeitlichen Ausdehnung, ihrer Teilbarkeit, der Kette ihrer Ursachen zu gültigen Erkenntnissen zu gelangen sucht. Seit Zenon, dem Eleaten, beschäftigen diese einander widersprechenden „Beweise" immer wieder die Philosophie. Man beweist z.B., daß die Welt nicht von Ewigkeit sein könne: denn wäre sie es, so läge eine unendliche Reihe von Weltzuständen mit der Gegenwart vollendet hinter uns, eine unendliche vollendete Reihe aber ist ein Widerspruch in sich. Und man beweist andrerseits, daß die Welt in der Zeit keinen Anfang haben, also von Ewigkeit sein muß: kein Zeitpunkt ist als solcher vom andern verschieden oder vor ihm ausgezeichnet, es wäre für keinen bestimmten Zeitpunkt die Frage zu beantworten, warum die Welt gerade in ihm zu existieren angefangen haben sollte. Die Antinomie löst sich durch die Erinnerung an die transzendentale Ästhetik: die Frage nach der Endlichkeit oder Unendlichkeit richtet sich auf die in den Formen des Raumes und der Zeit existierende Erscheinungswelt. Raum und Zeit haben, als Formen der Anschauung, keinen Anfangs- und Endpunkt, aber einen Mittelpunkt: das Jetzt und das Hier, den Standpunkt des Betrachters, von ihm aus läuft eine unendliche Reihe in die Vergangenheit wie in die Zukunft. Raum, Zeit und Welt sind „unendlich", aber nicht im Sinn eines an sich fertig existierenden Gebildes, eines unendlichen Dinges an sich", sondern einer unendlichen, d.h. unabschließbaren *Aufgabe* der Erkenntnis. Dies Ergebnis ist von besonderer Bedeutsamkeit für Kants gesamte „Kritik der Erkenntnis". Überall führt uns die Erkenntnis der Welt in unendliche Aufgaben; in der Verfolgung ihrer raumzeitlichen Ausdehnung, der Reihe ihrer Ursachen und Wirkungen, der Zerlegung in ihre Elemente, aber auch z.B. in der Ordnung und Verknüpfung der Klassen- und Gesetzesbegriffe irgendeines Sachgebiets zu einem lückenlosen und eindeutig bestimmten System. Überall schweben unserer Erkenntnis „Ideen" vor, die, der nie vollendeten Einzelforschung vorgreifend, ein Ziel, ein Ideal dieser Forschung zu umreißen versuchen. Es ist der eigentliche Fehler der Metaphysik, daß sie diese Ideen, die nur ein Ideal der vollendeten Erkenntnis umschreiben, also nur den Weg weisende, heuristische Bedeutung haben, für Bilder der Wirklichkeit hält und damit eben die Unvollendbarkeit der Erkenntnisaufgabe übersieht. Die *Kategorien*, die in den Urteilsformen steckenden Grundbegriffe des reinen Verstandes, haben im ganzen Umkreis der Erfahrungswelt objektive Gültigkeit, denn mit ihrer Hilfe bauen wir diese Welt und ihre Gegenstände selbst auf, sie sind *„konstitutiv"*, während die *Ideen* der „Vernunft", die unseren Erkenntnissen mit ihren Schlußfolgerungen einen letzten Abschluß zu geben sucht, nur *regulative* Bedeutung haben.

Unter den Vernunftideen hebt nun Kant besonders die drei transzendentalen Ideen hervor: die Idee des letzten, einfachen, beharrenden Subjekts, das wir der menschlichen Seele unterschieben zu dürfen glauben, die Idee der Freiheit, d.h. eines Wesens, das ohne durch innere oder äußere Ursachen bestimmt zu sein, letzter Täter und Quell seiner Handlungen ist, die Idee Gottes als des allem Seienden zugrunde liegenden letzten und unbedingten Seins. Daß wir typische „Ideen" vor uns haben, Begriffe, die eine unvollendbare Reihe durch einen Begriff zum Abschluß zu bringen suchen, ist klar. Ebenso, daß diese Ideen das Eigentümliche haben, zu Begriffen von ganz bestimmten, konkreten Wesen zu werden. Theoretisch beweisen läßt sich Unsterblichkeit, Freiheit, Dasein Gottes nicht. Aber ebensowenig läßt sich beweisen, daß es keine Unsterblichkeit, keine Freiheit, keinen Gott gibt – vorausgesetzt, daß wir uns dessen bewußt bleiben, daß die unendliche Kette der Ursachen ja nur die zeitliche Erscheinungswelt betrifft. Die Idee eines unbedingten, über Raum und Zeit erhabenen Weltgrundes oder Schöpfers der zeitlichen Welt, die eines freien Täters der menschlichen Taten (die wir gleichwohl als Naturerscheinungen in die Kausalkette einzureihen haben), eines Fortlebens in einer Welt, die nicht diese empirische Welt ist, sind nun freilich vom Standpunkt der Wissenschaft aus gesprochen leere Möglichkeiten. Aber diese Möglichkeiten gewinnen einen positiven Inhalt von einer anderen, der sittlich-religiösen Seite her. Damit stehen wir am Ende des ersten Teils der kantischen Philosophie, der *Erkenntnislehre* und Erkenntniskritik, und zugleich am Beginn des zweiten, der *Ethik* („Grundlegung zur Metaphysik der Sitten" 1785, „Kritik der praktischen Vernunft" 1788).

Der Mensch als denkendes und erkennendes Wesen sucht das gegebene Mannigfaltige der Anschauung unter die Formen seines Verstandes, unter die Gesetze der Logik zu fassen, einschließlich des Mannigfaltigen seiner eigenen seelischen Erlebnisse, der Gegebenheiten des „inneren Sinnes". Aber auch als wollendes, handelndes Wesen fühlt sich der Mensch unter einem Gesetz, dem unbedingt verpflichtenden kategorischen Gebot der *Moral.* Ein Gut und Böse im moralischen Sinn gibt es nur, sofern es ein solches Gebot, einen *„kategorischen Imperativ"* gibt. Dieser Imperativ des sittlichen Sollens gebietet ein Handeln, das eben, *weil* es geboten ist, *aus Achtung vor dem Gebot selbst* zu geschehen hat; jeder Versuch, ihn in eine „Klugheitsregel", ein Mittel zu irgendwelchen Zwecken oder zur Verwirklichung irgendwelcher „Werte" umzudeuten, ist eine Verkennung des eigentümlichen Wesens der Moral, auch des Wesens der sittlichen Werte, d. h. des Wertes des sittlichen Charakters, der selbst als Wert des sittlichen *Gehorsams* den Imperativ, das Gebot voraussetzt, nicht ihm voraufgeht. Glückselig *wollen* wir, sittlich *sollen* wir sein, das letztere ist vom ersteren unabhängig und ihm übergeordnet: auch die Glückseligkeit kann uns ein Gut nur sein, sofern derjenige, der ihrer teilhaftig, auch ihrer würdig ist.

Das moralische Gebot kann nun aber nicht ausgehen von einem Wesen *außer uns,* denn jedes äußere und *ebenso* jedes Gebot bestimmten „materiellen" *Inhalts* gibt dem, an den es sich richtet, sofort die Frage ein: *warum* er denn diesem Wesen gehorchen, *warum* er eben dies und nicht etwas anderes tun solle, und bindet sich selbst damit an die Verheißung von Lohn und Strafe oder an allgemeine Zwecke und Werte, für die das sittliche Handeln Mittel ist – biegt also das unbedingte Sollen des Moralgebotes in den bedingten, „hypothetischen" Imperativ einer Klugheitsregel um. Der echte kategorische Imperativ kann nur eine Forderung sein, die *von uns selbst* ausgeht, in der wir „autonom" uns selbst das Gesetz geben, Subjekt und Objekt des Gebotes sind (wie der Bürger des Rousseauschen Staates dem Staatsgesetz gegenüber), und er kann nur fordern, daß wir in jedem Augenblick das tun, was *wir selbst* als allgemeines Gesetz für alle wollen: „Handle so, daß du jederzeit wollen kannst, die Maxime deines Handelns solle allgemeines Gesetz werden." Ein Kantisches Beispiel diene zur Erläuterung: darf ich ein Versprechen geben mit der Absicht, es nicht zu halten, darf ich beliebig etwas versprechen, auch wenn ich *weiß,* daß ich das Versprechen nicht werde halten können? Eine naheliegende Überlegung zeigt mir, daß, wenn jeder so handeln würde, Versprechen überhaupt ihren Sinn verlieren, weder mehr angenommen noch gegeben würden. An sich nun ist es gleichgültig, ob es Versprechen als Form menschlichen Verkehrs gibt oder nicht; bediene ich mich aber selbst des Versprechens, will ich also, daß es Versprechen gibt, so muß ich auch wollen, daß sie nur gegeben werden, wenn der Wille sie zu halten vorhanden ist. Ist *bei mir* also dieser Wille nicht da, so mache ich *für mich* in diesem Fall eine

Ausnahme von dem, was *ich selbst* als allgemeine Regel des Verhaltens will und wollen muß. Eben darin besteht das Unsittliche. Sich selbst nicht erlauben, was man nicht dem andern zuzugestehen, vom andern nichts fordern, was man nicht selbst zu leisten bereit ist, und das lediglich „aus Pflicht", aus Achtung vor der Unverbrüchlichkeit des allgemeinen Gesetzes als solchen – darin besteht das Wesen der Kantischen „Pflichtmoral". Der Mensch ist damit gleichzeitig durch das Gesetz bestimmt und ein freies autonomes Wesen – als solches selbst Gegenstand eben der *Achtung*, die wir dem Sittengesetz zollen: die Achtung vor der Person im andern, vor „der Menschheit in mir und anderen" kann damit auch als *das* Motiv der sittlichen Handlung bezeichnet werden („Handle so, daß die Menschheit in dir und andern niemals bloßes Mittel, sondern jederzeit zugleich Zweck sei").

Das Sittengesetz, das in ihm gegebene Bewußtsein unserer Bestimmung, setzt eines voraus: unsere Fähigkeit, dieser Bestimmung gemäß uns selbst zu bestimmen, also „Kausalität durch *Freiheit*". Gibt es Freiheit? Innerhalb der „Erscheinungswelt", der allein wissenschaftlich erkennbaren Dingwelt in Raum und Zeit, kann es sie nicht geben, aber nicht weil die Erkenntnis dieser Welt bewiese, daß es sie nicht gibt, sondern weil die Prinzipien ihrer gedanklichen Konstruktion sie ausschließen. Neben diesen Prinzipien aber, neben den Formen und Gesetzen der „theoretischen Vernunft" und der nach ihnen gedachten Gegenstandswelt steht gleichberechtigt die Welt des Ich oder der Iche, wie sie gedacht, wie sie als wirklich *postuliert* werden muß, wenn der kategorische Imperativ, wenn das Gebot der „praktischen Vernunft" sinnvoll sein soll. Erkennbar im Sinn der Wissenschaft ist die Welt der freien Persönlichkeit, des intelligiblen Charakters, der Kausalität durch Freiheit nicht, aber ihr Dasein ist ein „Postulat der praktischen Vernunft". Daneben treten zwei weitere solche Postulate: das Dasein Gottes, d. h. das Bestehen einer letztgültigen sittlichen Weltordnung, und die Unsterblichkeit der Seele, die Fortdauer der frei wollenden Persönlichkeit als des einzig unbedingt Wertvollen in der Welt. Das Fürwahrhalten dieser Postulate aber ist ein *Glauben* im Sinn des *religiösen* Glaubens, der damit als religiöser Vernunftglaube, der aller echten, nicht zum Aberglauben entarteten Religion zugrunde liegen muß, aus den Prinzipien der Vernunft gerechtfertigt ist. Man sieht: aus der Vernunftreligion, die das Gebäude der Wissenschaft als beweisbare Metaphysik krönen soll, ist bei Kant eine Rechtfertigung des religiösen Glaubens als einer zu Recht bestehenden Form des Fürwahrhaltens neben dem theoretischen Erkennen geworden. Dieses aus der Vernunft begründbare Eigenrecht der Religion aber ergibt sich aus der eigenen selbständigen Wurzel des Sittengesetzes, aus der sittlichen Natur des Menschen. Sinn und Ziel unseres Daseins und damit das einzige abschließend und unbedingt gültige Prinzip, das wir besitzen (die theoretische Erkenntnis weist uns auf eine unendliche Aufgabe), tritt uns in diesem Gesetz unserer praktischen Vernunft, der damit der Primat gegenüber der theoretischen zukommt, entgegen: ist unser *Wissen* beschränkt, so steht doch fest, was wir *tun* sollen, und aus diesem praktischen Wissen ergibt sich der Glaube an unser eigentliches, übersinnliches Wesen.

Ergeben sich aus den „Postulaten" die Grundzüge der Religionsphilosophie Kants („Religion innerhalb der Grenzen der bloßen Vernunft" 1793), so ist der Gedanke, daß der Mensch nie bloßes Mittel werden dürfe, daß er eben deshalb unter Zwangsgesetzen stehen müsse, die seine Freiheit mit der seiner Mitmenschen vereinbar machen, die Basis seiner Rechtsphilosophie mit ihrer demokratischen Tendenz und der Absage an den Krieg („Zum ewigen Frieden" 1795). Rechts- und Tugendlehre sind in dem Spätwerk der „Metaphysik der Sitten" (1797) systematisch entwickelt.

Überall ist das Bestreben des Kantischen Denkens auf saubere *Grenzziehung* gerichtet: zwischen Wissenschaft und Religion, Sein und Sollen, auch der ethischen und ästhetischen Sphäre: *Das Schöne* gefällt allgemeingültig und notwendig, aber ohne daß diese Allgemeingültigkeit begrifflichen Regeln unterworfen werden könnte – es ist in der Kunst ein Werk des Genies, nicht der methodischen Arbeit – es gefällt als Gegenstand „interesselosen Wohlgefallens", d. h. ohne daß es Ziel unseres Wollens wäre (Schiller: Das Schöne ist die Welt des „schönen Scheins"), es ist „zweckmäßig" für unsere Auffassung und das freie Spiel ihrer Kräfte, dient aber nicht als Mittel einem außerhalb seiner liegenden Zweck. In der „Kritik der Urteilskraft" (1790) bzw. ihrem ersten Teil hat Kant diese seine Ästhetik, die Lehre vom Schönen und Erhabenen, entwickelt. Als „Urteilskraft" bezeichnet er nicht das Vermögen, allgemeine Gesetze und Begriffe als solche, sondern das Besondere als unter einem allgemeinen Gesetz stehend aufzufassen. Alle ästhetische Beurteilung ist allgemeingültig (oder erhebt den Anspruch es zu sein), aber sie bleibt gleichwohl beim Einzelobjekt, als einem Muster oder Vorbild stehen, ohne allgemein begriffliche Regeln aufzustellen: sie ist daher eine Sache der „Urteilskraft", nicht des Verstandes oder der Vernunft. In dem zweckhaften Ineinandergreifen seiner Teile erscheint das Kunstwerk wie ein Organismus – und der Organismus wie ein Kunstwerk der Natur. Damit kommen wir zum zweiten Teil der Kritik der Urteilskraft, der Anwendung des Zweckbegriffes, der teleologischen Betrachtungsweise auf die Natur. Schon in der vorkritischen „Allgemeinen Naturgeschichte und Theorie des Himmels" hatte Kant der Überzeugung Ausdruck gegeben, daß es nie möglich sein werde, die Entstehung und die Beschaffenheit eines lebenden Organismus rein mechanisch zu erklären, wie etwa die unseres Planetensystems. Wir kommen in der Betrachtung des lebenden Organismus nicht aus, ohne nach dem „Zweck" seiner einzelnen Organe zu fragen, also ohne den *teleologischen* Gesichtspunkt. Dabei dürfen wir aber nicht vergessen, daß das Ideal der Wissenschaft stets die strenge Kausalerklärung ist, und der teleologische Gesichtspunkt nur eine ergänzende „regulative Idee" bleibt.

SIEBENTES KAPITEL

DIE PHILOSOPHIE DES 19. UND 20. JAHRHUNDERTS

1. Die deutsche nach-kantische Philosophie

Kants Philosophie erwächst noch aus dem Geist der Aufklärung, vor allem insofern auch ihm die mathematische Naturwissenschaft *die* Wissenschaft, ihre Methode die eigentlich wissenschaftliche Methode ist. Aber er selbst zieht dieser Methode wie ihrem Gegenstand, der Natur, die notwendigen Grenzen: Neben und über der Natur, als Bedingung ihrer Erkenntnis und damit auch als Bedingung ihres Bewußt-Seins, also ihres Seins, denn ihr Sein ist „Erscheinung", findet er das schöpferische Ich mit seinen kategorialen Funktionen, seinen Anschauungsformen und seinem sittlichen Bewußtsein, das sich nun selbst nicht mehr (wie Descartes' „denkende Substanz") mit Hilfe der Begriffe der Naturerkenntnis fassen läßt. Mit diesem Ich baut sich eine andere Welt auf, die Welt des Intelligiblen, der Freiheit, die zugleich in die Sphäre des Religiösen hineinragt und die des Sittlichen begründet. Und wenn diese Welt zunächst auch nur im Glauben erfaßbar und kein Gegenstand der Erkenntnis sein soll, so entsteht doch auch eine wissenschaftliche Gedankenreihe, in deren Mittelpunkt das Ich und die Idee der Freiheit steht: in der Betrachtung des Rechts, des Staates und der *Geschichte*. Geschichte, wenn sie mehr sein soll als Aufzählung von Daten und Geschehnissen, kann nur *Entwicklungsgeschichte* sein, d. h. Betrachtung des Menschen in der fortschreitenden Erfüllung seiner Aufgabe, in seiner Entwicklung zur *Freiheit*. Das Ziel dieser Entwicklung, den *Sinn* der Geschichte entnimmt Kant nicht ihr selbst, sondern dem sittlichen Bewußtsein, der ethischen Reflexion über das Wesen des Menschen; auch ob es wirklich eine *fortschreitende* Entwicklung, einen sittlichen Fortschritt in der Geschichte gibt, kann uns zuletzt nicht die Geschichte lehren, sondern es ist eine Voraussetzung, eine „*Idee*", mit der wir an sie herantreten und ihr damit gleichsam Sinn und Zweckbestimmtheit geben müssen (wenn auch Kant in der Aufklärung und vor allem in der französischen Revolution gleichsam sichtbare Zeichen dieses Fortschrittes erblickte). Hier berührt sich dann zugleich die Geschichte unter diesem ihrem Gesichtspunkt ethischer Sinngebung mit der Wissenschaft von der organischen Natur, die ja Kant auch ohne die Anwendung des Zweckbegriffs als „regulativer Idee" für unmöglich hielt. Es lag schließlich nahe, den Zweckgedanken – immer natürlich als regulatives Prinzip, als an den Gegenstand herangetragenen Gesichtspunkt der Betrachtung – auf die Natur im ganzen zu übertragen und Natur *und* Geschichte *versuchsweise* durch den Gedanken eines Entwicklungszusammenhanges zu umspannen, dem Sinn und Ziel durch die Idee der freien Persönlichkeit, durch das sittliche Wesen und die sittliche Aufgabe des Menschen gesetzt werden.

In dieser Entwicklung seines Denkens nähert sich Kant nun zugleich der allgemeinen geistigen Strömung im Beginn des 19. Jahrhunderts: das 18. Jahrhundert ist die Zeit der Naturwissenschaft, das 19. das Jahrhundert der *Geschichte* und des von der Geschichte der Menschheit auf die Natur übertragenen Entwicklungsgedankens. Der Wechsel in der geistigen Haltung zeigt sich am schärfsten in Deutschland. Hier vor allem entfaltet sich der Geist der Romantik als Reaktion auf die Aufklärung, hier entwirft *Goethe* sein Bild der Natur als einer Stufenfolge sich differenzierender organischer Gestalten, plastisch geschauter „Urphänomene", die sich in eine Vielheit abgeleiteter Phänomene aufgabeln und verzweigen: eine auf Intuition, auf Typen- und Wesensschau gegründete, vom organischen Leben ausgehende Naturerkenntnis, die er schroff dem zergliedernden Verfahren und dem künstlichen Experiment, dem Rechnen und Messen der Newton und seiner Schüler entgegensetzt. Hier verknüpft HERDER („Ideen zur Philosophie der Geschichte der Menschheit", 1791)

Natur und Geschichte als einen großen Entwicklungsprozeß miteinander, in dem er Gottes Wirken zu fühlen und zu schauen sucht, nicht wie Lessing als Erziehung der Menschheit, sondern als Selbstentfaltung Gottes selbst. Nicht überall abstrakt gleiche Individuen, die nur unter verschiedenen Bedingungen stehen, bilden (wie noch für Hume und Montesquieu) die Grundlage der menschlichen Gesellschaft, sondern eine bunte Fülle von Persönlichkeits- und Völkerindividualitäten, deren jede ihre eigene Daseinsberechtigung hat, in deren jeder gleichsam eine Seite Gottes ihren Ausdruck findet. Jede Nation des Nordens oder Südens spiegelt in ihrer Natur ihre Stellung im Universum wider und fügt sich mit allen anderen zu einer großen Symphonie zusammen, ein Zusammenstimmen, das wie nichts anderes die *eine* organische Kraft beweist, die in alledem sich auswirkt. Wir erkennen die Einflüsse vorkantischer Philosophen – Leibniz, Montesquieu, Spinoza –, aber zugleich den Gegensatz: die Abstreifung des mathematischen Gewandes. Vom „Ausdruck" wurde mit Absicht gesprochen: mit nichts hat sich Herder (wie auch sein älterer und nicht minder bedeutender Zeitgenosse HAMANN [1730–1788]) intensiver beschäftigt als mit der *Sprache,* die aber eben für ihn nicht ein Inbegriff toter, künstlicher Bezeichnungen, sondern lebendiger Ausdruck des Welterlebens ist. In der im Lauf der Generationen gebildeten Sprache liegt schon der Niederschlag einer Erkenntnis der Welt, d.h. in ihr spiegelt sich ein bestimmtes Weltbild und seine Gefühlswirkung. Mit dem Sprechen wird das Erkennen zu einem Nachschaffen der Natur, einem Wiedergeben des Eindrucks, den wir von ihr empfangen, und rückt damit in die unmittelbare Nachbarschaft der Dichtung, der Kunst. Wissenschaft wie Kunst beruht auf der genialen Intuition, dem Zusammenhänge, Verwandtschaften, Typen erschauenden Blick. In dieser Auffassung der Erkenntnis zeigt sich die Verwandtschaft Herders (wie Goethes) mit der beginnenden Romantik und zugleich der innere Gegensatz zu Kants Erkenntnisbegriff, zu der scharfen Scheidung von „Materie" und „Form" der Erkenntnis, vom gegebenen

Mannigfaltigen der Anschauung und der verknüpfenden Gesetzesrelation, zu der ganzen an der mathematischen Physik orientierten Auffassung des Erkennens als des „Verbindens eines gegebenen Materials".

Kants Philosophie berührt sich in manchen Punkten mit der einsetzenden Reaktion gegen die Aufklärung, in anderen wieder steht sie zu ihr im Gegensatz. Auf alle Fälle aber war die kritische Philosophie selbst eine Schöpfung von überragender Bedeutung, mit der das Philosophieren jeder Richtung sich auseinandersetzen mußte, und die daher seit dem Ende des 18. Jahrhunderts im Mittelpunkt des Interesses und der Diskussion steht. In Form einer Kritik, Fortbildung, Ausdeutung, einer Verschmelzung mit vorkantischen Systemen (Leibniz, Spinoza) vollzieht sich daher die nachkantische *deutsche* philosophische Entwicklung. Dabei sind es immer wieder dieselben Punkte, die zu dieser Kritik, Fortbildung und Ausdeutung Anlaß geben.

Gehen wir aus von der *Ethik,* so findet die Kantische Freiheits- und Persönlichkeitsidee, der Gedanke der sittlichen Würde, die den Menschen über alle „Natur" und Naturkausalität erhebt, lebhafte Zustimmung und Anhängerschaft. K. L. REINHOLDS „Briefe über die Kantische Philosophie", die zum Bekanntwerden der Philosophie Kants viel beigetragen haben, stellen diese Gedanken ganz in den Mittelpunkt; der junge Fichte ist von der Lektüre der Kantischen Werke stürmisch begeistert, weil sie ihn vom Fatalismus und Determinismus befreit und ihm die Freiheit „bewiesen" habe. Andererseits weckt der starre Rigorismus der Kantischen abstrakten Pflicht- und Vernunftmoral Widerspruch. SCHILLER ist entschiedener Kantianer, vielleicht einer der verständnisvollsten Schüler des Philosophen, aber er kann doch nicht umhin, über das Kantische Ideal des in strenger Selbstdisziplin ständig seine Neigungen beherrschenden Pflichtmenschen sein eigenes der „schönen Seele" zu stellen, des Menschen, in dem Naturanlage und moralisches Gesetz von selbst zusammenstimmen, wie Natur und Freiheit im Schönen, im Werk der Kunst. Stellen wir daneben WILHELM VON HUMBOLDT

(1767–1835) als den charakteristischsten Vertreter des *Humanitätsideals,* des Ideals des universalen Menschen, der, allen Seiten des Kulturlebens offen, die höchste Stufe umfassender „Bildung“ repräsentiert – Bildung nicht im Sinn äußerlich erworbenen Wissens, sondern im Sinn voller harmonischer Persönlichkeitsgestaltung. Wie für Kant liegt für Humboldt der Wert des Menschen im Charakter, aber der Weg zur Charakterbildung geht ihm über und durch die Schulung des Geistes. Der Schritt, der von Rousseau zu Kant führte, wird damit in gewisser Weise rückgängig gemacht, die Unabhängigkeit des moralischen Wertes von der „Kultur“ des Menschen abgelehnt; über die Aufklärung hinweg werden die Fäden zur „Renaissance“ der Antike gezogen, nur daß der „Neuhumanismus“ unserer Klassik den griechischen Menschen ruhiger, edler, vollendeter sieht, der eigenen hohen Geistesbildung seiner Vertreter, ihrem ausgeprägten Sinn für Form und Haltung gemäß. Dem Staat wird von diesem Persönlichkeitsindividualismus aus nur die Aufgabe des Polizeistaats, des Schutzes nach außen und der Bewahrung der Rechtssicherheit im Innern, zugewiesen. Lebhaft wendet Humboldt ebenso wie Herder seine Aufmerksamkeit der *Sprache* zu, als dem lebendigen, organischen Ausdruck des Geistes der Völker, in den der einzelne mit seinem Geist hineinwächst und in dem er verwurzelt ist: die Sprache wirklich in ihrem geistigen Gehalt begreifen, heißt diesen Geist und damit den Menschen und sich selbst verstehen. Fügen wir noch einen echten Vertreter der Romantik hinzu: Schleiermacher spricht in bezug auf die Kantische Ethik von der kalten Jury, die der Pflichtmensch ständig mit sich herumtrage als den Richter über die „Maximen“ seines Handelns: ihm scheint der Mensch, der, aus der Unmittelbarkeit seines lebendigen Fühlens heraus handelnd, vielleicht in die Irre geht, sympathischer als dieser Mensch der starren Selbstdisziplin. In gewisser Weise steckt hinter allen diesen kritischen Abweichungen und Wendungen gegen die Kantische Ethik ein und dasselbe: ein Individualismus, der nicht wie derjenige Kants und der Aufklärung nur im wesentlichen gleichartige Individuen kennt und diese Individuen dann wie Kant unter ein abstrakt allgemeines Sitten- und Vernunftgesetz stellt, sondern der umgekehrt das Recht des persönlichen Charakters und seines lebendigen Empfindens, seines Eigengesetzes betonen will. Zu solchen „Persönlichkeiten" werden dann auch die Gemeinschaften, zu denen die Individuen sich zusammentun (Ehe) oder in die sie verwachsen sind (Völker, Nationen).

Wenden wir uns zur theoretischen Philosophie, so knüpft die Kritik und Weiterbildung wesentlich an vier Punkte an, die untereinander zusammenhängen. Erstens die Frage des „Dinges an sich". Kant hatte die wissenschaftliche Erkennbarkeit ausschließlich der „Erscheinungswelt" gelehrt, den Erscheinungen aber die „Dinge an sich" gegenübergestellt, eine Unterscheidung, die auch wesentlich und grundlegend schien für Ethik und Religionsphilosophie, insofern das Ich nur „als Erscheinung" der Naturkausalität unterworfen, als „Ding an sich" dagegen Träger einer Kausalität durch Freiheit sein sollte. Die „Kritik" schien danach „Dinge an sich" als reale, außerhalb des Bewußtseins stehende Gebilde vorauszusetzen. Aber woher wissen wir überhaupt von der Existenz dieser Dinge an sich? Erschließen wir sie als reale Ursachen der Sinneserscheinungen? Wendungen der „Kritik" schienen diesen Gedanken nahezulegen, andererseits war es nicht schwer zu zeigen, daß ein solcher „Schluß" mit dem Resultat der „Kritik", daß alle Erkenntnis, insbesondere alle Kausalerkenntnis, nur auf Erscheinungen in Raum und Zeit gehe, in unversöhnlichem Widerspruch stand. Von hier ausgehend richtet GOTTLOB ERNST SCHULZE in seinem Buch „Aenesidemus" (1792) einen Angriff gegen das ganze Werk Kants und fordert den Rückgang auf Hume, dessen Skeptizismus Kant nicht dadurch widerlegt habe, daß er dem Ich einfach Begriffe a priori und ein „Vermögen" apriorischer Erkenntnis zuschreibe. Auch FRIEDRICH HEINRICH JACOBI (1743–1819, seit 1804 Präsident der Akademie der Wissenschaften in München, in vielfacher Hinsicht einflußreich durch seine vielgelesenen Schriften, seine ausgedehnte Korrespondenz und persönlichen Bekanntschaften) steht auf dem Standpunkt, daß man „ohne das Ding an sich nicht in die Kritik der reinen Vernunft hineinkommen, mit ihm nicht darin bleiben" könne. Streicht man es ganz, so kommt man zu einem Berkeleyschen Idealismus, der dem natürlichen Bewußtsein ebenso widerspricht wie Kants eigenen Behauptungen. Andererseits läßt sich die Realität einer Welt an sich niemals verstandesmäßig beweisen, sie bleibt stets ein Gegenstand des *Glaubens*. Dem stimmt in gewissem Sinn ja auch Kant zu, aber das, was Jacobi „Glaube" nennt, umfaßt und enthält weit mehr als der moralisch fundierte Glaube Kants an die „praktischen Postulate". Es gibt auch einen theoretischen Glauben, ja es gibt kein theoretisches Erkennen, kein Wahrnehmen auch nur ohne das glaubende Erfassen der – transzendenten – Realität des wahrgenommenen Dinges. Ein irrationaler Faktor geht in all unser Erkennen ein, eben das glaubende Erfassen der transzendenten Realität des Gedachten oder Vorgestellten. Jacobi wählt mit Absicht das Wort Glauben, den auch der religiöse Glaube, der Glaube an Gott ist ihm ein solches Vernehmen des Transzendenten, eines jenseitigen wirklichen Seins, nicht nur ein Postulieren einer sittlichen Weltordnung. Wie in dem von der sinnlichen Anschauung unabtrennbaren Glauben die Realität der Welt, so wird in dem Glauben der Vernunft, der „intellektuellen Anschauung", der „inneren Offenbarung", Gottes Dasein erfaßt. So erhält Jacobis Philosophie einen theistisch-religiösen Charakter, in bewußtem Gegensatz zu dem Pantheismus Fichtes und besonders Schellings.

Ist für Schulze und Jacobi das Ding an sich das widerspruchsvolle Element, an dem ihre Kritik des ganzen Kantianismus einsetzt, so suchen auf der anderen Seite Beck und Fichte zu zeigen, daß Kant, wo er vom Ding an sich wie von einer Realität spreche, sich nur einer populären Sprache anpasse. In Wahrheit sei jene Wendung nur ein Ausdruck für das Gebundensein unserer Erkenntnis an das Gegebensein eines Materials, des Mannigfaltigen der Anschauung, das der verknüpfenden Tätigkeit des Verstandes gegenübersteht.

Eben hier aber begegnet uns bei Kant eine neue Dualität, bei der der kritisch sondernde, vorsichtig scheidende Kant stehenbleibt. Aber solche Dualität drängt eine Frage auf: *warum* ist unser Erkennen denn in diese Zweiheit zerspalten, warum ist unser Bewußtsein einerseits Anschauung, anderseits Denken? Läßt sich diese Zweiheit nicht weiter ableiten, verstehen, begreifen? Zu der Zweiheit von Anschauung und Denken tritt die der Anschauungs- und Denkformen. Die Frage, warum wir diese und keine anderen Anschauungsformen haben, wird von Kant nicht beantwortet; er bleibt bei der Konstatierung der Tatsache stehen, daß unser anschauendes Bewußtsein an diese Formen gebunden ist. Die zwölf Kategorien werden zwar aus den Urteilsformen der Logik abgeleitet, aber die Urteilsformen selbst von Kant der traditionellen Logik entnommen und nicht als notwendige Formen des Denkens deduziert. Kant hat den *Weg*, den eine solche Deduktion einschlagen muß, in seiner „transzendentalen Beweismethode" gewiesen, indem er lehrt, daß Anschauungsformen, Kategorien, Grundsätze als „Prinzipien der Möglichkeit einer Erfahrungserkenntnis" überhaupt nachzuweisen sind, aber er ist in diesem Nachweis, daß *nur* durch diese Formen und Begriffe Erkenntnis möglich wird, nicht weit genug gegangen. Es entsteht die Aufgabe, aus dem Wesen der Erkenntnis – ohne Zuhilfenahme bloßer Tatsächlichkeiten – jene Begriffe als ihre notwendigen Bedingungen abzuleiten. Kants Philosophie ist wesentlich „Kritik" und will es sein. Kritik ist Grenzsetzung, Grenzbestimmung; vorsichtige Grenzziehung, klare und deutliche Scheidung – zwischen theoretischer und praktischer Vernunft, zwischen Wissenschaft und Religion, Anschauung und Begriff, zwischen den einzelnen kategorialen Formen – ist das eigentliche Ziel seines Philosophierens. Die geistige Souveränität des Philosophen liegt ihm eben darin, daß der Philosoph um die Grenzen seines Erkennens weiß. Er bleibt mit Absicht trotz seiner Neigung zur Synthese, zur Metaphysik, in der Sphäre der Analyse, der *Kritik*. Um so stärker macht sich bei den auf ihn bauenden Denkern wiederum die Tendenz zur

Synthese, zum *System* geltend. Auch Kants „Kritiken" freilich bilden ein systematisches Ganzes, aber dies System ist ein Nebeneinander – man denke an die „Tafel" der Kategorien. Jetzt sucht man ein System, das die einzelnen Formen und Begriffe in fortschreitender und einsichtiger Folge logisch zu entwickeln gestattet. Endlich muß dies logische Entwicklungssystem ein oberstes Prinzip haben, einen Ausgangspunkt. Für Kant war und blieb dieser Ausgangspunkt der Begriff der Erfahrung, und Erfahrung war ihm zuletzt doch wissenschaftliche Erfahrungserkenntnis, wie sie in der Physik vorbildlich realisiert ist. Jetzt sucht man auch diesen Ausgangspunkt höher zu legen – um so mehr, als ja Kant selbst nun über und außer der mathematischen Naturerkenntnis zu einer philosophischen Icherkenntnis den Grund gelegt hatte, die nicht in die Formen der Naturwissenschaft paßte. An die Stelle der Frage: wie ist Erfahrung möglich? tritt die allgemeinere: wie ist Wissen überhaupt, Bewußtsein überhaupt möglich? Nicht aus dem Wesen der Erfahrung, sondern aus dem Wesen des Wissens überhaupt soll die Kette seiner Bedingungen deduziert werden, aus der Theorie der Erfahrung wird die „Wissenschaftslehre".

Nicht die einzige Richtung, in der eine Fortentwicklung der Kantischen Philosophie bei den Denkern der Folgezeit einsetzt, aber die wichtigste und folgenreichste ist hier bezeichnet worden, wir können sie die systematisch-logische nennen. Ihre Anfänge begegnen uns bereits bei Karl Leonh. Reinhold („Versuch einer neuen Theorie des menschlichen Vorstellungsvermögens" 1789) und dem scharfsinnigen jüdischen Denker Salomon Maimon („Versuch über die Transzendentalphilosophie" 1790, „Versuch einer neuen Logik" 1794), die entscheidende Stellung aber kommt hier Fichte zu.

Entstammt Kant kleinbürgerlichen, so kommt Johann Gottlieb Fichte aus direkt proletarischen Verhältnissen – er ist 1762 in Rammenau in der Oberlausitz als Sohn eines Bandwirkers geboren –, dazu aus einem nicht restlos glücklichen und harmonischen Heim. Etwas von dem Zorn und der Leidenschaft der unterdrückten Klasse haftet ihm an, eine Gewaltsamkeit, selbst in der Sphäre des abstrakten Denkens, verrät einen Herrschtrieb, der zu aggressivem Gerechtigkeitsstreben veredelt ist. Der Drang, durch das ihm in besonderem Maße zu Gebote stehende Wort der lebendigen Rede zu wirken, ist ihm von Jugend auf in hohem Grade eigen; fast alle seine Schriften haben einen agitatorisch-pädagogischen Unterton. Mit außerordentlicher Konsequenz und eiserner Energie des Denkens verbindet sich ein Mangel an kritischer Umsicht und Vorsicht, der zum Mangel an Selbstkritik wird. Seiner Idee bringt er sich selbst zum Opfer, aber sein Kampf für die Idee trägt den Charakter des Kampfes um die Macht. Nachdem ihm zufällig gewonnene Protektion den Besuch der Fürstenschule in Pforta ermöglicht hat, studiert er in dürftigen Verhältnissen, von Privatunterricht lebend, Theologie, wird Hauslehrer in Zürich, lernt dann, nach Leipzig zurückgekehrt, Kants Schriften kennen, die ihn, vor allem die Freiheitsidee der Kantischen Ethik, leidenschaftlich ergreifen. Die ganz im Kantischen Geist gehaltene Schrift „Kritik aller Offenbarung" gewinnt ihm Kants Interesse, der ihre Annahme bei seinem eigenen Verleger vermittelt, wo sie, durch einen Zufall anonym erschienen, zuerst für die erwartete Religionsphilosophie Kants gehalten wird und dem bekanntgewordenen Namen des eigentlichen Verfassers einen gewissen Ruf verschafft. 1793 folgen dann zwei leidenschaftlich-rhetorische Schriften zur Verteidigung der französischen Revolution („Zurückforderung der Denkfreiheit von den Fürsten Europas, die sie bisher unterdrückten"), 1794 wird er als Nachfolger Reinholds an die Universität Jena berufen. Seiner dortigen Tätigkeit machte 1799 der „Atheismusstreit" ein Ende: eine in Fichtes Zeitschrift erschienene Abhandlung des Rektors Forberg identifizierte den Glauben an Gott mit einem Handeln, „als ob" Gott existierte, d.h. eine sittliche Weltordnung bestünde. Obgleich Fichte selbst diese Überzeugung nicht teilte, denunzierte man ihn von Kursachsen aus als „Atheisten"; das eingeleitete Verfahren endete infolge der leidenschaftlichen Vertei-

digung Fichtes mit seinem Rücktritt. Inzwischen waren die „Wissenschaftslehre", das „Naturrecht" und die „Sittenlehre" erschienen.
Es gibt nach Fichte im Grunde nur zwei mögliche Richtungen des Philosophierens. Die eine geht aus vom Sein, vom Objekt, und sieht sich vor die Frage gestellt, wie es möglich ist, daß zu diesem Objekt ein Subjekt, zum Sein ein Bewußtsein, zum Gegenstand ein Wissen um ihn hinzutritt. Diese Frage ist im Grunde unlösbar: es kann nie erklärt werden, wie aus bloßem gegenständlichen Sein – aus einer „Materie" – Bewußtsein wird. Die andere Richtung geht vom Bewußtsein aus und fragt, wie das Bewußtsein – ein Bewußtsein überhaupt, nicht „mein", nicht irgendein (stets schon als Gegenstand) bestimmtes – dazu kommt, ein Objekt, eine Gegenstandswelt, *diese* Welt vorzustellen. Zugleich führt die vom Objekt ausgehende Philosophie notwendig zum Mechanismus und Determinismus, zur Aufhebung der freien Persönlichkeit: was man aber für eine Philosophie wählt, das hänge zuletzt davon ab, was für ein Mensch man sei.
Die Philosophie muß vom Wissen ausgehen, sie ist aber zugleich selbst Wissenschaft, d. h. sie faßt ihre Erkenntnisse in die Form eines Systems, eines Begründungszusammenhangs. Das System fordert einen unbedingt gewissen Grundsatz als Ausgangspunkt. Als unbedingt *gewiß* kann jeder identische Satz – a ist a – gelten. Aber er ist selbst kein inhaltlich unbedingter Ausgangspunkt, er setzt ja das „a" voraus, vielmehr er sagt aus: wenn ich ein a setze, so setze ich a. Daraus erhellt, daß jeder Satz, den wir denken, eine Setzung darstellt, in der zunächst das „Ich" sich selbst und als mit sich identisch setzt. Allem Denken eines Satzes oder Gegenstandes geht – nicht zeitlich, aber logisch – vorher ein Sich-selbst-Denken oder „-Setzen" des Ich. Der wirklich voraussetzungslose Anfang der Wissenschaftslehre ist also die Lösung der an das Ich gestellten Aufgabe, sich selbst zu denken, ist – nicht eine „Tatsache", sondern die „Tathandlung": „das Ich setzt sich selbst". Anstatt vom „a ist a" hätten wir nun als von einem unbedingt gewissen Satz auch ausgehen

können von dem „a ist nicht non-a". Jede solche „Entgegensetzung" stellt einen Akt dar, der, in sich selbständig und unabhängig, freilich ein *zweiter* Schritt ist: ich muß erst „a" denken, ehe ich es dem „non-a" gegenüberstellen kann. Aber ein zweiter Schritt, dem zugleich mit seiner Freiheit auch eine Notwendigkeit zukommt: ich kann einen Gegenstand nur denken, indem ich ihn von anderen *unterscheide;* auch das „Ich" kann sich nur setzen, indem es sich einem „Nicht-ich" entgegensetzt. Denken wir nun aber „Ich" und „Nicht-ich" zusammen, so folgt der dritte Schritt, die dritte „Tathandlung": wir müssen das eine das andere „begrenzend" denken, und zwar in doppelter, wechselseitiger Begrenzung: das Ich durch das Nicht-ich bestimmt-empfindend, das Ich das Nicht-ich bestimmend-handelnd.

Wir begegnen hier zuerst dem Dreischritt der *„dialektischen Methode"*, in dem nun alles Erkennen nach Fichte überhaupt erfolgen soll: einen Gegenstand erkennen heißt zunächst ihn (als „real") setzen, erfassen („a ist a"), dann ihn unterscheiden und entgegensetzen („a ist nicht non-a"), endlich a und non-a in einem übergeordneten Begriff gegeneinander abgrenzen (ein Fichtesches Beispiel: ich erkenne Gold, unterscheide es vom Kupfer oder Silber, „begreife" es als „Metall", das sich durch bestimmte „Eigenschaften" vom Kupfer oder Silber abgrenzt). Man versteht, wie in diesen drei aufeinanderfolgenden Akten der „Thesis", „Antithesis" und „Synthesis" in bestimmter Reihenfolge die grundlegenden „Kategorien" entstehen (Realität, Negation, Grenze; Substanz, Grund und Folge, Gemeinschaft usw.). Es kann dann des weiteren hier nur angedeutet werden, wie Fichte im ganzen das Erkennen als eine Abfolge von Akten entwickelt, deren jeder frei, nicht erzwungen ist, die aber zugleich eine innere Folgerichtigkeit zeigen, die uns eben erlaubt, einen als Folge des anderen zu „deduzieren", ohne daß doch der folgende in dem voraufgehenden Akt „enthalten" (die „Deduktion" ist keine bloße Zergliederung) wäre. Als Gegenstück dieser das Bewußtsein zu immer größerem Reichtum entfaltenden Akte entsteht die erkannte Welt, die Welt der

Objekte, die uns zunächst als bloß empfundene, gegebene Dingwelt, dann als eine Anschauungswelt (eine Welt, der wir Reihen bildend, Ordnungsformen prägend zu folgen vermögen), endlich als ein Inbegriff gedanklich konstruierbarer Gegenstände entgegentritt. Die Welt der Objekte in ihrer Struktur verstehen heißt die Struktur des Bewußtseins, des Wissens in seinem logischen Aufbau verstehen. Nehmen wir endlich an, es sei dem Ich die *Aufgabe* gestellt, sich selbst, sein eigenes Wesen zu erkennen, es liege in diesem Begreifen des eigenen Wesens der eigentliche *Sinn aller Erkenntnis:* so ist klar, daß der Weg zur Lösung dieser Aufgabe eben auch über die Setzung eines „Nicht-ich“ gehen muß, daß nur, indem das Ich sich gegenüber ein Nicht-ich vorstellt und erkennt, es zum Verständnis seiner selbst gelangt, noch genauer, daß es nur am Gegenbild einer „Natur“ und einer „Naturkausalität“, deren Struktur durch die Erkenntnisakte des Ich vorgezeichnet wird, seine eigene Freiheit und Autonomie wie seine eigene Überlegenheit über das Nicht-ich erkennt. *Naturerkenntnis ist das Mittel zur Selbsterkenntnis* – darin besteht ihr Sinn. Selbst*erkenntnis* aber ist selbst nicht letzter eigener Zweck, gerade indem wir in der Freiheit das Wesen unserer selbst erkennen, werden wir uns bewußt, daß wir nicht zum Erkennen, sondern zum Tun, zum Handeln, zur Realisierung dieses unseres Wesens da sind. Damit ist die Brücke von der Erkenntnis- zur Sittenlehre geschlagen. Wie die Erkenntnis der Gegenstandswelt eigentlich Selbsterkenntnis, so ist das Handeln in bezug auf die Objektswelt seinem eigentlichen Sinn nach ein Gestalten der eigenen freien Selbstbestimmung, ein Realisieren des autonomen Vernunftwesens in mir: die „Natur“ ist auch hier nur Mittel zum Zweck, „Material der Pflicht“. Wie die Stufen des Erkennens deduziert Fichte hier die Stufen des Wollens: auf der untersten das Begehren, das in den Dingen nur die Mittel der Bedürfnisbefriedigung, als Ziel die „Glückseligkeit“ sieht, eine Stufe, auf der der Mensch noch kein wirkliches Ich und wahrhaft freies Wesen ist, sondern, wie das Tier, abhängt vom Zufall seiner Umgebung und der auf ihn wirkenden Reize. Auf einer höheren Stufe steht der Mensch, in dem der Trieb nach Herrschaft, nach Macht die bloße Begierde nach Genuß überwächst, das *eine* Ziel der Selbstbehauptung und Selbstdurchsetzung ihn Opfer an Glück und Genuß bringen läßt. Die höchste Stufe aber wird erst erreicht, wenn über diesem blinden Machttrieb, über der Willkür des Individuums, der Wille zur Freiheit, zur Souveränität *des* Menschen in mir, der Vernunftwille sich erhebt, der dem Genuß- wie dem Machtstreben freiwillig Schranken setzt vor der Rechtssphäre des Mitmenschen. *Erst die Achtung vor dem andern macht mich selbst zur freien Persönlichkeit,* darum kann es auch zuletzt eine freie Persönlichkeit nur geben im Rahmen der Gesellschaft, nicht als jenes isolierte Individuum, als das die Philosophen des 18. Jahrhunderts – einschließlich Rousseaus – den Menschen sahen.

Da der Mensch von seiner Freiheit bisweilen den unsittlichen Gebrauch macht, die Freiheit der anderen zu unterdrücken, muß es das Recht und die Zwangsgewalt des Staates geben, die jedem einzelnen die Möglichkeit der Entwicklung zur freien Persönlichkeit schafft. Dazu muß der Staat einem jeden den Schutz des Lebens und der Verfügung über seinen Körper, ferner über sein Eigentum garantieren, endlich das *Recht auf Arbeit,* von der er das zur Fristung seines Lebens und Erhaltung seiner Freiheit Nötige erwerben kann. Der Staat soll dafür sorgen, daß es keine Notleidenden und keine Müßiggänger gibt – unter weitgehender Einschränkung der Gewerbefreiheit, des Freihandels, der Freizügigkeit. Ein sozialistisches Staatsideal tritt an die Stelle des liberalen. Nur kommunistisch ist der Staat Fichtes nicht, und ferner setzt er einen streng abgeschlossenen Einzelstaat, einen „geschlossenen Handelsstaat“ (1800) voraus: der Handel mit dem Ausland des nach Möglichkeit aus sich lebenden Staates soll monopolisiert werden, um das aufgebaute wirtschaftliche Gleichgewicht nicht durch die Beziehungen zum Ausland zu gefährden. Jeder einzelne steht irgendwie im Dienst des gesellschaftlichen Ganzen, erfüllt eine Funktion desselben: auch der Gelehrte, der Philosoph, dem die Aufgabe eines „öffentlichen Gewissens“ zugeschrieben wird („Bestimmung des Gelehrten“ 1794).

Nach seinem Rücktritt in Jena hatte sich Fichte nach Berlin begeben, wo er im Kreis der Romantiker freundliche Aufnahme fand, dessen geistige Atmosphäre nicht ohne Einfluß auf ihn blieb. Dazu kommt die Wandlung der politischen Verhältnisse und Eindrücke: wie er sich in seiner Jugend mit Leidenschaft zum Verteidiger der französischen Revolution gemacht hatte, so tritt er seit der Franzosenherrschaft mit seiner ganzen Person in den Dienst des nationalen Gedankens und der nationalen Erneuerung. 1804/05 hält er in Berlin die Vorlesungen „Über die Grundzüge des gegenwärtigen Zeitalters“, 1807/08 nicht ohne persönliche Gefahr die „Reden an die deutsche Nation“. An die neugegründete Universität Berlin wurde er als Professor berufen und zu ihrem ersten Rektor bestellt. Er starb am 29. Januar 1814.

Eine Wandlung ist in den philosophischen Ideen Fichtes in dieser zweiten Periode seines Lebens unverkennbar: als Ausgangspunkt des ganzen Systems tritt an die Stelle des „Ich“ das „Absolute“, das „durch sich selbst Seiende“, dessen beide Momente „Sein“ und „Freiheit“ sind. Ferner erheben sich religiöse Gedanken und Wendungen über die rein ethische Fundierung des Systems, endlich setzt an Stelle des früheren Kosmopolitismus ein entschiedener Nationalismus ein. Doch führen Fäden von der ersten zur zweiten Periode hinüber. Was den ersten Punkt anlangt, so war ja schon das „Ich“, von dem die Wissenschaftslehre ausging, nicht das Ich des Individuums, sondern das Ich der einen, identischen Vernunft, an dem das empirische Einzel-Ich, mit der Platonischen Wendung gesprochen, gleichsam „teilhat“, mit dem wir eins sind, wenn und soweit wir wirklich allgemeingültig, also wahr und sittlich, denken und handeln. Und das „Absolute“, von dem Fichte nun ausgeht, ist nicht die unbewußte und notwendig wirkende „Substanz“ Spinozas, sondern es wird als „absolutes Wissen“, als absolute Vernunft bezeichnet; nur daß dies Absolute deutlicher die Züge eines göttlichen Seins annimmt. Fichte identifiziert es mit dem „Logos“ der Johanneischen Schriften des Neuen Testaments, in die er sich damals lebhaft vertieft. Immerhin spricht diese Gottheit *in uns,* nicht außer uns, wir gehorchen ihr nicht wie der Knecht dem Herrn, sondern wir streben nach der vollen *Einheit* mit ihr, die wiederum nicht in einem ekstatischen Gefühlszustand, sondern in einem Leben in Wahrhaftigkeit und Sittlichkeit erreicht wird. Das „selige Leben“, zu dem Fichte in der Schrift von 1806 „Anweisung“ geben will, erwartet uns nicht jenseits des Todes, sondern als Ewigkeit in der Zeitlichkeit in *diesem* Leben, wenn wir die empirische Schein- und Sonderexistenz abstreifen und ganz dem Göttlichen in uns leben.

Das Sittengesetz fordert jedoch endlich nicht mehr nur wie bei Kant die kühle Achtung vor der Rechtssphäre des anderen, sondern die positive, opfernde *Liebe* und Hilfe. Diese Liebe aber schafft zugleich eben die konkreten Gemeinschaften, die Familie, die *Nation,* den Staat als Nationalstaat. Hier fügt sich auch die Wendung zum Nationalismus verständlich ein, von dem übrigens auch immer noch Brücken zu der Idee der Menschheit geschlagen werden.

Die hinzutretende Geschichtsphilosophie ist ganz moralisch unterbaut: Daß die Menschheit dazu gelange, ihre Zustände „mit Freiheit der Vernunft gemäß“ zu ordnen, ist der Sinn der geschichtlichen Entwicklung. Am Anfang stand die Herrschaft der „natürlichen Unschuld“, des „natürlichen Vernunftinstinkts“, mit seinem Verlust beginnt die Sünde bis zum „Zeitalter der vollendeten Sündhaftigkeit“ – der Gegenwart. Nun muß die Umkehr, die Zeit der Erhebung, der Rechtfertigung kommen, bis am Ende der Mensch bewußt und willentlich ist, was er zum Anfang unbewußt, in natürlicher Unschuld war. Mit der scharfen Anklage gegen den Geist der Gegenwart und der Sünde und dem Ruf zur Buße und Umkehr verbindet sich so der geschichtsphilosophisch-metaphysische Gedanke, daß auch der Weg durch die Sünde hindurch eine Notwendigkeit darstellt auf dem Wege des Menschen zu seinem sittlichen Endziel.

In den „Reden an die deutsche Nation“ setzt Fichte diese moralisierende Geschichtsmetaphysik der „Grundzüge des gegenwärtigen Zeitalters“ mit noch unmittelbarerer Anknüpfung an die Gegenwart fort. Der nationale Zusammenbruch, der Verlust der äußeren Freiheit ist die Folge des inneren, moralischen Gesunkenseins insbesondere in den Schichten der Regierenden, der oberen Stände. Kann das deutsche Volk sich wieder erheben? Echt Fichtisch lautet die Antwort: „du kannst, denn du sollst“, mit der sonderbar gewaltsamen Konstruktion, die die Menschheitsidee mit der nationalen Idee verkoppelt: das Schicksal der Menschheit hängt an dem Schicksal des deutschen Volkes, das allein in der neueren Geschichte die wirkliche schöpferische Selbsttätigkeit, also jenen Trieb verkörpert, der zum sittlichen Endziel, zur vollendeten Freiheit und Vernunftherrschaft führt. Das Mittel zu dieser Erhebung aber liegt in der *Erziehung* der Jugend, der nationalen und demokratischen Erziehung zur Achtung vor der Persönlichkeit, zum Mut und zur sozialen Gemeinschaft anstatt der auf kluge Lebenskunst gerichteten Standeserziehung. –

Zeigt schon die Philosophie des späteren Fichte den Einfluß der Romantik, so wurzelt das Denken des zweiten großen Vertreters des „deutschen Idealismus“ ganz in ihrem Geist: SCHELLING ist der Philosoph der Romantik. In drei Punkten äußert sich die Wendung von Fichte (und Kant) zur Romantik. Erstens tritt an die Stelle der moralistischen eine ästhetisierende Weltbetrachtung. Die Stufen des menschlichen Bewußtseins, wie sie Schelling, dem Beispiel Fichtes folgend, deduziert („System des transzendentalen Idealismus“ 1800) gipfeln nicht im vernunftbestimmten freien Handeln, sondern im künstlerischen Schaffen: in ihm schließt sich die Kluft zwischen „Natur“ und „Freiheit“, unbewußt-organischem Schöpfertum, wie es uns die Natur zeigt, und bewußter Tat; im Künstler vergeistigt sich der Schöpfertrieb der Natur, er ist bewußter wollender Geist und zugleich in der Natur verwurzelt. Damit tritt zweitens eine grundsätzlich veränderte Stellung zur Natur in die Erscheinung: sie ist nicht mehr nur Mittel, „Material der Pflicht", vom Ich unbewußt zum Zweck der Selbsterkenntnis, als Gegenstück seines eigenen Wesens gesetztes „Nicht-ich", sondern ein selbständig Existierendes, aber freilich nicht tote Materie, sondern in ihrem Wesen dem „Ich" gleichartig: unbewußter Geist, unbewußt schaffende Intelligenz. So wird aus dem „subjektiven" ein „objektiver" Idealismus, eine „Identitätsphilosophie": dieselbe schaffende Kraft wirkt in der Natur und kommt im Menschen „zu sich selbst", zum Bewußtsein. Endlich: was die Philosophie in begrifflicher Form ausspricht, haben Mythos und Religion von jeher ahnend in bildlicher und symbolischer Form zum Ausdruck gebracht; ist doch alles Denken, Sprechen, Glauben der Menschheit im Grunde ebenso ein unbewußtes Philosophieren wie das Wirken der Natur das Schaffen einer unbewußten Vernunft.

Ein außerordentlich begabter, frühreifer, beweglicher Geist und glänzender Schriftsteller, zeigt sich uns FRIEDRICH WILHELM JOSEPH SCHELLING im Laufe seines langen Lebens (1775–1854) in einer dauernden Wandlung und Entwicklung seiner Lehre und seines Standpunkts. Auch wenn man wie üblich „Phasen" seiner Philosophie (Naturphilosophie, Transzendental-, Identitäts-, Freiheitsphilosophie, mystische Alterslehre) unterscheidet und die Werke an sie aufteilt, zeigen sich doch wieder zwischen ihnen mannigfache Übergänge und Verbindungen. Seine Ausbildung erhielt er zusammen mit den Freunden Hölderlin und Hegel, zwischen denen er, der jüngste, als der führende Kopf erscheint, im Tübinger Stift, erst theologischen, philologischen, mythologischen Studien hingegeben, dann ein begeisterter Anhänger der Fichteschen Philosophie, als deren kongenialen Vertreter ihn seine ersten Schriften („Vom Ich als Prinzip der Philosophie oder über das Unbedingte im menschlichen Wissen" 1795) zeigen, die dem 22jährigen den Ruf als Professor nach Jena eintragen. Inzwischen hat er sich in Leipzig mit Eifer in naturwissenschaftliche – medizinische, physikalische, mathematische – Studien vertieft, die nun seinem Philosophieren die eigene Note und Richtung geben:

1797 erscheinen die „Ideen zur Philosophie der Natur", 1798/99 der „Erste Entwurf eines Systems der Naturphilosophie". Zugleich tritt er in Jena in den Kreis der Gebrüder Schlegel, eine der bedeutendsten Frauen des Romantikerkreises, Caroline Schlegel, wird seine Frau.

Die „*Naturphilosophie*" ist „spekulative Physik", sie will die Natur aus ihren letzten Ursachen, also „a priori" erkennen. Das bedeutet aber hier nicht eine Erkenntnis *unabhängig von der Erfahrung,* deren Resultate Schelling vielmehr voraussetzt, wie er auch den Stand der empirischen Wissenschaft seiner Zeit eifrig verfolgt. Die apriorische Konstruktion der Natur ist vielmehr die Darstellung der Natur aus der Hypothese ihres einheitlichen Ursprunges, die Vorwegnahme des dynamischen Prozesses, des inneren Triebwerkes und Kräftespieles, aus dem jene Naturphänomene entstehen, welche die Empirie lediglich *beschreibt.* Die empirische Physik zeigt uns die Natur in ihrer gegenständlichen Erstarrung, als *Objekt,* die Naturphilosophie dagegen als wirkendes *Subjekt,* als den lebendigen Strom des Werdens, dessen Produkte nur die Dinge der Natur sind. Das Werden der Natur, die Handlungen der in ihr wirkenden Kraft aber will Schelling *verstehen,* indem er die Methode der Fichteschen Wissenschaftslehre, ihre Deduktion der Akte des „Ich", auf die Natur überträgt, die damit selbst zum unbewußt schaffenden Subjekt wird, zum Analogon des Ich. Zugleich aber wird damit die schlechthinnige Überordnung des Ich über die Natur aufgehoben: das eine selbe tätige Wesen, das Absolute, wirkt in der Produktenreihe der Dinge und der lebenden Organismen wie in der Sphäre des Bewußtseins und in der Welt des Ideellen.

Die Natur als Subjekt gedacht ist reine „Tätigkeit", nicht starr beharrende (Spinozistische) Substanz: das organische Leben ist für Schelling das Urbild der Naturwirklichkeit, nicht das anorganische „Ding". Eben darum aber ist Schelling auch nicht „Vitalist", d.h. Anhänger der Annahme einer besonderen „Lebenskraft", die im Organismus wirkt. *Alles* ist organisch seinem innersten Wesen nach, das „Anorganische“ nur das erstorbene Leben: der Kantischen Kosmogonie aus Newtons Prinzipien stellt Schelling eine Darstellung der Entstehung des Planetensystems entgegen, die die Urmasse in abwechselnder ruckweiser Ausdehnung und Zusammenziehung (Ausstoßung) sich wie ein atmendes, lebendes Wesen zum Kosmos des Systems bilden läßt; nicht im lebenden Körper finden Verbrennungsprozesse statt, wie wir sie auch in der anorganischen Natur kennen, sondern alles chemische Geschehen in der Natur ist ein Oxydationsprozeß (dessen Natur gerade damals durch Priestley und Lavoisier aufgeklärt war), ein Ausgleich des Spannungszustandes zwischen dem verbrennlichen Körper und dem umgebenden Sauerstoff, ein *Analogon* also der Atmung des lebenden Körpers.

Die Natur ist unendliche Tätigkeit, wirkende Kraft. Damit aber aus dieser Tätigkeit Zeit, Dauer, endliche, beharrende Objekte entstehen, muß sie durch eine ihr entgegengesetzt gerichtete Tendenz gehemmt werden, die aber, da die Natur Einheit ist, wiederum nur aus ihr selbst, d. h. aus einer ursprünglichen Selbstentzweiung der Produktivität der Natur stammen kann. Damit führt Schelling ein weiteres Grundprinzip seiner Naturbetrachtung ein: den Gedanken der *Polarität.* In der ganzen Natur herrscht ein Dualismus entgegengesetzter Kräfte, jedes Ding entsteht aus der Spannung, dem Zusammenwirken, dem Gleichgewicht solcher Kräfte. Jeder Körper ist magnetisch und zeigt in seiner Längendimension den Gegensatz von Nord- und Südpol, er ist ferner elektrisch, auf seiner Oberfläche zeigt sich die Spannung positiver und negativer Elektrizität, als dreidimensionaler Körper steht er in chemischer Affinität und Gegensätzlichkeit zu dem ihn umgebenden Sauerstoff. Zugleich stehen diese drei Dinge, die magnetischen Pole und ihr Gleichgewicht, der Ausgleich der elektrischen Kräfte, die Verbindung von Säuren und Alkalien, nicht unverbunden nebeneinander, sondern sie sind Stufen des einen dynamischen Naturprozesses, der in polare Gegensätze sich trennt, die sich auf höherer Ebene vereinigen, also *dialektisch* verläuft, wie Fichtes Entfaltungsprozeß des erkennenden und wollenden Ich. Dabei aber ist im Grunde aus der dialektischen *Erkenntnismethode* ein dialektisches Naturgeschehen, ein dialektisch strukturiertes *Sein* geworden.

Schelling verfolgt diesen Prozeß dann weiter in die (im engeren Sinne) lebende Natur hinein. Die Begriffe der „Sensibilität", „Irritabilität" und des aus beiden resultierenden organischen „Bildungstriebes" (d. h. der Fähigkeit des Organismus, sich selbst in Ernährung, Regeneration und Fortpflanzung wiederzuerzeugen), die damals gerade als das Wesen des Organischen bezeichnende Begriffe aufgekommen waren, legt er hier seiner Darstellung zugrunde. Sie dienen ihm, das Leben selbst und seine Erhaltung als Resultat des Ausgleichs der entgegengesetzt gerichteten Kräfte von Organismus und Umwelt darzustellen: „Leben" ist gestörtes und immer wieder hergestelltes Gleichgewicht zwischen Organismus und Umwelt; aus der Reizwirkung der letzteren und der Reaktion des ersteren resultiert die Selbsterhaltung und Selbstreproduktion des Lebewesens, wie auf der niederen Stufe des chemischen Prozesses die Oxydation die Herstellung eines solchen Gleichgewichtes ist – und wie dann auf der höheren Stufe wieder das „Bewußtsein" als ein solcher Ausgleich des Gegeneinander, der Polarität von Subjekt und Objekt, von Ich und Nicht-ich erscheint. Für Fichte war die Frage, wie die Natur es anfange, ein Bewußtsein hervorzubringen, eine falsch gestellte, eine unmögliche Frage; Schellings Naturphilosophie zielt eben auf die Beantwortung dieser Frage, allerdings dadurch, daß er die Natur zur bewußtlosen Intelligenz macht und den Gegensatz Ich – Nicht-ich, Subjekt – Objekt, der dem Bewußtsein wesentlich ist, in *analoger* Gestalt in den Polaritäten der Natur wiederfindet. Endlich ein letzter Schritt: in Ich und Nichtich, in Geist und Materie scheint uns der Gegensatz der Kräfte ihre tiefste Prägung zu erhalten, aber zu eben diesem Gegensatz findet Schelling bereits das Analogon im die ganze Natur durchwirkenden Gegensatz von Schwere und Licht, die beide durch den gemeinsamen Ursprung in der

Sonne die Ureinheit auch der materiellen und immateriellen Kräfte in der Welt bezeugen. Wir erinnern uns, wie in der Philosophie Augustins, Bonaventuras, des Cusaners u. a. die Neigung begegnete, die Welt in Sphären zu zerlegen und zwischen diesen Sphären Korrespondenzen, Entsprechungen aufzuzeigen, wie dies Suchen und Darstellen solcher Entsprechungen schließlich zur Methode wird, deren Gefahr freilich immer dann das Aufsuchen von Analogien um jeden Preis und das Erheben vager Anklänge zu wissenschaftlich konstatierter „Identität" wird. Wir sehen Schelling hier auf demselben Wege, nur daß die sich entsprechenden Stufen zugleich mit Nachdruck als Stufen eines sie durchflutenden Allebens gefaßt werden, ihr sich Entsprechen zum Beweis der Einheit der allem zugrunde liegenden Kraft betrachtet wird.

Die Philosophie muß von der Natur ausgehen und als Naturphilosophie zeigen, wie aus der Natur ein Bewußtsein hervorgeht, sie muß aber zweitens als Transzendentalphilosophie vom Subjekt ausgehen und zeigen, wie – in der Stufenfolge welcher Akte – es dazu kommt, eine „Natur" vorzustellen. In dieser Paralleldisziplin der *„Transzendentalphilosophie"* gibt Schelling zunächst im wesentlichen dieselbe Entwicklung des Bewußtseins wie Fichte, bis zum Freiheitsbewußtsein des Individuums. Über theoretisches und praktisches Verhalten aber erhebt sich endlich noch das Schaffen des Künstlers, in dem die Kluft zwischen Natur und Geist sich in höchster Synthese schließt: die Natur schafft als Künstler, der Künstler als Natur, beide bilden sie Individuelles, aber im Individuellen, schaubar, das Allgemeine, nicht als abstrakten Begriff, sondern als (Platonische) Idee.

1803 ging Schelling als Professor nach Würzburg, später bekleidete er in München unter Maximilian II. die Stellung eines Präsidenten der Akademie. Die starke literarische Tätigkeit seiner Jugend läßt in dieser späteren Zeit auffallend nach, versiegt zuletzt fast ganz. Zugleich richtet sich sein Denken mehr und mehr auf die höchsten metaphysischen

Fragen – auf die Frage nach dem letzten Grunde des Ursprunges der Weltentwicklung in Gott und damit zugleich auf das Problem der Theodizee, des Ursprungs des Bösen – und schlägt spekulativ-gnostische Bahnen ein. Einen starken Einfluß auf ihn gewinnt die Lektüre der Werke Jacob Boehmes, auf den ihn der katholische Philosoph Franz Xaver Baader in München hingewiesen hatte. An die Stelle der negativen Bestimmung des Absoluten als bloßer Einheit, „Indifferenz" von Objekt und Subjekt tritt die Betonung der Persönlichkeit Gottes. Aber Gott ist nicht reiner Geist, reine Vernunft, in ihm liegt auch ein irrationales Moment, ein dunkler Trieb oder Wille, der zur Selbstentfremdung und Weltwerdung führt und im Menschen als Auflehnung gegen Gott, als Hochmut, als das „Böse" sich verselbständigt. Die Geschichte aber, in ihren einzelnen „Weltaltern" (Schelling plante hier ein Werk, das ein Gegenstück zu Fichtes „Grundzügen des gegenwärtigen Zeitalters" geworden wäre), führt den Menschen durch die Sünde zu Gott, damit jedoch zuletzt auch Gott selbst zu sich zurück und hebt die Selbstentzweiung in ihm auf.

In der Lösung des Theodizeeproblems zeigt sich überall der charakteristische Gegensatz der Aufklärung und der Philosophie im Anfang des 19. Jahrhunderts. Die Grundhaltung der Aufklärung – Leibniz – ist sokratisch: das „Böse" ist im Grunde nicht vorhanden, es ist nur negativ, der Mangel des noch nicht vollendeten Guten, die Unvollkommenheit. In der Romantik ist – wie im Christentum – das Böse durchaus real (real wie die „Antithesis", das Negative, das nicht, wie es der Rationalismus der Aufklärung tut, mit der bloßen Negation verwechselt werden darf: minus a ist nicht non-a), der Gegenpol des Guten, die Gottferne. Die Theodizee aber, die Rechtfertigung des Bösen, wird gewonnen in dem Gedanken, daß der Weg zu Gott über die Gottessehnsucht, also die Gottesferne, die Sünde führt, der Weg zur Einheit durch die Entzweiung, der Weg zum Verständnis des „Ich" über die Erkenntnis des Nicht-ich (Fichte), der Weg zum Geist durch die Natur.

Von diesem Standpunkt war endlich der Weg nicht mehr weit zu Schellings eigentlicher Altersphilosophie, in der er zugleich zu einem Gedanken seiner frühen Jugend wieder zurückkehrt: einer „Philosophie der Mythologie und Offenbarung", d. h. dem Versuch, aus den religiösen Mythen aller Völker und Zeiten eine mystisch-philosophische Welterkenntnis herauszudeuten, die Geschichte des Mythos, in den geoffenbarten christlichen Mysterien des Christentums gipfelnd, als den Weg der Menschheit zur Erkenntnis der letzten Dinge darzustellen. Veröffentlicht hat Schelling selbst diese seine „positive" Philosophie nicht mehr. Als er sie 1841, von Friedrich Wilhelm IV., dem „Romantiker auf dem Throne", nach Berlin berufen, um dem Rationalismus der Hegelianer ein Gegengewicht zu bieten, vortrug, fand er keine Resonanz – es war dieselbe Zeit, in der die aus der Hegelschen Schule hervorgegangene radikale historische Bibelkritik eines D. F. Strauß und Bauer ihre Früchte trug.

Der jüngere Schelling ist der einflußreichste und produktivste, aber nicht der einzige philosophische Vertreter der natur- und geschichtsphilosophischen Bestrebungen der Romantik. Auf den Versuch, Transzendental- und Naturphilosophie, Fichtes absolutes Ich und Spinozas Allsubstanz zu verbinden, die Welt als den dialektischen Werdeprozeß zu verstehen, in dem das unendliche Sein durch das endliche menschliche Bewußtsein hindurch zu sich zurückkehrt, stoßen wir auch bei FRIEDRICH SCHLEGEL. Und wie bei Schelling, wandelt sich auch bei Schlegel u. a. Fichtes ethisches in ein ästhetisches Weltbild, wird die Natur, die objektive Welt, aus dem Material der Pflicht und dem Werkzeug der Technik, zu dem transzendenten Unendlichen, an das unsere Sehnsucht uns knüpft, tritt an die Stelle einer mechanistischen eine organische Weltbetrachtung. Die schöpferische Natur wird zum Organismus und zum Künstler, entsprechend jener Verknüpfung des Ästhetischen und Organischen, die schon Kants Kritik der Urteilskraft vorwegnimmt. In dem organischen Weltbild, aber auch in der Art, wie der Mensch in den Mittelpunkt der von Gott zu Gott führenden

Weltentwicklung gestellt wird, liegen Gedanken, die die Denker der Romantik mit denen der Renaissance verknüpfen und ihren gemeinsamen Gegensatz zur Aufklärung, allgemeiner zur Philosophie des 17. und 18. Jahrhunderts bezeichnen. Der von Schelling beeinflußte Zoolog und Naturphilosoph LORENZ OKEN (1779–1851) vergleicht die Stadien der Embryonalentwicklung des Menschen mit den Formen der niederen Tierwelt, aber nicht, um wie Haeckel in seinem „biogenetischen Grundgesetz“ die Ontogenese als Wiederholung der Phylogenese, der Entwicklung der Arten darzustellen, sondern um eine Mittelstellung des Menschen zu erweisen: die Tierwelt ist ihm ein auseinandergelegter Mensch, sie zerlegt in einzelne Formen, was im Menschen zur Ganzheit vereinigt ist. Der Arzt CARL GUSTAV CARUS (1789 bis 1869) kann vielleicht als der bedeutendste Vertreter der romantischen Psychologie angesehen werden („Psyche“ 1846, „Zur Symbolik der menschlichen Gestalt“ 1853). Im Gegensatz zu der seit Descartes üblichen Gleichsetzung von Seele und Bewußtsein (der eine mechanistische Auffassung der körperlichen Lebensvorgänge entspricht) kehrt er zu der antiken und mittelalterlichen Auffassung der Seele als Lebensprinzip zurück, betont die Unentbehrlichkeit und Bedeutung des Unbewußten für das seelische Geschehen, weist in der gesamten organischen und damit in der Natur überhaupt ein Analogon der „Erinnerung“ (Wiederholung des Vergangenen) und der Voraussicht (aktiv-teleologische Anpassung im Voraus) auf und sucht Gestalt und Form des lebenden Leibes als Ausdruck des bewußten und unbewußten Seelischen zu verstehen (physiognomische Psychologie). Unter scharfer Bekämpfung des liberalen Staats- und Wirtschaftsideals überträgt ADAM MÜLLER (1779–1829) die „organische“ Auffassung auf Staat und Gesellschaft.

Auf den katholischen Theosophen FRANZ XAVER BAADER (1765–1841) wurde schon hingewiesen, als auf einen Geistesverwandten des späten Schelling, der zugleich jedoch von Anfang an überzeugt im katholischen Christentum wurzelt. Seine bedeutsamste Leistung ist seine Rechts- und Staats-

(„Sozietäts"-) Philosophie, in der er dem „atheistischen", auch dem nationalistischen Machtstaat (in den schließlich Fichtes und Hegels Staatslehre mündet) den christlichen Staat gegenüberstellt, als den einzigen Staat, der nicht zur Entzweiung, zum Kampf der Völker, Klassen und Individuen, sondern zu echter Solidarität führt.

Entspricht Schellings spätere Periode, seine Beziehung zu Baader, der katholisierenden Neigung der Romantik, so geht nun andererseits aus dem Kreise der Romantiker der größte Dogmatiker der protestantischen Kirche seit Melanchthon hervor: FRIEDRICH DANIEL SCHLEIERMACHER. Geboren 1768 in Breslau, Zögling der Brüdergemeinde in Barby, deren enge und formelhafte Frömmigkeit ihn abstößt, nach dem Universitätsbesuch in Halle 1796 Charitéprediger in Berlin, wo sein bekanntes Jugendwerk, die „Reden über die Religion an die Gebildeten unter ihren Verächtern" 1799 entstehen, wird er 1810 Professor der Theologie an der neugegründeten Universität Berlin, wo er gleichzeitig als Prediger an der Dreifaltigkeitskirche wirkt. In den letzten Jahren erschienen seine umfassenden theologischen Schriften („Der christliche Glaube" 1822). Er starb 1834.

Im Mittelpunkt des Schleiermacherschen Denkens steht das religiöse Problem. An die Gebildeten unter ihren Verächtern wendet er sich, wie überhaupt seine Religionsauffassung stark an den Geistesbedürfnissen der Gebildeten orientiert ist: Religion ist eine wesentliche Seite, ja die Krone der Kultur. Genauer will Schleiermacher vor allem zeigen, daß Religion etwas Eigenes, Selbständiges ist, weder in Wissenschaft (Metaphysik) noch in ein Anhängsel der Moral (Kant) auflösbar. Ihre Wurzel hat sie im *Gefühl*, ihr eigentlicher Inhalt ist das Verhältnis des Menschen zu Gott, d.h. zum *Unendlichen*. In dem Gefühl einer „schlechthinnigen Abhängigkeit" erleben wir unsere Beziehung zu Gott; dieses Gefühl und das von ihm durchdrungene Erleben der Welt ist das Zentrum aller Frömmigkeit. Die religiösen Dogmen sind nur der Ausdruck der Reflexion über dies Gefühlserlebnis. Sie sind Ausdeutungen des Religiösen, nicht die

Religion selbst; Schleiermacher geht dabei so weit, nicht einmal den Glauben an einen persönlichen Gott und eine persönliche Unsterblichkeit für *wesentliche* Bestandteile der Religion zu erklären. In der gefühlsmäßigen, unmittelbaren Berührung mit dem Unendlichen besitzen wir die Ewigkeit in der Zeitlichkeit und bedürfen dann sozusagen keiner Unsterblichkeit nach dem Tode. Nach Mitteilung und Gemeinschaft drängt das religiöse Leben den Menschen, nach Aussprache und Vereinigung, nach der Schaffung einer Kirche; auf der anderen Seite nach der Individualisierung der Religion: nach der Entstehung bestimmter, persönlicher, religiöser Gestaltungen, der positiven Religionen. Eine solche Einzelreligion entsteht, indem alles in ihr auf eine einzelne Anschauung vom Universum bezogen wird, sie ist, wie alles Individuelle und Einzelne, einseitig, sie bedarf der Ergänzung der anderen Individualitäten, der anderen Religionen, hat aber dafür auch den *unersetzlichen Vorzug* des Individuellen und Einzelnen. Denn dies Individuelle ist das volle *persönliche Leben*, dessen Wert nun auch, im Gegensatz zu Kants Pflichtmoral, im Mittelpunkt der Schleiermacherschen wie der romantischen Ethik überhaupt steht.

In seiner Erkenntnistheorie („Dialektik", aus dem Nachlaß herausgegeben) finden wir Schleiermacher auf demselben Wege fortschreitend, den wir Schelling und schon den späteren Fichte einschlagen sahen: vom „Idealismus" Kants zu einem „Real-Idealismus" – die Kategorien sind zugleich deduzierbare Verstandesfunktionen und Seinsgestaltungen –, von der Trennung des „gegebenen" Inhalts und der aus dem Subjekt stammenden „Form" zu einer Einheit beider, die anschaulich erfaßt und begrifflich gedacht wird.

Von der „Kritik", von dem systematisch geordneten Nebeneinander durch saubere Grenzlinien getrennter Sphären – Glauben und Wissen, Anschauen und Denken, Form und Inhalt, Sein und Sollen, objektive Bestimmung und subjektiv-regulative Betrachtung – strebt die nachkantische Philosophie zum „System", damit auch zur Überwindung und Versöhnung jener Gegensätze, bei denen Kants „transzendentale" Philosophie stehenbleibt. Zu diesen Gegensätzen aber gehören auch der des „Idealismus" und „Realismus" und endlich des *Theismus und Pantheismus*. In dieser letzteren Hinsicht sei in diesem Zusammenhang noch die Philosophie KARL CHRISTIAN FRIEDRICH KRAUSES (1781–1832) erwähnt, der den neuerdings in Aufnahme gekommenen Begriff des „Panentheismus" geprägt hat: Gott und Welt sind nicht identisch, sondern die Welt ist in Gott beschlossen, der sie – als Persönlichkeit – überragt.

Ihre Vollendung erfährt diese ganze Entwicklung in der Philosophie Hegels, wenigstens insofern, als hier das geschlossenste, methodisch einheitlichste und inhaltlich umfassendste System geschaffen worden ist. Allerdings ist das System Hegels zugleich der Höhepunkt des nach-kantischen *Rationalismus*. Der „Begriff" ist ihm *die* adäquate Form der Erkenntnis, alle Intuition (so gewiß Hegel selbst die Fähigkeit intuitiver Erkenntnis, speziell in geschichtlichen Zusammenhängen, in hohem Grade besaß) wird der geradlinig, ja eintönig fortschreitenden Begriffsdeduktion untergeordnet. Ein Irrationales gibt es nur in der Welt des Gleichgültig-Zufälligen, Einzelnen, in der Sphäre der Natur, dort, wo das „Wesen" sich in eine Mannigfaltigkeit individueller und zufälliger „Exemplare" verteilt, nicht als „Übervernünftiges" im letzten Grunde der Dinge, im Absoluten – wie für den späten Schelling (und weiter für Schopenhauer).

GEORG WILHELM FRIEDRICH HEGEL, 1770 in Stuttgart geboren, besucht mit Hölderlin und Schelling zusammen das Tübinger Stift, wird dann Hauslehrer in Bern und Frankfurt a. M., Gegenstand seines Interesses sind schon damals staats-, geschichts- und religionsphilosophische Probleme. 1801 habilitiert er sich in Jena, noch in einer Art Schülerverhältnis zu dem jüngeren Schelling, zu dessen frühreifer, leicht beweglicher, künstlerischer Art das langsame, aber zäh bohrende Denken Hegels in einem eigentümlichen Gegensatz steht. Seinen selbständigen Standpunkt gewinnt er dann 1806 in dem in den Tagen der Schlacht bei Jena vollendeten ersten Hauptwerk, der *„Phänomenologie des Geistes"*. Das

Buch behandelt dasselbe Problem, das sich Fichte in seiner Wissenschafts- und Sittenlehre, Schelling in seinem „transzendentalen Idealismus" gesetzt hatte: die Geschichte des Selbstbewußtseins in ihren mit innerer Notwendigkeit aufeinanderfolgenden Entwicklungsstufen. Dabei aber lehrt nun Hegel nachdrücklicher und bewußter, als es seine Vorgänger getan hatten, daß die Stufen, die das individuelle Bewußtsein durchläuft, dieselben seien, die auch das allgemeine Bewußtsein der Menschheit durchzumachen habe. Der individuelle Geist muß, um nicht in einem ungelösten Widerspruch stehenzubleiben, vom Bewußtsein zum Selbstbewußtsein, zur Vernunft, zum sittlichen Geist, zu Kunst und Religion, endlich zum absoluten Wissen übergehen; durch dieselben Stufen des die Welt und sich selbst Begreifens aber muß die Menschheit in ihrer Kulturentwicklung, der „absolute Geist" hindurchgehen.

Kurz darauf verließ Hegel Jena, wurde Redakteur in Bamberg, Gymnasialdirektor in Nürnberg, wo in den Jahren 1812 bis 1816 sein zweites Hauptwerk, die „Wissenschaft der Logik", entstand, der 1817 (in Heidelberg, wohin er als Professor berufen war) die „Enzyklopädie" folgte. Seit 1818 bis zu seinem Tode 1831 wirkte er dann an der Universität Berlin, wo er eine ungemein umfassende und einflußreiche Tätigkeit entfaltete.

Das Thema, das Hegel der Philosophie stellt, ist das denkbar umfassendste: sie ist die „denkende Betrachtung der Gegenstände überhaupt". Das Denken, der Begriff ist die ihr adäquate Form des Erkennens, aber nicht das Denken im Sinn des reflektierenden „Nachdenkens" über ein in Wahrnehmung oder Vorstellung „gegebenes" Material, sondern das konstruierende, schöpferische Denken, das methodisch fortschreitend in einer Kette die Begriffe der Gegenstände und zuletzt den Weltbegriff entwickelt, dem sie sich ein- und unterordnen. Soll Philosophie möglich sein, so muß es ein System des Wissens geben, das von einer zugleich unbezweifelbaren und voraussetzungslosen Einsicht, einem höchsten, umfassendsten und einfachsten Begriff also ausgehend, den Inbegriff alles Denkbaren in geschlossener Folge nach einer und derselben Methode entwickelt. Die Methode ist die uns bekannte dialektische Methode, die Hegel nun virtuos handhabt. Der allgemeinste und zugleich leerste Begriff aber, von dem er ausgeht, ist der Begriff des „Seins". *Das* Sein setzt die Philosophie als ihren Gegenstand voraus; wie *das* Sein zu der Fülle des *Seienden* wird und wie dies Seiende in seiner Totalität sich bestimmt, will sie begreifen.

Ein Blick auf das System im ganzen dient dem Verständnis Hegels am besten. Das Bild des Universums, das seine Philosophie zeichnet, umfaßt und gliedert nicht nur die — körperliche, seelische und geschichtliche — „Wirklichkeit", sondern die „Gegenständlichkeit" überhaupt, einschließlich der „ideellen" Welt der Gegenstände der reinen Mathematik und Logik. Mit voller Entschiedenheit stellt sich Hegel (wie die moderne „Phänomenologie") auf den Standpunkt Platons: die Begriffe, die Zahlen, die logisch-mathematischen Ideen sind weder körperliche Dinge noch subjektive „Inhalte" des menschlichen Bewußtseins, sondern sie sind ein bestimmt strukturiertes Reich von Gegenständen, das der Mathematiker und Logiker nicht erfindet, sondern in dem er seine Entdeckungen macht, das er erforscht wie der Geograph die Erde oder der Historiker die Geschichte. Freilich: die Existenz der Zahlen und Begriffe ist keine Existenz in Raum und Zeit, sie ist schlechthin raum- und zeitlos.

Alles Körperliche dagegen, alles, was der Natur angehört, ist an Raum und Zeit gebunden, ja es ist im Grunde ein Stück erfüllten Raumes und erfüllter Zeit; nehmen wir die Dinge fort, so bleibt noch der „leere" Raum und die „leere" Zeit übrig; denken wir Raum und Zeit weg, so haben wir die Bedingungen weggedacht, unter denen die „Existenz" der Natur selbst allein denkbar ist. Was der Welt der *Begriffe* völlig *fehlt*, ist *Grundlage*, Seinsbedingung der Welt der *Natur*.

Über die Natur erhebt sich die Welt des *Geistes*. Sie ist nicht raum- und zeitlos wie Zahlen und Begriffe, aber sie ist auch nicht in dem Sinn an Raum und Zeit gebunden wie die Natur. Erinnernd und erwartend überschaue „ich" Vergangenheit und Zukunft, sehend, tastend, hörend weiß ich um den Raum, der sich von mir bis zum Horizont und zum Himmelsgewölbe erstreckt. Nicht mein Bewußtsein ist, wie mein Körper, in Raum und Zeit, sondern Raum und Zeit sind in meinem Bewußtsein.

Es ist nur eine andere Seite der Raum- und Zeitlosigkeit der logisch-mathematischen Welt, daß die Gegenstände dieser Welt unveränderlich, unentstanden und unvergänglich, in strenger Identität „dieselben" sind. Die Zahl 3 kann nie zur Zahl 4 werden, wie drei Holzstücke zu vier Holzstücken werden können — man braucht nur eines von ihnen zu zerbrechen —, sie steht stets zur Zahl 4 in demselben Verhältnis. Die Natur dagegen *ist* die Welt des Werdens, die Identität der Körper ist im Grunde nur eine äußerliche Gleichheit und Kontinuität, ich bin körperlich nicht mehr „derselbe", der ich gestern war. Aber geistig, seelisch bin ich, weiß ich mich als „dasselbe Ich" im Laufe der Zeit, im Wechsel und in der Mannigfaltigkeit meiner Erlebnisse. Was der Welt der logischen Gegenständlichkeit eigen ist, der Natur fehlt oder nur gleichsam abbildhaft, fiktiv zukommt, die Selbigkeit, die Identität, kehrt wieder in der Welt des Geistes, bereichert um die zerstreute Fülle, die das Wesen des Naturhaften ausmacht.

In der Welt der Begriffe und mathematischen Gebilde herrscht der logische Zusammenhang, Grund und Folge. In der Natur wandelt sich das propter zum post, die *logische* zur *zeitlichen Folge*, der Grund zur äußerlichen Ursache. In der geistigen Welt eint sich beides: das Motiv der Handlung *verursacht* und *begründet* sie, in der Entfaltung des Menschengeistes und seiner geistigen Schöpfungen steckt Kraft und Logik zugleich, sie ist ursächlich zu verfolgen wie der Ablauf eines Naturgeschehens und logisch zu verstehen wie der Zusammenhang einer Kette von Schlüssen.

Nirgends besser als in dieser grundlegenden Dreigestalt läßt sich der Sinn der Hegelschen „Thesis", „Antithesis" und „Synthesis" erkennen. Man vergleiche gerade im Anschluß daran noch einmal das *„Sein"* der Begriffe der logisch-mathematischen Welt, die *Existenz* der Natur in Raum und Zeit und die *Wirklichkeit* des Raum und Zeit umspannenden und überwachsenden Geistes. Jeder Begriff ist – eben dieser Begriff, in sich geschlossen, mit sich identisch. Denke ich das Sein, so denke ich – eben das Sein: das Sein ist das Sein und nichts anderes, die Zahl ist die Zahl. Das hindert keineswegs, daß, indem ich einen solchen Begriff inhaltlich denke und zergliedere, ich in ihm wieder andere, neue Begriffe entdecke: ist nicht das „Sein", das „Etwas" ein Begriff, der alles, den Himmel wie die Hölle, die Million wie die Null, umspannt und bezeichnet, aber nur deshalb, weil, indem ich einen Gegenstand, ein „Etwas" überhaupt, ein Seiendes nenne, ich von aller spezieller Beschaffenheit absehe; mit anderen Worten: das Seiende in diesem allgemeinsten Sinn, das „Etwas" ist der Begriff, der *gar keinen* speziellen Inhalt hat und dem diese Abwesenheit des Inhalts: dem das „Nichts" seinen eigentlichen Sinn gibt. Damit entdecke ich im Seinsbegriff den neuen Begriff des „Nichts", der zu ihm gehört wie der Inhalt eines Begriffs zum Begriff selbst. Hegel entwickelt aus dem einen Anfang die ganze Kette, das ganze System der Grundbegriffe der Logik und reinen Mathematik, er will zeigen, daß wir systematisch vorgehend im einen immer den nächsten Begriff entdecken. Und nicht wir, die Betrachter, sind es, nicht der Logiker ist es, der hier diese „Entwicklung" vornimmt, ein Netz von Begriffen spinnt, sondern er folgt nur dem Weg, den die Begriffe gleichsam vor seinen Augen nehmen, der Begriff selbst „entwickelt", entfaltet sich vor seinen Augen zum System.

Ein Begriff ist im anderen, er schließt den anderen ein, das Sein der Begriffe und ihres Systems ist ein An- oder In-sich-sein. Ist der einzelne Raumpunkt ein „an sich"? Ist er an sich und durch sich selbst von irgendeinem anderen Raumpunkt verschieden? Sicherlich nicht – jeder Raumpunkt ist jedem anderen ununterscheidbar gleich, verschieden ist er nur durch seine Lagebeziehung zu ihm bzw. zu allen anderen Punkten, nur dadurch, daß er eben ein „anderer" Raumpunkt ist. Ja noch mehr: erst durch diese Beziehung, durch sein *„Anderssein“* wird der einzelne zu *diesem* bestimmten Punkt des Raumes, gewinnt er gegenständliche Bestimmtheit. Sein „Sein“ ist „Anderssein“. Und gilt dasselbe nicht für alle physikalischen, alle rein körperlichen Dinge und Kräfte? Ist der Südpol des Magneten denkbar ohne den Nordpol? Würde die Schwerkraft nicht alle Dinge in einen toten Klumpen ballen, wenn nicht eine Schwungkraft ihr das Gleichgewicht hielte? Kann es ein Nebeneinander geben, einen Raum, ohne daß die Punkte des Nebeneinander sich in Reihen, also in ein Nacheinander, eine Zeit ordnen?

Und wieder stehen wir in einer anderen Sphäre, wenn wir zur Welt des „Ich“, des Bewußtseins, des *Geistes* übergehen. Bin „ich“ nur dadurch, daß neben mir noch andere Wesen, andere Exemplare der Gattung Mensch da sind, von denen ich mich unterscheide durch die Zufälligkeit meines Wohnortes und die Zeit meiner Geburt, durch die Raum- und Zeitstelle meiner Existenz? Gewiß nicht, ich bin „etwas für mich“, ich bin wie jedes Ich ein bestimmtes persönliches Wesen, um dessen persönliche Eigenart ich weiß, und das dies persönliche Wesen auch sein würde, unabhängig vom Sein und der Eigenart anderer Menschen. Mit der Geisteswelt stehen wir in der Sphäre des *„Für-sich-seins“*. Allerdings: wir nähern uns dieser Welt des „Für-sich“ schon in der letzten und höchsten Stufe der Natur: ist nicht schon der Organismus, der lebende Tier- und Pflanzenkörper, ein „für sich Seiendes“; erscheint er uns nicht wie ein unvollkommenes, körperliches Bild des „Ich“, der Persönlichkeit, und verstehen wir nicht von hier aus, daß der lebende Körper gleichsam die Wohnung des „Ich“, der Punkt werden muß, an dem die Welt des Bewußtseins, des Geistes sich einsenkt in die Welt der Natur? Immerhin: auch der kunstvollste Organismus bleibt nur ein Gefäß des Geistes, ein Körperliches, das das Gepräge des Geistes trägt. Andererseits: ist der Mensch, das einzelne menschliche Individuum, das einzelne Ich, schon ein „Für sich“ im letzten, höchsten, abschließenden Sinn? Ist nicht auch er noch zu einem Teil „Gattungsexemplar“, ist er nicht auch noch zu einem Teil das, was er ist, durch den bloßen Gegensatz zu seinesgleichen, durch den Zufall seiner Stellung zu anderen? Bei dem vollen „Für sich" stehen wir erst, wenn wir uns zum „Ich" der Menschheit, des einen selbigen Geistes, der einen Vernunft erheben, die in der fortschreitenden Geistesgeschichte, in der Geschichte der Wissenschaft, Kunst, Religion, Philosophie lebt und sich entfaltet. Dieser „absolute Geist", dessen Wehen wir in uns spüren, wenn wir als Diener und Arbeiter der Wissenschaft bestrebt sind, ihr viele Jahrhunderte altes Werk ein kleines Stück auch an unserem Teil zu fördern, wenn wir in andächtigem Gefühl viele Jahrtausende alte religiöse Symbole ahnend verstehen, wenn wir als Philosophen um dieselben Probleme uns mühen, denen ein Platon und Aristoteles sein Denken zuwandte, dieser Geist, zu dem jeder einzelne von uns wie die Welle zum Strom, wie das Sandkorn zum himmelanstrebenden Berge sich verhält, der in der Klarheit und Durchsichtigkeit der logisch-mathematischen Welt sein eigenes Formengerüst, in der Natur sein veräußerlichtes Spiegelbild erkennt, und dessen letztes Ziel es ist, sich selbst zu begreifen – *dieser* Geist erst ist das *„An und für sich Seiende"*, das Seiende im letzten, absoluten, in sich vollendeten Sinn des Wortes. Hegels Philosophie ist ein ungeheures Entwicklungssystem, das die Brücke schlägt von der Systematik der abstraktlogischen Formen zu der bunten Mannigfaltigkeit der in Raum und Zeit in konkreter Fülle sich ausbreitenden Natur und von hier bis zum Walten der Gottheit, das sich in der Geschichte des menschlichen Geistes offenbart.

Auch die Natur ist Gott, ist Geist, ist unseresgleichen. Aber sie ist doch eben Geist in seinem Anderssein, in seiner Selbstentfremdung. Gott, wie er an sich selbst ist, offenbart sich, lebt und wirkt in der Menschheitsgeschichte. Hegel selbst hat kein unmittelbares Verhältnis zur Natur, sein ganzes Interesse gilt der *Geschichte* – der Geschichte, die seit der Revolution und den Napoleonischen Kriegen den Menschen, genauer den Menschen des Bürgertums, so ungemein viel nähergerückt war.

Man hat von Hegel gesagt, er habe den *Staat* zum Gott gemacht, staatliche und göttliche Autorität verschmolzen. Und es ist zuzugeben, daß mehr als eine Wendung bei Hegel, der aus einem Schwaben ein Preuße nach Amt und Seele geworden war, dieser Behauptung als Grundlage dienen kann. Sicher steht ihm der Staat über dem Individuum, wie ihm die ehrfurchtgebietende und achtungfordernde Institution des historisch gewordenen Rechtes über dem subjektiven Gefühl für Recht und Unrecht im Gewissen des Einzelnen steht, wie das individuelle Leben ihm überall nur in Eingliederung und Unterordnung unter überpersönliche, objektiv geistige Gebilde Sinn und Ziel bekommt. Der Einzelne ist unter ein geschichtliches Schicksal gestellt – zunächst durch den Staat, dem er zugehört. Freilich handelt der Staat durch den Einzelnen, dessen Hand und Kopf er sich bedient, der ihm Werkzeug und Mittel ist. Das gilt bis hinauf zu den großen führenden Persönlichkeiten, deren Namen und Taten uns Klio in Stein und Erz gegraben aufbewahrt hat. Was machte sie „groß"? Nicht, nach Hegel, ihre persönlichen Eigenschaften, die Schärfe ihres Intellekts, die Leidenschaft ihres Gefühls, die Kraft ihres Willens, sondern dies, daß sie mehr oder minder dunkel fühlten, was zu tun an der Zeit war, daß der rote Faden des historisch-politischen Geschehens durch ihre Person und ihr Tun hindurchführt. Dem Menschen ist gleichsam seine Aufgabe im Schoße der Zeit, der Konstellation, in die er hineingeboren wird, bereitet, er muß ihr Werkzeug werden und sie durchführen. Nicht ganz klar wird es dabei freilich, ob und wieweit der einzelne sich dieser Aufgabe bewußt sein, sich als ausführendes Organ der Staatsinteressen und -zwecke *fühlen* muß. Hegel hat den Begriff der „List der Vernunft" geprägt, die zugleich eine List der Geschichte ist: der einzelne Mensch kann glauben, seinen ganz persönlichen Zwecken, seinem Ehrgeiz etwa, zu dienen; in Wahrheit wirkt er im Dienst höherer, geschichtlicher Ziele, von denen er keine Ahnung hat, die aber eben durch sein Tun ihrer Verwirklichung nähergeführt werden. Auf alle Fälle ist der einzelne Mensch Werkzeug und Mittel, wissentliches oder unwissentliches. Nicht auf ihn als einzelnen ist das Weltgeschehen bezogen, nicht er an sich ist Wert und Selbstzweck. Hier liegt der Gegensatz zwischen Hegel und Kant, auch zwischen Hegel und der Aufklärung, zwischen Hegel und Sokrates, endlich auch zwischen Hegel und dem Persönlichkeitskult, dem Künstlertum und dem Subjektivismus der Romantik.

Bei aller betonten Wertung des Staates in der Philosophie Hegels darf man jedoch nicht übersehen, daß eben doch nicht der „objektive", sondern der „absolute" Geist die Krönung des Gebäudes bedeutet. Auch der Staat tritt uns noch entgegen in der Vielheit der einzelnen Staaten, ihrem Gegen-, Neben- und Nacheinander, ihrem Aufstieg und Untergang. Auch der Staat ist noch sterblich, unsterblich ist nur der „Geist", der allein im vollen Sinn diesen Namen verdient, der in fortschreitender Entwicklung, in Kunst, Wissen, religiösem Gefühl, philosophischem Welt- und Selbstverständnis die Geschichte der Menschheit durchzieht, innerhalb deren der eine *Staat* den Faden da aufnimmt, wo der andere ihn fallen gelassen hat, Rom fortbaut auf dem Werk von Hellas, die „christlich-germanische Welt" auf dem Boden, den Rom bereitet hat. Über der politischen Geschichte mit dem Wechsel ihres Wellenschlages, ihres wesentlichen Schauplatzes, ihrer Völkerantithetik erhebt sich als letzte Synthese die Kulturgeschichte, in der die politischen Gegensätze zu kulturellen Phasen werden.

Der Staat überwächst das Individuum, seine Geburt und seinen Tod. Er handelt und spricht durch die Individuen, die seine Werkzeuge und Organe werden. In der Arbeit im Dienst des Staates gewinnt das Dasein des Individuums Sinn, Wert und Bedeutung. Aber durch die Staaten wiederum handelt und spricht, wirkt und entfaltet sich der Geist der menschlichen Kultur. Der einzelne Mensch hat seine Aufgabe: durch die staatliche Gemeinschaft, in der er steht, wird sie ihm gestellt; hat er sie erfüllt, so ist sein Tod kein Verlust mehr, auch wenn er Alexander, Cäsar, Napoleon heißt. Ebenso hat Hellas, hat Rom, hat das mittelalterliche

Kaiserreich seine „Aufgabe" gehabt in der geistesgeschichtlichen Entwicklung, mit der Lösung dieser Aufgabe haben sie ihre Sendung erfüllt und sind verschwunden. Die Aufgabe, diese Sendung zu bestimmen, die Bedeutung, die jeder politischen Phase und ihrem Träger im Ganzen der Menschheitsgeschichte als der Geschichte des zu sich selbst kommenden, sich selbst begreifenden und damit im Sinn seines Wesens schöpferisch („frei") werdenden Geistes zukommt, ist die eigentliche Aufgabe, die Hegel seiner Philosophie der Geschichte stellt. (Hier liegt der Gegensatz zwischen Hegel und Herder, dem Vater der deutschen Geschichtsphilosophie, weiter zwischen Hegel und Ranke, zwischen Hegel und der historischen Schule. Für Hegel gibt es in der Geschichte nur Phasen, Durchgangspunkte, die Geschichte ist als Entwicklung zu begreifen. Für Herder stellt jedes Volk eine Seite Gottes dar, in ihrer Gesamtheit, in ihrem Zusammenklingen ergeben die Völker die große Weltsymphonie. Für Ranke ist „jede Epoche gleich unmittelbar zu Gott".) Man beachte dabei, daß auch gerade die politische Gestalt eines Gemeinwesens es ist, die nach Hegel ihm seine Stellung in der Kulturgeschichte gibt, denn sie entscheidet über das Verhältnis von Individuum, Staatsgewalt und Kultureinheit, über das Zusammenwirken von subjektivem, objektivem und absolutem Geist.

Hegel philosophiert aus seiner Zeit heraus und versteht die Geschichte von seiner eigenen Zeit aus, die damit in gewissem Sinn für ihn das Ziel der Geschichte ist, wobei das Ende der Geschichte mit ihrer nachkonstruierbaren logischen Zwangsläufigkeit natürlich nicht das Ende des Seins oder der Menschheit bedeutet. Sie ist der Punkt, an dem die Geschichte nunmehr gleichsam auf erreichter Hochebene weiterschreiten, das Erreichte durchführen, vertiefen, erweitern, aber nicht mehr unter Überwindung innerer Gegensätze neue Stufen erklimmen wird. Die Menschheit hat kein „Chaos mehr in sich", was für Hegel die Höhe, für Nietzsche die Entartung des Menschen bedeutet.

Die Einordnung, die Überwindung des Individuums, die Überwölbung des subjektiven durch den objektiven und den absoluten Geist ist der Sinn der Geschichte, wie Hegel sie deduziert, und damit schließlich auch der Sinn des einzelnen Menschenlebens selbst. Denn das einzelne Menschendasein erhält seinen Sinn durch die Geschichte. Im Gottesgedanken gipfelt das Hegelsche System. Aber Gott ist der Schirmer, ja in gewissem Sinn der Schöpfer der Kulturwerte. Er schafft und wirkt sie durch die Hand des Menschen und im Rahmen der Staaten. Hier steht Hegel mit seinem Zeitgenossen Schleiermacher auf gleichem Boden, trotz Hegels Abneigung gegen eine Theologie, die dem „Gefühl" jene Stelle einräumt, die Schleiermacher ihm geben will.

Sein festgefügter, gleichsam erlernbarer Charakter gab Hegels System seine starke schulbildende Kraft, hatte freilich auch zur Folge, daß der kurzen Blüte und weiten Verbreitung der Hegelschen Schule ein um so schnellerer Niedergang folgte. Von dieser Geschichte der Hegelschen Schule wird später die Rede sein. —

Der „Idealismus" der Fichte und Hegel gestaltet die Transzendentalphilosophie zu einer schöpferischen, konstruktiven Logik, die keiner *Tatsachengrundlage* bedarf, sondern umgekehrt jeder Tatsachenwissenschaft logisch übergeordnet ist, insbesondere auch der Psychologie. Hier stehen nun diesen Vertretern einer metaphysischen Logik andere Denker gegenüber, die die Grundlage der Vernunftkritik selbst in einer psychologischen Bewußtseinsanalyse, in der Selbstbeobachtung sehen und die empirische Psychologie zur eigentlichen philosophischen Grundwissenschaft machen. Auf diesem Standpunkt steht vor allem JAKOB FRIEDRICH FRIES (1773—1843, Professor in Heidelberg und Jena), der seine „Neue Kritik der Vernunft" als „anthropologische" (empirisch-psychologische) Untersuchung bezeichnet: woher wissen wir um die letzten unableitbaren Vernunfteinsichten, die unserer Erkenntnis, unseren ästhetischen und ethischen Wertungen zugrunde liegen? Wir finden sie und die Überzeugung von ihrer Geltung in uns, in unserem Bewußtsein vor, das „Apriori" unserer Erkenntnis wird nicht selbst a priori deduziert, sondern a posteriori festgestellt. Eine weitere

„Begründung“ können daher jene Prinzipien nicht erhalten, auch nicht durch eine besondere „transzendentale“ Methode. Daß sie Gültigkeit für das Sein außerhalb unseres Geistes haben, ist eine unbegründbare, aber auch nicht mit Gründen bezweifelbare Voraussetzung jeder erkennenden Vernunft. In seiner Religionsphilosophie erinnert Fries einerseits an Jacobi, andererseits an Schleiermacher: den letzten Weltzweck erfassen wir im religiösen Gefühl, „ahnden“ wir, wenn wir in Natur und Geschichte die Schöpfertätigkeit Gottes, die „ewige Schönheit“ und die „ewige Liebe“ als die urschöpferischen Bildner des Weltalls erfühlen.

In der Ablehnung des konstruktiven Idealismus, in der Forderung einer auf Erfahrung gegründeten Psychologie bei gleichzeitiger Anknüpfung an Kant berührt sich mit Fries JOHANN FRIEDRICH HERBART (1776 in Oldenburg geboren, später Hauslehrer in Bern, Professor in Königsberg und Göttingen, wo er 1841 starb). Ein nüchterner, verstandesmäßiger Zug kennzeichnet sein Denken, ein Zug zur abstrakten Wissenschaft, das Ideal der „mathematischen Methode“ kehrt wieder; das Großzügig-Phantastische der Systeme Fichtes und Hegels liegt ihm ebenso fern wie ihr Versuch, das konkrete Leben der Geschichte einschließlich der politischen Gegenwart in ihr Begriffsnetz einzufangen und zu ihm Stellung zu nehmen. Ausgangspunkt der Philosophie ist das „Gegebene“, die Erfahrung, aber nicht im Sinn der bloßen „Empfindung“, des „Mannigfaltigen der Anschauung“ Kants, sondern im Sinn des naiven Weltbildes, der in mancherlei Begriffen gedachten und in Formen gestalteten Welt des vorwissenschaftlichen Bewußtseins, der Welt der „Dinge“ mit ihren „Eigenschaften“ und „Veränderungen“. Dieses Weltbild nun enthält Widersprüche und Inkonsequenzen, Aufgabe des philosophischen Denkens ist es, es von ihnen zu reinigen, also von ihm aus zu einem widerspruchslos denkbaren Begriff von der Grundstruktur der Realität zu gelangen. Daß es eine solche Realität, eine an sich seiende Welt gibt, steht für Herbart außer Frage: mag, was Sinne und Bewußtsein uns zeigen, ein „Schein“ sein, so weist doch jeder „Schein“ – wie der

Rauch auf das Feuer – auf ein „Sein“ zurück. Nachdem Herbart dann, nicht ohne subtilen Scharfsinn, die logischen Schwierigkeiten herauspräpariert hat, die in den vulgären Begriffen des „Dinges“ in seiner Einheit und Vielheit, seiner Substantialität und Veränderlichkeit, der Kausalität, des Raumes, der Zeit usw. stecken, führt er aus, daß wir einen widerspruchsfreien Begriff der Wirklichkeit nur erhalten, wenn wir sie in ihrem letzten Grunde aus einer Vielheit unveränderlicher, einfacher Wesen, „Realen“, bestehend denken, die einen hemmenden oder störenden Einfluß aufeinander üben und diese Störungen mit einer Tendenz zur Wiederherstellung, zur Selbsterhaltung beantworten. Man beachte im Gegensatz zu Hegels universalem Bestreben, die ganze bunte Wirklichkeitsfülle in einem großen Entwicklungszusammenhang zu begreifen, das kahle Schema dieses Begriffsgerüstes, das für Herbart von der Welt übrigbleibt, nachdem alles „Widerspruchsvolle“ als bloßer „Schein“ entfernt ist. Die Welt „denkbar“, rational zu machen, ist sein philosophisches Ziel, dazu soll jeder „Widerspruch“ ausgemerzt werden: Hegel will im Gegenteil zeigen, daß wir durch die überall uns entgegentretenden Widersprüche hindurchgehen müssen, um erst am Ende, indem wir sie zusammendenken, den Gesamtbegriff der Wirklichkeit – als des sich durch seinen Gegensatz hindurch entwickelnden absoluten Geistes – zu finden, in dem sich die Widersprüche lösen. Für Hegel ist die Welt lebendige Entwicklung, heraklitisches Werden, deshalb können, ja müssen für sie widersprechende Prädikate gelten, sie muß so und auch wieder nicht so, sie muß Einheit und Vielheit, Geist und Materie sein; für Herbart ist sie starres, widerspruchsloses eleatisches Sein.

Seine originellste Leistung vollbringt Herbart, indem er auf der Grundlage seines Begriffsschemas eine auf „Metaphysik, Mathematik und Erfahrung“ gegründete neue Wissenschaft der *Psychologie* entwirft. Sie ist streng kausal, deterministisch: alle seelischen Vorgänge sind von Gesetzen beherrscht, wie die Vorgänge der physikalischen Natur. Sie ist ferner pluralistisch und atomistisch, wie Herbarts ganze Metaphysik: Einmal stehen sich die Einzelseelen als einfache Reale gegenüber, ferner aber werden die „Vorstellungen“ in der einzelnen Seele gleichsam zu Atomen, die sich hemmen und sich assoziieren, Vorstellungsmassen bilden, die die neu in die Seele eindringenden Eindrücke assimilieren, die als Ganze konkurrieren und sich zu umfassenderen Ganzen verflechten. Das Ergebnis ist eine Vorstellungsmechanik, in die sich das seelische Geschehen auflöst; alle nicht vorstellungsmäßigen Elemente des Bewußtseins, Gefühle, Affekte, Strebungen, sind nach Herbart nur Bewußtseinsreflexe der Art, wie die Vorstellungsmassen im Ich hemmend und fördernd, sich störend und nach Erhaltung strebend aufeinander wirken. Gegenüber der namentlich in Deutschland herrschenden „Vermögenspsychologie“, die mit ungeklärten vulgären Allgemeinbegriffen („Verstand“, „Vernunft“, „Phantasie“, „Wille“) wie mit wirklichen Dingen arbeitete, war dieser Herbartsche Versuch, eine Vorstellungspsychologie nach dem Muster einer atomistischen Physik aufzubauen, ein wissenschaftlicher Fortschritt, andererseits mußte Herbarts Unternehmen, seine psychologischen „Gesetze“ in mathematischen Formeln auszusprechen, ein Fehlschlag werden.

Der Intellektualismus und Determinismus, den seine Psychologie zeigt, beherrscht auch Herbarts Ethik und Ästhetik. Die Ethik wird in gewisser Weise der Ästhetik untergeordnet: „gut“ nennen wir Handlungen, die unmittelbar, ohne egoistisches Interesse, gefallen, wie Ton- oder Farbenharmonien gefallen; und die Herbartsche Ästhetik selbst erhält einen stark formalistischen Charakter: innere Freiheit (Übereinstimmung mit sich selbst), Vollkommenheit, Wohlwollen, Recht und Billigkeit sind die sittlichen Grundideen, d. h. die unmittelbar wohlgefälligen Beziehungen des Menschen zu sich selbst und zu den anderen.

Endlich baut Herbart auf Ethik und Psychologie seine Pädagogik und Didaktik und damit denjenigen Teil seiner Philosophie, der praktisch die stärkste und nachhaltigste Wirkung geübt und das meiste zur Verbreitung und Erhaltung der Herbartschen „Schule“ beigetragen hat.

Neben Fries und Herbart können wir endlich EDUARD BENEKE (1798–1854, Dozent in Berlin) nennen, der die Philosophie im wesentlichen auf Psychologie, auf die Wissenschaft der inneren Erfahrung, reduzieren will. Die Außenwelt gibt sich uns als Erscheinung, ihr eigentliches Sein ist nur der Vermutung, der Hypothese zugänglich; das Seelische dagegen erfassen wir in der inneren Erfahrung, wie es an sich ist.

Bei Fichte, Schelling, Hegel und ihren Geistesverwandten führt die an Kant kritisch und fortbildend orientierte Philosophie zu einer schöpferischen metaphysischen Logik, bei Fries, Herbart, Beneke im wesentlichen zu einer Psychologie des Erkennens und Wertens. Wieder andere Bahnen schlägt ARTHUR SCHOPENHAUER (1788–1860) ein, der letzte, der sich mit Nachdruck als „Kantianer", ja als einzig echten und würdigen Nachfahren Kants bezeichnet. Stehen Fries und Herbart den Fichte-Hegelschen Systemen kühl und ablehnend gegenüber, so steigert sich diese Ablehnung bei Schopenhauer zu grimmigem, mit schärfstem Hohn gemischtem Spott; andererseits wieder steht Schopenhauer im Grunde dem romantischen Denken mit seinem starken Phantasieeinschlag, seiner Neigung zur Intuition und Analogie, seinem Hang zum Genialen (wenn auch dann bei Schelling und gar bei Hegel die Intuitionen und Analogien in das Prokrustesbett der einen dialektischen Methode gezwängt werden) näher als dem formalistisch-mathematischen, an die vorkantische Philosophie Wolffs erinnernden Denken Herbarts.

Seltsam widerspruchsvoll ist der Charakter Schopenhauers, der selbst aus einer recht ungleichen Ehe stammt (eines grüblerisch-pedantischen Kaufmanns und der lebensklugen und -lustigen, künstlerisch veranlagten Schriftstellerin Johanna Schopenhauer): leidenschaftlicher, unbefriedigter Ehrgeiz kollidiert mit der unermüdlich höhnischen Bekämpfung der Scheinwerte der Ehre und des Ruhms; der Versuch, Sinn- und Wertlosigkeit des Lebens zu beweisen, mit der ängstlichen Sorge um die eigene Existenz; der Drang nach literarischer Anerkennung mit zur Schau getragener Menschenverachtung. Der Pessimismus, der seiner Philosophie den

Charakter gibt, hat etwas von dem geistigen Racheakt eines Menschen, dem das Leben seine leidenschaftlichsten Wünsche nicht zu erfüllen vermag, der aber auch zu scharfsichtig und zu rücksichtslos in seinem Wahrheitsdrang ist, um sich mit Lebenslügen und Scheinbefriedigungen zufrieden zu geben. Das Disharmonische seiner eigenen Natur schärft ihm den Blick für das Allzumenschliche im Menschen überhaupt, er ist praktischer Psychologe von schneidend naturalistischer Menschenkenntnis, andererseits liegt ihm ein letzter verborgener Trost darin, daß er diese Disharmonie, diesen sinnlosen und vergeblichen Kampf in der eigenen Brust als unvermeidliches Schicksal zu erkennen glaubt. In alledem erhält Schopenhauers Philosophie eine sehr stark persönliche Note, gleichmäßig im Gegensatz zu der Systematik Hegels und der formalistischen Denkweise Herbarts; in ihrer objektiven Begründung sehr fragwürdig, besitzt sie eine starke subjektive Wahrheit: die Welt gesehen durch ein Temperament. In dieser souveränen Subjektivität weist Schopenhauer hinüber auf Denker in der zweiten Hälfte des 19. Jahrhunderts, vor allem auf Nietzsche, der in ihm die kongeniale Denkerpersönlichkeit empfindet.

Die Zahl der Denker, die auf ihn Einfluß gewonnen haben, ist gering: neben die Lektüre der Schriften Kants tritt die persönliche Bekanntschaft mit Goethe (dessen Farbenlehre die Schrift „Das Sehen und die Farben" verteidigt), das Studium Platons und endlich der *indischen* Philosophie (die in den ersten Jahren des Jahrhunderts durch lateinische Übersetzung bekannt wurde). 1813 promovierte er mit der Schrift „Über die vierfache Wurzel des Satzes vom Grunde" (der „Grund" in der vierfachen Bedeutung des logischen Urteils-, des mathematischen Seinsgrundes, der Naturursache und des Willensmotivs), 1814/1818 vollendet er in Dresden sein Hauptwerk „Die Welt als Wille und Vorstellung"; nach kurzer, wenig erfolgreicher Privatdozententätigkeit in Berlin wählt er Frankfurt a. M. zum Wohnsitz, wo er bis zu seinem Tode bleibt, einsam und wenig beachtet, bis erst ganz zu Ende seines Lebens der literarische Erfolg sich einzustellen begann.

Die Welt – das ist der erste Satz Schopenhauers – die Welt der Dinge, die Welt unserer Wahrnehmung, die Natur, von der die Naturwissenschaft spricht, ist in allen ihren Teilen Erscheinung, „*Vorstellung*“, Objekt für ein wahrnehmendes und denkendes Subjekt. Diese Einsicht hat die Naturwissenschaft zum Teil (Subjektivität der Farben, Töne usw.), Kant vollständig durchgeführt durch seine Lehre von der Subjektivität des Raumes, der Zeit, der Kategorien. Raum, Zeit und Kausalität – auf die Schopenhauer die 12 Verstandesbegriffe Kants reduziert – sind die Formen der Objektswelt, die zugleich voneinander unablösbar sind: Raum und Zeit sind gleichsam selbst das ins Anschauliche übersetzte Verhältnis von Grund und Folge. Die Objektswelt läßt sich nur in diesen drei Formen, d.h. sie läßt sich nur als „Materie“ und als naturgesetzlich bestimmte Abfolge von Bewegungen denken.

Nun gibt es aber einen Punkt in der Welt, an dem unser Erleben über die Erkenntnis der Erscheinungs-, der Objektswelt hinausgreift: unser eigenes Ich ist uns einmal wahrgenommener Leib, als Körper eingeordnet in den Kausalzusammenhang der Raum-Zeit-Welt, zugleich wissen wir uns als raumloses, überzeitliches, freies Wesen – als „Wille“. Mein Ich – darunter kann ich allerdings auch verstehen die Vielheit „meiner“ Gefühle, Strebungen, Denk- und Wahrnehmungsakte. Aber diese „Inhalte der inneren Wahrnehmung“ sind selbst wieder *einmal* in den Kausalzusammenhang, der vom Körper ausgeht (Reiz) und in ihm endet (antwortende Bewegung), einzuordnende, daher selbst raum-zeitlich, körperlich aufzufassende Vorgänge, andererseits erleben wir sie als *Ausdruck* eines einheitlichen stellungnehmenden *Triebes* nach Selbst- und Arterhaltung, eines *Willens*, der zugleich, als Sexualtrieb, die Schranken der Individualität durchbricht. Das Ich, der organisierte Ichkörper ist selbst „Erscheinung“ dieses Triebes, Darstellung desselben in materieller, raumzeitlicher Objektsgestalt. Ebenso ist die anorganische, die physikalische Natur für den Physiker eine „Wirkung“ von „Kräften“, genauer einer konstanten „Kraft“, deren körperlich faß- und meßbare Erscheinung jedoch allein in die Betrachtung des Physikers fällt. „Kraft" an sich genommen ist „Wille"; ein einheitlicher Wille also verbirgt sich auch hinter der Welt der physikalischen Phänomene wie hinter der Mannigfaltigkeit der physiologischen und psychologischen Erscheinungen. Die Wissenschaft der Physik, Biologie, Psychologie *beobachtet* die Vielheit *objektiv* erfaßbarer Inhalte, um sie in Raum und Zeit, als Grund und Folge, gesetzmäßig zu verknüpfen, die „Metaphysik" ahnt hinter dieser objektiven Vielheit das eine Subjekt: den *Weltwillen.*

Wie Fichte, Schelling, Hegel bleibt also auch Schopenhauer nicht bei der Grenzsetzung Kants stehen, und wie sie sucht er den Punkt, an dem sich uns der Weg über die „Erscheinung" zum „An sich" öffnet, im *Ich.* Sein „Weltwille" steht sogar dem Fichteschen „Absoluten", Schellings „Subjekt-Objekt", Hegels „absolutem Geist" näher als die Herbartschen „Realen", die nach dem Muster der vielen *individuellen* Iche gebildet sind, während Fichte, Schelling, Hegel, Schopenhauer den Schritt zur „Mystik", zu der *einen* Wurzel tun, aus der *alles* Bewußtsein entspringt, die tiefer liegt als das Sein des Individuums. Andererseits trennt nun eine tiefe Kluft Schopenhauer von den Systematikern des deutschen Idealismus: das Absolute ist nicht ein zielstrebig sich entwickelndes Wesen; es ist nicht „Geist", sondern blinder, zielloser Wille, was wir Geist, Vernunft, Intelligenz nennen, ist selbst nur, wie der Sinnesapparat und die Empfindung, ein Organ, ein Mittel des Trieblebens; die Geschichte der Menschheit ist nichts als ein Tummelplatz blinder Leidenschaften, wie das individuelle Leben nur ein Hasten nach Scheinwerten ist, ein sinnloses Sich-im-Kreise-Drehen mit dem Tode als unvermeidlichem Ende. Der Weltgrund ist widervernünftig, irrational. Am meisten nähert sich Schopenhauer hier dem späten Schelling, aber für Schelling ist doch der Weg der Weltentwicklung ein Weg zur Überwindung dieses Blinden und Irrationalen, ein Geistwerden des eben doch *göttlichen* Urgrundes. Für Schopenhauer ist das Letzte, daß der Intellekt des Menschen, obgleich nur ein Werkzeug des Willens, schließlich die Sinnlosigkeit, man

möchte sagen: die *satanische* Natur dieses Wesens alles Seins und Lebens durchschaut und so durch die „Verneinung des Willens zum Leben“ die *Erlösung* – nicht *der* Welt, sondern *von* der Welt bringt.
Es gibt eine doppelte Form dieser Erlösung. Einmal die vorübergehende, momentane, die uns die Kunst, das Versinken im reinen, begierdelosen, von allen Zwecken und Zielen befreiten Schauen gewährt, dem Schauen der Typen, Urbilder, „Platonischen Ideen“ aller Dinge, der reinen Kraftwirkungen in der Architektur, des reinen Lebens der Tier- und Menschengestalt in der Plastik, der menschlichen Charaktere und Gefühle in der Poesie, des Weltwillens selbst in der Rhythmen- und Klangwelt der Musik. Und zweitens die dauernde und endgültige (nicht im Selbstmord, der nur die Erscheinung, nicht das Wesen trifft, sondern) in der Überwindung des Egoismus, des Hängens an den Gütern der Welt durch das *Mitleid*, durch jene Lösung von der Welt, wie sie der christliche und buddhistische Heilige verkörpert.

2. Die französische Philosophie im 19. Jahrhundert

Die französische Aufklärung hatte ihre Weltanschauung in der großen Revolution in die Praxis übersetzt. Die in ihr lebende geistige Bewegung setzt sich dann während und nach der Revolution in Männern wie Destutt de Tracy, Cabanis u. a. fort, deren Hauptarbeiten sich auf das Gebiet der physiologischen Psychologie erstrecken, die schließlich, wie die Holbach und Helvetius vor ihnen, zum Materialismus kommen. Der Aufklärung tritt dann auch hier wie in Deutschland eine *Romantik* entgegen, nur stärker als die deutsche Romantik mit gegenrevolutionären Tendenzen verknüpft und zugleich noch ausgesprochener katholisch gerichtet. Joseph de Maistre (1753–1821), der Gegner der Revolution, deren Ursache er im Abfall von der Autorität, im Unglauben und in der Selbstherrlichkeit des Individuums sieht, der alles

Heil in der Wahrung der von der katholischen Kirche bewahrten Tradition und der durch sie gewährleisteten Kontinuität der historischen Entwicklung erblickt, ist der hervorragendste Wortführer dieser Reaktion.

In gewisser Weise in der Mitte zwischen diesen beiden entgegengesetzten Richtungen steht der bedeutendste französische Denker um die Wende des Jahrhunderts, Maine de Biran (1766–1824; „Sur les rapports du physique et du moral de l'homme" 1811, „Essai sur les fondements de la psychologie" 1841 aus dem Nachlaß publiziert). Er geht vom Erkenntnisproblem, von der Frage des Verhältnisses des Bewußtseins zur Realität aus und wendet sich auf der einen Seite gegen den Materialismus, auf der anderen aber auch gegen den phänomenalistisch-skeptischen Standpunkt. Die entscheidenden Argumente gegen beide findet er im Selbstbewußtsein, in der inneren Erfahrung, die uns ja nicht nur Empfindungen und Wahrnehmungsinhalte, passive Gegebenheiten, sondern auch die Aktivität unseres Wollens und auf der anderen Seite den Widerstand zeigt, den eine „Außenwelt" diesem Willen, also unserem „Ich" entgegensetzt. In diesem Widerstand erleben wir die Realität der Außenwelt, des „Nicht-ich", im Wollen erleben wir das Ich, die Seele, und zugleich ihre Einheit, Kraft und Ursächlichkeit. Die so in der inneren Erfahrung als objektiv gültig legitimierten Grundbegriffe werden dann weiter zur Grundlage einer spiritualistischen Metaphysik. Maine de Birans Philosophie erinnert an Fichte; der an ihn anknüpfende Victor Cousin (1792–1867) zeigt deutliche Einflüsse des deutschen nachkantischen Idealismus (daneben der schottischen Schule), hat sich im übrigen vor allem als Historiker der Philosophie einen Namen gemacht und gibt sich in seiner politischen Philosophie als Vertreter eines gemäßigten Liberalismus.

Als eine mittelbare Folge der Revolution, einerseits der in ihr einsetzenden Massenbewegung, andererseits der Enttäuschung über die sozialen Errungenschaften der Revolution (aus der schon der Aufstand Babeufs hervorgeht) können wir das starke Erwachen der sozialistischen Ideen und das

Auftreten der großen sozialistischen „Utopisten" betrachten. Getragen von demselben echt französischen gläubigen Enthusiasmus, der die Ideale der Demokratie bei Rousseau, Condorcet, Robespierre beseelt, begegnen uns im Anfang des 19. Jahrhunderts die sozialistischen Ideale in den phantasiereichen Zukunftsgemälden von CLAUDE HENRI DE ST. SIMON (1760–1825), CHARLES FOURIER (1772–1837) und PIERRE JOSEPH PROUDHON (1809–65). Bei ihnen allen verbindet sich mit den sozialistischen Ideen jener Glaube an die Wissenschaft, an die Technik, an das goldene Zeitalter, das sozialistische Gesellschaftsordnung und wissenschaftlich-technische Naturbeherrschung der Menschheit bescheren werden.

Ein Schüler St. Simons ist dann AUGUSTE COMTE, der Begründer des *Positivismus* und bedeutendste französische Philosoph aus der ersten Hälfte des 19. Jahrhunderts.

In der deutschen Philosophie lebt eine überwiegende Tendenz zur Spekulation, zu einem von der positiven Wissenschaft losgelösten Philosophieren über die Natur, die Seele, endlich die Wissenschaft selbst, einer Philosophie, die ihre eigene Methode pflegt außerhalb und jenseits der Einzelwissenschaften. Die englische Philosophie ist von Anfang an psychologisch orientiert, sie wird zur Wissenschaft der inneren Erfahrung, mit dem letzten Endzweck einer technischen Beherrschung des Geistigen, die der Technik der Naturbeherrschung auf dem Grunde der Physik entsprechen würde. In der französischen Philosophie endlich tritt immer wieder ein enzyklopädischer Zug zutage, das Streben nach einer gewaltigen Zusammenfassung aller positiven wissenschaftlichen Erkenntnis, von welcher Zusammenfassung man dann eine wissenschaftliche Durchdringung und Fundamentierung der gesamten Kultur erwartet. Bayles „Dictionnaire" ist die erste Erscheinung dieser Art, dann das Werk der Enzyklopädisten, endlich Comtes positive Philosophie.

AUGUSTE COMTE ist 1798 in Montpellier als Abkömmling einer streng katholischen Familie geboren – eine Abstammung, die nicht ohne Einfluß auf seine Entwicklung blieb –, besuchte die polytechnische Schule in Paris und wurde für eine Zeit Schüler und Anhänger des Sozialisten St. Simon. Nach dem Bruch mit St. Simon vollendete er in langer selbständiger Arbeit, unter mancherlei Entbehrungen, Schwierigkeiten, unterbrochen durch eine geistige Erkrankung, 1842 sein sechsbändiges Hauptwerk, den „Cours de philosophie positive". Eine Professur, ja eine Anstellung überhaupt wurde ihm trotz der außerordentlichen gedanklichen und gelehrten Leistung des Werkes versagt, er blieb bis zu seinem Tode (1857) auf die Unterstützung seiner Freunde und der Kreise seiner Anhänger angewiesen. Eigentümlich ist die Neigung seiner späteren Zeit (von den Schriften sei der „Catéchisme positiviste" genannt), seiner Philosophie die Gestalt einer Religion zu geben, freilich einer Religion ohne Gott – an die Stelle des Kultus Gottes tritt der Kultus der Menschheit – und ohne Dogmen, aber mit einem stark an den Katholizismus erinnernden Rituell, mit Festen, einem Heiligenkalender, mit Sakramenten und Priestern. Während sonst die Philosophie dazu neigt, unter Abstreifung des rituellen und liturgischen Elements die Religion zur Metaphysik zu rationalisieren, scheidet sie hier umgekehrt als „Positivismus" das Metaphysische ab, behält aber das kultliche Element bei und nähert sich so der Form der Religion.

Die Grundthese des Comteschen *„Positivismus"* ist der Gedanke, daß wir erstens nur eine Kenntnis von *Phänomenen* besitzen und daß zweitens unsere Kenntnis von den Phänomenen eine *relative*, keine absolute ist. Es hat keinen Sinn, nach dem „Wesen" einer Tatsache oder nach ihrer wirklichen „Ursache" zu fragen, sondern nur nach ihrer Beziehung zu anderen Tatsachen in der Form der Aufeinanderfolge oder der Ähnlichkeit. Diese Beziehungen sind konstant, wir nennen sie, soweit es sich um die Beziehungen der Ähnlichkeit handelt, Begriffe, soweit es sich um solche der Abfolge handelt, *Gesetze* der Phänomene. Die Gesetze der Phänomene kennenzulernen, um dann mit ihrer Hilfe die kommenden Phänomene vorhersagen zu können – savoir pour prévoir –, ist der Sinn aller wissenschaftlichen Erkenntnis. Genauer ist es das Verdienst des Positivismus, des positiven

Stadiums des menschlichen Geistes, daß es diesen Sinn der wissenschaftlichen Erkenntnis durchschaut hat und danach handelt, d. h. alle „theologischen" und „metaphysischen" Bestandteile aus der wissenschaftlichen Begriffsbildung entfernt, die diesem Ziel nicht entsprechen. Denn dem positiven Stadium der Erkenntnis gehen zwei andere vorher: das theologische und das metaphysische. Die *theologische* Denkweise glaubt die Tatsachen des Weltalls nicht von unveränderlichen Gesetzen der Sukzession, sondern von einzelnen Willensakten belebter und intelligenter Wesen beherrscht. In ihrer primitivsten und ursprünglichsten Gestalt hält sie die Einzelobjekte selbst für belebt (Fetischismus), der nächste Schritt ist die Annahme unsichtbarer Wesen, deren jedes eine ganze Klasse von Dingen oder Ereignissen (Polytheismus) beherrscht, auf der dritten Stufe verschmilzt man diese vielen Gottheiten zu einem einzigen Gott, der am Anfang das Weltall geschaffen hat und seine Phänomene dauernd lenkt, gegebenenfalls auch die von ihm selbst festgelegte Ordnung durch Wunder unterbricht (Monotheismus). In der *metaphysischen* Periode des menschlichen Denkens verflüchtigen sich die persönlich gedachten Götter und ihr Wollen und Zürnen zu abstrakten „Kräften", „Gewalten", „verborgenen Eigenschaften"; aus der Dryade im Baum wird die „vegetative Seele", weiterhin ein Bildungstrieb, eine „Lebenskraft"; der Fall der schweren Körper wird zu einem „Streben" derselben, an den ihnen „natürlichen Ort" zu gelangen, der Natur selbst werden allerhand Tätigkeiten und Eigenschaften zugeschrieben. Diese unfaßbaren Wesenheiten und realisierten Abstraktionen werden dann in der *positiven* Denkweise in ihrer bloßen Scheinbarkeit erkannt, die „Kraft" wird zum reinen *Gesetz* der Erscheinungen, die wirkende „Ursache" zur *Bedingung*. Die wachsende Einsicht, der intellektuelle Fortschritt, der vom theologischen zum metaphysischen und schließlich positiven Standpunkt führt, ist die Erkenntnis der strengen Gesetzmäßigkeit und unverbrüchlichen Notwendigkeit in der Abfolge der Phänomene.

Jede einzelne Wissenschaft macht diese Entwicklung vom

theologischen durch das metaphysische zum positiven Stadium durch, aber nicht in der gleichen Zeit; sie tritt je nach ihrer Eigenart und ihrer Stellung in der Gesamtheit der Wissenschaft früher oder später in die positive Stufe. Die Wissenschaften ordnen sich nämlich nach Comte in eine Reihe nach dem Grade der Abstraktheit und Konkretheit ihrer Gegenstände, wobei die abstrakten Wissenschaften den konkreten zur Grundlage und Voraussetzung dienen. Denn die abstrakten Wissenschaften haben es mit den *elementaren, überall wiederkehrenden* Naturtatsachen oder Phänomenen zu tun, die konkreten mit den mehr oder weniger verwikkelten Kombinationen dieser einfachen Gebilde, deren Verhalten eben darum viel weniger leicht durchschaubar, deren Gesetze viel weniger einfach sind. Dabei hat jede konkretere Wissenschaft wieder ihre eigenen Gesetze, die durch die Beobachtung der betreffenden Gebilde gefunden werden müssen, aber diese Gesetze bauen sich auf denjenigen der abstrakten Disziplinen auf und können nur mit ihnen zusammen ein geschlossenes System bilden. Die breiteste Grundlage, die abstrakteste aller Wissenschaften, stellt die Arithmetik, die allgemeine Zahlenlehre, dar, dann folgt die Geometrie oder die Lehre von Räumlichkeiten, die Mechanik, die Chemie, die Biologie und endlich die *Soziologie* oder Gesellschaftslehre. Als eigentlichen Schöpfer der wissenschaftlichen Soziologie betrachtet Comte sich selbst.

Man vermißt in jener Klassifikation der Wissenschaft eine Disziplin: die Psychologie. In der Tat sucht Comte zu zeigen, daß es eine auf Selbstbeobachtung und Bewußtseinsanalyse gegründete selbständige Psychologie nicht gibt: wir können nur die Inhalte, die Phänomene, nicht unser Wahrnehmen wahrnehmen oder beobachten, mit den Phänomenen und ihren Bedingungen und Gesetzen aber hat es die Naturwissenschaft zu tun. So löst sich für ihn die Psychologie in Biologie und die (in Deutschland von Gall, in Frankreich hauptsächlich von Broussart vertretene) Phrenologie auf. In dieser Ablehnung einer von der Physiologie unabhängigen Psychologie liegt der Hauptgegensatz zwischen Comte und dem englischen Positivismus, vor allem John Stuart Mill. Die Gesetze der *Soziologie* ergeben zugleich die Gesetze des geschichtlichen Lebens. Hier stoßen wir wieder auf das Gesetz der Abfolge der drei Stadien. Auch in der staatlichen, rechtlichen, gesellschaftlichen Entwicklung gibt es eine theologische, metaphysische und positive Epoche. Der Glaube an den göttlichen Ursprung des bestehenden Rechtes, an die Gottgewolltheit der bestehenden Institutionen, Über- und Unterordnungen kennzeichnet das theologische Denken in der Zeit der Feudalherrschaft; der Glaube an ein ewig gültiges abstraktes Naturrecht ist der charakteristische Ausdruck metaphysischer Denkweise. Die französische Revolution ist der vorübergehende Sieg der Metaphysik im öffentlichen Leben; der Streit zwischen Konservativismus und Liberalismus ist der Kampf zwischen theologischer und metaphysischer Auffassung. Das positive Stadium nun wird hier in dem Moment einsetzen, in dem an die Stelle angeblich göttlicher oder abstrakter naturrechtlicher Gesetze als lenkender und leitender Faktor des gesellschaftlichen Geschehens die soziologische Einsicht, die Autorität des Wissenden, der Wissenschaft tritt. Im positiven Zukunftsstaat wird der Philosoph, der Soziologe herrschen – wie in Platons Politeia. Genauer sollen allerdings diese Philosophen oder Soziologen, die Comte in einer Körperschaft sich vereinigt denkt, nicht die eigentliche Regierung stellen, sondern sie sollen eine rein geistige, eine moralische und intellektuelle oberste Autorität bilden, die durch ihr Diktum die Sitten und die Meinungen der Menschen entscheidend beeinflußt, warnend und belehrend, lobend und tadelnd, eine Macht des Geistes, die über die Macht der äußeren Gewalt, aber nur mit geistigen Waffen, die Zensur übt und der zugleich die Erziehung der Jugend völlig überlassen ist. *Autorität*, freilich Autorität der Wissenden, nicht einer bloßen unveränderlichen Tradition, aber Autorität im Gegensatz zur öffentlichen Meinung, zur *Majorität*, ist also das Prinzip, auf das Comte den Staat gründen will.

Die eigentliche weltliche Macht und Regierung, neben dieser

geistigen Autorität, soll in die Hand einer ausgewählten Zahl von Kapitalisten gelegt werden: Bankiers, Kaufleute, Fabrikanten und Ackerbauer. Irgendeine Art von Parlament als Ausdruck des Volkswillens wird es nicht geben, die einzige Kontrolle ist jener rein geistige Gewissensrat der Philosophen. *Wissenschaft* und *Wirtschaft* sind die entscheidenden Mächte der werdenden Gesellschaft der Zukunft, ihr wichtiges Ineinandergreifen sichert die organische Einheit des Staates. Es hängt diese Ansicht bei Comte wiederum mit seiner Geschichtsphilosophie, mit seiner Auffassung von den nach innerem Gesetz durchlaufenen Stufen der Menschheitsentwicklung zusammen: dem Fortschritt vom theologischen und metaphysischen zum positiven Stadium geht nämlich notwendigerweise parallel der Übergang vom militärischen zum industriellen Leben und damit von der Herrschaft des Schwertes, des Adels, zu derjenigen der großen Industriekapitäne. Daß aber die Arbeit dieser Mächtigen der Erde im Sinn und im Interesse des Ganzen, der Menschheit und ihres Fortschrittes geschieht, dafür soll die geistige Macht der von der Gemeinschaft der Philosophen vertretenen Moral sorgen.

Mit einer Fülle geschichtlicher Kenntnisse und feiner soziologischer Beobachtungen verbindet sich in Comtes Werk manches Gewaltsame und Utopische, das sich in der späteren Form seiner Lehre noch steigert. Manches in ihr erklärt sich aus seinen persönlichen Schicksalen oder aus dem krankhaft gesteigerten Selbstbewußtsein des immer ausschließlicher in seiner Gedankenwelt lebenden Mannes, die Grundtendenz seiner Entwicklung aber liegt im Rahmen der festliegenden Richtung seines Gedankengebäudes: Der Mensch als Individuum macht nicht die Geschichte, sondern er ist selbst ein Produkt der nach eigenem inneren Gesetz ablaufenden geschichtlichen Entwicklung; der Träger des geschichtlichen Geschehens ist die Menschheit, zu der sich der einzelne nur wie die Welle zum Strom verhält. Ethisch gewendet aber ergibt sich daraus die Forderung der völligen Hingabe des einzelnen an die Menschheit, also jener absolute *Altruismus* (Comte ist auch der Schöpfer dieses Wortes), den Comte als

Grundlage der Sitte eingeführt und durch Erziehung, Gewöhnung und alle Mittel eines religiösen Enthusiasmus in die Seelen der Menschen gepflanzt sehen will.

In seinem positivistischen Ausgangspunkt nähert sich Comte den englischen Philosophen, einem Hume und John Stuart Mill. In seiner Lehre von der Eigengesetzlichkeit der Geschichte aber, die das Individuum bestimmt, nicht umgekehrt, steht er mit HEGEL zusammen, an den ja auch der Dreischritt seines Stadiengesetzes erinnert (während, wie wir sahen, Maine de Biran eine gewisse Verwandtschaft mit Fichte aufweist). Die Philosophie im ersten Abschnitt des 19. Jahrhunderts wird auch in Frankreich in erster Linie Geschichtsphilosophie; nur daß hier infolge der enzyklopädischen Tradition, der Neigung der Philosophie zur Zusammenfassung der „positiven" Wissenschaft und ihrer Resultate, die Geschichtsphilosophie stärker die Form einer allgemeinen „Gesetzeswissenschaft" der Gesellschaft und der Geschichte nach dem Vorbild der Gesetzeswissenschaft der Natur annimmt.

Comte hat auf die französische Philosophie in der zweiten Hälfte des 19. Jahrhunderts einen starken Einfluß geübt. Neben seinen eigentlichen Schülern wie PIERRE LAFFITTE (1823–1903) und EMILE LITTRÉ (1801–1881), der freilich der späteren Lehre Comtes gegenüber sich ablehnend verhält, zeigt HIPPOLYTE TAINE (1828–1893; „De l'intelligence" 1870) in seiner Lehre von Rasse und Milieu als den bestimmenden Faktoren der Kulturgeschichte und seinem strengen Determinismus, der selbst das Entstehen eines Kunstwerkes als nicht minder gesetzlich bestimmt ansieht denn einen Naturvorgang, sich vom Positivismus abhängig. Ähnliches gilt von ERNESTE RENAN (1823–1892), dem bekannten liberalen Theologen, in dessen eklektischer Haltung freilich ein Darwinistischer Evolutionismus überwiegt. Der *Fortschrittsglaube*, der ihn erfüllt, der ja in gewisser Weise überhaupt die siebziger und achtziger Jahre des 19. Jahrhunderts kennzeichnet, findet immerhin einen Rückhalt auch an Comte, der seiner „Politique positive" das Motto vorausschickte: „l'amour pour principe et l'ordre pour base, le progrès pour but" – die Liebe als Prinzip, die Ordnung als Grundlage, der Fortschritt als Ziel.

Auch der Begründer der experimentellen Psychologie in Frankreich, THÉODULE RIBOT (1839–1916) ist nicht unabhängig von Comte: wie übrigens auch Wundt in Deutschland lehrt er eine „Psychologie ohne Seele", die nur die psychischen Phänomene und ihre Gesetze zu erforschen hat. Eine besondere Entwicklung hat die von Comte geschaffene Disziplin der Soziologie erfahren, vor allem durch die Arbeiten EMILE DURKHEIMS (1858–1917; „De la division du travail social" 1893, „Le suicide" 1897, „Les formes élémentaires de la vie religieuse" 1912), des Schöpfers der eigentlichen soziologischen Schule in Frankreich. Durkheim will die Soziologie als rein empirische Wissenschaft auf ein ethnographisch-historisches Tatsachenmaterial gründen, frei von vorzeitigen philosophischen Konstruktionen (von der Art der Hegelschen Geschichtsphilosophie, aber auch des Comteschen Dreistadiengesetzes), unabhängig von der Biologie und auch von der Psychologie. Zwar sind die Individuen die Träger der geschichtlichen Entwicklung, es gibt keine überindividuelle Volksseele, keinen in der Geschichte sich entwickelnden überpersönlichen Geist, aber durch das Gemeinschaftsleben entstehen, aus den Gesetzen der individualpsychologischen Entwicklung nicht ableitbar, unbewußte Kräfte im Menschen, die eben durch den Zwang, den sie auf das Fühlen und Handeln der Individuen üben, ihre soziale Herkunft und Eigenart verraten. Es ist im Grunde sinnlos, nach dem „Recht" dieses Zwanges zu fragen, wie es die bisherige Philosophie meist tat, als hätten individuelle Wünsche und Wertungen überhaupt die Möglichkeit, sich jenem Zwang zu widersetzen, außer in dem Fall, daß etwa schon eine soziale Entwicklungstendenz selbst auf seine Modifizierung drängt. Vom Marxschen Geschichtsmaterialismus trennt Durkheims Soziologie die entscheidende Rolle, die sie, auch hier Comte folgend, der Religion zuschreibt, deren Ausgangspunkt nicht in Dogmen und Mythen, sondern in den Kräften zu suchen sei, die von den Festen der religiösen Gemeinschaften und den in ihnen ausgelösten Massenstimmungen ausgehen. Seine Lehre vom – rein tatsächlichen, nicht begründbaren – Vorrang der kollektiven vor der individuellen Ideenwelt führt Durkheim zur Anerkennung eines „Apriori", aber dies religiöse, moralische, ja schließlich das logische Apriori ist nichts andres als der Ausdruck des unpersönlichen, kollektiven Fühlens und Denkens in uns. Auch im Gebiet der Erkenntnis ist die „Wahrheit" des Apriori nicht eine logische Beweisbarkeit, nicht seine Übereinstimmung mit der Erfahrung oder seine Nützlichkeit, sondern einfach seine tatsächliche Unentrinnbarkeit. Dies Thema der Soziologie der Erkenntnis ist dann auf der Grundlage eines großen ethnographischen Materials von LUCIAN LÉVY-BRUHL (1857–1939; „La mentalité primitive" 1923, „L'âme primitive" 1927), dem bedeutendsten Vertreter der soziologischen Schule, erschöpfend behandelt worden mit dem Ziel, zu beweisen, daß das Denken der „Primitiven" von dem unsrigen nicht dem Grade, sondern der Art nach verschieden sei. Bezeichnende Züge des „prälogischen" Denkens sind u. a. eine bestimmte Gleichgültigkeit gegen das Prinzip der Identität und des Widerspruchs: der Angehörige eines Totemclans identifiziert sich mit dem Totemtier und ist zugleich von ihm verschieden; das Fehlen des Zufalls- und Naturnotwendigkeitsbegriffs in unserem Sinn: es gibt keinen natürlichen Tod, wer stirbt, ist absichtlich (evtl. mit magischen Mitteln) getötet worden; die Identifizierung des Teils mit dem Ganzen, des Ähnlichen mit dem Ähnlichen: die gegen das Bild eines Menschen gerichtete feindliche Handlung wirkt auf den Menschen selbst, der Besitz eines Gegenstandes, der einem andern gehört, gibt Macht über dessen Person.

Die Ablehnung der Französischen Revolution, der Kampf gegen Rousseau und die Demokratie ist eine Brücke, die den Comtismus mit der modernen nationalistisch-katholischen Strömung in Frankreich verbindet; CHARLES MAURRAS (geb. 1868), der Theoretiker des Royalismus und führende Geist der action française, bezeichnet sich selbst als einen „positivistischen Traditionalisten".

In allen mittelbar oder unmittelbar an den Comteschen Positivismus anknüpfenden Bestrebungen macht sich ein antiindividualistischer und darauf gegründet auch ein Zug zum Antiintellektualismus und schließlich zum Irrationalismus bemerkbar. Dieser Zug ist um so auffallender, als die französische Philosophie sonst seit Descartes in besonderem Maß dem Ideal der Klarheit und Deutlichkeit, der logisch-mathematischen Evidenz huldigt, das ja auch im Stil eines Comte ebenso wie eines Durkheim oder Lévy-Bruhl nach wie vor fortwirkt. Jene irrationalistische Tendenz aber erfährt noch von andrer Seite einen Anstoß: von der Philosophie Bergsons, die später Erwähnung finden soll.

3. Die englische Philosophie im 19. Jahrhundert

In der Geschichte des kontinentalen Europa bedeutet die Wende des 18. und 19. Jahrhunderts einen tiefen Einschnitt, bedingt zunächst durch die Erschütterung der Französischen Revolution mit ihren weitreichenden Folgen, mit der Napoleonischen Herrschaft, in die sie ausläuft, mit der geistigen und politischen Reaktion, die sie ablöst. Man denke daran, wie die Französische Revolution innerhalb weniger Jahre diejenige Monarchie zerbricht, die noch kurz zuvor, umstrahlt vom Glanz der Kultur des Zeitalters Ludwig XIV., das Urbild des absoluten Königtums gewesen war, um dann in überschneller Entwicklung von einer liberalen Konstitution nach englischem Muster zu einer radikalen Demokratie nach den Ideen Rousseaus fortzuschreiten und schließlich mit unerhörter Heftigkeit einen Kampf gegen Kirche und Religion zu eröffnen. England hatte über 100 Jahre früher seine revolutionäre Periode abgeschlossen; die aus ihr hervorgegangene, auf der Grundlage des Liberalismus, der persönlichen, geistigen und wirtschaftlichen Freiheit aufgebaute Verfassung hatte Zeit gehabt, im Geist und Charakter des englischen Volkes Wurzel zu schlagen. Es ist daher verständlich, daß das Ereignis und die Ideenwelt der Französischen Revolution in England eine weit geringere Wirkung entfalten konnte als im übrigen Europa. Eben darum aber bleibt England auch freier von der in Frankreich und Deutschland scharf einsetzenden Reaktion, die ihren Ausdruck in der gegen Aufklärung und Revolution sich wendenden Romantik findet. Kurz: weit stärker als auf dem Kontinent setzt in England die Philosophie des 19. die Linie des 18. Jahrhunderts fort.

Die Revolutions- und Napoleonischen Kriege bereiten der nationalen Entwicklung den Weg, die das Weltbürgertum des 18. Jahrhunderts zurückdrängt. In Frankreich zuerst wird die „Souveränität der Nation" proklamiert. In Deutschland erscheint der Begriff der Volksindividualität, aus dem kategorischen Imperativ wird die Forderung der Hingabe des einzelnen an Volk und Staat; bei Hegel wird der Staat, für die Aufklärung eine künstlich geschaffene Einrichtung zur Erscheinung des objektiven Geistes und zum Träger und Subjekt der Geschichte. Mit ihm ist Comte einig in der Ablehnung des Liberalismus und Individualismus. Auch England wird hineingezogen in die Napoleonischen Kriege, aber ohne daß der einzelne mit allen seinen Kräften in den Dienst des Staates gezwungen wurde. So fehlt auch der englischen Philosophie diese allem Individualismus entsagende Wendung zur Hypostasierung des Staates und Volkes zu einer besonderen Wesenheit.

Neben Nationalismus und Imperialismus prägt der aus der Verschärfung der sozialen Gegensätze entspringende Sozialismus dem beginnenden 19. Jahrhundert den Stempel auf. In Frankreich treten die großen sozialistischen Utopisten auf. In Deutschland folgt auf Fichtes geschlossenen Handelsstaat die Begründung der sozialistischen Theorie mit den Mitteln der Hegelschen Dialektik. Auch in England verschärfen sich die sozialen Gegensätze ungemein, wird doch England sogar das klassische Land der kapitalistischen Entwicklung. Aber in der philosophischen Literatur sehen wir überwiegend ein charakteristisches Streben, den Gedanken des sozialen

Fortschrittes mit den alten liberalen Idealen der freien Persönlichkeit und der Beschränkung der Rechtssphäre des Staates zu vereinigen. Bentham und John Stuart Mill setzen unmittelbar die Linie fort, die von Locke zu Hume führt, aber während Humes „Skeptizismus" den Philosophen zum bloßen psychologisch-historischen Zuschauer der Welt und Gesellschaft macht, verknüpfen sie die Erkenntnistheorie, Psychologie und Soziologie des 18. Jahrhunderts mit dem Ideal des *sozialen Utilitarismus und Eudämonismus*, dem sie zugleich praktische Anwendbarkeit zu geben suchen.

Jeremy Bentham (1748–1832), ein nicht tiefer, umfassender und origineller, aber in nüchterner Klarheit konsequenter Denker, geht von dem Gedanken aus, daß, um allgemeingültige Regeln des menschlichen Handelns zu finden, es zunächst nötig sei, ein höchstes *Ziel* aufzustellen, das dem Tun und Handeln aller als gemeinsamer Zielpunkt gelten kann. Dies Ziel kann nur sein: das größtmögliche Glück der größtmöglichen Anzahl von Menschen oder die Vermehrung der Lust- und Verminderung der Unlustsumme in der Welt. Freilich strebt jeder zunächst nach *seinem* Glück, aber die Tatsache, daß die Menschen ineinander verwoben und aufeinander angewiesen sind, muß sie zu der Einsicht führen, daß nur durch die Anpassung des Strebens nach dem eigenen Glück an das Streben nach dem Glück aller auch dem eigenen Interesse am besten gedient werden kann. Eine weitere psychologische Begründung gibt dann John Stuart Mill (1806–1873) dem sozialen Eudämonismus, indem er die Assoziationspsychologie heranzieht. Wertvoll nennen wir Gegenstände, auf die sich unser Streben richtet, das eigentliche Ziel unseres Strebens ist Lust, also sind es die Lustfolgen, um deretwillen oder im Hinblick auf die wir die Ziele erstreben und werten. Die Vorstellung dieser Lustfolgen aber knüpft sich dann assoziativ an das betreffende Ziel, von dem wir aus Erfahrung wissen, daß es solche Folgen *im allgemeinen* zu haben pflegt, gleichgültig, ob sie nun in diesem oder jenem Einzelfall gerade *für mich* eintreten: aus den vorgestellten Lustfolgen wird auf dem Wege jener Assoziation der „Wert" als „Eigenschaft" jenes Zieles. „*Wert*" ist also eigentlich „Nützlichkeit" des Gewerteten als Mittel zur Herbeiführung von Lust *überhaupt* („Utilitarismus"). Das gilt insbesondere auch für den moralischen Wert von Handlungen und Charaktereigenschaften. Man sieht: der eigentliche Sinn aller Bewertung wird in eine Beurteilung der Folgen, nicht der Motive unserer Handlungen (die im Grunde ja immer dieselben sind) gelegt und das eigentliche Ziel, dem auch der Philosoph dienen will, ist die klug zweckmäßige Voraussicht jener Folgen und die Anpassung unseres Tuns an die Gesamtwirkung, die aus ihm resultiert.

Die Bentham-Millsche Ethik bleibt nicht unbestritten. Thomas Green (1836–1882) hält ihr die Frage entgegen, ob sich denn wirklich Lustfolgen gegeneinander aufrechnen lassen, ob Lust und Lust, Schmerz und Schmerz nicht qualitativ so verschieden sind, daß von einer allgemeinen „Lustsumme" gar nicht gesprochen werden kann; Henry Sidgwick (1838 bis 1900) will intuitiv erkannte, unmittelbar einleuchtende moralische Gebote und Wertaxiome annehmen, die sich nicht auf gewohnheitsmäßig gefestigte Erfahrung der „Nützlichkeit" des Gebotenen und Gewerteten zurückführen lassen. In einem besonderen Gegensatz zu der nüchtern verstandesmäßigen Lebensbetrachtung des sozialen Utilitarismus, der alles Handeln gleichsam der kaufmännischen Berechnung seiner Lustbilanz unterstellt (in dieser rein quantitativen Auffassung der rechnenden und messenden Naturwissenschaft verwandt), steht das schwärmerisch-künstlerische, heroische und persönliche Lebensideal der Romantik. Die romantische Tendenz tritt, wie schon gesagt, in der englischen Philosophie an Bedeutung zurück, immerhin begegnet sie uns wirkungsvoll in Thomas Carlyle (1795–1881) und seinem Persönlichkeits- und Heldenkult. Und neben ihm kann die feine und tiefe Künstlernatur eines John Ruskin (1819–1900) genannt werden, der vom ästhetischen Gesichtspunkt gegen die Verflachung und Veräußerlichung des Lebens und der Arbeit, die bloße Rücksicht auf den münzbaren und wägbaren Erfolg kämpft. Der volle Einsatz der Persönlichkeit in der Arbeit, im „*Werk*", ist es, der dies Werk selbst verlebendigt, vergeistigt, ihm Wert und Schönheit gibt. (Man beachte, wie auch bei Nietzsche an die Stelle des Begriffs der „Arbeit", die nach ihrem – unpersönlichen – Resultat gemessen und gleichsam „bezahlt" wird, der Begriff des „Werkes" tritt, in dem sein „Schöpfer" lebt, wie die Mutter im Kinde: an die Stelle des mechanischen tritt ein organisches Verhältnis und Gleichnis.)

Wie seiner praktischen, so liegt auch der theoretischen Philosophie, der *Erkenntnislehre* JOHN STUART MILLS seine Assoziationspsychologie, die Zerlegung des Bewußtseins in elementare „Ideen", die sich zu mehr oder minder festen assoziativen Einheiten verknüpfen, zugrunde. Entstanden war diese Assoziationspsychologie aus dem Empirismus Lockes und Humes, und diesen Empirismus zu einer konsequent durchgeführten Methodenlehre der reinen Erfahrungswissenschaft fortgeführt und ausgearbeitet zu haben, ist das Verdienst des Millschen Hauptwerkes, der „Deduktiven und induktiven Logik" (1843). Andererseits setzt sich die Hume entgegengesetzte Richtung der schottischen Schule in WILLIAM HAMILTON (1788–1856) fort. (Zum Gegensatz beider Richtungen vergleiche man Mills Schrift: „Prüfung von S. W. Hamiltons Philosophie" 1865.)

Zu den Dingen, die das 19. im Gegensatz zum 18. Jahrhundert auszeichnen, gehört die genetische Betrachtung und das starke Hervortreten des Entwicklungsgedankens. Aber während wir in der kontinentalen Philosophie wesentlich den Gedanken der dialektischen, in abgegrenzten Stufen sich vollziehenden Entwicklung finden, tritt in den Schriften der Engländer mehr der Gedanke einer *allmählichen* Wandlung durch unmerklich verschiedene Zwischenglieder in den Vordergrund. Schon die Assoziationspsychologie, die durch das allmähliche assoziative Zusammenwachsen der Wahrnehmungselemente die sichtbare und tastbare Dingwelt entstehen läßt, begünstigt diesen Begriff der Genese, der dann von Lyell anstatt der bisher üblichen Katastrophentheorie auf die Erdgeschichte und die Abfolge der geologischen Perioden und von Spencer und Darwin auf die Entstehung der Tier- und Pflanzenarten angewandt wird.

Die Theorie CHARLES DARWINS („Über die Entstehung der Arten durch natürliche Zuchtwahl“ 1859), in der die auf die Welt der Organismen angewandte Entwicklungslehre ihre wirksamste Form erhielt, nimmt bekanntlich zwei Ursachen der Entstehung neuer Arten an: den Zufall der innerhalb gewisser Grenzen stets vorhandenen kleinen Abweichungen der Nachkommen vom Elterntypus und das rein mechanisch bedingte Überleben der durch jenen Zufall der Variation lebenstüchtigsten Exemplare im „Kampf ums Dasein“. Eine Aktivität des Organismus, wie sie andere Vertreter der Deszendenztheorie annahmen (Lamarck in Frankreich), scheidet hier also ebenso aus wie im psychologischen Geschehen nach dem Bilde, das sich die Assoziationspsychologen von ihm machen. Andererseits bot der Darwinismus bzw. das Bild, das er von der lebenden Natur entwarf, die Möglichkeit einer doppelten Interpretation. Einmal die Auffassung des Lebens als „Kampf“, Wettkampf um den Preis des Lebens selbst, der Natur nicht als liebender Mutter ihrer Geschöpfe (wie Rousseau sie sah), sondern als mitleidlosen Züchters, der das „Schwache“ zugrunde gehen läßt, das „Starke“ erhält. Ein romantischer Kultus der Stärke und Kraft, wie er in den letzten Jahren des 19. Jahrhunderts (Nietzsche) auftaucht, neigt zu solcher Interpretation, die natürlich genau betrachtet eine falsche Vermenschlichung der Natur darstellt genau der gleichen Art wie Rousseaus Naturidyll. Andererseits konnte man, wie Darwin selbst und Herbert Spencer es tun, die „Lebenstüchtigkeit“ als Angepaßtheit an die (sich ändernde) Umwelt, daher auch weiter die Entwicklung der menschlichen Gesellschaft mit ihren symbiotischen Erscheinungen und altruistischen Instinkten als Ausdruck solcher fortschreitenden Anpassung darstellen.

In seinem nach vorgefaßtem Plan mit zäher Geduld geschaffenen gewaltigen Lebenswerk, dem „System der synthetischen Philosophie“, dessen einzelne Bände, die Grundprinzipien, die Biologie, Psychologie, Soziologie und Ethik behandelnd, in dem Zeitraum von 1860–1893 erschienen, entwirft HERBERT SPENCER (1820–1903) ein philosophisches Gesamtbild der Welt, dem der Entwicklungsgedanke überall als einender Gesichtspunkt zugrunde liegt. Weit entfernt von Humeschem Skeptizismus oder Berkeleyschem Phänomenalismus ist Spencer in der Frage der Existenz der Außenwelt oder der objektiven Gültigkeit der Grundbegriffe der Erkenntnis, des Kraft- oder Kausalbegriffes etwa, überzeugter Realist. Da ihm aber, in Übereinstimmung mit dem Positivismus, alles Erkennen ein Vergleichen und Aufeinanderbeziehen von Objekten scheint, so erklärt er den letzten Weltgrund, das „Absolute", die Kraft, aus der alles stammt, für unerkennbar. Die Anerkennung dieser Unerkennbarkeit seitens der Wissenschaft, ihr Sich-klar-sein darüber, daß auch ihre Grundbegriffe der Materie, des Raumes, der Zeit dies Unbedingte, das Wesen der Dinge selbst nicht treffen, sondern es nur im Hinblick auf seine Wirkung auf uns bezeichnen, weist nach Spencer auch den Weg zur schließlichen Versöhnung von Wissenschaft und Religion, vorausgesetzt, daß auch die Religion das Unbekannte schweigend ehrt und sich vorschneller Vermenschlichung desselben enthält. Zugleich aber bedeutet ihm dieser Verzicht auf die Erkenntnis des absoluten Seins, daß eben nur der Strom des Werdens, die Vielheit seiner Produkte, also die von ihm gewirkte *Entwicklung* Gegenstand der Erkenntnis ist. Diese Erkenntnis ruht auf der Erfahrung, Spencer ist Empirist wie Hume oder Mill, aber er will doch ein Apriori der Erfahrung des Einzelbewußtseins in Gestalt durch Generationen vererbter und befestigter Gattungserfahrung zugestehen (wie dies auch die Soziologie Durkheims tut). Das setzt freilich die von den extremen Darwinisten abgelehnte Vererbung erworbener Eigenschaften voraus, indessen ist Spencer, der die Deszendenztheorie schon kurz vor Darwin vertrat, überhaupt kein einseitig-ausschließlicher Anhänger der Zuchtwahllehre und der *mechanischen* Auslese als alleinigen Entwicklungsfaktors. Die einzelnen Wissenschaften abstrahieren von den Gegenständen der Erfahrung die allgemeinen Gesetze ihrer Bildung, ihres Werdens; die Philosophie verfolgt denselben Weg weiter, d. h. sie entnimmt den Gesetzen der Physik und Chemie, der Biologie, Psychologie, Soziologie wiederum die höchsten und allgemeinsten, für die ganze Wirklichkeit geltenden Gesetze, zuletzt das eine Grundgesetz der Entwicklung. Dies Gesetz selbst ist eine Abstraktion, eine abstrakte Formel, die nun aber ihre Fruchtbarkeit als allgemeinstes *Ordnungsprinzip* erweist, wenn wir sie auf die Fülle der empirischen Tatsachen anwenden. Alle Entwicklung ist nach Spencer auf der einen Seite Übergang aus einem zusammenhangloseren in einen zusammenhängenderen Zustand des Ganzen (Integration), andererseits Übergang von unbestimmter Gleichartigkeit zu bestimmter Ungleichartigkeit (Disintegration). Sie ist einerseits Anhäufung von Materie unter Bewegungsabgabe, andererseits Lockerung der zusammengeballten Materie unter Steigerung der Eigenbewegung der Teile und damit Bewegungsaufnahme von außen. Das immer stärkere Ineinandergreifen dieser beiden Tendenzen gibt der Gesamtentwicklung die Richtung auf die Entstehung immer umfassenderer und zugleich immer reicher gegliederter Ganzheiten. Die Entstehung des Planetensystems aus einem chaotischen Nebelfleck veranschaulicht diese Entwicklung ebenso, wie die der Organismenwelt von den mikroskopischen Protoplasmaklümpchen bis zu den mannigfachen Lebensbedingungen angepaßten vielzelligen Wesen, der Weg von der dumpfen Regung des Allgemeingefühls zu der Abstufung und Differenzierung der verschiedenen Sinnesempfindungen oder vom einfachen Reflexmechanismus über die Instinkte zum Intellekt ebenso wie der von der Horde zum modernen Staat oder zu der kunstvollen Arbeitsteilung des modernen Wirtschaftslebens. Klar ist in diesem Aufbau des Spencerschen Systems die Verwandtschaft mit und zugleich der Gegensatz zu den beiden andern großen Systemen philosophischer Welterkenntnis im 19. Jahrhundert, die die Welt als einen *Entwicklungszusammenhang* unter einheitlichem Gesetz darzustellen versuchen, dem Comtes und dem Hegels. Spencer will die unverändert übernommenen *Re-*

sultate der Einzelwissenschaften durch seine philosophischen Abstraktionen überwölben und diese wiederum verlebendigen und illustrieren durch das reiche Material der empirisch-einzelwissenschaftlichen Beispiele; Hegel arbeitet die Ergebnisse der Einzelwissenschaft, oft unter Veränderungen und Zurechtlegungen, in die dialektische Gedankenfolge hinein, die als philosophische Begriffsentwicklung bis ins Konkrete hinein die logische und zeitliche Entwicklung des Seins abbilden soll. Was endlich die Ethik angeht, so sind die moralischen Gebote und Wertungen der Ausdruck der vererbten Erfahrungen der Generationen in bezug auf die Gesunderhaltung der sozialen Organismen und damit auch der in sie eingefügten Individuen. Genauer müssen wir die Moral der noch sich entwickelnden, daher noch kämpfenden Gesellschaften mit ihren Grenzen, ihrem Gegensatz von Freund und Feind, der Spannung konkurrierender, noch nicht in differenzierter Funktion dem Ganzen eingefügter Gruppen von der Zukunftsmoral der endgültigen, die ganze Menschheit in bis zu äußerster Verfeinerung durchgeführter Differenzierung und Individualisierung umfassenden Gesellschaft unterscheiden. Eine allgemeine Moral der Gerechtigkeit, verankert nicht in der Aussicht auf Lohn und Strafe, sondern im ererbten Gefühl, wird in dieser Gesellschaft der Zukunft, auf die die Entwicklung, ihrem allgemeinen Gesetz zufolge, hinstrebt, gelten. Wie Mill und Bentham ist Spencer, im Gegensatz zu Comte wie zu Hegel, Individualist; gegenüber einem gleichgeartete Individuen restlos in den Dienst des Staates stellenden Sozialismus vertritt er das liberale Ideal, vertrauend auf den von selbst sich vollziehenden Gang der Entwicklung zieht er im Wirtschaftsleben das laissez faire dem Eingriff des Staates vor.

Dem Spencerschen Entwicklungsbegriff, der die Entwicklung der Welt nach einem strengen Gesetz geregelt sieht, stellt später Bergson seinen Begriff der „schöpferischen“, also in gewissem Sinn unberechenbaren, „freien“ oder für Freiheit Raum lassenden Entwicklung gegenüber. Vorher hatte André Lalande (geb. 1867) auf das der Evolution, der Entwicklung durch fortschreitende Vereinheitlichung und Differenzierung entgegengesetzte Prinzip der Dissolution, der Auflösung („La dissolution opposée à l'évolution dans les sciences physiques et morales“ 1899) hingewiesen, das in der physikalischen Welt in der fortschreitenden Energiezerstreuung (Entropiegesetz), in der biologischen in der Gerichtetheit aller Lebensvorgänge auf den Tod, in der geistigen in der Tendenz auf Angleichung der Individuen, auf Auslöschung der nationalen und Klassengegensätze, im Herrschendwerden allgemeingültiger Ideale, in der Verunpersönlichung des Denkens und Fühlens sich äußert.

Der Darwinismus gewinnt noch einmal philosophische Bedeutung in der *pragmatistischen* Erkenntnislehre, wie sie im englisch-amerikanischen Pragmatismus, aber auch in Deutschland von Nietzsche und Vaihinger z. B. vertreten wird. Ihr Grundgedanke ist der, daß die Wahrheit eines Urteils sein Sichbewähren in den aus ihm sich ergebenden praktischen Folgerungen, allgemein in der aus ihm fließenden praktischen Einstellung zur Welt ist: *Wahrheit* ist praktische *Nützlichkeit*. Der Mensch ist nicht schauender Intellekt, sondern handelndes Wesen, als solcher steht er im Mittelpunkt „der“, d. h. seiner Welt, die auch von ihm, wie er von ihr abhängig ist. Genauer aber gibt es schließlich auch nicht „den“ Menschen, sondern verschiedene Menschentypen, deren jeder in seiner Welt oder, was dasselbe besagt, in seinem Weltbilde lebt. Die Menschentypen mit ihrem Glauben, ihrem Bilde der Welt aber unterliegen der Auslese im Kampf ums Dasein. Auch die „Wahrheit“ ist ein Produkt der Auslese: wahr ist das Sich-Bewährende, d. h. das Weltbild, das dem Menschen, der daran glaubt, die höchste Lebenskraft und Fähigkeit sich durchzusetzen gibt. Auf die spezielle Form, die der Pragmatismus annimmt, wird indessen noch im letzten Abschnitt zurückzukommen sein.

4. Die deutsche Philosophie um die Mitte des 19. Jahrhunderts: Hegelsche Schule, Materialismus, idealistische Metaphysik auf induktiver Basis

Schon zu Hegels Lebzeiten übte seine Philosophie durch die Geschlossenheit ihres systematischen Aufbaus, aber auch durch die Fülle der in ihr im einzelnen enthaltenen Gedanken eine außerordentlich starke Anziehungskraft und Wirkung aus, nicht nur innerhalb der Philosophie im engeren Sinn, sondern auf alle Geisteswissenschaften, auf Theologie und Jurisprudenz, auf Geschichte und Kunstwissenschaft. Der Hegelianismus wurde in weit höherem Grade als der Kantianismus eine das deutsche wissenschaftliche Leben überhaupt befruchtende und beherrschende Strömung. Allerdings nicht unbestritten. Schon zur Zeit der Berliner Wirksamkeit Hegels macht sich die Opposition der sog. „historischen Schule", eines Savigny etwa, gegen die konstruktive Art der Hegelschen Geschichtsbetrachtung und die gewaltsam in den Geschichtsablauf hineingedeutete Teleologie geltend. Wenn auch diese Teleologie nicht wie Fichtes Geschichtsmoralismus von außen einen Gesichtspunkt und Maßstab der Beurteilung an das Geschehen herantrug, sondern aus der Geschichte selbst das innere Gesetz ihres Werdens abzuleiten suchte, so vermißte man doch die Ehrfurcht vor der reinen historischen Tatsächlichkeit, den Sinn und das Interesse für ihre exakte Feststellung – wie sie der Meister der aus der „historischen Schule" stammenden Geschichtsschreibung, L. v. Ranke, in der Wendung zum Ausdruck brachte, er möchte sein Ich auslöschen, um die Dinge zu sehen, wie sie wirklich gewesen sind. In der Betonung ferner des „Rechtes des historisch Gewordenen" als solchem, in dem Gedanken, daß dies historisch Gewordene, das Recht, die staatliche Formung, die Religiosität, die Kunst einer Zeit und eines Volkes, als Schöpfung des unbewußt waltenden und schaffenden „Volksgeistes" angesehen, nicht nur Durchgangspunkt einer Entwicklung und Mittel oder Stufe auf dem Wege zu einem Endziel, sondern an sich ein Wert und als solcher zu konservieren sei, war die historische Schule durch manche Fäden mit der Romantik und den alten romantischen Widersachern des Hegelschen Rationalismus verbunden.

Mit der „historischen Schule" rückt die sich verselbständigende geschichtliche Einzelforschung von Hegel und seiner Methode ab. Daneben aber steht ein noch schärferer Gegensatz: zwischen der Schelling-Hegelschen Naturphilosophie (von der ursprünglich einige nicht unbedeutende Naturforscher wie Lorenz Oken u. a. angeregt und beeinflußt waren) und der einer neuen Blüte entgegengehenden mathematischen und *experimentellen* Naturwissenschaft. So tut sich auf beiden Gebieten, auf dem der Geschichte wie auf dem der Naturerkenntnis, eine Kluft auf zwischen den Einzelwissenschaften, die ihre eigenen Methoden der „exakten" Tatsachenfeststellung und Ursachenforschung ausarbeiten, und der spekulativen Philosophie. Bei dem Kampf zwischen beiden mußte zunächst die Philosophie unterliegen, ein Ergebnis, das sich in dem schnellen Zusammenbruch und Verschwinden der Hegelschen Schule zu erkennen gibt.

Dazu kam allerdings, daß innerhalb der Schule selbst von Anfang an latente Gegensätze bestanden, die zu der Spaltung in eine „Rechte" und „Linke" *(Alt- und Junghegelianer)* führten, Gegensätze auf religiösem und politischem Gebiet. Schließlich verschmolz die „Linke" mit dem von philosophiefeindlichen Naturforschern propagierten Materialismus, die „Rechte" mit einem konservativ gerichteten Theismus, wie ihn Immanuel Hermann Fichte (der Sohn Joh. Gottliebs, 1796–1879), Hermann Ulrici (1806–1884) und Christian Hermann Weisse unabhängig von Hegel und unter polemischer Wendung gegen sein System vertraten. Jener Gegensatz lag im Grunde latent schon bei Hegel selbst vor, mit dessen konservativer Haltung zum Christentum seine Überordnung der Philosophie und ihrer begrifflichen Wahrheit über die Religion mit ihrer nur symbolischen Wahrheit ebenso schwer zu vereinigen war wie der Gedanke der individuellen Unsterblichkeit mit der Unterordnung des „subjektiven Geistes“ (der individuellen Psyche) unter den „objektiven Geist“ in Recht, Staat und Geschichte, und der Gedanke eines persönlichen und transzendenten Gottes mit dem „absoluten Geist“, der in der Kulturgeschichte der Menschheit waltet und am Ende in der Geschichte der Philosophie sich selbst begreift.

Den eigentlichen Anstoß zur Scheidung der Geister in religiösen Dingen gibt das Erscheinen des bekannten Buches von David Friedrich Strauss (1808–1874) „Das Leben Jesu“ (1835): Ist die Natur des „Anderssein der Idee“, so kann sie nicht durch den Willkürakt eines persönlichen Gottes geschaffen sein, und ihre Gesetze können nicht durch Wunder durchbrochen werden; Gott kann nur das Allwesen sein, das erst im Menschen Persönlichkeitsbewußtsein gewinnt. Die Heilsgeschichte aber ist nicht die Geschichte des Menschen Jesus, das Neue Testament nicht Geschichte, sondern Mythos, Gemeindedichtung, die in unbewußter Symbolik im Geschick Jesu das der Menschheit darstellt. Auf der „Rechten“ stehende Hegelianer, wie Göschel oder Gabler, betonen gegenüber dieser Wendung zum entschiedenen Pantheismus, daß gerade nach Hegel zum höchsten Wesen des Geistes das Personsein gehöre, Person in vollem Sinn aber ist nur Gott; der Mensch ist dazu bestimmt, es zu werden und damit den Tod, die Vergänglichkeit und Nichtigkeit des Einzeldinges zu überwinden. Dies geschieht in der Vereinigung mit Gott, die selbst nur durch die Person des Gottmenschen vollzogen werden kann.

Geht Strauß vom Hegelianismus über zu einem Pantheismus, der sich dann mit einer wenig tiefen Diesseitsreligion, einem optimistischen Fortschritts- und Kulturglauben verbindet (in dem für das gebildete Deutschland der siebziger Jahre typischen Buch „Der alte und der neue Glaube“ 1872, gegen das dann Nietzsche seine vernichtende Kritik in der ersten „Unzeitgemäßen Betrachtung“ richtet), so stoßen wir bei Ludwig Feuerbach (1804–1872) auf den Übergang vom Hegelianismus zum Materialismus der Jakob Moleschott, Ludwig Büchner („Kraft und Stoff" 1854), Carl Vogt. Nachdem er schon 1830 noch auf Hegelschem Standpunkt in seinen „Gedanken über Tod und Unsterblichkeit" (eine Schrift, die ihm die akademische Laufbahn unmöglich machte) die persönliche Fortdauer der Seele nach dem Tode (auch den Wunsch danach als sublimen Egoismus) abgelehnt hatte, verwirft er (1843: „Grundzüge der Philosophie der Zukunft") die Hegelsche Vernunfterkenntnis zugunsten eines radikalen Sensualismus: die Sinne und nur die Sinne sind die Grundlage aller Erkenntnis, in dem Zeugnis der Wahrnehmung tritt uns die reale Welt entgegen, die ihrem Wesen nach Körper, Natur ist. Der Mensch ist ein Glied der Natur, als solches ihn zu begreifen Aufgabe der Philosophie, die danach auf die Naturwissenschaft sich stützende Anthropologie ist. Hegel will vom menschlichen Geist zum Naturverständnis, Feuerbach von der Erkenntnis der Natur zu der des menschlichen Geistes – einen anderen „Geist" gibt es nicht – gelangen. Die Natur ist ewig, sie durch einen göttlichen Schöpfungsakt entstanden denken, bedeutet das Begreifliche und Natürliche durch das Unbegreifliche und Unnatürliche erklären wollen. Zu erklären ist vielmehr, wie der Mensch zu einer Gottesvorstellung und zu religiösen Gedanken kommt. Hier setzt die Religionsphilosophie Feuerbachs ein, seine selbständigste und bedeutendste Leistung („Wesen des Christentums" 1841, „Theogonie" 1857). Nach seinem eigenen Bilde, nach dem Ideal seiner Wünsche schafft der Mensch sich seinen Gott, Religion ist der in der Phantasie befriedigte Glückseligkeitstrieb des Menschen. Daher wandelt sich der Typus der Religion mit dem Menschen und dem Charakter seiner Wünsche. Ein glückliches, langes Leben im Rahmen dieser Welt und ihrer Güter wünschte sich der Grieche, deshalb schuf er sich die Götterwelt des Olymp. Macht war der Traum des Juden, darum erdachte er seinen einen unsichtbaren Gott, der die Welt aus dem Nichts schuf und die Menschen durch das eiserne „Du sollst" seines Gebotes beherrschte. Erlösung von den peinigenden Stacheln der Sorge, der Not, des Geschlechtstriebs ersehnte sich der Christ, so entstand in seiner Phantasie der christliche Himmel mit seiner ewigen Seligkeit, mit der göttlichen Liebe und mit dem Werk der Erlösung. Überall ist die Religion der Kindertraum der Menschheit, an seine Stelle aber muß das Streben nach dem auf Erden erreichbaren Glück der Menschheit und die klare Erkenntnis der Mittel seiner Verwirklichung treten. Wissenschaft, Bildung und Humanität sollen die Religion ersetzen.

Zu den religiösen traten die politischen Gegensätze, der konservativen Haltung Hegels selbst und der „Rechten" seiner Schule (der in diesem Punkt allerdings auch Strauß zuzurechnen ist) tritt der politische Radikalismus der Junghegelianer gegenüber. Hegels eigenes System läuft hinaus auf eine „Deduktion", eine Rechtfertigung des Bestehenden; den Junghegelianern, Zeitgenossen und Parteigängern des Jahres 1848, wird das Bestehende umgekehrt das zu Überwindende, ihre Philosophie will in den Dienst der revolutionären Tat treten. Als weitaus bedeutendste Denkerpersönlichkeit und Schöpfer einer originellen Fortbildung der Hegelschen Methodik ist hier vor allem Karl Marx (1818 bis 1883) zu nennen. Auch er vollzieht in gewisser Weise den Schritt vom „Idealismus" zum „Materialismus", von Hegel zur Naturwissenschaft. Aber doch in anderer, weit tieferer Weise als Feuerbach und unter Beibehaltung eines Grundgedankens Hegels: der dialektischen Entwicklung. Die von ihm und Friedrich Engels vertretene *„materialistische Geschichtsauffassung"* („Kommunistisches Manifest" 1848, Vorrede zur „Kritik der politischen Ökonomie" 1859, Engels' „Ursprung der Familie" 1884 und Schrift gegen Dühring 1878) betrachtet als letztbestimmenden Faktor der geschichtlichen Konstellation und Entwicklung die ökonomischen Verhältnisse. Von ihnen hängt zunächst die Struktur der Gesellschaft, ihre Gliederung in Klassen und damit die tatsächliche Machtverteilung ab, damit weiter die politischen Herrschaftsformen und endlich der „ideologische Überbau" der sittlichen und religiösen, ja der wissenschaftlichen und philosophischen Anschauungen. Die Klassenschichtung, die

Zerspaltung der Gesellschaft in ausbeutende, im Besitz der Produktionsmittel befindliche, und ausgebeutete, nur über ihre Arbeitskraft verfügende Klassen, bedingt den dauernden Gegensatz, aus dem die geschichtliche Bewegung entspringt: alle Geschichte ist die Geschichte von Klassenkämpfen. Der siegreiche, revolutionäre Aufstieg einer bisher unterdrückten und ausgebeuteten Klasse aber kann sich nur dann vollziehen, wenn durch die teils zwangsläufige, teils von unberechenbaren Momenten (Erfindungen) abhängige wirtschaftliche Entwicklung die Herrenklasse wirtschaftlich bedeutungslos, eine nur noch konsumierende, nicht mehr produzierende Schicht, ihre Herrschaft eine *nur* noch politische und ihr Bestehen damit ein Hemmnis der ökonomischen Entwicklung selbst geworden ist. So stand es mit den Feudalherren zur Zeit der Französischen Revolution, in der das besitzende Bürgertum die politische Herrschaft eroberte, und heute nähern wir uns dem Augenblick, in dem das Proletariat, der Stand freier Lohnarbeiter, den Besitz der Produktionsmittel aus der Hand der wenigen, im Konkurrenzkampf übrig gebliebenen Kapitalisten in die eigene und damit in die Hand der übergroßen Allgemeinheit übernehmen *kann* und zugleich *muß*, falls nicht die Wirtschaft selbst in ihrer Produktivkraft versagen und in einer katastrophalen Krise mit einem Massenuntergang und Kulturrückgang in primitive Formen zurückgeworfen werden soll. In ihren großen Zügen ist die Geschichte zwangsläufig, von ihrem eigenen Ablaufsgesetz bestimmt, die Geschichte als Geschichte der Klassenkämpfe, die ihren Höhe- und *Endpunkt* in dem Entscheidungskampf zwischen Bourgeoisie und Proletariat erreichen: denn mit der Überführung der Produktionsmittel in den Gemeinbesitz, mit ihrer Vergesellschaftung ist zugleich die Klassenschichtung überhaupt aufgehoben. Mit dem Sozialismus der Zukunft ist daher auch die Zwangsläufigkeit der Geschichte zu Ende, der Schritt aus der Notwendigkeit (der Geschichte) in die Freiheit (des Individuums) getan. Der Urkommunismus der vorgeschichtlichen Zeit, die sich immer vertiefenden Klassengegensätze der geschichtlichen oder der Periode des Privateigentums an Produktionsmitteln, der Sozialismus der Zukunft sind die drei großen Abschnitte der gesellschaftlichen Entwicklung, die sich wie Thesis, Antithesis und Synthesis verhalten. Jener letzte Schritt aber muß vom ziel- und *klassenbewußten* Proletariat in direkter Aktion vollzogen werden, für ihn muß es vorbereitet und aufgerufen werden – hier wird der Philosoph und Nationalökonom Marx zum Agitator und Parteigründer.

In einem eigentümlichen Gegensatz zum Sozialismus steht der individualistische Anarchismus des merkwürdigen Buches „Der Einzige und sein Eigentum" von MAX STIRNER (Pseudonym für Kaspar Schmidt, 1806–1856), das, 1845 erschienen, seine Herkunft aus junghegelianischen Kreisen verrät und in seinem kritischen Radikalismus zu den typischen Auflösungserscheinungen der Schule zählt. Das zugleich geistreiche und barocke Buch stellt den „Einzigen", der einfach nach eigenem Wunsch und Willen handelt, dem „Besessenen", d.h. von irgendwelchen Ideen und Gespenstern (Menschheit, Vaterland, Volk, Tugend, Gott, aber ebenso auch Geld und Besitz) Besessenen gegenüber. Stirner gießt seinen Spott über alle aus – über die Kommunisten, über Feuerbach nicht weniger wie über gläubige Katholiken oder Protestanten, Vaterlandsschwärmer und Romantiker. –

Von dem um die Mitte des Jahrhunderts, zugleich mit der Auflösung der Hegelschen Schule, einsetzenden Rückgang des philosophischen, dem Überwiegen des *naturwissenschaftlichen* Interesses war schon die Rede. Das Ideal der exakten Tatsachenerkenntnis regiert die Stunde, ein Ideal, das sich mit der positivistischen Richtung, die die Philosophie in Frankreich und England eingeschlagen hatte, jedenfalls besser vertrug als mit den spekulativen Systemen eines Fichte, Schelling und Hegel. Die Wendung, der Bruch erscheint daher in Deutschland besonders schroff. Andererseits lebt die philosophisch-spekulative Neigung, d.h. das Streben nach einem Natur *und* Geistesleben zusammenfassenden Gesamtbilde der Welt, doch in einzelnen Denkern fort, zugleich mit dem Bedürfnis, diesem Bilde den Charakter einer abschließenden Welt- und Lebensanschauung zu geben, die auch Gemüt und Gefühl besser befriedigte als der Materialismus eines Büchner oder Carl Vogt. Sei es auch, daß dieser metaphysische Ausblick nur Möglichkeiten, Hypothesen von einer weit geringeren Sicherheit bietet, als sie die Ergebnisse exakter Wissenschaft besitzen. Gustav Theodor Fechner (1801–1887) und Hermann Lotze (1817–1881) sind beide durch die Schule der Naturwissenschaft gegangen, Fechner als Physiker, Lotze als Mediziner und Physiologe, beide bemühen sich ferner, naturwissenschaftliche Methoden auf die Psychologie zu übertragen (Fechner: „Elemente der Psychophysik“ 1860, Lotze: „Medizinische Psychologie“ 1852), beide lehnen, auf dem Boden der Erfahrung als einzigem Ausgangspunkt aller Erkenntnis stehend, eine a priori konstruierende Naturphilosophie ab. Die Brücke von der Naturwissenschaft zur Metaphysik wird bei Fechner durch den Gedanken der Allbeseelung und des psychophysischen Parallelismus geschlagen: Da Tier- und Pflanzenreich kontinuierlich ineinander übergehen, haben wir kein Recht, der Pflanze ein Seelenleben abzusprechen („Nanna oder über das Seelenleben der Pflanzen“ 1848), aber warum sollen nicht auch die Gestirne eine Seele haben? In feinsinnigen Ausführungen, die freilich zum großen Teil den Namen einer „Begriffsdichtung“ verdienen, legt Fechner die Analogien zwischen dem „Leben“ der Erde und der Organismen dar, um mit dem Gedanken einer Weltseele und der Unzerstörbarkeit alles seelischen Lebens zu schließen („Zendavesta oder über die Dinge des Himmels und des Jenseits“ 1851). Lotze geht aus von dem Gedanken, daß die Wechselwirkung der Einzeldinge in der Welt ihr Umschlossensein durch einen gemeinsamen substanziellen Weltgrund fordert. Dieser Weltgrund ist ihm Geist, also Persönlichkeit, da er der Ursprung alles *Geistigen* wie Körperlichen ist. In der Natur herrscht strenge, mechanische Gesetzlichkeit, aber auch diese mechanische Natur muß zuletzt einem höheren Zwecke dienen, die mechanische Betrachtung der Welt einer Teleologie sich eingliedern. Im Unterschied von Fechners psychophysischem Parallelismus hält Lotze an der Wechselwirkung zwischen Körper und Seele (nicht-wahrnehmbarer Seelensubstanz) fest, wie er auch im Gegensatz zu Fechners Pantheismus zum Theismus neigt („Mikrokosmos" 1854/64, „Metaphysik" 1879).

Beiden läßt sich WILHELM WUNDT (1832–1920) anreihen, gleichfalls ursprünglich Naturforscher (Physiologe), dann neben Fechner der Begründer der „experimentellen Psychologie" und Schöpfer des ersten psychologischen Instituts. Auch er will die exakte Tatsachenwissenschaft durch eine auf der Grundlage der Erfahrung ruhende, die Resultate der Einzelwissenschaft hypothetisch zusammenfassende Metaphysik ergänzen. Diese Metaphysik ist idealistisch: die physische Welt ist eine Erscheinung, der lebendige Strom des seelischen Lebens (eine dinghafte Seelensubstanz lehnt Wundt ab), in der inneren Erfahrung von uns erfaßt, ist das Letztwirkliche, das selbst, im Gegensatz zur „Materie", schöpferischen Charakter, Willenscharakter trägt.

Verschieden von den genannten drei von der Naturwissenschaft herkommenden Denkern ging EDUARD VON HARTMANN (1842–1906) vom deutschen Idealismus aus und erstrebte ursprünglich (in seiner „Philosophie des Unbewußten" 1868) eine Art Synthese von Hegel und Schopenhauer: das eine schöpferische Grundwesen der Dinge, das „Unbewußte", ist der nach Erlösung strebende Weltwille; der Geist, die Intelligenz aber ist ihm von Haus aus verbunden und zuletzt das Mittel der Erlösung. Aber auch er sucht dann seine philosophische Spekulation durch Gedankengänge zu begründen, die an der Spezialwissenschaft orientiert sind; insbesondere ist er einer der ersten entschiedenen Verfechter des „Neovitalismus" in der Biologie, von dem im nächsten Abschnitt noch die Rede sein wird.

Neben E. v. Hartmann gehört RUDOLF EUCKEN (1846–1926) zu den wenigen Denkern, in denen sich die Tradition des deutschen Idealismus, zusammen mit dem Einfluß Lotzes, ohne den sonst so scharfen Bruch in die deutsche Philosophie der Gegenwart fortpflanzt. Mit Lotze verbindet ihn der Glaube an einen persönlichen geistigen Weltgrund, also die Gegnerschaft gegen den Naturalismus, ein Glaube, der bei ihm den Charakter des Postulats einer das ganze Leben durchdringenden idealistischen Weltanschauung (das Wort mehr im populären, als im Sinn philosophischer Fachsprache genommen) annimmt. Den Beweis für den Primat des Geistigen aber findet Eucken in der Geschichte, d.h. in dem aus bloßer Naturgesetzlichkeit nicht verständlichen, Werte schaffenden Kultur- und Geistesleben der Völker. Das in der Geschichte uns erscheinende Leben des Geistes ist mehr und andres als ein Produkt der einzelnen Menschenseelen, es ist eine höhere Sphäre, wenn auch getragen von den individuellen Menschen: „Noologie“ ist nicht Psychologie. In dieser Abhebung der Geistes- von der Welt des Psychischen wie von der Naturkausalität übernimmt Eucken Platonisches wie Hegelsches Gedankengut („DieEinheit des Geisteslebens in Bewußtsein und Tat der Menschheit“ 1888, „Der Kampf um einen geistigen Lebensinhalt“ 1896, „Der Wahrheitsgehalt der Religion“ 1901, „Der Sinn und Wert des Lebens“ 1908).

5. Die Philosophie bis zum Zweiten Weltkrieg

Ein historisierender Zug ist in der Philosophie der achtziger und neunziger Jahre, besonders in Deutschland, in die Augen fallend. Nicht nur, daß die Geschichte der Philosophie in einer Fülle von Arbeiten betrieben und gepflegt wird (die großen und glänzend geschriebenen Werke der von der Systematik zur Geschichte übergehenden Hegelianer KUNO FISCHER und JOHANN EDUARD ERDMANN stehen hier an der Spitze), sondern man sucht eine Neubegründung der Philosophie in Anlehnung an und unter Fortbildung von bestimmten Systemen der Vergangenheit: es entsteht der Neukantianismus, dem später ein Neufichteanismus, Neuhegelianismus, Neufriesianismus (LEONARD NELSON in Göttingen, 1882–1927) folgen. Die Enzyklika des Papstes Leo XIII. vom 4. August 1879 gab den

Anstoß zur Entwicklung des *Neuthomismus* in der katholischen Philosophie, deren bedeutendste Leistungen in und außerhalb Deutschlands – die von Hertling, Bäumker, Grabmann, Brunetière – auf philosophiehistorischem Gebiet liegen. Die wichtigste und fruchtbarste dieser Richtungen ist unstreitig der *Neukantianismus*. Seine Anfänge in Deutschland gehen in die Zeit zurück, in der der wieder erwachende philosophische Sinn gegen die einseitige Herrschaft der Naturwissenschaft und des flachen und groben Materialismus, der sich als wissenschaftliche Weltanschauung ausgab, anzukämpfen begann. Einer der bedeutendsten Naturforscher der Zeit, HERMANN V. HELMHOLTZ (1821–1894), war es, der zuerst betonte, daß die Naturwissenschaft selbst einer philosophischen, nämlich *erkenntnistheoretischen* Untersuchung und Klärung ihrer eigenen Grundbegriffe bedürfe, und auf Kant hinwies, für den Philosophie eben Erkenntnistheorie und nicht Spekulation sei. In verwandter Richtung bewegte sich das berühmte Buch des späteren Marburger Professors FRIEDRICH ALBERT LANGE (1828–1875) „Geschichte des Materialismus" (1866). Es läßt der Naturwissenschaft, nicht nur der exakten Tatsachenforschung, sondern auch dem „Materialismus", der Rückführung alles Wirklichen auf Bewegung „materieller" Teile in Raum und Zeit, sein volles Recht als Forschungsprinzip und Darstellungsmittel; falsch werde er nur, wenn er Metaphysik sein, das Wesen der Welt erkennen will. Die „Materie" ist kein Ding an sich, sondern ein Begriff des Verstandes, ein Gedachtes, kein Wirkliches, „Materie" setzt das wahrnehmende und erkennende Bewußtsein voraus, das nie umgekehrt aus dem materiellen Sein entstanden gedacht werden kann – wie die Erkenntniskritik Kants zeigt. Neben die Schriften von Helmholtz und das Buch Langes tritt das temperamentvolle Jugendwerk des Kantianers OTTO LIEBMANN (1840–1912) „Kant und die Epigonen" (1865), das die Irrwege aufzeigt, die die Nachfolger Kants in der Philosophie gegangen sind und durch die sie die unheilvolle Spaltung von Philosophie und Naturwissenschaft verschuldet haben, und jedes Kapitel mit dem Refrain schloß: „es muß auf Kant zurückgegangen werden".

Was lehrte nun Kant? Was war der eigentliche Sinn seiner Philosophie und seiner philosophischen Methode? Diese Frage suchte HERMANN COHEN (1842–1918), wie vor ihm Lange Professor in Marburg, in seinen drei tiefgründigen Werken zu beantworten: „Kants Theorie der Erfahrung“ (1871–1885), „Kants Begründung der Ethik“ (1877) und „Kants Begründung der Ästhetik“ (1889), Werke, die nun allerdings nicht nur eine historische Darstellung, sondern zugleich den Anfang einer inneren Fortbildung des Kantischen Kritizismus enthalten, die dann frei vom historischen Ausgangspunkt ihre Vollendung in den drei späteren Werken, der „Logik der reinen Erkenntnis“ (1902), der „Ethik des reinen Willens“ (1904) und der „Ästhetik des reinen Gefühls“ (1912) findet. Die Aufgabe der Philosophie ist es, den Sinn und das Ziel der menschlichen Kultur zu begreifen, in ihren drei wesentlichen Seiten: der Wissenschaft, dem Recht und der Kunst. Erkennen bedeutet, wie Kant gezeigt hat, nicht Abbilden einer äußeren an sich daseienden Wirklichkeit, sondern Verarbeiten eines gegebenen Materials, aber im Gegensatz zu Kant dürfen wir dieses „Material“ selbst nicht als fest und bestimmt „gegeben“ ansehen. Es ist vielmehr stets schon in gedanklicher Verarbeitung und Bestimmung unserem Bewußtsein gegenwärtig, jede „Empfindung“ und „Wahrnehmung“ hat schon eine gedankliche, begriffliche Fixierung erhalten, schließt dann aber zugleich die *Aufgabe* weiterer Umwandlung in einen Denkinhalt in sich. Es gibt also eigentlich nur den einen, ins Unendliche fortschreitenden, *Prozeß* der Erkenntnis, d. h. der Mathematisierung und Logisierung des „Gegebenen“, an dessen einem Ende das unvorstellbare nur „Gegebene“, besser gesagt Aufgegebene, an dessen anderem Ende – im Sinn der Kantischen „Idee“, die nie Hegelsche „Wirklichkeit“ werden kann – die vollkommen gelöste Aufgabe, der „Grenzbegriff“ der im reinen Denken konstruierten Gegenstandswelt, die völlige Überwindung der rohen „*Tatsache*“ durch die *Vernunft* steht. Die Leistung dieser Vernunft aber ist zugleich die Ersetzung des Subjektiven – alles nur Tatsächliche, jede „Empfindung“ ist subjektiv – durch das Objektive, das *Allgemeingültige*. Denn „Objektivität" ist Allgemeingültigkeit, die „Objektswelt" die Welt, die die *eine* Vernunft aufbaut oder die ihr entspricht. Der Sinn der Wissenschaft ist der nie vollendete Prozeß der Überwindung des individuellen Vorstellens durch das allgemeingültige Denken. Ein analoger Prozeß aber vollzieht sich im menschlichen Tun und Wollen, als Prozeß der Durchdringung des menschlich-gesellschaftlichen Seins und Handelns mit praktischer Vernunft, im Sinn des Kantischen Sittengesetzes und mit dem im Unendlichen liegenden Ziel des vollendeten Rechtsstaates, der die Idee der sozialen Gerechtigkeit realisiert. (Eine Tendenz zum Sozialismus liegt im Neukantianismus Cohenscher Prägung. Daher sind auch aus ihm Bestrebungen hervorgegangen, die materialistische Grundlage des Marxismus durch eine idealistisch-kantische zu ersetzen: Karl Vorländer, Max Adler.) In erkenntnistheoretischer Hinsicht bleibt für Cohen und seine Schule, wie für Kant selbst, die mathematische Naturwissenschaft mit ihrer strengen Mathematisierung und Logisierung der Welt das Ideal, in ethisch-juristischer kämpfen sie gegen die nur tatsächliche, historische Auffassung von Recht und Moral und für die Idee des „richtigen Rechtes" (Stammler); in einer (wesentlich idealistischen) Kunst endlich sieht Cohen das Streben nach dem Ausdruck der reinen, allgemeingültigen Gesetzlichkeit des Gefühls. Die Religion endlich ist kein eigentlich selbständiges Glied des Kulturbewußtseins, sie wird im wesentlichen auf Ethik zurückgeführt.

Cohens zwar schwer verständliche, doch von einem starken philosophischen Pathos getragene Schriften, unterstützt durch seine ganze eindrucksvolle Persönlichkeit, wirkten ausgesprochen schulbildend (PAUL NATORP, 1854–1924, ERNST CASSIRER, WALTHER KINKEL, ALBERT GÖRLAND), indessen hat sich der Zusammenhang der „Marburger Schule" nach dem Tode ihres Schöpfers allmählich gelöst, trotz der bedeutenden Persönlichkeit ERNST CASSIRERS (1874–1945; „Substanzbegriff und Funktionsbegriff" 1910, „Philosophie der symbolischen Formen" 1923 ff, „An Essay on Man" 1944, dt. 1960, „Philosophie und exakte Wissenschaft" 1969). Vielfach scharfsinnig, aber nicht ohne starke Einseitigkeiten und Gewaltsamkeiten sind die aus der Schule hervorgegangenen Arbeiten zur Geschichte der Philosophie, die den Versuch machen, die im neukantischen Sinn interpretierte kantische Philosophie auch in frühere Philosophen, vor allem in Platon hineinzudeuten.

Mit dem Marburger Neukantianismus berührte sich in manchen Punkten, unterschied sich in anderen die an WILHELM WINDELBAND (1848–1915) und HEINRICH RICKERT (1863–1936) anknüpfende Richtung. Auch hier wird im Anschluß an Kant ein philosophischer Idealismus vertreten: von einem Objekt kann nur als *Objekt für ein Subjekt*, ein denkendes Bewußtsein gesprochen werden. Nicht vom individuellen Bewußtsein allerdings dem Einzel-Ich, sondern vom „Bewußtsein überhaupt" besteht diese Abhängigkeit, jenem überpersönlichen Ich, das an das „Ich" der Fichteschen Wissenschaftslehre erinnert: stärker als Cohen neigen Rickert und seine Schüler zu einem Hinausgehen über Kant in der Richtung auf den deutschen Idealismus, speziell auf Fichte. Der Begriff des „Sollens" tritt stark in den Vordergrund: Erkennen ist (wie bei Cohen) nicht abbildendes Vorstellen einer äußeren Wirklichkeit, sondern es ist Denken unter den bestimmenden *Normgesetzen* der Logik. Diese Gesetze sprechen aus, wie wir denken *sollen*, „wahr" ist unser Erkennen, wenn und soweit es diesem Sollen entspricht; nicht ein „transzendentes", ein unserem Bewußtsein jenseitiges *Sein*, sondern ein „transzendentes Sollen", ein uns vorschwebendes Ideal oder Normbewußtsein, wir können schließlich sagen: ein „geltender Wert" gibt unserem Denken Richtung und Sinn. (Rickert: „Gegenstand der Erkenntnis" 1892.) Wie bei Cohen ist auch für Rickert die eigentliche letzte Aufgabe der Philosophie das Verstehen der „Kultur". Der Mensch ist nicht nur ein Naturwesen, er schafft eine „Kultur". Das bedeutet aber nichts anderes, als daß sein Tun, sein Denken wie sein Handeln, unter Normen, unter fordernden und richtunggebenden (nicht zwingenden – sollen ist nicht müssen, setzt vielmehr Freiheit voraus) geltenden Werten steht. Die wichtigste Aufgabe der Philosophie ist die systematische Darstellung dieser unser Kulturleben regelnden und ordnenden Werte (in einem „offenen" System, das auf einer Einteilung aus Prinzipien beruhend doch die Möglichkeit einer Ergänzung im weiteren Fortgang des Lebens und der Geschichte beläßt), Rickert unterzieht sich ihr in seinem „System der Philosophie“ (1921). Das „Gelten“ jener Werte selbst – der Wahrheit, Schönheit, Sittlichkeit, Heiligkeit, des Glückes – ist ein außerzeitliches, es ist weder ein physisches, noch ein psychisches oder auch ideelles „Sein“. In der Seele existieren die „Akte“, in denen wir diese zeitlosen Werte erleben, uns ihnen zuwenden, in der geistigen Wirklichkeit die „Güter“, die wir im Hinblick auf die Werte schaffen oder in denen die Werte unabhängig von unserem Tun realisiert sind: Wissenschaft, Kunst, die Gemeinschaft frei wollender Menschen, Gott oder Götterwelt, die das „Glück“ verwirklichende Liebesgemeinschaft. Die *Gesamtheit* der Werte normiert das Leben; greift man einen von ihnen heraus und schreibt ihm Alleingültigkeit für Leben und Handeln zu, so entstehen die *einseitigen* Weltanschauungen des Intellektualismus, Ästhetizismus, Ethizismus, Erotizismus usw. Wie gegen diese einseitigen Weltanschauungen, so wendet sich Rickert gegen die (später noch näher zu besprechende) „Lebensphilosophie“, die das „Leben“ selbst als höchsten, ja einzigen Wert setzt im Gegensatz zu dem auf „Werte“ außerhalb seiner gerichteten Leben, das den Werten, man könnte auch sagen: das dem objektiven Geist, der Kultur arbeitend dient. Der Mensch als Arbeiter an der Schaffung von Kulturgütern ist ihm das Ziel. Diese Arbeit vollzieht sich im geschichtlichen Leben, ihren Gang zeigt uns die *Geschichtswissenschaft*. Während für Cohen, wie für Kant selbst, die mathematische Naturwissenschaft wesentlich *die* Wissenschaft ist, stellen Windelband und Rickert der Naturwissenschaft als der die Einzeldinge unter Gattungen und Gesetze bringenden „nomothetischen“, das Allgemeine suchenden Wissenschaft die Geschichte als die individualisierende, „idiographische“, sich für das einzelne als solches interessierende Erkenntnis gegenüber. Dies Individuelle aber wählt die Geschichtswissenschaft aus in seiner Bedeutung für die Schaffung der Kulturgüter, sie zieht Entwicklungsreihen, die durch die Kulturwerte bestimmt sind. Der Historiker selbst wertet dabei nicht, aber er findet jene Güter (Staat, Wirtschaft, Kunst, Religion) als allgemein gewertete vor und legt sie seiner Geschichtsbetrachtung zugrunde.

Beide hier betrachteten neukantischen Richtungen (auch Rikkert stehen eine Reihe von weiteren Denkern nahe, von denen EMIL LASK (1875–1915), BRUNO BAUCH (1877–1942), RICHARD KRONER (1884–1974) genannt seien), deren Blüte jetzt schon einige Jahre zurückliegt, haben das Gemeinsame, daß sie – eben hierin im Sinne Kants – eine Metaphysik ablehnen und die Philosophie auf Erkenntnistheorie und Ethik beschränken, endlich die Philosophie selbst in den Dienst der – positiv gewerteten – Kultur stellen. Nur daß im einen Fall auf die Erkenntnistheorie der Naturwissenschaft, im anderen der Geschichtswissenschaft der Ton fällt, im einen Fall die Ethik wesentlich Sozialethik unter dem Primat der Forderung sozialer Gerechtigkeit, im anderen Ethik des Kulturschaffens, Arbeit an den Werten des objektiven Geistes im Sinn Hegels wird.

Jene Ablehnung der Metaphysik treffen wir wieder in dem Neukantianismus in theologischem Gewande, wie ihn im deutschen Protestantismus ALBRECHT RITSCHL (1822–1889) begründete. Unter Berufung auf Kant (den „Philosophen des Protestantismus" im Gegensatz zu Thomas, dem Philosophen des Katholizismus, wobei man vor allem die Lehre von der autonomen Persönlichkeit und dem einzig unbedingten Wert des guten Willens als spezifisch protestantisch ansieht) wird hier reinliche Scheidung von Wissen und Glauben, Begründung des Glaubens auf das Wertbewußtsein, Begründung der Moral unabhängig von der Religion gefordert.

Die antimetaphysische Haltung des frühen Neukantianismus in *Deutschland*, bedingt durch die Gegnerschaft gegen eine Naturphilosophie im Stil Schellings und Hegels und das Bestreben, mit der exakten Naturwissenschaft Fühlung zu halten, führt zu einer engeren Berührung, ja teilweisen Verschmelzung mit dem Empirismus und Positivismus. Nicht in den bisher besprochenen Richtungen der Marburger und Windelband-Rickert, die hier einen scharfen Trennungsstrich ziehen, wohl aber bei Denkern wie ALOIS RIEHL (1844–1923), BENNO ERD-

MANN (1851–1922) und vor allem HANS VAIHINGER (1852–1933). *Riehl* betont in seinem (nach Cohens Schriften wichtigsten) Werk über Kant („Der philosophische Kritizismus" 1876–1879) nachdrücklich den Zusammenhang der Kantischen Philosophie mit dem englischen Empirismus, sowie die Abhängigkeit aller Erkenntnis von Denken *und* Erfahren. Die Inhalte der Erfahrung können nicht „deduziert" werden, sie sind uns gegeben und weisen auf ein Ding an sich außerhalb des Bewußtseins hin, das wir nicht in seinem wahren Sein, sondern nur in den konstanten Beziehungen seiner Erscheinungen erkennen können. Nach *Benno Erdmann* arbeiten gleichfalls in unserer Erkenntnis die Erfahrungstatsachen mit den Forderungen unseres Verstandes, den logischen Denkgesetzen (Gesetzen, die wie der Satz des Widerspruchs gewisse für uns bestehende Unmöglichkeiten – die Unmöglichkeit, Widersprechendes zu bejahen – ausdrücken) zusammen. Die von uns als gültig betrachteten obersten Naturgesetze und Prinzipien der Naturerkenntnis, wie das Kausalgesetz, sind weder nur empirisch, noch reine Denkgesetze, sondern an der Hand der Erfahrung (ohne die beobachtete Gleichförmigkeit des Naturablaufs würden wir auf den Gedanken einer streng kausalgesetzlichen geordneten Natur nicht kommen) aufgestellte Versuche, die Natur mit dem Ideal des Verstandes in Einklang zu bringen. Gerade Erdmann ist charakteristisch für eine weitverbreitete Richtung der Philosophie, die die Logik auf eine Psychologie des Denkens gründen, die logischen Gesetze als, freilich mit einer Art Unverbrüchlichkeit, Undenkbarkeit ihrer Nichtgeltung behaftete, Gesetze des Denkens aufzufassen sucht.

Hans Vaihinger ist in seinem Buch „Die Philosophie des Als ob" (1911, doch sind die Hauptteile schon 1876–1878 niedergeschrieben) der Vertreter einer Auffassung, die man dem amerikanisch-englischen Pragmatismus an die Seite stellen kann. Er sucht zu zeigen, daß unser Erkennen und Denken in Wissenschaft und Praxis überall mit *Fiktionen,* mit bewußt falschen, ja widerspruchsvollen Annahmen arbeitet, die die Rolle von Kunstgriffen spielen: das Unendlich-Kleine, das Differential in der Mathematik etwa, das Atom in der Physik, die isolierte

Empfindung oder Vorstellung in der Psychologie, die Idee des „wirtschaftlichen Menschen“ in der Nationalökonomie, die juristische Person, der Freiheitsbegriff in der Moral – alles das sind Hilfsannahmen, die nicht „wahr“ sind, nicht wahr sein können, aber einen Leistungswert haben: in sich unmöglich, sind sie zugleich nützlich und unentbehrlich. „Wahr“ ist zuletzt nur die Voraussage, Vorausberechnung einer Erfahrung, ihr Wahrsein das Eintreffen des Vorausgesagten, ihr Sinn die mit ihrer Hilfe mögliche praktische Regelung unseres Verhaltens. Bemerkenswert ist ein Unterschied des amerikanischen und dieses kontinentalen (Nietzscheschen wie Vaihingerschen) Pragmatismus: dort wird die Nützlichkeit gemachter Annahmen ihrer Wahrheit gleichgesetzt, hier gezeigt, daß die „Wahrheit“ solcher Annahmen vielmehr nur ihre praktische Brauchbarkeit, *also* eine fingierte Wahrheit ist.

Wahrheit ist Nützlichkeit, Denken und Erkennen ist ein zweckbestimmtes Handeln im Dienst des *Lebens*: wir nähern uns mit diesen pragmatistischen Gedanken einer philosophischen Auffassung, die überhaupt das „Leben“ als höchsten und unbedingten Wert betrachtet, der auch das Philosophieren schließlich ein Ausdruck des Lebens, nicht ein Erkennen einer Wahrheit an sich ist. Es wird diese „Lebensphilosophie“ später noch in anderem Zusammenhang, im Anschluß an die Persönlichkeit und Bedeutung Friedrich Nietzsches, ihre Behandlung finden müssen, hier sei indessen gleich ein eigenartiger Denker und geistvoller Schriftsteller erwähnt: GEORG SIMMEL (1858–1918). Ihn interessiert nicht der abstrakte Gedanke, sondern das konkrete, mannigfaltige, differenzierte menschliche Leben (darum ist er auch einer der Hauptbegründer der modernen Gesellschaftslehre, der Soziologie geworden: „Soziologie“ 1908 sowie der Philosophie des Wirtschaftslebens: „Philosophie des Geldes“ 1900), das Leben in der Vielfachheit seiner Gestalten und dem charakteristischen *Ausdruck* dieser Vielfachheit in der Gesellschaft, der Kunst (man vergleiche die feinsinnigen Analysen seiner Bücher über Goethe und Rembrandt) und der *Philosophie*. Der eigentliche Positivismus lehnt die Metaphysik als Begriffsspielerei ab. Auch Simmel steht insofern auf dem Boden des Positivismus, als er eine „beweisbare“ Metaphysik für unmöglich und ihre „Beweise“, gleichgültig, ob sie mathematisch oder dialektisch geführt werden, für eine äußerliche Zutat ansieht. Trotzdem interessiert ihn gerade die Metaphysik als Ausdruck charakteristischen Welterlebens, typischer Haltungen und Stellungen des menschlichen Geistes zur Welt. Simmel wird damit einer der Schöpfer der modernen *„geistesgeschichtlichen“* Betrachtungsweise in der Literatur-, Kunst- und Philosophiegeschichte. Ihre Begründung ist jedoch vor allem das Verdienst von WILHELM DILTHEY (1833–1911, seit 1882 Professor in Berlin).

Auch Dilthey ist insofern Positivist, als er eine Metaphysik als beweisbare Wissenschaft ablehnt. Seine „Einleitung in die Geisteswissenschaften“ (1883), fortgeführt in einer Reihe von Aufsätzen im „Archiv für Geschichte der Philosophie“ und in den Abhandlungen der Berliner Akademie der Wissenschaften, unter denen vor allem die Schrift „Der Aufbau der geschichtlichen Welt in den Geisteswissenschaften“ (1910) als Zusammenfassung genannt sei, gibt gerade von diesem Gesichtspunkt aus: der Überwindung der Metaphysik, einen meisterhaften Überblick über die Geschichte der Philosophie. An die Stelle der Metaphysik in dem Streben nach Totalität der Erkenntnis aber tritt für ihn etwas anderes: die Universalgeschichte als Geschichte des menschlichen Geistes in seinen Stellungen zur Welt und als Weg zum *Verständnis* der verschiedenen *möglichen Arten des Welterlebens.* Der *Mensch* ist der eigentliche letzte Gegenstand der Philosophie, den Menschen aber lernen wir kennen aus einer psychologisch unterbauten Geschichte. Hier kommt Dilthey auf das Problem der Geschichte als Wissenschaft, der historischen Methodik, das wir von Rickert her kennen. Mit ihm lehnt Dilthey die Übertragung naturwissenschaftlicher Methoden auf die Geschichte ab; im Gegensatz zu Rickert aber beruht ihm die Geschichte auf der Psychologie, nur freilich nicht auf der üblichen, selbst einseitig an der Naturwissenschaft orientierten, das Seelenleben aus fiktiven Elementen (Empfindungen, Vorstellungen) aufbauenden und „erklärenden“, sondern auf einer erst zu schaffenden, das

Seelenleben, so wie es ist, beschreibenden und in Typen gliedernden, *„verstehenden" Psychologie.* Zu dieser geisteswissenschaftlichen Psychologie hat dann Diltheys Schüler EDUARD SPRANGER (1882–1963) in seinen „Lebensformen" (1914) wichtige Bausteine geliefert. Er ist ferner einer der Hauptvertreter der geisteswissenschaftlichen Pädagogik geworden (Gesammelte Schriften 1970–1975). Der Versuch, die Weltanschauungen selbst nach Typen, typischen und immer wiederkehrenden Einstellungen des Menschen zur Welt zu gliedern, führt Dilthey zu den drei Grundtypen des Naturalismus (Materialismus, Sensualismus, naturwissenschaftlicher Positivismus), des „Idealismus der Freiheit" (die Welt als Kampf zwischen „Geist" und „Materie") und des „objektiven Idealismus" (die Welt als Geist, als Gott, als Wort). Während ursprünglich die positivistisch-erkenntnistheoretische Tendenz der deutschen Philosophie in den beiden letzten Jahrzehnten des 19. Jahrhunderts aus dem Wunsche entspringt, Wissenschaft, auch wissenschaftliche Philosophie, von einer unwissenschaftlichen, subjektiv bedingten Metaphysik und Weltanschauung scharf zu trennen, wird später in der Schule Diltheys und auch bei von ihm beeinflußten Denkern – Spranger, THEODOR LITT (1880–1962; „Geschichte und Leben" 1918; „Individuum und Gemeinschaft" 1919; „Das Allgemeine in der geisteswissenschaftlichen Erkenntnis" 1941; „Das Bildungsideal der deutschen Klassik und die moderne Arbeitswelt" 1958); ERICH ROTHACKER (1888–1965; „Einleitung in die Geisteswissenschaften" 1920; „Logik und Systematik der Geisteswissenschaften" 1926; „Probleme der Kulturanthropologie" 1935; „Mensch und Geschichte" 1944; „Die dogmatische Denkform in den Geisteswissenschaften und das Problem des Historismus" 1954) u. a. – der Gedanke vertreten, daß es wenigstens im Gebiet der Geisteswissenschaften eine „voraussetzungslose", d. h. eine Wissenschaft ohne weltanschauliche Grundlage bestimmter Art, also auch ohne metaphysischen Aspekt, überhaupt nicht gibt, daß die Ausschaltung des Weltanschaulichen, der geistig-persönlichen Färbung eine Unmöglichkeit sei.

Wie in Deutschland, so können wir auch, um dieselbe Zeit, in

Frankreich von einer neukantischen Bewegung sprechen, die sich freilich noch stärker als die deutschen neukantischen Richtungen als eine Fortbildung, nicht eine einfache Erneuerung der kritischen Philosophie gibt. Der bedeutendste Vertreter dieses französischen Neokritizismus, bedeutend zugleich dadurch, daß er wesentlich zur Prägung des Geistes des vom Katholizismus sich emanzipierenden „radikalen" Frankreich der dritten Republik beigetragen hat, ist CHARLES RENOUVIER (1815–1903; „Essais de critique générale" 1854–1864; „Le Personnalisme" 1903). Ausgegangen ist Renouvier vom Comteschen Positivismus, mit dem er in gewissen Punkten die Kantische Philosophie verknüpft: alle Erkenntnis ist Erkenntnis von Phänomenen, von Bewußtseinstatsachen, alles Erkennen erfaßt seine Objekte nur relativ, in ihren Beziehungen zueinander und zu mir, dem Erkennenden. Die Grundkategorie ist die der Relation, der auch die „Substanz" unterzuordnen ist; ein Absolutes, ein *„Ding* an sich" ist nicht denkbar. Auch nicht ein Unendliches: die Welt ist nur als endliches Gebilde zu denken. Dagegen wendet sich Renouvier nun gegen den Determinismus der Positivisten und stellt mit Kant den Freiheitsbegriff in den Mittelpunkt seiner Philosophie. Die Freiheit ist selbst eine Tatsache des Bewußtseins, und die Gesetze der Phänomene lassen ihrerseits Raum für ein freies, schöpferisches Wirken. Beweisen freilich kann man das Dasein der Freiheit nicht: es ist selbst eine Tat der Freiheit, zu behaupten, man sei frei. Als letzten Grund alles Seienden können wir nur frei wirkende Kräfte annehmen, die, gleich uns selbst, Bewußtseinszentren sind. So ergänzt Renouvier den positivistischen Phänomenalismus durch einen Idealismus der Freiheit. Neben Renouvier steht JULES LACHELIER (1832–1918), der in seinen Gedanken außer dem Einfluß Kants denjenigen Maine de Birans erkennen läßt. Er betont noch schärfer gegenüber dem Positivismus und Empirismus, daß die Naturgesetze nicht aus den Tatsachen abgelesen, sondern Gesetze sind, die der menschliche Verstand in die Dinge hineinlegt. Denkgesetze, nach denen er sie ordnet und den Forderungen des Denkens unterwirft. Wir bilden erkennend Kausalreihen, aber diese

Kausalreihen verweben sich zugleich zu einem höheren, organisch lebendigen Geschehen, zu den sich selbst erhaltenden Lebewesen, die mit den Mitteln der bloßen Geometrie und Mechanik nicht zu begreifen sind, so wenig wie das Bewußtsein sich mechanisch erklären läßt. Von hier aus kommt Lachelier zu einem spiritualistischen Realismus, der seine Kantische Erkenntnislehre ergänzt: das Letztwirkliche, das An-sich hinter den Erscheinungen, sind in der Natur zielstrebig wirkende, zum Selbstbewußtsein drängende Kräfte. Ein Schüler Lacheliers ist EMILE BOUTROUX (1845–1921). Er geht in seinen philosophischen Darlegungen aus von dem Begriff und dem Nachweis der „Kontingenz“ der Naturgesetze („De la contingence des lois de la nature“ 1874), des ihnen anhaftenden Moments der Zufälligkeit, der logischen Unableitbarkeit, und bekämpft von hier aus ein einseitig deterministisch-mechanistisches Weltbild. Schon daß überhaupt etwas existiert, der Schritt vom logisch Möglichen zum Wirklichen, ist logisch nicht als notwendig deduzierbar, ebensowenig das Dasein von Bewegung und Veränderung oder die spezielle Gestalt der geometrischen Axiome. Vor allem aber: die Welt stellt sich als eine Hierarchie von Formen dar; aus der wechselnden Verteilung einer konstanten Masse und Energie, von der die Mechanik handelt, bilden sich die Körper mit ihren verschiedenen chemisch-physikalischen Eigenschaften, erhebt sich das organische Leben, in sie fügt sich das Bewußtsein, die geistige und historische Entwicklung. Die höheren Formen und ihre speziellen Gesetze sind aus den niederen nicht ableitbar. Die rein mechanischen Gesetze gelten nur für eine abstrakte, „skelettierte“ Natur, und sie gelten für die konkrete Wirklichkeit nur angenähert, mindestens ist ihre Gültigkeit stets nur näherungsweise, unter künstlicher Ausschaltung eines nie als unmöglich zu erweisenden Einflusses der höheren auf die niederen Formen durch Erfahrung darzutun. Von dem Dasein jener die abstrakte logisch-mathematische Welt überwölbenden Formen hält sich Boutroux für berechtigt, auf ein schöpferisches, geistiges, freies Prinzip im Grunde der Wirklichkeit zu schließen („Science et religion“ 1908).

Auch Boutroux erscheint auf der einen Seite noch wesentlich orientiert an den großen klassischen Systemen der Philosophie. Auch er sucht in einer Welt des Determinismus und Mechanismus Platz für ein metaphysisches Freiheitsprinzip. Zugleich aber steht er der empirischen Wissenschaft und ihrer Entwicklung in der Gegenwart näher als Renouvier und Lachelier, ist, namentlich in seinen späteren Werken, bestrebt, sein philosophisches Weltbild in engere Beziehung zu den Resultaten der modernen Naturwissenschaft zu setzen. Er leitet damit hinüber zu Bergson, der gleichfalls von Lachelier, aber auch von Boutroux selbst wesentliche Anregungen erfahren hat. –

In *England* können wir zwar nicht von einem Neukantianismus im Sinn von Cohen oder Renouvier sprechen, aber wir stoßen doch auch hier auf eine verwandte Erscheinung, auf eine an klassischen Systemen (Platon, Kant, dessen „Kritik der reinen Vernunft" von Max Müller ins Englische übersetzt wurde, Hegel) orientierte, als Erneuerung philosophischen Denkens sich gebende idealistische Systembildung. Nur daß die Front dieses neuen Idealismus sich nicht wie in Deutschland zugleich gegen die den Boden der Wissenschaft unter den Füßen verlierende Metaphysik und Naturphilosophie und gegen den flachen und unphilosophischen Materialismus, sondern gegen die bisher in England vorherrschenden Richtungen, gegen Humes Phänomenalismus und Skeptizismus und gegen die realistische Common-sense-Philosophie der schottischen Schule wendet. Sie will daher auch nicht im Sinn des ursprünglichen deutschen Neukantianismus die Philosophie auf Erkenntnistheorie und Ethik bzw. ethisch unterbautes Kulturverständnis beschränken, sondern im Gegenteil die metaphysische Linie fortsetzen. Die Richtung geht von Oxford aus, ihre Hauptvertreter sind der schon früher als Kritiker des Benthamschen Utilitarismus genannte THOMAS HILL GREEN (1836–1882), ferner FRANCIS HERBERT BRADLEY (1846–1924; „Appearance and Reality" 1893; „Principles of Logic" 1883; „Essais on Truth and Reality" 1914) und BERNARD BOSANQUET (1848–1923). Philosophisch ist ihr Ausgangspunkt eine gegen Locke und Hume gerichtete Analyse der Erkenntnis und allgemeiner des Bewußtseins. Das Bewußtsein ist nicht eine Summe von Vorstellungsinhalten und das Erkennen kein Vergleichen und Verknüpfen solcher Inhalte. Sondern Erkennen ist Urteilen und auch alles vorstellende und wahrnehmende Bewußtsein von solchen Urteilen durchzogen. In jedem Urteil aber wird ein allgemeiner Begriff – als Prädikat – von einem Sein – als Subjekt – ausgesagt, genauer: unser urteilendes Erkennen ist stets auf *ein* Seiendes gerichtet, das wir durch eine *Mannigfaltigkeit* von Prädikaten seinem Wesen nach zu erkennen versuchen. Damit ist zuletzt der Gegenstand, das Ziel unserer Erkenntnis *eines*: *das* Sein, das wir als einheitliches Sein hinter der Mannigfaltigkeit der wechselnden Erscheinungen und durch sie zu erkennen suchen. Die Überzeugung, daß es dies Sein gibt, ist von unserem Erkennen, unserem Bewußtsein unablösbar. Jede Weise aber, in der wir es näher zu bestimmen, jeder Begriff, in dem wir sein Wesen zu fassen versuchen, erweist sich bei näherer Betrachtung als widerspruchsvoll und damit die scheinbar gewonnene Erkenntnis des Seins eben als eine scheinbare, was dasselbe besagt: als Erkenntnis einer bloßen Erscheinung des Seins, nicht des wahren Seins selbst. Bradley zeigt (in einer Weise, die an Herbart erinnert) die Widersprüche auf, die in den Begriffen Ding, Eigenschaft, Veränderung, Vielheit, Raum, Zeit usw. und damit in einem Weltbegriff stecken, der das Seiende als einen Inbegriff von körperlichen und seelischen Dingen bestimmt, die in Raum und Zeit aufeinander wirken. Hinter der mannigfaltigen und widerspruchsvollen Erscheinungswelt (die sich eben durch ihre Widersprüche als bloße „Erscheinung“ erweist) steht das eine *„Absolute“*, von dem wir wissen, daß, aber nicht, was es ist, von dem wir auch nicht sagen können, warum es sich in die Fülle der Erscheinungen aufspaltet. Andrerseits sind nun nicht alle Erscheinungen gleichwertig, sie stehen dem Sein näher oder ferner; es ist richtiger, das Absolute als Person oder als Denken, wie es als Materie zu bestimmen. Hier nähert sich der englische Neuidealismus (ebenso wie in seinem Erkenntnisbegriff) der Philosophie Hegels, die ja auch einer endgültigen Erkenntnis des „Seins“, des Absoluten, in einer Kette begrifflicher Bestimmungen, deren Widersprüche stets in der nächst höheren Bestimmung überwunden werden, zustrebt. Doch gehen Bradley und Bosanquet nicht so weit wie Hegel: ein wirklich vollendetes Erkenntnissystem nach der Art des Hegelschen würde die Grenzen des menschlichen Erkenntnisvermögens überschreiten.

Religiöse Motive sind von Anfang an für den Neuidealismus mitbestimmend, sie führen Green zu einem an Berkeley erinnernden Theismus, Bradley und Bosanquet zu einer Art Pantheismus. Sie fehlen auch, ebenso wie die Anklänge an Berkeleys Spiritualismus, nicht bei einem weiteren selbständigeren Denker: bei JOHN MCTAGGART (1866–1925), den seine Analyse des Seins („The nature of existence" 1921–1927) zu einer Art Monadologie, also mehr zu einem Pluralismus, als zu dem Bradleyschen Monismus führt. Das Letztwirkliche sind eine Vielheit seelischer, personaler Substanzen, die zu dem gegliederten Gefüge eines Universums sich einen, in dem für die Annahme eines theistisch oder pantheistisch gedachten göttlichen Wesens kein Raum mehr bleibt. In Amerika wird eine der Bradleyschen nahe verwandte idealistische Metaphysik von JOSIAH ROYCE (1855–1916) vertreten, doch will Royce das Absolute entschiedener als absolutes Ich, als unendliches Bewußtsein oder als Geist ansprechen.

Der Neuidealismus hat in den angelsächsischen Ländern zwei Gegenströmungen auf den Plan gerufen: auf der einen Seite den *Pragmatismus,* auf der andern den *„Neurealismus"*. Die Hauptvertreter des Pragmatismus (siehe zum Begründer CHARLES SANDERS PEIRCE unten Kap. 6) sind in England F. C. S. SCHILLER (Oxford, 1864–1937), in Amerika JOHN DEWEY (1859–1952) und vor allem WILLIAM JAMES (1842–1910). In seinem ersten größeren Werk, den „Principles of psychology" (1890), kämpft *James* gegen die Assoziationspsychologie: das Seelenleben ist keine Summe starrer Inhalte, sondern ein kontinuierlicher Erlebnisstrom, als solcher zeigt es sich der unvoreingenommenen, unmittelbaren Erfahrung. Dem Empirismus der Locke und Hume, der vielmehr eine atomistische und deterministische Konstruktion an die Stelle der direkten Erfahrung setzt, stellt James damit seine Forderung eines *absoluten* und voraussetzungslosen *Empirismus* gegenüber, eine Programmforderung, in der er mit den „Neurealisten“ (übrigens auch mit den „Phänomenologen“, oder wenigstens einem Teil derselben, in Deutschland) übereinstimmt und die ihn, wie jene, zur Anerkennung der Realität der Außenwelt, ihrer Kausalbeziehungen, ihrer raumzeitlichen Ausdehnung führt, also an einem entscheidenden Punkt zum Gegner der „Idealisten“ macht. Zugleich aber weist dieser unvoreingenommene Empirismus James den Weg, um bestimmten, ihm am Herzen liegenden, metaphysischen Überzeugungen ihr Recht werden zu lassen: der unmittelbar erlebten Willensfreiheit, dann der Fülle der religiösen Erfahrungen, die die Geschichte der Religion uns überall, vor allem in dem Erleben der eigentlichen „homines religiosi“ zeigt („The varieties of religious experience“ 1902). Allerdings können diese Erfahrungen von einer höheren Welt Selbsttäuschung sein, so gut wie die Wahrnehmung der Dinge, die Erinnerung an die eigene Vergangenheit eine Halluzination oder Illusion sein könnte. Allein zuletzt gibt es kein anderes Kriterium der Wahrheit unserer erlebten Überzeugungen und des gesamten Weltbildes, in das sie sich verweben, als ihr *Sichbewähren im Leben.* Hier fügt sich der *pragmatische Wahrheitsbegriff* ein („Pragmatism“ 1907; J. Dewey „Creative intelligence“ 1917 – doch teilt *Dewey,* dessen Bedeutung vor allem auf dem Gebiet der Pädagogik liegt [„The school and society“ 1899; „Democracy and Education“ 1916, dt. 1930; „How we Think“ 1910; „Experience and Education“ 1938; „Logic. The Theory of Inquiry“ 1938; „Problems of men“ 1946], die sonstigen Ansichten James' nicht – *Schiller* „Humanism“ 1903). Das Sichbewähren der Wahrheit besteht in ihrem Sichbewähren als Grundlage und Wegweiser unserer Handlungen, das Erkennen ist vom Handeln unablösbar; die Welt, das Objekt des Erkennens, ist eine Welt, in die wir handelnd eingeordnet sind und die sich unter dem Einfluß unserer Handlungen wandelt. Veränderung und Vielheit sind kein Schein, hinter dem sich eine starre Einheit, das „Absolute“ der idealistischen Metaphysik, verbirgt: ihrem Monismus stellt er (ebenso Schiller) ein pluralistisches Weltbild gegenüber („A pluralistic universe“ 1909). Religiös-ethische Motive spielen auch hier in James' Denken hinein: er sieht im idealistischen Monismus einen Versuch, sich durch eine Theodizee über die Realität des Bösen und des Übels hinwegzutäuschen und damit dem Leben den Charakter des Kampfes zu nehmen. Zur Psychologie bzw. Psychophysiologie endlich führt die von James oft gestreifte Frage der Unsterblichkeit zurück, und zwar gibt er hier, gleichzeitig und in Übereinstimmung mit Bergson, der Überzeugung Ausdruck, daß das Gehirn nicht „Ursache“ des Bewußtseins sei, sondern als ein „Filter“ desselben, d. h. als ein Faktor wirke, der das Bewußtsein auf seine Wirksamkeit im Dienst des Körpers einschränke.

Der englische und amerikanische „*Neurealismus*“ lehnt den pragmatistischen Wahrheitsbegriff ab: Erkennen ist nicht handelndes Eingreifen, sondern schauendes Erfassen einer Gegenständlichkeit, Wahrheit ist nicht Lebensnützlichkeit, sondern Übereinstimmung mit objektiv Seiendem. Dagegen teilt er mit dem Pragmatismus den reinen oder unvoreingenommenen Empirismus, der die ganze und natürliche, nicht die künstlich verengte und präparierte, in einzelne Bewußtseinsinhalte zerlegte Erfahrung Humes und Mills zur Grundlage der philosophischen Welterkenntnis machen will. Und auf Grund dieses Empirismus das pluralistische Weltbild: die in der Erfahrung gegebene Wirklichkeit ist keine bloße Bewußtseinserscheinung, hinter der sich eine metaphysische Einheit, ein Absolutes verbirgt, sondern eine Vielheit realer und sich verändernder Gegenstände („Alle Dinge sind, wie sie sind, und sind keine andern Dinge“ [Moore] – der Anschluß, den der Neurealismus hier an das naive Weltbild sucht, bedeutet zugleich eine Beziehung zur Common-sense-Philosophie der schottischen Schule, mit der er zweifellos historisch am meisten zusammenhängt.) Das Erkennen besteht in Akten des Bewußtseins, die sich auf vom Bewußtsein selbst unabhängige Gegenstände richten: das sinnliche Empfinden auf die – objektiv existierenden – Farben, Töne und sonstigen sinnlichen Gegebenheiten, das Wahrnehmen auf die Dinge, an denen die sinnlichen Gegebenheiten haften oder von denen sie ausgehen, das Erinnern auf vergangenes Sein und Geschehen, das Vergleichen auf bestehende Beziehungen, das Denken auf geltende Gedanken. Im Denken und Urteilen erfassen wir objektiv bestehende Beziehungen, die für die ganze Welt des objektiv Möglichen, demnach auch für die engere des aktuell Wirklichen gelten müssen.

Vorbereitet wird der englische Neurealismus durch L. T. HOBHOUSE („Theory of knowledge" 1896), SH. H. HODGSON (1832 bis 1913, „The metaphysic of experience" 1898) und R. ADAMSON (1852–1902), sein eigentlicher Begründer ist GEORGE EDWARD MOORE (1873–1958; „Refutation of idealism" 1903), der der realistischen Erkenntnistheorie auch eine objektivistische Wertethik anfügt: die Wertprädikate schön, gut usw. bezeichnen innere Eigenschaften der Dinge, die sich jedoch von den sachlichen Eigenschaften dadurch unterscheiden, daß sie keinen Bestandteil der vollständigen Beschreibung der Dinge ausmachen (siehe auch unten S. 390). Als bedeutendster systematischer Denker der Richtung ist in England SAMUEL ALEXANDER zu nennen (geb. 1859 in Australien, gest. 1938 in England; Hauptwerk „Time, Space and Deity" 1920). Das Ziel der Philosophie ist ihm eine die ganze Wirklichkeit in ihrer vollen Konkretion, in den Beziehungen ihrer einzelnen Sphären, *beschreibende* Metaphysik, nicht eine Erklärung, die in schematisierender Vereinfachung eines auf das andre zurückführt und von dem nicht Zurückführbaren als angeblich subjektiver Erscheinung abstrahiert. Eine besondere Erkenntnistheorie geht dieser Metaphysik nicht voraus: das Erkennen ist direkt auf das Sein, nicht zuerst auf die Methode des Erkennens gerichtet. Das Erkennen selbst ist eine Beziehung zwischen Seiendem, dem Bewußtsein auf der einen, einem ihm äußeren Gegenstand auf der anderen Seite. Es ist genauer die Beziehung zwischen einem Ich, das zugleich sich selbst *erlebt,* und einem Gegenstand, den es *betrachtet,* oder alles Erkennen ist zugleich Erleben einer Seele und Wahrnehmen eines Körpers. Alles Erlebte und Wahrgenommene, die ganze Welt des Seienden stellt sich in gemeinsamen kategorialen Formen dar; die Kategorien – Identität, Verschiedenheit, Intensität, Kausalität – sind nicht subjektive Denk-, sondern objektive Seinsformen, nur an allem Seienden gleichmäßig auffindbar. Auch Kausalität wird sowohl im wollenden und denkenden Ich erlebt, wie in der Abfolge der Phasen einer Bewegung wahrgenommen; die gegenteilige Behauptung Humes und Kants beruht auf der falschen Zerlegung des Erfahrungsinhalts in starre, unverbundene Einzelinhalte. Ferner erfassen wir alles Seiende als raumzeitlich und damit zugleich als Bewegung. Der Stoff, aus dem alles Wirkliche besteht, ist die Raumzeit, wobei Raum und Zeit, wie es auch die moderne Physik tut, als unlösbare Einheit zu betrachten ist. Daß alles Wirkliche räumlich, alles Geschehen Bewegung ist, behauptet auch der Materialismus, von ihm aber trennt sich Alexander in der weiteren Lehre, daß sich auf der Grundlage der elementaren Bewegungen eine Hierarchie von Gegenständen höherer Ordnung mit besonderen Qualitäten aufbaut. An den Rhythmus einer Bewegungsreihe knüpfen sich die Qualitäten der Farben, Töne usw., die nicht subjektive Erscheinungen, sondern reale Qualitäten sind, deren Wahrnehmung nur, nicht deren Sein an das Dasein eines Bewußtseins und Nervensystems geknüpft sind. Aus so qualifizierten Körpern und ihrem Zusammenwirken entsteht der Organismus mit seiner neuen Qualität: dem Leben. In einem Teil des lebenden Körpers, im Gehirn, greifen die Lebensvorgänge zu einer gestalteten Einheit ineinander, die einer neuen Qualität zur Grundlage dient: dem Bewußtsein. Höhere und nächst niedere Gegenstandswelt und Qualität sind stets in bestimmter Weise aufeinander bezogen, eben wie unsere Seele und der ihr zugehörige Körper, zu deren Verhältnis wir ein Analogon in dem des lebenden Körpers und seiner Umwelt, in der und von der er lebt, oder des anorganischen Körpers zu der Umgebung, auf die er wirkt und von der er Wirkungen empfängt, vor uns haben. Endlich ist der Entwicklungsgang, der von der Raumzeit zum Körper, zum Organismus, zum fühlenden Gehirn führt, mit dieser Stufe sicher nicht abgeschlossen, es werden aus der Wechselwirkung der bisherigen Gebilde solche mit neuen Qualitäten entstehen (oder sind bereits entstanden), welche so hoch über dem Bewußtsein stehen, wie dies über dem organischen Leben. Der Ausblick auf eine Gottheit, die freilich nicht als Schöpfer am Anfang, sondern als höchste Stufe am Ende steht, krönt das metaphysische Weltbild Alexanders. Ein aus einem Komplex ineinandergreifender Teile sich zusammensetzendes Ganzes ist nicht eine bloße Summe dieser Teile, sondern ihm eignen neue Qualitäten: in diesem Gedanken begegnet sich Alexanders Neurealismus mit der später zu erwähnenden „Gestaltphilosophie". Jene Qualitäten werden in Stufen geordnet, die neu auftauchenden („emergent") Faktoren bilden eine Entwicklungsreihe: der von Alexander beeinflußte Zoologe und Philosoph LLOYD MORGAN (1852–1936) hat diesen Begriff der „Emergenten" (im Unterschied von den aus den Teilen ableitbaren Eigenschaften der Entwicklungsprodukte, den „Resultanten") für die Theorie der biologischen Entwicklung fruchtbar gemacht („Emergent evolution" 1923, „The emergence of novelty" 1933). Die Emergenten sind etwas neu Entstehendes, sie geben also der Entwicklung den Charakter einer „schöpferischen" Entwicklung, um den Begriff Bergsons zu gebrauchen. Doch lehnt Alexander trotz solchem Berührungspunkt den Bergsonschen Begriff des „élan vital", der alles Seiende durchflutenden Lebensschwungkraft, als Ursache jener schöpferischen Entwicklung, ab: in der Hierarchie der Qualitäten gewinnt Alexanders Metaphysik mehr den Charakter eines statischen, als den eines dynamischen Weltbildes, wie des Bergsonschen.

Gerade hierin liegt der Hauptunterschied zwischen dem philosophischen System Alexanders und dem des ihm in mancher Hinsicht nahestehenden bedeutenden amerikanischen Denkers ALFRED NORTH WHITEHEAD (1861–1947; „The Concept of Nature" 1920; „Science and the Modern World" 1926; „Process and Reality" 1929; „Adventures of Ideas" 1933; „Essays in Science and Philosophy" 1947; „The Interpretation of Science" 1961). Whitehead, von der Mathematik und Physik ausgegangen, wird noch Erwähnung finden als Mitverfasser der *Principia Mathematica*, des modernen Standardwerks der mathematischen Logik. Er ist einer der wenigen Philosophen, die ein eindringendes Verständnis der exakten Wissenschaften mit einer umfassenden Kenntnis der Weltliteratur und der Geschichte der Philosophie verbinden. Erkenntnistheoretisch steht er auf realistischem Standpunkt, sein Ziel ist eine Metaphysik, die die Elemente der an sich seienden Wirklichkeit erkennt. Der Materialismus, der das Letztwirkliche in starren raumerfüllenden Körpern sieht, scheint ihm durch die moderne Entwicklung der Physik widerlegt, nicht das Nebeneinander starrer Körper, sondern das Ineinander von lebendigen Vorgängen (event) ist das Letztwirkliche, die Welt ist ein Prozeß und ihre Elemente sind Prozesse. Die Welt ist ein Organismus, eine organische Einheit und aus Organismen zusammengesetzt, jeder Organismus ist von der gesamten ihn umgebenden Welt abhängig, spiegelt sie wider (Leibniz), hat auch eine seelische Innenseite, so daß das Spiegeln eine Vorstufe des Wahrnehmens wird (Whitehead prägt das Wort „prehension" als Vorstufe der „apprehension"). Gott ist das schöpferische „Prinzip der Konkretion", der die ewigen Möglichkeiten zur konkreten Wirklichkeit bestimmt.

Vom Neurealismus ausgegangen ist einer der originellsten englischen Denker der Gegenwart, dessen Einfluß weit über die Grenzen Englands hinausgedrungen ist: BERTRAND RUSSELL (1872–1970; „A critical exposition of the philosophy of Leibniz" 1900; „The problems of philosophy" 1912; „Our knowledge of the external world" 1914; „Mysticism and Logic" 1918; „Introduction to mathematical philosophy" 1919; „The analysis of mind" 1921; „The ABC of relativity" 1922; „The ABC of atoms" 1923; „The analysis of matter" 1927; „Sceptical essays" 1928; „An inquiry into meaning and truth" 1940; „A history of Western philosophy" 1946; „Physics and Experience" 1946; „Human knowledge" 1948; „Human society in ethics and politics" 1954). Indessen ist Russells Denken im besonderen mathematisch-logisch orientiert und durch die moderne Entwicklung der mathematischen Physik beeinflußt; seine Bedeutung liegt vor allem in dem von ihm in Gemeinschaft mit *A. N. Whitehead* verfaßten großen Werk („Principia Mathematica" 1910–1913), das die mathematische Logik (Logistik) mit ihren beiden Seiten, der Darstellung der logischen

Gesetze in exakter mathematischer Formelsprache und dem streng logisch-axiomatischen Aufbau der reinen Mathematik, im besonderen der Arithmetik, zu einem gewissen Abschluß gebracht hat. In dieser Hinsicht bildet Russell ein wichtiges Glied eines Zweiges der philosophischen Entwicklung der Gegenwart, von dem noch später die Rede sein muß, der Entwicklung, die von den Grenzgebieten der Mathematik, Physik und Philosophie ausgeht und hauptsächlich Mathematiker und Physiker zu ihren Trägern hat. Alles Denken ist Erfassen (objektiver) Beziehungen, durch diese Beziehungen wird die Welt des objektiv Möglichen umschrieben, von der die „wirkliche" Welt einen Spezialfall darstellt – in diesem (zugleich an Leibniz erinnernden) Gedanken bewegt sich Russell in der Bahn des Neurealismus (Moore). Diese Welt der Beziehungen, des objektiv Möglichen, aber wird in der reinen Logik mit ihrer Spezialdisziplin, der reinen Mathematik, systematisch-deduktiv entwickelt. Sie liefert damit die Formen, die Strukturen, innerhalb deren wir auch diejenige oder diejenigen Formen zu suchen haben, die zur Strukturbeschreibung der Wirklichkeit taugen. Erkennen der Wirklichkeit ist Strukturbeschreibung, wie sie vorbildlich in der mathematischen Physik geübt wird: hier liegt einer der Punkte, in dem sich Russell, und zwar im Lauf seiner Entwicklung immer deutlicher, vom Neurealismus scheidet. Erkennen ist nicht Erschauen einer Gegenstandswelt in ihrer konkreten Gestalt, sondern Beschreiben eines Gegenstandsgebiets durch Zuordnung eines Systems untereinander durch bestimmte Beziehungen verknüpfter Zeichen. Ein solches, durch Grundbeziehungen (Axiome) definiertes Zeichensystem – man denke als Beispiel an das System der ganzen oder der rationalen Zahlen – stellt eine Struktur dar, auf die sich die Struktur einer gegebenen Wirklichkeit mit größerer oder geringerer Genauigkeit abbilden läßt. Dazu muß dann freilich die Wirklichkeit selbst nicht als eine einheitlich erschaute Welt aufgefaßt, sondern in einen Inbegriff durch Beziehungen verknüpfter Beobachtungsdaten, Gegebenheiten aufgelöst werden, wie sie Hume und Mill, denen sich Russell also hier wieder nähert, ihrem Bild der Welt und der Erkenntnis zugrunde legen. Begriffe wie „Raum“, „Zeit“, „Materie“ bezeichnen, wie besonders die Entwicklung zeigt, die sie in der modernen Physik erfahren, nicht wirkliche Dinge, sondern Beziehungen zwischen Beziehungssystemen, Strukturen von Systemen, deren Glieder strukturierte Ganze von Gegebenheiten sind. Es ist der Grundfehler der Metaphysik, daß sie, durch die Worte der Sprache verführt, logische und mathematische Konstanten und Invarianten für wirkliche Wesen hält. Auch das „Ich“, der „Träger“ des Bewußtseins wird für Russell zu einer bloßen Beziehung, die Scheidung zwischen „physischer“ und „psychischer“ Welt eine solche zwischen zwei Gruppen von gesetzmäßigen Zusammenhängen, in die wir *dieselben* Gegebenheiten einordnen. Nur in loserem Zusammenhang mit seiner logistisch-empiristischen Philosophie stehen die von starkem persönlichem Temperament getragenen soziologischen und pädagogischen Schriften, in denen Russell als Pazifist und (dogmatisch nicht gebundener) Sozialist zur Gegenwart Stellung nimmt, in bewußter Sympathie mit dem 18. Jahrhundert gegen alle historischen und Traditionsvorurteile für eine rationale Gestaltung von Leben und Gesellschaft kämpfend, in seiner geistigen Haltung, seinem Idealismus und seiner Ironie einem Bernard Shaw in gewisser Weise verwandt. – Die *amerikanischen* Realisten haben ihre Philosophie in zwei Sammelwerken niedergelegt, die von verschiedenen Verfassern herrühren und einen verschiedenen Standpunkt vertreten: „The new realism“ (1912, Holt, Montague u. a.) einen mehr *naiven*, wie Moore Realität und gegebene Wirklichkeit identifizierenden, „Essays in critical realism“ (1920, Santayana, Drake u. a.) einen naturwissenschaftlich fundierten *kritischen* Realismus.

Der letztere kritische angelsächsische Neurealismus findet eine Parallele in dem Werk des deutschen Psychologen und Philosophen Oswald Külpe (1862–1915) „Die Realisierung“ (1912–1923, die nach dem Tode des Verfassers erschienenen Teile aus dem Nachlaß von A. Messer herausgegeben), er berührt sich jedoch auch mit der Philosophie, die in Deutschland als vorherrschende Richtung seit dem Anfang des Jahrhunderts den Neukantianismus ablöste: der von ihrem Begründer Husserl so genannten „*Phänomenologie*". Der Berührungspunkt liegt vor allem darin, daß beide den direkten Blick auf die „Sache", den Gegenstand, anstatt der vorgängigen Aufstellung einer Methode der Erkenntnis fordern, und damit eine allgemeine Ontologie an die Stelle der Erkenntnistheorie setzen, auch die Kategorien aristotelisch als Seinsformen, nichtkantisch als Verstandesformen interpretieren.

Husserl, der eigentliche Schöpfer der Phänomenologie, gehörte seinerseits zu den Schülern einer starken und eindrucksvollen Persönlichkeit der älteren Generation: FRANZ BRENTANO (1838–1917). Brentano (der nur wenig, vor allem die „Psychologie vom empirischen Standpunkte aus" 1874 und „Vom Ursprung sittlicher Erkenntnis" 1889 veröffentlichte; später erschienen u. a.: „Grundlegung und Aufbau der Ethik" 1952; „Religion und Philosophie" 1954; „Die Lehre vom richtigen Urteil" 1956; „Wahrheit und Evidenz" 1964; „Über die Zukunft der Philosophie" 1968) war ursprünglich katholischer Priester, und wenn er sich auch später von der Kirche trennte, so blieb ihm doch die enge Verbindung mit Aristoteles und der Scholastik (mit der er Leibniz und Locke verband). Er war damit der Träger einer Tradition, die nichts mit dem Kantianismus zu tun hatte, der die neueste deutsche Philosophie so stark beherrschte, aber auch ebenso dem Hegelianismus fern stand. Durch Bearbeitung der Erfahrung mit Hilfe *einsichtiger* oder (Dasein einer körperlichen Außenwelt, Kausalgesetz) *einsichtig wahrscheinlicher* Sätze gelangen wir nach ihm zu einer beweisbaren theistischen Metaphysik. Die Grundbegriffe unserer Erkenntnis (Kausalität, Substanz) stammen aus der inneren Wahrnehmung: wir *erleben* Kausalität in den Motivationszusammenhängen oder im Hervorgehen des Schlußsatzes aus den Prämissen. Erkennen ist evidentes Urteilen; die Evidenz, die einleuchtende Gewißheit das einzig mögliche und zureichende Wahrheitskriterium. Wie ein evidentes Urteilen (Anerkennen und Verwerfen, Bejahen und Verneinen), so gibt es auch ein evidentes Werten – Lieben und Hassen –, also ein wahres, ein richtiges Lieben: evidente Wertungen, die das

Fundament der Ethik bilden. Wichtig ist nun ferner, daß Brentano an die Stelle der üblichen Inhalts- in Anlehnung an die Scholastik eine *Aktpsychologie* setzte: das Bewußtseinsleben setzt sich zusammen aus den unmittelbar erlebten *Akten* des Wahrnehmens, Vorstellens, Urteilens, Liebens, die ihrerseits auf *Gegenstände* gerichtet sind.

Von den zahlreichen Schülern Brentanos, von denen vor allem ANTON MARTY (1847–1914) und OSCAR KRAUS (1872–1942) seiner Lehre nahe bleiben, schlägt EDMUND HUSSERL (1859–1938) eigene Bahnen ein. Der erste Band seiner „Logischen Untersuchungen“ („Prolegomena zur reinen Logik“ 1900) eröffnet zunächst einen Kampf gegen den „Psychologismus“, für die von aller Psychologie unabhängige Stellung der Logik: Die Psychologie hat es mit empirischen Tatsachengesetzen, die Logik mit unabhängig von der Erfahrung streng notwendig und allgemein geltenden „Wesensgesetzen“ zu tun. Die logischen Gesetze sind nicht Gesetze *des Urteilens,* der Urteilsakte, ihres Auftretens und Verschwindens, ihrer Vereinbarkeit und Unvereinbarkeit, sie sind auch nicht primär „Normen“, die vorschreiben wie wir urteilen sollen, sondern sie sind Gesetze *der Urteile,* d. h. der in unsern Urteilsakten gemeinten Bedeutungen, der „Sätze an sich“, wie ein von Husserl wieder ans Licht gezogener Denker aus dem Anfang des 19. Jahrhunderts, BERNHARD BOLZANO (1781–1848; „Wissenschaftslehre“ 1837), sagte. Der „Satz des Widerspruchs“ besagt nicht, daß wir widersprechende Sätze nicht zugleich bejahen, sondern daß diese Sätze – gleichgültig ob sie von irgend jemandem gedacht werden – nicht zusammen *wahr sein* können. „Sätze“ sind ideelle Bedeutungseinheiten, die als *dieselben* Sinngebilde von verschiedenen Menschen gedacht, ausgesprochen, bejaht oder geleugnet werden können, die an sich wahr oder falsch sind, auch wenn sie noch niemandem zum Bewußtsein gekommen sind – sie sind in Akten gemeinte („intendierte“) *Gegenstände,* nur nicht raum-zeitlich reale, sondern zeitlos ideelle Gegenstände, nicht im individuellen Bewußtsein enthaltene „Inhalte“. (Verwandte Gedanken entwickelte ein andrer, aus der Schule Brentanos hervorgegangener Philosoph: Alexius v.

Meinong [1853–1920] in seiner „Gegenstandstheorie".) Mit solchen ideellen Gegenständen hat es die Logik ebenso wie die reine Mathematik zu tun; genauer ist das Ziel der Logik die Herausarbeitung der Gesetze, die den Zusammenhang von „Wahrheiten" zur logischen Einheit eines Systems, einer „Theorie" bedingen.

Wie gewinnen wir diese Gesetze, wie finden wir überhaupt „Wesensgesetze"? Indem wir, antwortet Husserl, in „ideeierender Wesensschau" vom einzelnen Gegenstand zu seiner „Idee" (von zwei Gegenständen zu „der Zahl 2", vom einzelnen zu „dem" Dreieck) aufsteigen und diese Idee uns zur „Gegebenheit", zur geistigen Schau bringen. Es ist der Fehler des Psychologismus und Positivismus, daß er nur sinnliche und individuelle „Gegebenheiten" gelten lassen will, während wir eben auch *allgemeine* Gegenstände in geistiger „Schau" „phänomenal" erfassen können (2. Band der „Logischen Untersuchungen". „Untersuchungen zur *Phänomenologie* und Theorie der Erkenntnis" 1901). In dieser Betonung und Erweiterung des intuitiven Faktors der Erkenntnis scheidet sich Husserl zugleich von der deduktiven Begriffsentwicklung des Marburger Neukantianismus. Mit der „Wesensschau" entsteht dann für Husserl eine philosophische Grundwissenschaft, die über die Logik hinausgreift: alle Tatsachenwissenschaften unterstehen phänomenologischen, „eidetischen" Disziplinen, einmal den allgemeinen „formal-logischen" und dann den „materialeidetischen" Wissenschaften, deren Gesetze die Wesensstruktur der spezifischen Gegenstände herausstellen, mit denen es die Tatsachenwissenschaften zu tun haben. Ehe wir z. B. Wahrnehmungen, Urteile usw. psychologisch-empirisch untersuchen, müssen wir in phänomenologischer Wesensschau klären, was eine Wahrnehmung, ein Urteil ihrem Wesen nach sind. Wesensgesetze sind den empirischen Tatsachengesetzen übergeordnet. Endlich fällt der Phänomenologie im engeren Sinn die Aufgabe einer wesensmäßigen Erforschung nicht der Gegenstände, sondern der spezifischen Formen des *Gegenstandsbewußtseins*, der, bestimmten Gegenstandsarten und ihren Seinsweisen entsprechenden, *Aktformen* zu. Indem so die Phänomenologie die Gegenstände nicht mehr an sich, sondern vom Bewußtseinsakt aus, der sie erfaßt, zu bestimmen sucht, nähert sie sich wieder Kantischen Gedankengängen, wie das bei Husserl deutlich in seinen späteren Schriften sich bemerkbar macht („Ideen zu einer reinen Phänomenologie und phänomenologischen Philosophie“ 1913; „Formale und transzendentale Logik“ 1929).

Die Idee der „Phänomenologie“ hat über den an sich großen Kreis von Schülern Husserls hinausgewirkt, wozu namentlich beitrug, daß die Lehre von der Wesensschau der Neigung zu einer typisierenden Betrachtung, wie sie sich auch sonst in den Geisteswissenschaften bemerkbar machte, entgegenkam, sowie der Abneigung gegen die vom Neukantianismus gepflegte Überschätzung der Methode der Deduktion. Dazu kam, daß die von Dilthey wie Rickert erstrebte scharfe Trennung von Geistes- und Naturwissenschaft, ferner die vom Vitalismus betonte Eigengesetzlichkeit des organischen Lebens gegenüber der anorganischen Natur, auch die erwähnten metaphysischen Richtungen, die die Welt als ein System ineinander fundierter Gegenstandssphären, die übereinanderstehend immer wieder neue Gestaltsqualitäten bieten, daß alle diese Bestrebungen eine Methode nahelegten, die das Geistige im Unterschiede zum Natürlichen, das Lebendige im Unterschied zum Toten, die verschiedenen Gestalten und „Seinsweisen“ der Gegenstände und Gegenstandsreiche in ihrer „wesensgesetzlichen“ Verbundenheit und Geschiedenheit zunächst einmal zu erfassen suchte. Eben unter diesem Gesichtspunkt sah vor allem Max Scheler (1875–1928) die Phänomenologie, die ihm eben damit zur Grundlage einer *intuitiv gegründeten Lehre vom Sein und Seienden überhaupt,* zu einer *phänomenologischen Ontologie* wurde, die schließlich in eine *Metaphysik,* eine Lehre vom Absoluten mündete. Freilich nahm diese Metaphysik bei einem geistig außerordentlich beweglichen Scheler dann auch wieder recht verschiedene Formen an: von einer theistisch-katholischen Auffassung („Vom Ewigen im Menschen“ 1921–1923) ging er in seiner letzten Lebenszeit zu einem pantheistischen Weltbilde über. Außerdem stellt Scheler der formalen und imperativischen Ethik Kants eine „materiale Wertethik“ gegenüber („Der Formalismus in der Ethik und die materiale Wertethik“, 1913–1916), ein Weg, auf dem ihm später *Nicolai Hartmann* in seiner „Ethik“ (1926) gefolgt ist. Auch die „Werte“ sind ein umfassendes und vielgegliedertes Reich ideeler *Gegenstände* eigener Seinsweise; unsere Gefühle der Lust und Unlust sind nicht nur zuständliche Erlebnisse, sondern eben jene Werte meinende und erfassende *Akte*. Mit dem Blick auf diese Werte und von ihnen geleitet zu leben und zu handeln, erscheint als Aufgabe und Sinn des menschlichen Daseins.

Husserl selbst hatte in der „Phänomenologie“ den Weg zu einer streng wissenschaftlichen Philosophie, zur Grundlegung einer reinen Theorie gesehen. Anstatt dessen hat sich die Phänomenologenschule bald in eine Reihe von Richtungen aufgespalten, in denen man die verschiedenen philosophischen Grundrichtungen wiederfinden kann. Die objektivistische Richtung betont vor allem die Notwendigkeit einer vorurteilsfreien Schau auf den Gegenstand, unter Ablehnung aller Absolutsetzung irgendeiner vorweggenommenen Methode.

Die bedeutendste aus dieser Richtung hervorgegangene philosophische Leistung ist die Ontologie von NICOLAI HARTMANN (1882–1950; „Grundzüge einer Metaphysik der Erkenntnis“ 1921; „Das Problem des geistigen Seins“ 1933; „Zur Grundlegung der Ontologie“ 1935; „Möglichkeit und Wirklichkeit“ 1938; „Der Aufbau der realen Welt“ 1940; „Neue Wege der Ontologie“ 1942; „Leibniz als Metaphysiker“ 1946; „Teleologisches Denken“ 1951; „Einführung in die Philosophie“ 1950), dessen „Ethik“ schon erwähnt wurde. In den Werken Hartmanns vollendet sich der Rückgang von Kant zu Aristoteles bewußt (Hartmann ist ein ausgezeichneter Kenner des Aristoteles und andererseits Hegels als des Entdeckers der Welt und der eigenen Seinsstufe des „objektiven Geistes“). Sein Erkenntnisbegriff ist phänomenologisch-objektivistisch: Erkennen ist Erfassen eines an sich existierenden, vom Erkenntnisakt wesensmäßig unabhängigen Gegenstandes, geht aber in seinem Realismus noch über die Husserlsche Phänomenologie hinaus:

Erkenntnis ist Beziehung eines realen Subjekts auf ein seiendes Objekt. Jede subjektivistische, skeptische oder bewußtseinsidealistische Richtung ist damit prinzipiell abgelehnt. Die philosophische Grundwissenschaft ist die Ontologie, die Lehre vom Seienden, seinen Seinsweisen (reales, ideales Sein; zum idealen Sein gehört das Sein der Werte und der mathematischen Gegenstände), seinen Seinsmomenten (Dasein, Sosein), seinen Seinsmodalitäten (Möglichkeit, Wirklichkeit, Notwendigkeit) und seinen Seinsstufen: materielles, organisch-lebendiges, psychisch-bewußtes, geistig-personales, aber zugleich die Einzelperson überwachsendes objektiv geistiges Sein, wie es von den „Geisteswissenschaften“ erforscht wird. Zurückführung einer Seinsstufe auf die andere ist nicht möglich, „Materialismus“, „Biologismus“, „Psychologismus“ sind abzulehnen. Jede Seinsschicht hat ihre besonderen Kategorien, aber jede höhere Seinsstufe setzt die niederen voraus, baut sich auf den niederen auf: Organismen sind zugleich materielle Körper, Träger eines Bewußtseins sind lebende Organismen, Geistesleben entfaltet sich nur in seelischen Individuen. Die niederen Seinsstufen sind die *stärkeren,* die höheren haben einen größeren *Freiheitsgrad* und gewähren die *Möglichkeit* der Realisierung höherer Werte. Von der Ontologie trennt Hartmann die Metaphysik: sie beginnt, wo das Seiende teilweise irrational, logisch unfaßbar wird. Es gibt irrationale Sphären des Seins; auf sie weisen die Aporieen und Antinomieen, auf die unser Denken stößt. Echte Aporieen sind unauflösbar: Metaphysik ist daher nur als Stellung und Klärung von *Problemen,* nicht als Lösung derselben, nur als Grenzziehung gegen das Irrationale (hier nähert sich Hartmann Kant), nicht als das Irrationale mit umfassendes *System* möglich.

Die metaphysische Bahn, die Scheler eingeschlagen hatte, erreicht ihren Höhepunkt in der „Existentialphilosophie“ MARTIN HEIDEGGERS (1889–1976; „Sein und Zeit“ 1927; siehe unten S. 431 zum Mißverständnis Heideggers als Existenzphilosoph). Die Frage, von der nach Heidegger die Philosophie eigentlich handelt, ist die Frage nach dem „Wesen des Seins“, die nicht verwechselt werden darf mit der nach dem Wesen des *„Seien-*

den". Was „Sein" ist, erschauen wir nur in *uns selbst;* denn gerade für das Ich ist wesentlich, daß es sich primär in seinem „Sein", nicht in dem „Was" dieses Seins erlebt, im Gegensatz zu der uns „zuhandenen" Umwelt der Dinge, die uns zunächst als qualitativ bestimmtes „Was" entgegentreten. In den Akten der „Sorge" sind wir auf die Dinge und durch sie hindurch auf uns selbst gerichtet; mit der „Sorge" aber verbindet sich gleichsam als zweites Grunderlebnis die *Angst,* der Akt, in dem wir unser „vor das Nichts gestellt" oder „in das Nichts geworfen" sein, als *Wesen unserer Seinsweise* erleben. Die Frage nach dem Wesen des „Seins" verquickt sich mit der nach dem Wesen des Ich, des „Menschen", und eben diese Frage beantwortet sich durch jene Akte der Sorge und Angst, die uns die Stellung des Menschen zwischen „Sein" und „Nichts" offenbar machen. Mit diesen Spekulationen über das Wesen des menschlichen Seins verknüpft sich dann bei Heidegger unmittelbar die Frage nach dem Sinn des menschlichen Lebens: in der Verwirklichung seines eigentlichen, seines *wesenhaften* Seins im Gegensatz zu dem Verdecken dieses Wesenhaften im Sich-bestimmen-Lassen durch das, was *„man"* in diesem oder jenem Falle tut, sieht er diesen Sinn, die Aufgabe des Menschen. In zwei Dingen liegt vor allem gleichsam der Prüfstein der Erfüllung dieser Aufgabe für den Einzelnen: einmal darin, daß er das *historische Schicksal*, unter dem er steht, die Forderungen der Zeit, wirklich in seinen Willen aufnimmt, nicht sich äußerlich von ihnen treiben läßt und nicht sich ihnen entzieht, und zweitens in der Stellung zum Tode und der Todesangst als dem elementaren Erlebnis des Stehens vor dem „Nichts". Nicht „alle" müssen sterben, wie der dem Todesgedanken ausweichende Trost lautet, sondern *jeder für sich* muß es, in unaufhebbarer Einsamkeit.

Hier schlägt Heidegger Töne an, die an das Urchristentum erinnern und die bei ihm auch nicht ohne Zusammenhang mit jener christlichen Grundeinstellung sind, durch die Vermittlung des großen dänischen religiösen Denkers und Kämpfers aus der ersten Hälfte des 19. Jahrhunderts SÖREN KIERKEGAARD (1813–1855), dessen Schriften auf ihn wie auf den gesamten deutschen Protestantismus der Nachkriegsjahre einen starken Einfluß gewonnen haben („Entweder-Oder", 2 Bände 1843; „Der Begriff der Angst" 1844; „Philosophische Brocken" 1846; „Christliche Reden" 1848). Kierkegaard war ein entschiedener Gegner Hegels und jedes Versuchs, in einer objektiv den Menschen in das Ganze der Welt eingliedernden Kulturphilosophie die Religion zu begründen, aber ebenso auch ein Gegner der kantischen sittlichen „Autonomie". Er betont aufs schärfste die *Transzendenz* des Göttlichen, auch gegenüber allen „Werten" einer Diesseitskultur, er betont die Einsamkeit und Verlorenheit der angsterfüllten Seele vor dem göttlichen Richter, er hört im Gewissen nicht das Urteil der eigenen Vernunft, des idealen Menschen in mir, sondern die Stimme einer übermenschlichen Gewalt, er unterstreicht wie Pascal, ja im Grunde wie Tertullian die *Paradoxie* der christlichen Lehre. Für die moderne *„dialektische Theologie"*(Karl Barth, Gogarten, Emil Brunner) ist in gewisser Weise Kierkegaard als geistiger Führer an die Stelle sowohl Schleiermachers wie Kants getreten, freilich auch unter dem Eindruck der Kulturkatastrophe des Krieges, die zu dem Gedanken, daß Gottes Wesen im Menschen und seiner Kulturarbeit, seiner Kulturgeschichte sich offenbare, in allzu schroffem Gegensatz stand.

Der *„Existentialismus"* ist in den letzten Jahren eine auch in literarisch interessierten Kreisen viel besprochene Richtung geworden, vor allem in Deutschland und Frankreich. Gemeinsam ist allen Vertretern einer Existentialphilosophie die Anknüpfung an Kierkegaard und mit Kierkegaard die Ablehnung einer objektivistischen Philosophie, die das „Ich" ausschaltet bzw. seine „Existenz" in ein objektives Sein verwandelt. Die Philosophie muß ausgehen vom Ich, sie muß mit diesem Ausgangspunkt in einen gewissen Gegensatz zur Wissenschaft treten, sie muß die Welt von einem grundlegenden Welterleben aus verstehen. In Deutschland vertritt unabhängig von Heidegger KARL JASPERS (1883–1969; „Philosophie", 3 Bände: Philosophische Weltorientierung; Existenzerhellung; Metaphysik 1932) einen Existentialismus. Jaspers ist ursprünglich Arzt

(Psychiater), dann Psychologe, dann Philosoph. Aber schon seine „Allgemeine Psychopathologie“ (1913) und seine „Psychologie der Weltanschauungen“ (1919) bereiten den Existentialismus vor: die erstere indem sie an die Stelle der Betrachtung des Krankheitsfalles das Ich-Du-Verhältnis – die existentielle Kommunikation – zwischen Arzt und Patient heraustreten läßt, die letztere indem sie die Weltanschauungen nicht als objektive Systeme, sondern als Grundhaltungen – existentielle Haltungen – des Menschen zur Welt zu begreifen sucht. Die Philosophie stellt die Frage nach dem Sein. Sein ist aber nicht identisch mit objektivem Sein, kein Objekt ohne Subjekt, ohne Gegenstand für ein Bewußtsein zu sein. Um mein eigenes Sein weiß ich, aber ich kann mich nicht zum Gegenstand meines Bewußtseins machen. Genauer liegt im Bewußtsein der objektiven Welt der Ansatz zu einem doppelten Transzendieren der Objektswelt: einmal in der Richtung auf das Ich und seine „Existenz“ – in der „Existenzerhellung“ – und zweitens in der Metaphysik und ihrer Richtung auf das „Absolute“. Die „Existenzerhellung“ ist ein Transzendieren, aber kein Weg, um das Dasein einer von der Körperwelt unabhängigen „Seele“ zu beweisen, sondern ein Durchsichtigmachen des Bewußtseins in bezug auf das „Ich bin“ und seinen schöpferischen Willen, der die Person mit ihrer Haltung zum Leben, ihrer Treue gegenüber bestimmten Dingen und Personen, ihrem Sich-nicht-Verlieren an das ihr Fremde schafft. Von der Existenzerhellung geht der Weg zur Metaphysik, vom Ich zum Absoluten. Ich fühle, daß ich nicht nur aus mir bin und handle, sondern zu einem Absoluten, einem Unbedingten in Beziehung stehe. Unentbehrlich wird diese Einwendung zum Absoluten in den „Grenzsituationen“ des Lebens, in der Unvermeidlichkeit von Kampf, Leiden, Schuld und Tod. In Mythen, Dogmen metaphysischen Systemen spricht der Mensch vom Absoluten, aber wenn er diese Vorstellungen wörtlich, nicht als „Chiffren“ nimmt, begeht er denselben Fehler, wie wenn er die Existenz des Ich zur Fortdauer einer Seele macht (weitere Schriften u. a.: „Max Weber“ 1932; „Nietzsche“ 1936; „Descartes“ 1937; „Schelling“ 1955; „Die großen Philosophen“ 1957; „Nikolaus

Cusanus" 1964; „Die geistige Situation der Zeit" 1931; „Die Atombombe und die Zukunft des Menschen" 1958; „Existenzphilosophie" 1938; „Von der Wahrheit" 1947; „Der philosophische Glaube" 1948; aus dem Nachlaß u. a.: „Spinoza" 1978; „Notizen zu M. Heidegger" 1978).

In Frankreich ist der Existentialismus des Dichters und Philosophen Jean Paul Sartre (1905–1980; „L'Etre et le Néant" 1943, dt. 1952; ferner die kleine Schrift „L'existentialisme est un humanisme" 1946; Critique de la raison dialectique, I, 1960, dt. 1967) stark beeinflußt von Heidegger. Wie dieser geht Sartre aus vom Begriff des Seins, das im „An-sich-sein" und „Für-sich-sein" (das stets zugleich ein Sein „für einen Anderen" – für ein „Du" ist) zerfällt und das in seinem Verhältnis zum Nichts eingehend analysiert wird (die Analysen des „Nicht-seins" sind vielleicht die scharfsinnigsten Teile des Sartreschen Hauptwerkes). Ebenso finden wir bei ihm Sorge und *Angst* als seelische Grunderlebnisse wieder. Aber gerade in der Analyse der Angst geht Sartre andere Wege als Heidegger: sie ist nicht primär Todesangst, Angst vor dem Nichts außer uns, sondern vor dem Nichts in uns, vor unserer eigenen Freiheit („dans l'angoisse la liberté s'angoisse devant elle-même en tant qu'elle n'est jamais sollicitée ni entravée par *rien*"). Sartre geht dann so weit, daß er nicht nur von einer Angst, sondern von einem Abscheu des Menschen vor sich selbst spricht und auch in diesem Abscheu selbst eine Art Grunderlebnis sieht. Angriffen gegenüber, die gerade von diesem Punkt aus in Frankreich gegen seinen Existentialismus gerichtet worden waren, betonte Sartre, daß der Existentialismus ein „Humanismus" sei, eine Philosophie, die den Menschen in den Mittelpunkt der Welt stellt, allerdings nicht als erreichten Höhepunkt einer Entwicklung, sondern als das Wesen, das unter der Last der Freiheit und Selbstverantwortung steht. Diese Last wird nur um so größer durch den Atheismus, zu dem sich Sartre ausdrücklich bekennt.

Sein Atheismus trennt Sartre scharf von einem anderen französischen Denker, den wir den Existentialisten zurechnen müssen, von Gabriel Marcel (1889–1973; „Journaux métaphysiques", 2 Bände 1927 und 1935; „Le mystère de l'être", 2 Bände 1951, dt. 1952; „Présence et immortalité" 1959). Marcel zeigt eher Verwandtschaft mit Jaspers als mit Heidegger, geht aber als überzeugter Theist und Katholik über das metaphysische „Chiffrenlesen" Jaspers' weit hinaus. Gott wird – existentialistisch – gedacht als das „absolute Du", das Wesen, das nur im Anrufen als „Du" erlebt werden, nie in ein „Es" verwandelt werden kann. Das Denken der Wissenschaft verwandelt alles Sein in Objekte, in ein „Es", eben darum verschwindet für die Wissenschaft Gott, wie das Ich.

Löst die Philosophie im ersten Drittel des 19. Jahrhunderts sich immer mehr los von der Fühlung mit den Einzelwissenschaften, so sucht sie um das Ende des Jahrhunderts immer mehr diese Fühlung, bisweilen bis zur Gefahr einer Abhängigkeit. Neben der geisteswissenschaftlich orientierten und der von der Geschichtswissenschaft herkommenden Philosophie steht der Einfluß der *Naturwissenschaften* und ihrer Entwicklung. Wir stellen an den Anfang die *Biologie* und die in ihr sich geltend machende Strömung des „*Neovitalismus*", die schon anläßlich der Philosophie Ed. v. Hartmanns Erwähnung fand.

Der Gegensatz mechanistischer und vitalistischer Betrachtung der Lebensvorgänge, ihrer Erklärung durch blind mechanische Naturkräfte einerseits, durch die Annahme besonderer zielstrebiger Lebenskräfte andererseits geht bekanntlich tief in das Altertum zurück: *Demokrit* ist „Mechanist", *Aristoteles* „Vitalist". Der Beginn der neueren Philosophie *(Descartes)* gibt mit dem Aufblühen der mechanisch-mathematischen Naturwissenschaft überhaupt auch der mechanistischen Erklärung des Organismus, der „Maschinentheorie des Lebens" einen starken Antrieb, während später in entgegengesetzter Richtung die Entdeckung der Mikroorganismen und der Tatsache wirkt, daß, soweit wir wissen, nirgends Leben aus Anorganischem, sondern immer nur aus organischen Keimen entsteht. *Kant* sucht in seiner Art eine vorsichtige Abgrenzung beider Betrachtungsweisen: die mechanische Erklärung bleibt unbestrittenes Ideal, aber als unentbehrliche Ergänzung, als regulatives Prinzip fügt sich beim Organismus der Zweckgesichtspunkt ein, wo die ursächliche Betrachtung nicht genügt. Die *Romantik* denkt vitalistisch, ihrem am Urbild des Lebendigen überhaupt orientierten Denken scheint die Unterordnung des Organismus unter die Kräfte der anorganischen Natur absurd. Die von der Philosophie sich lösende Naturwissenschaft schlägt indessen wieder den entgegengesetzten Weg ein: die Chemie stellt (seit der künstlichen Darstellung des Harnstoffs 1839) einen der bisher nur aus dem lebenden Körper bekannten Stoffe nach dem andern in der Retorte her, dazu kommt in der Zoologie der Siegeszug der *Darwinschen Theorie,* die die Entstehung neuer Arten durch den Zufall der kleinen Variationen und die mechanische Wirkung der Auslese im Kampf ums Dasein, also rein mechanistisch erklärt. Um die Jahrhundertwende tritt dann abermals ein bemerkenswerter *Umschwung* ein. Einmal drängt sich die Überlegung auf, daß auch die chemische Herstellung von Eiweißstoffen immer nur totes, nicht lebendes Eiweiß zuwege bringt. Zweitens stößt der Darwinismus auf eine Reihe von Schwierigkeiten: die Entwicklungsreihe der Organismen zeigt nicht das Bild gesetzlos, „zufällig" auftretender Variationen, sondern in den verschiedensten Tier- und Pflanzenklassen unabhängig voneinander auftretender gleichgerichteter organischer Schöpfungen (das Wirbeltier- und das Cephalopodenauge, die Kakteengestalt der auf trockenem Boden lebenden echten Kaktazeen und Euphorbiazeen, um nur auffallende Beispiele zu nennen); fast jedes neu auftretende Organ besteht ferner aus einer Fülle einzelner Elemente, deren jedes unabhängig vom anderen durch Zufallsvariation seine für das Organ im Ganzen zweckmäßige Gestalt angenommen haben müßte, aber ohne die gleichgerichtete und ebenfalls zufällige Entstehung der übrigen Elemente zwecklos, also auch von keinem Vorteil im Kampf ums Dasein gewesen wäre. Man wurde von solchen Überlegungen aus teilweise zu einer Erneuerung der vor-Darwinistischen Theorie *Lamarcks* geführt (A. Pauly, „Darwinismus und Lamarckismus" 1905), die eine aktive Mitwirkung des Organismus bei seiner zweckmäßigen Umwandlung annimmt. Eine Schwierigkeit für Lamarckismus *und* Darwinismus bot dann freilich die Feststellung der exakten Vererbungsgesetze GREGOR MENDELS (1822–1884), die weder die Vererbung erworbener Eigenschaften, noch zufälliger Variationen zuzulassen schienen. Die „Mutationstheorie“ des holländischen Botanikers *Hugo de Vries* bietet die Möglichkeit, diese Schwierigkeiten zu überwinden; indessen scheint zwar festzustehen, daß es Mutationen, vererbbare Variationen der organischen Form, gibt, auch scheint es möglich, daß bei den einzelnen Arten und Gattungen Perioden stärkerer Mutierbarkeit auftreten, doch sind wir über die *Ursachen* solcher Mutationen noch im unklaren. Auf der einen Seite versucht man infolgedessen, auf rein experimentell-empirischem Wege unter Ausschaltung aller theoretischen Voreingenommenheit, weiterzuarbeiten, auf der anderen Seite lockt natürlich gerade hier die philosophische Spekulation.

Der Hauptvertreter des Vitalismus in Deutschland ist HANS DRIESCH (1867–1941; „Philosophie des Organischen“ 1909; „Ordnungslehre“ 1912; „Wirklichkeitslehre“ 1917; „Behaviorismus und Vitalismus“ 1927; „Parapsychologie“ 1932; „Die Überwindung des Materialismus“ 1935; „Biologische Probleme höherer Ordnung“ 1941), der von der Zoologie zur Philosophie überging und als Zoologe experimentell den Nachweis führte, daß aus halbierten oder beliebig geteilten Seeigeleiern *ganze* Seeigel, nur kleineren Formats, hervorgehen. Diese Tatsache, allgemeiner überhaupt die Fähigkeit des Organismus, vom Teil aus das Ganze zu regenerieren, zeigt nach Driesch die Unmöglichkeit, den Organismus als Maschine aufzufassen, denn es widerspricht dem Wesen der Maschine als einem Gefüge in Wechselwirkung stehender Elemente, daß das Element von sich aus das Ganze zu erzeugen vermöchte. Das Eigentümliche des Lebenden ist die „*Ganzheitskausalität*“, die Bestimmtheit des Einzelnen, des Teils, durch das Ganze. Diese Ganzheitskausalität aber weist nach Driesch auf einen unsichtbaren Träger zurück, den er mit dem Aristotelischen Ausdruck „Entelechie“ oder kurz als die „Seele“ bezeichnet: die Seele ist ein elementarer, unräumlicher, die Ganzheitskausalität des organischen Körpers (die natürlich die chemisch-physikalische Wechselwirkung seiner Teile nicht ausschließt, aber beherrscht) bedingender Naturfaktor. „Ganzheitszüge" weist auch das Ganze der Menschheit auf, vor allem in der Tatsache des sittlichen Bewußtseins. So ist auch hier eine Ganzheitsentwicklung beherrscht durch eine überindividuelle „Seele", nicht ausgeschlossen, wenngleich auch nur mit einer gewissen Wahrscheinlichkeit erschließbar. „Philosophie" ist für Driesch einerseits „Ordnungslehre", andrerseits „Wirklichkeitslehre". Die Ordnungslehre betrachtet alles, wovon wir überhaupt ein Wissen, ein Bewußtsein haben, alles Gegenständliche überhaupt, in bezug auf die ihm eignenden Momente, die es irgendwie zu ordnen gestatten. Wobei diese Ordnungsmomente an uns mit den Gegenständen gegeben sind: es ist nicht ein ungeordnetes Material gegeben, an das wir Ordnungsformen herantragen, sondern alles Gegebene ist schon geordnet. In dieser Auffassung der Philosophie bzw. der Logik (als grundlegender philosophischer Disziplin) als gegenständlicher Ordnungslehre berührt sich Driesch mit einem andern Philosophen: mit der „Grundwissenschaft" JOHANNES REHMKES (1848–1930), auch bei Royce (s. o.) finden wir eine ähnliche Auffassung der Logik. Der „Wirklichkeitslehre", dem andern Teil der Philosophie, als der Lehre von der hinter dem Gegebenen sich verbergenden und in ihm erscheinenden Wirklichkeit, haftet im Gegensatz zur Ordnungslehre stets ein hypothetisches Moment an.

In seiner Lehre von den Ganzheitszügen, den Qualitäten, die einem Ganzen zukommen, ohne aus den Eigenschaften der Teile ableitbar zu sein, berührt sich Driesch (und der Neovitalismus überhaupt) mit einer modernen Richtung, die auf dem Gebiet der Psychologie, als Reaktion auf die „Assoziationspsychologie" alten Stils, entstanden ist: der Gestaltpsychologie und allgemeinen Gestalttheorie von MAX WERTHEIMER (1880–1943; „Drei Abhandlungen zur Gestalttheorie" 1925), WOLFGANG KÖHLER (1887–1967; „Die physischen Gestalten in Ruhe und im stationären Zustand" 1920) und KURT KOFFKA (1886–1941; „Psychologie" in Dessoirs Lehrbuch der Philos. 1925). Doch unterscheiden sie sich von Driesch darin, daß sie die Ganzheitseigenschaften („Gestaltqualitäten") und das

Ganzheitswirken nicht selbst wieder auf einen das Ganze beherrschenden *Einzel*faktor – Drieschs Entelechie oder Seele – zurückführen. Es ist ihnen vielmehr ein allgemeines Prinzip, daß das Ganze stets „mehr" ist als die Summe der Teile, daß das Element im Ganzen und außerhalb desselben ein anderes ist und daß die Aufsuchung der charakteristischen Grundgestalten mit der ihnen innewohnenden Tendenz, sich zu erhalten, eine ebenso wichtige Aufgabe der Wissenschaft ist wie das Zerlegen in Elemente.

Diese Tendenz zur *Ganzheitsbetrachtung* ist ein bedeutsamer Zug, der überall in die Wissenschaft und Philosophie der Gegenwart einzudringen beginnt, neben Biologie und Psychologie ist es naturgemäß die Soziologie, die Lehre von den Formen der Vergesellschaftung, die aus dieser Tendenz Nutzen zieht. So FERDINAND TÖNNIES (1855–1936; „Gemeinschaft und Gesellschaft" 1887), OTHMAR SPANN (1878–1950; „Gesellschaftslehre" 1914), THEODOR LITT („Individuum und Gemeinschaft" 1919).

Dem tiefdringenden Studium der Biologie und der Psychophysiologie, des Vitalismusproblems und des Problems des Zusammenhangs von Leib und Seele entnimmt nun auch der bedeutendste und weit über seine Heimat hinaus einflußreichste französische Philosoph der Gegenwart, HENRI BERGSON (1859–1941), das wichtigste Material, auf das sein zugleich literarisch außerordentlich eindrucksvoll gestaltetes metaphysisches Weltbild gegründet ist („Essais sur les données immédiates de la conscience" 1888, deutsch: „Zeit und Freiheit"; „Matière et memoire" 1896; „Introduction à la métaphysique" 1903; „L'évolution créatrice" 1907; L'énergie spirituelle" 1919; „Les deux sources de la morale et de la religion"1932).

Man ist durch die Kantische Philosophie gewöhnt, Raum und Zeit als gleichartige Gebilde einander zuzuordnen. Bergson geht umgekehrt von ihrer *Gegensätzlichkeit* aus: der Raum ist ein Inbegriff gleichartiger Punkte, von deren jedem ich zu jedem anderen beliebig übergehen kann, die Zeit ist eine unumkehrbare Reihe, in der jeder Punkt eine Neuschöpfung, ein Einziges und nicht Wiederkehrendes darstellt. Dabei müssen wir allerdings an die Zeit, wie sie unmittelbar erlebt wird, an die einheitlich fließende „Dauer", nicht an die „verräumlichte" Zeit des Physikers, den Zeitparameter, der in der modernen Physik zu einer den drei Raumdimensionen gleichgeordneten Dimension eines mathematischen Kontinuums wird, denken. Der Gegensatz von „Raum" und „Zeit" wiederholt sich in dem von Körper und Seele, „Materie" und „Bewußtsein". Die „Materie" konstruiert der Physiker als das Konstante, im Raum Beharrende, ihre Gesetze sind Äquivalenzgesetze, zwischen physikalischer Ursache und Wirkung besteht quantitative Gleichheit, den nicht umkehrbaren werden im atomaren Geschehen umkehrbare Prozesse substituiert. Im Bewußtsein dagegen kann nie „dasselbe" wiederkehren, schon deshalb nicht, weil jedem späteren die *Erinnerung* an den früheren Augenblick eingewebt ist. Zwischen der physikalischen und der psychischen Welt steht die Welt des Biologischen. Der Stammbaum der auseinander hervorgehenden Arten und Individuen ist weder eine aufsteigende gerade Linie, wie sie es sein müßte, wenn eine zielstrebige Kraft im Sinn des Vitalismus in ihr wirkte, noch eine gesetzlose Zickzacklinie wie es sein müßte, wenn die „Zufallstheorie" Darwins recht hätte. Sondern er gibt uns das Bild eines einheitlichen Stromes, der, aus einer Quelle stammend, von *einer Schwungkraft* („élan vital") getrieben, sich aufspaltet und verzweigt. Unter wechselnden äußeren Bedingungen schafft diese Kraft immer neue und doch auf den einheitlichen Ursprung hinweisende organische Formen, jede den neuen Lebensbedingungen angepaßt, gleichsam die Lösung einer durch sie gestellten Aufgabe, aber doch in gewissem Sinn eine freie, nicht voraus zu berechnende Schöpfung, *eine* mögliche, nicht *die* notwendige Lösung. Über diese relativ konstanten Arten, diese Kristallisationen schreitet dann der Lebensstrom mit seiner ihn vorwärtstreibenden Kraft wieder hinweg, es ist als ob er auf einen Widerstand stieße, an ihm sich staut und verzweigt, um, wenigstens in gewissen Hauptrichtungen, dann von neuem in Fluß zu geraten. Seine Schöpfungen sind Organismen, räumliche Gestalten und Formen: der Raum, die räumliche Materie ist der Stoff, in dem das schöpferische Werden arbeitet und, gehemmt, zu konstanten Gebilden erstarrt. Zeit und Raum, Gedächtnis und Materie, Lebensschwungkraft und körperlicher Stoff: überall stoßen wir im Grunde auf dieselbe Zweiheit. Aber wir erkennen diese zwei Prinzipien doch immer nur in ihrer Vereinigung: der Raum, dessen Punkte sich zum Nacheinander der Linie reihen, ist uns der Schauplatz der Bewegung, den Schwung des Lebens fühlen wir als unsern Körper durchwirkendes Leben, das Bewußtsein ist ein von erinnerndem Wiedererkennen durchzogenes Sehen und Tasten der uns umgebenden räumlichen Dinge.

Besonderen Nachdruck legt Bergson auf den Nachweis, daß Bewußtsein und Gedächtnis nicht bloße Funktionen des Körpers, des Gehirns sind. Das Gehirn bringt nicht Bewußtseinsinhalte hervor, sondern es vermittelt den Zusammenhang, das zweckmäßige Sichzusammenfügen von Reiz und Bewegung. Es schafft damit auch die Möglichkeit des Einflusses unserer Erinnerungen auf unser Handeln, das heißt, es bewirkt nicht Erinnerungen, sondern setzt vorhandene Erinnerungen im rechten Augenblick in Funktion, läßt sie zur Tat, damit allerdings zunächst auch zur Klarheit unseres auf die Praxis des Lebens eingestellten Bewußtseins zu. Es engt das Bewußtsein ein, indem es dasselbe in den Dienst des organischen Lebens stellt, es wirkt als ein „organisches Filter“ unserer Wahrnehmungen und Erinnerungen. Woraus sich zugleich ergibt, daß die Welt unseres normalen Wachbewußtseins immer nur zugleich unsere praktische Umwelt ist und sich nicht weiter als diese erstreckt. Wie es jedoch zwei Seinsphären oder Pole der Wirklichkeit gibt – Raum-Materie-Körper und Zeit-Gedächtnis-Leben – so gibt es in einer gewissen Entsprechung zwei Weisen des Erkennens, des Bewußtseins: den rechnenden, zerlegenden und verknüpfenden Verstand und den erratenden, erfühlenden, visionären Instinkt. Der Verstand feiert seine Triumphe der materiellen Welt gegenüber, die er mit den von ihm erfundenen Werkzeugen unserem Willen unterwirft; aber seine Kraft reicht im Grunde nur so weit, als das räumliche Bild reicht, das er sich von den Dingen und dem Geschehen macht.

Er erkennt das Zukünftige nur soweit es dem Vergangenen gleicht, also eben nicht das eigentlich schöpferische Element der Wirklichkeit. Der Instinkt erfaßt die Welt immer nur an dem einzigen Punkt, an dem das Leben sie berührt, er erkennt das Künftige und Mögliche und dient seiner Verwirklichung – auch er wie der Verstand im Dienst des Lebewesens und der Lebenspraxis stehend – aber indem er es in konkreter Form erfühlt oder erschaut. Instinktiv wissen wir unsern Arm zu bewegen, aber unser Verstand kann nicht begreiflich machen, wie der Wille es anfängt, die motorischen Zentren in Aktion zu setzen. Jedes lebende Wesen hat Instinkt und Verstand, aber in verschiedener Verbindung. Der Mensch ist in erster Linie Verstandeswesen, wenn auch ein Stück instinktiver Intuition seinen Verstand umgibt; die Individuen eines Bienenstockes oder Termitenstaates erscheinen dagegen wie verselbständigte Organe des Stockes. Werkzeuge erfindet der Verstand und lehrt die Regeln ihres Gebrauchs, Organe schafft und bewegt der Instinkt. Alle organische Entwicklung ist Aufspaltung, Differenzierung des Lebensstroms; eine dieser Aufspaltungen geht in die beiden Richtungen der Verstandeswesen, die im Menschen, der Instinktwesen, die in den staatenbildenden Insekten gipfeln.

Endlich findet Bergson – in seinem letzten Werk – in der menschlichen Kultur-, Moral-und Religionsgeschichte wieder einen Gegensatz , der die bisher bekannten Gegensatzpaare aus dem Gebiet des Seins und der Erkenntnis abwandelt: den Gegensatz der geschlossenen und offenen Moral und der statischen und dynamischen Religion. Seine Natur als überwiegendes Verstandeswesen bringt für den Menschen die Gefahr eines individualistischen Egoismus und damit der Loslösung von der Gemeinschaft mit sich, auf die er doch in seinem Wohl und Weh angewiesen bleibt. Das Leben schafft als Gegenmittel die Moral mit ihrer im Instinkt verankerten, dem Egoismus entgegenwirkenden Kraft. Solche Moral, die den Menschen im Dienst der Gemeinschaft hält, in die er hineingeboren ist, ist im Verhältnis der Völker und Staaten zueinander kriegerisch, sie ist der Ausdruck des Selbsterhaltungstriebes der „geschlossenen" Gemeinschaft. Ihr steht gegenüber die Moral, die über die geschlossene Gesellschaft hinausstrebt zur *einen* Menschheit, die Moral nicht unpersönlicher starrer Gebote und Sitten, sondern jener persönlichen Liebe und Sehnsucht, die den Menschen über sich selbst hinaus dem unendlichen Ziel einer von Liebe ohne Haß getragenen Gemeinschaft aller Wesen entgegenstreben läßt. Der geschlossenen Moral entspricht die statische Religion der nationalen, der antiken Religionen, der offenen die dynamische, die mystische Religiosität vor allem der christlichen Mystik, der religiösen Haltung, die alle Menschen in der Liebe zum göttlichen Vater und Schöpfer und damit zueinander eint. Der Druck des Staates, der Gemeinschaft steht hinter den Geboten der unpersönlichen, geschlossenen Moral und trägt den Glauben an die magischen Kräfte und die Göttergestalten der statischen Religionen; das persönliche Vorbild der großen Mystiker, der großen Liebenden gewinnt die Herzen für die mystische Religiosität. Die statische Religion und Moral erhält die bestehenden Gemeinschaften, wie der Trieb der Selbst- und Arterhaltung die bestehenden organischen Formen, die mystische Religion führt über diese Formen hinweg in den Strom des Werdens, der Lebensschwungkraft selbst. Aus dem élan vital wird die ins Unendliche schaffende Gottheit, die schafft, weil sie lieben und geliebt werden will, und deren höchste Schöpfung der Mensch ist, weil er mehr als alle andern Wesen diese Kraft der Liebe in sich wecken kann. Bergson spricht freilich selbst aus, daß er mit dieser letzten Selbstinterpretation seiner Metaphysik die Grenzen des durch Erfahrung und Wissenschaft, durch direkte Deutung der Resultate induktiver Wissenschaft zu Begründenden überschreitet.

In seiner Lehre von der schöpferischen Freiheit, dem élan vital, dem instinktiv-intuitiven Erfassen eines irrationalen Weltprinzips begegnen sich bei Bergson Gedankenmotive die in der Zeit liegen, an den Pragmatismus, an die Lebensphilosophie, an die Geisteswissenschaft, an Nietzsche, an den Neurealismus erinnern. Das starke Echo seines Werkes ist teilweise von hier aus verständlich.

In Frankreich sind seine Gedanken von sehr verschiedenen Seiten aufgenommen und ausgewertet worden. Auf der einen Seite versucht z. B. der gläubige Katholik EDOUARD LE ROY (Mathematiker und Philosoph, 1870–1966) die Bergsonsche Freiheitslehre für eine philosophische Grundlegung des Reformkatholizismus zu verwenden. Ein Bestreben, das dann freilich die scharfe Gegnerschaft eines der bedeutendsten Neuthomisten, JACQUES MARITAINS (1882–1973), hervorrief, der der Bergsonschen Metaphysik eines substanzlosen Werdens, einer Schöpfung ohne Schöpfer und einer Freiheit ohne Person die klassische Metaphysik des Seins und der Substanz entgegenstellt. Auf der andern Seite wird der Bergsonismus begrüßt von GEORGES SOREL (1847–1922), Ingenieur, Theoretiker des revolutionären Syndikalismus und Aktivismus: wie der durch die organischen Formen sich hindurch erstreckende Lebensstrom kein Ziel hat, dem er zustrebt, sondern reine schöpferische Bewegung ist, so gibt es kein zeitlos gültiges Ideal des politischen Lebens, der sozialen Bewegung, sondern nur den Strom des Lebenskampfes, der sozialen Gruppen, der über alle starren Zielsetzungen hinweggehen wird, wie der élan vital über die Formen, in denen er erstarrt.

Ist in Bergsons Denken der spekulative Zug vorherrschend, sucht er in der Naturwissenschaft, vor allem der Biologie, Psychophysiologie und Soziologie, wesentlich die Bausteine seines metaphysischen Systems, so liegt die Stärke der beiden anderen bedeutenden französischen Philosophen dieser Zeit – Emile Meyerson und Léon Brunschvicg – in der eindringenden Kenntnis der Entwicklungsgeschichte der Naturwissenschaften. Diese Geschichte, die sie als Philosophen, nicht als nur registrierende Historiker verfolgen, weitet sich ihnen zur Entwicklungsgeschichte des menschlichen Geistes und wird damit der Weg zur „Philosophie" d. h. zum Verständnis des Geistes überhaupt und seiner Beziehung zum Objekt, zur Welt. EMILE MEYERSON (1859–1933; „Identité et réalité" 1908; „De l'explication dans les sciences" 1921; „La déduction relativiste" 1924; „Du cheminement de la pensée" 1931) behandelt vor allem die Geschichte der Chemie, aber auch der Physik und der Naturphilosophie; er erblickt das Gemeinsame der Naturerkenntnis aller Zeiten in dem Bestreben, dem Wechsel und Fluß des Geschehens ein Identisches zu substituieren. Er zeigt weiter, wie diese Identifizierung und Rationalisierung der Wirklichkeit stets nur in gewissen Grenzen gelingt, wie die Wissenschaft sich immer wieder gezwungen sieht, um der Sackgasse eines unfruchtbaren Eleatismus zu entgehen, irrationelle Faktoren in die Elemente ihres Weltbildes einzubauen. Es ist das ein Beweis dafür, daß die Realität an sich – an deren Existenz Meyerson festhält: nicht nur Phänomene beschreiben, sondern sie aus ihrem Grunde erklären ist die Aufgabe – nicht völlig rational ist. Wie aber ein Gegner der rein phänomenalistischen Physik (Mach), so ist Meyerson, ebenso wie Brunschvicg, auch ein Gegner Bergsons: es gibt kein von der rationalisierenden Methode unabhängiges metaphysisches, intuitives Erkennen der Realität an sich. Léon Brunschvicg (1869–1944; „La modalité du jugement" 1897; „Les étapes de la philosophie mathématique" 1912; „Le progrés de la conscience dans la philosophie occidentale" 1927) wird durch die Frage nach dem Verhältnis des Geistes zur Welt zu einem eingehenden Studium der Mathematik und ihrer Geschichte geführt, er zeigt, wie der menschliche Geist, angeregt durch das Gegebene, durch die ihm in der Erfahrung entgegentretende Realität, das Werkzeug der Mathematik entwickelt, differenziert und verallgemeinert: „Die Natur stellt den Geist auf die Probe, der Geist antwortet mit der Schöpfung der Mathematik." Wir kennen nicht die Realität an sich, sondern nur die von uns gewußte, in Ordnungsformen gefaßte Realität, wir kennen andrerseits den Geist nur in seiner, in der Geschichte sich vollziehenden Arbeit an den Problemen der in der Erfahrung gegebenen Realität. Diese Geschichte ist nicht, wie es die Hegelsche Dialektik will, aus reiner Vernunft zu entwickeln, sondern wir müssen sie empirisch, durch das Studium der historischen Tatsachen, zu verstehen suchen.

Von der Mathematik und theoretischen Physik selbst ist einer der bedeutendsten französischen Forscher auf diesen Gebieten, Henri Poincaré, zu den Grenzfragen der Philosophie und der mathematischen Wissenschaften geführt worden. Die Entwicklung dieser Grenzfragen soll kurz im Zusammenhang dargestellt werden.

Mit dem Ende des 18. Jahrhunderts hatte sich die enge Beziehung zwischen Philosophie und mathematischer Naturwissenschaft, die das Zeitalter Descartes', Leibnizens, Newtons, auch noch Kants auszeichnete, gelöst. *Mathematik* und *Physik wurden Spezialwissenschaften,* in ihrem methodischen Aufbau nicht nur losgelöst von der Philosophie, sondern auch unverstanden von der großen Mehrzahl der Philosophen. Mathematische Leistungen von höchster Bedeutung, wie die Entwicklung der nichteuklidischen Geometrie (Bolyai, Lobatschefskij, Gauß, Riemann) und der allgemeinen Funktionentheorie unter Einbeziehung der imaginären und komplexen Zahlen, die in diesen Disziplinen enthaltene Vollendung der Algebraisierung der Mathematik, vollziehen sich ganz außerhalb des Gesichtskreises der Fachphilosophen, die auch unberührt bleiben von dem Ideal strenger logischer Exaktheit, von dem ausgehend die Mathematik im Lauf des 19. Jahrhunderts einen neuen einwandfreien Aufbau der Mathematik, zunächst der Analysis des Unendlichen (Gauß, Cauchy, Weierstraß), erstrebt. Von der Naturwissenschaft her sucht dann *Helmholtz* wieder die Beziehung zur Philosophie, und zwar, wie schon erwähnt, unter Anknüpfung an Kant. Doch lehnt er im Hinblick auf die nichteuklidische Geometrie die Kantische Lehre von der „Anschauung a priori“ ab und erklärt die geometrischen Axiome, hier John Stuart Mill sich nähernd, für *Erfahrungssätze,* bzw. durch Erfahrung zu bestätigende *Hypothesen.* Zuletzt wird ihm, wie es scheint, auch das Kausalgesetz eine solche „Hypothese“, er nähert sich also bereits einer Auffassung der Naturwissenschaft, die kein „Apriori“ mehr annimmt, sondern die Physik als ein an der Erfahrung zu bestätigendes, aus möglichst wenig *hypothetischen Annahmen* hergeleitetes System von Sätzen ansieht. Helmholtz' Schüler HEINRICH HERTZ (1857–1894) faßt seine Auffassung vom Wesen der physikalischen Erkenntnis dahin zusammen, daß der Physiker sich Symbole oder Scheinbilder der äußeren Gegenstände bilde der Art, daß die denknotwendigen Folgen dieser Bilder stets wieder die Bilder der Folgen der abgebildeten Gegenstände seien. ROBERT MAYER (1814–1878, Arzt in Heilbronn), der Entdecker des Gesetzes der Erhaltung der Energie, erklärt, die Aufgabe der wissenschaftlichen Erkenntnis einer Tatsache erschöpfe sich in der Feststellung ihrer konstanten Größenbeziehungen zu anderen Tatsachen. Der Berliner Physiker GUSTAV ROBERT KIRCHHOFF (1824–1887) bestimmte dann in einer bekannten Definition die Mechanik als die Wissenschaft, die die in der Natur vor sich gehenden Bewegungen „vollständig und auf die *einfachste* Weise zu *beschreiben*" sich vorsetze. Dieser Begriffsbestimmung, vor allem der Ersetzung des Begriffs „Erklärung" durch den einer – einfachsten – „Beschreibung" liegt die Forderung eines reinen Empirismus, einer Ausmerzung aller Begriffe zugrunde, die nicht durch Erfahrungstatsachen, durch direkt an der Erfahrung prüfbare und feststellbare Zusammenhänge belegbar, definierbar sind. Dasselbe Ideal einer „metaphysikfreien", aber auch ohne undefinierte „apriorische" Begriffe und Urteile aufgebauten Naturwissenschaft stellt der Wiener Physiker und Erkenntnistheoretiker ERNST MACH (1838–1916) auf, dessen Darstellungen der Geschichte der einzelnen physikalischen Disziplinen („Die Mechanik" 1883 u. ö.; „Die Prinzipien der Wärmelehre" 1896; „Die Prinzipien der Optik" 1921 aus dem Nachlaß von H. Dingler veröffentlicht) eben diese allmähliche Überwindung der „metaphysischen" Zutaten an der Physik herausstellen. Die „vereinfachende" Beschreibung bezeichnet Mach auch als ein „ökonomisches" Vorstellen; „Denken" ist auf Vorstellungsersparnis gerichtetes Zusammenfassen der Erfahrungen. Der Sinn der Gattungsbegriffe, der „Gesetze" besteht darin, daß sie uns eine Fülle von Einzelvorstellungen, -messungen und -berechnungen ersparen; das Wesen des „Denkens" besteht im Wiederfinden bekannter in neuen Tatsachen und Zusammenhängen. Indem er den „Kraft"-Begriff auf den mathematischen Funktionsbegriff reduziert, zugleich das „Ding" als relativ konstanten Empfindungskomplex, das „Ich" als Summe der unsere Erfahrung begleitenden Körperempfindungen bezeichnet, nähert sich Mach erkenntnistheoretisch dem Standpunkt Humes und Mills.

Das Prinzip der „Ökonomie" als oberstes Denkprinzip oder -motiv ist ungefähr gleichzeitig mit Mach von RICHARD AVENARIUS (1843–1896) aufgestellt worden, ebenso wie die Forderung des reinen Empirismus („Kritik der reinen Erfahrung" 1888–1891), nur daß der Avenariussche „Empiriokritizismus" dann zu einem biologisch unterbauten philosophischen System wird, das alles menschliche Verhalten von der einfachen reaktiven Bewegung bis zur wissenschaftlichen Erkenntnis als Streben nach Selbsterhaltung („Aufhebung der Vitaldifferenz") im „System C" (dem Gehirn) auffaßt. Eben dies Streben muß zum Streben nach „Ökonomie" im Vorstellen der „Welt", der von uns vorgefundenen Umgebung, führen, und dieses zur Ausmerzung der metaphysischen Bestandteile unseres Weltbegriffs, der nicht vorgefundenen Zutaten desselben. Typische solche Zutaten entstehen durch die verkehrte Neigung, die wahrgenommene Umwelt in das Gehirn selbst (aus der die wahrgenommene „Erscheinung" dann irgendwie in den Raum „hinausprojiziert" werde) hineinzuverlegen und so zu einer überflüssigen Verdoppelung der Welt („Bewußtseins"- und „Außen"-, „psychische" und „physische" Welt, „Seele" und an sich seiende Körperwelt) zu gelangen. Diese Verdoppelung wird dann die Quelle der metaphysischen *Scheinprobleme* (wie kann das Bewußtsein „in uns" um die „Außenwelt" wissen?), die überwunden zu haben der Vorzug, das Verdienst des rein empirischen Weltbegriffs ist.

Durch Mach und Kirchhoff ist HANS CORNELIUS (1863–1947) angeregt, der das Ideal der „vereinfachenden Beschreibung" auf Psychologie und Philosophie zu übertragen sucht: Philosophie ist Streben nach „letzter Klarheit", die nur durch Ausmerzung aller nicht durch Rückgang auf aufzeigbar Gegebenes definierbaren Begriffe erreichbar ist. Doch betont Cornelius, daß die Erfahrung uns, entgegen Kants Lehre, nicht *nur* Sätze lediglich *wahrscheinlicher* Geltung, sondern auch streng und allgemeingültige Erkenntnis liefert, nämlich überall, wo wir im Hinblick auf allgemeine Vorstellungsbilder Urteile fällen, die für alle Inhalte gelten müssen, die durch jene Vorstellungsbilder repräsentiert sind. („Violett ist dem Blau ähnlicher als dem Grün"). Ferner wendet er sich (in Anlehnung an James und an Ehrenfels) gegen die atomistische Auffassung des Bewußtseins als einer Summe von Empfindungen und Wahrnehmungen und bereitet damit die schon erwähnte „Gestaltpsychologie" vor („Psychologie als Erfahrungswissenschaft" 1897, „Einleitung in die Philosophie" 1903, „Transzendentale Systematik" 1916).

Neben Helmholtz, Mach und Kirchhoff ist dann der schon erwähnte französische Mathematiker HENRI POINCARÉ (1854 bis 1912) zu stellen („La science et l'hypothèse" 1902; „La valeur de la science" 1905; „Science et méthode" 1909; „Dernières pensées" 1913). Seine erkenntnistheoretischen Untersuchungen gelten zunächst der Mathematik: die reine Mathematik als Wissenschaft von den Ordnungsformen und der reinen Quantität ist eine freie geistige Schöpfung. Die Axiome, auf denen ihre deduktiven Systeme beruhen, sind (ihre Widerspruchslosigkeit vorausgesetzt) weder als wahr noch als falsch erweisbar, sie sind Annahmen, *„Konventionen«*, die sich durch ihre denkökonomischen Vorzüge, durch ihre Einfachheit und ihre Anwendbarkeit zum Zweck der eindeutigen Darstellung der Beziehungen der Erfahrungstatsachen zueinander empfehlen. Das Prinzip der sog. mathematischen Induktion und damit die unendliche Fortsetzbarkeit der Operation des Zählens, des Hinzutuns von Einheit zu Einheit, ist allerdings als ein durch kein anderes ersetzbares und damit als – einziges – „synthetisches Prinzip a priori" der gesamten Mathematik anzusehen, das die Zahlenreihe zur eigentlichen mathematischen Grundschöpfung macht. Die Axiome der Geometrie dagegen sind Konventionen im eigentlichen Sinn, ersetzbar durch andere Annahmen, wie die verschiedenen nichteuklidischen Geometrien zeigen. Auch kann die Erfahrung nicht die euklidische oder nichteuklidische Natur des wirklichen (physikalischen) Raumes beweisen, da die Tatsachen sich jederzeit unter Zugrundelegung des einen wie des anderen geometrischen Systems darstellen lassen, nur mit größerer oder geringerer *Ein-*

fachheit. Die euklidische ist die Geometrie eines Raumes, in dem eine Bewegung starrer Körper ohne Deformation denkbar ist. Die Erfahrung scheint uns zu zeigen, daß es starre Körper und deformationsfreie Bewegungen „gibt", aber sie zeigt es nur mit der Annäherung, wie alles, was die Erfahrung lehrt: ein starrer Körper und eine deformationsfreie Bewegung im strengen Sinn ist ein Idealgebilde, eine rein gedankliche Schöpfung, wie alle mathematischen und physikalischen Grundbegriffe: was die Prinzipien an Allgemeinheit und Schärfe gewinnen, verlieren sie an Objektivität. Ob es Atome, Elektronen, periodische Bewegungen der Elektronen gibt, wissen wir nicht und können wir durch Erfahrung nicht prüfen. Aber wir können – angenähert – feststellen, daß zwischen den elektrischen Vorgängen und wirklich beobachteten Pendelschwingungen eine Strukturverwandtschaft besteht, die uns erlaubt, die ersteren zu beschreiben, indem wir ihnen periodische Schwingungen als unveränderlich gedachter Elemente im euklidischen Raum „hypothetisch" zugrunde legen.

Endlich sei in diesem Zusammenhang der italienische Mathematiker FEDERIGO ENRIQUES (1871–1946; „Problemi della scienza" 1906; „Scienza e razionalismo" 1912; „Per la storia della logica" 1922) genannt.

Daß die Mathematik des 19. Jahrhunderts ein Streben nach größerer Strenge und Exaktheit der Beweisführung auszeichnet, im Gegensatz insbesondere zu dem früheren vielfach laxen Gebrauch des Begriffs des „Unendlich-Kleinen" in der Analysis, wurde schon erwähnt. Aus diesem Streben erwächst wie in Analysis und Geometrie so für die Arithmetik und endlich auch für die *Logik* selbst die Forderung eines streng axiomatischen Aufbaus, einer ausdrücklichen Formulierung aller im Beweis verwendeten Voraussetzungen und der Verwandlung des Schlußverfahrens in einen „Kalkül", ein formalisiertes Rechnen, das die unvermerkte Einmischung sachlicher Vorurteile ausschließt und die gebrauchten „Begriffe" ausschließlich im Sinn der Axiome oder Definitionen verwendet. Ein besonderer Anstoß kam diesen Bestrebungen durch die neue mathematische Disziplin der Mengenlehre, der Schöpfung GEORG

Cantors (1845–1918). Einmal dadurch, daß unter den mathematischen Begriff der „Menge“ nicht nur Summen und geometrische Punktinbegriffe, sondern auch Begriffe Sätze, *logische* Formen *allgemeiner* Bedeutung (Frege: Gebilde mit „Leerstellen“, in die wir Gegenstände einsetzen, d.h. durch die wir Gegenstände mit Hilfe von Symbolen zusammenfassen) fallen, die Mengenlehre also eine sowohl Arithmetik und Geometrie wie auch Mathematik und Logik verknüpfende Disziplin wird. Andererseits aber auch durch eine Reihe logischer Schwierigkeiten, Widersprüche und Paradoxien, auf die die Mengenlehre mit ihrem transfinit Unendlichen und den von ihr aufgedeckten „Größenunterschieden“ im Unendlichen führte. Die Grundlagen einer mathematischen Logik („Logikkalkül“, „Logistik“ in moderner Bezeichnung), wie früher erwähnt schon von Leibniz angestrebt, werden um die Wende des 19. und 20. Jahrhunderts fast gleichzeitig in Italien von Giovanni Peano (1858–1932), in Deutschland von Gottlob Frege (1848–1925; „Begriffsschrift“ 1879; „Die Grundlagen der Arithmetik“ 1884; „Funktion und Begriff“ 1891; „Über Sinn Bedeutung“ 1892; „Logische Untersuchungen“ 1918–1923) und Ernst Schröder („Vorlesungen über die Algebra der Logik“ 1890), in Frankreich von Louis Couturat (1868–1914) entworfen und finden ihre umfassendste Behandlung in den schon erwähnten „Principia mathematica“ von *Whitehead* und *Russell.* Erweitern wir den in der Logik entwickelten zum allgemeinen Erkenntnisbegriff der Wissenschaft, so erscheint als Aufgabe der Erkenntnis schlechthin die *Beschreibung* der – in einzelne Beobachtungsdaten aufgelösten – Erfahrungswelt mit Hilfe möglichst weniger *Symbole*, zwischen denen Beziehungen axiomatisch festgelegt sind. Diese Symbole selbst bezeichnen nicht mehr wahrnehmbare oder vorstellbare Erfahrungstatsachen, ja sie haben für sich genommen überhaupt keinen Sinn, so wenig wie die Buchstaben, mit denen die Algebra rechnet. Sie werden durch ihre Beziehungen (um den von dem Mathematiker Hilbert geprägten Ausdruck zu gebrauchen) „implicit“ definiert. Diese zuerst von Russell (s.o) entwickelte Auffassung der Aufgabe der Erkenntnis ist dann in seine letzten

Konsequenzen entwickelt worden von dem logistischen Neopositivismus des sog. Wiener Kreises, der sich um MORITZ SCHLICK (1882–1936) gebildet hat und der seinen ersten bedeutenden literarischen Ausdruck in dem Werk von RUDOLF CARNAP (1891–1970) „Der logische Aufbau der Welt“ (1928) und in dem „Tractatus logico-philosophicus“ (1921) des Russell-Schülers LUDWIG WITTGENSTEIN fand (zu Wittgenstein siehe unten S.449), sein spezielles Organ wurde die Zeitschrift „Erkenntnis“. Eine Konsequenz dieses Erkenntnisbegriffs ist zunächst die Ablehnung jeder Metaphysik, die nach dem „Wesen“ des Seins oder irgendeines Seienden fragt. Weder hat solche Frage einen Sinn, noch gibt es Begriffe, durch die wir sie beantworten können. Nicht einzelnen Begriffen, sondern nur Sätzen kommt ein Sinn zu, der Sinn eines Satzes aber ist die Methode seiner Verifikation. Ist bei einem Satz prinzipiell kein Weg denkbar, um über seine Wahrheit oder Falschheit zu entscheiden, so ist er sinnlos, eine leere Aneinanderreihung von Zeichen. Wie jede Metaphysik, so lehnt jedoch der Neopositivismus auch eine Trennung von Natur- und Geisteswissenschaften, d.h. eine Unterscheidung von natur- und geisteswissenschaftlicher Methode ab: es gibt methodisch nur eine „*Einheitswissenschaft*“, die vorbildlich in der Physik realisiert ist („Physikalismus“). Nur „intersubjektive“, von jedermann im Prinzip nachprüfbare Sätze sind wahr oder falsch, daher kann es für diese Theorie keine auf Selbstbeobachtung beruhende Psychologie geben. In der Psychologie schließt sich der logische Neopositivismus der in Amerika entstandenen Richtung des „Behaviourismus“, der „Verhaltenspsychologie“ (J.B. Watson, „Psychology from the standpoint of a Behaviourist“ 1919) an, der die Aufgabe der Psychologie lediglich in der Beschreibung des körperlichen Verhaltens, der Reaktionen eines Individuums in bestimmten Situationen erblickt. Später scheiden sich innerhalb der Richtung deutlich eine gemäßigtere (Schlick, Wittgenstein) und eine radikalere Auffassung (Carnap, der Nationalökonom Otto Neurath). Die letztere vertritt vor allem den Gedanken der Einheitswissenschaft, sie wendet sich nicht nur gegen jede Metaphysik, sondern auch gegen jede

Erkenntnistheorie, die ein „Gegebenes" als letzten, unbezweifelbar gewissen und durch Erfahrung eindeutig feststellbaren Ausgangspunkt der Erkenntnis annimmt. Alle Erkenntnis beginnt mit Sätzen, nicht mit unbezweifelbar gewissen Tatsachen; eine Behauptung durch Erfahrung beweisen, heißt sie auf die „Protokollsätze" zurückführen, in die wir sprachlich die Tatsachen fassen, die aber selbst nach den Regeln der Logistik umformbare, intersubjektiv verständliche *Sätze* sind, außerdem nicht unmittelbar gewiß, sondern in ihrer „Wahrheit" abhängig von der widerspruchslosen Vereinbarkeit miteinander, und mit dem Gesamtsystem von Sätzen, in das sie sich einordnen lassen sollen. Die Probleme der „Philosophie", d. h. der logischen Analyse der Wissenschaft, haben es nicht mit der „Welt", sondern mit der Sprache, mit der logischen Syntax der Einheitssprache zu tun (Carnap „Logische Syntax der Sprache" 1934; „Grundriß der symbolischen Logik" 1955).
Der Zusammenhang, in dem die Erkenntnislehre dieses Neopositivismus mit der jüngsten Entwicklung der Physik in Relativitäts- und Quantentheorie steht, ist deutlich: ein physikalisches Welt*bild*, wie es die Naturphilosophie früherer Zeiten erstrebte, ist in dieser Physik unmöglich geworden, weder die vierdimensionale Raumzeit, noch das inneratomare, mikrophysikalische Geschehen, wie es die Formeln der Quantenmechanik beschreiben, ist anschaulich vorstellbar. Unsere in der Größenordnung der sichtbaren und tastbaren Dinge sich haltende anschauliche Umwelt erscheint im großen und kleinen, im Astronomischen und Atomaren, von einer Welt umschlossen, die nicht anschaulich, sondern *nur* in mathematischer Strukturbeschreibung faßbar ist. Bedeutsame Perspektiven und Probleme haben sich auch für die Philosophie an den Verzicht auf die Durchführung eines strengen physikalischen Determinismus geschlossen, zu dem sich die Entwicklung der Quantenmechanik anscheinend gezwungen sieht. Die Gesetze der Elektronenbewegungen stellten sich als Wahrscheinlichkeitsgesetze dar, die im Makrophysikalischen geltenden strengen Kausalgesetze als Grenzfälle, wie der euklidische Raum der sichtbaren und tastbaren Welt ein Grenzfall des Einsteinschen

Gesetzes der Gravitation ist. Es ist klar, daß eine solche Welt der Wahrscheinlichkeit (eines „verallgemeinerten Kausalgesetzes") nicht etwa eine Welt gesetzlosen Zufalls ist, wenn auch in ihr das alte Spinozistische, Laplacesche, Kantische Erkenntnisideal einer streng berechenbaren physikalischen Welt verlassen ist (vgl. u.a. das Buch des Physikers Ph. Frank „Das Kausalgesetz und seine Grenzen" 1932). Der dem Neopositivismus nahestehende HANS REICHENBACH (1891–1953) zieht schließlich die Konsequenz einer Wahrscheinlichkeitslogik, die die Wahrheit überhaupt der Wahrscheinlichkeit als Grenzfall und entsprechend die logischen Grundgesetze allgemeineren Gesetzen der Logik der Wahrscheinlichkeitsurteile als Spezialfälle eingliedert (Wahrscheinlichkeitslehre 1935, „The rise of scientific philosophy" 1951, dt. 1953).

Die Probleme der Logistik selbst haben wichtige Förderung erfahren durch den deutschen Mathematiker HILBERT, den dänischen Philosophen JÖRGENSEN und den Polen LUKASIEWICZ. –

Was im übrigen den Norden angeht, so ist hier die schwedische Universität Uppsala das Zentrum einer eigenen philosophischen Entwicklung. In der ersten Hälfte des 19. Jahrhunderts wirkte schulbildend der (außer von schwedischen Denkern) vor allem von Kant, Hegel und *Schelling* beeinflußte „rationale Idealismus" CHRISTOFFER BOSTRÖMS (1797–1866). Eine idealistische Metaphysik, die, ausgehend von dem Gedanken, daß alles Sein nur für ein Bewußtsein da sein und alles Bewußtsein Selbstbewußtsein sein muß, das „Absolute" als göttliches Selbstbewußtsein und Person bestimmt (die Erscheinungswelt in Raum und Zeit ist das Absolute, gesehen durch den endlichen Intellekt und seine Formen), also spekulative Theologie wird. Die gegen die Fortwirkungen des metaphysischen Idealismus gerichtete spätere Uppsalaer Philosophie geht zuerst aus von Kant, sucht aber dann die idealistisch-phänomenalistischen Elemente auch der Kantischen Philosophie zu überwinden. So der einflußreichste Denker seiner Zeit in Schweden: AXEL HÄGERSTRÖM (1868–1939), der damit den Weg zu einer realistischen Erfahrungsphilosophie einschlägt (Ausgangspunkt aller Erkenntnis ist die Erfahrung, die Erfahrung unseres Bewußtseins aber stellt uns unmittelbar hinein in eine *wirkliche* Welt in Raum und Zeit), die dem englischen Neurealismus nicht ganz fern steht, aber aufs schärfste jede Metaphysik, idealistische wie materialistische, ablehnt: Metaphysik entsteht dadurch, daß der abstrakte Begriff des Wirklichen zu einer Wirklichkeit an sich hypostasiert wird, und ihre schädlichen Wirkungen erstrecken sich tief in die Einzelwissenschaften hinein. Außerdem verwirft Hägerström nachdrücklich jede objektivistische Wertphilosophie: „Gut" und „schlecht" sind nur Prädikate, die unsere Gefühle oder unser Interesse ausdrücken, das „Recht" ist ein von Gesellschafts- und Klasseninteressen diktiertes System von Regeln, die das Handeln der als Staatsorgane funktionierenden Individuen bestimmen sollen. (Eine sehr bedeutsame Leistung ist die Analyse des römischen Rechtes, die seine Durchsetzung mit magischen Vorstellungen nachzuweisen unternimmt.) –

In *Italien* war auf den katholisierenden Platonismus eines Vincenzo Gioberti (1801–1852) und Antonio Rosmini (1797 bis 1850), der für den Geist des Rinascimento Bedeutung hatte, eine Vorherrschaft des Positivismus gefolgt (Roberto Ardigò 1828–1920). Dann setzt hier, ebenso wie in England und Frankreich, mit den beiden bedeutendsten italienischen Philosophen ihrer Zeit – Benedetto Croce (1866–1953; „Filosofia come scienza dello spirito", mit den Teilen „Estetica" 1902, „Logica" 1909, „Filosofia della pratica" 1909, „Teoria e storia della storiografia" 1917, „Aesthetica in nuce" 1946) und Giovanni Gentile (1875–1944; „Teoria generale dello spirito como atto puro" 1916, „Sistema di logica como teoria del conoscere" 1917–1923, „Opere complete" 1928 ff.) – ein an Hegel, Fichte und Vico orientierter metaphysischer Idealismus ein. (Er bleibt freilich nicht unwidersprochen, wie der radikale Skeptizismus in den „Lineamenti di filosofia scettica" 1919 des Giuseppe Rensi zeigt.) Dem naturwissenschaftlich unterbauten Positivismus gegenüber wird der Zusammenhang von Philosophie und Geschichte betont, bis zur Gleichsetzung der Philosophie mit einer philosophischen Sinndeutung der Geschichte bzw. einer Sinndeutung des Lebens aus der Geschichte: die Welt ist nicht tote Materie, sondern lebendiger Geist, dessen Wirken wir in der Geschichte erschauen. In seiner begrifflichen Unterscheidung von Stufen des Geisteslebens, in der völligen Unterordnung des Individuums, als ihres bloßen Werkzeuges, unter die von den Ideen als führenden Kräften beherrschte Geschichte erscheint Croce als Hegelianer, während Gentiles Aktivismus, der die Geschichte zum Werk der dem Dienst der Gemeinschaft (die mit Recht unsere volle Hingabe fordere) sich weihenden großen Persönlichkeiten macht, eher an Fichte erinnert. Gentile ist, im Gegensatz zu Croce, der Philosoph des Faschismus geworden.

Ein aktivistischer Zug geht vielfach durch die Philosophie der Gegenwart. Der Philosoph will nicht bloßer Zuschauer der Welt sein, er will sie verändern, wirkend in sie eingreifen oder einem solchen wirkenden Eingreifen durch eine bestimmte Stellungnahme zur Welt den Weg bereiten. Schon Karl Marx stellt seine Lehre als auf Veränderung der Welt, der Gesellschaft gerichtet, der bisherigen Philosophie (einschließlich der Hegelschen) gegenüber, die sie nur erkennen, betrachten wolle. Aber gerade bei ihm steht dies revolutionäre Prinzip seiner ökonomischen Philosophie noch in einem gewissen (wenn auch nicht unlösbaren) Gegensatz zu dem anderen, dem geschichtsmaterialistischen Prinzip, d. h. zu dem Versuch, die Notwendigkeit der historischen Entwicklung auf ihrem Wege zum Sozialismus zu erweisen. Das Streben der „aktivistischen" Philosophen der Gegenwart dagegen ist vielfach darauf gerichtet, zu zeigen, daß die Welt sich verändern *läßt,* daß in ihr ein Element der Freiheit liegt, das der menschlichen Freiheit die Möglichkeit gibt, sich zu betätigen. Das Problem der „Freiheit" ist dabei nicht mehr nur das der „moralischen", sondern eben der „schöpferischen Freiheit". Es ist nicht mehr gestellt durch das Bedürfnis einer „Theodizee", einer Rechtfertigung Gottes und der Welt als göttlicher Schöpfung, trotz dem durch die menschliche Freiheit verursachten Übel, sondern einer Rechtfertigung des Menschenlebens und durch diese mittelbar der Welt: die Welt gewinnt Wert durch das Leben, das ihr entstammt und nun seinerseits wieder die Welt gestaltet. In solchen Gedanken berührt sich der Aktivismus Gentiles mit dem angelsächsischen Pragmatismus, mit Bergsons Lehre vom élan vital, endlich mit der Philosophie Nietzsches, der sie vielleicht – im Anschluß an und im Kampf gegen seinen großen Antipoden und Lehrmeister Schopenhauer – am leidenschaftlichsten vertritt. Liegt Nietzsches Schaffen bereits etwas weiter zurück, so hat seine stärkere philosophische Wirkung doch erst in letzter Zeit begonnen, das rechtfertigt es, ihn an den Schluß zu stellen.

FRIEDRICH NIETZSCHE, 1844 als Sohn eines Pfarrers in Röcken bei Lützen geboren, erhielt seine Gymnasialbildung in Schulpforta und wurde nach dem Universitätsbesuch in Bonn und Leipzig noch vor der Promotion als Professor der klassischen Philologie nach Basel berufen (1869). Die *Kultur* des Griechentums ist es, der auch sein Interesse als Philologe gilt, und hier tritt er nun 1872 mit seiner neuen Auffassung griechischen Wesens in der „Geburt der Tragödie" hervor: Die Griechen sind nicht nur das Volk, wie unsere Klassiker es sahen, das Volk der heiteren *apollinischen* Kunst der Plastik, der olympischen Götter, des „rechten Maßes" und der Harmonie, der Tugend der „Besonnenheit" und des Sokratischen Rationalismus, sie sind auch das Volk, das die Tragödie schuf aus den furchtbaren Stoffen der alten Mythen, den Kampf des Menschen gegen ein zerschmetterndes Schicksal in ihr gestaltete und die Kunst in den Dienst eines düsteren und zugleich berauschenden, Tod und Lust verquickenden Kultus des Lebens zu stellen wagte, jenes Kultus, der sich als Kult des Gottes *Dionysos* darstellte. Aber Nietzsches Schrift ist nicht das Werk eines bloßen Philologen und Historikers: hinter dem, was Nietzsche über das dionysische Griechenland sagt, taucht der Schatten der beiden Persönlichkeiten auf, deren Bewunderer er in dieser Zeit ist und in denen er die Erzieher zu einer neuen deutschen Kultur sieht – Schopenhauer und Richard Wagner. Schopenhauer ist ihm, wie die dritte der „Unzeitgemäßen Betrachtungen" (1873–1876) ausführt, der Mensch, der in seiner unerbittlichen Zerstörung aller Illusionen und Lebenslügen das „freiwillige

Leiden der Wahrhaftigkeit" auf sich nimmt, Natur und Menschenleben sehen will, wie es ist, in seinem Leiden, seiner Grausamkeit, seiner Dämonie. Freilich: schon damals ist Nietzsche weit entfernt, der Lebensverneinung und dem Heiligenideal zuzustimmen, in das die Schopenhauersche Philosophie ausklingt, das Ziel scheint ihm vielmehr, dem wirklichen Leben ins Gesicht zu sehen und trotzdem zu einer *Bejahung* des Lebens sich durchzuringen. Diesen Weg führt uns der tragische Künstler, der im Untergang des Einzellebens den Triumph und die Ewigkeit *des* Lebens zeigt. So die großen Tragödiendichter des Altertums, die höchsten Vertreter der in ihrem Wesen künstlerischen Kultur des Altertums, so Richard Wagner in Bayreuth (der Gegenstand der vierten „Unzeitgemäßen"), in dessen Nähe Nietzsche jene griechischen Tragiker auch dadurch rückt, daß er den Ursprung der Tragödie „aus dem Geiste der Musik" behauptet.

Damit ist zugleich das Thema angeschlagen, dem das ganze weitere Denken Nietzsches gewidmet ist: das Problem einer neuen Kultur, und das heißt eines neuen Menschen mit neuen „Tafeln der Werte". Denn der Mensch, nicht objektive Güter und Einrichtungen, sind das Wesentliche der Kultur. Der Philosoph ist es, der zu einer solchen neuen Kultur die Wege weist, er ist der *Schöpfer* der *„Werte"*, unter denen das sich wandelnde Leben steht. Der Maßstab aber, an dem die Höhe einer Kultur zu messen ist, ist wiederum der Mensch, genauer aber nicht der Mensch der Masse, sondern die wenigen großen *Persönlichkeiten*, die eine Kultur hervorbringt. Durch alle Perioden des Nietzscheschen Schaffens zieht sich die Gegnerschaft gegen Demokratie, Sozialismus und Christentum, zieht sich ein *aristokratischer Individualismus*, der sich wie gegen die Gleichheitslehren, gegen den sozialen Eudämonismus (das „grüne Weideglück der Menge"), so auf der anderen Seite gegen die Hegelsche Staatsvergottung wendet. Aber auch beim einzelnen Menschen ist ihm das kleinliche Streben nach Glück und klugem Vermeiden des Schmerzes, zusammen mit der kränklichen Mitleidsempfindlichkeit für fremdes Leiden ein Zeichen der „Dekadence", des niedergehenden Lebens.

Mit dem Bruch mit Richard Wagner endet die erste Periode der Nietzscheschen Entwicklung: aus dem schwülen Rausch einer romantischen Kunst flüchtet er in die eisige Kühle des „freien Geistes", der furchtlos jeder Wahrheit nachstrebt, auch dann, wenn sie uns gefährliche und erschreckende Dinge enthüllt. Als Vorbild solcher freien Geister erscheinen ihm die großen Franzosen des 18. Jahrhunderts – Voltaire –, die kühnen Frager, die zuerst nach dem Ursprung und dem Sinn der Moral zu fragen wagten („Menschliches, Allzumenschliches" 1878, „Morgenröte" 1881, „Fröhliche Wissenschaft" 1882).
Aber Denker wie Künstler sind im letzten Grunde *Zuschauer des Lebens*, ihre überlegene Geste ist nur ein Schein, ein Spiel: dieser Gedanke und der Wunsch, mit seinem Persönlichkeits- und Kulturideal dem Leben selbst näher zu kommen, leitet zu der dritten Periode und ihrem von der hohen Sprachkunst Nietzsches zeugenden dichterischen Hauptwerk hinüber: „Also sprach Zarathustra" (1883). Im *„Übermenschen"*, den Zarathustra den Menschen verkündigt, liegt zunächst der Gedanke, daß der Mensch, wie alle Wesen vor ihm auf der tierischen Stufenleiter, etwas über sich hinaus schaffen müsse, den „Übermenschen", der sich zum Menschen verhalte wie der Mensch zum Affen. Das klingt ebenso an Darwin an, wie die Betonung des *Kampfes* als Grundaspekt des Lebens überhaupt, wie der Gedanke, daß das natürliche, nicht durch eine falsche Moral entkräftete Leben stets mitleidlos über den Schwachen, Lebensuntüchtigen hinwegschreitet. Aber Nietzsche hat zugleich stets Darwins Anpassungslehre bekämpft ebenso wie den Gedanken, daß Ökonomie, Kraftersparnis der Sinn der Entwicklung unseres Denkens und Handelns sei. Nicht die *Erhaltung* des individuellen Lebens mit möglichst geringen und „passenden" Mitteln, sondern die *Steigerung* des Lebens, nicht Kraft, die möglichst sich sparen, sondern Kraft, die sich ausgeben und ihre Macht fühlen will, scheint ihm Sinn und Grund des Lebens. Und in dem nachgelassenen Werk wird ihm das Wesen der Welt der *„Wille zur Macht"* anstatt des Schopenhauerschen „Willens zum Leben". Die „Metaphysik", zu der sich Nietzsches Spätphilosophie hier erweitert, ist freilich

noch in weit höherem Grade als die Schopenhauersche ein subjektiv-persönliches Weltbild, eine Vermenschlichung der Natur (nicht minder als Rousseaus Bild der Natur als der gütigen Mutter ihrer Geschöpfe). Und Nietzsche ist sich dessen auch mehr oder minder bewußt; alle Erkenntnis, auch die Metaphysik, ist ihm ja nicht Selbstzweck, sondern sie soll dem Leben dienen, Erziehungsmittel zur Erhöhung und Steigerung des Lebens sein.

Gerade auch von der Lehre vom „Übermenschen" (zu dem dann doch auch wieder, unter Abstreifung des biologischen Sinnes, Persönlichkeiten der Geschichte, die charakteristischen Renaissancemenschen mit ihren starken Instinkten und ihrem Amoralismus Modell gestanden haben) gilt dasselbe. Und nicht minder von der merkwürdigen anderen Lehre Zarathustras: der „ewigen Wiederkunft", der Lehre vom Kreisprozeß des Weltgeschehens, der sich ewig in genau gleicher Form wiederholt. Sie ist sozusagen der letzte Prüfstein echter Lebensbejahung: nur wer vor dem Gedanken, daß genau *dieses* Leben – nicht ein besseres oder höheres – sich ewig wiederholt, nicht zurückschaudert, sondern eben diesen Gedanken in seinem Gefühl bejaht, zeigt, daß er wirklich die volle Kraft hat, im Diesseits zu wurzeln.

Eine Hauptschuld an dem Niedergang des Kulturmenschen schiebt Nietzsche dem *Christentum* zu, dem „Sklavenaufstand in der Moral". Die Schriften „Jenseits von Gut und Böse" (1886) und „Zur Genealogie der Moral" (1887) gehen von der Unterscheidung zweier Wertungsweisen oder Moralen aus, der ursprünglichen, ritterlich-aristokratischen, die das Kraftvolle und Lebensfähige als „gut" und zur natürlichen Herrschaft bestimmt bewertet, das Verkümmerte und Schwache als „schlecht" ihm unterordnet, und der aus dem Machttrieb der Unterworfenen, aus neiderfülltem „Ressentiment" entspringenden priesterlich-demokratischen Moral, die das Schwache zum „Guten" umwertet und das Starke als „böse" ächtet. „Jenseits von Gut und *Böse*" bedeutet: zurück zu jener ursprünglichen Wertunterscheidung von „gut" und „schlecht".

In leidenschaftlicher innerer Erregung hatte Nietzsche, insbesondere seit er 1879 seine Professur niedergelegt und sich ganz der philosophischen Arbeit gewidmet hatte, seine Bücher geschrieben, bis 1889 der Zusammenbruch erfolgte und die geistige Umnachtung begann, die ihn bis zu seinem Tode 1900 gefangen hielt. So gehört sein Schaffen noch den siebziger und achtziger Jahren des 19. Jahrhunderts an. In grundlegenden Dingen steht er zu dieser seiner Zeit und speziell dem Deutschland dieser Periode in schärfstem Gegensatz: zu der satten, philiströsen Selbstzufriedenheit seines Bürgertums, zu der Verwechslung äußerlicher politischer und wirtschaftlicher Machtstellung mit echter Kultur. Aber sein Denken weist doch auch Züge auf, die dieser Zeit entstammen: den Wahrheitssinn, der die Welt „realistisch" sehen will, dabei aber leicht in eine Idealisierung der naturalistisch gesehenen Menschennatur verfällt. Eine naturalistische Romantik erwächst aus der kühlen Realistik, hinter der eine romantische Sehnsucht nach Größe sich verbirgt, und tritt bei Nietzsche deutlich in jenem Kultus der Kraft und Männlichkeit zutage, der unverkennbar feminine Züge aufweist.

Während Nietzsches Gedanken zuerst längere Zeit nur auf der einen Seite ein Gegenstand kritikloser Bewunderung, auf der anderen ebenso bedingungsloser Ablehnung waren, macht sich seit dem Anfang des 20. Jahrhunderts in wachsendem Maß sein *Einfluß* bemerkbar. Merkwürdigerweise ist es dabei zunächst mehr der *junge* Nietzsche, von dem diese Wirkung ausgeht, die „Geburt der Tragödie" und das in ihr entworfene Bild des dionysischen Griechentums. Wir begegnen den Spuren solchen Einflusses in dem Kreis, der sich um den Dichter STEFAN GEORGE (1868–1933) gebildet hat, in dem aristokratischen Pathos, in der Idee des durch die Weihe der hohen Kunst hindurchgegangenen und gestalteten Lebens, das zugleich durch Rasse, Tradition und Haltung der Erbe und Träger alter und organischer Kultur ist, in dem Ideal des vornehmen im Gegensatz zum gemeinen Menschen, wie es dieser Kreis pflegt. In eigenartiger Weise nimmt der aus Georges Kreis ursprünglich hervorgegangene, dann aber von ihm sich trennende LUDWIG KLAGES (1872–1956; „Der Geist als Widersacher der Seele«

1929–1932) den Nietzscheschen Gedanken des „Dyonysischen“ und seinen Kampf gegen die „Sokratik“ auf. Er stellt „Seele“ und „Geist“ einander gegenüber; der „Geist“ ist ihm der Widersacher der Seele, der das lebendige Fühlen und erfühlende Erkennen des Menschen, damit seine Beziehung zur Natur, sein ursprüngliches Verwobensein in die Wirklichkeit abstumpft und ertötet, das einseitig auf den rechnenden Verstand und den äußerlichen Nutzen zugeschnittene Weltbild der Naturwissenschaft entwirft, die Ursymbole ihres Sinnes beraubt. Klages hat das Verdienst, auf den halbvergessenen Kulturhistoriker JOHANN JAKOB BACHOFEN (1815–1887) und seine Entdeckung des ursprünglichen Mutterrechts wieder aufmerksam gemacht zu haben; er sieht im Mutterrecht ein Stück jener innigeren Verbindung des Menschen mit der Wirklichkeit, der Natur, dem Leben, die dem späteren Kulturleben mit dem Übergewicht des immer mehr in den Dienst des Willens tretenden Verstandes verlorengeht. Daher ist ihm auch – hier wieder mit Nietzsche – der (freilich relativ) höchste Menschentyp der Gegenwart der schöpferische Mensch, der nicht in der „*Tat*“, sondern im „*Werk*“ sich ausspricht. In der Schaffung eines in seiner Art vollendeten „Werkes“ erlebt der heutige Mensch noch einen Schimmer des echten „Rausches“, des tiefsten Lebensgefühls vergangener Zeiten.

Der pessimistische Ausklang des Klagesschen Buches – Klages sagt unter dem zerstörenden Einfluß des Geistes den in absehbarer Zeit eintretenden Untergang des irdischen Lebens vorher – erinnert an einen anderen, freilich bei aller Belesenheit weniger tiefen Schriftsteller: OSWALD SPENGLER (1880–1936). In seinem „Untergang des Abendlandes“ (1918–1922), dem ein vorübergehender starker Erfolg beschieden war, hatte Spengler eine Art biologischer Geschichtsphilosophie aufgestellt, nach der die Weltgeschichte die Geschichte der in paralleler Form sich vollziehenden Lebensabläufe von Kulturen, der ägyptischen, antiken, arabischen, der Kultur des Abendlandes usw., sein soll, deren jede ihre spezifische „Seele“, deren jede aber auch ihre verwandten Jugend-, Reife-, Altersformen hat und deren jede schließlich einmal abstirbt. Unsere, die „abendländische" Kultur, mit ihrer „faustischen", durch den Drang ins Unendliche gekennzeichneten „Seele", steht im Übergang in das zivilisatorische Altersstadium, dem keine großen Schöpfungen der Kunst, Wissenschaft, Religion mehr beschieden sind, dem nur noch technisch-organisatorische Arbeit wesentlich offensteht. Später hat Spengler diese Geschichtsphilosophie durch ein Zurückgehen auf die Urgeschichte und einen Versuch ihrer hypothetischen Konstruktion ergänzt („Mensch und Technik" 1932). Er geht dabei von der schematischen Einteilung aller Tiere in „Raubtiere" und „Beutetiere" aus und beweist mit wenig einleuchtenden Argumenten, daß der Mensch ein typisches „Raubtier" sei; Nietzsches „Kampf um die Macht" als Wesen des Lebens wird übernommen, nur Nietzsches optimistische Weltansicht in eine Art heroischen Pessimismus verkehrt: der den Untergang nicht nur seiner, sondern *der* Kultur (die „abendländische" ist vermutlich die letzte) vor sich sehende „faustische Mensch", als der letzte und höchste Vertreter der Raubtiergattung „Mensch", kämpft, dem „Schicksal" und Gebot seiner Natur gehorsam, auf verlorenem Posten, den allen Dingen unvermeidlichen Tod auf sich nehmend.

Wenn Klages Nietzsche interpretiert und fortbildet, so ist es vor allem der Entdecker und Prophet des „Dionysischen«, an den er anknüpft; Nietzsches Metaphysik des Willens zur Macht lehnt er ab, da ihm Machtstreben zur Sphäre des Geistes gehört, dessen lebenszerstörende Herrschaft im Kosmos mit der Geschichte der Menschheit recht eigentlich beginnt.

Nietzsche auf eine einheitliche „Metaphysik" festzulegen, ist schwerlich möglich. In ihrer Vielgestaltigkeit und mit ihren unleugbaren Widersprüchen gleichen seine Lehren dem „Leben" selbst, dem er mit seinen Versuchen einer Zielsetzung des Lebens dienen will. Er, der leidenschaftliche Diesseitsprophet, der den Menschen auffordert, selbst dem Leben und der Welt einen Sinn zu *geben,* und der zu später, postumer Wirkung gelangte *Sören Kierkegaard,* in dem der christliche Jenseitsgedanke, der Glaube an ein Jenseits, das nicht in sanftem Übergang am Horizont das Diesseits ergänzt, sondern in stärkstem

Gegensatz den radikalen Bruch mit ihm fordert, wieder vollen Ernst gewinnt, sind vorläufig die letzten großen „Lebensphilosophen". Neben ihnen vollzieht sich die Arbeit an den philosophischen Problemen, die, vielfach angeregt durch die Erfahrungen und Theorien der Einzelwissenschaften, alten Fragen neue Seiten abzugewinnen und alten Lösungen neue, reichere Gestaltung zu geben versuchen.

6. Gegenwärtige Philosophie

a) Spuren der Vergangenheit

Die gegenwärtige Philosophie läßt sich in Deutschland nur im Rückgriff auf die Situation der Philosophie während des Nationalsozialismus angemessen begreifen und beurteilen. Die über zweitausendjährige Geschichte der abendländischen Philosophie hat in den zwölf Jahren des „Tausendjährigen Reiches" in Deutschland einen schweren Rückschlag erlitten, wenn sie auch nicht völlig abbrach. Philosophie hat in der inneren und äußeren Emigration weitergewirkt, konnte sich aber nach dem Zusammenbruch des nationalsozialistischen Regimes nur allmählich wieder entfalten. Von einer nationalsozialistischen Philosophie kann allerdings keine Rede sein, versteht man unter Philosophie in der Tradition des Sokrates das radikale, „an die Wurzel packende" Weiterdenken (lógon didónai, Rechenschaft geben), das ohne Einengung durch vorgegebene Interessen oder vermeintliche Einsichten zu den Wurzeln des Baumes unserer theoretischen und praktischen Erkenntnisse zu gelangen versucht, geleitet allein von der Idee des Guten oder des guten Lebens aller. Eine derartige Tätigkeit konnte von einer totalitären Weltanschauung wie dem Nationalsozialismus nur als „zersetzende, intellektuelle Wühlarbeit" aufgefaßt und bekämpft werden, im Einklang mit der antisokratischen Tradition. Entfalten konnte sich dagegen lediglich eine

Pseudophilosophie, die einen – wenn auch mit rationellen Mitteln der Propagandatechnik gesteuerten – Irrationalismus im Dienste „völkischer" Interessen unterstützte. Der nationalsozialistische Rassismus konnte sich weitgehend auf Vorstellungen von ARTHUR DE GOBINEAU (1816–1882; Essai sur l'inégalité des races humaines, 1854) und HOUSTON STEWART CHAMBERLAIN (1855–1927; Die Grundlagen des 19. Jahrhunderts, 1899–1901) berufen. Auch die Lebensphilosophie geriet in den Sog einer Blut-und-Boden-Ideologie, die kritischen Geist als Schwäche auslegte und Intellektuelle als „wurzellos" und „lebensuntüchtig" im Kampf ums Überleben verhöhnte und schließlich verfolgte. Dieser geistfeindlichen Ideologie, etwa ausgedrückt im Grundbuch der Nazis „Mythos des 20. Jahrhunderts" von ALFRED ROSENBERG (1930; Rosenberg wurde 1946 in Nürnberg hingerichtet), kamen insbesondere Schlagworte aus der Philosophie Nietzsches gelegen, wie „Wille zur Macht", „Umwertung aller Werte", „Übermensch", „Moral des Stärkeren" und Nietzsches Ablehnung der Demokratie als Herrschaft der Schwachen.

Die gelehrte, geschriebene Philosophie an den Seminaren der Universität mußte sich weitgehend der gelebten, vorgeschriebenen „Philosophie" des Regimes anpassen im Zuge der durchgängigen Gleichschaltung sämtlicher Denk- und Lebensäußerungen. Zum Teil geschah diese Anpassung nicht ohne eine gewisse innere Konsequenz, wie das Beispiel MARTIN HEIDEGGERS zeigt. Bei seiner Übernahme des Rektorats der Freiburger Universität stellte er in seiner seitdem vielfach hin-und-her-gedeuteten Rede vom 27. Mai 1933 „Die Selbstbehauptung der deutschen Universität" die Einheit von „Arbeitsdienst, Wehrdienst und Wissensdienst" heraus, einer Einteilung aus Platons „Staat" folgend. Hierin mag auch der taktische Versuch liegen, der Universität wenigstens einen kleinen Rest von Selbständigkeit geistiger Führung zu erlisten. Dennoch läuft die gesamte Rede darauf hinaus, daß Hitler und der Nationalsozialismus als Ausweg aus der „Seinsvergessenheit" und als Wende zum „Sein" erscheinen. Wenn sich Heidegger auch bereits 1934 vom Nationalsozialismus distanzierte, erhielt

er dennoch 1945–1951 durch die französische Besatzungsmacht Lehrverbot und konnte auch später, etwa in seinem Spiegel-Interview von 1966 (das auf seinen ausdrücklichen Wunsch hin erst nach seinem Tod 1976 veröffentlicht wurde) nicht alle Zweifel an seinem Verhalten und dessen Zusammenhang mit seiner Philosophie ausräumen, die Adorno durch einen bodenständigen, kleinbürgerlichen „Jargon der Eigentlichkeit" (1964) charakterisiert sieht und auch Heideggers Schüler Karl Löwith in zeitgeschichtliche Bezüge stellt (Heidegger, Denker in dürftiger Zeit, ^{2}1960). Gleichwohl sollte man, wie bei Nietzsche (oder Marx), von der Wirkungsweise einer Philosophie oder dem persönlichen Verhalten eines Philosophen nicht auf den philosophischen Sachgehalt im Sinne einer Schreibtischtäter-Hypothese vorschnell rückschließen.
Sicher leichter fällt uns dagegen die Würdigung philosophischer Sachgehalte bei einer Übereinstimmung von Wort und Tat, wie sie sich bei Philosophen der inneren oder äußeren Emigration findet. In die innere Emigration zog sich etwa KARL JASPERS zurück. Er widersetzte sich einer Scheidung von seiner jüdischen Frau und machte auch sonst aus seiner Kritik am Nationalsozialismus keinen Hehl. Seine Haltung, die er später nicht heroisieren wollte, mußte er 1937 mit einem Lehrverbot und ständiger physischer Gefährdung bezahlen. Ohne sich, wie später, aktuellen politischen Fragen zuwenden zu können, widmete er sich während dieser Zeit dem Studium der großen Philosophen der Tradition, wie viele seiner Berufskollegen mit ihm, und trug so zum Überleben der Philosophie bei. Nach dem Krieg, erneut mit seiner Heidelberger Professur betraut, setzte er sich anfangs sehr für den Wiederaufbau der deutschen Universität ein, glaubte aber bald nicht mehr an deren innere Erneuerungsfähigkeit sowie der Bundesrepublik insgesamt und übernahm deshalb seit 1948 eine Professur in Basel, in nachgeholter äußerer Emigration. Mit Heidegger hatte sich Jaspers seit 1933 lebenslang überworfen, nachdem er mit ihm seit 1920 in enger Freundschaft verbunden war (Notizen zu M. Heidegger, 1978).
In die äußere Emigration flüchteten alle diejenigen Philoso-

phen, die wegen ihrer jüdischen Abstammung oder kritischen Grundhaltung lebensbedrohlich gefährdet waren oder keinerlei Arbeitsmöglichkeiten mehr hatten, Philosophen mit sozialistischen oder marxistischen Überzeugungen oder solche, die ein für jeden Totalitarismus gefährliches auf den Prinzipien der Logik und der Naturwissenschaften beruhendes Kritikpostulat erhoben. Zur ersten Gruppe zählen Männer wie ERNST VON ASTER (1880–1948). Er wurde 1933 wegen seiner offen bekannten pazifistischen und sozialistischen Einstellung seiner Professur an der Universität Gießen enthoben, emigrierte nach Schweden und war seit 1936 Professor an der Universität Istanbul (außer Werken zur systematischen Philosophie schrieb er mehrere philosophiegeschichtliche Arbeiten). Blieb seine Emigration eher nur eines von vielen Schicksalen, so verbindet sich mit zwei anderen Namen, MAX HORKHEIMER und THEODOR W.(IESENGRUND) ADORNO, das Schicksal einer ganzen Forschungsrichtung. Horkheimer war 1930–1933 Professor für Sozialphilosophie und Direktor des „Instituts für Sozialforschung" an der Universität Frankfurt. Ebenso wie Adorno, der Mitarbeiter an diesem Institut war, mußte er als Jude und wegen seiner Marxismusforschungen emigrieren. Damit wurde nahezu eine ganze Forschungsrichtung aus Deutschland ausgelagert. Horkheimer richtete in Genf, Paris und New York Zweigstellen des Instituts ein, das nach seiner Rückberufung 1950 in Frankfurt wiedereröffnet wurde, mit Horkheimer und Adorno als Direktoren. Ähnlich verlagerte sich mit der Emigration der führenden Vertreter des „Wiener Kreises" um Moritz Schlick, etwa OTTO NEURATHS, RUDOLF CARNAPS und HANS REICHENBACHS, eine wichtige Forschungsrichtung aus dem deutschsprachigen Raum vor allem in die USA. Beide Richtungen konnten bei uns später nur schwer wieder Fuß fassen.

Mit der inneren Emigration vorwiegend in die traditionelle Philosophie und der äußeren Emigration der marxistischen sowie neopositivistischen Philosophie sind drei Positionen markiert, die für die nachkriegsdeutsche Philosophie bestimmend wurden. In einer etwas weiteren Einteilung soll daher die traditions-, praxis- und wissenschaftsorientierte Philosophie *als Leitfaden* zur Darstellung der gegenwärtigen Philosophie dienen (vgl. H. Fahrenbach, Zur Problemlage der Philosophie, 1975), auch im Hinblick auf die ausländische Philosophie, in ihrer wechselseitigen Verflechtung und in ihrem Bezug zur gesellschaftlichen Wirklichkeit. Diese Verbindungen muß man beachten, weil die drei Richtungen nur recht grobe Einteilungen darstellen und nicht sauber voneinander und dem gesellschaftlichen, soziokulturellen Umfeld getrennt werden können. Versteht man unter *traditionsorientierter Philosophie* eine vorwiegend interpretatorische Beschäftigung mit den Klassikern der Tradition, so läßt sich gerade bei den Klassikern ein durchgehender Bezug zur Praxis in verschiedener Form feststellen, bis hin zum Primat der praktischen Vernunft etwa bei Kant; auch kommen sie nicht ohne die sprachkritische Methode der Begriffs- und Argumentationsklärung aus und gewinnen ihr Selbstverständnis in Auseinandersetzung mit Ausprägungen wissenschaftlicher Vernunft. Eine ähnliche Verflechtung mit den beiden anderen Hauptrichtungen liegt bei der primär *praxisorientierten Philosophie* der Gegenwart vor, dem Existentialismus, Marxismus und Pragmatismus. Sie weist nicht nur in ihrem generellen Praxisbezug Parallelen zur Tradition auf und hat ihre Vorformen in ihr, sondern kann und muß von deren Denkerfahrungen und utopischen Gehalten her auch für ihre eigene Entwicklung einen Gewinn ziehen; schließlich käme ihr analytische Schärfe in etlichen Fällen sicher zugute. Auch die *wissenschaftsorientierte Philosophie* hat Vorbilder in der Tradition, von Platon über Descartes, Leibniz, Newton bis zu Kant (siehe oben zum Neukantianismus); sie ist praxisorientiert, insofern sie von einem Aufklärungspathos durch Sprach- und Begriffsanalyse und vom Glauben an Fortschritt durch Wissenschaft und Technik geleitet ist. Neben den internen Verflechtungen sind die drei Hauptrichtungen nicht ohne Bezug zur externen, gesellschaftlichen Wirklichkeit zu verstehen, will man Philosophie nicht zu einer bloßen Meinungsabfolge oder, anspruchsvoller, zu einer ideengeschichtlichen, immanenten Bewegung, zu einem Dialog des Geistes mit sich selbst entschärfen. Ohne einem platten Basis-Überbau-Denken im Sinne marxistischer Widerspiegelungstheorie anzuhängen, kann man dennoch zeigen, daß Philosophie stets auch ein Antwortversuch auf von außen, aus der gesellschaftlichen Wirklichkeit gestellte Fragen ist, die sie ihrerseits oft genug erst ausdrücklich stellt, artikuliert und präzisiert, indem sie dort weiterdenkt, wo sich andere mit der gegebenen Wirklichkeit, dem individuellen und gesellschaftlichen Alltag zufriedengeben.

Trotz der verschiedenen Verflechtungen, aber auch trotz aller Bedenken wegen der notwendigerweise subjektiven Auswahlkriterien und der rasch wechselnden Modernitätsschübe auch in der philosophischen Diskussion lassen sich dennoch die drei skizzierten Hauptrichtungen als aufeinanderfolgende, wenn auch vielfach sich überschneidende und in einem Minimalbestand parallel laufende Phasen in der Entwicklung der Philosophie in der Bundesrepublik grob beschreiben und einer konkreten, gesellschaftlichen Problemsituation zuordnen. Während zur Philosophie des Auslands mannigfache Berührungspunkte bestehen, bereits durch den angedeuteten Re-Import der beiden im Nationalsozialismus ins Ausland verlegten Richtungen, gibt es zur *Philosophie der DDR* wegen der besonderen politischen Situation kaum Kontakte. Zudem herrscht dort eher ein dogmatischer Marxismus, der zwar „westliche“ Philosophie rezipiert, etwa Logik, Wissenschaftstheorie und Kybernetik (GEORG KLAUS, 1912–1974), aber vor allem zur Konsolidierung eines „wissenschaftlichen“ Sozialismus einspannt und dabei kritische Stimmen wie die von ERNST BLOCH, ROBERT HAVEMANN (Dialektik ohne Dogma?, 1964) und RUDOLF BAHRO (Die Alternative. Zur Kritik des real existierenden Sozialismus, 1977) durch Gefängnis oder andere Repressionen zum Verstummen zu bringen versucht.

b) Traditionsorientierte Philosophie: Hermeneutik

In der unmittelbaren Nachkriegszeit dominierte bei uns eine

traditionsorientierte Philosophie, die durch Rückbesinnung auf die großen Denker der Tradition neue Perspektiven und Handlungsorientierung zu gewinnen hoffte, nachdem der Zusammenbruch des Nationalsozialismus ein geistiges Vakuum hinterlassen hatte. Zunächst galt es, neben dem Wiederaufbau in materieller Hinsicht auch einen geistigen Wiederaufbau in Angriff zu nehmen und die Idee der Humanität nach der Barbarei wieder zurückzugewinnen. Auch schien die gemeinsame Denktradition als gemeinsamer Ausgangspunkt der verschiedenen politischen Richtungen oder als allgemeine Handlungsorientierung geeignet zu sein, auch als Gegengewicht zu marxistischen Orientierungen. In dieser Situation wurde bis in die sechziger Jahre hinein ein christlich-abendländisches Welt- und Menschenbild für das öffentliche Leben grundlegend, wenn auch nicht unangefochten. Im Bereich der Wissenschaft führte man das Versagen der deutschen Universitäten vor dem Nationalsozialismus auf das Zielvakuum der Wissenschaftler zurück. Wissenschaftliche Rationalität sei mit politisch-moralischer Irrationalität Hand in Hand gegangen. Daher sollte nun in Restauration des neuhumanistischen Bildungsideals, das Bildung durch Wissenschaft vermitteln wollte, die Philosophie eine Klammerfunktion übernehmen, im „Philosophicum" für Lehrerstudenten und im „Studium generale" für sämtliche Studenten. Die Beschäftigung mit dem humanistischen Gedankengut der Tradition sollte eine hinreichende Orientierungskraft für gegenwärtige Praxis erzeugen. Allerdings sollen „Die großen Philosophen" nach JASPERS dreibändigem Werk (1957) auch nicht-europäische Denker oder Vorbilder umfassen: „Die vier maßgebenden Menschen: Sokrates, Buddha, Konfuzius, Jesus. – Die fortzeugenden Gründer des Philosophierens: Plato, Augustin, Kant. – Aus dem Ursprung denkende Metaphysiker: Anaximander, Heraklit, Parmenides, Plotin, Anselm, Spinoza, Laotse, Nagarjuna" (Inhaltsverzeichnis). Auch HEIDEGGER versucht, europäisches und ostasiatisches Denken in Beziehung zu setzen, allerdings nicht wie Jaspers zur Existenzerhellung, sondern um die für ihn zentrale Seinsfrage weiter fortzuführen (Aus einem Gespräch von der Sprache. Zwischen einem Japaner und einem Fragenden, 1959), die er nach den Vorsokratikern in Vergessenheit geraten sieht. Zwar wurde Heidegger mit seinem epochemachenden Buch „Sein und Zeit“ (1927) zunächst allgemein als Existenzphilosoph in der Tradition Kierkegaards eingeschätzt (vgl. oben S. 397), hat aber von Anfang an eine andere Intention verfolgt, die er im Vorwort unmißverständlich formuliert: „Die konkrete Ausarbeitung der Frage nach dem Sinn von *‚Sein‘* ist die Absicht der folgenden Abhandlung. Die Interpretation der *Zeit* als des möglichen Horizontes eines jeden Seinsverständnisses überhaupt ist ihr vorläufiges Ziel.“ Heidegger fragt nicht wie die bisherige Philosophie oder Metaphysik nach dem Seienden im ganzen oder dem höchsten Seienden, sondern nach dem Sein selbst, nach der „ontologischen Differenz“ zwischen Seiendem und Sein. Als Weg bietet sich Heidegger die Analyse des menschlichen Daseins an, das als einziges Seiendes durch Seinsverständnis ausgezeichnet ist. Die „Existenzialien“ wie „In-der-Welt-Sein“, „Geworfenheit“, „Sorge“ oder „Sein-zum-Tode“ sind also lediglich Durchgangsstationen zur Seinserhellung und nur vordergründig existenzphilosophische Problemanzeigen. Heideggers traditionsorientierte Philosophie ist zunächst Destruktion der abendländischen Philosophie, deren Seinsvergessenheit er bei Platon beginnen sieht, und Wiedergewinnung des vorsokratischen Denkens. Im Unterschied zu den Vorsokratikern werde bei Platon im Höhlengleichnis des „Staates“ Wahrheit nicht mehr als „Unverborgenheit des Seins“, sondern als Satzwahrheit, als Richtigkeit im Sinne einer Übereinstimmung von Satz und Seiendem verstanden (Platons Lehre von der Wahrheit, 1942). Die angekündigte zweite Hälfte von „Sein und Zeit“ ist nie erschienen, sondern als „Lehre“ von der Existenzialontologie zur Seinsfrage in verschiedenen Arbeiten enthalten, in Heideggers Auslegung der Vorsokratiker (Vorträge und Aufsätze, Teil III, 1954), von Nietzsche und Kant (Nietzsche, 2 Bände, 1961; Die Frage nach dem Ding. Zu Kants Lehre von den transzendentalen Grundsätzen, 1962) sowie in seinen anderen Schriften (Einführung in die Metaphysik, 1953; Die Seinsfrage, 1956; Wegmarken, 1967). Heidegger gehörte nach

Erscheinen von „Sein und Zeit“ und nach dem Krieg bis in die sechziger Jahre hinein zu den einflußreichsten Denkern. Gegenwärtig hat er in den USA und in Japan mehr Einfluß als bei uns. Er gehörte aber auch wegen seiner oft äußerst schwer verständlichen Sprechweise und seiner mißverständlichen „Seinsfrömmigkeit“ zu den umstrittensten Philosophen, besonders später aus sprachanalytischer und marxistischer Sicht. Überhaupt wurde die *hermeneutische Methode* als Auslegungskunst klassischer philosophischer Texte, sei es zur Destruktion metaphysischer Seinsvergessenheit, sei es zur Existenzerhellung, zur Bildung oder schlechthin zum Philosophieren, zunehmend als unüberprüfbare Dichtung oder als Verführung zur unkritischen Hinnahme von Vorgegebenem, insbesondere der gesellschaftlich-politischen Wirklichkeit, negativ beurteilt. Der oft geradezu weihevolle Umgang mit Texten „großer Philosophen“ wurde vielfach nicht länger akzeptiert und gegen eine nüchterne Analyse philosophischer Argumentationsgänge, auch in ihrem konkreten Kontext, eingetauscht. Die Auseinandersetzung konnte sich insbesondere an der einflußreichen und bis heute maßgebenden Darstellung der Hermeneutik entzünden, an HANS-GEORG GADAMERS (geb. 1900) Hauptwerk „Wahrheit und Methode“ (1960). Gadamer grenzt in der Nachfolge Diltheys *Wahrheit* als jeweiliges Sinnverstehen in Texten der Theologie, Rechtsprechung, Dichtung und Philosophie sowie in der Kunst oder bei alltäglichen Handlungszusammenhängen gegen *Methode* ab als wiederholbares, für alle Fälle gleiches und eindeutig überprüfbares Vorgehen vor allem in den Naturwissenschaften und in der Mathematik. Beispiele hermeneutischer Kunst gibt Gadamer auch in seinen Arbeiten zu Platon und Hegel (Platos dialektische Ethik und andere Platostudien, 1968; Hegels Dialektik, 1971). Die Hermeneutik prägte lange Zeit das philosophische Arbeiten, in Frankreich zentriert um die Person PAUL RICŒRS (geb. 1913; Structuralisme et Herméneutique, 1965, dt. 1973; De l'interprétation, 1965, dt. 1969). Wenn die Hermeneutik oft auch nicht über immanente Textauslegung hinaus zur Analyse und Kritik der Sachargumentation vorstieß und für konkrete, gesellschaftliche Probleme fruchtbar machen konnte, blieb dennoch das Sinnverstehen für alle diejenigen eine wichtige Frage, die menschliche Praxis als zielgerichtetes Handeln und nicht bloß als Reiz-Reaktions-Verhalten im Sinne des Behaviorismus auffaßten oder die Philosophie nicht auf die Analyse wissenschaftlichen oder alltäglichen Sprechens beschränken wollten.

c) Praxisorientierte Philosophie: Existentialismus, Marxismus, Pragmatismus

Wenn auch weiterhin das Studium klassischer philosophischer Texte nicht ohne gute Gründe einen wichtigen Platz in Forschung und Lehre einnahm, trat dennoch zunehmend eine *praxisorientierte Philosophie* in den Vordergrund. Die praxisorientierte Philosophie des *Existentialismus* bei Jaspers war noch weitgehend der Textauslegung großer Philosophen gewidmet. Während die Werke von Jean-Paul Sartre hiervon weitgehend frei waren, blieben sie dennoch bei einer allgemeinen Sinnauslegung stehen, ohne konkrete, gesellschaftsbezogene Analysen (siehe den vorigen Abschnitt). Aus *neomarxistischer* Sicht wurde die hermeneutische und existentialistische Philosophie in gleicher Weise als unzulänglich kritisiert. Gegen eine Theorie, die in bloßer Schau oder Beschaulichkeit auf Gegebenes oder gegebene gesellschaftliche Wirklichkeit fixiert ist, wurde eine »Kritische Theorie« ins Feld geführt, die das gegebene gute Leben *einiger* als aufgegeben oder aufzuheben für *alle* in Erinnerung rufen und somit die sokratische Tradition des Weiterdenkens unter der Leitidee des guten Lebens aller fortführen wollte. Diese Leitidee war nach dem wirtschaftlichen Zusammenbruch infolge des verlorenen Krieges und durch die anschließende Überlebens- und Wohlstandssicherung aus dem Blick geraten. Philosophie hatte in dieser Zeit nicht die Anstrengung für das Überleben und Wohlleben zum guten Leben hin lenken können; gutes, das heißt materiell zufriedenstellendes und selbstbestimmtes Leben war nur für einige möglich. Der Versuch, durch Rückgriff auf das neuhumanistische Bildungsideal moralische Qualitäten in die gesellschaftlich-politische Wirklichkeit einzuführen, hatte bloßen Appellcharakter an den einzelnen und mußte wegen der gesellschaftlichen Widersprüche weitgehend folgenlos bleiben. Philosophie blieb eine „Orchideenwissenschaft“, eine schöne Blume im Garten des Geistes und wurde durch die an die neuhumanistisch geprägte Hochschul- und Bildungsreform anschließende technokratische Phase der Ausbildungseffizienz vollends zu einer Feiertagsbeschäftigung, die niemanden störte. Ihre Analysen des ambivalenten, zweifelhaften wissenschaftlich-technischen Fortschritts blieben vereinzelt und kamen selten über ein allgemeines kulturkritisches Räsonnement hinaus, das gegenüber den Anforderungen infolge des Wirtschaftswunders an die Ausbildungskapazität und -effizienz der Universität als naive Negation erscheinen mußte. Dagegen spitzte sich die Kritik an Forschung und Lehre sowie der mit ihr verbundenen herrschenden theoretisch-philosophischen Gesamthaltung und Interessenlage mit den Studentenunruhen in der zweiten Hälfte der sechziger Jahre zu. Die „Große Koalition“ von CDU/CSU und SPD (1966–1969) wurde wegen ihrer minimalen Oppositionsmöglichkeit und gleichzeitigen gemeinsamen Verabschiedung der Notstandsgesetze von vielen als Gefährdung der verfassungsmäßigen Grundrechte angesehen und führte zur Bildung der „Außerparlamentarischen Opposition“ (APO), in der vor allem Studenten als neues „revolutionäres Subjekt“ organisatorisch oder durch gemeinsame Aktionen vereinigt waren. Die Kritik an der befürchteten Einschränkung der Grundrechte war verbunden mit einer heftigen Kritik an der Wissenschaft, die politisch neutral und nur wahrheitsorientiert zu forschen vorgebe, in Wirklichkeit aber immer schon interessengebunden sei. Aber die Interessengebundenheit der Wissenschaft wurde nicht schlechthin angegriffen, sondern lediglich ihre einseitige Ausrichtung am Interesse der „herrschenden Klasse“, insbesondere der Kriegsindustrie. Diese Kritik an Wissenschaft und Gesellschaft ging weltweit durch die westlichen Industrienationen und war von der Kritik am Vietnam-Krieg ausgegangen, die zuerst in den USA, in Berkeley/Kalifornien, zu Studentenunruhen führte. Wissenschaft als wichtige Produktivkraft solle, so lautete die Forderung, nicht dem Interesse einiger, sondern aller dienen. Sie könne dies nur in einer anders, nämlich sozialistisch organisierten Gesellschaft leisten. Mit dieser Kritik, die sich oft recht handfest äußerte, wurde Philosophie im Sinne der elften Feuerbach-These von Marx als bloße Interpretation der Welt zugunsten ihrer Veränderung abgelehnt.

Zunächst berief sich die APO weitgehend auf die neomarxistische „Kritische Theorie" aus dem Frankfurter „Institut für Sozialforschung". Dies geschah insofern zu Recht, als MAX HORKHEIMER (1895–1973) in seinem grundlegenden Aufsatz „Traditionelle und kritische Theorie" (1937) das ordnende, systematisierende Feststellen von Ist-Zuständen als Anpassung an eine schlechte Realität ablehnt und durch die verändernde Aktivität kritischen Denkens und Entwerfens von Soll-Zuständen aufheben will, allerdings auf keinen Fall durch einen bloßen Aktionismus, sondern durch eine „Kritik der instrumentellen Vernunft" (1967), die lediglich auf Zweckrationalität ohne Zielreflexion gerichtet sei, und eine „Kritische Theorie" (2 Bände, 1968), die generell Gegebenes als Aufgegebenes zu überprüfen oder aufzuheben beansprucht. Als aber dann die Studenten zu direkten politischen, oft gewaltsamen Aktionen übergingen, distanzierte sich Horkheimer von ihrem Vorgehen. Zwar wollte seine Theorie kein bloßes Zuschauen sein, aber auch keine direkte politische Handlungsanweisung. Als Ausweg aus diesem Dilemma neigte Horkheimer zeitweilig einem Schopenhauerschen Pessimismus zu oder zum Schluß einer Theologie als „Sehnsucht nach dem ganz Anderen" (1970). Auch die beiden anderen führenden Vertreter der „Frankfurter Schule", Adorno und Habermas, gerieten in ein ähnliches Theorie-Praxis-Dilemma. THEODOR W.(IESENGRUND) ADORNO (1903–1969) hatte in dem gemeinsam mit Horkheimer verfaßten Buch „Dialektik der Aufklärung" (1947) unter dem Eindruck der Nazi-Barbarei und der Grauen des Zweiten Weltkrieges die Frage klären wollen, wieso trotz unseres scheinbar aufgeklärten Zeitalters die fundamentalen

Ideen der Aufklärung Freiheit, Gerechtigkeit und Brüderlichkeit derartig wirkungslos bleiben oder sogar ins Gegenteil verkehrt werden konnten. Aufklärung, so läßt sich ihre versuchsweise Antwort formelhaft zusammenfassen, hat lediglich zu einem Triumph zweckrationalen Verstandes in Wissenschaft und Technik geführt, nicht aber zu vernünftiger Zielbestimmung in der Gesellschaft. Sie ist sogar, geblendet von diesem Triumph, in die „Barbarei von Auschwitz" umgeschlagen, als hochrationelle Irrationalität. In seinem Hauptwerk „Negative Dialektik" (1966) will Adorno Dialektik, wie er schreibt, von „affirmativem Wesen befreien, ohne an Bestimmtheit etwas nachzulassen", insbesondere dadurch, daß er Hegel mit Kant zu konfrontieren versucht. Da Praxis jedoch auch immer Sicheinlassen auf affirmative Momente bedeutet, ist Adorno wie Horkheimer zu Praxisabstinenz verurteilt. Dagegen ruft HERBERT MARCUSE (1898–1979), der in der Nazi-Zeit in die USA emigriert war und nun von dort aus einen großen Einfluß auf die philosophisch-politische Diskussion bei uns ausübte, ohne direkt der „Frankfurter Schule" anzugehören, einerseits zur „Großen Verweigerung" an das Establishment auf, entwickelt aber andererseits, gestützt auf psychoanalytische und ästhetische Gesichtspunkte, Ansätze zu einer neuen gesellschaftlich-politischen „Sensibilität" gegenüber der „repressiven Toleranz" (Aufsatz von 1965). Diese sei nur eine schein-liberale, auf die *eine* Dimension der herrschenden Interessen fixierten Denk- und Sprechweise in den öffentlichen Medien und in der Werbung (Vernunft und Revolution, 1941, dt. 1962; Der eindimensionale Mensch, 1964, dt. 1967; Versuch über die Befreiung, 1969; Revolution oder Reform? Eine Kontroverse mit K. Popper, 1971). Wie Marcuse gehört zwar auch ERNST BLOCH (1885–1977) nicht zur „Frankfurter Schule", vertritt aber mit ihm neomarxistische Gedankengänge. In seinem Hauptwerk „Das Prinzip Hoffnung" (3 Bände, 1954–1957) untersucht Bloch das „Noch-Nicht", den utopischen Gehalt von Tagträumen, Literatur (etwa bei Karl May als „homo viator"), Theologie (Thomas Münzer) und Philosophie (Avicenna, Marx u. a.), das jedem politischen Handeln überhaupt erst eine weitere, über die unmittelbare Taktik hinausreichende Perspektive eröffnet. Seine damit verbundene Absage an jeden Dogmatismus bereitete ihm bei seiner Lehrtätigkeit an der Universität Leipzig in der DDR, an der er nach seiner Rückkehr aus der Emigration in die USA lehrte, erhebliche Schwierigkeiten, so daß er schließlich nach dem Berliner Mauerbau von 1961 im Westen blieb und in Tübingen Philosophie lehrte. Allerdings wurde er im Westen nur mit Mißtrauen aufgenommen, eben weil er Marxist war.

Den breitesten Einfluß auf die Diskussion während der Studentenunruhen und danach in den Sozialwissenschaften übte JÜRGEN HABERMAS (geb. 1929) aus. Im Titel seines Buches „Erkenntnis und Interesse" (1968) drückt sich ein ganzes Programm aus. Theoretisches Erkennen soll auf das dabei leitende, ja konstitutive *Interesse* hin untersucht werden. Theorie gewinnt nicht zuerst unabhängig für sich Erkenntnisse, die dann auch noch angewandt werden können, auch mißbräuchlich, sondern sie ist immer schon („quasi-transzendental") von einem bestimmten Interesse bei der Auswahl und Bildung ihrer Gegenstände geleitet. Habermas unterteilt die Wissenschaften in drei Gruppen, offensichtlich nach dem Schema Objekt – Subjekt – Vermittlung beider, und ordnet ihnen drei Grundinteressen zu: der empirisch-analytischen Wissenschaft (Mathematik und Naturwissenschaften) das technische Verfügungsinteresse, der hermeneutischen Wissenschaft das handlungspraktische Orientierungsinteresse und der kritischen Wissenschaft (Soziologie, Politologie, Ökonomie, Philosophie) das emanzipatorische Interesse. Nur bei der letzten Gruppe fallen (im Ideal) Erkenntnis und Interesse zusammen, wie Habermas am Modell der Psychoanalyse erläutert, bei der Erkennen von Zwängen zugleich deren Befreiung ist. Mit seinem Ansatz wendet sich Habermas gegen das Ideal wertfreier, neutraler Wissenschaft, wie es etwa der Soziologe und Nationalökonom MAX WEBER (1864–1920) aufgestellt hat (Wissenschaft als Beruf, 1917). Der Wissenschaftler solle sich auf sein überprüfbares Fachwissen beschränken und nicht sein Ansehen zu wertenden, politischen Stellungnahmen mißbrauchen, etwa in seiner Rolle als akademischer Lehrer. Werte ließen sich nur beschreiben, aber nicht wissenschaftlich begründen. Habermas versucht seine Behauptung von der notwendigerweise interessengeleiteten Wissenschaft im „Positivismusstreit" in Auseinandersetzung mit der bei uns durch Hans Albert eingeführten Wissenschaftstheorie Poppers zu erhärten (in: Adorno u. a., Der Positivismusstreit in der deutschen Soziologie, 1969). Allerdings war dieser für die ganze nachfolgende wissenschaftstheoretische Diskussion grundlegende Streit von Anfang an durch wechselseitige Mißverständnisse gekennzeichnet. Weder vertrat Popper einen Positivismus, den er als „kritischer Rationalist" mit der Grundannahme theoriegeleiteter und somit auch immer schon wertender Erkenntnis gerade bekämpfte, noch wollte die andere Seite Wissenschaft in bloße Beliebigkeit oder gar dogmatische (stalinistische) Bevormundung abdrängen. Andererseits wäre mit der beidseitigen Feststellung normativer Implikationen von Wissenschaft auch noch nicht viel gewonnen (Auswahl der Forschungsgegenstände, der Forschungsmethode und Fragen der Verwertung). Geklärt werden müßte dann immer noch, ob Normen wissenschaftlich oder rational begründbar sind oder nicht, und inwiefern die zugestandenen normativen Implikationen mit der Behauptung wertfreier oder objektiver Wissenschaft vereinbar sind. Neben dem Problem der politischen Theorie-Praxis-Umsetzung und der Auseinandersetzung mit einer putschistischen oder dogmatischen Linken war deshalb der neomarxistische Ansatz der „Frankfurter Schule" auch mit wissenschaftstheoretischen und normativen Aporien konfrontiert, die in der Folgezeit eine lebhafte Diskussion auslösten.

Eine weitere Schwierigkeit dieses Ansatzes war die Bestimmung des Verhältnisses von Gesellschaft und Individuum. Während SARTRE seinen Existentialismus zum Marxismus hin öffnete (Marxismus und Existentialismus, 1964), griff der Marxist ADAM SCHAFF existenzphilosophische Gedankengänge auf (Marxismus und das menschliche Individuum, 1965). Dabei wurde die theoretische Diskussion, wie sich im Marxismus, vor allem ausgehend von der Entfremdungsthematik in MARX

„Ökonomisch-philosophische Manuskripte" oder, meist in Kurzzitation, „Pariser Manuskripte" von 1844, die erstmals 1932 vollständig publiziert wurden, die Freiheit *aller* zur Freiheit des *einzelnen* verhielte, durch die unmittelbare politische Wirklichkeit in den meisten sozialistischen Ländern stark behindert, zumal bei der besonderen politischen Situation Deutschlands. In Frankreich wandte sich daher Ende der siebziger Jahre eine enttäuschte intellektuelle Linke unter dem schockierenden Eindruck etwa von Solschenizyns „Archipel GULAG" (1973) vom Marxismus ab und wurde zu dessen schärftstem Kritiker. ANDRÉ GLUCKSMANN, der hervorstechende Vertreter dieser *„Nouvelle Philosophie"*, erklärt in seinem Buch „Die Meisterdenker" (Les Maîtres Penseurs, 1977, dt. 1978) in einem Zug die Philosophen Fichte, Hegel, Marx und Nietzsche für Dogmatiker vom Schlage Stalins im Verein mit dem amerikanischen Pentagon und bezieht selber die Position des subversiven Denkens eines Sokrates, der allerdings vom „Meisterdenker" Platon verfälscht und verraten worden sei. Damit entwickelt Glucksmann eine ähnliche Kritik, die bereits Popper unter dem Eindruck des nationalsozialistischen und stalinistischen Regimes gegen Platon, Hegel und Marx gerichtet hatte (Die offene Gesellschaft und ihre Feinde, dt. 1957/58). Auch beruft sich Popper ähnlich auf Sokrates, vor allem aber auf Kant.

Neben dem Existentialismus und Marxismus ist die *Philosophie des Pragmatismus* gegenwärtig die dritte Hauptform praxisorientierter Philosophie. Sie wird erst in jüngster Zeit deutlicher als früher (siehe oben S. 357, 385 ff.) von einem Vulgärpragmatismus unterschieden. In der aktuellen Diskussion über Grundlagenfragen vor allem der Logik, Linguistik, Sozialwissenschaften und Wissenschaftstheorie spielt der Pragmatismus eine wichtige Rolle, insbesondere unter Rückgriff auf seinen Begründer CHARLES SANDERS PEIRCE (1839–1914), der von vielen wegen seiner Universalität und Genialität als der „amerikanische Leibniz" angesehen wird. Peirce hat vielen Forschungszweigen richtungweisende Impulse gegeben, etwa der Sozialpsychologie von G. H. Mead, der Sprachphilosophie von

Ch. W. Morris und der Erkenntnistheorie und Logik von C. I. Lewis. Die verzögerte Rezeption Peirces ist außer auf das späte Erscheinen seiner „Collected Papers" (ab 1931; dt. Teilübersetzung erst ab 1967) auch auf seine komplizierte, oft hochtechnisierte Sprechweise zurückzuführen. Die Beachtung seines Werkes verstärkte sich erst mit dem wachsenden Interesse an analytischer Philosophie insgesamt, als dessen wichtiger Vorläufer er gilt. Seine Verwandtschaft zur analytischen, sprachorientierten Philosophie, aber auch seine Distanz zu ihr infolge seines praxisorientierten Ansatzes wird in Peirces „pragmatischer Maxime" sichtbar: „Überlege, welche Wirkungen, die denkbarerweise praktische Relevanz haben könnten, wir dem Gegenstand unseres Begriffs in unserer Vorstellung zuschreiben. Dann ist unser Begriff dieser Wirkungen das Ganze unseres Begriffs des Gegenstandes." (in: How to make our ideas clear, 1877/78). Mit dieser Methode der Begriffsklärung ist allerdings weder ein neopositivistisches Sinnkriterium noch ein behavioristisches Reiz-Reaktions-Schema gemeint, sondern sie enthält einen Praxisbezug im weitesten Sinne. Begriffe sind also nicht nur dann sinnvoll, wenn sie empirisch gehaltvoll sind oder, auf menschliches Verhalten bezogen, wenn sie ein eindeutiges Verhaltensschema angeben. Vielmehr bindet Peirce, in der Tradition des Sokrates, das Denken und Sprechen in einen Prozeß von Zweifel und Überzeugung innerhalb einer prinzipiell falliblen Handlungs- und Dialoggemeinschaft (The fixation of belief, 1877/78). Der Forschungsprozeß beginnt bei Störungen gemeinsamer Überzeugungen, die zur Handlungsorientierung in den verschiedenen Lebensbereichen wichtig sind, und hat als Ziel die Beseitigung dieser Störungen. Dies geschieht nicht durch Berufung auf untrügliche erste geistige oder sinnliche Gegebenheiten (wie bei der Methode der subjektivistischen Beharrlichkeit, kollektiven Autorität und der rationalistischen Aprioritätsmethode), sondern mit Hilfe der wissenschaftlichen Methode durch Bewährung unserer Überzeugungen an der sozialen und experimentellen Wirklichkeit sowie durch deren Überprüfung am Konsens der gemeinsam Handelnden. Die Methode der Begriffsklärung sowie die ihr zugrunde liegende Erkenntnis- und Wissenschaftstheorie ist somit bei Peirce Teil einer Handlungs- und Konsenstheorie. In der These von der Wahrheit als Bewährung an der Praxis stimmt Peirce mit Marx überein (siehe die zweite Feuerbachthese), betont aber stärker als dieser die Notwendigkeit, Praxis nicht als blinden Probierstein von Wahrheit zu benutzen, sondern unter das Konsenspostulat zu stellen. Der Konsens stellt jedoch, nach Kant, kein konstitutives, sondern ein regulatives Prinzip dar. Denn jeder faktische Konsens muß vorbehaltlich einer Korrektur bei neuen Argumenten stehen. Auch ist das Ziel der Handlungssicherheit vor zwei möglichen Mißverständnissen zu schützen. Ziel des Forschungsprozesses (*inquiry* als jede Form von Weiterdenken) ist nach Peirce weder gruppenspezifisches Krisenmanagement noch individualistische Zufriedenheit (satisfaction) oder Nützlichkeit. Vielmehr wird der Konsensprozeß durch eine Ausdehnung „auf lange Sicht" (in the long run) gekennzeichnet und bezieht sich auf die Entwicklung allgemeiner „konkreter Vernünftigkeit" (concrete reasonableness), wobei sich Peirce entschieden gegen einen individualistischen Hedonismus wendet und insgesamt lieber die unhandlichere Selbstkennzeichnung „Pragmatizismus" gegenüber einem Vulgärpragmatismus wählen möchte. Theorie ist bei Peirce in sokratischer Tradition und wie bei Marx geleitet vom Interesse am guten Leben aller als gemeinsamer vernünftiger Selbstbestimmung, wie man den Konsens- und Handlungsansatz interpretieren kann. Diesen Ansatz hat HABERMAS wie auch KARL-OTTO APEL und die Konstruktivisten, etwa PAUL LORENZEN und FRIEDRICH KAMBARTEL, in einer Theorie kommunikativer Ethik aufgegriffen und zur Leitidee eines „herrschaftsfreien Dialogs" ausgearbeitet, in dem jeder gleiche Rederechte und -pflichten hat (Klarheit, Freiheit, Wahrheit und Gerechtigkeit). Allerdings ist gegenwärtig noch umstritten, wie man dem seit David Hume und später bei GEORGE EDWARD MOORE gegen jede bisherige Ethik erhobenen Vorwurf entgehen kann, sie begehe einen „naturalistischen Fehlschluß", indem sie aus einem Sein (der ideellen oder materiellen Natur) ein Sollen ableite (Principia Ethica, 1903).

d) Wissenschaftsorientierte Philosophie: Sprachphilosophie und Wissenschaftstheorie

Bei der Darstellung des Pragmatismus hat sich bereits der Übergang zur wissenschaftsorientierten Philosophie angedeutet, der dritten grob unterschiedenen Hauptrichtung der Gegenwart. Sie zieht die Linien fort, die vor allem beim „Wiener Kreis" und bei Wittgenstein beginnen (siehe den 5. Abschnitt) und findet eine gute Darstellung in Wolfgang Stegmüllers „Hauptströmungen der Gegenwartsphilosophie" (Band II, ^{6}1979). Daher ist hier eine Konzentration auf einige wichtige Punkte möglich. Die wissenschaftsorientierte Philosophie hat die Dominanz der hermeneutischen und neomarxistischen Philosophie bis vor kurzem abgelöst, und zwar aus systematischen wie aus äußeren Gründen. Zu den systematischen Gründen gehört die Einsicht, daß sich jede Erkenntnis, auch die wissenschaftliche, in sprachlicher Form ausdrückt und somit Erkenntnis- durch Sprachtheorie ersetzt werden muß („linguistic turn"), zumindest ergänzt. Auch lassen sich durch die sprachanalytische Methode viele Unklarheiten der philosophischen Diskussionen verringern. Die *analytische Philosophie* hat nicht Dinge, Ereignisse oder Sachverhalte zum Gegenstand, sondern die Art des wissenschaftlichen (logisch exakten) und alltäglichen Redens über sie. Nach der weitgehenden Emigration der wissenschaftsorientierten Philosophie während des Nationalsozialismus hatte diese es zunächst angesichts traditionsorientierter Beharrungskräfte und politischer Turbulenzen schwer, sich auch bei uns die gehörige Beachtung zu verschaffen. Zu den äußeren Gründen ihrer wachsenden Bedeutung gehört die Tatsache, daß mit dem Abebben der Studentenunruhen auch das verstärkte Interesse am neomarxistischen Ansatz abnahm und daß die zunehmend verwissenschaftlichte Welt nicht nur die Philosophie zu einer inhaltlichen Auseinandersetzung herausforderte, sondern auch die Inhalte und Methode der Philosophie wie alles Denken, Sprechen und Handeln zunehmend szientistisch einfärbte. Nach dem neopositivistischen Sinnkriterium sind nur noch solche Sätze als sinnvoll zugelassen, die empirisch gehaltvoll oder analytisch wahr sind, also Sätze der Naturwissenschaften oder der Logik. Alles übrige mag vielleicht auch wichtig und interessant sein, gehört aber in den Bereich der Dichtung und Religion. Damit wäre die gesamte praktische Philosophie aus der vernünftigen Diskussion ausgeschlossen.

Diese szientistische Auffassung ist keine bloß gelehrte, akademische, sondern auch eine weithin gelebte Philosophie. Sie entspringt einer Bewunderung der augenscheinlich erfolgreichen Naturwissenschaft und ließ sich in vielen Lebensbereichen feststellen, solange jedenfalls der wissenschaftlich-technische Fortschrittsoptimismus ungebrochen war. Ihren deutlichsten und populär gewordenen Ausdruck findet die szientistische Grundeinstellung in LUDWIG WITTGENSTEINS (1889–1951) „Tractatus logico-philosophicus" (1921), der einzigen zu seinen Lebzeiten publizierten Schrift. Nach Wittgenstein, der Maschinentechnik und Mathematik studiert hatte und ein Schüler Freges und vor allem Russells war, ist Erkenntnis ein Abbild voneinander unabhängiger Tatsachen; Urteile sind logische Ableitungen und Tatsachen und sagen für sich genommen nichts über die Wirklichkeit aus, sondern sind tautologisch. Sinnvolle Fragen können nur dann gestellt werden, wenn man sie in Form von Tatsachenaussagen beantworten kann. Lebenspraktische Fragen oder die Frage nach dem Sinn des Lebens gehören nicht zu diesem allein zugelassenen Fragetypus „Was ist der Fall?"; sie mögen am wichtigsten für uns sein, sind aber irrational. Häufig zitiert werden in diesem Zusammenhang die Schlußpassagen aus dem Tractatus: „Wir fühlen, daß selbst, wenn alle *möglichen* wissenschaftlichen Fragen beantwortet sind, unsere Lebensprobleme noch gar nicht berührt sind. Freilich bleibt dann eben keine Frage mehr; und eben dies ist die Antwort." (6.52); ferner: „Wovon man nicht sprechen kann, darüber muß man schweigen." (7). Dieses Schweigen hätte jedoch zur Folge, daß wissenschaftliche Rationalität und lebenspraktische Irrationalität ein unheimliches Bündnis eingehen und individuelle wie gesellschaftliche Zielbestimmung der Macht des stärkeren, nicht des besseren Arguments überlassen bliebe, wie im Nationalsozialismus und in der Nachkriegszeit bei uns bis in die Gegenwart hinein nur zu deutliche Praxis wurde, insbesondere aus neomarxistischer Sicht, aber im Prinzip für jedermann sichtbar. Die aus der rationalen Diskussion herausdefinierten „Scheinprobleme" (siehe Rudolf Carnap, Scheinprobleme in der Philosophie, 1928; 1966 mit einem wichtigen Nachwort von Günther Patzig) können sich leicht als die wesentlichen herausstellen. Immerhin hat der späte Wittgenstein den Absolutismus der „idealen" Sprache selber abgelehnt. Vielmehr gelte es, die Vielzahl der möglichen faktischen „Sprachspiele" und die in ihnen ausgedrückten Handlungsformen, wie Wittgenstein in unverkennbarer Peirce-Nachfolge lehrt, zu analysieren und die Sprachirrtümer der „normalen Sprache", zu denen auch die Absolutsetzung der wissenschaftlichen Sprache gehört, zu korrigieren (Philosophische Untersuchungen, 1953).

Auf dem Ansatz des späten Wittgenstein beruht die „ordinary language philosophy" (GILBERT RYLE u.a.), die lediglich den bestehenden Sprachgebrauch analysiert, gelegentlich bis hin zu Trivialitäten, und dadurch Sprachverwirrungen auflösen möchte. Somit bewahrt sie einen letzten Rest von Praxistherapie. Eine weitere Verbindung zur Praxis besteht auch in der Theorie der *Sprechakte* von JOHN L. AUSTIN (How to do Things with Words, 1962, dt. 1972) und JOHN R. SEARLE (Speech Acts, 1969, dt. 1971), die ebenfalls bereits bei Peirce angelegt ist. An der Äußerung z. B. „Morgen komme ich" (wie etwa Sylvia zu Tobias sagt) lassen sich drei Ebenen unterscheiden: der Aussagegehalt (lokutionärer Akt), die Aussagetätigkeit (je nach dem Zusammenhang eine Mitteilung, Drohung, Versprechen etc.; illokutionärer Akt) und die intendierten Reaktionen beim Hörer (er soll etwas glauben, hoffen, sich fürchten etc., je nach dem Zusammenhang; perlokutionärer Akt). Einige Verben drücken selber eine Handlung aus, z. B. „ich verspreche ...", „ich teile mit ...", „ich warne ..." *sind* selber sprachliche Handlungen, Versprechen, Mitteilungen, Warnungen (performative Äußerungen). Der sprechakttheoretische Ansatz erlaubt minutiöse Untersuchungen über unzählige verschiedene Geflechte von Sprechakten und die in ihnen wirksamen Konventionen und Verpflichtungen, kann aber, zumal bei dem unverhältnismäßig hohen technischen Aufwand, von den realen Praxisbezügen ablenken, etwa der Rhetorik, den Institutionen, Emotionen und Machtinteressen. Vor allem bietet er keine Möglichkeit, faktische von gerechtfertigten Sprechakten und ihren Geflechten zu unterscheiden, es sei denn nach rein immanenten Kriterien oder Konventionen.

Noch von einer anderen Seite her verwickelte sich die neopositivistische Sprach- und Wissenschaftstheorie in innere Widersprüche, wie Sir KARL RAIMUND POPPER (geb. 1902) gezeigt hat. In seinem Hauptwerk „Logik der Forschung" (The Logic of Scientific Discovery, 1934) macht Popper gegen den Neopositivismus geltend, daß die Basis der (Natur-)Wissenschaft nicht in unmittelbaren Wahrnehmungen, sondern in theoriegeleiteten Beobachtungen zu suchen ist, d. h. in Beobachtungen, die wir aufgrund bestimmter Problemstellungen *machen*. Damit hat sich die Hoffnung auf letzte Basissätze in Form von Protokollsätzen, die unsere jeweiligen Wahrnehmungen festhalten, zerschlagen. Bei diesen Protokollsätzen über Hier-und-jetzt-Ereignisse benutzen wir vielmehr immer schon Begriffe als abstrahierende Konstrukte und gehen von einem fundamentalen lebensweltlichen Vorwissen aus (Zusammenhang von Beobachtungen, Identität von Ereignissen etc.), ohne beides in ein-eindeutiger Zuordnung auf letzte empirische *Gegebenheiten* (lat. positum) zurückführen zu können. Dies bedeutet nun nach Popper keineswegs eine Trennung von Empirie und Aussagen. Vielmehr sind, abgesehen von Sätzen der Logik, nur solche Aussagen sinnvoll, die sich einem empirischen Test aussetzen lassen und somit falsifizierbar sind. Mit diesem prinzipiellen Fallibilismusvorbehalt liegt eine deutliche Parallele zu Peirces Wissenschaftstheorie vor. Allsätze der Wissenschaft (Hypothesen, Gesetze, Theorien) können nur aufgrund hinreichend vieler Einzelbeobachtungen auf induktivem Wege aufgestellt werden, wie bereits Aristoteles zu Beginn der „Metaphysik" darlegt. Verifizieren lassen sie sich daher nie: wir können nie alle möglichen Fälle erfassen, zudem wegen der beschriebenen theoriegetränkten Wahrnehmungen nie einen direkten Vergleich von Satz und Wirklichkeit anstellen. Allerdings lassen sich Allsätze falsifizieren. Den Satz „Alle Raben sind schwarz" würde die nachgewiesene Existenz auch nur eines einzigen gelben Raben widerlegen, es sei denn, die Zoologen würden diesen gelben Vogel eben nicht zu den Raben zählen, weil sie schwarze Farbe für ein wesentliches, unverzichtbares Merkmal der Raben ansehen. Als in Australien schwarze Schwäne entdeckt wurden, mußte das früher beliebte Standardbeispiel „Alle Schwäne sind weiß" aufgegeben werden. Die weiße Farbe wurde von den Zoologen nicht als unverzichtbares Merkmal angesehen. Bei der Falsifikationsthese muß man jedoch Einschränkungen machen. Die Falsifikation von Allsätzen folgt in der Wissenschaft in der Regel nicht dem Muster der Widerlegung einfacher Allsätze. Vielmehr lassen Hypothesen, Gesetze und Theorien zunächst auch Anomalien, Abweichungen zu, um derentwillen man nicht so schnell eine sonst gut bewährte, d. h. erklärungskräftige, einfache und elegante Überzeugung oder Erklärung von vielen Einzelphänomenen aufgibt. Die Abweichung muß ihrerseits als Teil eines größeren Zusammenhanges interpretierbar sein und könnte zunächst auch als Meßfehler oder sonstige einmalige Störung gedeutet werden. Popper machte seine fallibilistische, die Fehlbarkeit menschlichen Erkennens ernstnehmende Wissenschaftstheorie, nicht nur für die Naturwissenschaften, sondern auch für die Sozialwissenschaften fruchtbar. Er lehnt revolutionäre Veränderungen als Ausdruck dogmatischer All-Sätze ab und setzt sich für „stückweise" Reformen ein (piecemeal engineering), da ihnen überprüfbare und revidierbare Sätze zu Einzelbereichen zugrunde lägen (Die offene Gesellschaft und ihre Feinde, engl. 1945, dt. 1957/58; Das Elend des Historizismus, engl. 1957, dt. 1964; vgl. oben zur Kontroverse Marcuse-Popper und zu André Glucksmann).

Die Schwierigkeiten der Falsifikation sowie des gesamten Prozesses von „Versuch und Irrtum" (trial and error) wurden in der Folgezeit eingehend in Auseinandersetzung mit Poppers „kritischem Rationalismus" diskutiert und gegen seine Grundüberzeugung gewendet, daß sich der gesamte Forschungsprozeß, wie auch Peirce annahm, auf lange Sicht stetig der objektiven Wirklichkeit nähern würde. So unterscheidet THOMAS S. KUHN in seinem Buch „Die Struktur wissenschaftlicher Revolutionen" (The Structure of Scientific Revolutions, 1962, dt. 1967 – 2. rev. Ausgabe mit Postskript 1969, dt. 1976) im Wissenschaftsprozeß „normale" Phasen, in denen es sich lediglich um empirische Absicherung, Verfeinerung und Ableitung bereits aufgestellter Gesetzmäßigkeiten innerhalb eines allgemein akzeptierten wissenschaftlichen Weltbildes handelt, und „anormale" oder „revolutionäre" Phasen, in denen sich grundlegende wissenschaftliche Weltbilder in einem „Paradigmenwechsel" ändern, und zwar nicht ohne Einwirkung äußerer Faktoren. Als Paradebeispiel hierfür wird der Wechsel vom ptolemäischen zum kopernikanischen Weltbild bei der Frage nach der Erd-Sonne-Konstellation zitiert, der mit der Entwicklung der Meßinstrumente (Fernrohre) und dem Verfall der aristotelisch-thomistischen Kosmologie der Kirche in Zusammenhang steht. Allerdings ist der Einfluß externer Faktoren auf den internen Wissenschaftsprozeß keineswegs geklärt, wie der „*Finalisierungsstreit*" bei uns zeigte (Gernot Böhme, Wolfgang van den Daele, Wolfgang Krohn u. a.): nach Phasen „gesättigter" Wissenschaftsanhäufung erfolgt eine interessengeleitete Selektion und Steuerung bisher naturwüchsiger Forschungsprozesse. Erwünscht wäre dagegen eine gesellschaftlich verantwortete und demokratische Zielbestimmung, bei der Fragen des lebenspraktischen Gebrauchs von Wissenschaft im Vordergrund stehen (Gernot Böhme/Michael von Engelhardt, Hg., Entfremdete Wissenschaft, 1979). Vom normativen Fundament der Wissenschaft gehen auch die *Konstruktivisten* der Erlanger und Konstanzer Schule aus, die Logik, Ethik und Wissenschaftstheorie „schrittweise", ohne zirkuläre Aussagen von einfachen, lebensweltlichen Operationen her aufbauen und begründen wollen (Wilhelm Kamlah/Paul Lorenzen, Logische Propädeutik, 1967; Friedrich Kambartel/Jürgen Mittelstraß, Hg., Zum normativen Fundament der Wissenschaft, 1973; Paul Lorenzen/Oswald Schwemmer, Konstruktive Logik, Ethik und Wissenschaftstheorie, 1973; Carl Friedrich Gethmann, Protologik, 1979).

Eine radikale Kritik an der Dominanz neuzeitlicher, experimentell-mathematischer Wissenschaft als nahezu einziger Form des Umgangs der Menschen mit der Natur und der Menschen untereinander erhebt PAUL FEYERABEND (geb. 1924), ursprünglich ein Schüler Poppers. Neben dieser rationalistischen Wissensform müßten auch andere Formen mit gleichen Entwicklungschancen zugelassen werden, etwa Mystik, Astrologie, Hexenglaube, Akupunktur und Indianerkosmologie (Wider den Methodenzwang. Skizze einer anarchistischen Erkenntnistheorie, 1970, dt. 1976). Analog zu den verschiedenen „Sprachspielen" bei Wittgenstein ist nach Feyerabend das rationalistische Wissen nur *eine* Form unter vielen und bildet keine normative Metaebene zur Beurteilung und Aussonderung für alle übrigen Formen. Statt eines rigiden, staatlich gestützten Szientismus, der der mittelalterlichen Macht der Kirche vergleichbar ist, fordert Feyerabend eine „Erkenntnis für freie Menschen" (1979), deren Vorgehen und Bewertung sich letztlich nach den jeweiligen kommunalen Bedürfnissen der Bürger auszurichten habe – „Bürgerinitiative statt Wissenschaftstheorie!" heißt daher seine Parole. Zweifellos greift Feyerabend Probleme von brennender Aktualität auf, wenn man an die real bedingte (Umweltverschmutzung, Kernkraftwerke, Stadtverödung, Krankenhausfabriken etc.) Wissenschafts- und Technikskepsis denkt und die Suche nach „alternativen Lebensformen" vieler junger Menschen. Seine Lösungsvorschläge allerdings bedürfen noch einer philosophisch und gesellschaftlich-politisch genaueren Überprüfung.

Im Kontrast zum Anarchismus Feyerabends versuchen auf dem anderen Ende des wissenschaftstheoretischen Kontinuums einige Richtungen, in Radikalisierung des griechischen Wissenschaftsideals jede Geschichtlichkeit und Kontingenz von Ereignissen und Handlungen auszuschalten. Der französische *Strukturalismus,* als dessen Hauptvertreter der Ethnologe C. LÉVI-STRAUSS, der Psychoanalytiker J. LACAN, der Philosoph M. FOUCAULT und der marxistische Theoretiker L. ALT-

HUSSER gelten, untersucht relationale Strukturen als Grundgegebenheiten der Wirklichkeit. Der Strukturalismus ging von der Linguistik vor allem Saussures und Jakobsons aus, die Sprache als „code", nach bestimmten Regeln kombinierbares universales Zeichensystem auffaßt (ähnlich NOAM CHOMSKY), und wurde dann auf die verschiedenen Wissenschaften vom Menschen übertragen. Einen vergleichbar interdisziplinären Charakter hat die vor allem auf Peirce und Morris fußende Semiotik. CHARLES S. PEIRCE ist der Begründer der modernen *Semiotik* (Lehre von den Zeichen). Charles W. Morris hat die Peircesche Semiotik populär gemacht, insbesondere durch die Schrift „Foundations of the Theorie of Signs" (1938). Nach Peirce kann jedes beliebige Etwas als Zeichen oder „Repräsentamen" fungieren. Das semiotische Schema basiert auf der dreistelligen Relation des Zeichens: Es ist ein Etwas (ein Mittel), es steht für ein anderes, und es wird von jemandem verstanden, d. h. interpretiert. Das Zeichen repräsentiert daher einen Mittel-, Objekt- und Interpretantenbezug. Die von Peirce konzipierte semiotische Basistheorie wurde vor allem von MAX BENSE weiterentwickelt. Semiotik versteht sich heute als interdisziplinäre Grundlagenwissenschaft.

Schließlich erhebt auch die Kybernetik (wörtlich nach dem Griechischen: „Steuermannskunst") Anspruch auf Universalität von Wirklichkeitsdeutung. Sie ist die Methodenlehre von Prinzipien der Steuerung von Prozessen aller Art, zunächst von sich selbst steuernden Maschinen, dann aber auch biologischer und gesellschaftlicher Regelkreise (NORBERT WIENER, GOTTHARD GÜNTHER u. a.). Für die Formen der vorfindbaren Wissenschaften versucht insbesondere am Beispiel der chinesischen, oft als Gegenbild westlich-neuzeitlicher Wissenschaftsentwicklung hingestellten Wissenschaft JOSEPH NEEDHAM einen „Wissenschaftlichen Universalismus" (dt. 1979) nachzuweisen.

Eine weitere wichtige Form wissenschaftsorientierter Philosophie ist der *Dialog der Philosophen mit Vertretern aus den Naturwissenschaften,* wie er zuletzt auf dem 16. Weltkongreß der Philosophie in Düsseldorf 1978 mit seinem Generalthema

„Die Philosophie und die Weltauffassung der modernen Wissenschaften" manifestiert wurde und von Stegmüller im oben erwähnten II. Band seines Buches „Hauptströmungen der Gegenwartsphilosophie" beschrieben wird. Dieser Dialog ist ein notwendiger Schritt, um die „Lebensbedingungen der wissenschaftlich-technischen Welt" (Carl Friedrich von Weizsäcker) zu klären, in einem gemeinsamen Problemlösungsprozeß einer „Philosophie in der veränderten Welt", wie Walter Schulz sein 1972 zuerst erschienenes Buch programmatisch nannte. Philosophie ist dabei weder Königin noch Dienerin, sondern Partnerin. In einer „pragmatischen Wende" (Hans Lenk) hin zu konkreten Lebensproblemen der Gegenwart oder einer „Rehabilitierung der praktischen Philosophie", wie ein signalwirksamer Titel einer von Manfred Riedel herausgegebenen Aufsatzsammlung hieß (2 Bände, 1972/1975), kann und muß die Philosophie ihren historischen Schatz an Denkerfahrung und ihr analytisches Intrumentarium durchaus praktisch fruchtbar machen (ein Musterbeispiel ist J. Rawls, Eine Theorie der Gerechtigkeit, 1975, engl. 1971). Damit wäre wenigstens umrißhaft ein möglicher Zusammenhang von traditions-, praxis- und wissenschaftsorientierter Philosophie angedeutet.

e) Zukünftige Philosophie

An diesem Punkt stellt sich die Frage, wie die vergangene und gegenwärtige Philosophie in eine zukünftige ausmünden könnte und sollte. Natürlich weiß niemand, wie sich Philosophie tatsächlich entwickeln wird angesichts einer total „verwalteten Welt" (Horkheimer), die alternatives Denken und Weiter*denken* immer schwerer macht, oder angesichts des atomaren Schreckens, der jedes Weiter*leben* in Frage stellt. Aber gerade wegen einer drohenden inhumanen Zukunft oder einer gänzlichen Nicht-Zukunft sind alle Kräfte aufgerufen, an einem besseren oder überhaupt an einem Weiterleben mitzuarbeiten. Dieses (bessere) Weiter*leben* hängt zwar nicht nur und vielleicht nicht einmal in erster Linie oder auch nur mitentscheidend vom Weiter*denken* ab, wenn es jedenfalls nicht von einem entsprechenden *Handeln* begleitet wird. Dennoch wirkt eine vielfach beklagte Philosophie-ist-tot-Philosophie in unserer gegenwärtigen Situation hilflos – Probleme hätte Philosophie genug mitzulösen. Gerechtfertigt allerdings ist eine Absage an eine Philosophie als bloße Feiertagsbeschäftigung, Selbstbespiegelung, Abstauben und Herausputzen historischer Denkschätze, als intellektuelles Puzzlespiel und absoluter Lösungsanspruch der „großen Welträtsel". Wie läßt sich aber die Forderung einer Philosophie rechtfertigen, die an einer besseren Zukunft mitzuarbeiten hat? Ist der Philosophiebegriff nicht offen und in das Belieben des einzelnen oder einzelner Schulen gestellt? Sicher nicht beliebig ist die Behauptung der angedeuteten zentralen Zukunftsfrage, sondern sie läßt sich augenfällig sachlich rechtfertigen. Die Zuordnung dieser Frage oder von Teilaspekten dieser Frage zur Philosophie scheint beliebig zu sein, insofern sich etwa eine eher traditions- oder wissenschaftsorientierte Philosophie hier nicht zuständig fühlen könnte. Da Philosophie als Tätigkeit und Bezeichnung solcher Tätigkeit ein historisch gewordenes Phänomen ist, kann sich die Frage der Zuständigkeit nur vom historisch gewordenen Selbstverständnis der Philosophie her entscheiden lassen. Hier läßt sich nun ein breiter, wenn natürlich auch kein völliger Konsens in der Geschichte der europäischen Philosophie – und nur von ihr ist in diesem Zusammenhang die Rede – bis hin zu den skizzierten drei Hauptformen der Gegenwart feststellen. Danach bestimmt sich Philosophie nach der generellen Zwecksetzung eines guten Lebens aller. Diese „Finalisierung" drückt ein Jedermanns-Interesse an einer durchgängig praktizierten Vernünftigkeit aus, um deren Konkretisierung freilich auf verschiedenen Wegen gerungen wird. Eine Geschichte der Philosophie gibt zugleich Hinweise auf eine Philosophie der Geschichte, in der die Menschen für die Verwirklichung ihrer Utopie einer besseren Welt eintreten.

Philosophie steht seit jeher, oder zumindest seit ihrer Ausdifferenzierung in Platons Akademie oder noch stärker in Aristoteles' Schule, in der doppelten Rolle von Fach und Nicht-Fach.

Als *Fach* hat sie bestimmte Forschungsgegenstände, Einzeldisziplinen, Methoden, Ergebnisse oder Problemlösungsvorschläge oft in langer Geschichte ausgebildet und tradiert und unterscheidet sich auch in den sonstigen Merkmalen nicht vom üblichen Wissenschaftsbetrieb mit Planstellen, Forschungsprojekten, Kongressen, Publikationen, Prüfungsriten. Zugleich aber ist Philosophie nach einer Formulierung aus Adornos „Philosophischer Terminologie" (1973/74) ein *Nicht-Fach,* vergleichbar mit Malerei, Musik, Religion oder Sport und den aus ihnen erwachsenen Wissenschaften. Wie diese ist sie zugleich eine Tätigkeitsform jedes Menschen, der weiterdenkt und dadurch sein Leben selbst besser zu bestimmen versucht. Wegen dieser Doppelrolle gewinnt Philosophie ihr Selbstverständnis daher nicht allein „von innen" heraus, *esoterisch* aufgrund einer bestimmten scholastischen Tradition von Fachleuten, sondern sie gewinnt ihr Selbstverständnis zugleich in Auseinandersetzung mit Erwartungen oder Zumutungen „von außen", *exoterisch.* Das Selbstverständnis der Philosophie hebt allerdings ihr Fremdverständnis auf, indem sie es – im bekannten dreifachen Sinn – vernichtet, bewahrt und verbessert. Das Selbstverständnis wird durch das Fremdverständnis geprägt und prägt es seinerseits. Esoterik und Exoterik sind nur in wechselseitiger Relation zu verstehen. Dies läßt sich in der Geschichte der Philosophie im einzelnen belegen.

Faßt man Philosophie nicht als anthropologische, überzeitliche Konstante auf, sondern als eine historisch vermittelte Tätigkeitsform menschlichen Geistes, so muß und kann man ihr zunächst lediglich eher nur behauptetes Merkmal der Esoterik-Exoterik-Spannung auch an ihrem historischen Tat-Bestand belegen und zugleich konkretisieren. Als Beispiel wähle ich *Kants* Methode, ein Selbstverständnis der Philosophie zu gewinnen. Kant gewinnt die Idee seiner Philosophie im Architektonik-Kapitel der Methodenlehre am Schluß der „Kritik der reinen Vernunft" unter Berufung auf ein tradiertes und noch fortlebendes Jedermanns-Verständnis (A 832/B 860 ff.). Er bezieht, hiermit der von ihm gleichzeitig im Prinzip akzeptierten aber in ihrer Ausführung abgelehnten zeitgenössischen *„Popu-*

larphilosophie" folgend (Engel, Garve, Sulzer, Mendelssohn u. a.), den „Schulbegriff" der Philosophie auf ihren „Weltbegriff". Philosophie als System der Erkenntnisse mit dem Zweck logischer Vollkommenheit müsse sich am „Endzweck" des Philosophen als des „Weltweisen", der im Idealfall die „Bestimmung des Menschen" verkörpert, orientieren und sei deshalb nur Mittel zum Zweck. Philosophie als Weltbegriff betreffe dasjenige, „was jedermann notwendig interessiert" (A 840/ B 868), nämlich autonomes Handeln oder Moralität, die eigentliche Bestimmung des Menschen. Kant versteht Philosophie somit letztlich als Moralsphilosophie und schreibt der praktischen Philosophie das Primat zu. Er beruft sich dabei sowohl auf den Konsens in der Geschichte der europäischen esoterischen Fach-Philosophie als auch auf den Konsens der exoterischen Nicht-Fach-Philosophie. Danach „verstand man auch bei den Alten unter dem Namen des Philosophen jederzeit zugleich und vorzüglich den *Moralisten,* und selbst der äußere Schein der Selbstbeherrschung durch Vernunft macht, daß man jemanden noch jetzt, bei seinem eingeschränkten Wissen, nach einer gewissen Analogie, Philosoph nennt" (A 840/B 868).
Auch gegenwärtig läßt sich das von Kant behauptete Fremdverständnis von Philosophie als Moralphilosophie oder, weiter, als praktischer Philosophie noch weitgehend feststellen, wenn man nicht Philosophie überhaupt als weltfremde Spinnerei, schönen Luxus oder gefährliche Kritikasterei und Agitation ansieht. Ihr Selbstverständnis steht hierzu oft genug noch in einem krassen Gegensatz, insofern sie sich vor exoterischen Zumutungen in die Esoterik ihres tradierten Tat-Bestandes oder szientifischer Anpassung flüchtet. Ihren Endzweck verfehlt sie bei diesem Selbstzweck oder bei dieser Zweckrationalität mit Sicherheit. Andererseits ist die Erinnerung an ihren Endzweck zwar notwendig, aber nicht hinreichend zur Klärung ihres gegenwärtigen und zukünftigen Selbstverständnisses. Hinzu kommen muß die konkrete Ausfüllung und Ausführung, wiederum entsprechend einem tradierten, wenn auch nicht immer bewußten oder gar praktisch folgenreichen breiten Konsens der Philosophen. So hat etwa *Aristoteles* die eigentlich

triviale Einsicht formuliert, daß zuerst das Lebensnotwendige und die Annehmlichkeiten des Lebens sichergestellt sein müßten (zu Beginn der „Metaphysik“), das Überleben und Wohlleben. Erst dann, in der „Muße“, könne man philosophieren, seine Selbstbestimmung in der Schau des Höchsten, in der „Theorie“, gewinnen. Für ihn war jedoch die äußere Freiheit lediglich eine unvermittelte Voraussetzung für die Freiheit des Geistes einiger weniger auf Kosten vieler, entsprechend der damaligen konkreten Situation. Ähnlich war die bürgerliche „Popularphilosophie“ der deutschen Aufklärung nur auf wenige, wenn auch auf etwas mehrere beschränkt, und dies auch nur auf die Freiheit des Geistes oder, wie bei Kant, auf eine Moral der Innerlichkeit. Freiheit wurde noch nicht hinreichend auch als gesellschaftlich-politisch vermittelt begriffen und als Aufgabe auch der Philosophie angepackt. Die Verhältnisbestimmung von Muße und vernünftiger Lebenspraxis hat erst *Marx* radikal zum Programm der Philosophie erhoben, die nicht nur Interpretation, sondern Veränderung der Welt sein soll. Denn das „Reich der Freiheit“ blüht erst auf dem „Reich der Notwendigkeit“ auf, wie Marx in Erinnerung an Aristoteles im „Kapital“ formuliert. Eine abstrakte Autonomie- oder Philosophieforderung klingt dagegen bloß appellativ und hilflos „wie jene Verordnung des Arztes an die arme alte Putzfrau, daß sie jeden Tag eine kräftige Hühnersuppe verzehren solle“ (Adorno, Philosophische Terminologie, I. Band, S. 123).

Als *Selbstverständnis einer auf Zukunft bezogenen gegenwärtigen Philosophie* ließe sich aufgrund der Esoterik-Exoterik-Spannung formulieren: Philosophie ist zugleich Wissen und Können gemeinsamer Selbstbestimmung in einem konkreten Problemlösungsprozeß. Zum *Wissen* gehört die Erinnerung an die Esoterik-Exoterik-Spannung in ihrer historischen Genese und an das von der Fachphilosophie bereitgestellte und gepflegte Reflexionspotential „großer Denker“ sowie ihr analytisches Instrumentarium. Zum *Können* gehört die Arbeit an konkreten Muße-Möglichkeiten, die denkerische und gesellschaftlich-politische Erarbeitung von Autonomie aller, und ein gemeinsames Lernen-und-Lehren-Können, ein radikales Weiterdenken unter der sokratischen Leitidee des Guten ohne Borniertheit und Indoktrination.

An *Lernorten* einer so verstandenen Philosophie kommt nicht allein die Universität mit ihren *Philosophischen Seminaren* in Frage, schon gar nicht als oberste Norm allen Philosophierens. In der Spannung von esoterischen und exoterischen Formen und ihrer wechselseitigen Durchdringung kann Philosophie vielmehr auch an anderen Orten öffentlich werden und ist es auch zum Teil bereits immer schon: an der *Schule,* bis hin zu den unteren Klassen oder allgemein einer *„Kinderphilosophie"*, in den *öffentlichen Medien,* in der *Erwachsenenbildung* und allgemein in der *„Schule des Alltags"* mit ihren fundamentalen Handlungs- und Denkmustern. Zumindest bei uns sind die ökonomischen Möglichkeiten einer Muße zur Philosophie für jedermann gegeben, wenn auch gesellschaftlich-politisch noch nicht zufriedenstellend verwirklicht. Eine breit angelegte Bildung müßte hieran jedenfalls nicht scheitern. Für Arbeitnehmer gibt es in einigen Bundesländern sogar bereits einen bezahlten „Bildungsurlaub". Hier wäre, bei entsprechender Raum- und Zeitgestaltung sowie mit den geeigneten Methoden, Philosophieren für jedermann als praktizierte Vernünftigkeit möglich. Allerdings kann nur in einer Gesellschaft, die vernünftige Selbstbestimmung *aller* konkret ermöglicht, diese zugleich auch *für jeden einzelnen* möglich sein, ohne umgekehrt Emanzipation zu verordnen oder bloß abstrakt zu behaupten. Gutes Leben, Wohlleben und Überleben als untrennbare Einheit zu verwirklichen, ist jedoch nicht nur Sache der Philosophie und hängt von der Anstrengung aller ab.

ZEITTAFEL ZUR GESCHICHTE DER PHILOSOPHIE

Indien

Ältere vedische Zeit: Einzelne Hymnen des Rigveda. Fragendes Grübeln über das Uranfängliche, jenseits der Menschen- und Götterwelt.

Jüngere vedische Zeit: *Upanishads:* Einheit des Atman, d. h. des Selbst, mit dem göttlichen Brahman, Seelenwanderung und Erlösung.

Um 500 v. Chr. Auftreten des BUDDHA, der wirkungsmächtigsten geistigen Gestalt der Weltgeschichte.

3. bis 5. Jh. n. Chr. *Samkhyaphilosophie* und *Yoga* erreichen die Höhe ihrer etwa tausendjährigen Entwicklung.

Um 800 n. Chr. die hohe Zeit des an die Upanishaden anknüpfenden pantheistischen *Vedanta*-Systems.

China

Ältestes „philosophisches" Dokument das Orakelbuch I Ging (undatierbar).

604 v. Chr. LAOTSE geboren. Das Tao-te-king.

551 v. Chr. KUNG-TSE geboren, „Mystiker" und Begründer der chinesischen Tradition.
Das Grundwort der chinesischen Weisheit: „Tao", urspr. „Weg", „Bahn" (Himmelskörper), dann metaphys. Grundbegriff für das eigentliche Sein.

DIE ANTIKE PHILOSOPHIE

I. Die Vorsokratiker

600–500 Die Milesier: THALES, ANAXIMANDROS (der bedeutendste) und ANAXIMENES. Das Denken beginnt mit der Frage nach dem Sein des Seienden *(Physis)*, die als Frage nach dem Ursprung *(Arche)* sich stellt. Die Antworten: Thales: aus dem Wasser; Anaximandros: aus dem Unbegrenzten *(Apeiron)*; Anaximenes: aus der Luft.

	PYTHAGORAS von Samos zu Kroton in Unteritalien: Sein des Seienden ist die Zahl. Das Seiende als *Kosmos*.
um 500	Gipfel der vorsokratischen Denkbewegung: PARMENIDES in Elea begründet die abendländische Ontologie durch die Lehre vom Sein, das sich im Denken ausspricht, und HERAKLEITOS von Ephesos denkt das Sein als Fügung des Gegensätzlichen; es wird durch den *Logos* und als Logos im Umschlag des Werdens erfahrbar. Parmenides ist vielleicht vorbereitet durch XENOPHANES von Kolophon, den Begründer des philosophischen Pantheismus, und wird in die Problematik der Logik übersetzt durch seinen Schüler ZENON (Paradoxien oder Antinomien des Unendlichen).
5. Jh.	EMPEDOKLES aus Agrigent und ANAXAGORAS aus Klazomenai: jener denkt die vier *Elemente* als Grundwirklichkeit, deren Mischung und Entmischung durch Liebe und Haß gelenkt werden; dieser unendlich viele Urstoffe, deren Bewegung durch den *Nus* (Geist, Vernunft) bestimmt ist.
460–370	DEMOKRITOS aus Abdera: *atomistisch*-mechanistische Welterklärung.
	Die Sophisten: Krisis des philosophischen Wahrheitsdenkens.
480–410	a) PROTAGORAS von Abdera: „Aller Dinge Maß ist der Mensch" (Relativismus).
480–375	b) GORGIAS von Leontinoi: drei Thesen: es ist nichts; wäre etwas, so wäre es unerkennbar; wäre es erkennbar, so doch nicht mitteilbar (Nihilismus und Skeptizismus).

II. Die klassischen Denker

469–399	SOKRATES: 70jährig in Athen hingerichtet. Keine Schriften. Das sokratische Philosophieren vollzieht sich als ironische Dialektik in der Besinnung auf das Wesen der *Areté* („Tugend").
427–347	PLATON: Erneuerung des von der Sophistik bedrohten Wahrheitsdenkens durch die „Ideenlehre": im Vernehmen der Ideen erfahren wir das Sein des Seienden.

Philosophie des Eros („Symposion") und des Staates, in dessen Struktur der Mensch sich selbst erkennt („Politeia"). Die Spätdialoge („Parmenides", „Sophistes") ontologisch. Die Dialogform Ausdrucksgestalt der Idee der platonischen Philosophie. – Um 388 Gründung der Akademie (besteht bis 529 n. Chr.).

384–322 ARISTOTELES aus Stageira (Chalkidike): Seit 369 „Schüler" Platons bis zu dessen Tod, seit 343 Erzieher Alexanders des Großen, seit 335 wieder in Athen: Schulgründung im Lykeion („peripatetische Schule"). Corpus der logischen Schriften später als „Organon" zusammengefaßt (darin auch die Schrift „Über die Kategorien"). Metaphysik: Grundbegriffe: Form (begriffliches Wesen) und (individualisierender) Stoff, Möglichkeit und Wirklichkeit. Die Gottheit reine Form, reines Denken des Denkens, der unbewegte Beweger, zugleich Grund und Ziel der durchgehend zielstrebigen (teleologischen) Weltentwicklung. Problem der Bewegung zentral für die „Physik". Psychologie: die Seele, dreistufig als vegetative, animalische und vernünftige, ist Formursache, „Entelechie", des Leibes. Ethik: Prinzip der Tugenden die Wahl der rechten Mitte (Metriopathie). Poetik, Staatsphilosophie. Organisation der wissenschaftlichen Forschung.

III. Hellenistische Zeit

um 300 Gründung der stoischen und epikureischen Schule in Athen.

Die Stoa, gestiftet von

336–264 ZENON aus Kition auf Kypros, systematisiert von
etwa 280–207 CHRYSIPPOS aus Soloi: Wahrheit und Wirklichkeit erkennbar; pantheistische Logos-Metaphysik, derzufolge die göttliche Weltvernunft das Weltgeschehen leitet; Ethik: unter dem Leitbild des Weisen stehend, in dem die Harmonie der Weltvernunft mit der eigenen sich verwirklicht. *Kosmopolitische Tendenz.*

341–271 EPIKUR von Samos: Eine atomistisch-mechanistische Weltansicht soll den Menschen von der dreifachen

Furcht vor den Göttern, dem Tode und der Natur befreien und schafft Raum für eine hedonistische Moral, in der Freundschaftskult mit Lebensgenuß sich verbindet. Philosophie der *privaten Existenz.*

etwa 360–270 *Die Skepsis* des PYRRHON aus Elis: die Unerkennbarkeit der Wirklichkeit heischt theoretisch generelle Urteilsenthaltung (Epoché) und ethisch unbedingten Gleichmut (Ataraxie).

314–240 ARKESILAOS nimmt in der „mittleren" Akademie den prinzipiellen Skeptizismus auf.

Die sog. „Mittlere" Stoa:

185–110 PANAITIOS aus Rhodos begründet die Einbürgerung der stoischen Philosophie in Rom; sein Schüler

135–51 POSEIDONIOS aus Apameia in Syrien verbindet universale Forschung mit phantastischer Spekulation.

96–55 Der spätere *Epikureismus* gewinnt in des LUCRETIUS CARUS Lehrgedicht „De rerum natura" eine dichterisch bedeutende Fassung.

Die Akademie wendet sich von der Skepsis des Karneades von Kyrene (214 bis 129) in Philon von Larissa und Antiochos von Askalon, dem Lehrer des als Vermittler wichtigen Cicero, einem eklektischen Dogmatismus zu.

IV. Römische Zeit

um 50 v. Chr. bis 200 n. Chr. *Neupythagoreische* und *platonisierende* Richtungen: Vorherrschaft astrologisch-magischer, dualistischer und dämonologischer Spekulation aus religiösem Heilsverlangen. Charakteristische Gestalt: Apollonius von Tyana (unter Nero und Domitian). Der hellenistische Jude PHILON (um 25 v. bis 50 n. Chr. in Alexandrien) verknüpft die platonische und stoische Philosophie mit dem Alten Testament. Betonung der absoluten Transzendenz Gottes, der durch den (persönlich gedachten) Logos auf die Welt wirkt.

Die „spätere" oder „jüngere" oder „römische" *Stoa:*

3–65 SENECA aus Corduba, der Lehrer Neros, legt das Hauptgewicht auf die Lebensbedeutung der Philosophie und propagiert allgemeine Menschenliebe.

um 50–130	In EPIKTET, einem Freigelassenen, sind die moralisch-religiöse und kosmopolitische Tendenz weiter verstärkt. Die Stoa gewinnt ihre letzte bedeutende Gestalt in Kaiser MARC AUREL (reg. 166 bis 180).
um 150	Die *Skepsis* erfährt durch den Anhänger der „empirischen Ärzteschule" SEXTUS EMPIRICUS ihre zusammenfassende Begründung. Argumente gegen die Logik, die dogmatische Ethik und die Metaphysik; Forderung der Anpassung des moralischen Verhaltens des Menschen an das Übliche.
203–269	PLOTINOS aus Lykopolis in Ägypten, Schüler des in Alexandrien nur mündlich wirkenden AMMONIOS SAKKAS (um 175–242), schafft die letzte große philosophische Bewegung der Antike: den *Neuplatonismus.* Vom Ur-Einen strömen der Nus, von diesem die Weltseele, aus dieser Natur und Materie aus; dieser Weltwerdung der Gottheit antwortet der Aufstieg der Seele aus der Sinnlichkeit über die Dialektik und die Intuition zur Ekstasis, der Verschmelzung der Seele mit dem Gött-lich-Einen.
233–300	Plotins Freund PORPHYRIOS aus Tyrus ordnet die Schriften des Meisters in 6 Gruppen zu je 9 Schriften und schafft mit seiner Eisagogé, d. h. Einführung zu der Kategorienschrift des Aristoteles, ein jahrhundertelang benutztes Schulbuch.
um 300	JAMBLICHOS aus Syrien, Schüler des Porphyrios, formt den Neuplatonismus zu einem metaphysisch-theologischen System des spätantiken Synkretismus um.
410–485	PROKLUS von Konstantinopel gibt dem späten Neuplatonismus die abschließende, bis ins einzelne durchgebildete scholastisch-systematische Gestalt.
529	Kaiser Justinian schließt die platonische Akademie in Athen. Benedikt von Nursia gründet das Kloster auf Monte Cassino.

PATRISTIK UND SCHOLASTIK

Grundproblem: Glauben und Wissen

1. Die Patristik

	(Für die Philosophie sind aus dem Neuen Testament das Evangelium nach Johannes und die paulinische Anthropologie besonders wichtig geworden.)
2.u.3.Jh.	Verteidigung des Christentums, vor allem gegen die *Gnosis.*
um 150	JUSTINUS MARTYR, Kenner der stoischen und platonischen Philosophie: Der Logos, als Logos spermatikos überall wirksam, total nur in Christus, ist die Quelle alles Wahren und Christlichen.
140–202	IRENAEUS: Das Böse entspringt aus der Freiheit des Menschen, nicht aus der Materie (wie die Gnosis lehrte).
160–230	TERTULLIAN, trotz der Ablehnung der heidnischen Philosophie stoisch beeinflußt.
etwa 150–215	CLEMENS von Alexandrien, Leiter der dortigen Katechetenschule. Positive Stellung zur heidnischen Philosophie als einer Vorbereitung des Christentums; Glauben soll Wissen werden. Begründung des *christl. Platonismus im griech. Osten.*
185–254	ORIGENES systematisiert mit großer Denkenergie erstmals im Osten die Lehre des christl. Glaubens, den er als vernunftgemäß erweisen will. Verbindung mit Elementen der hellenistischen und neuplatonischen Philosophie.
335–394	GREGOR von Nyssa: Wissen und Glauben sind durchaus zu trennen, aber einander befreundet.
354–430	AUGUSTINUS von Tagaste in Numidien. Höhepunkt der patristischen Denkbewegung, stärkste Wirkung auf die folgenden Jahrhunderte. Begründung und Ausformung des *christlichen Platonismus im lateinischen Westen,* Verbindung von umgedeuteter plotinischer Metaphysik mit paulinischer Anthropologie. A. bekämpft den manichäischen Dualismus und die Skepsis, durch die er selbst hindurchgegangen ist. Eigene Grundthemen: der drei-

einige Gott („De trinitate") und die Seele, deren Lebensgeschichte er ebenso lenkt („Confessiones" 400) wie er die Weltgeschichte bestimmt („De civitate Dei" 413–426, mit der Begründung der christlich-theologischen Geschichtsphilosophie). Im Alter Berichtigungen der eigenen früheren Schriften („Retractationes").

um 500 DIONYSIUS „PSEUDOAREOPAGITA": Aus einer Verknüpfung von neuplatonischem und christlichem Gedankengut entsteht die christlich-philosophische Mystik. Differenz von bejahender und verneinender Theologie. Großer Einfluß der pseudodionysischen Schriften auf die mittelalterliche Scholastik und Mystik; zahlreiche Kommentare, zuerst von MAXIMUS CONFESSOR im 7. Jh.

480–525 BOETHIUS, unter Theoderich hingerichtet, neuplatonischer Christ, autoritativ für das frühe Mittelalter durch Übersetzungen und Kommentare von logischen Schriften des Aristoteles und Porphyrius. Berühmt die im Kerker verfaßte Schrift „Trost der Philosophie".

8. Jh. JOHANNES DAMASCENUS: abschließende Systematisierung der Patristik auf aristotelisch-neuplatonischer Grundlage.

II. Scholastik und Mystik des Mittelalters

Die sog. Vorscholastik

8. Jh. Karolingische Renaissance (Alcuin 730–804)

810–877 JOHANNES SCOTUS oder ERIUGENA, der große Denker der Epoche, begründet, christliche und neuplatonische Grundgedanken verschmelzend, ein mystisch-philosophisches System des Hervorgangs alles Seienden aus Gott und der Rückkehr. Philosophie und Religion in Wahrheit identisch; die Vernunft ist mehr als der Glaube. Hauptwerk: De divisione naturae.

Die Frühscholastik
Problem: die philosophische Begründung der christlichen Glaubenslehren

11. Jh. *Der Dialektikerstreit.* Überordnung des Wissens über den Glauben, der rationalen Philosophie über die Theologie bei den Dialektikern (Berengar); umgekehrt bei den Antidialektikern (Petrus Damiani). *Der Universalienstreit:* Der Begriffsrealismus (WILHELM VON CHAMPEAUX 1070–1121) siegt über den Nominalismus (ROSCELIN 1050–1125).

1033–1109 ANSELM von Canterbury, „Vater der Scholastik", beweglicher Denker, der den Glauben zum Wissen erheben will, indem er die Dogmen vernünftig begründet: „credo, ut intelligam". Berühmt der sog. ontologische Gottesbeweis.

1079–1142 PETER ABAELARD, scharfsinniger Kritiker, systematisiert die „scholastische Methode" des „Sic et non": vergleichende Befragung und Harmonisierung von Autoritäten und Gegenautoritäten. (Berühmt durch seine Liebesgeschichte mit Héloise).

1091–1153 BERNHARD VON CLAIRVAUX, der Begründer der mittelalterlichen Gefühlsmystik.

1096–1141 HUGO VON ST. VICTOR (aus Blankenburg im Harz), der Begründer der theologisch-philosophischen Mystik des Mittelalters. RICHARD VON ST. VICTOR (gest. 1173) entwickelt die Theorie der mystischen Kontemplation weiter.

1150–1152 *Die vier Sentenzenbücher* des PETRUS LOMBARDUS, auf vier Jahrhunderte wichtigstes kompendienhaftes Lehrbuch des patristischen Gedankengutes. Zahlreiche Kommentare.

Anhang: arabische und jüdische Philosophie

ALFARABI, gest. 950, wichtig als Vermittler der griechischen Logik an den Islam; AVICENNA (980–1037), Schöpfer einer philosophischen Enzyklopädie aus aristotelisch-neuplatonischen Elementen; in Spanien AVERROËS

(1126–1198), der größte arabische Aristoteliker; ebenfalls aus Cordova stammend MOSES MAIMONIDES (1135–1204), der mit seinem „Führer der Unschlüssigen" der bedeutendste jüdische Aristoteliker ist und erheblich auf die scholastische Philosophie wirkt.

Die Hochscholastik

um 1200	Gründung der Universitäten Paris und Oxford, des Dominikaner- und Franziskanerordens: dieser hält bei Kenntnis und Aufnahme des neu bekannt gewordenen aristotelischen Lehrgutes am herkömmlichen Augustinismus fest; jener verarbeitet den Aristotelismus zu einer christlichen Philosophie. Außerdem neue Einsätze naturwissenschaftlich-mathematischer und neuplatonischer Tendenz.
etwa 1210–1294	ROGER BACON (Franziskaner): Mathematik als Basis; Betonung von Experiment und Erfahrung; pragmatistisches Wahrheitsdenken; kritische Destruktion der traditionellen theologischen Methode.
1193–1280	ALBERT DER GROSSE (Dominikaner); erste umfassende Darstellung der aristotelischen Philosophie mit Umbildung ins christliche Gedankengut; bedeutend auch als Naturforscher.
1221–1274	BONAVENTURA (Franziskaner): der größte systematische Repräsentant des Augustinismus (christl. Idealismus).
1225–1274	THOMAS VON AQUIN (Dominikaner): der systematische Vollender des scholastischen Aristotelismus (christl. Realismus).
1235–1284	SIGER VON BRABANT: der sog. lateinische Averroismus, d. h. der averroistisch interpretierte Aristotelismus (ohne Orientierung an der christl. Dogmatik). Lehre von der doppelten Wahrheit.
1260–1327	MEISTER ECKHART, der tiefsinnige philosophische Mystiker; lateinische Werke und deutsche Traktate und Predigten.
1270–1308	DUNS SCOTUS (Franziskaner): scharfsinniger Schöpfer des bedeutendsten voluntaristischen Systems des Mittel-

alters (kritischer Gegensatz zum Intellektualismus des Thomas).

Die Spätscholastik

kurz vor 1300 bis 1349/50 — WILHELM VON OCKHAM (Franziskaner): kritisch gegen Thomas und Scotus; Dogmen nicht beweisbar und nicht Beweisgrundlagen; rationale Theologie unmöglich. Die mittelalterliche Verknüpfung von Glauben und Wissen löst sich auf.

1401–1464 — NICOLAUS VON CUES, genuiner Denker, sich jeder Einordnung entziehend, auf der Grenze zur Philosophie der Neuzeit stehend; neuplatonische und mystische Einflüsse (Eckhart). Lehre vom wissenden Nichtwissen (docta ignorantia) und dem Ineinanderfallen der Gegensätze im Unendlichen (coincidentia oppositorum).

DIE PHILOSOPHIE DER NEUZEIT

I. Die Übergangsepoche

Die Renaissance in Italien

1433–1499 — MARSILIO FICINO übersetzt Platon und Plotin ins Lateinische und gründet in Florenz die platonische Akademie. „Theologia Platonica": christlicher Neuplatonismus.

1463–1494 — PICO DELLA MIRANDOLA verbindet die Erneuerung des Platonismus mit dem überkommenen Aristotelismus.

1462–1525 — PIETRO POMPONAZZI, wichtig durch die klare Formulierung der Lehre von der doppelten Wahrheit.

1469–1527 — NICCOLO MACCHIAVELLI: Staatsphilosophie („il Principe") und Historie.

Die Renaissance in Deutschland

1467–1536 — ERASMUS VON ROTTERDAM: in der Trennung des skeptischen Humanisten von Luther dokumentiert sich die Differenz von Wissen und Glauben, von Philosophie und Theologie.

1481–1531 ULRICH ZWINGLI, Humanist und Reformator zugleich, verbindet Christliches mit antik-philosophischem Gut.

Fortführung und Umbildung der Scholastik

1497–1565 PHILIPP MELANCHTHON begründet den protestantisch-scholastischen Aristotelismus.

1548–1617 FRANZ SUAREZ schafft in seinen „Disputationes metaphysicae" ein auf breiter Überlieferungsgrundlage ausgearbeitetes Lehrbuch der scholastischen Metaphysik.

Das neue Thema: die Natur

a) Anthropologische Naturphilosophie: Natur und Mensch

1493–1541 PARACELSUS: Die neue Natur-Erfahrung wird für das ärztliche Denken fruchtbar gemacht.

1499–1542 SEBASTIAN FRANCK: Natur und Geschichte.

b) Kosmologische Naturphilosophie: Natur und Welt

1473–1543 KOPERNIKUS begründet das heliozentrische System.

1564–1642 GALILEI (vorbereitet durch Leonardo 1452–1519) begründet die exakten Methoden der wissenschaftlichen Bewältigung der Natur.

1571–1630 KEPLER führt auf dem Hintergrund neuplatonisch-astrologischer Gedanken den Umsturz im Weltbild der Physik zu Ende.

c) Theosophische Naturphilosophie: Natur und Gott

1575–1624 JAKOB BÖHME, tiefsinniger mystischer Denker, in dem naturphilosophische und theologische Spekulation sich durchdringen. Höhepunkt der deutschen Denkbewegung zwischen Cusanus und Leibniz.

Die großen Programmatiker

1533–1592 MONTAIGNE entwirft, schriftstellerisch glänzend, in seinen „Essais" einen gehaltvollen *Skeptizismus.* (Skeptiker auch sein Freund PIERRE CHARRON, 1541–1603.)

1548–1600 GIORDANO BRUNO, auf dem Scheiterhaufen endigend, dichterischer Denker, entwirft erstmals in der Neuzeit einen leidenschaftlich empfundenen *Pantheismus.*

1561–1626 FRANCIS BACON: „Novum Organon" 1620 als Teil der „Instauratio magna". Eindrucksvolle programmatische Formulierung der neuen Wissenschaftsgesinnung *des Empirismus:* Erfahrung, Beobachtung, Experiment; Ziel: technische Beherrschung der Natur zur Steigerung der menschlichen Wohlfahrt; Wissen als Macht.

II. Die konstruktiven Systeme

Die großen Denker

1596–1650 RENÉ DESCARTES, der die folgende Epoche bestimmende Denker und insofern Begründer der neuzeitlichen Philosophie. Fundament: Die Selbstgewißheit des Ich (metaphysischer Subjektivismus); der Dualismus der Substanzen: res cogitans (Bewußtsein, Geist, Seele) und res extensa (Welt, Natur, Körper): „Meditationes de prima philosophia" 1641. Entwickeltes methodisches Bewußtsein: „Discours de la méthode" 1637. Versuch der mechanistischen Konstruktion der res extensa auf der Basis der analytischen Geometrie: „Principia philosophiae" 1644.

1588–1679 THOMAS HOBBES, der energischste Denker Englands, entwickelt die Philosophie als „Körperlehre", faßt das Seiende materialistisch, die Erkenntnis empiristisch, den Menschen naturalistisch, den Staat absolutistisch („Leviathan" 1651). Von Descartes her gesehen: Aufhebung der geistigen Substanz.

1632–1677 Benedikt Spinoza, einsamer großer Denker, führt einen in strenger mathematischer Methode dargestellten *Pantheismus* durch, in dem sich rationalistische und mystische Motive durchdringen. Von Descartes her gesehen: Aufhebung der Zweiheit der Substanzen, indem diese zu den beiden einzigen uns bekannten Attributen der einen göttlichen Substanz werden (deus sive natura); statt Wechselwirkung der Substanzen Parallelismus.

1632–1714 John Locke: Vollendung des *Empirismus* („Essay concerning human understanding" 1690), Durchführung des Deismus („The reasonableness of christianity" 1695). Vorformen der Tendenzen und Motive des Aufklärungszeitalters.

1646–1716 G. W. Leibniz: Politiker und Jurist, Mathematiker (Begründung der Infinitesimalrechnung) und Logiker, quellenmäßig arbeitender Historiker und Philosoph. Gerichtet auf Ausgleich und Versöhnung von Theorie und Praxis, von mechanistischer und organischer Naturbetrachtung, von Glauben und Wissen, von Universalmathematik und Individualmetaphysik („Monadologie" 1714). Von Descartes her gesehen: Überwindung des Dualismus der Substanzen durch eine pluralistisch-theistische Lösung, der Wechselwirkung durch die „prästabilierte Harmonie".

Zeitgenossen der Großen

1581–1648 Herbert von Cherbury: Begründung des Deismus in England.

1592–1655 Pierre Gassendi: Atomismus und Sensualismus sollen mit dem christlichen Dogma vereinigt werden.

1623–1662 Blaise Pascal, Mathematiker und Religionsphilosoph („Pensées"): mathematisches Ideal der Wissenschaft, aber Kritik des theologischen Rationalismus aus der Erfahrung des gläubigen Herzens.

1625–1669 Arnold Geulincx, der Begründer des *Occasionalismus*,
1638–1715 und Nicole Malebranche, dessen zweiter Hauptvertreter: von Descartes her gesehen: Aufhebung der Wechselwirkung der Substanzen zugunsten des alleinigen Wirkens Gottes.

1647–1706	PIERRE BAYLE trennt Vernunft und Glaube und verkündet die Autonomie der Vernunftmoral. Grundstimmung: *Skeptizismus*. Verfasser des „Dictionnaire historique et critique" 1695–97.

III. Die Aufklärung

Omnipotenz der autonomen und autarken Vernunft

Italien und England

1643–1727	ISAAC NEWTON: mechanische Naturphilosophie; der absolute Raum das Sensorium der Gottheit. Gravitationsgesetz.
1668–1744	GIAMBATTISTA VICO: Neubegründung der Geschichtsphilosophie („Scienza nuova" 1725).
1671–1713	SHAFTESBURY: der ästhetische Moralismus. Tugend und Schönheit identisch. Wirkung auf die deutsche Klassik und Romantik.
1685–1753	GEORGE BERKELEY: spiritualistische („akosmistische") Metaphysik; esse est percipi.
1711–1776	DAVID HUME: der skeptische Empirismus: Auflösung des Substanz- und Kausalitätsbegriffs. („Treatise of human nature" 1738/40). Ethik: wahrhaft nützlich = sittlich gut. Die „natürliche" Religion wird geschichtlich betrachtet.

Frankreich

1689–1755	MONTESQUIEU: Geschichte und Staat in der Analyse der Aufklärung. „Esprit des lois" 1748.
1694–1778	VOLTAIRE: Skepsis und Empirismus („Dictionnaire philosophique" 1764).
1709–1751	LA METTRIE: der französische Materialismus (L'homme machine" 1748). Ferner: HELVÉTIUS, „De l'esprit" 1758, Baron HOLBACH, „Système de la nature" 1770: radikaler Atheismus.
1751–1772	Erscheinen der Enzyklopädie. Begründer und Leiter: DIDEROT (1713–1784), Mitherausgeber: D'ALEMBERT (1717–1783).

1712–1778 JEAN JACQUES ROUSSEAU: Überwinder der Aufklärung in Frankreich; Kulturkritik; Herz und Gefühl gegen Verstand. „Discours sur les sciences et les arts“ 1750; „Discours sur l’origine et le fondement de l’inégalité des hommes“ 1755. Staatslehre: „Contrat social“ 1762; Erziehungslehre „Emil ou sur l’éducation“ 1762.

1715–1771 TURGOT: positivistisch-soziologische Geschichtsphilosophie.

Deutschland

1679–1754 CHRISTIAN WOLFF: eklektischer, gemäßigter Rationalismus mit moralischen Tendenzen; großer Einfluß auf Terminologie und Zeit.

1729–1781 GOTTHOLD EPHRAIM LESSING; gibt 1774–77 die Fragmente des Deisten SAMUEL REIMARUS heraus. „Erziehung des Menschengeschlechtes“ 1780.

1729–1786 MOSES MENDELSSOHN.

Gegner und Überwinder

1730–1788 JOHANN GEORG HAMANN, der „Magus des Nordens“.

1744–1803 JOHANN GOTTFRIED HERDER, Schüler und Gegner Kants. Neueinsatz der Geschichtsphilosophie: „Ideen zur Philosophie der Geschichte der Menschheit“ 1784–1791; „Metakritik“ 1799.

1743–1819 FRIEDR. HEINR. JACOBI: die „Glaubensphilosophie“.

IV. Die Epoche des deutschen Idealismus

Der Gründer

1724–1804 IMMANUEL KANT: Der größte Denker des 18. Jhdts., von epochenbegründendem Rang. Nach der sog. vorkritischen Periode Schöpfung der Hauptwerke: „Kritik der reinen Vernunft“ 1781, 2. Aufl. 1788; „Kritik der praktischen Vernunft“ 1787; „Kritik der Urteilskraft“ 1790; „Religion innerhalb der Grenzen der bloßen Vernunft“ 1793. – Überwindung des Gegensatzes von Rationalismus und Empirismus durch den *transzendentalen Idealismus:* Erscheinung und Ding an sich; Antinomien; kategorischer Imperativ.

Die großen Fort- und Umbilder

1762–1814 JOHANN GOTTLIEB FICHTE, der Repräsentant des *subjektiven* Idealismus. „Wissenschaftslehre" 1794–1795. „Bestimmung des Menschen" 1800; „Grundzüge des gegenwärtigen Zeitalters 1804/5. Lehre vom Ich und Nicht-Ich und von der Tathandlung. Vorwiegen des moralischen Interesses. Moralisierende Geschichtsphilosophie als Situationsanalyse.

1775–1854 FRIEDRICH WILHELM SCHELLING, der Repräsentant des *objektiven* Idealismus. Phase der „negativen" Philosophie 1794–1815, zunächst hauptsächlich naturphilosophisch orientiert („System der Naturphilosophie" 1798–1799); danach Phase der „positiven" Philosophie, wesentlich religionsphilosophisch („Philosophie der Mythologie und der Offenbarung").

1770–1831 GEORG WILHELM FRIEDRICH HEGEL, der Repräsentant des *absoluten* Idealismus. Er schafft die gewaltige produktive Synthese der idealistischen Bewegung und der gesamten kontinentalen europäischen Philosophie der Neuzeit. „Phänomenologie des Geistes" 1807; „Wissenschaft der Logik" 1812–1816; „Enzyklopädie der philosophischen Wissenschaften" 1817, [3]1830; „Philosophie des Rechts" 1821.

Die Zeitgenossen

1748–1832 JEREMIAS BENTHAM, der Begründer des utilitaristischen Sozialeudämonismus.

1765–1841 FRANZ VON BAADER: Theosophische Spekulation.

1767–1835 WILHELM VON HUMBOLDT: Philosophie der Sprache und des Verstehens; Anthropologie (individualistisch-ästhetische Humanitätslehre) und Staatsphilosophie.

1768–1834 FRIEDRICH DANIEL ERNST SCHLEIERMACHER: „Ideal-Realismus"; Philosophie der Religion („Reden über die

	Religion" 1799) und des Verstehens, Übersetzung der Dialoge Platons 1804 ff.
1772–1829	FRIEDRICH SCHLEGEL: Ästhetischer Idealismus; Philosophie des Lebens.
1772–1801	NOVALIS: Der „magische" Idealismus.
1773–1843	JAKOB FRIEDRICH FRIES: Anthropologische Umbildung Kants. „Neue Kritik der Vernunft" 3 Bde. 1807.
1776–1841	JOHANN FRIEDRICH HERBART: Wirksam hauptsächlich durch seine Psychologie und Pädagogik.
1781–1832	KARL CHRISTIAN FRIEDRICH KRAUSE: Der Panentheismus. Besonders starker Einfluß in Spanien („Krausismo").
1781–1848	BERNARD BOLZANO: Antipsychologistischer Logiker. „Wissenschaftslehre" 1837.
1788–1860	ARTHUR SCHOPENHAUER: Idealistischer Voluntarismus. „Die Welt als Wille und Vorstellung" 1818.

V. Die nachidealistische Philosophie

Der Spätidealismus

1796–1879	IMMANUEL HERMANN FICHTE: Der spekulative Theismus.
1801–1866	CHRISTIAN HERMANN WEISSE: Christlich-theistischer Hegelianismus.
1801–1887	GUSTAV THEODOR FECHNER: Begründer der Psychophysik und Panpsychist.
1817–1881	HERMANN LOTZE: Versuch der Vereinigung der idealistischen Tradition mit der exakten naturwissenschaftlichen Forschung. „Mikrokosmos" 1856–1864; „Logik" 1874; „Metaphysik" 1879.

Die Wendung zur Historie

1802–1872	FRIEDRICH ADOLF TRENDELENBURG: Rückgang auf Aristoteles. „Logische Untersuchungen" 1840.
1805–1892	JOHANN EDUARD ERDMANN: Der hegelianisierende Geschichtsschreiber der neuzeitlichen Philosophie (6 Bde. 1834/53).

1814–1908 Eduard Zeller: Der Geschichtsschreiber der griechischen Philosophie (zuerst in 3 Bdn. 1844/52).

1824–1907 Kuno Fischer: Darsteller der großen Gestalten der neuzeitlichen Philosophie (zuerst in 6 Bdn. 1854/77).

1828–1875 Friedrich Albert Lange: „Geschichte des Materialismus“ 1866.

Der Umschlag in den Materialismus

1804–1872 Ludwig Feuerbach: Anthropologische Kritik der Religion („Wesen des Christentums“ 1841; „Wesen der Religion“ 1845).

1806–1856 Max Stirner: Nihilistischer Individualismus („Der Einzige und sein Eigentum“ 1845).

1808–1874 David Friedrich Strauss: „Leben Jesu“ 1835/36; „Der alte und der neue Glaube“ 1872.

1809–1882 Bruno Bauer: „Das entdeckte Christentum“ 1843.

1852–1855 Die Werke des naiven Materialismus: Moleschott, „Kreislauf des Lebens“ 1852; C. Vogt, „Köhlerglaube und Wissenschaft“ 1854; L. Büchner, „Kraft und Stoff“ 1855.

Die entscheidenden Denker

1798–1857 Auguste Comte: Der Begründer des *Positivismus* in Frankreich („Cours de philosophie positive“ 1830–1842).

1806–1873 John Stuart Mill: Hauptvertreter des englischen *Empirismus* und Utilitarismus („A system of logic“ 1843; „Utilitarism“ 1863).

1813–1855 Sören Kierkegaard: *Existenzieller Idealismus* und christlicher Glaube. „Der Begriff Angst“ 1844; „Philosophische Brocken“ 1846.

1818–1883 Karl Marx: Der wirkungsmächtigste Denker der neuesten Zeit. Begründer des *dialektischen Materialismus.* „Nationalökonomie und Philosophie“ 1844; „Die deutsche Ideologie“ 1845/46; „Kommunistisches Manifest“ 1848; „Das Kapital“ 1867 ff.

1820–1903 Herbert Spencer: Der *Evolutionismus* („System der synthetischen Philosophie" 1860–1893).

1842–1910 William James: Vertreter des *Pragmatismus.* („Pragmatism" 1907.)

1844–1900 Friedrich Nietzsche: Der redliche Denker in der *nihilistischen* Situation. „Geburt der Tragödie", 1872; „Menschliches, Allzumenschliches" 1878; „Morgenröte" 1881; „Also sprach Zarathustra" 1883/84; „Jenseits von Gut und Böse" 1886; „Der Wille zur Macht" (unvollendetes Spätwerk).

Der Neukantianismus

Die akademische Reduzierung der Philosophie auf Erkenntnistheorie und Methodologie

a) Die Marburger Richtung: Wesentlich am Problem der naturwissenschaftlichen Erkenntnis orientiert.

1842–1918 Hermann Cohen: „Kants Theorie der Erfahrung" 1871; „System der Philosophie" 3 Bde. 1902–1912.

1854–1924 Paul Natorp: Neue Interpretation von „Platos Ideenlehre" 1903; „Die logischen Grundlagen der exakten Wissenschaften" 1910; „Allgemeine Psychologie nach kritischer Methode" 1912; „Deutscher Weltberuf" 1918.

1874–1945 Ernst Cassirer: „Das Erkenntnisproblem in der Philosophie und Wissenschaft der neueren Zeit" 3 Bde. 1906/1920; „Philosophie der symbolischen Formen" 3 Bde. (Sprache, Mythos und Religion, Erkenntnis) 1923 bis 1929.

b) Die südwestdeutsche Richtung: Wesentlich am Problem der geschichtswissenschaftlichen Erkenntnis orientiert.

1848–1915 Wilhelm Windelband: Unterscheidung nomothetischer (Natur-) und idiographischer (Kultur-) Wissenschaften; wertphilosophische Grundlegung. Wesentlich Historiker der Philosophie nach problemgeschichtlicher Methode: „Lehrbuch der Geschichte der Philosophie", zuerst 1892. Systematischer Entwurf: „Einleitung in die Philosophie" 1914.

1863–1936 HEINRICH RICKERT: Systematischer Ausbau der Windelbandschen Anregungen: „Die Grenzen der naturwissenschaftlichen Begriffsbildung" 1896 ff.; „Der Gegenstand der Erkenntnis", zuerst 1892, völlig umgearbeitet in der 3. Aufl. 1915; „System der Philosophie" 1921.

1875–1915 EMIL LASK: Die Probleme energisch und gründlich weiterdenkend. „Die Logik der Philosophie und die Kategorienlehre" 1910; „Die Lehre vom Urteil" 1912. (Ges. Schriften, 3 Bde. 1923/24.)
Beträchtliche Wirkung der Wertphilosophie auf MAX WEBER (1864–1921) und ERNST TROELTSCH (1865–1923).

Die Lebensphilosophie

a) Wesentlich an der Geschichte orientiert:

1833–1911 WILHELM DILTHEY erstrebt eine Kritik der historischen Vernunft und das Verständnis des Lebens aus ihm selbst. „Einleitung in die Geisteswissenschaften" 1883; „Das Erlebnis und die Dichtung" 1905; „Der Aufbau der geschichtlichen Welt in den Geisteswissenschaften" 1910. (Ges. Schriften, 12 Bde., 1916 ff.)

1835–1897 PAUL YORCK GRAF VON WARTENBURG, der Freund Diltheys, den er durch denkerischen Tiefblick übertrifft. Briefwechsel mit Dilthey, herausg. 1923.

1880–1936 OSWALD SPENGLER: Naturalistisch-morphologische Geschichtsphilosophie von bedeutender Wirkung. „Der Untergang des Abendlandes" 2 Bde. 1918 f.

b) Wesentlich an der Natur orientiert:

1859–1941 HENRI BERGSON: Intuitionistische Lebensphilosophie. Unter seinen bedeutenden Werken besonders wichtig die „Einführung in die Metaphysik", zuerst 1903, und „Schöpferische Entwicklung" (L'évolution créatrice 1907).

1867–1941 HANS DRIESCH: Der Begründer des Neo-Vitalismus. „Philosophie des Organischen" 2 Bde. 1909; „Ordnungslehre" 1912; „Wirklichkeitslehre" 1917.

1872–1956 Ludwig Klages: An der Natur der Seele orientierte antilogische Lebensphilosophie. „Der Geist als Widersacher der Seele" 4 Bde. 1929/33.

c) An der Kultur und Gesellschaft orientiert:

1858–1918 Georg Simmel: „Philosophie des Geldes" 1900; „Soziologie" 1908; „Philosophische Kultur" 1911; „Lebensanschauung" 1918. (Dazu zahlreiche Monographien, z. B. über Kant, Goethe, Rembrandt, Schopenhauer und Nietzsche.)

1882–1963 Eduard Spranger: „Lebensformen" 1914.

1883–1955 Ortega y Gasset: „Der Aufstand der Massen" 1931; „Das Wesen geschichtlicher Krisen" 1943; „Betrachtungen über die Technik" 1948.

Die Phänomenologie

1838–1917 Franz Brentano, wichtig als Lehrer Edmund Husserls, durch die Wiederentdeckung der Intentionalität und die Neubegründung der deskriptiven Aktpsychologie. „Psychologie vom empirischen Standpunkt" 1874.

1859–1938 Edmund Husserl, der Begründer der klassischen Phänomenologie. Grundlegende Wiederermöglichung einer sach- und erfahrungsadäquaten Philosophie. „Logische Untersuchungen" 2 Bde. 1900/01; „Ideen zu einer reinen Phänomenologie" 1913; „Formale und transzendentale Logik" 1929. (Ed. Husserl, Gesammelte Werke, Haag 1950 ff.) – Innerhalb der phänomenologischen Bewegung steht gegen die transzendentalidealistische Phänomenologie Husserls die realistische von

1870–1941 Alexander Pfänder.

1874–1928 Max Scheler, Antriebe Husserls und Bergsons aufnehmend, formt die personalistische Phänomenologie. „Der Formalismus in der Ethik und die materiale Wertethik" 1913 ff. „Vom Ewigen im Menschen" 1921; „Die Wissensformen und die Gesellschaft" 1926. (Gesammelte Werke, 13 Bde., Bern 1953 ff.)

1882–1950 Nicolai Hartmann: Vom Marburger Neukantianismus ausgegangen, nimmt später Motive der Phänomenologie, insbesondere M. Schelers, auf und baut eine schichtungsanalytische „Ontologie" aus. „Metaphysik der Erkenntnis" 1921; „Ethik" 1926; „Grundlegung der Ontologie" 1935; „Neue Wege der Ontologie" 1942.

Positivismus und Logischer Positivismus

a) Empiriokritizismus und Fiktionalismus

1838–1916 ERNST MACH: Der Empfindungsmonismus. „Die Analyse der Empfindungen" 1886; „Erkenntnis und Irrtum" 1905.

1843–1896 RICHARD AVENARIUS: Der Empiriokritizismus. „Kritik der reinen Erfahrung" 1888/90.

1852–1933 HANS VAIHINGER: Der Fiktionalismus. „Die Philosophie des Als-Ob" 1911.

b) Logischer Positivismus

1882–1936 MORITZ SCHLICK: Logisch-wissenschaftstheoretischer Positivismus. Vertreter des „Wiener Kreises". „Allgemeine Erkenntnislehre" 1918.

1889–1951 LUDWIG WITTGENSTEIN: „Tractatus Logico-Philosophicus" 1921, „Philosophische Untersuchungen" 1953.

1891–1970 RUDOLF CARNAP: „Der logische Aufbau der Welt" 1928; „Formalization of logic" 1943. „Einführung in die symbolische Logik" 1953.

1910 geb. ALFRED J. AYER: „Language, Truth and Logic" 1936. „Thinking and Meaning" 1947.

1910 geb. C. G. HEMPEL: „On the Nature of Mathematical Truth" 1949. „Problems and Changes in the Empiricist Criterion of Meaning" 1952.

C. K. OGDEN u. I. A. RICHARDS: „The Meaning of Meaning. A Study of the Influence of Language upon Thought and of the Science of Symbolism" 1923.

C. W. MORRIS: „Signs, Language and Behavior" 1946.

Mathematische Logik

1848–1925 GOTTLOB FREGE: „Grundlagen der Arithmetik" 1884.

RUSSELL-WHITEHEAD: „Principia Mathematica" 1910–1913.

1891 geb. RUDOLF CARNAP: „Meaning and Necessity“ 1946.

1908 geb. W. v. O. QUINE: „Methods of Logic“ 1952.

1862–1943 D. HILBERT u. W. ACKERMANN: „Grundzüge der theoretischen Logik“ 1928.

Die Existenzphilosophie

1889–1976 MARTIN HEIDEGGER, der Denker, der die *Existenzial-Ontologie* schafft, begründet im Durchbruch durch die traditionellen Einengungen das *denkende Fragen nach dem Sein selbst* in einer ursprünglichen Weise neu. „Sein und Zeit“ 1927; „Holzwege“ 1949; „Einführung in die Metaphysik“ 1953. „Der Satz vom Grund“ 1957.

1883–1969 KARL JASPERS, der Philosoph, gibt eine antiontologische *Existenzerhellung*, deren Zentrum der Mensch ist. „Philosophie“ 1932; „Vom Wesen der Wahrheit“ 1947; „Einführung in die Philosophie“ 1950; „Die großen Philosophen“ I 1957.

1905–1980 JEAN PAUL SARTRE, der philosophische Schriftsteller, auch Dramatiker und Romancier, lehrt den *Existentialismus* auf atheistischer Grundlage „L'être et le néant“ 1943.

1889–1973 GABRIEL MARCEL vertritt einen christlichen Existentialismus. „Le mystère de l'être“ 1951.

Analytische Philosophie und Wissenschaftstheorie

1889–1951 LUDWIG WITTGENSTEIN: „Philosophische Bemerkungen“, Bd. 2 der „Schriften“, hrsg. aus d. Nachl. v. R. Rhees 1964; „The Blue and Brown Books“; „Philosophische Untersuchungen“, in Bd. 1 der „Schriften“ ²1963.

1900 geb. GILBERT RYLE analysiert, ausgehend vom späten Wittgenstein, die verschiedenen Formen „normaler Sprache“ *(ordinary language philosophy)* und will dadurch Sprach- und Denkirrtümer aufdecken. „The Concept of Mind“ 1949; „Begriffskonflikte“ 1954.

JOHN WISDOM: „Other Minds“ 1946; „Philosophy and Psychoanalysis“ 1957.

1911–1960 JOHN L. AUSTIN (»How to do Things with Words“ 1962) und JOHN L. R. SEARLE („Speech Acts“ 1969) vertreten eine *Sprechakttheorie,* nach der Sprechen Handeln ist.

1902 geb. KARL R. POPPER arbeitet in seinem *kritischen Rationalismus* die induktive Methode auf der Basis von „Versuch und Irrtum“ aus. „The Logic of Scientific Discovery“ 1934.

1900 geb. HANS-GEORG GADAMER stellt der wissenschaftsorientierten Philosophie das *hermeneutische Vorgehen* entgegen, das vor allem durch Textinterpretation Wahrheit durch Sinnverstehen ermittelt. „Wahrheit und Methode“ 1960.

Neomarxismus

1895–1973 MAX HORKHEIMER („Kritische Theorie“ 1968),

1903–1969 THEODOR W. ADORNO („Dialektik der Aufklärung“ 1947) und

1929 geb. JÜRGEN HABERMAS („Erkenntnis und Interesse“ 1968) sind Hauptvertreter der *Frankfurter Schule* mit einem undogmatischen gesellschaftskritischen Ansatz.

1885–1977 ERNST BLOCH entwickelt eine Philosophie des „Nochnicht“ mit der *Utopie* als Bezugspunkt jeder gesellschaftlichen Gesamtperspektive. „Das Prinzip Hoffnung“ 1954–1957.

LITERATUR ZUM WEITEREN STUDIUM

GESAMTDARSTELLUNGEN

F. ÜBERWEG, Grundriß der Geschichte der Philosophie, 5 Bde.: Altertum[12] von K. Praechter 1926; Mittelalter[11] von B. Geyer 1928; Neuzeit bis Ende des 18. Jhdts.[12] von W. Moog; Deutsche Philosophie des 19. Jhdts.[12] von K. Österreich 1923; Ausländische Philosophie des 19. Jhdts.[12] von K. Österreich 1928.

J. E. ERDMANN, Grundriß der Geschichte der Philosophie, [4]bearbeitet von B. Erdmann, 2 Bde. 1896. Gründlich und geistvoll.

W. DILTHEY, Einleitung in die Geisteswissenschaften 1883 (Altertum und Mittelalter), jetzt in Diltheys Gesammelten Schriften Bd. 1/[4]1959; dazu Bd. 2/[5]1957: Weltanschauung und Analyse des Menschen seit Renaissance und Reformation (Aufsätze). Von überragendem Rang durch geistesgeschichtlichen Tiefblick.

R. EUCKEN, Die Lebensanschauungen der großen Denker [20]1950.

W. WINDELBAND, Lehrbuch der Geschichte der Philosophie, [15]herausgeg. und fortgeführt von H. Heimsoeth 1957. Problemgeschichtliche Methode unter systematischen Gesichtspunkten.

P. DEUSSEN, Allgemeine Geschichte der Philosophie, 2 Bde. in 6 Teilen, [2-4] 1920–27. Wertvoll durch eingehende Darstellung der indischen Philosophie und die Berücksichtigung der Religionen.

B. RUSSELL, Philosophie des Abendlandes 1950.

K. SCHILLING, Geschichte der Philosophie, 2 Bde. [2]1951/53.

K. VORLÄNDER, Geschichte der Philosophie, (rde) 1963 ff.; Bd. I: Philosophie des Altertums, bearb. v. E. Metzke 1963; Bd. II: Philosophie des Mittelalters, bearb. v. E. Metzke 1964; Bd. III: Philosophie der Renaissance, Beginn der Naturwissenschaft, bearb. v. H. Knittermeyer 1965; Bd. IV: Philosophie der Neuzeit, bearb. v. H. Knittermeyer 1966; Bd. V: Philosophie der Neuzeit, Die Aufklärung, bearb. v. H. Knittermeyer 1967.

Geschichte der Philosophie in Einzeldarstellungen, herausgeg. von G. Kafka 1921 ff.

Zur *Geschichte einzelner philosophischer Disziplinen* siehe die Beiträge zu dem Handbuch der Philosophie, herausgeg. von A. Bäumler u. M. Schröter, 4 Bde. und die Sammlung *Geschichte der Philosophie in Längsschnitten* von W. MOOG.

K. PRANTL, Gesch. der Logik im Abendlande, 4 Bde. 1855–70 (Neudruck 1927 u. 1955).

E. VON HARTMANN, Geschichte der Metaphysik, 2 Bde. 1899/1900.

H. SIEBECK, Geschichte der Psychologie, 2 Bde. 1880/1884.

J. C. FLUGEL, Probleme u. Ergebnisse d. Psychologie – hundert Jahre psychol. Forschung – (1950).

Zur Geschichte philosophischer Richtungen:

V. KRAFT, Der Wiener Kreis, Der Ursprung des Neopositivismus 1950.

F. A. LANGE, Geschichte des Materialismus [10]1921.

F. MAUTHNER, Der Atheismus und seine Geschichte im Abendlande, 4 Bde. 1920ff.

R. RICHTER, Der Skeptizismus in d. Philosophie, 2 Bde. 1904/1908.

J. O. URMSON, Philosophical Analysis, Its development between the two world wars 1956.

O. WILLMANN, Geschichte des Idealismus 3 Bde. [2]1907.

F. WAISMANN, The Principles of Linguistic Philosophy 1965.

Nützliche Nachschlagewerke:

H. SCHMIDT, Philosoph. Wörterbuch, neubearb. von Prof. Dr. G. Schischkoff [20]1978 (Kröners TA 13).

J. HOFFMEISTER, Wörterbuch der philos. Begriffe [2]1955.

FISCHER-LEXIKON Bd. 11: Philosophie, hrsg. v. A. Diemer u. I. Frenzel, erstmals 1958, Neubearbeitung 1967.

THE ENCYCLOPEDIA OF PHILOSOPHY, 8 Bde., hrsg. v. P. Edwards 1956.

HISTORISCHES WÖRTERBUCH DER PHILOSOPHIE, hrsg. v. J. Ritter 1971ff. (bisher 4 Bde. bis Buchstabe K).

INDISCHE UND CHINESISCHE PHILOSOPHIE[1]

Am besten benutzt man zur Einführung die Texte, die G. MISCH in seinem wertvollen Buch „Der Weg in die Philosophie“ (2. stark erweiterte Auflage 1950) mitgeteilt hat.

[1] Die Reihenfolge schließt sich an die Zeittafel an.

Texte zur indischen Philosophie:

P. DEUSSEN, Sechzig Upanishads, übers. u. m. Anm. ²1905. P. DEUSSEN, Vier philos. Texte des Mahabbaratam 1906. Die Reden Gotamo Buddhos, übers. v. K. E. Neumann, I ⁴1956, II u. III ³1957.

Literatur: außer dem 1. Bd. von DEUSSENS Geschichte der Philosophie, die zu stark unter der Einwirkung Schopenhauers steht, O. STRAUSS, Indische Philosophie 1925; A. SCHWEIZER, Die Weltanschauung der indischen Denker 1936; S. RADHAKRISHNAN, Indische Philosophie, 2 Bde. (deutsch) 1956; W. RUBEN, Die Philosophie der Upanishaden 1947; H. VON GLASENAPP, Die Philosophie der Inder (Kröners TA 195) ²1958. Besonders eindrucks- und gehaltvoll die Bücher von H. ZIMMER: Ewiges Indien 1930; Indische Sphären 1935; Maya. Der indische Mythos 1936 u. a.; Philosophie u. Religion Indiens 1973; M. HIRIYANNA, Indian Philosophical Studies 1957; ders., Die Philosophie Indiens 1964; R. A. MALL, Studien zur indischen Philosophie und Soziologie 1974.

Texte zur chinesischen Philosophie:

Die Sammlung des verdienstvollen R. WILHELM, Die Religion und Philosophie Chinas; das Taoteking des Laotse besser in der Übersetzung und mit dem Kommentar von V. VON STRAUSS, jetzt in der Manesse-Bibliothek.

Literatur: A. FORKE, Geschichte der chines. Philosophie, 3 Bde. 1927–38; kürzer vom selben Verf. Die Gedankenwelt des chines. Kulturkreises 1927; FUNG YULAN, A History of Chinese Philosophy 1952; W. SPEISER/G. DEBON, Chinesische Geisteswelt 1957; G. SCHMITZ, Der dialektische Materialismus in der chinesischen Philosophie 1960; W. MÜNKE, Die klassische chinesische Mythologie 1975.

ANTIKE PHILOSOPHIE

Nützliche Nachschlagewerke:

H. LAMER, Wörterbuch der Antike ⁷1966 (Kröners TA 96).

E. ZELLER, Die Philosophie der Griechen, zuerst 1844, ⁷in 6 Bdn. bearbeitet von W. Nestle, E. Hoffmann u. a. 1923 ff. Unveränd. Nachdruck 1963. Nach philologisch-historischer Methode gearbeitetes, gründliches Werk, in der philos. Auffassung vielfach überholt.

TH. GOMPERZ, Griech. Denker, 3 Bde. ³1912. Positivistische Wertungen.

W. Windelband, Geschichte der abendl. Philos. im Altertum, zuerst 1888, [4]bearb. von Goedeckemeyer 1923.

Neue Betrachtungsweise bei J. Stenzel, Metaphysik des Altertums 1929; W. Jaeger, Paideia, I [3]1954, II [2]1954, III [2]1955.

Populär: W. Nestle, Griechische Geistesgeschichte (Króners TA 192) [2]1956, und W. Kranz, Die griechische Philosophie [5]1962.
Für den mythisch-religiösen Hintergrund der philos. Gedankenentwicklung in Griechenland wichtig:

J. J. Bachofen, Der Mythos von Orient und Occident (Auswahl von M. Schröter, bedeutende Einleitung von A. Bäumler) 1926, oder die Auswahl von R. Marx unter dem Titel Mutterrecht und Urreligion (Kröners TA 52) [5]1954, und E. Rohde, Psyche 1893. Philologisch-historische Zusammenfassung der Forschung bei Nilsson, Geschichte der griech. Religion, 2 Bde. 1941 u. 1950. Neue sachgemäße Betrachtungsweise bei W. F. Otto, Die Götter Griechenlands 1929, [4]1956; Dionysos 1933, und

K. Kerenyi, Die antike Religion 1952.

I. Vorsokratiker

Texte: H. Diels, Die Fragmente der Vorsokratiker, griech. u. dt., hrsg. v. W. Kranz, 3 Bde. [10]1961. Vorbildliche und grundlegende Edition. Dazu H. Diels, Doxographie Graeci 1879. W. Kranz, Vorsokrat. Denker, Griech.-Deutsch [3]1959.

Übersetzungen: gediegen die von W. Nestle, Die Vorsokratiker [4]1956; besonders nützlich die von W. Capelle, Die Vorsokratiker, mit Übersetzung auch der doxographischen Berichte (Kröners TA 119) [6]1963; besonders schön die von M. Grünwald, Die Anfänge der abendländischen Philosophie 1948, Bibliothek der alten Welt, Zürich.

Literatur: F. Nietzsche, Die Philosophie im tragischen Zeitalter der Griechen (bequem zu lesen in Kröners TA 70, S. 262 ff.); J. Burnet, Die Anfänge der gr. Philos., deutsch 1913, und W. Nestle, Vom Mythos zum Logos 1940; O. Gigon, Der Ursprung der gr. Philosophie (von Hesiod bis Parmenides) 1945; W. Rös, Die Philosophie der Antike 1. Von Thales bis Demokrit 1976.
Ferner: zu einzelnen Denkern: F. Dirlmeier, Der Satz des Anaximander von Milet, Rhein. Museum Bd. 87, und M. Heidegger, Der Spruch des Anaximander, in „Holzwege" 1949, S. 296 ff.

Zu *Parmenides:* K. Reinhardt, Parmenides und die Geschichte der gr. Philosophie 1916, [2]1959. G. Calogero, Studi sull' Eleatismo 1932. K.

RIEZLER, Parmenides 1936. M. HEIDEGGER, Vorträge und Aufsätze 1954, S. 231–256; K. BORMANN, P., Untersuchungen zu den Fragmenten 1971.

Zu *Heraklit:* F. J. BRECHT, Heraklit. Versuch über den Ursprung der Philosophie 1936; M. HEIDEGGER/E. FINK, H.-Seminar 1970.

Zu *Empedokles:* E. BIGNONE, Empedocle 1916. W. KRANZ, Empedokles 1949.

Zu den *Sophisten:* C. J. CLASSEN (Hg.), Sophistik 1976.

II. Die klassischen Denker

Texte:

PLATONS Dialoge am besten durch J. Burnet in 5 Bdn. der Bibliotheca Oxoniensis ediert, 1899–1906. Jetzt als neueste textkritische Bearbeitung die Bude-Ausgabe, Paris.

ARISTOTELES: Gesamtausgabe der Berliner Ak. der Wiss., 5 Bde. 1831/70, Neudruck 1960/61. Nach dieser Ausgabe wird zitiert. Beste Ausgabe der *Metaphysik* von W. D. Ross, 2 Bde. 1924, Nachdruck Oxford 1966, der *Physik* von demselben 1936, Nachdruck Oxford 1960 und *De Anima,* ed. W. D. Ross 1961. Die Fragmente der Dialoge herausgeg. von R. WALZER, *Aristotelis Dialogorum Fragmenta* 1934, Nachdruck Hildesheim 1963. Die Berliner Akademie hat auch in 23 Bdn. und 3 Supplementbänden die bis heute noch kaum ausgewerteten antiken Kommentare ediert, 1882 ff.

Übersetzungen:

XENOPHON, Die sokrat. Schriften, übertragen von E. Bux 1956 (Kröners TA 185).

PLATON: am leichtesten greifbar die alte von SCHLEIERMACHER (jetzt Taschenbuchausgabe bei Rowohlt); gediegen die neuere von O. APELT in Meiners Philos. Bibl., 7 Bde.; eine neue R. RUFENER im Artemisverlag. Hauptwerke, ausg., übers. u. eingel. von W. Nestle [7]1965 in Kröners TA 69. Der Staat, übers. v. H. Weinstock [2]1954 in Kröners TA 203. Eine griech.-dt. Ausgabe des Gesamtwerks in der wiss. Buchgesellschaft, Darmstadt 1970 ff., z. T. auch bei Reclam.

ARISTOTELES: Werke in 3 Bdn., großenteils von E. ROLFES übers., in Meiners Philos. Bibl. Übertragungen der Metaphysik, der Nikomachischen Ethik und der Schrift über die Seele von A. LASSON (Diederichs, Jena) 1907/1924. Gute Auswahl, übers. v. W. NESTLE [6]1963 in Kröners

TA 129. Neue Übersetzungen von O. GIGON in der Bibl. der alten Welt und der Lehrschriften v. P. Gohlke (bei Schöningh, Paderborn 1949–61). Hervorragend die *englische* Übersetzung aller Werke durch W. D. ROSS u. a., 11 Bde. 1908/31; Dt. Aristoteles-Gesamtausgabe (E. GRUMACH/H. FLASHAR Hg.) in der wiss. Buchgesellschaft/Akademie-Verlag (noch nicht abgeschlossen).

Literatur:

Zu *Sokrates:* H. MAIER, Sokrates 1913. J. STENZEL, Artikel „Sokrates" in Pauly-Wissowas Real-Enzyklopädie 1926; F. J. BRECHT, Sokratische Dialektik (1933), jetzt in Vom Lebendigen Geist des Abendlandes 1949, S. 36 ff.; H. KUHN, Sokrates ²1959; R. GUARDINI, Der Tod des Sokrates ²1947 (jetzt auch rde 27); O. GIGON, Sokrates, sein Bild in Dichtung u. Geschichte 1947; SOKRATES, In Selbstzeugnissen und Bilddokumenten, dargest. v. G. Martin, 1967 (Rowohlts Monograph. 128).

Zu PLATON: U. VON WILAMOWITZ, Platon 2 Bde. 1919/20; P. NATORP, Platons Ideenlehre ²1921, Nachdruck Darmstadt 1961 – Erneuerung des Platonverständnisses: 1. durch den George-Kreis: H. FRIEDEMANN, Platon. Seine Gestalt 1914, ²1931. K. SINGER, Platon, der Gründer 1928. K. HILDEBRANDT, Platon ²1959. Vgl. F. J. BRECHT, Platon u. der George-Kreis 1929. – 2. durch die Verbindung der Philologie mit der Philosophie: J. STENZEL, Studien zur Entwicklung der platonischen Dialektik 1912, ³1961; Zahl u. Gestalt bei Platon u. Aristoteles ³1959; Platon, der Erzieher ²1961. P. FRIEDLÄNDER, Platon 3 Bde. ²1954–60. – 3. neue Interpretationsweise: H. G. GADAMER, Platons dialektische Ethik 1931 (Interpretation des Philebos). G. KRÜGER, Einsicht und Leidenschaft 1939, ²1948 (Interpretation des Symposion). M. HEIDEGGER, Platons Lehre von der Wahrheit 1942 (Interpretation des sog. Höhlengleichnisses). H. BONITZ, Platonische Studien ³1886, Nachdruck Hildesheim 1964. O. GIGON, Platon 1950. K. JASPERS, Plato, Augustin, Kant 1963. A. E. TAYLOR, Plato. The Man and his Work 1926. H. J. KRÄMER, Arete bei Platon und Aristoteles 1959. K. GAISER, Platons ungeschriebene Lehre 1963. J. WIPPERN (Hg.), Das Problem der ungeschriebenen Lehre Platons 1972.

Zu *Aristoteles:* H. MAIER, Syllogistik des A. 2 Bde. 1896/1900, I²1936. F. BRENTANO, A. und seine Weltanschauung 1911. W. JAEGER, A., Grundlegung einer Geschichte seiner Entwicklung 1923, ²1955. W. BRÖCKER, Aristoteles 1935, ³1964. H. WEISS, Kausalität und Zufall in der Philosophie des A. 1942. W. SZILASI, Macht und Ohnmacht des Geistes 1946. VAN DER MEULEN, Aristoteles. Die Mitte in seinem Denken 1951. D. J.

ALLAN, Die Philosophie des Aristoteles, übers. u. hrsg. v. P. WILPERT 1955. H. BONITZ, Aristotelische Studien 1862–67, Hildesheim 1964. G. PATZIG, Die aristotelische Syllogistik 1959. K. OEHLER, Noëtisches und dianoetisches Denken bei Platon und Aristoteles 1962. W. WIELAND, Die aristotelische Physik 1962. G. BIEN, Die Grundlegung der politischen Philosophie bei Aristoteles 1974.

III. Hellenistische Zeit. IV. Römische Zeit

Die Stoa

Texte: Stoicorum veterum fragmenta, ed. H. v. Arnim, 4 Bde. 1903 ff. Seneca, Epiktet und Marc Aurel in der Bibl. Teubneriana.

Übersetzungen: für die gesamte hellenistisch-römische Zeit Material bei W. NESTLE, Die Sokratiker 1922 u. Die Nachsokratiker 2 Bde. 1923. Texte aus der alten und mittleren Stoa bei M. POHLENZ, Stoa und Stoiker 1950 in der Bibl. der alten Welt; hier auch in eigenen Bänden Seneca, Epiktet und (besonders gut) Marc Aurel; diese drei auch in Kröners TA 5, 2, 4.

Literatur: BARTH-GOEDECKEMEYER, Die Stoa [5]1941. M. POHLENZ, Die Stoa 2 Bde. [3]1964. – K. REINHARDT, Poseidonios 1921; Kosmos und Sympathie 1926. E. GRUMACH, Physis und Agathon in der alten Stoa 1932. O. RIETH, Grundbegriffe der stoischen Ethik. G. NEBEL, Die Freiheit der Stoa, in Griechischer Ursprung 1948. – O. REGENBOGEN, Schmerz und Tod in den Tragödien Senecas, Studien der Bibl. Warburg VII 1930. M. FREDE, Die stoische Logik 1974.

Epikur und Lukrez

Texte: USENER, Epicurea 1887. C. BAILEY, Epicurus, The exstant remains 1926. Lucretius, De rerum natura, ed. H. Diels 1923. Lucretius, De Rerum Natura, Libri Sex, ed. C. BAILEY 1947.

Übersetzungen: Epikur, Philosophie der Freude, herausg. von J. MEWALDT in Kröners TA 198. Epikur, Von der Überwindung der Furcht, eingel. u. übertr. von O. GIGON 1949 (Bibl. der alten Welt). Das Lehrgedicht des Lukrez übersetzten Karl Ludwig v. Knebel (Reclam) und H. Diels 1924.

Literatur: J. MEWALDT, Die geistige Einheit Epikurs 1927. A. J. FESTUGIÈRE, Epicure et ses dieux 1946. G. NEBEL, Epikur, in Griechischer Ursprung 1948. O. REGENBOGEN, Lukrez. Seine Gestalt in seinem

Gedicht 1932. G. MÜLLER, Die Darstellung der Kinetik bei Lukrez 1959. E. SDRAKAS, Lukrez, Trost der Menschheit 1953. D. LEHMKE, Die Theologie Epikurs 1973.

Skepsis

Texte (außer Sextus Empiricus) bei DEICHGRÄBER, Die griechische Empirikerschule. Sammlung der Fragmente und Deutung der Lehre 1930. *Sextus Empiricus* ed. H. Mutschmann 1911. Sextus Empiricus, 4 Bde., ed. and transl. by R. G. Bury 1955ff.

Literatur: GOEDECKEMEYER, Die Geschichte des griech. Skeptizismus 1905. W. HEINTZ, Studien zu Sextus Empiricus 1932.

Philon von Alexandrien

Texte: Opera quae supersunt. Editio major. (Cohn-Wendland) 7 Bde. 1896/1930, Nachdruck Berlin 1962.

Übersetzungen: Werke in deutscher Übersetzung v. L. Cohn, I. Heinemann, M. Adler u. W. Theiler, 7 Bde. ²1962.

Literatur: I. HEINEMANN, Philons griechische und jüdische Bildung 1932, Nachdruck Hildesheim 1962. BRÉHIER, Les idées philosophiques et réligieuses de Philon D'Alexandrie ³1950.

Plotin

Text-Ausgaben von H. F. Müller 1878/80, H. Volkmann 1883/84 und die vorzügliche griechisch-französische von Bréhier 1924/38, ²1954/56 (Coll. Budé), neu die rühmenswerte von P. Henry u. Schwyzer, I 1951, II 1959.

Übersetzungen: von H. F. Müller 1878/80 und, meisterhaft, von R. HARDER in Meiners Philos. Bibl. 1930/37 (Neue zweisprachige Aufl. seit 1956 im Erscheinen). Über Ewigkeit und Zeit. Enneade III 7, übers., eingel. u. komm. v. W. Beierwaltes 1967.

Literatur: G. NEBEL, Plotins Kategorien der intelligiblen Welt 1929. W. THEILER, Die Vorbereitung des Neuplatonismus 1931, Nachdruck Berlin/Zürich 1964. W. THEILER, Forschungen zum Neuplatonismus 1966. A. DREWS, Plotin und der Untergang der antiken Weltanschauung 1907, Nachdruck Aalen 1964.

O. BECKER, Plotin und das Problem der geistigen Aneignung 1941. K. H. VOLKMANN-SCHLUCK, Plotin als Interpret der Ontologie Platons ²1957. F. J. BRECHT, Plotin und das Grundproblem der griech. Philosophie

(1941), in Vom Lebendigen Geist des Abendlandes 1949. H. FISCHER, Die Aktualität Plotins, 1956.
Für die übrigen Philosophen der Antike siehe die Literaturangaben bei Überweg, Bd. I.

PATRISTIK UND SCHOLASTIK

Die Gnosis: H. LEISEGANG, Die Gnosis 1924, [4]1955 (Kröners TA 32). H. JONAS, Gnosis und spätantiker Geist [3]1964. K. RUDOLPH (Hg.), Gnosis und Gnostizismus 1975.

I. Patristik

Texte bei MIGNE, Patrologiae cursus completus, series Graeca und series Latina, zus. 383 Bde. 1844 ff.; kritische Ausgaben der lateinischen Texte im Corpus scriptorum ecclesiasticorum Latinorum 1866 ff. und der griechischen in Die griechischen Schriftsteller der ersten drei Jahrhunderte 1897 ff.

Übersetzungen: Bibliothek der Kirchenväter, 1. Reihe 61 Bde., 1911/31, 2. Reihe 17 Bde. 1932 ff. AUGUSTINUS, Bekenntnisse / Gottesstaat, Auswahl von J. Bernhart [7]1965 (Kröners TA 80).

BOETHIUS, Trost der Philosophie, übers. v. E. Gothein 1932 (jetzt in der Bibl. der alten Welt), von Büchner 1943.

Literatur:

Zu *Clemens:* F. MEINERT, Der Platonismus bei Cl. v. A. 1928.

Zu *Origenes:* H. KOCH, Pronoia u. Paideusis 1932.

Zu *Augustin:* E. GILSON, Introduction á l'étude de St. Augustin 1929, deutsch 1930. W. VERWIEBE, Welt und Zeit bei Augustin 1932. E. BENZ, Marius Victorinus und die abendl. Willensmetaphysik 1932. W. THEILER, Porphyrius u. Augustin 1933. E. DINKLER, Die Anthropologie Augustins 1934. J. BARION, Plotin und Augustin 1935. R. GUARDINI, Die Bekehrung Augustins [2]1950. J. RITTER, Mundus intelligibilis 1937. R. SCHNEIDER, Das wandelbare Sein 1938. Aus der älteren Literatur besonders wichtig: K. HOLL, Augustins innere Entwicklung 1922 (Gesammelte Aufs. Bd. 3), R. BERLINGER, Augustins dialogische Metaphysik 1962. W. HOFFMANN, Augustinus. Das Problem seiner Daseinsauslegung 1963. A. SCHÖPF, Augustinus 1970.

II. Scholastik und Mystik

Texte zum Teil bei MIGNE und in den vielbändigen „Beiträgen zur Geschichte der Philos. des Mittelalters, Texte und Untersuchungen" herausg. v. Cl. Bäumker 1891 ff. Dazu Les philosophes Belges, herausg. v. Mandonnet 1901 ff., bes. für Siger v. Brabant.

Literatur: M. GRABMANN, Geschichte der scholastischen Methode 2 Bde. 1909 f., Nachdruck 1957. M. GRABMANN, Mittelalterliches Geistesleben 3 Bde. 1926, 1936, 1956. E. GILSON, L'esprit de la philosophie médiévale 2 Bd. 1931/32, dt.: Der Geist der mittelalterlichen Philosophie 1950. E. GILSON – PH. BÖHNER, Christliche Philosophie [3]1954. – A. DEMPF, Sacrum Imperium [2]1954.

W. PREGER, Geschichte der deutschen Mystik im Mittelalter 1874 bis 1893, Neudruck 1962. J. Pieper, Scholastik 1960.

A. MAIER, Das Problem der intensiven Größen in der Scholastik 1939, und Die Impetustheorie der Scholastik 1940 (beide philos. wichtig).

JOHANNES ERIUGENA: *Texte:* De divisione naturae 1861, Nachdruck Frankfurt/M. 1964. *Übersetzung* von De divisione naturae in Meiners Philos. Bibl. *Literatur:* K. SAMSTAG, Die Dialektik des Joh. E. 1930. P. KLETTLER, Joh. E. 1931. F. A. STAUDENMAIER, Johannes Scotus Erigena und die Wissenschaft seiner Zeit 1834, Nachdruck Frankfurt/M. 1966. J. HUBER, Johannes Scotus Erigena 1861, Nachdruck Hildesheim 1960.

ANSELM: neue kritische *Text*-Ausgaben in B. Geyers Florilegium Patristicum. In Auswahl *übersetzt* u. erläutert v. R. Allers 1936.

Literatur: K. BARTH, Fides quaerens intellectum [2]1958. A. KOLPING, Anselms Proslogion 1939. F. R. HASSE, Anselm von Canterbury, 2 Bde. 1843/1852, Nachdruck Frankfurt/M. 1966. D. P. HENRY, The Logic of Saint Anselm 1967. A. SCHURR, Die Begründung der Philosophie durch Anselm von Canterbury 1966.

ABAELARD: *Text*-Ausgabe der philos. Schriften von B. Geyer, in Bäumkers Beiträgen Bd. 21, H. 1–4, 1919–33. *Übersetzung* der Leidensgeschichte u. des umstrittenen Briefwechsels mit Héloise v. E. Brost [2]1954. *Literatur:* G. JIKES, P. Abaelard, Cambridge 1932. E. GILSON, Héloise et Abaelard, Paris 1938 (deutsch 1955).

BERNHARD VON CLAIRVAUX: *Übersetzung* des Gesamtwerks von Mönchen der Abtei Mehrerau, 11 Bde. 1934 ff. *Literatur:* E. GILSON, La théologie mystique de saint B. 1934, deutsch 1936. W. HISS, Die Anthropologie Bernhards von Clairvaux 1964.

DIE VICTORINER: in Auswahl *übersetzt* von P. Wolff 1936. *Literatur:* W.

A. Schneider, Geschichte und Geschichtsphilosophie bei Hugo v. St. Victor 1933. H. R. Schlette, Die Nichtigkeit der Welt. Der philosophische Horizont des Hugo von St. Victor 1961.

Zur *arabischen* Philosophie die zahlreichen Arbeiten von M. Horten 1909 ff. Zur *jüdischen* Philosophie: Maimonides, Führer der Unschlüssigen, deutsch von A. Weiß, 3 Bde. 1923 ff. in Meiners Philos. Bibl L. Strauss, Philosophie und Gesetz 1935.

Bonaventura: monumentale Gesamtausgabe in 11 Bdn. durch die Franziskaner v. Quaracchi 1882 ff. *Literatur:* E. Gilson, La philosophie de s. Bonaventure 1924, deutsch 1929, ²1960.

Albert der Grosse: *Texte:* Alberti Magni opera omnia ad fidem codicum manuscriptorum edenda apparatu critico notis prolegomenis indicibus instruenda curavit Inst. Alberti Magni Coloniense. B. Geyer praes. 1955 ff. *Literatur:* U. Dähnert, Die Erkenntnislehre des Albertus Magnus 1934. J. Bonné, Die Erkenntnislehre Alberts des Großen 1935. R. Baumgardt, Der Magier. Das Leben des Albertus Magnus 1949. H. Chr. Scheeben, Albertus Magnus ²1955. G. Wieland, Der Seinsbegriff im Metaphysikkommentar A.d.G. 1972.

Thomas von Aquin: monumentale Gesamtausgabe de Editio Leonina 1883 ff. *Übersetzungen:* Die Theologische Summa, lat.-deutsch, in 36 Bdn., herausg. vom Kath. Akademikerverband 1933 ff. Die Summe wider die Heiden, übers. v. Nachod u. Stern, 5 Bde., 1935 ff. Die Untersuchungen über die Wahrheit, übers. u. bearbeitet von Edith Stein, 2 Bde. 1931/32. Die Summe der Theologie. Ausw. in 3 Bdn. von J. Bernhart ³1954 (Kröners TA 105, 106, 109). *Literatur:* E. Gilson, Le thomisme ⁶1965. Sertillanges, Der hl. Thomas v. Aquin, deutsch 1928, ²1954. M. Grabmann, Die Werke des hl. Thomas v. A. ³1949. M. Wittmann, Die Ethik des hl. Thomas v. A. 1933, Nachdruck Frankfurt/M. 1963. W. Kluxen, Th. v. Aquin im Gespräch 1975.

H. Meyer, Thomas v. A. ²1961 (umfassend, systematisch orientiert). J. Pieper, Hinführung zu Thomas v. Aquin 1958. M. Müller, Sein und Geist 1940 (philosophisch wertvoll). P. Wyser, Thomas von Aquin 1950.

Siger von Brabant: M. Grabmann, Der lat. Averroismus des 13. Jhdts. SBayr. Ak. 1931. Vansteenberghen, Siger de Brabant, I 1931, II 1942.

Duns Scotus: *Texte:* Opera Omnia, Bd. II 1639, Nachdruck Hildesheim 1968. *Literatur:* M. Heidegger, Die Kategorien- und Bedeutungslehre des D. S. 1916. Harris, Duns Scotus, 2 Bde., Oxford 1927. B. de Saint-Maurice, Johannes Duns Scotus 1956. E. Gilson, Johannes

Duns Scotus 1959. W. HOERES, Der Wille als reine Vollkommenheit nach Duns Scotus 1962. O. SCHÄFER, Johannes Duns Scotus 1953. G. STRATENWERTH, Die Naturrechtslehre des Johannes Duns Scotus 1951.

MEISTER ECKHART: *Texte:* kritische Gesamtausgabe der lat. u. deutschen Schriften, herausg. von der deutschen Forschungsgemeinschaft 1936 ff. noch unvollendet; Predigten, herausg. v. F. Pfeiffer 1857. *Übersetzungen:* Predigten und Traktate von H. Büttner ²1932, Schulze-Maizier 1938 u. a. O. KARRER, Meister Eckharts Rechtfertigungsschrift v. J. 1326, 1927. *Literatur:* philosoph. bedeutend K. OLTMANNS, M. E. ²1957. Geistesgeschichtlich: H. EBELING, M. E.s Mystik 1941. I. DEGENHARDT, Studien zum Wandel des Eckhartbildes 1967. H. FISCHER, Meister Eckhart 1974.

WILHELM VON OCKHAM: *Texte:* Opera Plurima 1494–1496, Nachdruck in 4 Bdn. Meisenheim/Glan 1962. Summa Logicae, 2 Tle., ed. Ph. Boehner 1957. Quotlibeta Septem. Tractatus de Sacramento Altaris 1491, Nachdruck Louvain 1962. *Literatur:* E. HOCHSTETTER, Studien zur Metaphysik u. Erkenntnislehre W. v. O.s 1927. S. MOSER, Grundbegriffe der Natur-Philosophie bei W. v. O. 1932. G. MARTIN, Wilhelm v. O. 1949. – Zur Pariser Occamistenschule die beiden grundlegenden Werke von P. DUHEM, Etudes sur Leonardo da Vinci 3 Bde. 1927 ff. u. Le système du monde 1913/17. W. KÖLMEL, Wilhelm Ockham und seine kirchenpolitischen Schriften 1962.

NIKOLAUS VON CUES: *Text:* Kritische Gesamtausgabe der philos. Werke durch die Heidelberger Ak. d. Wiss. 1932 ff. (noch unvollendet); Neudruck der alten Pariser Ausgabe von 1514 in 3 Bänden, Frankfurt/M. 1962. *Übersetzungen,* bisher 15 Bde. 1930 ff. in Meiners Philos. Bibl. *Literatur:* E. VANSTEENBERGHEN, Le cardinal N. de Cues 1920, Nachdruck 1963. J. RITTER, Docta ignorantia 1927. E. CASSIRER, Individuum und Kosmos in der Philosophie d. Renaissance 1927. M. DE GANDILLAC, Nikolaus von Kues. (La Philosophie de Nicolas de Cues) 1953. K. H. VOLKMANN-SCHLUCK, Nicolaus Cusanus 1957. R. HAUBST, Die Christologie des Nikolaus von Kues 1956. Ch. HUMMEL, Nicolaus Cusanus. Das Individualitätsprinzip in seiner Philosophie 1961. M. REDING, Die Aktualität des Nikolaus Cusanus in seinen Grundgedanken 1964. K. JASPERS, Nikolaus Cusanus 1964.

NEUZEIT

H. HEIMSOETH, Die sechs großen Themen der abendl. Metaphysik ³(1953).

J. E. ERDMANN, Versuch einer wissenschaftlichen Darstellung der Geschichte der neueren Philosophie, Neudruck in 7 Bdn. 1932ff.

K. FISCHER, Geschichte der neueren Philos. 10 Bde. 1897ff. (sog. Jubiläumsausgabe); einige Bände nachgedruckt, Darmstadt 1963.

W. WINDELBAND, Gesch. der neueren Philosophie 2 Bde. [5]1911.

E. CASSIRER, Das Erkenntnisproblem in der Philos. u. Wissenschaft der neueren Zeit 3 Bde. 1919/1923. Bd. 4 1957.

R. HEISS, Der Gang des Geistes 1948.

I. Die Übergangsepoche

MARSILIO FICINO: Gesamtausgabe Basel 1576, Paris 1641. *Übersetzung:* Über die Liebe oder Platons Gastmahl, v. H. Hasse 1915 (Philos. Bibl.).

PICO DELLA MIRANDOLA: Gesamtausgabe Bologna 1496. *Übersetzung:* Über die Würde des Menschen, v. H. W. Rüssel 1940.

MACCHIAVELLI: Gesamtausgabe 1873/77. *Übersetzungen:* Sämtl. Werke 8 Bde., von Ziegler 1831/42. Der Fürst, von Zorn [4]1966 (Kröners TA 235). Gedanken über Politik und Staatsführung, Deutsche Gesamtausgabe, übers., eingel. u. erl. v. R. Zorn 1966 (Kröner TA 377). *Literatur:* FR. MEINECKE, Die Idee der Staatsraison [3]1929. H. FREYER, M. 1938. R. HÖNIGSWALD, Denker der italien. Renaissance 1938. R. KÖNIG, M. 1941. M. BRION, Machiavelli und seine Zeit 1957. G. SASSO, Niccolò Machiavelli. Geschichte seines politischen Denkens 1965.

ERASMUS: Opera Omnia, 10 Bde. 1703–1706, Nachdruck Hildesheim 1961. Ausgewählte Werke (lat.) v. H. Holborn 1933. Auswahl *übersetzt* v. W. Köhler 1917. Gespräche, von Trog [2]1936. Briefe, von Köhler 1938. *Literatur:* K. SCHLECHTA, E. v. Rotterdam 1946. HUIZINGA, Desiderius Erasmus [4]1951. R. NEWALD, Erasmus Roterodamus 1947. R. PADBERG, Personaler Humanismus. Das Bildungsverständnis d. Erasmus von Rotterdam u. seine Bedeutung für die Gegenwart 1964. E.-W. KOHLS, Luther oder E. 1973.

Zu ZWINGLI und MELANCHTHON: Dilthey in Ges. Schr. Bd. II. PETERSEN, Gesch. des Aristotelismus im protestant. Deutschland 1921.

PARACELSUS: Sämtliche Werke, hrsg. unter Mitw. von K. Goldammer 1955ff. Kritische Ausgabe von Sudhoff, 1. Abt. 14 Bde., die medizinischen und philosoph. Schriften enthaltend 1922ff. Auswahl: v. H. Kayser 1921, von W. E. Peuckert unter dem Titel Die Geheimnisse 1941. *Literatur:* F. GUNDOLF, Paracelsus [2]1928. E. METZKE, Aufsätze in Blätter für deutsche Philosophie, Bd. 13 u. 15; Paracelsus' Anschauungen von Welt und Menschen 1943.

A. Vogt, Theophrastus Paracelsus als Arzt und Philosoph 1956. K.-H. Weimann, Paracelsus-Bibliographie 1932–1960, 1963. F. Weinhandl, P.-Studien 1970.

Franck: Paradoxa 1534, herausg. von Ziegler 1909. Über Franck u. Weigel (1553–88) Dilthey in Ges.Schr. Bd. II [5]1957. W.-E. Peuckert, Sebastian Franck 1943.

Kopernikus: De revolutionibus orbium coelestium 1891 (Thorner Säkularausgabe). *Übersetzung* von Menzzer 1879. Gesamtausg. 1942 ff.

Kepler: kritische Gesamtausgabe von Dyck u. Caspar 1938 ff. J. Kepler in seinen Briefen, deutsch von Caspar u. Dyck, 2 Bde. 1930. – *Übersetzungen* von Caspar: Mysterium cosmographicum 1923; Neue Astronomie 1929; Weltharmonik 1939. *Literatur:* M. Caspar, Kopernikus und Kepler 1943. E. Oeser, K. Die Entstehung der modernen Wissenschaft 1971.

J. Böhme: Neudruck der Gesamtausgabe von 1730, 11 Bde. 1955–60. Vorarbeiten zu einer dringend erforderlichen kritischen Ausgabe von Buddecke. *Literatur:* P. Hankamer, J. Böhme 1924. H. Grunsky, J. Böhme 1956. G. Wehr, J. Böhme 1976.

Galilei: Gesamtausgabe (Edizione nazionale) von A. Favaro 1890/1907. *Literatur:* E. Wohlwill, Galilei I 1909, II 1926. Olschki, Galilei 1927. K. Jaspers, Leonardo 1953.

Montaigne: Kritische Ausgabe v. Strowski, 4 Bde. 1906/20, Index 1933. Auswahl von P. Sakmann in Kröners TA 101. *Literatur:* F. Strowski, Montaigne [3]1938. H. Friedrich, Montaigne 1949.

Bruno: Gesamtausgabe von Lagarde 2 Bde. 1888/89. Die Philosophischen Werke *übersetzt* von Kuhlenbeck 1890 ff. Die philos. Hauptschrift „Von der Ursache, dem Prinzip und dem Einen" deutsch von A. Lasson in der Philos. Bibl. *Auswahl:* Heroische Leidenschaften und individuelles Leben, v. E. Grassi 1947. *Literatur:* G. Gentile, G. B. il pensiero des rinascimento 1920. D. Mahnke, Unendliche Sphäre u. Allmittelpunkt 1937. E. Grassi, G. B. 1947. F. B. Stern, G. B. Vision einer Weltsicht 1978.

Bacon: Gesamtausgabe der Werke u. Briefe von Spedding, Ellis, Heath, 14 Bde. 1857/74. *Übersetzungen:* des Novum Organum von Kirchner 1870 (Philos. Bibl.), der Essays von Schücking 1940. *Literatur:* K. Fischer, Bacon u. s. Schule [4]1923. E. Lewalter, Bacon 1939. P. Rossi, Francis Bacon. From Magic to Science, transl. from the Italian by S. Rabinovitch 1968.

II. Die konstruktiven Systeme

DESCARTES: krit. Gesamtausgabe der Werke und des Briefwechsels von Adam et Tannery, 12 Bde. 1897/1910. *Übersetzung* der Hauptwerke von Buchenau in Meiners Philos. Bibl. *Literatur:* CH. ADAM, Vie et œuvres de Descartes 1910 u. 1937. E. GILSON, Index scolasticocartésien 1912; Discours de la méthode (mit wichtigem Kommentar) ²1926. G. KRÜGER, Die Herkunft des philosophischen Selbstbewußtseins, in Logos 1933. K. JASPERS, Descartes und die Philosophie, erstmals 1937. A. MAIER, Die Mechanisierung des Weltbilds im 17. Jhdt. 1938. H. GOUHIER, Les Premières Pensées de Descartes 1958. J. LAPORTE, Le Rationalisme de Descartes 1950. René Descartes. In Selbstzeugnissen und Bilddokumenten, dargest. von R. Specht 1966. R. SPECHT, Commercium mentis et corporis. Über Kausalvorstellungen im Cartesianismus 1966. F. ALQUIÉ, Descartes 1962. W. RÖD, Ds. Erste Philosophie 1971.

HOBBES: die lateinischen und die englischen Werke in zus. 16 Bdn., ed. Molesworth 1839/45, Nachdruck Aalen 1962. *Übersetzung* der Hauptwerke in Meiners Philos. Bibl. *Literatur:* F. TÖNNIES, Hobbes' Leben u. Lehre ³1925. R. HÖNIGSWALD, Hobbes und die Staatsphilosophie 1924. L. STRAUSS, The political philosophy of Th. H. 1934. CARL SCHMITT, Der Leviathan in der Staatslehre des Th. H. 1938. F. O. WOLF, Die neue Wissenschaft des Th. H. 1969. H. FIESSIG, Erkenntnis u. Erzeugung 1973.

SPINOZA: kritische Gesamtausgabe der Heidelberger Ak. d. Wiss., von Gebhardt, 4 Bde. 1925 ff. *Übersetzung* der Werke u. Briefe von Gebhardt in Meiners Philos. Bibl. Ethik, Schriften, Briefe von F. Bülow ⁶1966 (Kröners TA 24). – *Literatur:* VON DUNIN-BORKOWSKI, Spinoza 4 Bde. 1910/35. K. FISCHER, Spinoza ⁶1946. J. E. HORN, Staatslehre 1863. Nachdruck Aalen 1964. H. M. WOLFF, Spinozas Ethik. Eine kritische Einführung 1958. G. H. R. PARKINSON, Spinoza's Theory of Knowledge ²1964. H. STOLTE (Hg.), S. in neuer Sicht 1978.

LOCKE: Gesamtausgabe, 10 Bde. London 1823, Nachdruck Aalen 1963. Wichtigste Ausgabe des Essay concerning human understanding von A. C. Fraser, 2 Bde. 1894. *Übersetzung* in Meiners Philos. Bibl. *Literatur:* R. J. AARON, John Locke ²1955. P. HAZARD, John Locke und sein Zeitalter 1947. A. KLEMMT, John Locke. Theoretische Philosophie 1952. G. A. RAUCHE, Die praktischen Aspekte von Locke's Philosophie 1958. I. C. TIPTON, L. on Human Understanding 1977.

LEIBNIZ: Die philosophischen Schriften ed. C. J. Gerhardt, 7 Bde. 1875 bis 1890; Nachdruck Hildesheim 1960/61. Der Briefwechsel von G. W.

Leibniz mit Mathematikern, hrsg. v. C. J. Gerhardt 1899, Nachdruck Hildesheim 1962. Opuscules et fragments inédits ed. L. Couturat 1903, Nachdruck Hildesheim 1961. Kritische Gesamtausgabe der Berl. Ak. d. Wiss. seit 1923. *Auswahl* im Originaltext von H. Schmalenbach, 2 Bde. 1914/15 in Meiners Philos. Bibl. 5 Bde. Gute Auswahl und Einleitung von G. Krüger in Kröners TA 112. *Literatur:* W. Dilthey, Ges. Schr. Bd. III ^{2}1959. E. Cassirer, Leibniz 1902. G. Stammler, Leibniz 1930 (zur Einführung). B. Russell, A critical exposition of the Philosophy of Leibniz ^{6}1964. G. Schischkoff (Hg.), Beiträge zur L.-Forschung 1947. H. L. Matzat, Gesetz u. Freiheit 1948. G. Martin, Leibniz. Logik und Metaphysik ^{2}1967. W. Totok, C. Haase (Hrsg.), Leibniz. Sein Leben, Sein, Wirken und Werk 1966. Chr. Axelos, Die ontologischen Grundlagen der Freiheitstheorie L.s. 1973. E. R. Sandvoss, L. 1976.

Gassendi: Werke 1658 u. 1718. *Literatur:* G. Hess, Pierre Gassendi 1939. W. Detel, Scientia rerum natura occuttarum. Methodologische Studien zur Physik P.G.s 1978.

Pascal: Œuvres complètes ed. Brunschwicg-Boutroux, 11 Bde. 1908 bis 1914, Nachdruck 14 Bde. Vaduz 1965. Neue Anordnung in der Ausgabe von F. Strowski 3 Bde. 1923/31. *Übersetzungen:* Pensées, von Wachsmuth (alte Anordnung) 1937; von B. Rüttenauer (Strowskis Anordnung) 1938. *Literatur:* F. Strowski, Pascal et son temps, 3 Bde. 1907/08. G. Guardini, Christliches Bewußtsein 1935. H. Gouhier, Blaise Pascal. Commentaires 1966. A. W. S. Baird, Studies in P.s. Ethics 1975.

Geulincx: Opera philosophica ed. P. N. Land 3 Bde. 1892/93.

Malebranche: Ausgabe der Werke durch G. Rodis-Lewis, 17 Bde. 1960 ff. *Übersetzung* des Hauptwerks De la recherche de la vérité 1776 bis 1780. *Literatur:* P. Mennicken, Die Philosophie des N. Malebranche 1927. Malebranche-Heft der Revue internationale de Philos. 1938.

Bayles: P. Bayle, Œuvres Diverses, 3 Bde. 1727, Nachdruck Hildesheim 1964. *Dictionnaire,* deutsch von Gottsched 1741/44. *Literatur:* Lacoste, P. Bayle. Paris 1929.

III. Aufklärung

Gesamtdarstellung: E. Cassirer, Die Philosophie der Aufklärung 1932. Ferner wichtig: B. Groethuysen, Die Entstehung der bürgerlichen Welt- und Lebensanschauung in Frankreich 2 Bde. 1927/30. M. Wundt, Die Deutsche Schulphilosophie im Zeitalter der Aufklärung 1945, Nachdruck Hildesheim 1964. W. Oehmüller, Die unbefriedigte A. 1969.

NEWTON: Opera Quae Exstant Omnia, 5 Bde. 1779–1785, Nachdruck Stuttgart-Bad Cannstatt 1964. *Übersetzung* des philos. Hauptwerks Philosophiae naturalis principia mathematica (1687) von Wolfers 1872. *Literatur:* J. W. N. SULLIVAN, J. Newton 1938. F. WAGNER, I. N. im Zwielicht zwischen Mythos und Forschung 1976.

VICO: Gesamtausgabe von Pomodoro 8 Bde. 1856/69. *Übersetzung* (gekürzt) von Auerbach 1925. Autobiographie Vicos, hrsg. v. V. Rüfner 1948. Zweisprachige Ausgabe: De Nostri Temporis Studiorum Ratione. Vom Wesen und Weg der geistigen Bildung 1947. *Literatur:* B. CROCE, Die Philosophie G. Vicos, deutsch 1927. R. PETERS, Der Aufbau der Weltgesch. bei G. Vico 1929. A. SANTRUA, Vico 1938. R. WISSER, Leibniz u. V. 1956. L. POMPA, V. A. Study of the New Science 1975.

SHAFTESBURY: Neue Ausgabe der Characteristics von Robertson 2 Bde. 1900. Ausgewähltes *übersetzt* in Meiners Philos. Bibl. *Literatur:* CH. F. WEISER, S. und das deutsche Geistesleben 1916. F. MEINECKE, S. und die Wurzeln des Historismus SB Berl. Ak. 1934. F. A. UGHEIN, Kosmos u. Subjektivität 1976.

BERKELEY: Works ed. A. A. Luce a. T. E. Jessop, 9 Bde. 1948–57. *Übersetzung* der Hauptwerke in Meiners Philos. Bibl. Abhandlung über die Prinzipien der menschlichen Erkenntnis, übers. v. F. Ueberweg ^{4}1917. *Literatur:* R. METZ, Berkeley 1925. D. M. ARMSTRONG, Berkeley's Theory of Vision 1960. A. A. LUCE, Berkeley and Malebranche 1934, Nachdruck Oxford 1967. P. A. J. GUNTER, H. B., A Bibliographie 1974.

HUME: Philosophical Works ed. Greene u. Große, 4 Bde. 1874–98. *Übersetzungen:* der Untersuchung über den menschl. Verstand in Meiners Philos. Bibl.; des Traktats über die menschl. Natur von Lipps 2 Bde. 1923. Untersuchung über die Prinzipien der Moral, übers. v. C. Winckler (Meiners Philos. Bibl. 199) ^{2}1955. *Literatur:* R. METZ, Hume 1929. A. SCHAEFER, David Hume. Philosophie und Politik 1963. A. FLEW, Hume's Philosophy of Belief. A study of his first Inquiry ^{2}1966. D. G. C. MACNABB, David Hume. His Theory of Knowledge and Morality ^{2}1966. N. SMITH, The Philosophy of David Hume ^{5}1966. J. LAIRD, Hume's Philosophy of Human Nature 1932. Reprint 1967. U. VOIGT, D. H. und das Problem der Geschichte 1975.

MONTESQUIEU: Œuvres complètes ed. Laboulaye 7 Bde. 1875/79. *Übersetzung* 1827. *Literatur:* V. KLEMPERER, Montesquieu 2 Bde. 1914/15. B. GROETHUYSEN, Montesquieu 1947. S. M. MASON, M.s. Idea of Justice 1975.

VOLTAIRE: Œuvres ed. Moland 52 Bde. 1878/85. Dictionnaire Philosophique, Texte établi par R. Naves 1954. *Übersetzung* in Auswahl von P.

Sakmann 1941 in Kröners TA 49. *Literatur:* D. F. STRAUSS, Voltaire 1875 (Neudruck in Kröners TA 33). G. BRANDES, Voltaire 2 Bde. 1923. CHARPENTIER, Voltaire 1938. J. ORIEUX, Das Leben des V. 1968.

LA METTRIE: L'homme machine, *übersetzt* von A. Ritter 1875. *Literatur:* BOISSIER, Lamettrie 1931. A. BARUZZI (Hg.), Aufklärung und Materialismus 1968.

HELVÉTIUS: Œuvres 5 Bde. 1792. *Übersetzung* von De l'esprit schon 1760. HOLBACH, Système de la nature, deutsch 1843. *Literatur:* R. HUBERT, D'Holbach et ses amis 1928. G. PLECHANOW, Beiträge zur Geschichte des Materialismus. Holbach, Helvetius, Marx ^{3}1921.

ROUSSEAU: Gesamtausgabe von A. de Latour 22 Bde. 1868; kritische Ausgabe in den Grands Ecrivains de la France seit 1925. *Übersetzung* in Auswahl von M. Glatzel in Kröners TA 85. Zweisprachige Ausgabe. Über Kunst und Wissenschaft. Über den Ursprung der Ungleichheit unter den Menschen, übers. v. K. Weigand (Meiners Philos. Bibl. 243) 1955. *Literatur:* CH. HENDEL, Rousseau moraliste 2 Bde. 1934. P. MEINHOLD, Rousseaus Geschichtsphilosophie 1936. H. RÖHRS, J.-J. Rousseau 1957. W. RITZEL. J.-J. Rousseau 1959. F. GLUM, Jean-Jacques Rousseau, Religion und Staat 1956. I. FETSCHER, R.s. politische Philosophie 1960. G. DELLA VOLPE, R. u. Marx 1975.

TURGOT: Œuvres ed. G. Schelle 5 Bde. 1913/23. *Literatur:* G. SCHELLE, T. 1909.

WOLFF: Die Herausgabe der gesammelten Werke hat begonnen; Titel der zahlreichen deutschen und lateinischen Schriften bei Überweg III. *Literatur:* H. PICHLER, W.s. Ontologie 1910; W. FRAUENDIENST, C. W. als Staatsdenker 1927; M. WUNDT, Chr. Wolff und die deutsche Aufklärung 1941. *Ders.,* Die deutsche Schulphilosophie im Zeitalter der Aufklärung 1945, Nachdruck Hildesheim 1964.

LESSING: Neue Gesamtausgabe von Petersen und Olshausen 25 Bde. 1925/29. *Literatur:* W. DILTHEY, Das Erlebnis und die Dichtung ^{5}1916. K. ANER, Die Theologie der Lessingzeit 1929. LEISEGANG, Lessings Weltanschauung 1931. B. v. WIESE, L.s. Dichtung, Ästhetik und Philosophie 1931. A. ARX, Lessing und die geschichtliche Welt 1942. O. MANN, Lessing 1949, ^{2}1961. M. BOLLACHER, Vernunft u. Geschichte, Religiöse Aufklärung in L.s. Spätschriften 1978.

HAMANN: Neue Gesamtausgabe der Werke von Nadler, 6 Bde. 1949–1957. Ausgabe des Briefwechsels, 5 Bde., hrsg. v. W. Ziesemer u. A. Henkel 1955–1965. *Literatur:* R. UNGER, Hamann u. die Aufklärung 2 Bde. 1925. E. METZKE, Hamanns Stellung in der Philosophiegeschichte

1934. J. NADLER, J. G. Hamann 1951. R. UNGER, Hamanns Sprachtheorie im Zusammenhange seines Denkens 1905. H. A. SALMONY, Johann Georg Hamanns metakritische Philosophie, 1. Bd.: Einführung in die metakritische Philosophie J. G. Hamanns 1958. F. BLANKE, Hamann-Studien 1956. G. BANDLER, Zu Wortesehen. Das Sprachdenken J.G.H.s. 1970.

HERDER: Gesamtausgabe von Suphan 33 Bde. 1877/1913; neue Ausgabe von F. Schulz 1938ff. Auswahlband Kröners TA 136. *Literatur:* R. HAYM, Herder 2 Bde. 1880/85. TH. LITT, Kant u. Herder 1930. F. BERGER, Menschenbild und Menschenbildung. Die philosophisch-pädagogische Anthropologie J. G. Herders 1933. E. ADLER, H. u. die Deutsche Aufklärung 1968.

JACOBI: Werke 6 Bde. 1812/25. *Literatur:* O. F. BOLLNOW, Die Lebensphilosophie F.H.J.s 1933. W. WEISCHEDEL, J. und Schelling 1969. K. HOMANN, F.H.J.s Philosophie der Freiheit 1973.

IV. Idealismus

Gesamtdarstellung: R. KRONER, Von Kant zu Hegel ²1961.

KANT: kritische Gesamtausgabe der Berl.Ak. in 22 Bdn. Gut auch die Ausgaben von Vorländer 10 Bde. in Meiners Philos. Bibl. und von E. Cassirer 11 Bde. Werke, hrsg. v. W. Weischedel, in 6 Bdn. 1956ff. Die drei Kritiken, Auswahl von Raym. Schmidt ⁸1960 (Kröners TA 104). Preiswerte Studienausgaben: Kants Werke, Akademie Textausgabe, 9 Bde. 1968. Werke in 12 Bänden, hrsg. v. W. Weischedel 1968 (Theorie-Werkausgabe bei Suhrkamp). Aus der zahlreichen *Literatur* seien als besonders wichtig genannt: H. COHEN, Kants Theorie der Erfahrung 1871, Kants Begründung der Ethik 1877 und Kants Begründung der Ästhetik 1889. A. RIEHL, Der philosophische Kritizismus 3 Bde. 1922 bis 1924. G. SIMMEL, Kant ⁶1921. E. CASSIRER, Kants Leben und Lehre 1921. K. VORLÄNDER, I. Kant 2 Bde. 1924. B. BAUCH, Kant ⁴1933. Aus d. allmählichen Überwindung d. Neukantianismus: A. BÄUMLER, Kants Kritik der Urteilskraft 1923. M. WUNDT, Kant als Metaphysiker 1924. M. HEIDEGGER, Kant und das Problem der Metaphysik, erstmals 1929. G. KRÜGER, Philosophie und Moral in der Kantischen Kritik 1931. E. CASSIRER, A commentary on Kants Critique of judgement 1938. G. LEHMANN, Kants Nachlaßwerk und die Kr. d. U. 1939. L. GOLDMANN, Mensch, Gemeinschaft u. Welt in der Philos. Kants 1945. P. LACHIÈZE-REY, L'Idéalisme Kantien ²1950. F. DELEKAT, Immanuel Kant 1963. H. DELIUS, Untersuchungen zur Problematik der sogenannten synthetischen Sätze apriori 1963. H. HEIMSOETH, Transzendentale Dialektik. Ein Kommentar zu Kants Kritik der reinen Vernunft, 4 Teile 1966–71. H. J. PATON, Der Kategorische Imperativ 1962. L. SCHÄFER, Kants Metaphysik der Natur 1966. W. RITZEL, Studien zum Wandel der Kantauffassung 1952. G. MARTIN, Immanuel Kant. Ontologie und Wissenschaftstheorie ⁴1968. P. F. STRAWSON, The Bounds of Sense. An Essay on Kant's Critique of Pure Reason 1966. W. WEISCHEDEL (Hg.), Kant-Brevier 1974. P. HEINTEL/L. NAGL (Hg.), Zur Kantforschung der Gegenwart 1980.

FICHTE: Gesamtausgabe von dem Sohn I. H. Fichte 11 Bde. 1834/35 u. 1845/46. Große Auswahl mit besserem Text in der Ausgabe von Medicus 6 Bde. in Meiners Philos. Bibl. (7. Bd. Staatsphilos. Schriften), Auswahlband Kröners TA 174. *Literatur:* H. HEIMSOETH, Fichte 1923. X. LÉON, Fichte et son temps 3 Bde. 1922/27. M. GÉROULT, L'évolution et la structure de la doctrine de la science chez Fichte 2 Bde. 1930. B. NOLL, Kants und Fichtes Frage nach dem Ding 1935. W. WEISCHEDEL, Der Aufbruch der Freiheit zur Gemeinschaft 1939. J. SCHINDLER, Reflexion und Bildung in Fichtes Wissenschaftslehre von 1794, 1966. B. WILLMS, Die totale Freiheit. Fichtes politische Philosophie 1967. W. RITZEL, Fichtes Religionsphilosophie 1956. W. SCHULZ, J. G. Fichte. Vernunft und Freiheit 1962. H. M. BAUMGARTNER/W. G. JACOBS, F.-Bibliographie 1974.

SCHELLING: Gesamtausgabe von dem Sohn 14 Bde. 1856/61, in neuer Anordnung hrsg. von M. Schröter, 12 Bde. 1927–56. Die Vorlesungen üb. d. Meth. d. Akad. Stud. i. Kröners TA 222. Aus Schellings Leben in Briefen ed. Plitt 3 Bde. 1869/70. *Literatur:* K. FISCHER, Schelling ⁴1923. F. ROSENZWEIG, Das älteste Systemprogramm des deutschen Idealismus 1917. H. KNITTERMEYER, Schelling u. die romantische Schule 1929. H. FUHRMANNS, Schellings letzte Philosophie 1940. K. JASPERS, Schelling 1955. W. SCHULZ, Die Vollendung des deutschen Idealismus in der Spätphilosophie Schellings 1955. H. ZELTNER, Schelling 1954. W. WIELAND, Schellings Lehre von der Zeit. Grundlagen und Voraussetzungen der Weltalterphilosophie 1956. W. KASPER, Das Absolute in der Geschichte. Philosophie und Theologie der Geschichte in der Spätphilosophie Schellings 1965. H.-J. SANDKÜHLER, Freiheit und Wirklichkeit. Zur Dialektik von Politik und Philosophie bei Schelling 1968. H. M. BAUMGARTNER, Sch., Einführung 1975.

HEGEL: Gesamtausgabe durch einen „Verein von Freunden des Verewigten" 19 Bde. 1832/43. Neudruck in der „Jubiläumsausgabe" von H. Glockner 20 Bde. u. 4 Bde. Hegel-Lexikon 1927 ff. Kritische Gesamtausgabe der Werke und Briefe begonnen von Lasson, fortgeführt von Hoffmeister, in Meiners' Philos. Bibl. Recht/Staat/Geschichte, Auswahl von Bülow, ^{5}1955 (Kröners TA 39). Dazu: Hegels theol. Jugendschriften ed. H. Nohl 1907; Dokumente zu Hegels Entwicklung ed. J. Hoffmeister 1936. Suhrkamp-Ausgabe in 20 Bdn. 1969 ff. Wichtiges aus der neueren *Literatur:* W. Dilthey, Jugendgeschichte Hegels 1905. F. Rosenzweig, Hegel und der Staat 1920, Nachdruck 1962. Th. Haering, Hegel 2 Bde. 1929 u. 1938. N. Hartmann, Hegel 1929. M. Marcuse, Hegels Ontologie 1932. I. Jliin, Die Philosophie Hegels als kontemplative Gotteslehre 1946. G. Lukács, Der junge Hegel 1948. Th. Litt, Hegel 1953. J. Hyppolite, Genèse et Structure de la Phénoménologie de L'Esprit de Hegel, 2 Bde. 1946. J. v. D. Meulen, Hegel. Die Gebrochene Mitte 1958. G. R. G. Mure, The Philosophy of Hegel 1965. R. K. Maurer, Hegel und das Ende der Geschichte 1965. M. Riedel, Theorie und Praxis im Denken Hegels 1965. J. Simon, Das Problem der Sprache bei Hegel 1966. E. Topitsch, Die Sozialphilosophie Hegels als Heilslehre und Herrschaftsideologie 1967. T. Eley, H.s. Wissenschaft der Logik 1976. Hegel-Studien, Hegel-Jahrbuch.

Humboldt: *Texte:* Werke in 5 Bänden, hrsg. v. A. Flitner u. K. Giel 1960 ff. Über die Verschiedenheit des menschlichen Sprachbaues und ihren Einfluß auf die geistige Entwicklung des Menschengeschlechtes 1836, Nachdruck Bonn 1960. Schriften zur Anthropologie und Bildungslehre, hrsg. v. A. Flitner 1956. *Literatur:* E. Spranger, W. v. Humboldt und die Humanitätsidee 1909 u. W. Kaehler, W. v. Humboldt und der Staat ^{2}1963. K. Hammacher, Universalismus u. Wissenschaft im Wirken der Brüder H. 1976.

Schleiermacher: *Texte:* Werke, Auswahl in 4 Bänden, hrsg. v. O. Braun u. D. Joh. Bauer 1910–1911. *Literatur:* R. Odebrecht, Schleiermachers Ästhetik 1932, Schleiermachers Dialektik 1942. F. Flückinger, Philosophie und Theologie bei Schleiermacher 1947. P. H. Jørgensen, Die Ethik Schleiermachers 1959. H. Friebel, Die Bedeutung des Bösen für die Entwicklung der Pädagogik Schleiermachers 1961. H.-J. Birkner, Schleiermachers christliche Sittenlehre 1964. W. Sünkel, Friedrich Schleiermachers Begründung der Pädagogik als Wissenschaft 1964. T. Tice, Sch.-Bibliography 1966.

Schopenhauer: *Texte:* Sämtliche Werke, 7 Bde., hrsg. v. A. Hübscher ^{2}1948–1950. Auswahlband Kröners TA 240. *Literatur:* G. Simmel, Schopenhauer u. Nietzsche ^{3}1923. H. Hasse, Schopenhauer 1926. W. O. Döring, Schopenhauer ^{4}1947. K. O. Kurth, Arthur Schopenhauer 1952. A. Hübscher, Leben mit Schopenhauer 1966. O. Most, Zeitliches u. Ewiges bei Nietzsche u. Sch. 1976.

V. Nachidealistische Philosophie

Zum *Spätidealismus:* K. LEESE, Philosophie u. Theologie im Spätidealismus 1929. A. HARTMANN, Der Spätidealismus u. die Hegelsche Dialektik 1937.

Zum *Umschlag in den Materialismus:* K. LÖWITH, Von Hegel zu Nietzsche [4]1958.

Die entscheidenden Denker

COMTE: Auswahlband von Blaschke in Kröners TA 107 mit Literaturangaben S. 562.

KIERKEGAARD: Werke, deutsch von Schrempf 12 Bde. 1911 ff., jetzt ersetzt durch die neue deutsche Gesamtausgabe von E. Hirsch, 1950 ff. Tagebücher, ausgewählt u. übertragen von Th. Haecker [3]1949. Religion der Tat. Sein Werk in Auswahl von Ed. Geismar [5]1952 (Kröners TA 63). Zur *Literatur* bis 1931: F. J. BRECHT, Die Kierkegaardforschung, Literarische Berichte aus dem Gebiet der Philosophie Heft 25.
Ferner: F. J. BRECHT, Kierkegaards philosophiegeschichtliche Stellung (1932), in Vom Lebendigen Geist des Abendlandes 1949. JEAN WAHL, Etudes Kierkegaardiennes [3]1967. M. THEUNISSEN, Der Begriff Ernst bei Søren Kierkegaard 1958. TH. W. ADORNO, Kierkegaard. Konstruktion des Ästhetischen [3]1966. H. SCHMID, Kritik der Existenz 1966. H. SCHWEPPENHÄUSER, Kierkegaards Angriff auf die Spekulation 1966.

MARX: Moskauer Marx-Engels Gesamtausgabe v. D. Rjazanow 1927 ff. Die Frühschriften herausg. v. S. Landshut in Kröners TA 209 [4]1964. Das Kapital, Kröners TA 64. *Wichtige Literatur:* G. Lukács, Geschichte und Klassenbewußtsein 1923. H. MARCUSE, Reason and Revolution 1941. H. POPITZ, Der entfremdete Mensch 1953. E. FROMM, Das Menschenbild bei Marx 1963. R. CH. TUCKER, Karl Marx 1963. J.-Y CALVEZ, Karl Marx. Darstellung und Kritik seines Denkens 1964. F. v. MAGNIS, Normative Voraussetzungen im Denken des jungen M. 1975.

NIETZSCHE: *Texte:* Kritische Gesamtausgabe in ca. 30 Bänden, in 8 Abtl., hrsg. v. G. Colli u. M. Montinari 1967 ff. Handlich die Ausgabe von K. SCHLECHTA in 3 Bdn. 1954–56, [2]1960. Auch die Nietzsche-Ausgabe in Kröners TA 70–78, 82/83, 100, 170 ist empfehlenswert. *Literatur:* E. FÖRSTER-NIETZSCHE, Das Leben F. N.s 2 Bde. 1895/1904. C. A. BERNOULLI, Franz Overbeck und F. N. 2 Bde. 1908. CH. ANDLER, Nietzsche. Sa vie et sa pensée 6 Bde. 1920/31. Philosophische Deutungen: E. BERTRAM, Nietzsche 1918. A. BÄUMLER, Nietzsche 1931. K. LÖWITH,

Nietzsches Philosophie der ewigen Wiederkehr des Gleichen ²1956. K. JASPERS, Nietzsche, zuerst 1936. M. HEIDEGGER, in „Holzwege" 1950, S. 193–247; Nietzsche, 2 Bde. 1961. H. M. WOLFF, Friedrich Nietzsche. Der Weg zum Nichts 1956. K. ULMER, Nietzsche. Einheit und Sinn seines Werkes 1962. P. PÜTZ, Friedrich Nietzsche 1967. K.-H. VOLKMANN-SCHLUCK, Leben und Denken. Interpretationen zur Philosophie Nietzsches 1968. K. SCHLECHTA, N.-Chronik 1975.

HUSSERL: *Texte:* Husserliana, hrsg. von H. L. van Breda 1950ff. *Literatur:* A. DIEMER, E. H., Versuch einer systematischen Darstellung seiner Phänomenologie 1956. K. SCHUMANN, H.-Chronik 1975.

HEIDEGGER: *Texte:* M. H. Gesamtausgabe. Ausgabe letzter Hand 1975ff. (bei Klostermann). *Literatur:* W. Marx, H. u. die Tradition 1961. O. PÖGGELER, Der Denkweg M.H.s. 1963. E. TUGENDHAT, Der Wahrheitsbegriff bei Husserl u. Heidegger 1967. W. BIEMEL, H. 1973. H. M. SASS, Materialien zur H.-Bibliographie 1917–72, 1975.

BENRUBI, Philos. Strömungen d. Gegenwart i. Frankreich 1928.

G. MISCH, Lebensphilosophie und Phänomenologie 1931.

G. HESS, Französische Philosophie der Gegenwart 1933.

E. VON ASTER, Die (deutsche) Philosophie der Gegenwart 1935.

R. METZ, Die philosophischen Strömungen der Gegenwart in Großbritannien 2 Bde. 1935.

F. J. BRECHT, Bewußtsein u. Existenz. Wesen u. Weg der Phänomenologie 1948.

F. J. BRECHT, Einführung in die Philosophie der Existenz 1948.

R. JOLIVET, Französische Existenzphilosophie 1948.

M. BENSE, Die Philosophie (Zwischen den Kriegen Bd. 1) 1951.

J. M. BOCHENSKI, Der sowjetische dialektische Materialismus 1950.

J. M. BOCHENSKI, Europäische Philosophie der Gegenwart ²1951.

H. KNITTERMEYER, Die Philosophie der Existenz 1952.

W. STEGMÜLLER, Hauptströmungen der Gegenwartsphilosophie, Band I ⁶1981 (Kröners TA 308), Band II ⁷1985 (Kröners TA 309), Band III ⁷1985 (Kröners TA 409).

L. LANDGREBE, Philosophie der Gegenwart, 1952.

B. RUSSELL, Das menschliche Wissen 1953. Probleme der Philosophie 1967.

[1] Die Hauptwerke der Philosophen sind bei ihren Namen in der Zeittafel aufgeführt.

H. SPIEGELBERG, The Phenomenological Movement, 2 Bde., Den Haag 1960. 3. stark revidierte u. erweiterte Aufl., unter Mitarbeit von K. SCHUHMANN, ebda. 1982.

L. WITTGENSTEIN, Schriften, 7 Bände 1960ff. (Suhrkamp)

G. SIMMEL, Die Hauptprobleme der Philosophie 1964.

A. J. AYER (Hrsg.), Logical Positivism 1959.

F. HEINEMANN (Hrsg.), Die Philosophie im XX. Jahrhundert ²1963.

H. REICHENBACH, Der Aufstieg der wissenschaftlichen Philosophie ²1968.

R. CARNAP, Induktive Logik und Wahrscheinlichkeit 1959. Einführung in die symbolische Logik mit besonderer Berücksichtigung ihrer Anwendungen ²1960. Der logische Aufbau der Welt. Scheinprobleme in der Philosophie 1928 (1966 mit einem Nachwort von G. Patzig).

H. NOACK, Die Philosophie Westeuropas 1962 (4. neu bearbeitete und erweiterte Auflage 1976).

G. J. WARNOCK, Englische Philosophie im 20. Jahrhundert 1971 (engl. 1969).

Y. H. KRIORIAN, Recent Perspectives in American Philosophy 1973.

E. F. SAUER, Französische Philosophen 1976.

H. M. BAUMGARTNER/H.-M. SASS, Philosophie in Deutschland 1945–75, 1978.

R. J. BERNSTEIN, Praxis und Handeln 1975 (engl. 1971).

W. SCHULZ, Philosophie in der veränderten Welt ¹1972.

H. FAHRENBACH, Zur Problemlage der Philosophie. Eine systematische Orientierung 1975.

H. LÜBBE (Hrsg.), Wozu Philosophie? 1978.

E. MARTENS, Dialogisch-pragmatische Philosophiedidaktik 1979.

V. DESCOMBES, Das Selbe und das Andere. 45 Jahre Philosophie in Frankreich 1933–1978, Frankfurt a. M. 1981 (franz. 1979).

R. BUBNER, Modern German Philosophy, Cambridge 1981.

G. FLØISTAD, Contemporary Philosophy. A new survey, 4 Bde., The Hague 1981–1983 (weitere Bände in Vorbereitung).

H. SCHNÄDELBACH, Philosophie in Deutschland 1831–1933, Frankfurt a. M. 1983.

B. WALDENFELS, Phänomenologie in Frankreich, Frankfurt a. M. 1983.

J. HABERMAS, Der philosophische Diskurs der Moderne, Frankfurt a. M. 1985.

PERSONENREGISTER

Das Register beschränkt sich auf die behandelten Philosophen: Geschichtsschreiber der Philosophie und Einzelforscher sind weggelassen.

SACHREGISTER